2024

中国教育经费统计年鉴

China Educational Finance Statistical Yearbook

教　育　部　财　务　司
国家统计局社会科技和文化产业统计司　编

中国统计出版社
China Statistics Press

图书在版编目（CIP）数据

中国教育经费统计年鉴. 2024 = China Educational Finance Statistical Yearbook 2024 / 教育部财务司, 国家统计局社会科技和文化产业统计司编. -- 北京 : 中国统计出版社, 2025. 4. -- ISBN 978-7-5230-0736-5

Ⅰ. G526.72-54

中国国家版本馆 CIP 数据核字第 20255N4706 号

中国教育经费统计年鉴 2024

作　　者/教育部财务司　国家统计局社会科技和文化产业统计司
责任编辑/宋怡璇
封面设计/李雪燕
出版发行/中国统计出版社有限公司
通信地址/北京市丰台区西三环南路甲 6 号　邮政编码/100073
发行电话/邮购（010）63376909　书店（010）68783171
网　　址/ http://www.zgtjcbs.com
印　　刷/河北鑫兆源印刷有限公司
经　　销/新华书店
开　　本/880mm×1230mm　1/16
字　　数/1288 千字
印　　张/40
版　　别/2025 年 4 月第 1 版
版　　次/2025 年 4 月第 1 次印刷
定　　价/368.00 元

《中国教育经费统计年鉴 2024》
编辑委员会

前　言

《中国教育经费统计年鉴 2024》比较全面、系统地反映了 2023 年全国教育经费来源和使用情况，是编制教育发展规划、制定教育财政政策、开展教育投入研究、提高教育财务管理水平的重要参考。

全国教育经费统计数据是从最基层的学校、单位开始填报，层层汇总形成的。各级教育、财政、统计等部门高度重视、认真组织，各基层单位按照准确、及时、完整的要求编制报表，上海市教育科学研究院、中国教育经济信息研究中心等单位在数据汇总过程中给予了大力支持，保证了全国教育经费统计数据审核汇总工作的顺利完成，在此表示衷心感谢。由于本年鉴涉及范围广、内容多，在数据整理和编撰方面难免存在不足，敬请指正。

编　者

2024 年 12 月

目 录

第一部分 全国教育经费收支

第二部分　各地区按来源分类教育经费收入

第三部分　各地区各级各类教育机构教育经费收入

第一部分

全国教育经费收支

1-1 全国教育

年份	合计(千元)	国家财政性教育经费	#一般公共预算教育经费	民办学校中举办者投入	捐赠收入	事业收入	#学费	其他教育经费
1991	73150282	61782860	48217992		6282097		3234756	1850569
1992	86704905	72875058	56493638		6962852		4393193	2473802
1993	105993744	86776183	67661503	333227	7018561		8714769	3151004
1994	148878126	117473956	93112851	1077952	9744871		14692281	5889066
1995	187795011	141152333	109294729	2036715	16284140		20124225	8197598
1996	226233935	167170455	128808414	2619989	18841895		26103612	11497984
1997	253173257	186254163	144126882	3017464	17065876		32607920	14227834
1998	294905918	203245257	165401831	4803140	14185373	60915149	36974735	11756999
1999	334904164	228717561	191136888	6289571	12586942	74971737	46361079	12338353
2000	384908058	256260557	219176521	8585372	11395569	93827167	59483043	14839393
2001	463766262	305700995	270565484	12808952	11288518	115751371	74560135	18216426
2002	548002776	349140475	325494252	17255487	12727910	146091688	92277917	22787216
2003	620826530	385062366	361909774	25901478	10459269	172183991	112149847	27219426
2004	724259892	446585748	424442091	34785288	9342038	201142680	134655173	32404138
2005	841883905	516107593	494603791	45221850	9316129	233999909	155305446	37238424
2006	981530865	634836475	613534811	54905830	8990776	240730422	155233010	42067362
2007	1214806630	828021421	809433686	8093374	9305839	317723573	213090822	51662423
2008	1450073742	1044962956	1021296753	6984793	10266633	336707107	234929828	51152253
2009	1650270650	1223109354	1197497528	7498291	12549905	352759391	251559826	54353709
2010	1956184707	1467006696	1416390290	10542536	10788394	410606635	301555934	57240446
2011	2386929356	1858670092	1782173800	11193198	11186751	442469266	331697419	63410049
2012	2865530519	2314756979	2031416851	12817531	9569193	461984036	350483008	66402780
2013	3036471815	2448821774	2140567150	14740887	8554445	492620868	373768686	71733841
2014	3280646093	2642058205	2257600985	13134764	7967003	542715808	405303926	74770313
2015	3612919267	2922145113	2586187400	18766195	8699601	580972390	431736109	82335968
2016	3888838503	3139625189	2770063252	20327326	8104474	627682918	477093392	93098597
2017	4256200690	3420775455	2991978381	22500611	8499744	695757339	529328150	108667542
2018	4614299799	3699577044	3199272981	24062098	9475745	773824986	589583432	107359927
2019	5017811662	4004654525	3464856852	22013039	10137523	872350208	668630236	108656368
2020	5303386810	4290815427	3631047281	22925156	11723547	870411767	676143023	107510913
2021	5787366927	4583530889	3746336473	24238215	14266540	1045751597	813065252	119579685
2022	6132913818	4847290938	3925696266	18827649	15431211	1083182147	845162157	168181873
2023	6459503920	5043946502	4081392282	18479168	13817367	1184528887	907628435	198731996

注：1.“其他教育经费”数据1991至1997年包含扣除“学费”后的事业收入；“民办学校中举办者投入”数据1993至2006年为社会团体和公民个人办学总经费；“一般公共预算教育经费”数据1991至2011年包括教育事业费、基本建设经费、教育费附加、科研经费和其他经费，2012年起仅包括教育事业费、基本建设经费和教育费附加，2015年起教育事业费包含地方教育附加和土地出让收益计提的教育资金。

2.表中“#”表示其中的主要项，以下同；表中“空格”表示无该项数据，以下同。

经费总收入

构成(%)	国家财政性教育经费	#一般公共预算教育经费	民办学校中举办者投入	捐赠收入	事业收入	#学费	其他教育经费
100.00	84.46	65.92		8.59		4.42	2.53
100.00	84.05	65.16		8.03		5.07	2.85
100.00	81.87	63.84	0.31	6.62		8.22	2.97
100.00	78.91	62.54	0.72	6.55		9.87	3.96
100.00	75.16	58.20	1.08	8.67		10.72	4.37
100.00	73.89	56.94	1.16	8.33		11.54	5.08
100.00	73.57	56.93	1.19	6.74		12.88	5.62
100.00	68.92	56.09	1.63	4.81	20.66	12.54	3.99
100.00	68.29	57.07	1.88	3.76	22.39	13.84	3.68
100.00	66.58	56.94	2.23	2.96	24.38	15.45	3.86
100.00	65.92	58.34	2.76	2.43	24.96	16.08	3.93
100.00	63.71	59.40	3.15	2.32	26.66	16.84	4.16
100.00	62.02	58.29	4.17	1.68	27.73	18.06	4.38
100.00	61.66	58.60	4.80	1.29	27.77	18.59	4.47
100.00	61.30	58.75	5.37	1.11	27.79	18.45	4.42
100.00	64.68	62.51	5.59	0.92	24.53	15.82	4.29
100.00	68.16	66.63	0.67	0.77	26.15	17.54	4.25
100.00	72.06	70.43	0.48	0.71	23.22	16.20	3.53
100.00	74.12	72.56	0.45	0.76	21.38	15.24	3.29
100.00	74.99	72.41	0.54	0.55	20.99	15.42	2.93
100.00	77.87	74.66	0.47	0.47	18.54	13.90	2.66
100.00	80.78	70.89	0.45	0.33	16.12	12.23	2.32
100.00	80.65	70.50	0.49	0.28	16.22	12.31	2.36
100.00	80.53	68.82	0.40	0.24	16.54	12.35	2.28
100.00	80.88	71.58	0.52	0.24	16.08	11.95	2.28
100.00	80.73	71.23	0.52	0.21	16.14	12.27	2.39
100.00	80.37	70.30	0.53	0.20	16.35	12.44	2.55
100.00	80.18	69.33	0.52	0.21	16.77	12.78	2.33
100.00	79.81	69.05	0.44	0.20	17.39	13.33	2.17
100.00	80.91	68.47	0.43	0.22	16.41	12.75	2.03
100.00	79.20	64.73	0.42	0.25	18.07	14.05	2.07
100.00	79.04	64.01	0.31	0.25	17.66	13.78	2.74
100.00	78.09	63.18	0.29	0.21	18.34	14.05	3.08

1-1 续表

指标	总计		
	合计	中央	地方
总计	**6459503920**	**571906219**	**5887597702**
一、国家财政性教育经费	5043946502	395475360	4648471142
1.一般公共预算安排的教育经费	4856290519	354056871	4502233648
(1)一般公共预算教育经费	4081392282	176709148	3904683135
①教育事业费	3860165569	164336605	3695828964
②基本建设经费	96704642	12372542	84332099
③教育费附加	124522071		124522071
(2)其他一般公共预算安排的教育经费	774898236	177347724	597550513
①科研经费	72518283	49505762	23012521
②其他	702379953	127841962	574537992
2.政府性基金预算安排的教育经费	132949658	5526956	127422702
#彩票公益金	6078994	1465036	4613958
3.国有及国有控股企业办学中的企业拨款	1572862	489037	1083825
4.校办产业和社会服务收入用于教育的经费	4893905	2864164	2029741
5.其他属于国家财政性教育经费	48239559	32538332	15701227
二、民办学校中举办者投入	18479168		18479168
三、捐赠收入	13817367	5866875	7950493
#港澳台及海外捐赠	917196	626331	290865
四、事业收入	1184528887	134197951	1050330936
#学费	907628435	42437211	865191225
五、其他教育经费	198731996	36366032	162365964

单位：千元

教育部门和其他部门			国有及国有控股企业办学			民办学校
合计	中央	地方	合计	中央	地方	地方
5662600531	**548025764**	**5114574767**	**37048493**	**23880455**	**13168038**	**759854897**
4929877333	374577576	4555299757	26275021	20897784	5377237	87794148
4746811887	334800319	4412011568	22983798	19256553	3727245	86494834
3979189952	161327565	3817862387	18979833	15381582	3598251	83222497
3767979478	152323810	3615655668	15430013	12012795	3417218	76756078
92177615	9003755	83173860	3526347	3368787	157560	1000679
119032859		119032859	23473		23473	5465740
767621935	173472753	594149181	4003965	3874970	128994	3272337
71769469	49278371	22491098	227451	227391	60	521363
695852465	124194382	571658083	3776514	3647579	128934	2750974
131061350	4484104	126577245	1077270	1042852	34418	811038
5929779	1330490	4599289	134846	134546	300	14369
			1572862	489037	1083825	
4400728	2802302	1598426	493177	61862	431316	
47603368	32490851	15112518	147914	47482	100433	488276
						18479168
11557407	5851368	5706039	40941	15506	25435	2219019
874198	626331	247867				42999
540670400	131876565	408793835	9252216	2321386	6930830	634606271
316946657	41234599	275712058	6721358	1202611	5518746	583960420
180495391	35720254	144775137	1480316	645778	834537	16756290

1-2 各级各类教育机构

学校类别	总计	国家财政性教育经费	一般公共预算安排的教育经费	一般公共预算教育经费	教育事业费	基本建设经费	教育费附加	科研经费
总计	**6459503920**	**5043946502**	**4856290519**	**4081392282**	**3860165569**	**96704642**	**124522071**	**72518283**
一、高等学校	1764174218	1064779956	976289823	820633003	772291760	41139434	7201810	70298342
1.普通高等学校	1744481089	1055689240	967419356	813374308	765192242	41090184	7091881	70294706
高等本科学校	1381394571	821037246	753714748	618011475	579417141	35547092	3047242	69928851
高职高专学校	363086518	234651994	213704608	195362832	185775101	5543092	4044639	365855
2.成人高等学校	19693130	9090716	8870467	7258696	7099518	49250	109929	3635
二、中等职业学校	330801925	286968579	254763705	222269828	208248825	2477526	11543477	160047
1.中等专业学校	150956349	132730253	118942143	103158932	96190834	1360341	5607756	47681
2.职业高中	121443608	108103596	93342823	81995173	76277980	783599	4933594	59091
#农村	56297959	50734806	41869578	37366290	35214252	323295	1828742	41664
3.技工学校	49275573	38690030	35259104	31179971	29995472	322294	862205	26006
4.成人中专学校	9126395	7444701	7219635	5935751	5784539	11292	139921	27269
三、中学	1798739738	1519437368	1494906634	1289855209	1211281900	26886824	51686485	666854
1.普通中学	1798312179	1519040922	1494510361	1289514148	1210944852	26886824	51682472	666812
普通高中	684767831	526117787	513637465	439462788	407254646	13168713	19039428	367998
#农村	267905961	206336224	202716370	174226701	167262452	2234633	4729617	97222
普通初中	1113544348	992923135	980872896	850051360	803690206	13718111	32643044	298813
#农村	572936661	530097144	525969463	455205168	441353245	3137420	10714503	67395
2.成人中学	427559	396445	396273	341061	337048		4013	42
四、小学	1704582028	1557374301	1540882757	1324328883	1264897256	18122547	41309080	356806
1.普通小学	1704565087	1557357359	1540865816	1324312446	1264880819	18122547	41309080	356806
#农村	903496109	853979262	848713398	723991702	706059956	4738023	13193724	81379
2.成人小学	16941	16941	16941	16437	16437			
五、特殊教育	25019531	24703511	24419815	20637763	19688973	224261	724528	4238
1.特殊教育学校	23762248	23503989	23237460	19615713	18821269	157414	637030	4238
2.工读学校	1257282	1199522	1182356	1022050	867704	66848	87499	
六、幼儿园	538630465	315013373	296888002	266549597	254127291	2957891	9464415	111858
#农村	216197705	142567228	134067541	119542625	115586465	1309514	2646646	95868
七、教育行政单位	44992609	43717383	41869890	33800099	32840847	184116	775137	331189
八、教育事业单位	96294587	80342733	76912186	64829883	62684403	520464	1625017	309158
九、其他	156268819	151609298	149357707	38488017	34104315	4191580	192122	279792

教育经费收入情况(全国)

单位：千元

其　他	政府性基金预算安排的教育经费	#彩　票公益金	国有及国有控股企业办学中的企业拨款	校办产业和社会服务收入中用于教育的经费	其　他属于国家财政性教育经费	民办学校中举办者投　入	捐赠收入	事业收入	#学　费	其　他教育经费
702379953	**132949658**	**6078994**	**1572862**	**4893905**	**48239559**	**18479168**	**13817367**	**1184528887**	**907628435**	**198731996**
85358478	36215959	1020030	519868	3514747	48239559	5547587	7889377	600399333	391758730	85557966
83750342	36116705	1019961	511973	3401648	48239559	5547587	7886271	590286404	384134697	85071587
65774421	16115119	309871		3085548	48121831	3810114	7520576	474099468	289282429	74927167
17975920	20001586	710089	511973	316100	117727	1737473	365696	116186936	94852268	10144420
1608136	99254	69	7895	113099			3106	10112929	7624033	486379
32333830	31328791	1133375	205920	670163		1812500	347762	35172172	22797972	6500913
15735531	13371778	1035713	33327	383005		671314	58892	15014628	9462790	2481261
11288558	14742507	92802	501	17765		1014638	97731	10087233	6823403	2140412
4461625	8862501	44711	370	2357		497601	46800	4102066	2666603	916685
4053127	3031920	3351	166686	232319		71786	185954	8634989	5516596	1692815
1256615	182587	1510	5406	37074		54763	5185	1435322	995183	186425
204384572	24464275	1064265	44824	21635		5149963	2267782	225664084	195164496	46220542
204329401	24464103	1064265	44824	21635		5149963	2267736	225659320	195162771	46194238
73806679	12436990	342402	21698	21635		3805646	1227551	137180205	115338439	16436642
28392447	3615988	135134		3866		2143019	585208	53083372	43599786	5758137
130522722	12027113	721863	23126			1344317	1040185	88479115	79824332	29757596
70696900	4126310	250404	1372			631789	458066	27680092	24525383	14069570
55171	172						46	4764	1726	26303
216197068	16414437	851575	77106			1425518	1332769	94967723	88122746	49481716
216196564	16414437	851575	77106			1425518	1332769	94967723	88122746	49481716
124640317	5260049	443549	5815			542561	705125	24376634	21747883	23892528
504										
3777814	283696	82430				9901	47205	108405	72784	150508
3617509	266530	82430				6901	43831	67012	39997	140515
160305	17166					3000	3374	41393	32787	9993
30226547	17400227	169066	725144	1		4533699	704431	212105064	209113860	6273897
14429048	8331636	105428	168052			1487653	188008	70437294	69365008	1517522
7738601	1847493	434929					137816	92435		1044975
11773145	2899121	1293535		531425			1082732	12539617		2329505
110589898	2095657	29789		155935			7494	3480054	597847	1171973

1-3 各级各类教育机构

学校类别	总 计	国家财政性教育经费	一般公共预算安排的教育经费	一般公共预算教育经费				科研经费
					教育事业费	基本建设经费	教育费附加	
总 计	**594132002**	**417701144**	**378451673**	**195388231**	**182556610**	**12783392**	**48229**	**51896773**
一、高等学校	455574641	289493200	252073137	174904884	163179232	11699388	26265	51616626
1.普通高等学校	452847236	289128431	251797930	174750135	163024483	11699388	26265	51616485
高等本科学校	447003284	285283085	249325938	172692777	161465680	11200832	26265	51616268
高职高专学校	5843951	3845346	2471992	2057359	1558803	498556		216
2.成人高等学校	2727406	364769	275207	154749	154749			142
二、中等职业学校	1770799	1408941	1337415	1149651	875491	274160		
1.中等专业学校	1446768	1261763	1212725	1046254	772094	274160		
2.职业高中	11406	9690	9690	3317	3317			
#农村	11406	9690	9690	3317	3317			
3.技工学校	300779	128282	105795	96095	96095			
4.成人中专学校	11846	9206	9206	3986	3986			
三、中 学	9077131	7580405	7541696	6529797	6173723	334114	21960	673
1.普通中学	9077131	7580405	7541696	6529797	6173723	334114	21960	673
普通高中	4876217	3658136	3633684	3209653	2991797	205081	12775	220
#农村	423606	383384	383384	346942	337008	9934		20
普通初中	4200914	3922269	3908012	3320143	3181926	129033	9185	453
#农村	1802948	1779127	1776810	1404569	1343247	61322		335
2.成人中学								
四、小 学	6104786	5878552	5763924	4769475	4440388	329086		995
1.普通小学	6104786	5878552	5763924	4769475	4440388	329086		995
#农村	3470362	3426135	3333262	2637439	2491244	146195		683
2.成人小学								
五、特殊教育	9795	9794	9651	6686	6686			
1.特殊教育学校	9795	9794	9651	6686	6686			
2.工读学校								
六、幼儿园	3484907	2545559	2310139	2072234	2033472	38757	4	
#农村	974594	901831	874269	741965	725235	16729		
七、教育行政单位	2666657	2506257	2224038	1661091	1661091			370
八、教育事业单位	10048372	4096172	3041294	2723334	2717225	6109		123948
九、其 他	105394914	104182265	104150378	1571078	1469301	101777		154162

教育经费收入情况(中央)

单位：千元

其 他	政府性基金预算安排的教育经费	#彩 票公益金	国有及国有控股企业办学中的企业拨款	校办产业和社会服务收入中用于教育的经费	其 他属于国家财政性教育经费	民办学校中举办者投 入	捐赠收入	事业收入	#学 费	其 他教育经费
131166669	**5531518**	**1472162**	**489037**	**2864164**	**30364753**		**5866875**	**134197951**	**42437211**	**36366032**
25551626	3997643	106593	290129	2767538	30364753		4837709	127317314	41238435	33926419
25431310	3910099	106593	290129	2765519	30364753		4835554	125072575	39347920	33810676
25016893	2828682	33980		2763956	30364509		4833530	123343632	38420817	33543038
414417	1081417	72613	290129	1563	244		2023	1728943	927103	267639
120316	87544			2018			2155	2244739	1890515	115743
187764	32115	18053	22487	16923			45	238880	99399	122933
166471	32115	18053		16923				97231	42938	87774
6373										1716
6373										1716
9700			22487				45	140208	55835	32244
5220								1441	627	1199
1011227	38680	36450		28			47015	401451	236029	1048260
1011227	38680	36450		28			47015	401451	236029	1048260
423811	24423	24423		28			30542	396831	236029	790708
36422							7302	19098	14231	13822
587416	14257	12027					16473	4620		257552
371905	2317	785					335	308		23178
993455	114628	21614					11875	2092		212266
993455	114628	21614					11875	2092		212266
695140	92873	1783					827	290		43110
2965	143	143								1
2965	143	143								1
237906	59000		176420				7733	779387	732321	152226
132305			27562				30	42664	38875	30069
562577	282219	282219					232			160168
194012	1007090	1007090		47788			962017	4565944		424239
102425138				31887			248	892883	131026	319519

1-4 各级各类教育机构

学校类别	总计	国家财政性教育经费	一般公共预算安排的教育经费	一般公共预算教育经费	教育事业费	基本建设经费	教育费附加	科研经费
总计	**5865371918**	**4626245358**	**4477838846**	**3886004052**	**3677608959**	**83921250**	**124473843**	**20621510**
一、高等学校	1308599577	775286756	724216686	645728119	609112528	29440046	7175545	18681715
1.普通高等学校	1291633853	766560809	715621426	638624172	602167760	29390796	7065617	18678222
高等本科学校	934391286	535754161	504388810	445318699	417951461	24346260	3020977	18312583
高职高专学校	357242567	230806648	211232615	193305473	184216298	5044536	4044639	365639
2.成人高等学校	16965724	8725947	8595260	7103947	6944769	49250	109929	3494
二、中等职业学校	329031127	285559639	253426290	221120177	207373334	2203365	11543477	160047
1.中等专业学校	149509581	131468490	117729418	102112678	95418741	1086181	5607756	47681
2.职业高中	121432202	108093906	93333133	81991857	76274664	783599	4933594	59091
#农村	56286553	50725116	41859888	37362973	35210936	323295	1828742	41664
3.技工学校	48974794	38561748	35153310	31083877	29899377	322294	862205	26006
4.成人中专学校	9114549	7435495	7210429	5931766	5780553	11292	139921	27269
三、中　学	1789662607	1511856963	1487364938	1283325412	1205108178	26552710	51664525	666181
1.普通中学	1789235048	1511460517	1486968665	1282984352	1204771130	26552710	51660512	666139
普通高中	679891614	522459651	510003780	436253134	404262849	12963632	19026653	367779
#农村	267482355	205952840	202332986	173879759	166925444	2224698	4729617	97202
普通初中	1109343434	989000867	976964884	846731217	800508281	13589078	32633859	298361
#农村	571133713	528318018	524192653	453800599	440009998	3076098	10714503	67060
2.成人中学	427559	396445	396273	341061	337048		4013	42
四、小　学	1698477242	1551495749	1535118833	1319559408	1260456867	17793460	41309080	355811
1.普通小学	1698460300	1551478807	1535101892	1319542971	1260440430	17793460	41309080	355811
#农村	900025747	850553127	845380136	721354263	703568712	4591827	13193724	80696
2.成人小学	16941	16941	16941	16437	16437			
五、特殊教育	25009736	24693717	24410164	20631077	19682287	224261	724528	4238
1.特殊教育学校	23752453	23494195	23227808	19609026	18814583	157414	637030	4238
2.工读学校	1257282	1199522	1182356	1022050	867704	66848	87499	
六、幼儿园	535145559	312467814	294577863	264477363	252093818	2919133	9464411	111858
#农村	215223111	141665397	133193272	118800660	114861229	1292785	2646646	95868
七、教育行政单位	42325952	41211126	39645852	32139008	31179756	184116	775137	330820
八、教育事业单位	86246214	76246561	73870892	62106549	59967177	514355	1625017	185210
九、其　他	50873905	47427034	45207329	36916939	32635014	4089803	192122	125629

教育经费收入情况(地方)

单位：千元

其　他	政府性基金预算安排的教育经费	#彩　票公益金	国有及国有控股企业办学中的企业拨款	校办产业和社会服务收入中用于教育的经费	其　他属于国家财政性教育经费	民办学校中举办者投　入	捐赠收入	事业收入	#学　费	其　他教育经费
571213284	**127418140**	**4606832**	**1083825**	**2029741**	**17874806**	**18479168**	**7950493**	**1050330936**	**865191225**	**162365964**
59806851	32218316	913437	229739	747210	17874806	5547587	3051668	473082019	350520295	51631547
58319032	32206606	913368	221844	636129	17874806	5547587	3050718	465213829	344786776	51260910
40757529	13286437	275892		321591	17757322	3810114	2687046	350755836	250861611	41384129
17561503	18920168	637476	221844	314537	117483	1737473	363672	114457993	93925165	9876781
1487820	11711	69	7895	111081			951	7868190	5733518	370637
32146066	31296677	1115322	183433	653240		1812500	347717	34933292	22698572	6377980
15569060	13339663	1017660	33327	366082		671314	58892	14917397	9419852	2393487
11282185	14742507	92802	501	17765		1014638	97731	10087233	6823403	2138696
4455252	8862501	44711	370	2357		497601	46800	4102066	2666603	914969
4043427	3031920	3351	144199	232319		71786	185910	8494781	5460762	1660571
1251395	182587	1510	5406	37074		54763	5185	1433881	994556	185226
203373345	24425595	1027815	44824	21606		5149963	2220766	225262633	194928467	45172281
203318174	24425423	1027815	44824	21606		5149963	2220720	225257869	194926741	45145978
73382867	12412567	317979	21698	21606		3805646	1197009	136783374	115102409	15645934
28356025	3615988	135134		3866		2143019	577906	53064274	43585556	5744315
129935306	12012856	709836	23126			1344317	1023712	88474495	79824332	29500044
70324995	4123993	249619	1372			631789	457731	27679783	24525383	14046392
55171	172						46	4764	1726	26303
215203614	16299809	829961	77106			1425518	1320894	94965631	88122746	49269450
215203109	16299809	829961	77106			1425518	1320894	94965631	88122746	49269450
123945177	5167176	441766	5815			542561	704298	24376344	21747883	23849418
504										
3774849	283553	82287				9901	47205	108405	72784	150507
3614544	266387	82287				6901	43831	67012	39997	140514
160305	17166					3000	3374	41393	32787	9993
29988642	17341227	169066	548723	1		4533699	696697	211325677	208381539	6121671
14296744	8331636	105428	140490			1487653	187978	70394630	69326133	1487453
7176024	1565274	152710					137584	92435		884807
11579133	1892031	286445		483637			120715	7973672		1905266
8164760	2095657	29789		124048			7246	2587172	466822	852454

1-5 各级各类教育机构教育

学校类别	总 计	国家财政性教育经费	一般公共预算安排的教育经费	一般公共预算教育经费	教育事业费	基本建设经费	教育费附加	科研经费
总 计	**5657814494**	**4925091296**	**4742026645**	**3974761174**	**3763556366**	**92173308**	**119031500**	**71734525**
一、高等学校	1517584096	1028368137	942258204	790303016	745652679	37700915	6949422	69538076
1.普通高等学校	1498244894	1019394497	933494899	783125327	738634168	37651665	6839494	69534582
高等本科学校	1196413223	798288187	731909806	598890773	563167982	32764689	2958102	69295286
高职高专学校	301831671	221106310	201585092	184234554	175466187	4886976	3881392	239296
2.成人高等学校	19339202	8973640	8763305	7177689	7018511	49250	109929	3494
二、中等职业学校	295007067	276754075	245176879	213128336	199527241	2203365	11397730	160047
1.中等专业学校	135854160	127465861	113966640	98376384	91736610	1086181	5553594	47681
2.职业高中	110468580	105891286	91137898	79915504	74263481	783599	4868424	59091
#农村	51755122	49757669	40892830	36453585	34320764	323295	1809526	41664
3.技工学校	40932163	36150009	33008008	29049973	27889175	322294	838503	26006
4.成人中专学校	7752164	7246919	7064332	5786475	5637975	11292	137208	27269
三、中 学	1579065571	1494183123	1470111347	1266589780	1190072979	26542710	49974091	648088
1.普通中学	1578638012	1493786678	1469715074	1266248719	1189735931	26542710	49970078	648046
普通高中	573900888	518356380	506051907	432531287	400866795	12953632	18710859	354920
#农村	226109291	203164779	199650265	171428615	164608302	2214698	4605615	84377
普通初中	1004737124	975430298	963663167	833717432	788869136	13589078	31259219	293126
#农村	536858401	522763711	518832156	448545631	434890710	3076098	10578823	66855
2.成人中学	427559	396445	396273	341061	337048		4013	42
四、小 学	1582454685	1533822713	1517586339	1302344000	1245663269	17793209	38887521	352573
1.普通小学	1582437744	1533805772	1517569398	1302327563	1245646832	17793209	38887521	352573
#农村	869190225	845001452	839855760	715930980	698292097	4591827	13047056	80671
2.成人小学	16941	16941	16941	16437	16437			
五、特殊教育	24755978	24571768	24288215	20511817	19565482	224261	722073	4238
1.特殊教育学校	23556748	23384620	23118233	19502140	18708455	157414	636271	4238
2.工读学校	1199230	1187148	1169982	1009676	857027	66848	85802	
六、幼儿园	362195142	292459577	275173107	245263923	233839444	2916093	8508386	111724
#农村	162841836	135191739	126870129	112571665	108773138	1292145	2506383	95813
七、教育行政单位	44859739	43597506	41750580	33710548	32751296	184116	775137	331160
八、教育事业单位	96130891	80186891	76756345	64706546	62562695	518835	1625017	308990
九、其 他	155761325	151147505	148925630	38203207	33921282	4089803	192122	279629

经费收入情况(教育和其他部门)

单位：千元

其他	政府性基金预算安排的教育经费	#彩票公益金	国有及国有控股企业办学中的企业拨款	校办产业和社会服务收入中用于教育的经费	其他属于国家财政性教育经费	民办学校中举办者投入	捐赠收入	事业收入	#学费	其他教育经费
695530946	**131060555**	**5929779**		**4400728**	**47603368**		**11557407**	**540670400**	**316946657**	**180495391**
82417111	35100772	945311		3405793	47603368		6966171	404987185	219674081	77262603
80834989	35001518	945242		3294712	47603368		6963103	395100410	212151111	76786884
63723747	15812545	307766		3073629	47492207		6764226	322384437	154365482	68976373
17111242	19188973	637476		221083	111162		198877	72715974	57785629	7810511
1582122	99254	69		111081			3068	9886775	7522970	475720
31888495	31261540	1115282		315656			95639	12877989	4667476	5279363
15542575	13305755	1017660		193465			40710	6318772	2349933	2028818
11163302	14741307	92762		12081			43143	2687295	787908	1846856
4397582	8862481	44691		2357			22149	1195559	261331	779745
3932029	3031891	3351		110110			7255	3489837	1416537	1285062
1250589	182587	1510					4532	382086	113097	118627
202873480	24050141	1023201		21635			1775236	41342861	28105026	41764350
202818309	24049969	1023201		21635			1775190	41338097	28103300	41738047
73165701	12282838	315646		21635			976116	40110447	28103300	14457945
28137272	3510648	134607		3866			530911	17210185	11858663	5203416
129652608	11767131	707555					799074	1227650		27280102
70219670	3931555	247624					385726	132153		13576811
55171	172						46	4764	1726	26303
214889766	16236374	837365					1067262	557346		47007364
214889262	16236374	837365					1067262	557346		47007364
123844109	5145692	440875					620858	148819		23419096
504										
3772160	283553	82287					41401	27283	368	115525
3611855	266387	82287					38027	21879	368	112221
160305	17166						3374	5404		3304
29797460	17286470	168646					385328	64794010	63901859	4556227
14202651	8321610	105428					131057	26329818	26036773	1189221
7708872	1846926	434362					137584	92435		1032214
11740808	2899121	1293535		531425			1081291	12533268		2329440
110442793	2095657	29789		126219			7494	3458022	597847	1148304

1-6 各级各类教育机构教育

学校类别	总计	国家财政性教育经费	一般公共预算安排的教育经费	一般公共预算教育经费	教育事业费	基本建设经费	教育费附加	科研经费
总计	**569901342**	**396453155**	**358943256**	**179822806**	**170363281**	**9411297**	**48229**	**51669382**
一、高等学校	445377655	281512537	245357868	169710874	160277897	9406712	26265	51391262
1.普通高等学校	442803812	281237782	245170656	169617965	160184989	9406712	26265	51391262
高等本科学校	441473436	280372562	244574650	169087872	159654895	9406712	26265	51391186
高职高专学校	1330376	865220	596006	530093	530093			76
2.成人高等学校	2573843	274755	187212	92909	92909			
二、中等职业学校	159811	111195	111195	94336	94336			
1.中等专业学校	158185	111195	111195	94336	94336			
2.职业高中								
#农村								
3.技工学校								
4.成人中专学校	1627							
三、中学	4049117	2728983	2728955	2596859	2574899		21960	
1.普通中学	4049117	2728983	2728955	2596859	2574899		21960	
普通高中	2770852	1676934	1676905	1560446	1547671		12775	
#农村	203021	169688	169688	168293	168293			
普通初中	1278264	1052050	1052050	1036413	1027228		9185	
#农村	7848	7848	7848	6524	6524			
2.成人中学								
四、小学	1240765	1095545	1079045	1048392	1048287	105		
1.普通小学	1240765	1095545	1079045	1048392	1048287	105		
#农村	23386	23386	23386	20355	20355			
2.成人小学								
五、特殊教育								
1.特殊教育学校								
2.工读学校								
六、幼儿园	1768112	957713	957713	914540	914536		4	
#农村	32054	24230	24230	22701	22701			
七、教育行政单位	2533787	2386380	2104728	1571540	1571540			340
八、教育事业单位	9884677	3940331	2885452	2599997	2595517	4480		123780
九、其他	104887420	103720472	103718301	1286268	1286268			154000

经费收入情况(中央教育和其他部门)

单位：千元

其　他	政府性基金预算安排的教育经费	#彩　票公益金	国有及国有控股企业办学中的企业拨款	校办产业和社会服务收入中用于教育的经费	其　他属于国家财政性教育经费	民办学校中举办者投　入	捐赠收入	事业收入	#学　费	其　他教育经费
127451068	**4488666**	**1337616**		**2802302**	**30218930**		**5851368**	**131876565**	**41234599**	**35720254**
24255732	3183424	32374		2752315	30218930		4834827	125397251	40239390	33633040
24161429	3095881	32374		2752315	30218930		4832672	123215403	38387993	33517955
24095592	2827077	32374		2752038	30218798		4830838	122781511	38087501	33488525
65837	268804			277	132		1833	433892	300492	29430
94303	87544						2155	2181848	1851397	115085
16859								39383	15645	9234
16859								38756	15018	8234
								627	627	1000
132096				28			41777	322117	202388	956239
132096				28			41777	322117	202388	956239
116459				28			29119	318596	202388	746204
1395							7302	13745	10136	12286
15637							12659	3521		210034
1324										
30652	16500	16500					6237	1405		137578
30652	16500	16500					6237	1405		137578
3030										
43173							7703	685962	646150	116733
1529								4295	3933	3529
532848	281652	281652								147407
161675	1007090	1007090		47788			960576	4559596		424174
102278033				2171			248	870850	131026	295850

1-7 各级各类教育机构教育

学校类别	总计	国家财政性教育经费	一般公共预算安排的教育经费	一般公共预算教育经费	教育事业费	基本建设经费	教育费附加	科研经费
总计	**5087913152**	**4528638142**	**4383083389**	**3794938367**	**3593193085**	**82762011**	**118983271**	**20065143**
一、高等学校	1072206442	746855600	696900336	620592143	585374782	28294203	6923158	18146814
1.普通高等学校	1055441082	738156715	688324242	613507362	578449180	28244953	6813229	18143320
高等本科学校	754939787	517915625	487335156	429802901	403513086	23357978	2931838	17904100
高职高专学校	300501296	220241090	200989086	183704461	174936093	4886976	3881392	239220
2.成人高等学校	16765360	8698885	8576093	7084780	6925602	49250	109929	3494
二、中等职业学校	294847255	276642880	245065684	213034001	199432906	2203365	11397730	160047
1.中等专业学校	135695975	127354666	113855446	98282048	91642274	1086181	5553594	47681
2.职业高中	110468580	105891286	91137898	79915504	74263481	783599	4868424	59091
#农村	51755122	49757669	40892830	36453585	34320764	323295	1809526	41664
3.技工学校	40932163	36150009	33008008	29049973	27889175	322294	838503	26006
4.成人中专学校	7750537	7246919	7064332	5786475	5637975	11292	137208	27269
三、中学	1575016454	1491454140	1467382393	1263992921	1187498080	26542710	49952131	648088
1.普通中学	1574588896	1491057695	1466986119	1263651860	1187161032	26542710	49948118	648046
普通高中	571130035	516679447	504375002	430970840	399319124	12953632	18698084	354920
#农村	225906270	202995091	199480577	171260322	164440009	2214698	4605615	84377
普通初中	1003458860	974378248	962611117	832681020	787841908	13589078	31250034	293126
#农村	536850553	522755863	518824308	448539107	434884186	3076098	10578823	66855
2.成人中学	427559	396445	396273	341061	337048		4013	42
四、小学	1581213921	1532727169	1516507294	1301295607	1244614982	17793104	38887521	352573
1.普通小学	1581196979	1532710227	1516490353	1301279170	1244598545	17793104	38887521	352573
#农村	869166840	844978066	839832375	715910625	698271741	4591827	13047056	80671
2.成人小学	16941	16941	16941	16437	16437			
五、特殊教育	24755978	24571768	24288215	20511817	19565482	224261	722073	4238
1.特殊教育学校	23556748	23384620	23118233	19502140	18708455	157414	636271	4238
2.工读学校	1199230	1187148	1169982	1009676	857027	66848	85802	
六、幼儿园	360427030	291501864	274215394	244349383	232924907	2916093	8508382	111724
#农村	162809781	135167509	126845899	112548965	108750437	1292145	2506383	95813
七、教育行政单位	42325952	41211126	39645852	32139008	31179756	184116	775137	330820
八、教育事业单位	86246214	76246561	73870892	62106549	59967177	514355	1625017	185210
九、其他	50873905	47427034	45207329	36916939	32635014	4089803	192122	125629

经费收入情况(地方教育和其他部门)

单位：千元

其 他	政府性基金预算安排的教育经费	#彩 票 公益金	国有及国有控股企业办学中的企业拨款	校办产业和社会服务收入中用于教育的经费	其 他 属于国家财政性教育经费	民办学校中举办者投 入	捐赠收入	事业收入	#学 费	其 他 教育经费
568079878	**126571889**	**4592163**		**1598426**	**17384438**		**5706039**	**408793835**	**275712058**	**144775137**
58161380	31917348	912937		653478	17384438		2131344	279589934	179434691	43629563
56673560	31905637	912868		542397	17384438		2130432	271885007	173763118	43268929
39628155	12985469	275392		321591	17273408		1933388	199602925	116277981	35487848
17045405	18920168	637476		220806	111030		197043	72282082	57485137	7781081
1487820	11711	69		111081			913	7704927	5671573	360635
31871636	31261540	1115282		315656			95639	12838606	4651830	5270129
15525716	13305755	1017660		193465			40710	6280015	2334915	2020584
11163302	14741307	92762		12081			43143	2687295	787908	1846856
4397582	8862481	44691		2357			22149	1195559	261331	779745
3932029	3031891	3351		110110			7255	3489837	1416537	1285062
1250589	182587	1510					4532	381459	112470	117627
202741384	24050141	1023201		21606			1733459	41020744	27902637	40808112
202686213	24049969	1023201		21606			1733413	41015980	27900912	40781808
73049242	12282838	315646		21606			946997	39791851	27900912	13711741
28135878	3510648	134607		3866			523609	17196440	11848527	5191130
129636971	11767131	707555					786416	1224129		27070067
70218346	3931555	247624					385726	132153		13576811
55171	172						46	4764	1726	26303
214859114	16219874	820865					1061025	555941		46869786
214858610	16219874	820865					1061025	555941		46869786
123841078	5145692	440875					620858	148819		23419096
504										
3772160	283553	82287					41401	27283	368	115525
3611855	266387	82287					38027	21879	368	112221
160305	17166						3374	5404		3304
29754287	17286470	168646					377625	64108048	63255709	4439494
14201122	8321610	105428					131057	26325523	26032840	1185692
7176024	1565274	152710					137584	92435		884807
11579133	1892031	286445		483637			120715	7973672		1905266
8164760	2095657	29789		124048			7246	2587172	466822	852454

1-8 各级各类教育机构

学校类别	总计	国家财政性教育经费	一般公共预算安排的教育经费	一般公共预算教育经费	教育事业费	基本建设经费	教育费附加	科研经费
总计	**37616194**	**26842722**	**23551499**	**19477860**	**15924077**	**3529655**	**24129**	**227471**
一、高等学校	14926912	9834942	8243987	6714992	4264556	2450236	200	225444
1.普通高等学校	14599264	9736728	8155687	6652847	4202411	2450236	200	225302
高等本科学校	5589740	4914763	4755527	3609145	1815025	1794120		225082
高职高专学校	9009523	4821966	3400159	3043703	2387386	656116	200	220
2.成人高等学校	327648	98214	88301	62145	62145			142
二、中等职业学校	3951185	2620746	1994297	1730223	1455551	274160	512	
1.中等专业学校	2225156	1773463	1484573	1310999	1036339	274160	500	
2.职业高中	71355	16452	10267	3894	3894			
#农村	12726	10081	9712	3339	3339			
3.技工学校	1578656	763193	474297	395392	395392			
4.成人中专学校	76019	67638	25159	19939	19926		12	
三、中学	5444288	4998130	4914626	4034721	3692461	334114	8146	673
1.普通中学	5444288	4998130	4914626	4034721	3692461	334114	8146	673
普通高中	2311219	2009016	1962895	1655322	1450151	205081	91	220
#农村	348935	215937	215937	180890	170955	9934		20
普通初中	3133069	2989114	2951732	2379399	2242310	129033	8055	453
#农村	1880108	1788225	1784537	1413618	1344331	61322	7965	335
2.成人中学								
四、小学	5302487	5149550	4974316	4004959	3675281	328981	697	995
1.普通小学	5302487	5149550	4974316	4004959	3675281	328981	697	995
#农村	3477221	3431216	3332528	2639149	2492554	146195	400	683
2.成人小学								
五、特殊教育	10732	10175	10032	7067	7067			
1.特殊教育学校	9795	9794	9651	6686	6686			
2.工读学校	937	381	381	381	381			
六、幼儿园	7176530	3491667	2707013	2488198	2434868	38757	14573	
#农村	1909565	1242864	1074812	927977	905178	16729	6070	
七、教育行政单位	132870	119877	119310	89551	89551			30
八、教育事业单位	163696	155841	155841	123337	121708	1629		167
九、其他	507494	461793	432077	284810	183033	101777		162

教育经费收入情况(国有及国有控股企业办)

单位: 千元

其他	政府性基金预算安排的教育经费	#彩票公益金	国有及国有控股企业办学中的企业拨款	校办产业和社会服务收入中用于教育的经费	其他属于国家财政性教育经费	民办学校中举办者投入	捐赠收入	事业收入	#学费	其他教育经费
3846168	**1077270**	**134846**	**1572862**	**493177**	**147914**		**40941**	**9252216**	**6721358**	**1480316**
1303551	814219	74219	519868	108954	147914		4232	4290492	2398804	797246
1277537	814219	74219	511973	106936	147914		4194	4071445	2304848	786896
921301	1606	1606		11919	145711		2692	601362	352905	70923
356236	812613	72613	511973	95017	2204		1502	3470082	1951943	715973
26014			7895	2018			38	219047	93956	10350
264073	66023	18053	205920	354506			13176	1044133	557231	273130
173574	66023	18053	33327	189540				307852	122479	143841
6373			501	5684			12	52894	41615	1997
6373			370					928	795	1716
78906			166686	122210			13164	675799	390835	126499
5220			5406	37074				7588	2304	793
879232	38680	36450	44824				5238	335037	274895	105883
879232	38680	36450	44824				5238	335037	274895	105883
307352	24423	24423	21698				1423	251134	196686	49646
35027								126833	116797	6165
571880	14257	12027	23126				3815	83903	78209	56238
370584	2317	785	1372				335	68370	64839	23178
968362	98128	5114	77106				5639	34395	27741	112904
968362	98128	5114	77106				5639	34395	27741	112904
692696	92873	1783	5815				827	290		44889
2965	143	143						556		1
2965	143	143								1
								556		
218814	59510	300	725144	1			10983	3519223	3462687	154657
146834			168052				579	625660	615358	40462
29729	567	567					232			12761
32337							1441	6348		65
147105				29716				22032		23669

1-9 各级各类教育机构

学校类别	总计	国家财政性教育经费	一般公共预算安排的教育经费	一般公共预算教育经费	教育事业费	基本建设经费	教育费附加	科研经费
总计	**24230660**	**21247990**	**19508417**	**15565424**	**12193330**	**3372095**		**227391**
一、高等学校	10196987	7980663	6715269	5194010	2901334	2292676		225364
1.普通高等学校	10043424	7890649	6627274	5132170	2839494	2292676		225222
高等本科学校	5529848	4910523	4751288	3604905	1810785	1794120		225082
高职高专学校	4513576	2980126	1875986	1527266	1028709	498556		140
2.成人高等学校	153563	90014	87996	61840	61840			142
二、中等职业学校	1610987	1297746	1226221	1055316	781155	274160		
1.中等专业学校	1288583	1150568	1101530	951918	677758	274160		
2.职业高中	11406	9690	9690	3317	3317			
#农村	11406	9690	9690	3317	3317			
3.技工学校	300779	128282	105795	96095	96095			
4.成人中专学校	10219	9206	9206	3986	3986			
三、中学	5028015	4851422	4812741	3932938	3598824	334114		673
1.普通中学	5028015	4851422	4812741	3932938	3598824	334114		673
普通高中	2105365	1981203	1956779	1649207	1444126	205081		220
#农村	220584	213696	213696	178649	168715	9934		20
普通初中	2922650	2870219	2855962	2283731	2154698	129033		453
#农村	1795099	1771279	1768962	1398045	1336723	61322		335
2.成人中学								
四、小学	4864022	4783007	4684879	3721082	3392101	328981		995
1.普通小学	4864022	4783007	4684879	3721082	3392101	328981		995
#农村	3446976	3402750	3309876	2617084	2470888	146195		683
2.成人小学								
五、特殊教育	9795	9794	9651	6686	6686			
1.特殊教育学校	9795	9794	9651	6686	6686			
2.工读学校								
六、幼儿园	1716795	1587846	1352426	1157693	1118936	38757		
#农村	942540	877601	850039	719264	702535	16729		
七、教育行政单位	132870	119877	119310	89551	89551			30
八、教育事业单位	163696	155841	155841	123337	121708	1629		167
九、其他	507494	461793	432077	284810	183033	101777		162

教育经费收入情况(中央国有及国有控股企业办)

单位：千元

其 他	政府性基金预算安排的教育经费	#彩 票公益金	国有及国有控股企业办学中的企业拨款	校办产业和社会服务收入中用于教育的经费	其 他属于国家财政性教育经费	民办学校中举办者投 入	捐赠收入	事业收入	#学 费	其 他教育经费
3715601	**1042852**	**134546**	**489037**	**61862**	**145823**		**15506**	**2321386**	**1202611**	**645778**
1295895	814219	74219	290129	15223	145823		2882	1920063	999045	293379
1269881	814219	74219	290129	13204	145823		2882	1857172	959928	292722
921301	1606	1606		11919	145711		2692	562121	333317	54513
348580	812613	72613	290129	1286	112		190	1295051	626611	238209
26014				2018				62891	39117	658
170905	32115	18053	22487	16923			45	199497	83754	113699
149612	32115	18053		16923				58475	27919	79540
6373										1716
6373										1716
9700			22487				45	140208	55835	32244
5220								814		199
879131	38680	36450					5238	79333	33641	92022
879131	38680	36450					5238	79333	33641	92022
307352	24423	24423					1423	78235	33641	44504
35027								5353	4095	1536
571779	14257	12027					3815	1098		47518
370582	2317	785					335	308		23178
962802	98128	5114					5639	687		74689
962802	98128	5114					5639	687		74689
692110	92873	1783					827	290		43110
2965	143	143								1
2965	143	143								1
194733	59000		176420				30	93425	86171	35493
130775			27562				30	38369	34942	26540
29729	567	567					232			12761
32337							1441	6348		65
147105				29716				22032		23669

1-10　各级各类教育机构

学校类别	总　计	国家财政性教育经费	一般公共预算安排的教育经费	一般公共预算教育经费				
					教　育事业费	基本建设经　　费	教育费附　加	科研经费
总　　计	**13385534**	**5594732**	**4043082**	**3912436**	**3730747**	**157560**	**24129**	**80**
一、高等学校	4729925	1854280	1528718	1520982	1363222	157560	200	80
1.普通高等学校	4555840	1846080	1528413	1520677	1362917	157560	200	80
高等本科学校	59892	4240	4240	4240	4240			
高职高专学校	4495948	1841840	1524173	1516437	1358677	157560	200	80
2.成人高等学校	174085	8200	305	305	305			
二、中等职业学校	2340198	1323001	768076	674908	674395		512	
1.中等专业学校	936572	622895	383043	359081	358581		500	
2.职业高中	59949	6763	578	578	578			
#农村	1319	392	22	22	22			
3.技工学校	1277877	634911	368503	299297	299297			
4.成人中专学校	65799	58432	15953	15953	15940		12	
三、中　学	416274	146708	101885	101783	93637		8146	
1.普通中学	416274	146708	101885	101783	93637		8146	
普通高中	205854	27813	6115	6115	6025		91	
#农村	128350	2241	2241	2241	2241			
普通初中	210419	118895	95769	95668	87613		8055	
#农村	85008	16947	15575	15573	7608		7965	
2.成人中学								
四、小　学	438465	366543	289436	283877	283180		697	
1.普通小学	438465	366543	289436	283877	283180		697	
#农村	30245	28467	22651	22066	21666		400	
2.成人小学								
五、特殊教育	937	381	381	381	381			
1.特殊教育学校								
2.工读学校	937	381	381	381	381			
六、幼儿园	5459735	1903820	1354586	1330505	1315932		14573	
#农村	967025	365262	224772	208713	202644		6070	
七、教育行政单位								
八、教育事业单位								
九、其　他								

教育经费收入情况(地方国有及国有控股企业办)

单位：千元

其　他	政府性基金预算安排的教育经费	#彩　票公益金	国有及国有控股企业办学中的企业拨款	校办产业和社会服务收入中用于教育的经费	其　他属于国家财政性教育经费	民办学校中举办者投　入	捐赠收入	事业收入	#学　费	其　他教育经费
130566	**34418**	**300**	**1083825**	**431316**	**2092**		**25435**	**6930830**	**5518746**	**834537**
7656			229739	93732	2092		1350	2370429	1399759	503867
7656			221844	93732	2092		1312	2214273	1344920	494175
								39242	19588	16411
7656			221844	93732	2092		1312	2175031	1325332	477764
			7895				38	156156	54839	9692
93168	33908		183433	337583			13132	844635	473477	159431
23962	33908		33327	172616				249377	94559	64300
			501	5684			12	52894	41615	281
			370					928	795	
69206			144199	122210			13120	535591	335000	94256
			5406	37074				6773	2304	594
101			44824					255704	241254	13862
101			44824					255704	241254	13862
			21698					172900	163045	5142
								121480	112702	4629
101			23126					82804	78209	8720
2			1372					68062	64839	
5559			77106					33708	27741	38215
5559			77106					33708	27741	38215
586			5815							1779
								556		
								556		
24082	510	300	548723	1			10953	3425798	3376515	119164
16059			140490				549	587291	580416	13922

1-11 各级各类教育机构

学校类别	总 计	国家财政性教育经费	一般公共预算安排的教育经费	一般公共预算教育经费	教育事业费	基本建设经费	教育费附加	科研经费
总 计	**764073232**	**92012484**	**90712375**	**87153249**	**80685127**	**1001679**	**5466442**	**556287**
一、高等学校	231663210	26576877	25787632	23614995	22374525	988283	252187	534822
1.普通高等学校	231636931	26558015	25768770	23596133	22355663	988283	252187	534822
高等本科学校	179391608	17834297	17049414	15511557	14434135	988283	89140	408483
高职高专学校	52245323	8723718	8719356	8084575	7921528		163048	126339
2.成人高等学校	26279	18862	18862	18862	18862			
二、中等职业学校	31843673	7593757	7592529	7411268	7266033		145235	
1.中等专业学校	12877033	3490930	3490930	3471548	3417886		53663	
2.职业高中	10903673	2195857	2194657	2075775	2010605		65170	
#农村	4530111	967056	967036	909366	890149		19217	
3.技工学校	6764754	1776827	1776799	1734607	1710905		23702	
4.成人中专学校	1298213	130144	130144	129338	126638		2700	
三、中 学	214229879	20256115	19880661	19230708	17516460	10000	1704248	18093
1.普通中学	214229879	20256115	19880661	19230708	17516460	10000	1704248	18093
普通高中	108555724	5752391	5622663	5276179	4937700	10000	328479	12859
#农村	41447735	2955509	2850169	2617196	2483194	10000	124002	12825
普通初中	105674155	14503723	14257998	13954529	12578760		1375770	5235
#农村	34198152	5545208	5352770	5245919	5118204		127714	204
2.成人中学								
四、小 学	116824856	18402037	18322102	17979924	15558706	356	2420862	3238
1.普通小学	116824856	18402037	18322102	17979924	15558706	356	2420862	3238
#农村	30828662	5546594	5525110	5421572	5275305		146267	24
2.成人小学								
五、特殊教育	252821	121568	121568	118879	116424		2455	
1.特殊教育学校	195706	109575	109575	106886	106127		759	
2.工读学校	57115	11993	11993	11993	10297		1696	
六、幼儿园	169258793	19062130	19007882	18797475	17852979	3040	941456	134
#农村	51446305	6132625	6122600	6042982	5908149	640	134193	55
七、教育行政单位								
八、教育事业单位								
九、其 他								

教育经费收入情况(民办)

单位：千元

其他	政府性基金预算安排的教育经费	#彩票公益金	国有及国有控股企业办学中的企业拨款	校办产业和社会服务收入中用于教育的经费	其他属于国家财政性教育经费	民办学校中举办者投入	捐赠收入	事业收入	#学费	其他教育经费
3002840	**811833**	**14369**			**488276**	**18479168**	**2219019**	**634606271**	**583960420**	**16756290**
1637816	300968	500			488276	5547587	918974	191121656	169685845	7498117
1637816	300968	500			488276	5547587	918974	191114549	169678738	7497807
1129374	300968	500			483914	3810114	753657	151113669	134564042	5879871
508442					4362	1737473	165317	40000880	35114696	1617936
								7107	7107	310
181261	1228	40				1812500	238946	21250050	17573264	948420
19381						671314	18183	8388005	6990378	308603
118883	1200	40				1014638	54575	7347044	5993880	291559
57670	20	20				497601	24651	2905579	2404477	135224
42192	28					71786	165535	4469353	3709224	281254
806						54763	653	1045649	879783	67005
631860	375454	4614				5149963	487308	183986185	166784576	4350308
631860	375454	4614				5149963	487308	183986185	166784576	4350308
333625	129728	2333				3805646	250012	96818624	87038453	1929052
220148	105340	527				2143019	54297	35746354	31624327	548556
298234	245725	2281				1344317	237296	87167562	79746123	2421257
106647	192438	1995				631789	72005	27479569	24460544	469581
338941	79935	9095				1425518	259869	94375982	88095005	2361449
338941	79935	9095				1425518	259869	94375982	88095005	2361449
103513	21484	891				542561	83440	24227524	21747883	428543
2689						9901	5804	80566	72416	34982
2689						6901	5804	45133	39629	28293
						3000		35433	32787	6689
210273	54247	120				4533699	308119	143791832	141749315	1563013
79563	10026					1487653	56372	43481816	42712876	287839

1-12 各级各类教育机构

学校类别	合 计	个人部分	工资福利支出	对个人和家庭的补助支出	#助学金
总 计	**6387465333**	**4059852503**	**3583591968**	**476260535**	**247535057**
一、高等学校	1782076940	875368407	694201281	181167125	127631453
1.普通高等学校	1763529986	865943793	685793573	180150221	127499330
高等本科学校	1399428889	687848675	542806749	145041925	101898877
高职高专学校	364101097	178095119	142986824	35108295	25600453
2.成人高等学校	18546954	9424613	8407709	1016905	132123
二、中等职业学校	332346461	181264300	157715804	23548496	12007057
1.中等专业学校	152108786	84038006	71680231	12357775	6390679
2.职业高中	121585492	65657476	57856556	7800920	4165068
#农村	56340520	28495539	24962555	3532984	2345351
3.技工学校	49258838	25296312	22581238	2715074	1347673
4.成人中专学校	9393345	6272507	5597779	674727	103637
三、中 学	1800112434	1262596488	1150352418	112244069	51962430
1.普通中学	1799680055	1262267169	1150035709	112231460	51962430
普通高中	683620452	460068397	425659849	34408548	15339615
#农村	267486198	185319908	170736720	14583188	8491695
普通初中	1116059603	802198772	724375860	77822912	36622815
#农村	574517362	434387647	388504883	45882764	24119179
2.成人中学	432379	329318	316709	12609	
四、小 学	1709226431	1273878976	1142801191	131077785	49176910
1.普通小学	1709209490	1273865445	1142787729	131077715	49176910
#农村	906246251	713638461	630165237	83473224	33902769
2.成人小学	16941	13531	13461	70	
五、特殊教育	25093764	17580590	16247201	1333388	456985
1.特殊教育学校	23834278	16857540	15579849	1277690	446890
2.工读学校	1259486	723050	667352	55698	10095
六、幼儿园	545646773	350598259	336660442	13937817	6254154
#农村	218008411	144251242	137514157	6737085	4173094
七、教育行政单位	43362922	24716982	20077781	4639201	
八、教育事业单位	95174575	51920357	46307612	5612745	
九、其 他	54425033	21928145	19228237	2699908	46068

教育经费支出明细(全国)

单位：千元

公用部分	商品和服务支出	其他资本性支出	专项公用支出	专项项目支出	基本建设支出
2226159998	**1307610285**	**918549713**	**338162707**	**580387006**	**101452833**
867420453	519327460	348092993	168109494	179983499	39288081
858356095	511381082	346975013	167433231	179541783	39230097
677913569	430854637	247058931	123853131	123205800	33666646
180442526	80526444	99916082	43580099	56335983	5563452
9064358	7946378	1117979	676263	441716	57983
148186725	66998466	81188259	27242214	53946045	2895436
66502579	31095562	35407017	13452971	21954045	1568201
55096480	21694744	33401736	8282434	25119302	831536
27494739	9250450	18244289	3694578	14549711	350243
23478119	12069152	11408968	5258845	6150122	484407
3109547	2139008	970538	247964	722575	11292
507487143	275841001	231646143	65910173	165735970	30028803
507384083	275744803	231639279	65903522	165735757	30028803
209043177	116303816	92739361	27297502	65441859	14508879
79992613	42973146	37019467	9684197	27335270	2173677
298340906	159440988	138899918	38606020	100293898	15519925
136542190	68811164	67731025	16938903	50792122	3587526
103061	96197	6863	6651	213	
415624389	243122026	172502363	49683399	122818964	19723066
415620979	243118862	172502117	49683240	122818877	19723066
187587819	105062784	82525035	21078977	61446057	5019971
3410	3164	246	159	87	
7239683	4229730	3009953	925134	2084819	273492
6770094	3959532	2810562	849669	1960893	206644
469588	270197	199391	75465	123926	66848
191783811	130913731	60870080	19073954	41796126	3264703
72327168	44551485	27775682	7121934	20653748	1430001
18391072	14691742	3699330	1440092	2259238	254868
42666247	35271714	7394533	3871141	3523392	587972
27360475	17214416	10146059	1907106	8238953	5136413

1-13 各级各类教育机构

学校类别	合 计	个人部分	工资福利支出	对个人和家庭的补助支出	#助学金
总 计	**508732921**	**241751336**	**184470025**	**57281312**	**43880771**
一、高等学校	474733711	225103558	169524972	55578586	43402797
1.普通高等学校	472790095	224520401	168979309	55541093	43402797
高等本科学校	467340625	222274137	167129892	55144245	43159054
高职高专学校	5449470	2246264	1849416	396848	243742
2.成人高等学校	1943616	583157	545663	37493	
二、中等职业学校	1800558	803780	683598	120182	40126
1.中等专业学校	1454886	597322	505801	91522	31940
2.职业高中	11137	10746	5596	5150	
#农村	11137	10746	5596	5150	
3.技工学校	321151	187740	165274	22465	8186
4.成人中专学校	13384	7972	6926	1046	
三、中 学	8787390	5804486	5231786	572700	199046
1.普通中学	8787390	5804486	5231786	572700	199046
普通高中	4630675	2841294	2605829	235465	84581
#农村	444592	315830	275458	40372	4601
普通初中	4156715	2963192	2625958	337234	114465
#农村	1812019	1366956	1163451	203505	56591
2.成人中学					
四、小 学	6176447	4420878	3865435	555443	176228
1.普通小学	6176447	4420878	3865435	555443	176228
#农村	3475926	2585094	2192779	392315	110981
2.成人小学					
五、特殊教育	9887	7800	6527	1273	182
1.特殊教育学校	9887	7800	6527	1273	182
2.工读学校					
六、幼儿园	4461409	3096144	2917015	179130	35096
#农村	988610	669193	612536	56657	13114
七、教育行政单位	509229	244960	191842	53118	
八、教育事业单位	8768544	1306896	1247924	58972	
九、其 他	3485746	962833	800926	161908	27297

教育经费支出明细(中央)

单位：千元

公用部分	商品和服务支出	其他资本性支出			基本建设支出
			专项公用支出	专项项目支出	
255774361	**181805991**	**73968370**	**49673760**	**24294610**	**11207224**
239615089	168194291	71420798	48390663	23030135	10015065
238254630	166954013	71300617	48279064	23021553	10015065
235439875	165812849	69627026	47951378	21675649	9626613
2814754	1141164	1673590	327686	1345904	388452
1360460	1240278	120181	111599	8583	
720934	377170	343764	189352	154412	275844
581720	301251	280469	163022	117447	275844
390	390				
390	390				
133411	70132	63279	26315	36965	
5412	5397	16	16		
2607938	1632873	975065	413380	561684	374966
2607938	1632873	975065	413380	561684	374966
1553919	916549	637370	240982	396388	235462
118827	71709	47118	26050	21068	9934
1054019	716324	337695	172398	165297	139504
370086	207778	162307	71633	90674	74977
1404739	863998	540741	299665	241076	350830
1404739	863998	540741	299665	241076	350830
718921	369267	349654	205868	143787	171911
2086	1345	742	717	25	
2086	1345	742	717	25	
1323299	983587	339711	147889	191822	41966
294824	221115	73708	29077	44632	24593
264269	259522	4747	4648	99	
7459207	7324009	135198	133104	2095	2441
2376799	2169195	207604	94342	113261	146113

1-14 各级各类教育机构

学校类别	合计	个人部分	工资福利支出	对个人和家庭的补助支出	#助学金
总计	**5878732412**	**3818101167**	**3399121943**	**418979224**	**203654285**
一、高等学校	1307343229	650264849	524676310	125588539	84228656
1.普通高等学校	1290739891	641423392	516814264	124609128	84096533
高等本科学校	932088264	465574538	375676857	89897681	58739822
高职高专学校	358651627	175848855	141137408	34711447	25356711
2.成人高等学校	16603338	8841457	7862045	979411	132123
二、中等职业学校	330545902	180460520	157032207	23428313	11966931
1.中等专业学校	150653899	83440683	71174430	12266253	6358739
2.职业高中	121574355	65646730	57850960	7795770	4165068
#农村	56329383	28484792	24956958	3527834	2345351
3.技工学校	48937687	25108572	22415963	2692609	1339487
4.成人中专学校	9379961	6264535	5590853	673682	103637
三、中学	1791325045	1256792001	1145120632	111671370	51763384
1.普通中学	1790892665	1256462683	1144803923	111658760	51763384
普通高中	678989778	457227103	423054020	34173083	15255035
#农村	267041606	185004078	170461262	14542816	8487094
普通初中	1111902888	799235580	721749902	77485678	36508350
#农村	572705343	433020691	387341432	45679259	24062587
2.成人中学	432379	329318	316709	12609	
四、小学	1703049984	1269458098	1138935756	130522343	49000681
1.普通小学	1703033042	1269444567	1138922294	130522273	49000681
#农村	902770326	711053367	627972458	83080909	33791787
2.成人小学	16941	13531	13461	70	
五、特殊教育	25083877	17572790	16240674	1332115	456804
1.特殊教育学校	23824392	16849739	15573322	1276417	446709
2.工读学校	1259486	723050	667352	55698	10095
六、幼儿园	541185364	347502114	333743427	13758687	6219058
#农村	217019801	143582049	136901621	6680428	4159980
七、教育行政单位	42853693	24472022	19885938	4586083	
八、教育事业单位	86406031	50613461	45059688	5553773	
九、其他	50939287	20965312	18427312	2538000	18771

教育经费支出明细(地方)

单位：千元

公用部分	商品和服务支出	其他资本性支出	专项公用支出	专项项目支出	基本建设支出
1970385637	**1125804294**	**844581343**	**288488947**	**556092396**	**90245608**
627805364	351133169	276672195	119718831	156953363	29273016
620101465	344427069	275674397	119154167	156520230	29215033
442473693	265041788	177431905	75901753	101530152	24040033
177627772	79385281	98242492	43252413	54990079	5175000
7703898	6706100	997798	564665	433133	57983
147465791	66621296	80844495	27052862	53791633	2619592
65920859	30794311	35126548	13289949	21836598	1292357
55096089	21694353	33401736	8282434	25119302	831536
27494349	9250060	18244289	3694578	14549711	350243
23344708	11999020	11345688	5232531	6113158	484407
3104134	2133611	970523	247948	722575	11292
504879206	274208128	230671078	65496793	165174285	29653837
504776145	274111930	230664214	65490142	165174073	29653837
207489258	115387266	92101992	27056520	65045472	14273417
79873786	42901438	36972349	9658146	27314202	2163742
297286887	158724664	138562223	38433622	100128601	15380421
136172104	68603386	67568718	16867270	50701448	3512548
103061	96197	6863	6651	213	
414219650	242258028	171961622	49383734	122577888	19372236
414216240	242254864	171961376	49383575	122577801	19372236
186868898	104693517	82175380	20873110	61302271	4848061
3410	3164	246	159	87	
7237596	4228385	3009211	924417	2084794	273492
6768008	3958188	2809820	848952	1960868	206644
469588	270197	199391	75465	123926	66848
190460513	129930144	60530369	18926065	41604304	3222738
72032344	44330370	27701974	7092857	20609117	1405408
18126804	14432220	3694583	1435444	2259139	254868
35207039	27947705	7259335	3738037	3521297	585531
24983676	15045220	9938455	1812764	8125692	4990300

1-15 各级各类教育机构

学校类别	合 计	个人部分	工资福利支出	对个人和家庭的补助支出	#助学金
总 计	**5587364998**	**3620113038**	**3188601466**	**431511572**	**211493234**
一、高等学校	1542035126	784857352	624662382	160194969	109270881
1.普通高等学校	1523855893	775637899	616453514	159184386	109138803
高等本科学校	1220264116	622007935	490127461	131880474	90171803
高职高专学校	303591777	153629964	126326053	27303912	18967000
2.成人高等学校	18179233	9219452	8208869	1010584	132078
二、中等职业学校	296147441	163823535	143405262	20418274	9375939
1.中等专业学校	136957280	76551588	65794593	10756995	5084696
2.职业高中	110385433	59943252	53060864	6882389	3327801
#农村	51862166	26195304	23051728	3143575	2003860
3.技工学校	40960149	21757402	19556538	2200865	937084
4.成人中专学校	7844579	5571292	4993267	578025	26357
三、中 学	1581460530	1128646493	1026221474	102425019	43981511
1.普通中学	1581028151	1128317175	1025904765	102412410	43981511
普通高中	573946391	394460118	364110567	30349550	11828054
#农村	225615090	159742498	146757801	12984697	7066472
普通初中	1007081760	733857057	661794197	72062860	32153457
#农村	538169845	410702894	366871475	43831419	22408298
2.成人中学	432379	329318	316709	12609	
四、小 学	1585859364	1196899048	1073895585	123003463	43972386
1.普通小学	1585842422	1196885517	1073882124	123003393	43972386
#农村	871257458	690942191	609559844	81382346	32317258
2.成人小学	16941	13531	13461	70	
五、特殊教育	24819464	17418585	16108967	1309618	436724
1.特殊教育学校	23618673	16722451	15468007	1254445	426851
2.工读学校	1200791	696134	640961	55173	9873
六、幼儿园	364872305	230224912	218951252	11273659	4409726
#农村	163664503	106338067	100740261	5597805	3223064
七、教育行政单位	43237257	24662725	20045791	4616934	
八、教育事业单位	95018256	51823566	46225180	5598386	
九、其 他	53915255	21756823	19085573	2671250	46068

教育经费支出明细(教育和其他部门)

单位：千元

公用部分	商品和服务支出	其他资本性支出	专项公用支出	专项项目支出	基本建设支出
1870591022	**1075496402**	**795094620**	**297341834**	**497752786**	**96660938**
721326759	454570413	266756346	143985726	122770621	35851015
712424962	446768372	265656590	143321562	122335028	35793032
567235257	380522140	186713116	107153179	79559937	31020924
145189705	66246231	78943474	36168384	42775090	4772108
8901797	7802041	1099756	664163	435593	57983
129704315	54439706	75264609	24749786	50514824	2619592
59113335	25960981	33152354	12482343	20670010	1292357
49610645	18090376	31520269	7629872	23890397	831536
25316620	7825542	17491078	3415331	14075747	350243
18718339	8827360	9890979	4461741	5429238	484407
2261995	1560989	701007	175828	525178	11292
423234322	213626086	209608236	58443192	151165043	29579715
423131261	213529889	209601372	58436541	151164831	29579715
165222857	86475981	78746876	23123599	55623277	14263417
63718850	32656126	31062724	7891942	23170782	2153742
257908404	127053908	130854496	35312942	95541554	15316299
123954403	59097247	64857156	15755841	49101315	3512548
103061	96197	6863	6651	213	
369674209	204594605	165079605	46386434	118693171	19286106
369670799	204591440	165079359	46386275	118693084	19286106
175467207	95437754	80029452	20103611	59925841	4848061
3410	3164	246	159	87	
7127387	4147125	2980262	916070	2064191	273492
6689577	3901036	2788541	843254	1945287	206644
437810	246089	191721	72816	118904	66848
131427696	77173997	54253699	15662430	38591269	3219698
55921668	30388968	25532700	6117798	19414902	1404768
18319665	14621852	3697813	1438674	2259139	254868
42608537	35222998	7385539	3864234	3521305	586153
27168133	17099621	10068512	1895289	8173223	4990300

1-16 各级各类教育机构

学校类别	合 计	个人部分	工资福利支出	对个人和家庭的补助支出	#助学金
总 计	**485040283**	**229357936**	**174102419**	**55255518**	**43034764**
一、高等学校	465099949	221557346	166701106	54856240	42994151
1.普通高等学校	463318767	221086381	166265318	54821063	42994151
高等本科学校	462005077	220412996	165666947	54746049	42941158
高职高专学校	1313690	673385	598371	75014	52993
2.成人高等学校	1781182	470966	435788	35177	
二、中等职业学校	191020	116453	110032	6421	1357
1.中等专业学校	187569	114964	108544	6421	1357
2.职业高中					
#农村					
3.技工学校					
4.成人中专学校	3451	1489	1489		
三、中 学	3783495	2606037	2523415	82621	8656
1.普通中学	3783495	2606037	2523415	82621	8656
普通高中	2530882	1720800	1657729	63071	6627
#农村	224362	171724	157414	14310	10
普通初中	1252613	885236	865686	19550	2030
#农村	8059	6828	6739	89	10
2.成人中学					
四、小 学	1324235	908845	888545	20300	1908
1.普通小学	1324235	908845	888545	20300	1908
#农村	27537	22571	21675	896	698
2.成人小学					
五、特殊教育					
1.特殊教育学校					
2.工读学校					
六、幼儿园	2669827	1976937	1895715	81222	1396
#农村	44269	35467	35273	194	114
七、教育行政单位	383564	190703	159853	30851	
八、教育事业单位	8612225	1210105	1165492	44613	
九、其 他	2975968	791511	658261	133250	27297

教育经费支出明细(中央教育和其他部门)

单位：千元

公用部分					基本建设支出
	商品和服务支出	其他资本性支出			
			专项公用支出	专项项目支出	
247694939	**177584435**	**70110503**	**48157098**	**21953405**	**7987408**
235555922	166103292	69452631	47659095	21793536	7986680
234245706	164902649	69343057	47552595	21790461	7986680
233623907	164580324	69043584	47463265	21580319	7968174
621799	322326	299473	89331	210142	18506
1310216	1200643	109574	106500	3074	
74567	69995	4572	4572		
72605	68033	4572	4572		
1962	1962				
1177458	1009640	167818	162207	5611	
1177458	1009640	167818	162207	5611	
810082	688871	121211	119951	1259	
52638	41272	11367	10859	508	
367377	320769	46607	42255	4352	
1231	643	588	51	537	
415286	320052	95234	45679	49555	105
415286	320052	95234	45679	49555	105
4966	2517	2449	308	2141	
692889	562131	130758	73594	57165	
8802	6200	2602	647	1955	
192861	189631	3230	3230		
7401498	7275293	126205	126197	8	622
2184457	2054401	130056	82525	47531	

1-17 各级各类教育机构

学校类别	合 计	个人部分	工资福利支 出	对个人和家庭的补助支出	#助学金
总 计	**5102324716**	**3390755102**	**3014499047**	**376256055**	**168458471**
一、高等学校	1076935177	563300006	457961276	105338729	66276730
1.普通高等学校	1060537126	554551519	450188196	104363323	66144653
高等本科学校	758259039	401594939	324460514	77134425	47230646
高职高专学校	302278088	152956580	125727682	27228898	18914007
2.成人高等学校	16398051	8748487	7773080	975407	132078
二、中等职业学校	295956422	163707082	143295229	20411853	9374582
1.中等专业学校	136769711	76436624	65686050	10750575	5083339
2.职业高中	110385433	59943252	53060864	6882389	3327801
#农村	51862166	26195304	23051728	3143575	2003860
3.技工学校	40960149	21757402	19556538	2200865	937084
4.成人中专学校	7841129	5569804	4991779	578025	26357
三、中 学	1577677035	1126040457	1023698059	102342398	43972854
1.普通中学	1577244656	1125711139	1023381349	102329789	43972854
普通高中	571415509	392739317	362452838	30286479	11821427
#农村	225390728	159570774	146600388	12970387	7066462
普通初中	1005829147	732971821	660928511	72043310	32151427
#农村	538161786	410696066	366864737	43831330	22408288
2.成人中学	432379	329318	316709	12609	
四、小 学	1584535128	1195990204	1073007041	122983163	43970478
1.普通小学	1584518187	1195976672	1072993579	122983093	43970478
#农村	871229921	690919619	609538169	81381450	32316560
2.成人小学	16941	13531	13461	70	
五、特殊教育	24819464	17418585	16108967	1309618	436724
1.特殊教育学校	23618673	16722451	15468007	1254445	426851
2.工读学校	1200791	696134	640961	55173	9873
六、幼儿园	362202478	228247974	217055538	11192437	4408330
#农村	163620234	106302600	100704989	5597611	3222950
七、教育行政单位	42853693	24472022	19885938	4586083	
八、教育事业单位	86406031	50613461	45059688	5553773	
九、其 他	50939287	20965312	18427312	2538000	18771

教育经费支出明细(地方教育和其他部门)

单位：千元

公用部分	商品和服务支出	其他资本性支出	专项公用支出	专项项目支出	基本建设支出
1622896083	**897911966**	**724984117**	**249184736**	**475799381**	**88673531**
485770837	288467121	197303715	96326630	100977085	27864335
478179256	281865723	196313533	95768967	100544566	27806352
333611349	215941817	117669532	59689914	57979618	23052750
144567907	65923906	78644001	36079053	42564948	4753601
7591581	6601399	990182	557664	432519	57983
129629748	54369711	75260037	24745214	50514824	2619592
59040731	25892948	33147782	12477772	20670010	1292357
49610645	18090376	31520269	7629872	23890397	831536
25316620	7825542	17491078	3415331	14075747	350243
18718339	8827360	9890979	4461741	5429238	484407
2260033	1559026	701007	175828	525178	11292
422056863	212616446	209440418	58280985	151159432	29579715
421953802	212520248	209433554	58274335	151159219	29579715
164412775	85787110	78625666	23003648	55622018	14263417
63666211	32614854	31051357	7881084	23170274	2153742
257541027	126733139	130807888	35270687	95537202	15316299
123953171	59096603	64856568	15755790	49100778	3512548
103061	96197	6863	6651	213	
369258923	204274553	164984371	46340755	118643616	19286001
369255513	204271388	164984125	46340596	118643529	19286001
175462241	95435238	80027003	20103303	59923700	4848061
3410	3164	246	159	87	
7127387	4147125	2980262	916070	2064191	273492
6689577	3901036	2788541	843254	1945287	206644
437810	246089	191721	72816	118904	66848
130734806	76611866	54122941	15588836	38534105	3219698
55912865	30382768	25530098	6117151	19412946	1404768
18126804	14432220	3694583	1435444	2259139	254868
35207039	27947705	7259335	3738037	3521297	585531
24983676	15045220	9938455	1812764	8125692	4990300

1-18 各级各类教育机构

学校类别	合 计	个人部分	工资福利支出	对个人和家庭的补助支出	#助学金
总 计	37693107	21041271	18411529	2629742	1291522
一、高等学校	14586694	6157304	5033230	1124075	744306
1.普通高等学校	14241536	5956786	4838870	1117915	744261
高等本科学校	5396767	1897845	1491787	406059	224388
高职高专学校	8844769	4058941	3347084	711857	519873
2.成人高等学校	345158	200518	194359	6159	45
二、中等职业学校	3981099	2072690	1826852	245838	120421
1.中等专业学校	2195783	1001603	867381	134222	56778
2.职业高中	122331	40043	33731	6311	419
#农村	12456	11726	6554	5172	22
3.技工学校	1588873	989735	886046	103689	62654
4.成人中专学校	74112	41310	39694	1615	570
三、中 学	5440235	3490224	2985069	505155	197072
1.普通中学	5440235	3490224	2985069	505155	197072
普通高中	2280553	1269922	1093251	176671	80907
#农村	337908	246864	217474	29390	7393
普通初中	3159682	2220302	1891817	328485	116165
#农村	1888015	1400260	1193638	206622	59787
2.成人中学					
四、小 学	5374066	3858846	3295277	563569	176622
1.普通小学	5374066	3858846	3295277	563569	176622
#农村	3478681	2589513	2193996	395517	111203
2.成人小学					
五、特殊教育	10771	8631	7022	1609	255
1.特殊教育学校	9887	7800	6527	1273	182
2.工读学校	884	831	495	336	74
六、幼儿园	7508480	5131204	5006993	124211	52844
#农村	1947618	1377521	1313313	64207	18745
七、教育行政单位	125665	54257	31990	22268	
八、教育事业单位	156319	96791	82432	14359	
九、其 他	509778	171323	142665	28658	

教育经费支出明细(国有及国有控股企业办)

单位：千元

公用部分	商品和服务支出	其他资本性支出			基本建设支出
			专项公用支出	专项项目支出	
13346946	**7919145**	**5427802**	**2409054**	**3018748**	**3304890**
6315931	3363098	2952834	1281652	1671181	2113458
6171292	3236682	2934610	1269552	1665058	2113458
1840483	1254817	585666	490128	95538	1658439
4330809	1981865	2348944	779425	1569520	455019
144639	126416	18223	12100	6123	
1632565	1042537	590028	295130	294898	275844
918336	524678	393658	218500	175158	275844
82288	30852	51436	1293	50143	
730	730				
599139	454705	144434	74984	69449	
32802	32302	500	353	147	
1575045	745268	829777	258540	571237	374966
1575045	745268	829777	258540	571237	374966
775169	251112	524057	122254	401804	235462
81110	44157	36953	16393	20560	9934
799876	494157	305720	136286	169433	139504
412777	240478	172299	74197	98102	74977
1164494	699923	464571	270093	194479	350725
1164494	699923	464571	270093	194479	350725
717257	369136	348121	206476	141646	171911
2140	1398	742	717	25	
2086	1345	742	717	25	
53	53				
2335311	1833519	501791	282780	219012	41966
545505	433104	112401	63244	49157	24593
71408	69890	1517	1418	99	
57710	48716	8993	6907	2087	1819
192342	114794	77548	11817	65731	146113

1-19 各级各类教育机构

学校类别	合 计	个人部分	工资福利支出	对个人和家庭的补助支出	#助学金
总 计	**23692639**	**12393400**	**10367606**	**2025794**	**846008**
一、高等学校	9633763	3546212	2823866	722346	408646
1.普通高等学校	9471329	3434021	2713991	720030	408646
高等本科学校	5335548	1861141	1462946	398195	217897
高职高专学校	4135781	1572879	1251045	321834	190749
2.成人高等学校	162434	112191	109875	2316	
二、中等职业学校	1609539	687327	573565	113762	38769
1.中等专业学校	1267318	482358	397257	85101	30584
2.职业高中	11137	10746	5596	5150	
#农村	11137	10746	5596	5150	
3.技工学校	321151	187740	165274	22465	8186
4.成人中专学校	9933	6483	5437	1046	
三、中 学	5003895	3198450	2708371	490078	190390
1.普通中学	5003895	3198450	2708371	490078	190390
普通高中	2099793	1120494	948100	172394	77954
#农村	220230	144107	118044	26062	4591
普通初中	2904102	2077956	1760272	317684	112436
#农村	1803959	1360128	1156712	203416	56581
2.成人中学					
四、小 学	4852212	3512033	2976890	535143	174321
1.普通小学	4852212	3512033	2976890	535143	174321
#农村	3448389	2562522	2171103	391419	110283
2.成人小学					
五、特殊教育	9887	7800	6527	1273	182
1.特殊教育学校	9887	7800	6527	1273	182
2.工读学校					
六、幼儿园	1791582	1119207	1021300	97907	33700
#农村	944341	633727	577264	56463	13000
七、教育行政单位	125665	54257	31990	22268	
八、教育事业单位	156319	96791	82432	14359	
九、其 他	509778	171323	142665	28658	

教育经费支出明细(中央国有及国有控股企业办)

单位：千元

公用部分	商品和服务支出	其他资本性支出	专项公用支出	专项项目支出	基本建设支出
8079422	**4221555**	**3857867**	**1516662**	**2341205**	**3219817**
4059167	2090999	1968167	731568	1236600	2028384
4008923	2051364	1957560	726469	1231091	2028384
1815968	1232525	583442	488113	95329	1658439
2192956	818838	1374117	238356	1135762	369946
50243	39636	10608	5099	5508	
646367	307175	339193	184781	154412	275844
509115	233218	275897	158450	117447	275844
390	390				
390	390				
133411	70132	63279	26315	36965	
3450	3435	16	16		
1430480	623233	807247	251173	556073	374966
1430480	623233	807247	251173	556073	374966
743837	227678	516159	121031	395129	235462
66189	30437	35752	15192	20560	9934
686642	395555	291087	130143	160945	139504
368854	207135	161719	71582	90137	74977
989454	543946	445507	253986	191521	350725
989454	543946	445507	253986	191521	350725
713955	366751	347205	205559	141646	171911
2086	1345	742	717	25	
2086	1345	742	717	25	
630409	421456	208953	74295	134658	41966
286021	214916	71106	28430	42676	24593
71408	69890	1517	1418	99	
57710	48716	8993	6907	2087	1819
192342	114794	77548	11817	65731	146113

1-20 各级各类教育机构

学校类别	合计	个人部分	工资福利支出	对个人和家庭的补助支出	#助学金
总计	**14000468**	**8647871**	**8043923**	**603948**	**445514**
一、高等学校	4952931	2611093	2209364	401729	335660
1.普通高等学校	4770207	2522765	2124880	397886	335615
高等本科学校	61220	36704	28841	7863	6492
高职高专学校	4708988	2486061	2096039	390023	329124
2.成人高等学校	182724	88327	84485	3843	45
二、中等职业学校	2371561	1385363	1253287	132076	81652
1.中等专业学校	928465	519245	470123	49121	26194
2.职业高中	111194	29297	28135	1161	419
#农村	1319	980	958	22	22
3.技工学校	1267722	801995	720771	81224	54469
4.成人中专学校	64179	34827	34257	570	570
三、中学	436340	291774	276697	15077	6682
1.普通中学	436340	291774	276697	15077	6682
普通高中	180760	149428	145152	4276	2953
#农村	117679	102757	99430	3327	2802
普通初中	255580	142346	131546	10800	3729
#农村	84055	40132	36926	3206	3206
2.成人中学					
四、小学	521854	346813	318387	28426	2301
1.普通小学	521854	346813	318387	28426	2301
#农村	30293	26991	22893	4098	920
2.成人小学					
五、特殊教育	884	831	495	336	74
1.特殊教育学校					
2.工读学校	884	831	495	336	74
六、幼儿园	5716898	4011997	3985693	26303	19144
#农村	1003277	743794	736049	7745	5744
七、教育行政单位					
八、教育事业单位					
九、其他					

教育经费支出明细(地方国有及国有控股企业办)

单位：千元

公用部分	商品和服务支出	其他资本性支出	专项公用支出	专项项目支出	基本建设支出
5267524	**3697589**	**1569934**	**892392**	**677542**	**85074**
2256765	1272099	984666	550085	434581	85074
2162369	1185318	977050	543084	433967	85074
24515	22292	2224	2015	209	
2137853	1163026	974827	541069	433758	85074
94396	86780	7616	7001	615	
986198	735362	250836	110350	140486	
409221	291460	117760	60050	57711	
81898	30462	51436	1293	50143	
340	340				
465727	384573	81154	48670	32485	
29352	28867	485	337	147	
144566	122035	22531	7367	15164	
144566	122035	22531	7367	15164	
31332	23434	7898	1223	6675	
14922	13721	1201	1201		
113234	98602	14632	6144	8489	
43923	33343	10580	2615	7965	
175041	155977	19064	16107	2957	
175041	155977	19064	16107	2957	
3301	2385	916	916		
53	53				
53	53				
1704902	1412063	292838	208484	84354	
259484	218189	41295	34814	6480	

1-21 各级各类教育机构

学校类别	合 计	个人部分	工资福利支出	对个人和家庭的补助支出	#助学金
总 计	**762407228**	**418698194**	**376578973**	**42119222**	**34750301**
一、高等学校	225455121	84353751	64505669	19848082	17616265
1.普通高等学校	225432557	84349108	64501189	19847920	17616265
高等本科学校	173768006	63942894	51187501	12755393	11502685
高职高专学校	51664551	20406214	13313687	7092527	6113580
2.成人高等学校	22564	4642	4480	162	
二、中等职业学校	32217920	15368075	12483691	2884384	2510697
1.中等专业学校	12955723	6484815	5018258	1466557	1249206
2.职业高中	11077727	5674181	4761961	912220	836847
#农村	4465898	2288509	1904272	384237	341469
3.技工学校	6709816	2549175	2138655	410520	347934
4.成人中专学校	1474654	659905	564817	95087	76710
三、中 学	213211669	130459771	121145876	9313895	7783848
1.普通中学	213211669	130459771	121145876	9313895	7783848
普通高中	107393508	64338357	60456030	3882327	3430654
#农村	41533199	25330546	23761445	1569102	1417829
普通初中	105818161	66121413	60689846	5431568	4353193
#农村	34459502	22284492	20439769	1844723	1651093
2.成人中学					
四、小 学	117993001	73121082	65610328	7510753	5027901
1.普通小学	117993001	73121082	65610328	7510753	5027901
#农村	31510112	20106757	18411396	1695361	1474307
2.成人小学					
五、特殊教育	263529	153373	131212	22161	20006
1.特殊教育学校	205718	127288	105316	21972	19857
2.工读学校	57810	26085	25896	189	149
六、幼儿园	173265988	115242143	112702196	2539947	1791584
#农村	52396290	36535655	35460583	1075072	931286
七、教育行政单位					
八、教育事业单位					
九、其 他					

教育经费支出明细(民办)

单位：千元

公用部分	商品和服务支出	其他资本性支出	专项公用支出	专项项目支出	基本建设支出
342222030	**224194738**	**118027292**	**38411819**	**79615473**	**1487004**
139777763	61393950	78383813	22842116	55541697	1323608
139759841	61376028	78383813	22842116	55541697	1323608
108837829	49077680	59760149	16209825	43550324	987283
30922012	12298349	18623664	6632291	11991373	336325
17921	17921				
16849845	11516223	5333622	2197298	3136324	
6470908	4609903	1861005	752128	1108877	
5403547	3573516	1830031	651269	1178762	
2177389	1424178	753211	279246	473965	
4160641	2787087	1373555	722120	651435	
814749	545718	269032	71782	197249	
82677777	61469647	21208130	7208440	13999689	74122
82677777	61469647	21208130	7208440	13999689	74122
43045151	29576723	13468428	4051649	9416778	10000
16192653	10272863	5919790	1775862	4143928	10000
39632626	31892924	7739702	3156791	4582911	64122
12175010	9473439	2701571	1108865	1592705	
44785685	37827498	6958187	3026873	3931315	86234
44785685	37827498	6958187	3026873	3931315	86234
11403355	9255895	2147461	768890	1378571	
110156	81206	28950	8347	20603	
78430	57151	21279	5698	15581	
31725	24055	7670	2649	5022	
58020805	51906215	6114590	3128745	2985845	3040
15859995	13729414	2130582	940891	1189690	640

1-22 各级各类教育机构

学校类别	合 计	个人部分	工资福利支出	对个人和家庭的补助支出	#助学金
总 计	**4872111165**	**3331176179**	**2922808051**	**408368128**	**206542613**
一、高等学校	985278709	551381094	423795423	127585671	94944362
1.普通高等学校	976224552	544689366	417904714	126784653	94836641
高等本科学校	740887524	420946756	323310624	97636132	72746455
高职高专学校	235337028	123742610	94594090	29148520	22090186
2.成人高等学校	9054157	6691727	5890709	801018	107722
二、中等职业学校	286053178	161858898	139628330	22230568	11291542
1.中等专业学校	132620185	75080548	63487870	11592678	5984524
2.职业高中	108080521	60246460	52723895	7522564	3973526
#农村	50876051	26302478	22904392	3398086	2261653
3.技工学校	37924215	21021663	18533815	2487848	1261853
4.成人中专学校	7428259	5510227	4882749	627478	71640
三、中 学	1524427378	1112740258	1008242293	104497965	46643124
1.普通中学	1524026465	1112415087	1007929097	104485991	46643124
普通高中	527422666	380572486	350656269	29916217	12120284
#农村	206796916	154357759	141793185	12564574	7144550
普通初中	996603798	731842601	657272828	74569773	34522840
#农村	532326934	408669962	364387814	44282148	23251352
2.成人中学	400913	325171	313197	11974	
四、小 学	1563617538	1191316981	1063667123	127649858	47599332
1.普通小学	1563600596	1191303450	1063653662	127649788	47599332
#农村	857488692	685642631	604038914	81603716	33211735
2.成人小学	16941	13531	13461	70	
五、特殊教育	24709552	17436031	16127763	1308268	446155
1.特殊教育学校	23520826	16734889	15481806	1253082	436060
2.工读学校	1188726	701142	645957	55185	10095
六、幼儿园	316706698	200907142	188407778	12499364	5579298
#农村	143539015	95718803	89618980	6099823	3811773
七、教育行政单位	41835528	24568130	20004558	4563572	
八、教育事业单位	79805807	49732894	44268311	5464584	
九、其 他	49676776	21234751	18666472	2568279	38799

财政补助支出明细(全国)

单位：千元

公用部分					基本建设支出
	商品和服务支出	其他资本性支出	专项公用支出	专项项目支出	
1439482153	**764473005**	**675009148**	**227977147**	**447032001**	**101452833**
394609535	226680863	167928672	83940948	83987724	39288081
392305089	224865037	167440052	83644320	83795732	39230097
286274122	180647614	105626508	54906239	50720269	33666646
106030967	44217423	61813544	28738080	33075463	5563452
2304447	1815826	488620	296628	191992	57983
121298845	49639201	71659644	23249217	48410428	2895436
55971436	23821807	32149629	12041629	20108000	1568201
47002525	16844598	30157927	7068285	23089642	831536
24223330	7269415	16953915	3180158	13773757	350243
16418144	7708465	8709680	3994147	4715533	484407
1906740	1264331	642408	145156	497253	11292
381658316	182508583	199149733	53842834	145306899	30028803
381582574	182437694	199144880	53838194	145306686	30028803
132341302	60325110	72016192	19195760	52820432	14508879
50265480	21486826	28778654	6560470	22218184	2173677
249241273	122112585	127128688	34642434	92486254	15519925
120069446	56090227	63979219	15730802	48248417	3587526
75742	70889	4853	4640	213	
352577490	190555463	162022027	45654985	116367042	19723066
352574080	190552299	162021781	45654826	116366955	19723066
166826090	88012460	78813630	19905975	58907655	5019971
3410	3164	246	159	87	
7000030	4061708	2938322	895214	2043108	273492
6579293	3830642	2748651	822146	1926505	206644
420736	231066	189670	73068	116602	66848
112534853	60761674	51773179	14162348	37610831	3264703
46390212	21944766	24445446	5498449	18946997	1430001
17012531	13514525	3498006	1335502	2162504	254868
29484941	22922068	6562873	3246213	3316660	587972
23305613	13828920	9476692	1649887	7826805	5136413

1-23 各级各类教育机构

学校类别	合 计				
		个人部分			
			工资福利支出	对个人和家庭的补助支出	
					#助学金
总 计	**254807839**	**147410112**	**112753480**	**34656632**	**29661799**
一、高等学校	230984885	134522953	101296844	33226109	29199098
1.普通高等学校	230604596	134317302	101099470	33217832	29199098
高等本科学校	227212097	133185565	100259439	32926126	28978732
高职高专学校	3392499	1131737	840031	291706	220366
2.成人高等学校	380289	205651	197374	8277	
二、中等职业学校	1347321	557182	453623	103559	37015
1.中等专业学校	1224283	473518	397310	76208	29780
2.职业高中	9274	9074	3924	5150	
#农村	9274	9074	3924	5150	
3.技工学校	105814	69638	48481	21156	7236
4.成人中专学校	7950	4953	3907	1046	
三、中 学	7552709	5162615	4647294	515320	192134
1.普通中学	7552709	5162615	4647294	515320	192134
普通高中	3661536	2334273	2145812	188461	79432
#农村	386015	282132	256111	26021	4508
普通初中	3891173	2828342	2501482	326860	112701
#农村	1780633	1352495	1149363	203132	56498
2.成人中学					
四、小 学	5839090	4222459	3678408	544051	175833
1.普通小学	5839090	4222459	3678408	544051	175833
#农村	3427038	2552540	2161319	391221	110861
2.成人小学					
五、特殊教育	9886	7800	6527	1273	182
1.特殊教育学校	9886	7800	6527	1273	182
2.工读学校					
六、幼儿园	2377330	1588619	1494298	94321	33757
#农村	874083	594346	539616	54730	12676
七、教育行政单位	384413	235153	190455	44699	
八、教育事业单位	4020100	414953	389405	25547	
九、其 他	2292105	698377	596625	101752	23780

财政补助支出明细(中央)

单位：千元

公用部分	商品和服务支出	其他资本性支出	专项公用支出	专项项目支出	基本建设支出
96190502	**70750329**	**25440173**	**16786487**	**8653686**	**11207224**
86446867	63119435	23327432	15750506	7576926	10015065
86272229	63016494	23255735	15678875	7576860	10015065
84399919	62454048	21945871	15415194	6530677	9626613
1872310	562446	1309864	263681	1046183	388452
174638	102941	71697	71631	66	
514295	233719	280576	163647	116929	275844
474922	216489	258433	152824	105608	275844
200	200				
200	200				
36176	14048	22128	10807	11321	
2997	2982	16	16		
2015129	1130551	884578	348938	535640	374966
2015129	1130551	884578	348938	535640	374966
1091801	525497	566304	186550	379754	235462
93948	53817	40132	20816	19316	9934
923327	605054	318274	162387	155886	139504
353161	198031	155131	67668	87462	74977
1265800	760273	505527	285857	219670	350830
1265800	760273	505527	285857	219670	350830
702587	359671	342916	200769	142147	171911
2086	1344	742	717	25	
2086	1344	742	717	25	
746745	506520	240226	101633	138592	41966
255144	188428	66716	27365	39352	24593
149259	144512	4747	4648	99	
3602707	3529668	73038	70952	2087	2441
1447615	1324308	123307	59589	63718	146113

1-24 各级各类教育机构

学校类别	合　计	个人部分	工资福利支出	对个人和家庭的补助支出	#助学金
总　　计	**4617303326**	**3183766067**	**2810054571**	**373711496**	**176880814**
一、高等学校	754293824	416858140	322498579	94359562	65745264
1.普通高等学校	745619956	410372064	316805243	93566821	65637542
高等本科学校	513675427	287761191	223051185	64710006	43767723
高职高专学校	231944529	122610873	93754058	28856814	21869820
2.成人高等学校	8673868	6486076	5693335	792741	107722
二、中等职业学校	284705857	161301715	139174707	22127009	11254527
1.中等专业学校	131395901	74607030	63090560	11516470	5954744
2.职业高中	108071247	60237386	52719972	7517414	3973526
#农村	50866777	26293404	22900468	3392936	2261653
3.技工学校	37818401	20952025	18485334	2466692	1254617
4.成人中专学校	7420308	5505274	4878841	626432	71640
三、中　学	1516874668	1107577644	1003594999	103982645	46450990
1.普通中学	1516473756	1107252472	1003281802	103970670	46450990
普通高中	523761130	378238213	348510456	29727757	12040852
#农村	206410901	154075627	141537074	12538553	7140042
普通初中	992712625	729014259	654771346	74242914	34410138
#农村	530546301	407317467	363238451	44079016	23194854
2.成人中学	400913	325171	313197	11974	
四、小　学	1557778448	1187094522	1059988715	127105807	47423499
1.普通小学	1557761507	1187080991	1059975254	127105737	47423499
#农村	854061654	683090091	601877595	81212496	33100874
2.成人小学	16941	13531	13461	70	
五、特殊教育	24699667	17428231	16121236	1306995	445973
1.特殊教育学校	23510941	16727089	15475279	1251809	435878
2.工读学校	1188726	701142	645957	55185	10095
六、幼儿园	314329368	199318522	186913480	12405043	5545541
#农村	142664932	95124456	89079364	6045093	3799097
七、教育行政单位	41451116	24332977	19814103	4518874	
八、教育事业单位	75785707	49317942	43878906	5439036	
九、其　他	47384671	20536374	18069847	2466527	15019

财政补助支出明细(地方)

单位：千元

公用部分	商品和服务支出	其他资本性支出	专项公用支出	专项项目支出	基本建设支出
1343291651	**693722676**	**649568975**	**211190660**	**438378315**	**90245608**
308162668	163561428	144601240	68190442	76410798	29273016
306032859	161848543	144184317	67965445	76218872	29215033
201874203	118193566	83680637	39491045	44189592	24040033
104158656	43654977	60503680	28474400	32029280	5175000
2129809	1712885	416923	224998	191926	57983
120784550	49405482	71379068	23085570	48293499	2619592
55496514	23605318	31891196	11888804	20002392	1292357
47002325	16844398	30157927	7068285	23089642	831536
24223130	7269215	16953915	3180158	13773757	350243
16381969	7694417	8687552	3983340	4704212	484407
1903742	1261350	642393	145140	497253	11292
379643187	181378033	198265155	53493896	144771258	29653837
379567446	181307144	198260302	53489256	144771046	29653837
131249500	59799613	71449888	19009209	52440678	14273417
50171532	21433009	28738522	6539654	22198868	2163742
248317945	121507531	126810414	34480047	92330368	15380421
119716285	55892197	63824088	15663134	48160955	3512548
75742	70889	4853	4640	213	
351311690	189795190	161516499	45369128	116147372	19372236
351308280	189792026	161516254	45368969	116147285	19372236
166123503	87652789	78470714	19705206	58765508	4848061
3410	3164	246	159	87	
6997944	4060364	2937580	894497	2043083	273492
6577208	3829298	2747910	821429	1926481	206644
420736	231066	189670	73068	116602	66848
111788108	60255154	51532954	14060714	37472239	3222738
46135068	21756339	24378729	5471084	18907645	1405408
16863272	13370013	3493259	1330854	2162405	254868
25882234	19392399	6489835	3175261	3314573	585531
21857998	12504613	9353385	1590298	7763087	4990300

1-25 各级各类教育机构

学校类别	合计	个人部分	工资福利支出	对个人和家庭的补助支出	#助学金
总计	**4756488465**	**3267372253**	**2889904974**	**377467279**	**182047423**
一、高等学校	951265933	531569786	418614160	112955627	81739950
1.普通高等学校	942317320	524963609	412806830	112156779	81632273
高等本科学校	719796574	409142761	319712615	89430146	65195302
高职高专学校	222520745	115820848	93094215	22726633	16436971
2.成人高等学校	8948613	6606178	5807330	798848	107677
二、中等职业学校	276321273	156307720	136684375	19623345	9083497
1.中等专业学校	127503000	72347334	62088460	10258874	4903644
2.职业高中	105851158	58855327	52092401	6762926	3263592
#农村	49882329	25711663	22635368	3076295	1967290
3.技工学校	35692916	19693993	17656310	2037682	890634
4.成人中专学校	7274199	5411067	4847204	563863	25628
三、中学	1499004760	1099604530	1000129773	99474758	42953050
1.普通中学	1498603847	1099279359	999816576	99462783	42953050
普通高中	519591384	376110160	347577475	28532685	11039879
#农村	203620583	152362038	140371181	11990857	6630372
普通初中	979012464	723169199	652239101	70930098	31913170
#农村	524970984	405013462	361993979	43019484	22239454
2.成人中学	400913	325171	313197	11974	
四、小学	1539815534	1177105535	1055997289	121108246	43633053
1.普通小学	1539798592	1177092004	1055983828	121108176	43633053
#农村	848465244	680648068	600598558	80049510	32079934
2.成人小学	16941	13531	13461	70	
五、特殊教育	24576828	17355257	16065314	1289944	431128
1.特殊教育学校	23400476	16661023	15425740	1235283	421255
2.工读学校	1176351	694235	639574	54661	9873
六、幼儿园	294867917	190198384	179725937	10472447	4167947
#农村	136292884	92456573	87212506	5244067	3071049
七、教育行政单位	41726756	24521698	19972568	4549130	
八、教育事业单位	79656155	49637384	44187154	5450231	
九、其他	49253309	21071957	18528405	2543553	38799

财政补助支出明细(教育和其他部门)

单位：千元

公用部分	商品和服务支出	其他资本性支出	专项公用支出	专项项目支出	基本建设支出
1392455274	**730777061**	**661678212**	**221784088**	**439894125**	**96660938**
383845132	221949217	161895915	80773248	81122667	35851015
381560679	220152878	161407801	80477126	80930675	35793032
279632889	177494103	102138786	52574415	49564371	31020924
101927790	42658775	59269015	27902711	31366304	4772108
2284452	1796338	488114	296122	191992	57983
117393961	46764972	70628989	22721333	47907656	2619592
53863309	22438138	31425172	11669702	19755469	1292357
46164295	16164427	29999868	6984245	23015623	831536
23820424	6956714	16863710	3136985	13726725	350243
15514517	6944005	8570512	3928313	4642199	484407
1851840	1218403	633437	139072	494365	11292
369820515	173855753	195964762	52869310	143095452	29579715
369744773	173784864	195959909	52864669	143095240	29579715
129217806	58880393	70337413	18964557	51372856	14263417
49104803	20986360	28118442	6492847	21625596	2153742
240526966	114904470	125622496	33900112	91722384	15316299
116444973	53243623	63201351	15329608	47871743	3512548
75742	70889	4853	4640	213	
343423892	182716483	160707409	45048583	115658827	19286106
343420482	182713318	160707164	45048424	115658740	19286106
162969116	85003414	77965701	19565130	58400571	4848061
3410	3164	246	159	87	
6948078	4016651	2931427	890814	2040613	273492
6532809	3789960	2742849	818838	1924011	206644
415269	226691	188578	71976	116602	66848
101449835	51395597	50054239	13262467	36791772	3219698
42431543	18680770	23750773	5180859	18569915	1404768
16950191	13453702	3496489	1334083	2162405	254868
29432618	22878218	6554399	3239826	3314573	586153
23191052	13746469	9444583	1644423	7800160	4990300

1-26 各级各类教育机构

学校类别	合 计	个人部分	工资福利支出	对个人和家庭的补助支出	#助学金
总 计	**234772154**	**136744527**	**103936837**	**32807690**	**28864833**
一、高等学校	223924413	132094160	99463717	32630443	28834707
1.普通高等学校	223630501	131970854	99346563	32624291	28834707
高等本科学校	222900691	131580078	98999106	32580973	28794340
高职高专学校	729810	390775	347458	43318	40366
2.成人高等学校	293912	123306	117154	6152	
二、中等职业学校	112436	84449	83219	1230	12
1.中等专业学校	112436	84449	83219	1230	12
2.职业高中					
#农村					
3.技工学校					
4.成人中专学校					
三、中 学	2694610	2038427	2000167	38260	3266
1.普通中学	2694610	2038427	2000167	38260	3266
普通高中	1654867	1262829	1236022	26807	2411
#农村	170156	139990	139938	51	10
普通初中	1039743	775598	764145	11453	855
#农村	8003	6788	6739	50	10
2.成人中学					
四、小 学	1062189	754999	742593	12406	1904
1.普通小学	1062189	754999	742593	12406	1904
#农村	23782	19294	18555	739	697
2.成人小学					
五、特殊教育					
1.特殊教育学校					
2.工读学校					
六、幼儿园	963779	728746	721870	6876	1165
#农村	21556	16484	16296	188	113
七、教育行政单位	275640	188722	158465	30257	
八、教育事业单位	3870449	319443	308248	11194	
九、其 他	1868638	535583	458558	77025	23780

财政补助支出明细(中央教育和其他部门)

单位：千元

公用部分	商品和服务支出	其他资本性支出	专项公用支出	专项项目支出	基本建设支出
90040219	**67949057**	**22091162**	**15471306**	**6619856**	**7987408**
83843573	62130820	21712753	15174735	6538019	7986680
83672967	62031405	21641562	15103610	6537953	7986680
83352438	61864744	21487695	15026176	6461519	7968174
320529	166661	153868	77434	76433	18506
170606	99415	71191	71125	66	
27988	25709	2279	2279		
27988	25709	2279	2279		
656183	548668	107515	105292	2223	
656183	548668	107515	105292	2223	
392038	322537	69501	68266	1235	
30166	23946	6220	5712	508	
264145	226131	38014	37026	988	
1214	626	588	51	537	
307085	236933	70152	37397	32755	105
307085	236933	70152	37397	32755	105
4488	2079	2409	268	2141	
235034	195563	39471	29684	9787	
5072	3225	1847	382	1466	
86919	83689	3230	3230		
3550384	3485819	64565	64565		622
1333054	1241857	91198	54126	37072	

1-27 各级各类教育机构

学校类别	合 计				
		个人部分			
			工资福利支出	对个人和家庭的补助支出	
					#助学金
总 计	**4521716311**	**3130627726**	**2785968137**	**344659589**	**153182590**
一、高等学校	727341520	399475626	319150442	80325184	52905243
1.普通高等学校	718686819	392992755	313460267	79532488	52797566
高等本科学校	496895884	277562682	220713509	56849173	36400962
高职高专学校	221790935	115430073	92746757	22683315	16396604
2.成人高等学校	8654701	6482872	5690176	792696	107677
二、中等职业学校	276208837	156223272	136601156	19622115	9083485
1.中等专业学校	127390564	72262885	62005241	10257644	4903632
2.职业高中	105851158	58855327	52092401	6762926	3263592
#农村	49882329	25711663	22635368	3076295	1967290
3.技工学校	35692916	19693993	17656310	2037682	890634
4.成人中专学校	7274199	5411067	4847204	563863	25628
三、中 学	1496310151	1097566104	998129606	99436498	42949783
1.普通中学	1495909238	1097240932	997816409	99424524	42949783
普通高中	517936516	374847332	346341453	28505878	11037468
#农村	203450427	152222048	140231243	11990805	6630362
普通初中	977972721	722393601	651474955	70918645	31912315
#农村	524962981	405006674	361987240	43019434	22239444
2.成人中学	400913	325171	313197	11974	
四、小 学	1538753345	1176350536	1055254697	121095840	43631149
1.普通小学	1538736403	1176337005	1055241235	121095770	43631149
#农村	848441462	680628773	600580003	80048770	32079237
2.成人小学	16941	13531	13461	70	
五、特殊教育	24576828	17355257	16065314	1289944	431128
1.特殊教育学校	23400476	16661023	15425740	1235283	421255
2.工读学校	1176351	694235	639574	54661	9873
六、幼儿园	293904137	189469638	179004067	10465571	4166782
#农村	136271328	92440089	87196210	5243879	3070937
七、教育行政单位	41451116	24332977	19814103	4518874	
八、教育事业单位	75785707	49317942	43878906	5439036	
九、其 他	47384671	20536374	18069847	2466527	15019

财政补助支出明细(地方教育和其他部门)

单位：千元

公用部分	商品和服务支出	其他资本性支出			基本建设支出
			专项公用支出	专项项目支出	
1302415055	**662828005**	**639587050**	**206312781**	**433274269**	**88673531**
300001559	159818397	140183162	65598514	74584648	27864335
297887712	158121474	139766238	65373516	74392722	27806352
196280451	115629360	80651091	37548239	43102852	23052750
101607261	42492114	59115147	27825277	31289870	4753601
2113847	1696923	416923	224998	191926	57983
117365974	46739264	70626710	22719054	47907656	2619592
53835321	22412429	31422893	11667424	19755469	1292357
46164295	16164427	29999868	6984245	23015623	831536
23820424	6956714	16863710	3136985	13726725	350243
15514517	6944005	8570512	3928313	4642199	484407
1851840	1218403	633437	139072	494365	11292
369164332	173307085	195857247	52764018	143093229	29579715
369088590	173236196	195852394	52759377	143093016	29579715
128825768	58557856	70267912	18896291	51371621	14263417
49074637	20962414	28112222	6487135	21625088	2153742
240262822	114678340	125584482	33863087	91721396	15316299
116443759	53242996	63200763	15329557	47871206	3512548
75742	70889	4853	4640	213	
343116807	182479549	160637258	45011185	115626072	19286001
343113397	182476385	160637012	45011027	115625985	19286001
162964628	85001336	77963292	19564862	58398430	4848061
3410	3164	246	159	87	
6948078	4016651	2931427	890814	2040613	273492
6532809	3789960	2742849	818838	1924011	206644
415269	226691	188578	71976	116602	66848
101214802	51200034	50014768	13232783	36781985	3219698
42426471	18677545	23748926	5180477	18568449	1404768
16863272	13370013	3493259	1330854	2162405	254868
25882234	19392399	6489835	3175261	3314573	585531
21857998	12504613	9353385	1590298	7763087	4990300

1-28　各级各类教育机构

学校类别	合　计	个人部分	工资福利支　出	对个人和家庭的补助支出	#助学金
总　　计	**24194424**	**13094570**	**10792279**	**2302291**	**1172221**
一、高等学校	8526903	3326387	2423772	902614	651911
1.普通高等学校	8440222	3243997	2343552	900444	651866
高等本科学校	4315646	1609726	1260333	349393	188631
高职高专学校	4124576	1634271	1083219	551051	463235
2.成人高等学校	86682	82390	80220	2170	45
二、中等职业学校	2039693	950885	752860	198025	106297
1.中等专业学校	1528651	628055	517849	110205	55359
2.职业高中	9851	9563	3924	5640	300
#农村	9296	9096	3924	5172	22
3.技工学校	477287	308234	227180	81055	50558
4.成人中专学校	23903	5033	3907	1125	80
三、中　学	4996927	3181321	2697740	483581	189339
1.普通中学	4996927	3181321	2697740	483581	189339
普通高中	2012325	1073145	911482	161663	77031
#农村	218100	143836	117864	25972	4500
普通初中	2984603	2108176	1786258	321918	112308
#农村	1788206	1345857	1142762	203095	56501
2.成人中学					
四、小　学	5154111	3685547	3131075	554472	175965
1.普通小学	5154111	3685547	3131075	554472	175965
#农村	3426471	2554169	2161104	393065	110852
2.成人小学					
五、特殊教育	10267	8136	6527	1609	255
1.特殊教育学校	9886	7800	6527	1273	182
2.工读学校	381	336		336	74
六、幼儿园	2784632	1637558	1529091	108467	48454
#农村	1073434	720903	661095	59808	16897
七、教育行政单位	108772	46432	31990	14442	
八、教育事业单位	149652	95510	81157	14353	
九、其　他	423468	162794	138067	24727	

财政补助支出明细(国有及国有控股企业办)

单位：千元

公用部分	商品和服务支出	其他资本性支出	专项公用支出	专项项目支出	基本建设支出
7794964	**4049252**	**3745712**	**1608673**	**2137039**	**3304890**
3087059	1311023	1776036	714348	1061688	2113458
3082767	1307237	1775530	713842	1061688	2113458
1047481	589304	458176	389019	69158	1658439
2035286	717932	1317354	324823	992531	455019
4292	3786	506	506		
812964	460556	352408	195590	156818	275844
624753	307636	317117	176125	140992	275844
288	288				
200	200				
169053	133777	35276	19449	15827	
18870	18855	16	16		
1440640	650108	790532	248793	541739	374966
1440640	650108	790532	248793	541739	374966
703718	206915	496803	118284	378519	235462
64330	30418	33912	15104	18808	9934
736923	443193	293729	130509	163220	139504
367372	202705	164667	69777	94890	74977
1117838	664322	453516	264009	189507	350725
1117838	664322	453516	264009	189507	350725
700392	359369	341022	201016	140006	171911
2130	1389	742	717	25	
2086	1344	742	717	25	
45	45				
1105109	774732	330376	171947	158430	41966
327938	240348	87590	46443	41147	24593
62340	60823	1517	1418	99	
52323	43849	8474	6387	2087	1819
114561	82451	32110	5464	26646	146113

1-29 各级各类教育机构

学校类别	合 计	个人部分	工资福利支出	对个人和家庭的补助支出	#助学金
总 计	**20035685**	**10665585**	**8816643**	**1848942**	**796966**
一、高等学校	7060472	2428793	1833127	595666	364392
1.普通高等学校	6974095	2346448	1752907	593541	364392
高等本科学校	4311406	1605486	1260333	345153	184392
高职高专学校	2662689	740962	492574	248388	180000
2.成人高等学校	86377	82345	80220	2125	
二、中等职业学校	1234885	472734	370404	102330	37003
1.中等专业学校	1111847	389069	314091	74978	29768
2.职业高中	9274	9074	3924	5150	
#农村	9274	9074	3924	5150	
3.技工学校	105814	69638	48481	21156	7236
4.成人中专学校	7950	4953	3907	1046	
三、中 学	4858100	3124188	2647127	477061	188867
1.普通中学	4858100	3124188	2647127	477061	188867
普通高中	2006669	1071444	909791	161653	77021
#农村	215859	142143	116173	25969	4498
普通初中	2851430	2052744	1737337	315407	111846
#农村	1772630	1345706	1142624	203082	56488
2.成人中学					
四、小 学	4776901	3467460	2935815	531645	173929
1.普通小学	4776901	3467460	2935815	531645	173929
#农村	3403255	2533246	2142764	390481	110164
2.成人小学					
五、特殊教育	9886	7800	6527	1273	182
1.特殊教育学校	9886	7800	6527	1273	182
2.工读学校					
六、幼儿园	1413551	859874	772428	87445	32592
#农村	852528	577863	523320	54542	12564
七、教育行政单位	108772	46432	31990	14442	
八、教育事业单位	149652	95510	81157	14353	
九、其 他	423468	162794	138067	24727	

财政补助支出明细(中央国有及国有控股企业办)

单位：千元

公用部分	商品和服务支出	其他资本性支出			基本建设支出
			专项公用支出	专项项目支出	
6150283	**2801272**	**3349011**	**1315181**	**2033830**	**3219817**
2603294	988616	1614679	575771	1038908	2028384
2599262	985090	1614173	575265	1038908	2028384
1047481	589304	458176	389019	69158	1658439
1551781	395785	1155996	186246	969750	369946
4032	3526	506	506		
486307	208010	278297	161368	116929	275844
446934	190780	256154	150546	105608	275844
200	200				
200	200				
36176	14048	22128	10807	11321	
2997	2982	16	16		
1358946	581883	777063	243646	533417	374966
1358946	581883	777063	243646	533417	374966
699763	202960	496803	118284	378519	235462
63782	29870	33912	15104	18808	9934
659183	378923	280260	125362	154898	139504
351947	197404	154543	67617	86925	74977
958715	523340	435375	248460	186915	350725
958715	523340	435375	248460	186915	350725
698099	357592	340507	200501	140006	171911
2086	1344	742	717	25	
2086	1344	742	717	25	
511712	310957	200755	71950	128805	41966
250072	185203	64869	26983	37886	24593
62340	60823	1517	1418	99	
52323	43849	8474	6387	2087	1819
114561	82451	32110	5464	26646	146113

1-30 各级各类教育机构

学校类别	合　计	个人部分	工资福利支出	对个人和家庭的补助支出	#助学金
总　计	**4158739**	**2428985**	**1975636**	**453348**	**375255**
一、高等学校	1466431	897593	590645	306948	287519
1.普通高等学校	1466126	897548	590645	306903	287474
高等本科学校	4240	4240		4240	4240
高职高专学校	1461887	893309	590645	302663	283234
2.成人高等学校	305	45		45	45
二、中等职业学校	804808	478151	382456	95695	69293
1.中等专业学校	416804	238985	203758	35227	25591
2.职业高中	578	490		490	300
#农村	22	22		22	22
3.技工学校	371474	238596	178698	59898	43322
4.成人中专学校	15953	80		80	80
三、中　学	138828	57133	50613	6520	472
1.普通中学	138828	57133	50613	6520	472
普通高中	5655	1701	1691	10	10
#农村	2241	1693	1691	2	2
普通初中	133172	55432	48921	6511	462
#农村	15576	150	137	13	13
2.成人中学					
四、小　学	377210	218087	195260	22827	2036
1.普通小学	377210	218087	195260	22827	2036
#农村	23216	20923	18339	2584	688
2.成人小学					
五、特殊教育	381	336		336	74
1.特殊教育学校					
2.工读学校	381	336		336	74
六、幼儿园	1371081	777684	756662	21022	15862
#农村	220906	143041	137775	5266	4333
七、教育行政单位					
八、教育事业单位					
九、其　他					

财政补助支出明细(地方国有及国有控股企业办)

单位：千元

公用部分	商品和服务支出	其他资本性支出			基本建设支出
			专项公用支出	专项项目支出	
1644681	**1247980**	**396701**	**293492**	**103209**	**85074**
483765	322407	161357	138577	22781	85074
483505	322147	161357	138577	22781	85074
483505	322147	161357	138577	22781	85074
260	260				
326657	252546	74111	34222	39889	
177819	116856	60963	25579	35383	
88	88				
132877	119729	13148	8642	4506	
15873	15873				
81695	68225	13470	5148	8322	
81695	68225	13470	5148	8322	
3955	3955				
547	547				
77740	64270	13470	5148	8322	
15426	5301	10125	2160	7965	
159123	140982	18141	15549	2592	
159123	140982	18141	15549	2592	
2293	1777	515	515		
45	45				
45	45				
593397	463776	129622	99997	29625	
77866	55145	22721	19460	3261	

1-31 各级各类教育机构

学校类别	合 计	个人部分	工资福利支出	对个人和家庭的补助支出	#助学金
总 计	**91428275**	**50709356**	**22110798**	**28598559**	**23322969**
一、高等学校	25485873	16484920	2757491	13727430	12552502
1.普通高等学校	25467011	16481761	2754331	13727430	12552502
高等本科学校	16775304	10194269	2337676	7856594	7362521
高职高专学校	8691707	6287492	416656	5870836	5189981
2.成人高等学校	18862	3160	3160		
二、中等职业学校	7692212	4600293	2191094	2409198	2101749
1.中等专业学校	3588534	2105159	881561	1223599	1025521
2.职业高中	2219511	1381570	627570	753999	709634
#农村	984426	581719	265100	316619	294341
3.技工学校	1754011	1019436	650325	369111	320661
4.成人中专学校	130156	94127	31638	62489	45932
三、中 学	20425690	9954407	5414781	4539626	3500735
1.普通中学	20425690	9954407	5414781	4539626	3500735
普通高中	5818958	3389181	2167312	1221869	1003374
#农村	2958233	1851886	1304140	547745	509678
普通初中	14606732	6565226	3247469	3317757	2497361
#农村	5567743	2310643	1251074	1059569	955397
2.成人中学					
四、小 学	18647893	10525899	4538759	5987140	3790314
1.普通小学	18647893	10525899	4538759	5987140	3790314
#农村	5596977	2440394	1279252	1161142	1020950
2.成人小学					
五、特殊教育	122458	72637	55923	16715	14772
1.特殊教育学校	110465	66066	49540	16526	14623
2.工读学校	11994	6571	6383	189	149
六、幼儿园	19054149	9071200	7152750	1918450	1362897
#农村	6172698	2541327	1745379	795948	723827
七、教育行政单位					
八、教育事业单位					
九、其 他					

财政补助支出明细(民办)

单位：千元

公用部分	商品和服务支出	其他资本性支出	专项公用支出	专项项目支出	基本建设支出
39231915	**29646691**	**9585224**	**4584387**	**5000837**	**1487004**
7677345	3420624	4256721	2453352	1803369	1323608
7661643	3404922	4256721	2453352	1803369	1323608
5593752	2564206	3029546	1942806	1086740	987283
2067891	840716	1227175	510546	716629	336325
15702	15702				
3091919	2413672	678247	332293	345954	
1483374	1076033	407341	195801	211540	
837942	679883	158059	84040	74019	
402707	312501	90205	43173	47032	
734574	630683	103892	46384	57507	
36029	27074	8956	6068	2888	
10397161	8002723	2394438	724731	1669707	74122
10397161	8002723	2394438	724731	1669707	74122
2419778	1237802	1181976	112918	1069058	10000
1096348	470048	626300	52519	573781	10000
7977383	6764921	1212462	611813	600650	64122
3257100	2643899	613201	331417	281784	
8035760	7174659	861101	342393	518708	86234
8035760	7174659	861101	342393	518708	86234
3156583	2649676	506906	139829	367078	
49821	43668	6153	3683	2470	
44399	39338	5061	2591	2470	
5422	4330	1092	1092		
9979909	8591345	1388564	727934	660630	3040
3630731	3023649	607082	271147	335935	640

1-32 各级各类教育机构一般公共预算

学校类别	合 计	个人部分	工资福利支 出	对个人和家庭的补助支出	#助学金
总 计	**3961506696**	**2754771556**	**2428578882**	**326192675**	**199935884**
一、高等学校	809125200	474528815	361883034	112645780	91885918
1.普通高等学校	801894728	469307172	357104210	112202962	91781986
高等本科学校	609554889	361040024	275052148	85987876	70082210
高职高专学校	192339838	108267148	82052062	26215086	21699776
2.成人高等学校	7230472	5221643	4778825	442818	103932
二、中等职业学校	210429975	132181436	115145636	17035800	10401630
1.中等专业学校	97571643	60444285	51530132	8914152	5455023
2.职业高中	77053126	49471833	43597407	5874427	3677878
#农村	35516350	22119283	19202122	2917160	2128362
3.技工学校	29990980	17950908	16051386	1899522	1204382
4.成人中专学校	5814226	4314410	3966711	347699	64347
三、中 学	1242181066	913637436	831703865	81933571	45437477
1.普通中学	1241839496	913363420	831438078	81925342	45437477
普通高中	421768284	309206310	286898024	22308287	11767296
#农村	169972659	127063787	116527120	10536666	6983403
普通初中	820071212	604157110	544540054	59617056	33670182
#农村	446031302	339443703	302202694	37241009	22909073
2.成人中学	341570	274016	265787	8229	
四、小 学	1287448608	976718594	880202284	96516310	46326966
1.普通小学	1287432171	976705567	880189327	96516240	46326966
#农村	713356084	561995658	498453004	63542655	32727688
2.成人小学	16437	13027	12957	70	
五、特殊教育	19906156	13831750	12949064	882686	423356
1.特殊教育学校	18983593	13286812	12429164	857648	415582
2.工读学校	922563	544938	519900	25038	7774
六、幼儿园	258964729	171440871	161170978	10269893	5421736
#农村	117803197	81668384	76135913	5532471	3754989
七、教育行政单位	31872004	18346449	15696850	2649599	
八、教育事业单位	63044070	38620593	35386385	3234208	
九、其 他	38534888	15465613	14440785	1024828	38799

教育事业费和基本建设支出明细(全国)

单位：千元

公用部分	商品和服务支出	其他资本性支出			基本建设支出
			专项公用支出	专项项目支出	
1116799867	**671727840**	**445072027**	**173368419**	**271703608**	**89935273**
300232296	182069789	118162506	70181823	47980684	34364090
298272716	180482302	117790413	69969475	47820938	34314840
219221860	139537031	79684829	46475339	33209490	29293005
79050856	40945271	38105584	23494137	14611448	5021835
1959580	1587487	372093	212347	159745	49250
75773188	43719986	32053202	15304895	16748308	2475351
35833854	20441337	15392517	7896512	7496005	1293505
26787974	14969297	11818677	5029153	6789525	793318
13076913	6695477	6381436	2382435	3999001	320154
11662837	7196375	4466462	2267921	2198541	377236
1488524	1112978	375546	111310	264236	11292
301658168	165940278	135717891	38085584	97632306	26885462
301590614	165877125	135713489	38081396	97632093	26885462
99391994	54322832	45069162	13304403	31764759	13169980
40792290	20209878	20582412	4985338	15597074	2116582
202198620	111554293	90644327	24776993	65867334	13715482
103451654	53473796	49977858	12149382	37828476	3135946
67554	63153	4401	4189	213	
292491150	176757453	115733697	33710278	82023419	18238864
292487740	176754289	115733451	33710120	82023332	18238864
146639158	83923979	62715179	16274657	46440522	4721268
3410	3164	246	159	87	
5849390	3608919	2240470	732210	1508260	225016
5538612	3422506	2116106	684679	1431427	158168
310778	186414	124364	47532	76832	66848
84611116	56047300	28563817	10810700	17753117	2912742
34865506	20618767	14246738	4290561	9956177	1269307
13349156	11320565	2028591	1096522	932070	176400
23905751	19838535	4067216	2147929	1919288	517725
18929651	12425015	6504636	1298478	5206158	4139624

1-33 各级各类教育机构一般公共预算

学校类别	合 计	个人部分	工资福利支出	对个人和家庭的补助支出	#助学金
总 计	**190346423**	**118417750**	**87060683**	**31357068**	**27821852**
一、高等学校	171279041	108167227	77766420	30400807	27360978
1.普通高等学校	171097396	108040742	77643763	30396978	27360978
高等本科学校	169061563	107210243	77056703	30153540	27140611
高职高专学校	2035834	830499	587061	243438	220366
2.成人高等学校	181645	126486	122657	3829	
二、中等职业学校	1128125	442884	363063	79821	35294
1.中等专业学校	1026237	368731	310029	58702	28058
2.职业高中	3317	3117	2900	217	
#农村	3317	3117	2900	217	
3.技工学校	95135	68248	47453	20795	7236
4.成人中专学校	3436	2788	2680	108	
三、中 学	6473563	4208160	3864149	344011	192111
1.普通中学	6473563	4208160	3864149	344011	192111
普通高中	3184648	1945276	1803736	141541	79432
#农村	349573	245956	226530	19426	4508
普通初中	3288915	2262883	2060413	202471	112679
#农村	1405432	999509	880963	118546	56476
2.成人中学					
四、小 学	4730657	3291234	2940529	350705	175786
1.普通小学	4730657	3291234	2940529	350705	175786
#农村	2638586	1898062	1651453	246609	110814
2.成人小学					
五、特殊教育	6778	4925	4757	168	147
1.特殊教育学校	6778	4925	4757	168	147
2.工读学校					
六、幼儿园	2074597	1366245	1283196	83048	33757
#农村	740750	479612	427596	52016	12676
七、教育行政单位	258325	132273	124643	7631	
八、教育事业单位	2719382	207492	194364	13128	
九、其 他	1675954	597311	519562	77748	23780

教育事业费和基本建设支出明细(中央)

单位：千元

公用部分	商品和服务支出	其他资本性支出	专项公用支出	专项项目支出	基本建设支出
62234239	**45634379**	**16599860**	**12367567**	**4232294**	**9694433**
54462384	39640843	14821541	11459366	3362175	8649430
54407225	39607429	14799795	11437621	3362175	8649430
53589668	39127445	14462223	11235012	3227210	8261652
817557	479984	337573	202608	134964	387778
55159	33414	21745	21745		
410890	209173	201717	137614	64103	274351
383155	194602	188553	135189	53364	274351
200	200				
200	200				
26887	13738	13149	2410	10739	
648	632	16	16		
1946756	1097378	849378	343014	506364	318647
1946756	1097378	849378	343014	506364	318647
1044045	503285	540760	184203	356557	195327
93683	53574	40109	20793	19316	9934
902711	594093	308618	158811	149807	123321
345931	194448	151483	67201	84282	59993
1119207	745385	373822	202370	171451	320217
1119207	745385	373822	202370	171451	320217
598972	351773	247198	117940	129259	141552
1853	1150	704	704		
1853	1150	704	704		
680329	501765	178564	95562	83002	28023
250488	186633	63855	27051	36804	10650
126052	121505	4547	4448	99	
2509449	2440926	68523	68523		2441
977319	876253	101066	55966	45099	101325

1-34 各级各类教育机构一般公共预算

学校类别	合 计	个人部分	工资福利支出	对个人和家庭的补助支出	#助学金
总 计	3771160273	2636353806	2341518199	294835607	172114031
一、高等学校	637846159	366361587	284116614	82244973	64524940
1.普通高等学校	630797332	361266430	279460446	81805984	64421008
高等本科学校	440493327	253829781	197995445	55834336	42941598
高职高专学校	190304005	107436649	81465001	25971648	21479410
2.成人高等学校	7048827	5095157	4656168	438989	103932
二、中等职业学校	209301850	131738552	114782573	16955979	10366336
1.中等专业学校	96545406	60075554	51220103	8855451	5426964
2.职业高中	77049809	49468717	43594507	5874210	3677878
#农村	35513034	22116166	19199222	2916944	2128362
3.技工学校	29895845	17882660	16003933	1878727	1197146
4.成人中专学校	5810790	4311622	3964031	347591	64347
三、中 学	1235707503	909429276	827839716	81589560	45245366
1.普通中学	1235365933	909155260	827573930	81581331	45245366
普通高中	418583637	307261034	285094288	22166746	11687863
#农村	169623086	126817831	116300590	10517240	6978894
普通初中	816782296	601894226	542479641	59414585	33557503
#农村	444625870	338444194	301321731	37122463	22852597
2.成人中学	341570	274016	265787	8229	
四、小 学	1282717951	973427360	877261755	96165605	46151181
1.普通小学	1282701514	973414333	877248798	96165535	46151181
#农村	710717499	560097596	496801551	63296046	32616874
2.成人小学	16437	13027	12957	70	
五、特殊教育	19899378	13826825	12944308	882518	423209
1.特殊教育学校	18976815	13281888	12424407	857480	415435
2.工读学校	922563	544938	519900	25038	7774
六、幼儿园	256890132	170074626	159887782	10186844	5387979
#农村	117062447	81188772	75708317	5480455	3742312
七、教育行政单位	31613679	18214175	15572207	2641968	
八、教育事业单位	60324687	38413101	35192021	3221080	
九、其 他	36858934	14868303	13921223	947079	15019

教育事业费和基本建设支出明细(地方)

单位：千元

公用部分	商品和服务支出	其他资本性支出			基本建设支出
			专项公用支出	专项项目支出	
1054565628	**626093461**	**428472166**	**161000852**	**267471314**	**80240840**
245769912	142428946	103340966	58722457	44618509	25714660
243865491	140874873	102990618	58531854	44458764	25665410
165632192	100409586	65222606	35240326	29982280	21031353
78233299	40465287	37768012	23291528	14476484	4634057
1904421	1554073	350347	190602	159745	49250
75362298	43510813	31851485	15167281	16684204	2201000
35450698	20246734	15203964	7761323	7442641	1019154
26787774	14969097	11818677	5029153	6789525	793318
13076713	6695277	6381436	2382435	3999001	320154
11635950	7182637	4453313	2265511	2187803	377236
1487876	1112346	375530	111294	264236	11292
299711412	164842899	134868513	37742571	97125942	26566815
299643858	164779747	134864112	37738382	97125730	26566815
98347950	53819547	44528403	13120201	31408202	12974653
40698607	20156305	20542303	4964544	15577758	2106648
201295909	110960200	90335709	24618181	65717527	13592161
103105723	53279348	49826375	12082182	37744193	3075953
67554	63153	4401	4189	213	
291371943	176012068	115359875	33507908	81851967	17918648
291368533	176008904	115359630	33507749	81851880	17918648
146040186	83572206	62467980	16156717	46311263	4579716
3410	3164	246	159	87	
5847536	3607770	2239767	731507	1508260	225016
5536759	3421356	2115402	683975	1431427	158168
310778	186414	124364	47532	76832	66848
83930787	55545534	28385252	10715138	17670115	2884719
34615018	20432134	14182883	4263510	9919373	1258657
13223104	11199059	2024044	1092074	931971	176400
21396303	17397609	3998693	2079405	1919288	515284
17952332	11548761	6403570	1242512	5161058	4038299

1-35 各级各类教育机构一般公共预算

学校类别	合计	个人部分	工资福利支出	对个人和家庭的补助支出	#助学金
总 计	**3860808362**	**2699155173**	**2400681344**	**298473829**	**176617594**
一、高等学校	779862149	456350280	357692998	98657282	79052339
1.普通高等学校	772711397	451188920	352974410	98214509	78948452
高等本科学校	591191154	350359400	272138898	78220502	62769468
高职高专学校	181520244	100829520	80835512	19994007	16178984
2.成人高等学校	7150752	5161360	4718587	442773	103887
二、中等职业学校	201380749	126990901	112482965	14507936	8244011
1.中等专业学校	92782126	57850795	50236641	7614154	4387976
2.职业高中	75019983	48210539	43059768	5150771	2997216
#农村	34609652	21587598	18985229	2602369	1835443
3.技工学校	27910441	16711334	15253357	1457977	840470
4.成人中专学校	5668199	4218234	3933199	285035	18348
三、中 学	1220461232	902796266	825108621	77687645	42028493
1.普通中学	1220119662	902522250	824842834	77679416	42028493
普通高中	415093680	305525055	284440681	21084374	10732897
#农村	167294363	125359672	115379004	9980668	6472493
普通初中	805025983	596997196	540402153	56595043	31295596
#农村	439482707	336318466	300221950	36096516	21920626
2.成人中学	341570	274016	265787	8229	
四、小 学	1267658752	965492132	874074283	91417849	42765855
1.普通小学	1267642315	965479105	874061326	91417779	42765855
#农村	705390308	557826359	495665088	62161271	31611030
2.成人小学	16437	13027	12957	70	
五、特殊教育	19781686	13756608	12890592	866016	408856
1.特殊教育学校	18869800	13218530	12377026	841503	401304
2.工读学校	911886	538078	513565	24513	7552
六、幼儿园	238694548	161539572	153092103	8447469	4079241
#农村	110943825	78654249	73958942	4695307	3024559
七、教育行政单位	31788794	18316136	15673545	2642591	
八、教育事业单位	62926465	38553252	35326444	3226807	
九、其 他	38253988	15360027	14339794	1020233	38799

教育事业费和基本建设支出明细(教育和其他部门)

单位：千元

公用部分	商品和服务支出	其他资本性支出	专项公用支出	专项项目支出	基本建设支出
1075909041	**641246150**	**434662891**	**168204060**	**266458831**	**85744148**
292281233	178367407	113913825	67548492	46365333	31230637
290341090	176798855	113542235	67336647	46205588	31181387
214041880	137235465	76806415	44580241	32226174	26789873
76299210	39563390	36735820	22756406	13979414	4391514
1940142	1568552	371590	211845	159745	49250
72188847	40987322	31201525	14828688	16372837	2201000
33912177	19093185	14818992	7551443	7267549	1019154
26016125	14343743	11672382	4955951	6716431	793318
12701900	6404024	6297876	2344982	3952894	320154
10821872	6480995	4340877	2213368	2127509	377236
1438673	1069399	369274	107926	261348	11292
291108152	158118594	132989558	37329393	95660165	26556815
291040598	158055441	132985156	37325204	95659952	26556815
96603972	53020505	43583467	13095503	30487964	12964653
39838043	19762150	20075893	4928898	15146994	2096648
194436626	105034936	89401689	24229701	65171988	13592161
100088287	50668098	49420189	11931294	37488895	3075953
67554	63153	4401	4189	213	
284248224	169631950	114616274	33214520	81401754	17918396
284244814	169628786	114616028	33214361	81401667	17918396
142984233	80979920	62004313	16022911	45981402	4579716
3410	3164	246	159	87	
5800062	3565241	2234821	729031	1505790	225016
5493102	3382645	2110457	681499	1428958	158168
306960	182596	124364	47532	76832	66848
74273298	47149853	27123444	10019882	17103562	2881679
31031559	17440042	13591517	3989113	9602404	1258017
13296259	11269114	2027144	1095174	931971	176400
23857306	19795775	4061531	2142243	1919288	515907
18855662	12360893	6494768	1296638	5198131	4038299

1-36 各级各类教育机构一般公共预算

学校类别	合 计	个人部分	工资福利支出	对个人和家庭的补助支出	#助学金
总 计	**175172281**	**110645143**	**80461671**	**30183473**	**27084055**
一、高等学校	166432552	106526818	76472401	30054416	27053928
1.普通高等学校	166311461	106457410	76406822	30050587	27053928
高等本科学校	165761300	106106507	76097579	30008928	27013562
高职高专学校	550161	350903	309244	41659	40366
2.成人高等学校	121091	69408	65579	3829	
二、中等职业学校	96221	70045	69923	122	12
1.中等专业学校	96221	70045	69923	122	12
2.职业高中					
#农村					
3.技工学校					
4.成人中专学校					
三、中 学	2544425	1909581	1874655	34926	3266
1.普通中学	2544425	1909581	1874655	34926	3266
普通高中	1528621	1155019	1130391	24628	2411
#农村	168761	138595	138578	17	10
普通初中	1015804	754562	744265	10298	855
#农村	6594	5379	5363	17	10
2.成人中学					
四、小 学	1011941	722444	711795	10649	1904
1.普通小学	1011941	722444	711795	10649	1904
#农村	18849	14361	13664	697	697
2.成人小学					
五、特殊教育					
1.特殊教育学校					
2.工读学校					
六、幼儿园	915196	682421	678565	3856	1165
#农村	19633	14561	14387	174	113
七、教育行政单位	175115	101960	101338	622	
八、教育事业单位	2601777	140151	134423	5728	
九、其 他	1395054	491724	418571	73153	23780

教育事业费和基本建设支出明细(中央教育和其他部门)

单位：千元

公用部分	商品和服务支出	其他资本性支出	专项公用支出	专项项目支出	基本建设支出
57762101	**43236563**	**14525538**	**11298280**	**3227258**	**6765036**
53141426	38974663	14166763	11004813	3161950	6764309
53089742	38944222	14145520	10983570	3161950	6764309
52908991	38804267	14104723	10946671	3158053	6745803
180752	139955	40797	36900	3897	18506
51683	30441	21243	21243		
26176	23910	2266	2266		
26176	23910	2266	2266		
634843	528499	106345	104121	2223	
634843	528499	106345	104121	2223	
373602	305000	68601	67366	1235	
30166	23946	6220	5712	508	
261242	223498	37743	36755	988	
1214	626	588	51	537	
289392	235792	53600	37358	16243	105
289392	235792	53600	37358	16243	105
4488	2079	2409	268	2141	
232775	193346	39429	29658	9770	
5072	3225	1847	382	1466	
73155	70055	3100	3100		
2461004	2398166	62838	62838		622
903330	812132	91198	54126	37072	

1-37 各级各类教育机构一般公共预算

学校类别	合 计	个人部分	工资福利支出	对个人和家庭的补助支出	#助学金
总 计	**3685636081**	**2588510030**	**2320219673**	**268290356**	**149533539**
一、高等学校	613429597	349823463	281220596	68602866	51998411
1.普通高等学校	606399936	344731510	276567588	68163922	51894523
高等本科学校	425429853	244252893	196041320	48211574	35755906
高职高专学校	180970083	100478617	80526268	19952348	16138618
2.成人高等学校	7029661	5091952	4653008	438944	103887
二、中等职业学校	201284528	126920856	112413042	14507814	8243999
1.中等专业学校	92685905	57780750	50166719	7614031	4387964
2.职业高中	75019983	48210539	43059768	5150771	2997216
#农村	34609652	21587598	18985229	2602369	1835443
3.技工学校	27910441	16711334	15253357	1457977	840470
4.成人中专学校	5668199	4218234	3933199	285035	18348
三、中 学	1217916808	900886685	823233965	77652720	42025227
1.普通中学	1217575238	900612669	822968179	77644490	42025227
普通高中	413565059	304370036	283310290	21059745	10730486
#农村	167125602	125221077	115240427	9980651	6472483
普通初中	804010179	596242633	539657888	56584745	31294741
#农村	439476113	336313087	300216587	36096500	21920616
2.成人中学	341570	274016	265787	8229	
四、小 学	1266646811	964769688	873362488	91407200	42763951
1.普通小学	1266630374	964756661	873349531	91407130	42763951
#农村	705371459	557811998	495651424	62160574	31610333
2.成人小学	16437	13027	12957	70	
五、特殊教育	19781686	13756608	12890592	866016	408856
1.特殊教育学校	18869800	13218530	12377026	841503	401304
2.工读学校	911886	538078	513565	24513	7552
六、幼儿园	237779352	160857151	152413538	8443613	4078077
#农村	110924192	78639688	73944556	4695132	3024446
七、教育行政单位	31613679	18214175	15572207	2641968	
八、教育事业单位	60324687	38413101	35192021	3221080	
九、其 他	36858934	14868303	13921223	947079	15019

教育事业费和基本建设支出明细(地方教育和其他部门)

单位：千元

公用部分	商品和服务支出	其他资本性支出			基本建设支出
			专项公用支出	专项项目支出	
1018146940	**598009588**	**420137353**	**156905780**	**263231573**	**78979111**
239139807	139392744	99747062	56543679	43203384	24466328
237251348	137854633	99396715	56353077	43043638	24417078
161132890	98431198	62701692	33633570	29068122	20044070
76118458	39423435	36695023	22719506	13975517	4373008
1888459	1538111	350347	190602	159745	49250
72162671	40963412	31199259	14826422	16372837	2201000
33886001	19069275	14816726	7549176	7267549	1019154
26016125	14343743	11672382	4955951	6716431	793318
12701900	6404024	6297876	2344982	3952894	320154
10821872	6480995	4340877	2213368	2127509	377236
1438673	1069399	369274	107926	261348	11292
290473308	157590095	132883213	37225271	95657941	26556815
290405754	157526942	132878812	37221083	95657729	26556815
96230370	52715505	43514866	13028137	30486729	12964653
39807876	19738204	20069672	4923186	15146486	2096648
194175384	104811438	89363946	24192946	65171000	13592161
100087073	50667472	49419601	11931243	37488358	3075953
67554	63153	4401	4189	213	
283958832	169396158	114562673	33177162	81385512	17918291
283955422	169392994	114562428	33177003	81385424	17918291
142979745	80977841	62001903	16022642	45979261	4579716
3410	3164	246	159	87	
5800062	3565241	2234821	729031	1505790	225016
5493102	3382645	2110457	681499	1428958	158168
306960	182596	124364	47532	76832	66848
74040523	46956507	27084016	9990224	17093792	2881679
31026488	17436818	13589670	3988732	9600938	1258017
13223104	11199059	2024044	1092074	931971	176400
21396303	17397609	3998693	2079405	1919288	515284
17952332	11548761	6403570	1242512	5161058	4038299

1-38 各级各类教育机构一般公共预算

学校类别	合 计	个人部分	工资福利支出	对个人和家庭的补助支出	#助学金
总 计	**19138909**	**10091794**	**8482301**	**1609493**	**1107888**
一、高等学校	6305105	2532123	1880494	651629	594568
1.普通高等学校	6244247	2475000	1823416	651584	594523
高等本科学校	3304503	1107976	959124	148852	131289
高职高专学校	2939744	1367025	864292	502733	463235
2.成人高等学校	60858	57123	57078	45	45
二、中等职业学校	1704330	780962	613535	167427	99602
1.中等专业学校	1288479	514655	423239	91416	53638
2.职业高中	3894	3606	2900	706	300
#农村	3339	3139	2900	239	22
3.技工学校	392581	259846	184716	75130	45598
4.成人中专学校	19376	2855	2680	175	67
三、中 学	4059949	2355687	2040082	315606	189317
1.普通中学	4059949	2355687	2040082	315606	189317
普通高中	1661682	791958	675036	116922	77031
#农村	183053	109055	89643	19411	4500
普通初中	2398267	1563729	1365046	198684	112286
#农村	1406448	994278	875735	118542	56479
2.成人中学					
四、小 学	4090052	2781704	2423301	358403	175916
1.普通小学	4090052	2781704	2423301	358403	175916
#农村	2641966	1904038	1655546	248492	110804
2.成人小学					
五、特殊教育	7159	5261	4757	504	221
1.特殊教育学校	6778	4925	4757	168	147
2.工读学校	381	336		336	74
六、幼儿园	2490598	1432815	1335895	96919	48263
#农村	923262	595952	538845	57108	16897
七、教育行政单位	83210	30313	23305	7008	
八、教育事业单位	117605	67341	59941	7401	
九、其 他	280900	105586	100991	4595	

教育事业费和基本建设支出明细(国有及国有控股企业办)

单位：千元

公用部分	商品和服务支出	其他资本性支出			基本建设支出
			专项公用支出	专项项目支出	
6032645	**3613579**	**2419065**	**1354982**	**1064083**	**3014470**
1802787	986652	816135	593129	223006	1970195
1799052	983419	815633	592627	223006	1970195
680677	323178	357499	288342	69158	1515850
1118374	660241	458133	304285	153848	454345
3736	3233	503	503		
649017	413402	235614	167319	68296	274351
499473	286202	213272	158502	54770	274351
288	288				
200	200				
132734	110407	22327	8801	13526	
16521	16505	16	16		
1385615	637077	748538	244040	504498	318647
1385615	637077	748538	244040	504498	318647
674398	202239	472158	116837	355322	195327
64064	30175	33889	15081	18808	9934
711217	434837	276380	127203	149176	123321
352178	199123	153055	69310	83746	59993
988236	650274	337962	180162	157801	320112
988236	650274	337962	180162	157801	320112
596376	351472	244905	117787	127118	141552
1898	1194	704	704		
1853	1150	704	704		
45	45				
1029760	766649	263112	160755	102357	28023
316659	236768	79891	41791	38100	10650
52897	51450	1447	1348	99	
48445	42760	5686	5686		1819
73989	64122	9868	1841	8027	101325

1-39 各级各类教育机构一般公共预算

学校类别	合　计	个人部分	工资福利支　出	对个人和家庭的补助支出	#助学金
总　　计	**15174142**	**7772607**	**6599012**	**1173595**	**737797**
一、高等学校	4846489	1640410	1294019	346391	307049
1.普通高等学校	4785935	1583332	1236941	346391	307049
高等本科学校	3300263	1103736	959124	144612	127049
高职高专学校	1485673	479596	277817	201779	180000
2.成人高等学校	60553	57078	57078		
二、中等职业学校	1031904	372839	293140	79698	35282
1.中等专业学校	930016	298687	240107	58580	28046
2.职业高中	3317	3117	2900	217	
#农村	3317	3117	2900	217	
3.技工学校	95135	68248	47453	20795	7236
4.成人中专学校	3436	2788	2680	108	
三、中　学	3929138	2298578	1989493	309085	188845
1.普通中学	3929138	2298578	1989493	309085	188845
普通高中	1656027	790257	673345	116913	77021
#农村	180812	107361	87952	19409	4498
普通初中	2273111	1508321	1316148	192173	111824
#农村	1398839	994129	875600	118529	56466
2.成人中学					
四、小　学	3718716	2568790	2228734	340056	173882
1.普通小学	3718716	2568790	2228734	340056	173882
#农村	2619737	1883701	1637789	245912	110117
2.成人小学					
五、特殊教育	6778	4925	4757	168	147
1.特殊教育学校	6778	4925	4757	168	147
2.工读学校					
六、幼儿园	1159402	683824	604632	79193	32592
#农村	721117	465051	413209	51842	12564
七、教育行政单位	83210	30313	23305	7008	
八、教育事业单位	117605	67341	59941	7401	
九、其　他	280900	105586	100991	4595	

教育事业费和基本建设支出明细(中央国有及国有控股企业办)

单位：千元

公用部分	商品和服务支出	其他资本性支出	专项公用支出	专项项目支出	基本建设支出
4472138	**2397816**	**2074322**	**1069287**	**1005035**	**2929397**
1320958	666180	654778	454553	200225	1885121
1317482	663207	654275	454050	200225	1885121
680677	323178	357499	288342	69158	1515850
636805	340029	296776	165709	131067	369271
3476	2973	503	503		
384714	185263	199451	135348	64103	274351
356979	170692	186287	132922	53364	274351
200	200				
200	200				
26887	13738	13149	2410	10739	
648	632	16	16		
1311912	568880	743033	238892	504140	318647
1311912	568880	743033	238892	504140	318647
670443	198285	472158	116837	355322	195327
63516	29627	33889	15081	18808	9934
641470	370595	270875	122056	148819	123321
344717	193822	150895	67150	83746	59993
829815	509593	320221	165013	155209	320112
829815	509593	320221	165013	155209	320112
594484	349695	244789	117672	127118	141552
1853	1150	704	704		
1853	1150	704	704		
447554	308419	139135	65904	73232	28023
245417	183408	62008	26670	35339	10650
52897	51450	1447	1348	99	
48445	42760	5686	5686		1819
73989	64122	9868	1841	8027	101325

1-40 各级各类教育机构一般公共预算

学校类别	合　计	个人部分	工资福利支　出	对个人和家庭的补助支出	#助学金
总　计	**3964767**	**2319187**	**1883289**	**435898**	**370090**
一、高等学校	1458616	891713	586475	305238	287519
1.普通高等学校	1458311	891668	586475	305193	287474
高等本科学校	4240	4240		4240	4240
高职高专学校	1454071	887429	586475	300953	283234
2.成人高等学校	305	45		45	45
二、中等职业学校	672426	408124	320395	87729	64320
1.中等专业学校	358463	215968	183132	32836	25591
2.职业高中	578	490		490	300
#农村	22	22		22	22
3.技工学校	297446	191598	137263	54336	38362
4.成人中专学校	15940	67		67	67
三、中　学	130811	57109	50588	6520	472
1.普通中学	130811	57109	50588	6520	472
普通高中	5655	1701	1691	10	10
#农村	2241	1693	1691	2	2
普通初中	125156	55408	48897	6511	462
#农村	7609	148	135	13	13
2.成人中学					
四、小　学	371336	212914	194567	18347	2035
1.普通小学	371336	212914	194567	18347	2035
#农村	22230	20337	17758	2579	687
2.成人小学					
五、特殊教育	381	336		336	74
1.特殊教育学校					
2.工读学校	381	336		336	74
六、幼儿园	1331197	748991	731264	17727	15671
#农村	202144	130902	125636	5266	4333
七、教育行政单位					
八、教育事业单位					
九、其　他					

教育事业费和基本建设支出明细(地方国有及国有控股企业办)

单位：千元

公用部分	商品和服务支出	其他资本性支出	专项公用支出	专项项目支出	基本建设支出
1560506	**1215763**	**344743**	**285695**	**59047**	**85074**
481829	320472	161357	138577	22781	85074
481569	320212	161357	138577	22781	85074
481569	320212	161357	138577	22781	85074
260	260				
264303	228139	36163	31971	4192	
142494	115509	26985	25579	1406	
88	88				
105847	96669	9178	6391	2787	
15873	15873				
73702	68197	5505	5148	358	
73702	68197	5505	5148	358	
3955	3955				
547	547				
69748	64242	5505	5148	358	
7461	5301	2160	2160		
158422	140681	17741	15149	2592	
158422	140681	17741	15149	2592	
1893	1777	115	115		
45	45				
45	45				
582206	458230	123976	94851	29125	
71243	53360	17883	15122	2761	

1-41　各级各类教育机构一般公共预算

学校类别	合　计	个人部分	工资福利支　出	对个人和家庭的补助支出	#助学金
总　　计	**81559425**	**45524589**	**19415237**	**26109353**	**22210402**
一、高等学校	22957946	15646411	2309543	13336869	12239011
1.普通高等学校	22939084	15643252	2306383	13336869	12239011
高等本科学校	15059233	9572648	1954126	7618522	7181453
高职高专学校	7879851	6070604	352257	5718346	5057558
2.成人高等学校	18862	3160	3160		
二、中等职业学校	7344896	4409572	2049136	2360436	2058017
1.中等专业学校	3501039	2078835	870252	1208583	1013409
2.职业高中	2029249	1257688	534739	722950	680362
#农村	903360	528546	213993	314553	292897
3.技工学校	1687958	979727	613313	366414	318315
4.成人中专学校	126651	93321	30832	62489	45932
三、中　学	17659884	8485482	4555162	3930320	3219667
1.普通中学	17659884	8485482	4555162	3930320	3219667
普通高中	5012922	2889298	1782307	1106991	957368
#农村	2495243	1595060	1058473	536587	506409
普通初中	12646962	5596185	2772856	2823329	2262300
#农村	5142148	2130959	1105008	1025950	931968
2.成人中学					
四、小　学	15699804	8444758	3704700	4740057	3385194
1.普通小学	15699804	8444758	3704700	4740057	3385194
#农村	5323810	2265261	1132369	1132892	1005855
2.成人小学					
五、特殊教育	117311	69881	53716	16165	14280
1.特殊教育学校	107015	63358	47381	15977	14132
2.工读学校	10297	6524	6335	189	149
六、幼儿园	17779583	8468485	6742980	1725504	1294232
#农村	5936110	2418183	1638126	780057	713533
七、教育行政单位					
八、教育事业单位					
九、其　他					

教育事业费和基本建设支出明细(民办)

单位：千元

公用部分	商品和服务支出	其他资本性支出	专项公用支出	专项项目支出	基本建设支出
34858181	**26868110**	**7990071**	**3809377**	**4180694**	**1176655**
6148276	2715730	3432546	2040201	1392344	1163259
6132574	2700028	3432546	2040201	1392344	1163259
4499302	1978388	2520915	1606756	914158	987283
1633271	721640	911631	433445	478186	175976
15702	15702				
2935324	2319262	616063	308888	307175	
1422204	1061950	360253	186567	173686	
771561	625265	146295	73201	73094	
374814	291253	83560	37453	46107	
708231	604972	103258	45752	57507	
33329	27074	6256	3368	2888	
9164402	7184607	1979795	512152	1467643	10000
9164402	7184607	1979795	512152	1467643	10000
2113625	1100088	1013537	92064	921473	10000
890183	417553	472630	41358	431272	10000
7050777	6084520	966258	420088	546170	
3011189	2606575	404614	148778	255835	
7254690	6475229	779461	315597	463864	356
7254690	6475229	779461	315597	463864	356
3058549	2592588	465961	133959	332002	
47430	42484	4946	2476	2470	
43657	38711	4946	2476	2470	
3773	3773				
9308059	8130798	1177260	630062	547198	3040
3517287	2941957	575330	259657	315673	640

1-42 各级各类学校生均教育经费支出(教育和其他部门)

单位：元

学校类别	教育经费支出	个人和公用部分支出	个人部分	公用部分	基本建设支出
总　计	**23157.68**	**22757.05**	**15004.11**	**7752.95**	**400.63**
一、高等学校	39655.41	38733.46	20183.62	18549.84	921.95
1.普通高等学校	40718.07	39761.67	20725.37	19036.30	956.40
高等本科学校	47527.99	46319.76	24226.55	22093.21	1208.23
高职高专学校	25837.78	25431.64	13074.98	12356.66	406.14
2.成人高等学校	12440.39	12400.71	6309.05	6091.67	39.68
二、中等职业学校	24829.46	24609.83	13735.22	10874.61	219.63
1.中等专业学校	24463.92	24233.08	13673.99	10559.09	230.85
2.职业高中	25841.55	25646.88	14032.89	11613.99	194.66
#农村	23042.56	22886.95	11638.67	11248.27	155.61
3.技工学校	21136.70	20886.73	11227.49	9659.24	249.97
4.成人中专学校	65684.59	65590.04	46649.80	18940.24	94.55
三、中　学	23292.11	22856.45	16622.96	6233.49	435.66
1.普通中学	23287.85	22852.16	16619.62	6232.54	435.70
普通高中	25823.32	25181.58	17747.77	7433.80	641.75
#农村	20369.92	20175.47	14422.54	5752.93	194.45
普通初中	22053.79	21718.39	16070.52	5647.86	335.41
#农村	19746.02	19617.14	15069.12	4548.02	128.88
2.成人中学	70157.25	70157.25	53434.73	16722.52	
四、小　学	15899.79	15706.42	12000.08	3706.34	193.36
1.普通小学	15899.66	15706.30	11999.98	3706.32	193.36
#农村	15457.80	15371.78	12258.65	3113.13	86.01
2.成人小学	57234.24	57234.24	45713.98	11520.26	
五、特殊教育	73332.09	72524.02	51465.30	21058.72	808.06
1.特殊教育学校	71543.55	70917.60	50654.14	20263.46	625.95
2.工读学校	144273.84	136242.18	83639.80	52602.38	8031.66
六、幼儿园	16262.23	16118.73	10261.04	5857.69	143.50
#农村	12552.65	12444.91	8155.86	4289.05	107.74

1-43 各级各类学校生均一般公共预算教育事业费和基本建设支出（教育和其他部门）

单位：元

学校类别	一般公共预算教育事业费和基本建设支出	事业费支出			基本建设支出
			个人部分	公用部分	
总　计	**16254.22**	**15893.24**	**11363.60**	**4529.64**	**360.99**
一、高等学校	22194.59	21305.78	12987.56	8318.22	888.81
1.普通高等学校	22154.46	21260.46	12936.07	8324.39	894.00
高等本科学校	25296.83	24150.50	14991.74	9158.77	1146.33
高职高专学校	15773.12	15391.52	8761.54	6629.99	381.60
2.成人高等学校	27596.37	27406.30	19918.85	7487.45	190.07
二、中等职业学校	16884.07	16699.54	10647.11	6052.42	184.54
1.中等专业学校	16573.16	16391.11	10333.57	6057.55	182.05
2.职业高中	17562.39	17376.67	11286.22	6090.45	185.72
#农村	15377.20	15234.96	9591.45	5643.50	142.25
3.技工学校	14402.65	14207.98	8623.56	5584.42	194.67
4.成人中专学校	47461.22	47366.67	35320.31	12046.37	94.55
三、中　学	17975.23	17584.09	13296.59	4287.51	391.13
1.普通中学	17971.83	17580.66	13293.76	4286.90	391.17
普通高中	18676.13	18092.82	13746.36	4346.46	583.31
#农村	15104.37	14915.07	11318.25	3596.82	189.30
普通初中	17629.03	17331.38	13073.47	4257.91	297.65
#农村	16125.09	16012.23	12339.88	3672.35	112.86
2.成人中学	55422.66	55422.66	44461.44	10961.22	
四、小　学	12709.51	12529.87	9680.00	2849.87	179.65
1.普通小学	12709.39	12529.74	9679.90	2849.84	179.65
#农村	12514.99	12433.74	9896.92	2536.82	81.25
2.成人小学	55530.22	55530.22	44009.96	11520.26	
五、特殊教育	58447.36	57782.53	40645.55	17136.98	664.84
1.特殊教育学校	57158.70	56679.59	40040.38	16639.21	479.11
2.工读学校	109562.12	101530.46	64649.54	36880.92	8031.66
六、幼儿园	10638.53	10510.10	7199.76	3310.33	128.44
#农村	8509.11	8412.62	6032.58	2380.04	96.49

1-44　各级各类学校生均教育经费支出(中央教育和其他部门)

单位：元

学校类别	教育经费支出	个人和公用部分支出			基本建设支出
			个人部分	公用部分	
总　计	**76459.91**	**75200.80**	**36155.11**	**39045.69**	**1259.10**
一、高等学校	76251.36	74941.97	36323.48	38618.49	1309.39
1.普通高等学校	77514.00	76177.81	36988.12	39189.70	1336.18
高等本科学校	77840.16	76497.66	37135.92	39361.74	1342.50
高职高专学校	31336.27	30894.83	16062.67	14832.16	441.44
2.成人高等学校					
二、中等职业学校	77013.71	77013.71	46950.48	30063.22	
1.中等专业学校	77210.01	77210.01	47323.32	29886.69	
2.职业高中					
#农村					
3.技工学校					
4.成人中专学校	67663.30	67663.30	29190.98	38472.32	
三、中　学	47605.70	47605.70	32790.37	14815.33	
1.普通中学	47605.70	47605.70	32790.37	14815.33	
普通高中	58315.70	58315.70	39650.08	18665.62	
#农村	40959.41	40959.41	31349.78	9609.64	
普通初中	34721.50	34721.50	24538.09	10183.41	
#农村	37082.62	37082.62	31416.94	5665.68	
2.成人中学					
四、小　学	20896.55	20894.89	14341.65	6553.25	1.66
1.普通小学	20896.55	20894.89	14341.65	6553.25	1.66
#农村	28118.20	28118.20	23047.68	5070.52	
2.成人小学					
五、特殊教育					
1.特殊教育学校					
2.工读学校					
六、幼儿园	27654.46	27654.46	20477.41	7177.05	
#农村	18205.15	18205.15	14585.30	3619.85	

1-45 各级各类学校生均一般公共预算教育事业费和基本建设支出(中央教育和其他部门)

单位：元

学校类别	一般公共预算教育事业费和基本建设支出	事业费支出			基本建设支出
			个人部分	公用部分	
总　计	**28729.79**	**27620.27**	**18146.77**	**9473.49**	**1109.53**
一、高等学校	28435.05	27279.37	18200.14	9079.23	1155.68
1.普通高等学校	29017.90	27837.67	18574.61	9263.06	1180.23
高等本科学校	29135.02	27949.34	18649.80	9299.54	1185.68
高职高专学校	13123.34	12681.89	8370.31	4311.59	441.44
2.成人高等学校					
二、中等职业学校	38793.51	38793.51	28240.01	10553.50	
1.中等专业学校	39607.92	39607.92	28832.86	10775.06	
2.职业高中					
#农村					
3.技工学校					
4.成人中专学校					
三、中　学	32015.14	32015.14	24027.24	7987.90	
1.普通中学	32015.14	32015.14	24027.24	7987.90	
普通高中	35221.94	35221.94	26613.54	8608.40	
#农村	30808.93	30808.93	25301.77	5507.16	
普通初中	28157.34	28157.34	20915.91	7241.43	
#农村	30339.13	30339.13	24752.09	5587.04	
2.成人中学					
四、小　学	15968.52	15966.86	11400.23	4566.63	1.66
1.普通小学	15968.52	15966.86	11400.23	4566.63	1.66
#农村	19247.11	19247.11	14664.47	4582.64	
2.成人小学					
五、特殊教育					
1.特殊教育学校					
2.工读学校					
六、幼儿园	9479.73	9479.73	7068.62	2411.12	
#农村	8073.84	8073.84	5988.14	2085.70	

1-46 各级各类学校生均教育经费支出(地方教育和其他部门)

单位：元

学校类别	教育经费支出	个人和公用部分支出			基本建设支出
			个人部分	公用部分	
总　计	**21718.39**	**21340.94**	**14432.98**	**6907.97**	**377.44**
一、高等学校	32847.11	31997.23	17180.96	14816.27	849.88
1.普通高等学校	33724.23	32840.01	17634.29	15205.72	884.22
高等本科学校	38413.60	37245.74	20344.90	16900.84	1167.86
高职高专学校	25818.10	25412.08	13064.29	12347.80	406.01
2.成人高等学校	12246.76	12203.45	6533.74	5669.71	43.30
二、中等职业学校	24818.61	24598.93	13728.31	10870.62	219.68
1.中等专业学校	24441.03	24210.08	13659.38	10550.70	230.95
2.职业高中	25841.55	25646.88	14032.89	11613.99	194.66
#农村	23042.56	22886.95	11638.67	11248.27	155.61
3.技工学校	21136.70	20886.73	11227.49	9659.24	249.97
4.成人中专学校	65683.75	65589.16	46657.26	18931.90	94.59
三、中　学	23263.61	22827.45	16604.01	6223.43	436.17
1.普通中学	23259.35	22823.15	16600.67	6222.48	436.21
普通高中	25759.75	25116.75	17704.92	7411.83	643.00
#农村	20359.74	20165.19	14414.16	5751.02	194.55
普通初中	22043.78	21708.11	16063.83	5644.28	335.67
#农村	19745.88	19617.00	15068.99	4548.01	128.88
2.成人中学	70157.25	70157.25	53434.73	16722.52	
四、小　学	15896.61	15703.13	11998.59	3704.53	193.48
1.普通小学	15896.49	15703.00	11998.49	3704.51	193.48
#农村	15457.58	15371.56	12258.47	3113.09	86.02
2.成人小学	57234.24	57234.24	45713.98	11520.26	
五、特殊教育	73332.09	72524.02	51465.30	21058.72	808.06
1.特殊教育学校	71543.55	70917.60	50654.14	20263.46	625.95
2.工读学校	144273.84	136242.18	83639.80	52602.38	8031.66
六、幼儿园	16213.00	16068.88	10216.89	5851.98	144.12
#农村	12551.60	12443.84	8154.66	4289.18	107.76

1-47 各级各类学校生均一般公共预算教育事业费和基本建设支出(地方教育和其他部门)

单位：元

学校类别	一般公共预算教育事业费和基本建设支出	事业费支出			基本建设支出
			个人部分	公用部分	
总　计	**15925.54**	**15584.28**	**11184.89**	**4399.39**	**341.27**
一、高等学校	20947.31	20111.84	11945.72	8166.11	835.47
1.普通高等学校	20804.86	19967.14	11827.33	8139.81	837.72
高等本科学校	24061.75	22928.09	13814.62	9113.46	1133.67
高职高专学校	15782.81	15401.43	8762.97	6638.46	381.38
2.成人高等学校	51168.59	50810.11	37064.10	13746.01	358.49
二、中等职业学校	16879.52	16694.94	10643.45	6051.49	184.57
1.中等专业学校	16563.16	16381.03	10325.54	6055.50	182.12
2.职业高中	17562.39	17376.67	11286.22	6090.45	185.72
#农村	15377.20	15234.96	9591.45	5643.50	142.25
3.技工学校	14402.65	14207.98	8623.56	5584.42	194.67
4.成人中专学校	47481.50	47386.91	35335.40	12051.51	94.59
三、中　学	17958.78	17567.18	13284.01	4283.17	391.59
1.普通中学	17955.37	17563.74	13281.18	4282.56	391.63
普通高中	18643.76	18059.31	13721.18	4338.12	584.45
#农村	15096.60	14907.21	11311.33	3595.88	189.39
普通初中	17620.71	17322.82	13067.27	4255.55	297.89
#农村	16124.97	16012.11	12339.78	3672.33	112.86
2.成人中学	55422.66	55422.66	44461.44	10961.22	
四、小　学	12707.44	12527.68	9678.91	2848.77	179.76
1.普通小学	12707.32	12527.55	9678.80	2848.75	179.76
#农村	12514.87	12433.62	9896.84	2536.78	81.25
2.成人小学	55530.22	55530.22	44009.96	11520.26	
五、特殊教育	58447.36	57782.53	40645.55	17136.98	664.84
1.特殊教育学校	57158.70	56679.59	40040.38	16639.21	479.11
2.工读学校	109562.12	101530.46	64649.54	36880.92	8031.66
六、幼儿园	10643.54	10514.55	7200.33	3314.22	128.99
#农村	8509.19	8412.69	6032.59	2380.10	96.50

第二部分

各地区按来源分类教育经费收入

2-1 教育经费总收入

单位：千元

地区	总计			教育部门和其他部门			国有及国有控股企业办学			民办学校
	合计	中央	地方	合计	中央	地方	合计	中央	地方	地方
合计	**6357546841**	**469949140**	**5887597702**	**5560643452**	**446068685**	**5114574767**	**37048493**	**23880455**	**13168038**	**759854897**
北京	305844473	136974139	168870334	287906030	136974132	150931898	308606	7	308599	17629837
天津	84282287	11101454	73180833	75603150	11030755	64572395	636425	70699	565726	8042713
河北	257018685	3338884	253679801	218159271	3292014	214867257	934285	46870	887415	37925129
山西	129417785	250318	129167467	116311087	250318	116060769	578633		578633	12528065
内蒙古	104945412	272926	104672486	100048346	272926	99775420	180857		180857	4716209
辽宁	133891251	12743146	121148105	118958917	12743146	106215771	265345		265345	14666990
吉林	92279642	8747136	83532506	83522377	8747136	74775241	76220		76220	8681045
黑龙江	109188552	16489807	92698745	99723293	15059803	84663490	1724523	1430004	294519	7740736
上海	231778332	42127101	189651231	204659470	42089661	162569808	194390	37440	156950	26924472
江苏	434934847	34256040	400678806	391598326	34206948	357391379	361735	49093	312642	42974785
浙江	378746548	16187392	362559156	328264831	16187392	312077439	359088		359088	50122629
安徽	229398190	9770048	219628143	205312235	9770048	195542187	1031858		1031858	23054098
福建	191867409	7885149	183982260	170010743	7885149	162125594	351584		351584	21505082
江西	200416423	402919	200013504	177550775	396129	177154646	371225	6789	364436	22494423
山东	400476129	13044667	387431462	350319914	13044667	337275247	1883977		1883977	48272238
河南	313774287	1385788	312388500	261031860	1280140	259751720	604129	105648	498481	52138298
湖北	242622267	33436703	209185564	210812191	33049826	177762364	726859	386876	339983	31083217
湖南	243358294	10363981	232994313	212659943	10357827	202302116	415602	6154	409448	30282749
广东	667066325	19381155	647685170	523139955	19297031	503842924	1181641	84124	1097517	142744728
广西	180543514	360613	180182901	161941442	360613	161580829	73258		73258	18528814
海南	57714672	183264	57531408	48492359	183264	48309095	66291		66291	9156023
重庆	150152707	8779900	141372806	133491682	8620995	124870686	403919	158905	245014	16257106
四川	327632484	25006606	302625877	278760688	24520825	254239864	1893182	485782	1407401	46978613
贵州	167161787	199741	166962046	151711105	199741	151511363	78717		78717	15371966
云南	176618215	502555	176115660	157615020	502555	157112465	387733		387733	18615462
西藏	39342332		39342332	39161298		39161298				181034
陕西	188962755	29250657	159712098	167888673	29222740	138665934	437617	27918	409699	20636465
甘肃	102505706	5314710	97190996	97979805	5314710	92665094	144482		144482	4381420
青海	32433217	47694	32385523	31556455	47694	31508760	52973		52973	823789
宁夏	34307529	1005693	33301837	31276670	1005693	30270977	154952		154952	2875908
新疆	148864786	21138953	127725833	125175543	154808	125020735	21168388	20984146	184242	2520856
大连	17867721	19901	17847819	16058834	19901	16038933	14226		14226	1794660
宁波	47889585	182946	47706638	40351921	182946	40168975				7537663
厦门	29373693	10517	29363175	25367679	10517	25357162	103451		103451	3902562
青岛	46891539		46891539	38061512		38061512	245203		245203	8584824
深圳	144787067	751467	144035599	119505014	751467	118753547				25282052

注：辽宁数据包含大连，浙江数据包含宁波，福建数据包含厦门，山东数据包含青岛，广东数据包含深圳，以下同。

2-2 国家财政性教育经费

单位：千元

地 区	总 计			教育部门和其他部门			国有及国有控股企业办学			民办学校
	合计	中央	地方	合计	中央	地方	合计	中央	地方	地方
合 计	**4941989423**	**293518281**	**4648471142**	**4827920254**	**272620497**	**4555299757**	**26275021**	**20897784**	**5377237**	**87794148**
北 京	222918190	78483278	144434912	221717071	78483278	143233793	143297		143297	1057822
天 津	65787538	7401558	58385980	64368568	7353362	57015206	438176	48196	389980	980794
河 北	205558114	2433027	203125087	200558111	2412165	198145946	474684	20863	453821	4525320
山 西	107755152	239454	107515698	105071770	239454	104832316	304566		304566	2378815
内蒙古	93652422	268077	93384346	92961877	268077	92693801	79411		79411	611133
辽 宁	100737086	8383339	92353747	99768818	8383339	91385479	50065		50065	918203
吉 林	71864020	6351358	65512662	71011719	6351358	64660361	70109		70109	782192
黑龙江	83763264	8211791	75551473	82229533	7441918	74787615	953318	769873	183444	580414
上 海	176175789	23317169	152858619	172879283	23317169	149562114	31244		31244	3265262
江 苏	339060170	21756680	317303489	334803136	21719317	313083819	122288	37363	84925	4134746
浙 江	284294777	8589972	275704805	276988359	8589972	268398387	60572		60572	7245846
安 徽	186771352	7377694	179393658	183277720	7377694	175900026	434158		434158	3059474
福 建	151787859	4779922	147007937	149988276	4779922	145208354	99322		99322	1700261
江 西	157763165	396152	157367013	155781017	396129	155384887	78246	23	78223	1903902
山 东	312377623	8328171	304049452	306132367	8328171	297804195	715259		715259	5529997
河 南	234552922	1235211	233317711	229176173	1221046	227955127	84105	14165	69940	5292644
湖 北	179125173	21462453	157662720	177345925	21416088	155929837	203982	46365	157617	1575266
湖 南	178773285	6768603	172004682	175615876	6768603	168847274	268807		268807	2888601
广 东	484428707	12593099	471835608	463533626	12528864	451004762	280567	64235	216332	20614514
广 西	142927450	360613	142566837	141024155	360613	140663542	8276		8276	1895018
海 南	46845261	170907	46674354	45879218	170907	45708311	7611		7611	958432
重 庆	118451762	5579036	112872726	115046517	5579036	109467480	47535		47535	3357710
四 川	244843602	15570663	229272938	238819543	15340203	223479340	1133026	230460	902566	4891032
贵 州	140048067	199741	139848325	138636484	199741	138436743	30052		30052	1381530
云 南	146327914	497722	145830192	144413518	497722	143915797	98607		98607	1815788
西 藏	38958486		38958486	38821319		38821319				137167
陕 西	140568171	18404156	122164015	137730503	18381523	119348980	211756	22633	189124	2625912
甘 肃	91151220	3706628	87444592	90373685	3706628	86667057	34052		34052	743483
青 海	30105129	47694	30057434	29888049	47694	29840355	38313		38313	178766
宁 夏	29262967	820104	28442863	28832460	820104	28012356	15357		15357	415150
新 疆	135352786	19784007	115568779	115245577	140398	115105179	19758259	19643609	114651	348949
大 连	15036154	413	15035741	14966126	413	14965713	3169		3169	66859
宁 波	35645831	182946	35462885	34878182	182946	34695235				767650
厦 门	24677229	5917	24671312	24046262	5917	24040345	53663		53663	577304
青 岛	37098056		37098056	36344504		36344504	23263		23263	730289
深 圳	117445161	664308	116780854	109675447	664308	109011140				7769714

2-3 一般公共预算安排的教育经费

单位：千元

地区	总计			教育部门和其他部门			国有及国有控股企业办学			民办学校
	合计	中央	地方	合计	中央	地方	合计	中央	地方	地方
合计	**4754333440**	**252099792**	**4502233648**	**4644854808**	**232843239**	**4412011568**	**22983798**	**19256553**	**3727245**	**86494834**
北京	210507521	69867715	140639806	209438272	69867715	139570557	17722		17722	1051527
天津	59694851	5429052	54265800	58378639	5429052	52949587	335496		335496	980717
河北	196882892	2185584	194697308	192038592	2185519	189853073	329686	65	329621	4514614
山西	104299313	6447	104292866	101904420	6447	101897973	71833		71833	2323060
内蒙古	92951842	236012	92715830	92335174	236012	92099162	6828		6828	609839
辽宁	98971136	7461650	91509486	98030812	7461650	90569162	27604		27604	912720
吉林	69375689	6126446	63249243	68541278	6126446	62414832	64544		64544	769867
黑龙江	81356921	6276232	75080690	80251435	5890081	74361354	525099	386151	138948	580387
上海	169383806	20407653	148976153	166120546	20407653	145712893	6425		6425	3256835
江苏	326693739	18793276	307900463	322483070	18755912	303727158	110430	37363	73067	4100238
浙江	258382035	4447021	253935013	251855040	4447021	247408019	30980		30980	6496015
安徽	180142914	5633300	174509614	176733326	5633300	171100026	350529		350529	3059059
福建	144140558	4444856	139695701	142420559	4444856	137975702	63291		63291	1656708
江西	149001111	268971	148732140	147022303	268948	146753355	76066	23	76043	1902741
山东	302499399	7230544	295268854	296411533	7230544	289180989	577815		577815	5510050
河南	228320564	566272	227754292	223001585	552107	222449477	30242	14165	16077	5288737
湖北	172502373	20249153	152253220	170768837	20202788	150566049	164331	46365	117966	1569205
湖南	175865521	6393496	169472026	172831893	6393496	166438397	145603		145603	2888025
广东	471018877	11099628	459919249	450235858	11035393	439200465	233262	64235	169027	20549757
广西	139497120	213564	139283556	137600679	213564	137387115	7801		7801	1888640
海南	45110565	2852	45107713	44149518	2852	44146666	6431		6431	954617
重庆	112571189	4612464	107958725	109171707	4612464	104559243	43122		43122	3356360
四川	234799253	11450454	223348799	228962944	11252078	217710866	956223	198376	757847	4880086
贵州	133812495	44992	133767503	132639421	44992	132594429	29857		29857	1143216
云南	143940040	128923	143811117	142049329	128923	141920406	75873		75873	1814838
西藏	38811930		38811930	38674763		38674763				137167
陕西	133496569	15403352	118093217	130759055	15403164	115355891	119429	188	119241	2618085
甘肃	89218001	3645716	85572285	88462919	3645716	84817203	12320		12320	742763
青海	29863193		29863193	29651155		29651155	33272		33272	178766
宁夏	29043368	824559	28218809	28617493	824559	27792934	10726		10726	415150
新疆	132178654	18649607	113529046	113312651	139985	113172666	18520960	18509623	11338	345043
大连	14995619	413	14995207	14925592	413	14925179	3169		3169	66859
宁波	34296188	11365	34284823	33623656	11365	33612290				672533
厦门	23563761	5917	23557844	22936365	5917	22930448	52163		52163	575233
青岛	36182291		36182291	35455423		35455423	5789		5789	721079
深圳	116393979	492079	115901900	108627248	492079	108135169				7766732

2-4 一般公共预算教育经费

单位：千元

地区	总计			教育部门和其他部门			国有及国有控股企业办学			民办学校
	合计	中央	地方	合计	中央	地方	合计	中央	地方	地方
合　计	**4081392282**	**176709148**	**3904683135**	**3979189952**	**161327565**	**3817862387**	**18979833**	**15381582**	**3598251**	**83222497**
北　京	169329213	49335005	119994209	168267433	49335005	118932428	17722		17722	1044059
天　津	52612118	4121681	48490437	51321706	4121681	47200025	309696		309696	980717
河　北	182147654	1923982	180223672	177514474	1923918	175590556	313320	65	313255	4319860
山　西	90345830		90345830	87982536		87982536	70027		70027	2293267
内蒙古	75495337	29252	75466085	74884449	29252	74855197	6828		6828	604059
辽　宁	79321556	5657978	73663578	78388822	5657978	72730844	25592		25592	907142
吉　林	57439876	4649896	52789980	56624063	4649896	51974167	51448		51448	764365
黑龙江	66183300	4649308	61533991	65312117	4496921	60815196	290973	152387	138586	580209
上　海	128729472	12608139	116121334	125603088	12608139	112994949	6425		6425	3119959
江　苏	275412616	11719747	263692869	271240505	11682383	259558122	110099	37363	72735	4062013
浙　江	233317074	3528311	229788763	227343015	3528311	223814704	30980		30980	5943080
安　徽	154871016	3272330	151598687	151478419	3272330	148206089	343802		343802	3048796
福　建	124713155	3036467	121676688	123045368	3036467	120008901	63277		63277	1604510
江　西	137395842	15547	137380295	135465459	15524	135449935	75772	23	75749	1854611
山　东	271456685	4904007	266552678	265577375	4904007	260673368	528028		528028	5351282
河　南	194240640	255199	193985441	189099600	241034	188858565	30045	14165	15880	5110996
湖　北	150123004	14442145	135680859	148412409	14395780	134016629	162466	46365	116101	1548129
湖　南	162038312	3848119	158190193	159050761	3848119	155202642	145342		145342	2842209
广　东	403370711	6813986	396556725	383306959	6749751	376557208	230876	64235	166641	19832875
广　西	117699391	23931	117675461	115807029	23931	115783099	7781		7781	1884581
海　南	35742388	2822	35739566	34788039	2822	34785218	6121		6121	948227
重　庆	89678148	4116926	85561222	87034921	4116926	82917996	43122		43122	2600104
四　川	201594636	8684395	192910241	195891028	8498468	187392561	943140	185927	757214	4760467
贵　州	118637918	17324	118620594	117509815	17324	117492491	28120		28120	1099983
云　南	116691402	18880	116672522	114886935	18880	114868055	75873		75873	1728594
西　藏	33494282		33494282	33364311		33364311				129971
陕　西	119575311	10553371	109021940	116855027	10553183	106301844	118915	188	118727	2601369
甘　肃	74131673	2881208	71250465	73391301	2881208	70510093	12320		12320	728052
青　海	23399743		23399743	23194180		23194180	28796		28796	176767
宁　夏	22692011	715860	21976152	22271419	715860	21555559	10726		10726	409867
新　疆	119511966	14883333	104628633	104277389	2469	104274920	14892202	14880864	11338	342375
大　连	11878374	413	11877961	11808346	413	11807933	3169		3169	66859
宁　波	31366640		31366640	30717447		30717447				649193
厦　门	19999246	1709	19997537	19399576	1709	19397866	52163		52163	547508
青　岛	32829919		32829919	32107183		32107183	5789		5789	716948
深　圳	98452355	2047	98450308	91128053	2047	91126007				7324302

2-5 教育事业费

单位：千元

地区	总计			教育部门和其他部门			国有及国有控股企业办学			民办学校
	合计	中央	地方	合计	中央	地方	合计	中央	地方	地方
合计	**3860165569**	**164336605**	**3695828964**	**3767979478**	**152323810**	**3615655668**	**15430013**	**12012795**	**3417218**	**76756078**
北京	158679205	46227225	112451980	157622824	46227225	111395600	17722		17722	1038659
天津	51473253	3830361	47642892	50267841	3830361	46437480	224696		224696	980717
河北	177505221	1923982	175581238	172962009	1923918	171038091	305355	65	305290	4237857
山西	86470939		86470939	84351564		84351564	69423		69423	2049952
内蒙古	70324179	29252	70294927	69735224	29252	69705972	6828		6828	582126
辽宁	75702399	5422908	70279491	74829318	5422908	69406410	24350		24350	848731
吉林	55182393	4552826	50629566	54367820	4552826	49814993	51436		51436	763137
黑龙江	64066590	4404308	59662282	63195408	4251921	58943487	290973	152387	138586	580209
上海	106147637	11443129	94704509	104789269	11443129	93346141	6425		6425	1351943
江苏	261475102	11089417	250385685	257378417	11052053	246326363	108627	37363	71264	3988059
浙江	219469051	3256941	216212110	213767874	3256941	210510933	30980		30980	5670197
安徽	147808129	3185440	144622689	144518680	3185440	141333240	271242		271242	3018207
福建	119103771	2824877	116278894	117618464	2824877	114793587	59417		59417	1425889
江西	131723736	15547	131708189	129813877	15524	129798353	75772	23	75749	1834087
山东	258682081	4641377	254040704	252928237	4641377	248286860	522368		522368	5231477
河南	183275750	255094	183020656	178163195	240929	177922266	30045	14165	15880	5082510
湖北	149502074	13821215	135680859	147791479	13774850	134016629	162466	46365	116101	1548129
湖南	156505458	3723439	152782019	153589199	3723439	149865759	145342		145342	2770917
广东	362185322	6591576	355593746	345279015	6527341	338751674	229819	64235	165584	16676489
广西	115214884	23931	115190954	113361423	23931	113337493	7781		7781	1845680
海南	34094150	2822	34091328	33139917	2822	33137095	6121		6121	948111
重庆	84668369	3858326	80810043	82060115	3858326	78201789	43122		43122	2565132
四川	193506223	8319915	185186308	187933534	8133988	179799546	941988	185927	756062	4630700
贵州	114311697	17324	114294373	113197769	17324	113180445	27720		27720	1086208
云南	113392279	18880	113373400	111655319	18880	111636440	75825		75825	1661135
西藏	31770925		31770925	31640954		31640954				129971
陕西	112421913	9908431	102513482	109739201	9908243	99830958	118915	188	118727	2563797
甘肃	71471729	2717658	68754071	70732545	2717658	68014887	12320		12320	726864
青海	21532324		21532324	21334185		21334185	28796		28796	169343
宁夏	22058106	715860	21342247	21638514	715860	20922654	10726		10726	408867
新疆	110440681	11514546	98926134	98576290	2469	98573820	11523415	11512077	11338	340976
大连	10788390	413	10787977	10718362	413	10717949	3169		3169	66859
宁波	30546612		30546612	29906476		29906476				640136
厦门	18061473	1709	18059764	17581631	1709	17579921	52163		52163	427680
青岛	29861289		29861289	29165437		29165437	5789		5789	690063
深圳	66112676	2047	66110629	61880833	2047	61878786				4231843

2-6 基本建设经费

单位：千元

地 区	总计			教育部门和其他部门			国有及国有控股企业办学			民办学校
	合计	中央	地方	合计	中央	地方	合计	中央	地方	地方
合 计	**96704642**	**12372542**	**84332099**	**92177615**	**9003755**	**83173860**	**3526347**	**3368787**	**157560**	**1000679**
北 京	9903513	3107780	6795733	9898113	3107780	6790333				5400
天 津	992917	291320	701597	907917	291320	616597	85000		85000	
河 北	1474720		1474720	1474720		1474720				
山 西	1254490		1254490	1254490		1254490				
内蒙古	1379863		1379863	1379863		1379863				
辽 宁	1112661	235070	877591	1112661	235070	877591				
吉 林	1090722	97070	993652	1090722	97070	993652				
黑龙江	1292439	245000	1047439	1292439	245000	1047439				
上 海	6478129	1165010	5313119	6478129	1165010	5313119				
江 苏	939282	630330	308952	939282	630330	308952				
浙 江	6104599	271370	5833229	6104599	271370	5833229				
安 徽	2567257	86890	2480367	2492297	86890	2405407	72560		72560	2400
福 建	792242	211590	580652	792242	211590	580652				
江 西	2626355		2626355	2626355		2626355				
山 东	1024139	262630	761509	1024139	262630	761509				
河 南	3412804	105	3412699	3412804	105	3412699				
湖 北	620930	620930		620930	620930					
湖 南	1059508	124680	934828	1058868	124680	934188				640
广 东	27420333	222410	27197923	26438093	222410	26215683				982239
广 西	997418		997418	997418		997418				
海 南	1515720		1515720	1515720		1515720				
重 庆	2660474	258600	2401874	2660474	258600	2401874				
四 川	2245446	364480	1880966	2245446	364480	1880966				
贵 州	980557		980557	980557		980557				
云 南	1326849		1326849	1316849		1316849				10000
西 藏	1720266		1720266	1720266		1720266				
陕 西	3166122	644940	2521182	3166122	644940	2521182				
甘 肃	1329120	163550	1165570	1329120	163550	1165570				
青 海	1516988		1516988	1516988		1516988				
宁 夏	160570		160570	160570		160570				
新 疆	7538208	3368787	4169421	4169421		4169421	3368787	3368787		
大 连	238433		238433	238433		238433				
宁 波	382377		382377	382377		382377				
厦 门	280975		280975	280975		280975				
青 岛										
深 圳	23713813		23713813	22731574		22731574				982239

2-7 教育费附加

单位：千元

地区	总计			教育部门和其他部门			国有及国有控股企业办学			民办学校
	合计	中央	地方	合计	中央	地方	合计	中央	地方	地方
合计	**124522071**		**124522071**	**119032859**		**119032859**	**23473**		**23473**	**5465740**
北京	746495		746495	746495		746495				
天津	145948		145948	145948		145948				
河北	3167713		3167713	3077745		3077745	7965		7965	82003
山西	2620401		2620401	2376482		2376482	604		604	243315
内蒙古	3791295		3791295	3769362		3769362				21934
辽宁	2506496		2506496	2446843		2446843	1242		1242	58411
吉林	1166762		1166762	1165521		1165521	12		12	1228
黑龙江	824270		824270	824270		824270				
上海	16103706		16103706	14335690		14335690				1768016
江苏	12998231		12998231	12922806		12922806	1472		1472	73954
浙江	7743425		7743425	7470542		7470542				272882
安徽	4495631		4495631	4467443		4467443				28188
福建	4817143		4817143	4634663		4634663	3860		3860	178620
江西	3045751		3045751	3025227		3025227				20524
山东	11750466		11750466	11625000		11625000	5660		5660	119805
河南	7552087		7552087	7523600		7523600				28486
湖北										
湖南	4473346		4473346	4402694		4402694				70652
广东	13765056		13765056	11589851		11589851	1058		1058	2174147
广西	1487089		1487089	1448188		1448188				38901
海南	132518		132518	132402		132402				115
重庆	2349305		2349305	2314333		2314333				34973
四川	5842968		5842968	5712048		5712048	1152		1152	129767
贵州	3345663		3345663	3331488		3331488	400		400	13775
云南	1972273		1972273	1914766		1914766	49		49	57458
西藏	3091		3091	3091		3091				
陕西	3987276		3987276	3949704		3949704				37572
甘肃	1330824		1330824	1329636		1329636				1188
青海	350431		350431	343007		343007				7424
宁夏	473335		473335	472335		472335				1000
新疆	1533077		1533077	1531678		1531678				1399
大连	851551		851551	851551		851551				
宁波	437652		437652	428595		428595				9057
厦门	1656798		1656798	1536970		1536970				119828
青岛	2968629		2968629	2941745		2941745				26884
深圳	8625867		8625867	6515647		6515647				2110220

2-8 其他一般公共预算安排的教育经费

单位：千元

地 区	总 计			教育部门和其他部门			国有及国有控股企业办学			民办学校
	合计	中央	地方	合计	中央	地方	合计	中央	地方	地方
合 计	**672941157**	**75390644**	**597550513**	**665664855**	**71515674**	**594149181**	**4003965**	**3874970**	**128994**	**3272337**
北 京	41178308	20532711	20645597	41170839	20532711	20638129				7468
天 津	7082733	1307370	5775363	7056933	1307370	5749562	25800		25800	
河 北	14735238	261602	14473636	14524118	261602	14262516	16366		16366	194754
山 西	13953483	6447	13947036	13921884	6447	13915437	1806		1806	29793
内蒙古	17456505	206760	17249745	17450725	206760	17243965				5780
辽 宁	19649580	1803672	17845908	19641990	1803672	17838318	2012		2012	5578
吉 林	11935813	1476550	10459263	11917216	1476550	10440666	13096		13096	5502
黑龙江	15173622	1626923	13546699	14939319	1393160	13546159	234126	233763	362	178
上 海	40654334	7799515	32854819	40517459	7799515	32717944				136876
江 苏	51281123	7073529	44207594	51242566	7073529	44169037	331		331	38226
浙 江	25064960	918710	24146250	24512025	918710	23593315				552935
安 徽	25271898	2360971	22910927	25254907	2360971	22893937	6727		6727	10263
福 建	19427403	1408389	18019013	19375191	1408389	17966801	13		13	52199
江 西	11605269	253424	11351845	11556844	253424	11303420	295		295	48130
山 东	31042713	2326537	28716176	30834158	2326537	28507621	49788		49788	158768
河 南	34079924	311073	33768850	33901985	311073	33590912	198		198	177741
湖 北	22379368	5807007	16572361	22356428	5807007	16549421	1865		1865	21076
湖 南	13827209	2545377	11281833	13781132	2545377	11235755	261		261	45817
广 东	67648167	4285642	63362524	66928899	4285642	62643257	2385		2385	716882
广 西	21797728	189634	21608095	21793650	189634	21604016	20		20	4059
海 南	9368178	30	9368148	9361478	30	9361448	309		309	6390
重 庆	22893041	495538	22397503	22136785	495538	21641248				756256
四 川	33204617	2766060	30438557	33071916	2753611	30318305	13082	12449	633	119618
贵 州	15174577	27668	15146909	15129607	27668	15101939	1737		1737	43234
云 南	27248639	110043	27138595	27162394	110043	27052351				86244
西 藏	5317648		5317648	5310452		5310452				7196
陕 西	13921258	4849981	9071277	13904028	4849981	9054047	514		514	16716
甘 肃	15086329	764509	14321820	15071618	764509	14307110				14711
青 海	6463450		6463450	6456975		6456975	4476		4476	2000
宁 夏	6351357	108700	6242657	6346074	108700	6237374				5283
新 疆	12666688	3766274	8900414	9035262	137516	8897746	3628758	3628758		2668
大 连	3117246		3117246	3117246		3117246				
宁 波	2929548	11365	2918183	2906209	11365	2894843				23339
厦 门	3564515	4208	3560307	3536789	4208	3532581				27725
青 岛	3352372		3352372	3348241		3348241				4132
深 圳	17941624	490032	17451592	17499194	490032	17009162				442430

2-9 科研经费

单位：千元

地 区	总 计			教育部门和其他部门			国有及国有控股企业办学			民办学校
	合计	中央	地方	合计	中央	地方	合计	中央	地方	地方
合 计	**72518283**	**49505762**	**23012521**	**71769469**	**49278371**	**22491098**	**227451**	**227391**	**60**	**521363**
北 京	14674810	14127930	546880	14674810	14127930	546880				
天 津	552154	452539	99615	552154	452539	99615				
河 北	366886	59330	307556	246729	59330	187399				120157
山 西	447725		447725	447725		447725				
内蒙古	864257	206760	657497	864257	206760	657497				
辽 宁	1513989	1092224	421766	1513989	1092224	421766				
吉 林	1504425	884042	620383	1503725	884042	619683				700
黑龙江	1359367	882610	476757	1359367	882610	476757				
上 海	7788284	5829200	1959084	7788224	5829200	1959024				60
江 苏	7002613	5066619	1935994	7000459	5066619	1933840				2154
浙 江	1686074	476710	1209364	1392140	476710	915429				293934
安 徽	2311420	2081715	229705	2311420	2081715	229705				
福 建	1580591	1040514	540078	1580486	1040514	539973				105
江 西	931114	253136	677978	931104	253136	677968				10
山 东	2656952	1205627	1451326	2656952	1205627	1451326				
河 南	1127750	198691	929059	1117129	198691	918438				10621
湖 北	4220788	3698635	522153	4220382	3698635	521747				406
湖 南	3825916	2112180	1713737	3812519	2112180	1700339	40		40	13358
广 东	7090089	3335038	3755051	7015525	3335038	3680487				74564
广 西	431537	189634	241903	429537	189634	239903				2000
海 南	261989		261989	259545		259545				2444
重 庆	267732	76931	190801	267318	76931	190387				414
四 川	2658883	1639864	1019019	2658863	1639864	1018999	20		20	
贵 州	244015	23465	220550	243960	23465	220495				55
云 南	749594	60476	689118	749594	60476	689118				
西 藏	67070		67070	67070		67070				
陕 西	4037112	3580660	456452	4037092	3580660	456432				20
甘 肃	1086711	525489	561222	1086711	525489	561222				
青 海	249188		249188	249188		249188				
宁 夏	231525	76526	154998	231163	76526	154636				362
新 疆	727723	329220	398503	500332	101829	398503	227391	227391		
大 连	313		313	313		313				
宁 波	15963		15963	15823		15823				140
厦 门	37356	4208	33148	37356	4208	33148				
青 岛	68937		68937	68937		68937				
深 圳	2053987	490032	1563955	1996833	490032	1506801				57154

2-10 其他经费

单位：千元

地区	总计			教育部门和其他部门			国有及国有控股企业办学			民办学校
	合计	中央	地方	合计	中央	地方	合计	中央	地方	地方
合计	**600422874**	**25884883**	**574537991**	**593895386**	**22237303**	**571658084**	**3776514**	**3647580**	**128935**	**2750975**
北京	26503498	6404781	20098717	26496030	6404781	20091248				7468
天津	6530579	854832	5675747	6504779	854832	5649947	25800		25800	
河北	14368353	202272	14166080	14277388	202272	14075116	16366		16366	74597
山西	13505758	6447	13499311	13474160	6447	13467713	1807		1807	29792
内蒙古	16592247		16592247	16586468		16586468				5779
辽宁	18135591	711449	17424143	18128001	711449	17416552	2012		2012	5578
吉林	10431387	592508	9838879	10413490	592508	9820983	13097		13097	4802
黑龙江	13814255	744313	13069942	13579953	510550	13069402	234125	233763	362	178
上海	32866050	1970315	30895735	32729234	1970315	30758919				136816
江苏	44278509	2006909	42271601	44242107	2006909	42235197	332		332	36071
浙江	23378887	442000	22936886	23119887	442000	22677885				259000
安徽	22960478	279255	22681222	22943487	279255	22664231	6727		6727	10263
福建	17846811	367875	17478936	17794705	367875	17426829	13		13	52093
江西	10674156	288	10673868	10625740	288	10625452	295		295	48120
山东	28385761	1120911	27264850	28177205	1120911	27056296	49788		49788	158768
河南	32952173	112383	32839791	32784855	112383	32672474	198		198	167120
湖北	18158580	2108373	16050207	18136045	2108373	16027673	1864		1864	20669
湖南	10001292	433196	9568095	9968612	433196	9535416	221		221	32458
广东	60558077	950605	59607473	59913374	950605	58962770	2385		2385	642319
广西	21366192		21366192	21364113		21364113	21		21	2059
海南	9106189	30	9106159	9101933	30	9101903	309		309	3947
重庆	22625309	418607	22206701	21869467	418607	21450861				755842
四川	30545734	1126196	29419538	30413054	1113747	29299307	13062	12449	613	119619
贵州	14930562	4203	14926359	14885647	4203	14881444	1737		1737	43179
云南	26499044	49567	26449476	26412800	49567	26363233				86244
西藏	5250578		5250578	5243382		5243382				7197
陕西	9884146	1269321	8614824	9866936	1269321	8597615	514		514	16696
甘肃	13999617	239020	13760598	13984907	239020	13745887				14711
青海	6214262		6214262	6207788		6207788	4476		4476	2000
宁夏	6119832	32173	6087659	6114911	32173	6082738				4921
新疆	11938964	3437055	8501911	8534930	35687	8499243	3401367	3401367		2667
大连	3116932		3116932	3116932		3116932				
宁波	2913585	11365	2902220	2890386	11365	2879021				23199
厦门	3527159		3527159	3499433		3499433				27726
青岛	3283435		3283435	3279302		3279302				4131
深圳	15887637		15887637	15502362		15502362				385276

2-11 政府性基金预算安排的教育经费

单位：千元

地区	总计			教育部门和其他部门			国有及国有控股企业办学			民办学校
	合计	中央	地方	合计	中央	地方	合计	中央	地方	地方
合计	**132949658**	**5526956**	**127422702**	**131061350**	**4484104**	**126577245**	**1077270**	**1042852**	**34418**	**811038**
北京	2535366	1450168	1085198	2535366	1450168	1085198				
天津	4310079	407490	3902589	4310079	407490	3902589				
河北	8035868		8035868	8025568		8025568				10300
山西	2698442		2698442	2642581		2642581	300		300	55561
内蒙古	553353		553353	553338		553338				15
辽宁	222217		222217	222217		222217				
吉林	2068021	371	2067650	2067717	371	2067346				304
黑龙江	317416	8150	309266	317416	8150	309266				
上海	3040357	2901	3037456	3040357	2901	3037456				
江苏	8178184	10635	8167549	8156592	10635	8145957				21592
浙江	19258404		19258404	18849076		18849076	210		210	409118
安徽	4076736	4594	4072141	4076736	4594	4072141				
福建	6621705	248	6621458	6595592	248	6595345				26113
江西	8366510		8366510	8366510		8366510				
山东	7719955	16500	7703455	7671137	16500	7654637	33908		33908	14910
河南	5036668		5036668	5036603		5036603				65
湖北	4521320	4549	4516771	4518516	4549	4513967				2804
湖南	2237386	12768	2224618	2237386	12768	2224618				
广东	10774928	268804	10506124	10756846	268804	10488041				18083
广西	2959688		2959688	2959688		2959688				
海南	1516190		1516190	1516190		1516190				
重庆	4432535	1557	4430978	4432495	1557	4430938				40
四川	7471150	2290330	5180820	7462336	2290330	5172007				8814
贵州	5848188		5848188	5610044		5610044				238144
云南	1716864		1716864	1716314		1716314				550
西藏	138403		138403	138403		138403				
陕西	3360963	3650	3357313	3360963	3650	3357313				
甘肃	1775237	1390	1773847	1774517	1390	1773127				720
青海	103821		103821	103821		103821				
宁夏	144062		144062	144062		144062				
新疆	2909643	1042852	1866792	1862885		1862885	1042852	1042852		3907
大连	40529		40529	40529		40529				
宁波	998974		998974	926872		926872				72102
厦门	1102630		1102630	1102630		1102630				
青岛	898291		898291	889081		889081				9210
深圳	617458		617458	617458		617458				

2-12 彩票公益金

单位：千元

地区	总计			教育部门和其他部门			国有及国有控股企业办学			民办学校
	合计	中央	地方	合计	中央	地方	合计	中央	地方	地方
合计	**6078994**	**1465036**	**4613958**	**5929779**	**1330490**	**4599289**	**134846**	**134546**	**300**	**14369**
北京	1338523	1296334	42189	1338523	1296334	42189				
天津	25941		25941	25941		25941				
河北	251553		251553	251253		251253				300
山西	98831		98831	98531		98531	300		300	
内蒙古	135676		135676	135661		135661				15
辽宁	49132		49132	49132		49132				
吉林	34455	371	34084	34455	371	34084				
黑龙江	51107		51107	51107		51107				
上海	20647	1831	18815	20647	1831	18815				
江苏	370668	1095	369573	370652	1095	369557				16
浙江	242412		242412	242052		242052				361
安徽	223443	660	222783	223443	660	222783				
福建	116939	248	116691	116899	248	116651				40
江西	210786		210786	210786		210786				
山东	311136	16500	294636	311136	16500	294636				
河南	388424		388424	388359		388359				65
湖北	135203	4389	130814	132399	4389	128010				2804
湖南	98360	1568	96792	98360	1568	96792				
广东	353318		353318	352453		352453				865
广西	97520		97520	97520		97520				
海南	29048		29048	29048		29048				
重庆	59610	1557	58053	59570	1557	58013				40
四川	487767	1238	486530	478954	1238	477716				8814
贵州	143849		143849	143849		143849				
云南	197186		197186	196636		196636				550
西藏	39779		39779	39779		39779				
陕西	131875	3310	128565	131875	3310	128565				
甘肃	64136	1390	62746	63636	1390	62246				500
青海	84415		84415	84415		84415				
宁夏	102290		102290	102290		102290				
新疆	184965	134546	50419	50419		50419	134546	134546		
大连	8185		8185	8185		8185				
宁波	23237		23237	23237		23237				
厦门	17423		17423	17423		17423				
青岛	62890		62890	62890		62890				
深圳	76881		76881	76881		76881				

2-13　国有及国有控股企业办学中的企业拨款

单位：千元

地区	总计			教育部门和其他部门			国有及国有控股企业办学			民办学校
	合计	中央	地方	合计	中央	地方	合计	中央	地方	地方
合　计	**1572862**	**489037**	**1083825**				**1572862**	**489037**	**1083825**	
北　京	123543		123543				123543		123543	
天　津	82710	48196	34514				82710	48196	34514	
河　北	28580	3875	24705				28580	3875	24705	
山　西	221841		221841				221841		221841	
内蒙古	67177		67177				67177		67177	
辽　宁	16200		16200				16200		16200	
吉　林	5564		5564				5564		5564	
黑龙江	420419	383723	36697				420419	383723	36697	
上　海	21072		21072				21072		21072	
江　苏	11858		11858				11858		11858	
浙　江	29382		29382				29382		29382	
安　徽	57786		57786				57786		57786	
福　建	36031		36031				36031		36031	
江　西	2180		2180				2180		2180	
山　东	101184		101184				101184		101184	
河　南	47396		47396				47396		47396	
湖　北	39651		39651				39651		39651	
湖　南	15102		15102				15102		15102	
广　东	30022		30022				30022		30022	
广　西	475		475				475		475	
海　南										
重　庆	4413		4413				4413		4413	
四　川	82503	30799	51704				82503	30799	51704	
贵　州	195		195				195		195	
云　南	1800		1800				1800		1800	
西　藏										
陕　西	92327	22445	69882				92327	22445	69882	
甘　肃	18690		18690				18690		18690	
青　海	5041		5041				5041		5041	
宁　夏	4632		4632				4632		4632	
新　疆	5084		5084				5084		5084	
大　连										
宁　波										
厦　门	1500		1500				1500		1500	
青　岛	17475		17475				17475		17475	
深　圳										

2-14 校办产业和社会服务收入用于教育的经费

单位：千元

地区	总计			教育部门和其他部门			国有及国有控股企业办学			民办学校
	合计	中央	地方	合计	中央	地方	合计	中央	地方	地方
合计	**4893905**	**2864164**	**2029741**	**4400728**	**2802302**	**1598426**	**493177**	**61862**	**431316**	
北京	1242898	1096564	146334	1240866	1096564	144302	2032		2032	
天津	141021	16460	124561	121050	16460	104590	19970		19970	
河北	129744	17210	112533	13325	287	13038	116418	16923	99495	
山西	17401		17401	6808		6808	10593		10593	
内蒙古	25488		25488	20081		20081	5406		5406	
辽宁	55296	11645	43651	49035	11645	37390	6261		6261	
吉林	86208	61470	24738	86208	61470	24738				
黑龙江	264553	208848	55705	256754	208848	47906	7799		7799	
上海	652591	625680	26912	648845	625680	23165	3747		3747	
江苏	376076	113588	262488	376076	113588	262488				
浙江	116040	26700	89340	116040	26700	89340				
安徽	102914	59481	43433	78953	59481	19472	23961		23961	
福建	117977	3908	114069	117977	3908	114069				
江西	87776		87776	87776		87776				
山东	112933	17000	95933	110582	17000	93582	2351		2351	
河南	36862		36862	30396		30396	6466		6466	
湖北	79425	57874	21550	79425	57874	21550				
湖南	394666	203750	190916	286774	203750	83024	107892		107892	
广东	148093	41645	106448	130810	41645	89165	17283		17283	
广西	19568		19568	19568		19568				
海南	3043		3043	1863		1863	1180		1180	
重庆	74282	62961	11321	74282	62961	11321				
四川	330280	149029	181250	236091	147744	88348	94188	1286	92903	
贵州	15941		15941	15941		15941				
云南	59142		59142	38208		38208	20934		20934	
西藏										
陕西	65910	7500	58410	65910	7500	58410				
甘肃	59262	39197	20065	56219	39197	17022	3043		3043	
青海	4603		4603	4603		4603				
宁夏	3223		3223	3223		3223				
新疆	70689	43653	27036	27036		27036	43653	43653		
大连										
宁波	3542		3542	3542		3542				
厦门	3936		3936	3936		3936				
青岛										
深圳	6433		6433	6433		6433				

2-15 其他属于国家财政性教育经费

单位：千元

地区	总计			教育部门和其他部门			国有及国有控股企业办学			民办学校
	合计	中央	地方	合计	中央	地方	合计	中央	地方	地方
合 计	**48239559**	**32538332**	**15701227**	**47603368**	**32490851**	**15112518**	**147914**	**47482**	**100433**	**488276**
北 京	8508862	6068831	2440031	8502567	6068831	2433736				6295
天 津	1558877	1500361	58516	1558800	1500361	58439				77
河 北	481031	226358	254672	480625	226358	254267				406
山 西	518156	233007	285149	517961	233007	284954				195
内蒙古	54563	32065	22499	53284	32065	21220				1279
辽 宁	1472238	910044	562193	1466754	910044	556710				5484
吉 林	328538	163071	165467	316516	163071	153445				12022
黑龙江	1403955	1334839	69116	1403928	1334839	69089				27
上 海	3077962	2280935	797027	3069535	2280935	788600				8427
江 苏	3800314	2839182	961132	3787398	2839182	948216				12916
浙 江	6508917	4116251	2392666	6168203	4116251	2051952				340714
安 徽	2391002	1680318	710684	2388705	1680318	708387	1882		1882	416
福 建	871587	330910	540677	854148	330910	523237				17440
江 西	305588	127181	178407	304428	127181	177246				1161
山 东	1944152	1064127	880025	1939115	1064127	874988				5037
河 南	1111431	668939	442493	1107589	668939	438651				3842
湖 北	1982405	1150877	831527	1979148	1150877	828270				3257
湖 南	260609	158589	102020	259823	158589	101234	210		210	576
广 东	2456786	1183021	1273765	2410112	1183021	1227091				46674
广 西	450599	147049	303550	444221	147049	297172				6378
海 南	215462	168056	47406	211647	168056	43591				3816
重 庆	1369344	902054	467289	1368033	902054	465979				1311
四 川	2160416	1650051	510365	2158171	1650051	508120	112		112	2133
贵 州	371247	154749	216498	371077	154749	216328				170
云 南	610067	368799	241269	609667	368799	240869				400
西 藏	8153		8153	8153		8153				
陕 西	3552402	2967209	585193	3544576	2967209	577366				7827
甘 肃	80029	20325	59704	80029	20325	59704				
青 海	128470	47694	80775	128470	47694	80775				
宁 夏	67682	-4455	72137	67682	-4455	72137				
新 疆	188716	47894	140822	43006	413	42593	145711	47482	98229	
大 连	5		5	5		5				
宁 波	347128	171581	175547	324112	171581	152531				23015
厦 门	5402		5402	3331		3331				2071
青 岛										
深 圳	427291	172229	255063	424309	172229	252081				2982

2-16 民办学校中举办者投入

单位：千元

地区	总计			教育部门和其他部门			国有及国有控股企业办学			民办学校
	合计	中央	地方	合计	中央	地方	合计	中央	地方	地方
合 计	**18479168**		**18479168**							**18479168**
北 京	56594		56594							56594
天 津	482019		482019							482019
河 北	492866		492866							492866
山 西	166622		166622							166622
内蒙古	118140		118140							118140
辽 宁	77978		77978							77978
吉 林	46361		46361							46361
黑龙江	50147		50147							50147
上 海	61900		61900							61900
江 苏	822520		822520							822520
浙 江	1998692		1998692							1998692
安 徽	537118		537118							537118
福 建	266229		266229							266229
江 西	2382756		2382756							2382756
山 东	967664		967664							967664
河 南	1577129		1577129							1577129
湖 北	643944		643944							643944
湖 南	1218142		1218142							1218142
广 东	2160633		2160633							2160633
广 西	359836		359836							359836
海 南	81413		81413							81413
重 庆	300442		300442							300442
四 川	1436529		1436529							1436529
贵 州	827711		827711							827711
云 南	583489		583489							583489
西 藏										
陕 西	664391		664391							664391
甘 肃	48528		48528							48528
青 海	7107		7107							7107
宁 夏	14413		14413							14413
新 疆	27858		27858							27858
大 连	24665		24665							24665
宁 波	44198		44198							44198
厦 门	26512		26512							26512
青 岛	129600		129600							129600
深 圳	95705		95705							95705

2-17 捐赠收入

单位：千元

地区	总计			教育部门和其他部门			国有及国有控股企业办学			民办学校
	合计	中央	地方	合计	中央	地方	合计	中央	地方	地方
合　计	**13817367**	**5866875**	**7950493**	**11557407**	**5851368**	**5706039**	**40941**	**15506**	**25435**	**2219019**
北　京	3440201	3349424	90776	3395624	3349424	46200	10		10	44566
天　津	138793	86174	52619	123985	86174	37811	122		122	14686
河　北	263386	5039	258347	91411	5039	86372				171975
山　西	114898		114898	109326		109326				5572
内蒙古	124256		124256	122288		122288				1968
辽　宁	123830	73477	50353	107578	73477	34101				16252
吉　林	61305	11635	49670	58251	11635	46616				3054
黑龙江	65024	26477	38547	64757	26477	38280				267
上　海	757493	618876	138618	635164	618876	16288				122329
江　苏	1109094	335947	773147	783292	335947	447345	13035		13035	312767
浙　江	825039		825039	546754		546754	5		5	278280
安　徽	98666	35094	63572	91820	35094	56726	264		264	6582
福　建	725863	250842	475021	636464	250842	385622				89399
江　西	175774		175774	107314		107314				68459
山　东	748365	62004	686361	400366	62004	338363	317		317	347681
河　南	178541		178541	149543		149543				28998
湖　北	765922	480916	285007	693304	480916	212388	26		26	72592
湖　南	311663	54851	256812	261161	54851	206310				50502
广　东	1609963	101475	1508489	1336848	101475	1235373	1538		1538	271578
广　西	53392		53392	46421		46421				6971
海　南	93027		93027	21222		21222				71804
重　庆	176356	16799	159557	86967	16799	70168	7916		7916	81473
四　川	427030	55870	371161	358602	55635	302967	1235	235	1000	67194
贵　州	275888		275888	245795		245795				30093
云　南	388616		388616	366631		366631	885		885	21101
西　藏	8214		8214	8214		8214				
陕　西	462989	227811	235178	457163	227811	229351	317		317	5509
甘　肃	121062	58893	62169	96490	58893	37597				24571
青　海	40949		40949	40884		40884				65
宁　夏	40097		40097	37450		37450				2647
新　疆	91672	15271	76401	76318		76318	15271	15271		83
大　连	4628		4628	1066		1066				3562
宁　波	109665		109665	89534		89534				20131
厦　门	18205		18205	16940		16940				1265
青　岛	47551		47551	17799		17799				29753
深　圳	147701		147701	105489		105489				42212

2-18 港澳台及海外捐赠

单位：千元

地区	总计			教育部门和其他部门			国有及国有控股企业办学			民办学校
	合计	中央	地方	合计	中央	地方	合计	中央	地方	地方
合　计	**917196**	**626331**	**290865**	**874198**	**626331**	**247867**				**42999**
北　京	432206	432206		432206	432206					
天　津	100	100		100	100					
河　北										
山　西	1000		1000	1000		1000				
内蒙古										
辽　宁	394	340	54	394	340	54				
吉　林										
黑龙江	255	255		255	255					
上　海	65690	56572	9117	56790	56572	218				8900
江　苏	2176	193	1983	2119	193	1926				57
浙　江	11366		11366	8056		8056				3310
安　徽	101	101		101	101					
福　建	62623	51193	11430	62490	51193	11296				134
江　西	2600		2600	2600		2600				
山　东	6960	5560	1400	6960	5560	1400				
河　南	152		152	152		152				
湖　北	74742	74741	1	74742	74741	1				
湖　南	2241	1433	809	2241	1433	809				
广　东	239320	2488	236833	208723	2488	206235				30598
广　西	1448		1448	1448		1448				
海　南	9		9	9		9				
重　庆	1209	739	470	1209	739	470				
四　川	825	150	675	825	150	675				
贵　州	154		154	154		154				
云　南	10445		10445	10445		10445				
西　藏										
陕　西	291		291	291		291				
甘　肃	889	261	629	889	261	629				
青　海										
宁　夏										
新　疆										
大　连										
宁　波	5780		5780	5780		5780				
厦　门										
青　岛										
深　圳										

2-19 事业收入

单位：千元

地 区	总计			教育部门和其他部门			国有及国有控股企业办学			民办学校
	合计	中央	地方	合计	中央	地方	合计	中央	地方	地方
合 计	**1184528887**	**134197951**	**1050330936**	**540670400**	**131876565**	**408793835**	**9252216**	**2321386**	**6930830**	**634606271**
北 京	65699696	42749251	22950445	49591140	42749251	6841889	141157		141157	15967399
天 津	15457132	3175927	12281206	8859796	3155487	5704309	166034	20440	145594	6431303
河 北	48636167	742942	47893225	15671564	716935	14954629	454376	26007	428368	32510227
山 西	19444474	2978	19441495	9501666	2978	9498687	250926		250926	9691882
内蒙古	9701190	3422	9697769	5770455	3422	5767033	101221		101221	3829515
辽 宁	28964345	3780305	25184040	15504022	3780305	11723716	214568		214568	13245756
吉 林	15791253	1854353	13936900	8192402	1854353	6338049	6074		6074	7592777
黑龙江	21456223	7392716	14063507	13836194	6835023	7001171	662222	557693	104529	6957807
上 海	46001171	14319005	31682166	23991735	14319005	9672730	115502		115502	21893934
江 苏	79111646	9964838	69146808	42570228	9953109	32617119	191084	11729	179355	36350334
浙 江	73542371	5282689	68259682	34259164	5282689	28976475	269193		269193	39014013
安 徽	36119912	1423501	34696412	16546743	1423501	15123242	572111		572111	19001059
福 建	33762063	2477369	31284695	14563970	2477369	12086601	251465		251465	18946628
江 西	31395014	31	31394983	13551214		13551214	183142	31	183111	17660658
山 东	77748747	3801224	73947523	36159109	3801224	32357885	892497		892497	40697140
河 南	69803699	113498	69690201	24558828	40394	24518434	465322	73104	392218	44779549
湖 北	52139243	8155782	43983462	23813764	7880918	15932846	450432	274864	175568	27875047
湖 南	49621701	2683054	46938647	23967584	2677203	21290381	138813	5851	132962	25515304
广 东	168456303	5379285	163077019	50027965	5359852	44668113	876747	19433	857314	117551591
广 西	32238347		32238347	16362201		16362201	53510		53510	15822635
海 南	9824215	11913	9812302	2012068	11913	2000155	11071		11071	7801077
重 庆	25762630	2473038	23289592	13365583	2333538	11032045	324489	139500	184989	12072558
四 川	65663758	8043201	57620557	25714987	7807349	17907638	641542	235852	405690	39307229
贵 州	21331059		21331059	8407622		8407622	46960		46960	12876477
云 南	25129882	4834	25125048	9210789	4834	9205955	277230		277230	15641863
西 藏	309468		309468	265602		265602				43867
陕 西	38793568	7964068	30829500	21659763	7959821	13699941	210868	4247	206622	16922937
甘 肃	9820472	1278476	8541996	6209012	1278476	4930536	110306		110306	3501154
青 海	1696528		1696528	1048483		1048483	14660		14660	633386
宁 夏	4039937	154630	3885308	1536210	154630	1381581	138913		138913	2364813
新 疆	7066671	965624	6101047	3940538	12988	3927550	1019781	952636	67145	2106352
大 连	2488145	19197	2468948	838026	19197	818829	11057		11057	1639062
宁 波	10004625		10004625	3614588		3614588				6390036
厦 门	4340845	4600	4336245	1068093	4600	1063492	49667		49667	3223086
青 岛	9158090		9158090	1486744		1486744	218311		218311	7453035
深 圳	25074993	87160	24987833	7994618	87160	7907458				17080375

2-20 学费

单位：千元

地区	总计			教育部门和其他部门			国有及国有控股企业办学			民办学校
	合计	中央	地方	合计	中央	地方	合计	中央	地方	地方
合计	**907628435**	**42437211**	**865191225**	**316946657**	**41234599**	**275712058**	**6721358**	**1202611**	**5518746**	**583960420**
北京	30404301	11532245	18872056	15080126	11532245	3547881	115646		115646	15208529
天津	10979097	846734	10132363	4895119	826958	4068162	79735	19776	59959	6004242
河北	40601578	354890	40246687	10713914	333436	10380478	374815	21454	353361	29512849
山西	14750480	2557	14747923	5739458	2557	5736901	223089		223089	8787933
内蒙古	7906350	3422	7902929	4199633	3422	4196212	100781		100781	3605937
辽宁	21894179	1553864	20340315	9751738	1553864	8197874	168357		168357	11974083
吉林	12600956	905457	11695499	5358396	905457	4452939	1993		1993	7240567
黑龙江	12689594	1295151	11394443	6038805	1135445	4903360	254961	159706	95255	6395828
上海	30637242	4687850	25949392	10121429	4687850	5433579	43978		43978	20471835
江苏	59103320	2915099	56188221	24282561	2904130	21378431	132795	10969	121826	34687964
浙江	54849219	1265803	53583417	18614438	1265803	17348635	259633		259633	35975148
安徽	28972697	491559	28481138	11087193	491559	10595634	412265		412265	17473240
福建	27133947	995273	26138674	9372192	995273	8376920	250561		250561	17511194
江西	25256082		25256082	9541025		9541025	157914		157914	15557143
山东	62583640	1475416	61108224	24555786	1475416	23080370	513522		513522	37514332
河南	58392421	42500	58349921	17526040	34904	17491136	354944	7596	347349	40511437
湖北	39758500	3217788	36540712	14044185	3058459	10985726	295255	159329	135925	25419061
湖南	39690974	925382	38765591	16432169	921319	15510851	109808	4063	105745	23148996
广东	143643913	2279320	141364593	33597994	2270968	31327026	839303	8351	830951	109206616
广西	25769931		25769931	11214592		11214592	51261		51261	14504078
海南	8252715	5612	8247104	1351430	5612	1345818	7102		7102	6894184
重庆	19866296	1271880	18594417	8768899	1174870	7594028	265777	97009	168767	10831621
四川	50225860	2676670	47549189	13520580	2528479	10992101	526104	148191	377913	36179175
贵州	17513321		17513321	5753128		5753128	40829		40829	11719364
云南	21205791	4791	21201000	6471925	4791	6467134	235217		235217	14498649
西藏	154481		154481	110614		110614				43867
陕西	25579741	2389136	23190605	10355018	2385280	7969738	181184	3856	177328	15043539
甘肃	7489417	606918	6882499	4136000	606918	3529083	73024		73024	3280393
青海	1250950		1250950	626091		626091	14660		14660	610198
宁夏	3290985	121346	3169639	1110093	121346	988748	7457		7457	2173434
新疆	5180458	570550	4609908	2576086	8240	2567846	629387	562310	67077	1974985
大连	2265560	12851	2252709	695616	12851	682765	11057		11057	1558886
宁波	8569281		8569281	2503418		2503418				6065863
厦门	3908356	4600	3903756	867291	4600	862691	49085		49085	2991980
青岛	8310982		8310982	1311468		1311468	34874		34874	6964641
深圳	20560664	2625	20558039	4377811	2625	4375186				16182853

2-21 其他教育经费

单位：千元

地区	总计			教育部门和其他部门			国有及国有控股企业办学			民办学校
	合计	中央	地方	合计	中央	地方	合计	中央	地方	地方
合计	**198731996**	**36366032**	**162365964**	**180495391**	**35720254**	**144775137**	**1480316**	**645778**	**834537**	**16756290**
北京	13729792	12392185	1337606	13202195	12392178	810016	24142	7	24135	503455
天津	2416806	437796	1979010	2250801	435732	1815070	32093	2064	30029	133911
河北	2068152	157876	1910276	1838185	157876	1680309	5225		5225	224741
山西	1936640	7885	1928754	1628325	7885	1620440	23140		23140	285174
内蒙古	1349403	1428	1347975	1193726	1428	1192299	225		225	155452
辽宁	3988012	506025	3481987	3578499	506025	3072475	712		712	408800
吉林	4516702	529790	3986913	4260004	529790	3730215	38		38	256660
黑龙江	3853895	858823	2995071	3592810	756385	2836425	108983	102438	6546	152101
上海	8781979	3872051	4909928	7153287	3834611	3318676	47645	37440	10205	1581047
江苏	14831417	2198575	12632842	13441671	2198575	11243096	35328		35328	1354419
浙江	18085669	2314731	15770938	16470553	2314731	14155822	29318		29318	1585798
安徽	5871142	933759	4937383	5395952	933759	4462193	25325		25325	449865
福建	5325395	377017	4948378	4822033	377017	4445016	797		797	502565
江西	8699714	6735	8692979	8111230		8111230	109836	6735	103101	478648
山东	8633729	853267	7780462	7628072	853267	6774804	275903		275903	729755
河南	7661997	37079	7624918	7147317	18700	7128617	54702	18379	36323	459978
湖北	9947984	3337552	6610431	8959197	3271905	5687293	72419	65648	6771	916368
湖南	13433503	857473	12576030	12815322	857170	11958152	7982	303	7679	610199
广东	10410718	1307297	9103421	8241515	1306840	6934675	22790	457	22334	2146413
广西	4964489		4964489	4508664		4508664	11472		11472	444353
海南	870756	443	870313	579851	443	579407	47609		47609	243296
重庆	5461517	711027	4750490	4992615	691622	4300993	23979	19405	4574	444923
四川	15261564	1336872	13924692	13867556	1317637	12549919	117379	19235	98145	1276629
贵州	4679062		4679062	4421203		4421203	1704		1704	256154
云南	4188314		4188314	3624082		3624082	11012		11012	553221
西藏	66164		66164	66164		66164				
陕西	8473636	2654622	5819014	8041245	2653583	5387661	14675	1038	13637	417716
甘肃	1364425	270713	1093711	1300617	270713	1029904	123		123	63684
青海	583504		583504	579039		579039				4465
宁夏	950115	30959	919156	870549	30959	839590	681		681	78885
新疆	6325800	374052	5951749	5913110	1422	5911688	375076	372630	2447	37614
大连	314128	291	313837	253616	291	253325				60512
宁波	2085266		2085266	1769618		1769618				315648
厦门	310901		310901	236384		236384	122		122	74395
青岛	458241		458241	212465		212465	3628		3628	242148
深圳	2023506		2023506	1729461		1729461				294046

第三部分

各地区各级各类教育机构教育经费收入

3-1 教育经费收入情况

地区	总计	国家财政性教育经费	一般公共预算安排的教育经费	一般公共预算教育经费	教育事业费	基本建设经费	教育费附加	科研经费	其他
合计	**6357546841**	**4941989423**	**4754333440**	**4081392282**	**3860165569**	**96704642**	**124522071**	**72518283**	**600422874**
北京	305844473	222918190	210507521	169329213	158679205	9903513	746495	14674810	26503498
天津	84282287	65787538	59694851	52612118	51473253	992917	145948	552154	6530579
河北	257018685	205558114	196882892	182147654	177505221	1474720	3167713	366886	14368352
山西	129417785	107755152	104299313	90345830	86470939	1254490	2620401	447725	13505758
内蒙古	104945412	93652422	92951842	75495337	70324179	1379863	3791295	864257	16592247
辽宁	133891251	100737086	98971136	79321556	75702399	1112661	2506496	1513989	18135591
吉林	92279642	71864020	69375689	57439876	55182393	1090722	1166762	1504425	10431388
黑龙江	109188552	83763264	81356921	66183300	64066590	1292439	824270	1359367	13814255
上海	231778332	176175789	169383806	128729472	106147637	6478129	16103706	7788284	32866050
江苏	434934847	339060170	326693739	275412616	261475102	939282	12998231	7002613	44278510
浙江	378746548	284294777	258382035	233317074	219469051	6104599	7743425	1686074	23378887
安徽	229398190	186771352	180142914	154871016	147808129	2567257	4495631	2311420	22960478
福建	191867409	151787859	144140558	124713155	119103771	792242	4817143	1580591	17846811
江西	200416423	157763165	149001111	137395842	131723736	2626355	3045751	931114	10674155
山东	400476129	312377623	302499399	271456685	258682081	1024139	11750466	2656952	28385761
河南	313774287	234552922	228320564	194240640	183275750	3412804	7552087	1127750	32952173
湖北	242622267	179125173	172502373	150123004	149502074	620930		4220788	18158580
湖南	243358294	178773285	175865521	162038312	156505458	1059508	4473346	3825916	10001293
广东	667066325	484428707	471018877	403370711	362185322	27420333	13765056	7090089	60558078
广西	180543514	142927450	139497120	117699391	115214884	997418	1487089	431537	21366192
海南	57714672	46845261	45110565	35742388	34094150	1515720	132518	261989	9106188
重庆	150152707	118451762	112571189	89678148	84668369	2660474	2349305	267732	22625309
四川	327632484	244843602	234799253	201594636	193506223	2245446	5842968	2658883	30545734
贵州	167161787	140048067	133812495	118637918	114311697	980557	3345663	244015	14930562
云南	176618215	146327914	143940040	116691402	113392279	1326849	1972273	749594	26499044
西藏	39342332	38958486	38811930	33494282	31770925	1720266	3091	67070	5250578
陕西	188962755	140568171	133496569	119575311	112421913	3166122	3987276	4037112	9884146
甘肃	102505706	91151220	89218001	74131673	71471729	1329120	1330824	1086711	13999618
青海	32433217	30105129	29863193	23399743	21532324	1516988	350431	249188	6214262
宁夏	34307529	29262967	29043368	22692011	22058106	160570	473335	231525	6119832
新疆	148864786	135352786	132178654	119511966	110440681	7538208	1533077	727723	11938965
大连	17867721	15036154	14995619	11878374	10788390	238433	851551	313	3116933
宁波	47889585	35645831	34296188	31366640	30546612	382377	437652	15963	2913585
厦门	29373693	24677229	23563761	19999246	18061473	280975	1656798	37356	3527159
青岛	46891539	37098056	36182291	32829919	29861289		2968629	68937	3283435
深圳	144787067	117445161	116393979	98452355	66112676	23713813	8625867	2053987	15887637

(各级各类教育机构)

单位：千元

政府性基金预算安排的教育经费	#彩票公益金	国有及国有控股企业办学中的企业拨款	校办产业和社会服务收入中用于教育的经费	其他属于国家财政性教育经费	民办学校中举办者投入	捐赠收入	事业收入	#学费	其他教育经费
132949658	**6078994**	**1572862**	**4893905**	**48239559**	**18479168**	**13817367**	**1184528887**	**907628435**	**198731996**
2535366	1338523	123543	1242898	8508862	56594	3440201	65699696	30404301	13729792
4310079	25941	82710	141021	1558877	482019	138793	15457132	10979097	2416806
8035868	251553	28580	129744	481031	492866	263386	48636167	40601578	2068152
2698442	98831	221841	17401	518156	166622	114898	19444474	14750480	1936640
553353	135676	67177	25488	54563	118140	124256	9701190	7906350	1349403
222217	49132	16200	55296	1472238	77978	123830	28964345	21894179	3988012
2068021	34455	5564	86208	328538	46361	61305	15791253	12600956	4516702
317416	51107	420419	264553	1403955	50147	65024	21456223	12689594	3853895
3040357	20647	21072	652591	3077962	61900	757493	46001171	30637242	8781979
8178184	370668	11858	376076	3800314	822520	1109094	79111646	59103320	14831417
19258404	242412	29382	116040	6508917	1998692	825039	73542371	54849219	18085669
4076736	223443	57786	102914	2391002	537118	98666	36119912	28972697	5871142
6621705	116939	36031	117977	871587	266229	725863	33762063	27133947	5325395
8366510	210786	2180	87776	305588	2382756	175774	31395014	25256082	8699714
7719955	311136	101184	112933	1944152	967664	748365	77748747	62583640	8633729
5036668	388424	47396	36862	1111431	1577129	178541	69803699	58392421	7661997
4521320	135203	39651	79425	1982405	643944	765922	52139243	39758500	9947984
2237386	98360	15102	394666	260609	1218142	311663	49621701	39690974	13433503
10774928	353318	30022	148093	2456786	2160633	1609963	168456303	143643913	10410718
2959688	97520	475	19568	450599	359836	53392	32238347	25769931	4964489
1516190	29048		3043	215462	81413	93027	9824215	8252715	870756
4432535	59610	4413	74282	1369344	300442	176356	25762630	19866296	5461517
7471150	487767	82503	330280	2160416	1436529	427030	65663759	50225860	15261564
5848188	143849	195	15941	371247	827711	275888	21331059	17513321	4679062
1716864	197186	1800	59142	610067	583489	388616	25129882	21205791	4188314
138403	39779			8153		8214	309468	154481	66164
3360963	131875	92327	65910	3552402	664391	462989	38793568	25579741	8473636
1775237	64136	18690	59262	80029	48528	121062	9820472	7489417	1364425
103821	84415	5041	4603	128470	7107	40949	1696528	1250950	583504
144062	102290	4632	3223	67682	14413	40097	4039937	3290985	950115
2909643	184965	5084	70689	188716	27858	91672	7066671	5180458	6325800
40529	8185			5	24665	4628	2488145	2265560	314128
998974	23237		3542	347128	44198	109665	10004625	8569281	2085266
1102630	17423	1500	3936	5402	26512	18205	4340845	3908356	310901
898291	62890	17475			129600	47551	9158090	8310982	458241
617458	76881		6433	427291	95705	147701	25074993	20560664	2023506

3-2 教育经费收入情况

地区	总计	国家财政性教育经费	一般公共预算安排的教育经费	一般公共预算教育经费	教育事业费	基本建设经费	教育费附加	科研经费	其他
合计	**5865371918**	**4626245358**	**4477838846**	**3886004052**	**3677608959**	**83921250**	**124473843**	**20621510**	**571213284**
北京	163823801	139388380	136929671	117590796	110048572	6795733	746491	47640	19291235
天津	73301050	58506196	54335762	48292223	47444678	701597	145948	419799	5623740
河北	253933741	203379027	194750614	180226895	175584461	1474720	3167713	357639	14166080
山西	129400474	107748705	104292866	90345830	86470939	1254490	2620401	447725	13499311
内蒙古	104940556	93652416	92951836	75495331	70324173	1379863	3791295	864257	16592247
辽宁	120845956	92051598	91656868	73604445	70220358	877591	2506496	726093	17326330
吉林	82601207	64581362	62251402	52430677	50270264	993652	1166762	249700	9571025
黑龙江	92234879	75087608	74563189	61474518	59602809	1047439	824270	112110	12976561
上海	185050004	148257393	143232942	113256228	91884441	5313119	16058668	489355	29487359
江苏	398938391	315563075	305283126	261374866	248067682	308952	12998231	1702015	42206245
浙江	360170644	273316293	252566857	228315397	214741930	5833229	7740238	1531863	22719596
安徽	219219270	178984786	174062187	151105782	144129785	2480367	4495631	268679	22687726
福建	183716435	146742112	139335350	121304325	115906531	580652	4817143	612285	17418740
江西	200409346	157762854	149000800	137395819	131723713	2626355	3045751	931114	10673867
山东	386412332	303030322	294124164	266041671	253529697	761509	11750466	1089700	26992793
河南	313334334	234263545	228031187	193985441	183020656	3412699	7552087	1127750	32917996
湖北	207656574	156133731	151077263	134719391	134719391			307188	16050684
湖南	232415990	171426360	168735114	157824236	152416061	934828	4473346	1389926	9520952
广东	645182380	469332818	456666782	393380198	352804761	26810381	13765056	3652275	59634309
广西	180543514	142927450	139497120	117699391	115214884	997418	1487089	431537	21366192
海南	57700765	46843710	45109014	35740837	34092599	1515720	132518	261989	9106188
重庆	140488087	111988006	107145549	84733826	79982648	2401874	2349305	205021	22206702
四川	300885440	227532502	221511984	191656191	183932257	1880966	5842968	436254	29419538
贵州	167157649	140043928	133808356	118637918	114311697	980557	3345663	244015	14926423
云南	176579281	146293813	143905940	116691201	113392079	1326849	1972273	749594	26465144
西藏	39342332	38958486	38811930	33494282	31770925	1720266	3091	67070	5250578
陕西	158596523	121048440	117049637	108124313	101635855	2501182	3987276	362489	8562835
甘肃	97037730	87291326	85398694	71080945	68584551	1165570	1330824	555382	13762367
青海	32433217	30105129	29863193	23399743	21532324	1516988	350431	249188	6214262
宁夏	33306340	28447366	28274745	21955561	21321656	160570	473335	231525	6087659
新疆	127713674	115556620	113614704	104625772	98926582	4166114	1533077	500332	8488599
大连	17846216	15034137	14993603	11876357	10786373	238433	851551	313	3116933
宁波	47889585	35645831	34296188	31366640	30546612	382377	437652	15963	2913585
厦门	29369092	24677229	23563761	19999246	18061473	280975	1656798	37356	3527159
青岛	46891539	37098056	36182291	32829919	29861289		2968629	68937	3283435
深圳	143589508	116334762	115199045	97341956	65389818	23326271	8625867	1969452	15887637

(地方各级各类教育机构)

单位：千元

政府性基金预算安排的教育经费	#彩票公益金	国有及国有控股企业办学中的企业拨款	校办产业和社会服务收入中用于教育的经费	其他属于国家财政性教育经费	民办学校中举办者投入	捐赠收入	事业收入	#学费	其他教育经费
127418140	**4606832**	**1083825**	**2029741**	**17874806**	**18479168**	**7950493**	**1050330936**	**865191225**	**162365964**
1082608	39969	123543	146334	1106223	56594	90776	22950445	18872056	1337606
3900789	24141	34514	124561	110571	482019	52619	12281206	10132363	1979010
8035868	251553	24705	112533	455307	492866	258347	47893225	40246687	1910276
2698442	98831	221841	17401	518156	166622	114898	19441495	14747923	1928754
553353	135676	67177	25488	54563	118140	124256	9697769	7902929	1347975
222217	49132	16200	43651	112663	77978	50353	25184040	20340315	3481987
2067225	33659	5564	24738	232434	46361	49670	13936900	11695499	3986913
309266	51107	36697	55705	122751	50147	38547	14063507	11394443	2995071
3036185	17544	21072	26912	1940283	61900	138618	31682166	25949392	4909928
8167549	369573	11858	262488	1838054	822520	773147	69146808	56188221	12632842
19257494	241502	29382	89340	1373221	1998692	825039	68259682	53583417	15770938
4076076	222783	57786	43433	745304	537118	63572	34696412	28481138	4937383
6619958	116191	36031	114069	636704	266229	475021	31284695	26138674	4948378
8366510	210786	2180	87776	305588	2382756	175774	31394983	25256082	8692979
7703455	294636	101184	95933	1005585	967664	686361	73947523	61108224	7780462
5036668	388424	47396	36862	1111431	1577129	178541	69690201	58349921	7624918
4516771	130814	39651	21550	478495	643944	285007	43983462	36540712	6610431
2224618	96792	15102	190916	260609	1218142	256812	46938647	38765591	12576030
10506124	353318	30022	106448	2023442	2160633	1508489	163077019	141364593	9103421
2959688	97520	475	19568	450599	359836	53392	32238347	25769931	4964489
1516190	29048		3043	215462	81413	93027	9812302	8247104	870313
4430978	58053	4413	11321	395746	300442	159557	23289592	18594417	4750490
5180820	486530	51704	181250	606743	1436529	371161	57620557	47549189	13924692
5848188	143849	195	15941	371247	827711	275888	21331059	17513321	4679062
1716864	197186	1800	59142	610067	583489	388616	25125048	21201000	4188314
138403	39779			8153		8214	309468	154481	66164
3357313	128565	69882	58410	513199	664391	235178	30829500	23190605	5819014
1773847	62746	18690	20065	80029	48528	62169	8541996	6882499	1093711
103821	84415	5041	4603	128470	7107	40949	1696528	1250950	583504
144062	102290	4632	3223	20704	14413	40097	3885308	3169639	919156
1866792	50419	5084	27036	43006	27858	76401	6101047	4609908	5951749
40529	8185			5	24665	4628	2468948	2252709	313837
998974	23237		3542	347128	44198	109665	10004625	8569281	2085266
1102630	17423	1500	3936	5402	26512	18205	4336245	3903756	310901
898291	62890	17475			129600	47551	9158090	8310982	458241
617458	76881		6433	511826	95705	147701	24987833	20558039	2023506

3-3 教育经费收入情况

地区	总计	国家财政性教育经费							
			一般公共预算安排的教育经费						
				一般公共预算教育经费				科研经费	其他
					教育事业费	基本建设经费	教育费附加		
合计	**1764174218**	**1064779956**	**976289823**	**820633003**	**772291760**	**41139434**	**7201810**	**70298342**	**85358478**
北京	156994558	98844930	89037403	67774324	61290228	6483262	834	14387811	6875269
天津	35330431	23453404	17807220	15225139	14432386	792753		551654	2030428
河北	53819949	31594068	29463719	28167685	27330054	833198	4434	334633	961401
山西	32293285	22310601	21103918	19731282	18956717	699590	74976	387675	984961
内蒙古	22771322	17342653	17003079	13835633	13419814	415643	176	807512	2359934
辽宁	53656027	31445063	29821165	23822314	22766135	755505	300674	1513346	4485504
吉林	34612001	21496456	20306690	17082833	16220324	793817	68692	1504296	1719562
黑龙江	41851046	23796976	21784282	19098018	18427628	626700	43690	1357642	1328623
上海	94857772	60578054	56861065	40345678	33879992	5468780	996906	7766817	8748570
江苏	124053714	74709975	69703099	54336761	53086737	780330	469694	6859828	8506509
浙江	97844681	56576354	46011530	39406775	37390144	933665	1082966	1476815	5127940
安徽	54120091	34640900	31484928	26907190	25780245	842425	284520	2239693	2338045
福建	44807938	24477895	22283948	18416950	17763156	275958	377836	1543858	2323140
江西	47650640	27279012	23908182	22372958	21722585	647467	2905	853925	681300
山东	99784093	55581821	50618049	45303186	44215807	954839	132541	2638554	2676310
河南	76665516	43484397	40741112	36844717	35115868	1506752	222097	1030234	2866161
湖北	85964227	49469407	46246736	38602965	37982035	620930		4146505	3497266
湖南	60329803	34543221	32972987	27611063	26697593	540081	373390	3809058	1552865
广东	155729231	93970921	89015031	75413733	65853183	7604458	1956092	6947218	6654080
广西	40861681	21860789	20301520	18859206	18305259	545328	8620	368264	1074050
海南	14528871	10078413	9566164	8318688	7084987	1233586	115	255878	991598
重庆	41968600	23829590	21702011	18529466	17659483	843928	26055	88619	3083926
四川	85966773	47844492	42276121	37724791	36761098	908263	55430	2606940	1944389
贵州	30731167	22128335	21340069	19139333	18635363	164620	339350	69238	2131498
云南	36642607	22522120	21061618	18213736	17854824	328580	30333	726981	2120901
西藏	3355603	3071125	3051067	2658948	2435330	223617		66922	325197
陕西	72145259	39518185	35177254	27862566	26381102	1477894	3570	4021331	3293357
甘肃	24513787	17654478	17013979	14171500	13245638	621476	304385	941630	1900849
青海	5361449	4400352	4266579	3478253	3178453	299800		248215	540112
宁夏	7376746	4904684	4755424	3809828	3702847	95000	11980	228793	716804
新疆	27585348	21371287	19603875	17567486	14716746	2821191	29550	518458	1517931
大连	1732079	1364812	1342442	1067961	693339	114137	260485		274481
宁波	8889465	4345044	3890222	3395043	3395035		9	4742	490437
厦门	4135119	2053198	1859289	1710458	1448371		262087	37356	111475
青岛	6328716	2381278	1638397	1463976	1398432		65544	68937	105484
深圳	33994553	27114042	26675141	22466218	13925353	6798683	1742182	2046648	2162275

(高等学校)

单位：千元

政府性基金预算安排的教育经费	#彩票公益金	国有及国有控股企业办学中的企业拨款	校办产业和社会服务收入中用于教育的经费	其他属于国家财政性教育经费	民办学校中举办者投入	捐赠收入	事业收入	#学费	其他教育经费
36215959	**1020030**	**519868**	**3514747**	**48239559**	**5547587**	**7889377**	**600399333**	**391758730**	**85557966**
165126	10923		1133539	8508862	3350	2370705	44344858	15126401	11430715
4014540	13904	33823	38944	1558877	204940	110273	10313231	6123506	1248582
1618991	31748		30328	481031	37400	198623	21013537	16611636	976321
609057	8692	78157	1313	518156		38991	9071845	5822248	871846
267668	19991		17343	54563	10000	21194	4915290	3699956	482185
113118	5100	12000	26542	1472238		99605	20377734	14158988	1733626
773833	1910	2919	84476	328538	6156	20760	11639413	8709867	1449216
93538	1818	259330	255871	1403955		29930	17003291	8724128	1020849
5739	4669		633288	3077962		683299	28464374	13968180	5132045
1030093	125908		176471	3800314	155349	801223	41101370	24204786	7285796
3977666	11107		78241	6508917	502370	238598	33846420	18662082	6680939
634151	34301	33274	97545	2391002	144177	61030	16309777	11557354	2964208
1309772	18693		12587	871587		387301	18040995	13026778	1901748
3006811	7500		58431	305588	1963802	84358	17226232	13518823	1097235
2973972	27425	15520	30127	1944152	51821	429696	38272510	26803802	5448246
1611681	37943	14070	6103	1111431	285557	136086	29429925	23566394	3329552
1135907	57314	35000	69359	1982405	15000	694124	29660830	20321048	6124866
1018699	11533		290926	260609	27380	129223	22903235	16527861	2726744
2379813	38366		119291	2456786	500000	579903	55846387	40434705	4832020
1105447	4770		3223	450599	10000	11722	17308616	13503790	1670555
296609	5912		178	215462		69799	4127975	3371734	252684
695273	6067		62961	1369344	226000	61508	15367270	10957738	2484233
3204388	292320	30799	172769	2160416	412468	93125	33216127	21874240	4400562
407341	23483		9678	371247	634691	30793	6523962	4872824	1413387
828634	26147		21801	610067		71708	12584250	9930939	1464529
11905	10515			8153		7429	238706	99114	38344
771707	14760		16822	3552402	357126	349252	27521903	15881039	4398793
513150	3690	4976	42344	80029		67862	6027125	4250379	764323
700	700		4603	128470			750102	450004	210995
79426	79426		2153	67682		1619	2368161	1825980	102282
1561205	83397		17491	188716		9639	4583882	3172408	1620541
22364				5			364168	271240	3099
107552	552		142	347128		43622	4053870	2937592	446929
188342			165	5402		5050	1981149	1668553	95722
727360		15520				26039	3593176	3093538	328222
11610	2908			427291		117091	5939529	2614845	823890

3-4 教育经费收入情况

地区	总计	国家财政性教育经费	一般公共预算安排的教育经费	一般公共预算教育经费	教育事业费	基本建设经费	教育费附加	科研经费	其他
合计	1308599577	775286756	724216686	645728119	609112528	29440046	7175545	18681715	59806851
北京	33378609	25760364	24568239	24051587	20670791	3379962	834	38761	477891
天津	24484739	16263634	12491507	10945193	10443760	501433		419298	1127015
河北	50798720	29445581	27341243	26254892	25417261	833198	4434	325386	760965
山西	32293285	22310601	21103918	19731282	18956717	699590	74976	387675	984961
内蒙古	22771322	17342653	17003079	13835633	13419814	415643	176	807512	2359934
辽宁	40689329	22767133	22514455	18107219	17286110	520435	300674	725450	3681786
吉林	25319762	14500469	13469074	12359434	11593996	696747	68692	249570	860069
黑龙江	25264944	15388762	15133601	14510540	14085151	381700	43690	110385	512676
上海	49471184	33285446	31333818	25344438	20066840	4303770	973828	467888	5521492
江苏	88194471	51333391	48412996	40351238	39731544	150000	469694	1559230	6502528
浙江	79285049	45606320	40204802	34405098	32663023	662295	1079780	1322604	4477099
安徽	43959324	26855214	25405082	23142261	22102205	755535	284520	196952	2065869
福建	36932017	19475507	17522100	15041924	14599720	64368	377836	575552	1904623
江西	47650640	27279012	23908182	22372958	21722585	647467	2905	853925	681300
山东	85747008	46261232	42253028	39888172	39063423	692209	132541	1071301	1293555
河南	76381621	43233001	40489716	36615048	34886200	1506752	222097	1030234	2844434
湖北	51657732	27060866	25404528	23763621	23763621			232905	1408001
湖南	49458269	27235528	25881812	23432732	22643941	415401	373390	1373068	1076012
广东	133944005	78941408	74729312	65489597	56538998	6994506	1956092	3509405	5730311
广西	40861681	21860789	20301520	18859206	18305259	545328	8620	368264	1074050
海南	14528871	10078413	9566164	8318688	7084987	1233586	115	255878	991598
重庆	32686031	17637280	16547818	13853131	13241748	585328	26055	25908	2668779
四川	59433588	30623532	29078991	27833257	27234044	543783	55430	384312	861422
贵州	30731167	22128335	21340069	19139333	18635363	164620	339350	69238	2131498
云南	36642607	22522120	21061618	18213736	17854824	328580	30333	726981	2120901
西藏	3355603	3071125	3051067	2658948	2435330	223617		66922	325197
陕西	42250509	20353322	19062744	16716615	15900091	812954	3570	346709	1999420
甘肃	19115389	13852584	13252672	11168572	10406260	457926	304385	410301	1673799
青海	5361449	4400352	4266579	3478253	3178453	299800		248215	540112
宁夏	6376121	4089083	3986800	3073377	2966397	95000	11980	228793	684630
新疆	19574530	14323698	13530152	12772136	12214073	528514	29550	293093	464923
大连	1732079	1364812	1342442	1067961	693339	114137	260485		274481
宁波	8889465	4345044	3890222	3395043	3395035		9	4742	490437
厦门	4135119	2053198	1859289	1710458	1448371		262087	37356	111475
青岛	6328716	2381278	1638397	1463976	1398432		65544	68937	105484
深圳	32801666	26005690	25482254	21357866	13204542	6411141	1742182	1962113	2162275

（地方高等学校）

单位：千元

政府性基金预算安排的教育经费	#彩票公益金	国有及国有控股企业办学中的企业拨款	校办产业和社会服务收入中用于教育的经费	其他属于国家财政性教育经费	民办学校中举办者投入	捐赠收入	事业收入	#学费	其他教育经费
32218316	**913437**	**229739**	**747210**	**17874806**	**5547587**	**3051668**	**473082019**	**350520295**	**51631547**
1110	1110		84792	1106223	3350	3079	6946610	3958817	665206
3605250	12104	33823	22484	110571	204940	24099	7171307	5310111	820758
1618991	31748		30041	455307	37400	193584	20303709	16283362	818445
609057	8692	78157	1313	518156		38991	9071845	5822248	871846
267668	19991		17343	54563	10000	21194	4915290	3699956	482185
113118	5100	12000	14897	112663		26128	16654336	12653073	1241732
773037	1113	2919	23006	232434	6156	11691	9811919	7831232	989526
85388	1818		47023	122751		3453	9652953	7467898	219775
1566	1566		9779	1940283		79139	14719707	9615914	1386892
1019458	124813		62883	1838054	155349	465277	31151503	21303898	5088951
3976756	10197		51541	1373221	502370	238598	28566863	17399411	4370898
633491	33641	33274	38064	745304	144177	25936	14896646	11075915	2037351
1308025	17945		8679	636704		136469	15792690	12043038	1527351
3006811	7500		58431	305588	1963802	84358	17226232	13518823	1097235
2973972	27425	15520	13127	1005585	51821	367692	34471285	25328385	4594978
1611681	37943	14070	6103	1111431	285557	136086	29401511	23540595	3325466
1131359	52925	35000	11485	478495	15000	220511	21549282	17142264	2812073
1005932	9965		87176	260609	27380	74372	20237729	15613296	1883260
2111009	38366		77646	2023442	500000	478429	50498987	38176189	3525180
1105447	4770		3223	450599	10000	11722	17308616	13503790	1670555
296609	5912		178	215462		69799	4127975	3371731	252684
693716	4510			395746	226000	44721	12918942	9707098	1859088
914058	291082		23739	606743	412468	37473	25236782	19243285	3123334
407341	23483		9678	371247	634691	30793	6523962	4872824	1413387
828634	26147		21801	610067		71708	12584250	9930939	1464529
11905	10515			8153		7429	238706	99114	38344
768057	11450		9322	513199	357126	131405	19599569	13530738	1809087
511760	2300	4976	3147	80029		8969	4760227	3655039	493609
700	700		4603	128470			750102	450004	210995
79426	79426		2153	20704		1619	2214097	1705200	71323
746987	9179		3554	43006		6947	3778384	2666102	1465502
22364				5			364168	271240	3099
107552	552		142	347128		43622	4053870	2937592	446929
188342			165	5402		5050	1981149	1668553	95722
727360		15520				26039	3593176	3093538	328222
11610	2908			511826		117091	5854994	2614845	823890

3-5 教育经费收入情况

地区	总计	国家财政性教育经费	一般公共预算安排的教育经费	一般公共预算教育经费	教育事业费	基本建设经费	教育费附加	科研经费	其他
合计	**1744481089**	**1055689240**	**967419356**	**813374308**	**765192242**	**41090184**	**7091881**	**70294706**	**83750342**
北京	153346761	97757242	88051811	66989215	60505952	6483262		14387811	6674785
天津	34947732	23207517	17564945	15016731	14259429	757302		551654	1996561
河北	53038833	31087870	28957688	27700069	26862646	833198	4225	334633	922986
山西	31982054	22118122	20911655	19577532	18805625	699590	72318	387345	946777
内蒙古	22547841	17237350	16897776	13758356	13342537	415643	176	807512	2331908
辽宁	53094752	31040352	29418876	23632429	22584234	755505	292690	1513346	4273101
吉林	34011394	21096965	19910544	16771618	15925854	793817	51946	1504150	1634776
黑龙江	41306506	23479961	21504897	18866150	18196025	626700	43425	1357642	1281105
上海	93525535	59680784	55964506	39647229	33181700	5468780	996749	7766817	8550459
江苏	123857196	74553942	69547065	54211050	52971134	780330	459586	6859828	8476187
浙江	96406552	55806515	45252376	38733460	36725180	932390	1075891	1476356	5042559
安徽	53678900	34479775	31323804	26777218	25650293	842425	284500	2239693	2306892
福建	44197927	24222611	22032040	18196541	17543297	275958	377287	1543258	2292240
江西	47036318	26933366	23563573	22039409	21389209	647467	2732	853925	670240
山东	99024065	55405322	50441551	45134515	44057135	944839	132541	2638554	2668483
河南	76330944	43365954	40622670	36754305	35027406	1506752	220147	1030114	2838250
湖北	85868207	49404633	46181961	38548576	37927646	620930		4146505	3486881
湖南	59593752	34177757	32641270	27308001	26434239	540081	333681	3808900	1524369
广东	153085623	93028865	88074563	74683904	65138572	7604458	1940875	6947098	6443560
广西	40660771	21777051	20217960	18790438	18236491	545328	8620	368264	1059259
海南	14411410	9986261	9474013	8258078	7024376	1233586	115	254696	961239
重庆	41941922	23823704	21696126	18526686	17656758	843928	26000	88619	3080821
四川	85139824	47501338	41936091	37433797	36470424	908263	55110	2606940	1895354
贵州	30475980	21988003	21199737	19020925	18518179	164620	338126	69238	2109574
云南	36288353	22447305	20986804	18150440	17791740	328580	30120	726931	2109432
西藏	3355230	3070752	3050694	2658574	2434957	223617		66922	325197
陕西	71447184	39138959	34807349	27526579	26049908	1476070	601	4021331	3259439
甘肃	24258155	17537670	16902146	14087768	13161906	621476	304385	941350	1873028
青海	5313453	4370829	4237056	3459051	3159251	299800		248215	529790
宁夏	7376746	4904684	4755424	3809828	3702847	95000	11980	228793	716804
新疆	26931170	21057781	19292387	17305836	14457291	2820491	28055	518266	1468286
大连	1601663	1265981	1243612	999835	626515	114137	259183		243776
宁波	8586410	4216371	3761548	3283605	3283605			4711	473232
厦门	4135119	2053198	1859289	1710458	1448371		262087	37356	111475
青岛	6204565	2345221	1602340	1435746	1370202		65544	68937	97657
深圳	33862326	27030926	26592024	22410290	13871773	6798683	1739835	2046648	2135086

(普通高等学校)

单位：千元

政府性基金预算安排的教育经费	#彩票公益金	国有及国有控股企业办学中的企业拨款	校办产业和社会服务收入中用于教育的经费	其他属于国家财政性教育经费	民办学校中举办者投入	捐赠收入	事业收入	#学费	其他教育经费
36116705	**1019961**	**511973**	**3401648**	**48239559**	**5547587**	**7886271**	**590286404**	**384134697**	**85071587**
77583	10923		1118987	8508862	3350	2368550	41915908	13030166	11301711
4014540	13904	33823	35333	1558877	204940	110273	10194212	6013044	1230789
1618991	31748		30161	481031	37400	198623	20739040	16365081	975900
609017	8692	78157	1137	518156		38991	8959300	5788139	865641
267668	19991		17343	54563	10000	21194	4797444	3600723	481853
113118	5100	12000	24120	1472238		99593	20221749	14139989	1733058
773733	1910		84150	328538	6156	20760	11486000	8611355	1401512
93538	1818	259330	218241	1403955		29930	16796621	8551608	999994
5739	4669		632577	3077962		683215	28059963	13720274	5101573
1030093	125908		176471	3800314	155349	801223	41062839	24181842	7283842
3967309	11107		77913	6508917	502370	238549	33215959	18256182	6643159
634151	34301	33274	97545	2391002	144177	61030	16033708	11404839	2960209
1309772	18693		9212	871587		387116	17699085	12778926	1889116
3006811	7500		57394	305588	1963802	84358	16958353	13275239	1096439
2973972	27425	15520	30127	1944152	51821	429696	37698930	26371596	5438296
1611681	37943	14070	6103	1111431	285557	136086	29237638	23442641	3305710
1135907	57314	35000	69359	1982405	15000	694124	29630604	20292588	6123847
1018630	11463		257248	260609	27380	129223	22586458	16296632	2672934
2378846	38366		118670	2456786	500000	579850	54159693	39036941	4817215
1105269	4770		3223	450599	10000	11722	17197035	13482291	1664962
296609	5912		178	215462		69799	4103557	3371734	251793
695273	6067		62961	1369344	226000	61508	15346478	10936946	2484233
3204388	292320	30799	169644	2160416	412468	93087	32753459	21434612	4379472
407341	23483		9678	371247	634691	30793	6420151	4771524	1402343
828634	26147		21801	610067		71708	12310122	9926379	1459217
11905	10515			8153		7429	238706	99114	38344
771707	14760		7501	3552402	357126	349252	27209992	15620211	4391855
513150	3690		42344	80029		67862	5890538	4147557	762085
700	700		4603	128470			733233	433134	209391
79426	79426		2153	67682		1619	2368161	1825980	102282
1561205	83397		15472	188716		9109	4261467	2927409	1602812
22364				5			332584	262685	3098
107552	552		142	347128		43622	3886727	2857974	439690
188342			165	5402		5050	1981149	1668553	95722
727360		15520				26039	3505162	3009420	328143
11610	2908			427291		117091	5890419	2565735	823890

3-6 教育经费收入情况

地区	总计	国家财政性教育经费	一般公共预算安排的教育经费	一般公共预算教育经费	教育事业费	基本建设经费	教育费附加	科研经费	其他
合计	**1291633853**	**766560809**	**715621426**	**638624172**	**602167760**	**29390796**	**7065617**	**18678222**	**58319032**
北京	32300665	24947431	23769859	23359387	19979424	3379962		38761	371711
天津	24102039	16017748	12249231	10736785	10270803	465982		419298	1093148
河北	50017604	28939384	26835212	25787276	24949853	833198	4225	325386	722551
山西	31982054	22118122	20911655	19577532	18805625	699590	72318	387345	946777
内蒙古	22547841	17237350	16897776	13758356	13342537	415643	176	807512	2331908
辽宁	40132044	22362422	22112166	17917334	17104209	520435	292690	725450	3469382
吉林	24719154	14100978	13072927	12048219	11299526	696747	51946	249425	775283
黑龙江	24720404	15071748	14854217	14278673	13853548	381700	43425	110385	465159
上海	48138947	32388176	30437259	24645990	19368549	4303770	973671	467888	5323381
江苏	87997953	51177357	48256962	40225526	39615940	150000	459586	1559230	6472206
浙江	77846920	44836481	39445648	33731783	31998059	661020	1072704	1322146	4391719
安徽	43518132	26694090	25243958	23012289	21972254	755535	284500	196952	2034717
福建	36322005	19220223	17270191	14821515	14379860	64368	377287	574952	1873724
江西	47036318	26933366	23563573	22039409	21389209	647467	2732	853925	670240
山东	84986981	46084733	42076529	39719500	38904751	682209	132541	1071301	1285727
河南	76047049	43114559	40371274	36524637	34797738	1506752	220147	1030114	2816523
湖北	51561712	26996092	25339753	23709232	23709232			232905	1397616
湖南	48722218	26870065	25550095	23129669	22380587	415401	333681	1372910	1047516
广东	131300397	77999352	73788844	64759768	55824387	6994506	1940875	3509285	5519791
广西	40660771	21777051	20217960	18790438	18236491	545328	8620	368264	1059259
海南	14411410	9986261	9474013	8258078	7024376	1233586	115	254696	961239
重庆	32659353	17631394	16541932	13850351	13239023	585328	26000	25908	2665673
四川	58606639	30280377	28738961	27542263	26943370	543783	55110	384312	812387
贵州	30475980	21988003	21199737	19020925	18518179	164620	338126	69238	2109574
云南	36288353	22447305	20986804	18150440	17791740	328580	30120	726931	2109432
西藏	3355230	3070752	3050694	2658574	2434957	223617		66922	325197
陕西	41552433	19974095	18692839	16380628	15568897	811130	601	346709	1965503
甘肃	18859757	13735776	13140839	11084840	10322529	457926	304385	410021	1645978
青海	5313453	4370829	4237056	3459051	3159251	299800		248215	529790
宁夏	6376121	4089083	3986800	3073377	2966397	95000	11980	228793	684630
新疆	19073915	14100207	13306661	12572326	12016457	527814	28055	293043	441292
大连	1601663	1265981	1243612	999835	626515	114137	259183		243776
宁波	8586410	4216371	3761548	3283605	3283605			4711	473232
厦门	4135119	2053198	1859289	1710458	1448371		262087	37356	111475
青岛	6204565	2345221	1602340	1435746	1370202		65544	68937	97657
深圳	32669439	25922573	25399137	21301938	13150962	6411141	1739835	1962113	2135086

(地方普通高等学校)

单位：千元

政府性基金预算安排的教育经费	#彩票公益金	国有及国有控股企业办学中的企业拨款	校办产业和社会服务收入中用于教育的经费	其他属于国家财政性教育经费	民办学校中举办者投入	捐赠收入	事业收入	#学费	其他教育经费
32206606	**913368**	**221844**	**636129**	**17874806**	**5547587**	**3050718**	**465213829**	**344786776**	**51260910**
1110	1110		70239	1106223	3350	3079	6695917	3711812	650887
3605250	12104	33823	18873	110571	204940	24099	7052288	5199649	802964
1618991	31748		29874	455307	37400	193584	20029212	16036806	818024
609017	8692	78157	1137	518156		38991	8959300	5788139	865641
267668	19991		17343	54563	10000	21194	4797444	3600723	481853
113118	5100	12000	12476	112663		26115	16501942	12636242	1241565
772937	1113		22680	232434	6156	11691	9658507	7732720	941822
85388	1818		9393	122751		3453	9446284	7295378	198920
1566	1566		9068	1940283		79055	14315296	9368007	1356420
1019458	124813		62883	1838054	155349	465277	31112973	21280954	5086997
3966399	10197		51213	1373221	502370	238549	27936402	16993511	4333119
633491	33641	33274	38064	745304	144177	25936	14620577	10923399	2033353
1308025	17945		5304	636704		136284	15450779	11795187	1514719
3006811	7500		57394	305588	1963802	84358	16958353	13275239	1096439
2973972	27425	15520	13127	1005585	51821	367692	33897706	24896180	4585029
1611681	37943	14070	6103	1111431	285557	136086	29209224	23416842	3301623
1131359	52925	35000	11485	478495	15000	220511	21519056	17113805	2811054
1005862	9896		53498	260609	27380	74372	19920952	15382067	1829450
2110042	38366		77025	2023442	500000	478376	48812294	36778426	3510374
1105269	4770		3223	450599	10000	11722	17197035	13482291	1664962
296609	5912		178	215462		69799	4103557	3371734	251793
693716	4510			395746	226000	44721	12898150	9686306	1859088
914058	291082		20615	606743	412468	37435	24774114	18803658	3102245
407341	23483		9678	371247	634691	30793	6420151	4771524	1402343
828634	26147		21801	610067		71708	12310122	9926379	1459217
11905	10515			8153		7429	238706	99114	38344
768057	11450		1	513199	357126	131405	19287658	13269911	1802149
511760	2300		3147	80029		8969	4623641	3552218	491372
700	700		4603	128470			733233	433134	209391
79426	79426		2153	20704		1619	2214097	1705200	71323
746987	9179		3554	43006		6417	3518860	2460220	1448431
22364				5			332584	262685	3098
107552	552		142	347128		43622	3886727	2857974	439690
188342			165	5402		5050	1981149	1668553	95722
727360		15520				26039	3505162	3009420	328143
11610	2908			511826		117091	5805884	2565735	823890

3-7 教育经费收入情况

地区	总计	国家财政性教育经费	一般公共预算安排的教育经费	一般公共预算教育经费	教育事业费	基本建设经费	教育费附加	科研经费	其他
合计	**1381394571**	**821037246**	**753714748**	**618011475**	**579417141**	**35547092**	**3047242**	**69928851**	**65774421**
北京	148989138	94101610	84420674	63585578	57270315	6315262		14387511	6447586
天津	29260044	19245294	14309018	12014205	11383333	630872		551009	1743804
河北	38573591	22016878	21454632	20521616	19977422	544194		206992	726024
山西	25057820	16857653	15916677	14961296	14260176	696260	4860	380759	574623
内蒙古	15069779	11464482	11398796	9081869	8849975	231784	110	779551	1537375
辽宁	45909932	25993154	24474383	19287834	18421705	617514	248615	1511324	3675225
吉林	28225007	17136600	16711922	13766144	13068716	697428		1503436	1442342
黑龙江	34312417	18952771	17293527	15187855	14616646	571209		1357461	748212
上海	87977663	55953820	52249442	36181894	31524316	4634500	23078	7766757	8300791
江苏	97881690	57629775	53660073	40421108	39526770	715330	179008	6847453	6391512
浙江	77387837	44240261	35377903	30520623	28901514	875740	743369	1411499	3445781
安徽	37993064	23500439	20881972	17630535	17011292	411243	208000	2237935	1013502
福建	32949435	17791546	16350557	13117801	12851831	256590	9380	1524377	1708379
江西	32505523	17070277	15313801	14096822	13556919	538686	1217	841707	375272
山东	74221053	39423774	35722826	31106989	30341472	678563	86955	2637392	1978444
河南	51595510	27600432	26370010	23564413	22211353	1342800	10260	1015839	1789759
湖北	70824247	39771099	37562877	30554937	29934007	620930		4143202	2864737
湖南	42364876	23830599	22878199	18236135	17643034	538543	54558	3801343	840721
广东	122548882	74955056	71101370	58785712	50010166	7557342	1218204	6927610	5388048
广西	26691457	13737170	13169118	12007657	11530560	477097		368264	793197
海南	12256207	8784503	8278196	7267773	6034187	1233586		251170	759253
重庆	29057327	16426457	14994732	12647448	12158848	488600		87666	2259618
四川	65114283	36484985	31813053	27759407	27095907	648590	14910	2598414	1455232
贵州	20581753	14433552	13915283	12348458	12000289	117601	230568	64554	1502271
云南	25419643	15749245	14653798	12362933	12193462	169401	71	723025	1567840
西藏	2545101	2297339	2277468	1957211	1853114	104097		66922	253335
陕西	61567900	32964933	29239965	22323293	21290257	1033036		4021325	2895346
甘肃	17269688	12155282	11931183	9689697	9098828	590788	80	925318	1316169
青海	4054891	3311770	3179837	2575425	2355675	219750		245115	359298
宁夏	5591067	3510842	3442798	2724416	2724416			226973	491409
新疆	17597744	13645648	13370655	11724392	9720635	1989756	14000	516949	1129315
大连	1211768	990430	968066	785750	422999	114137	248615		182315
宁波	6681499	3021376	2677444	2397919	2397919			4701	274824
厦门	2494924	1486731	1314018	1191260	1191260			37356	85403
青岛	4187502	1217750	717750	628809	564565		64244	68937	20004
深圳	32234172	25587358	25149075	21209813	13236304	6798327	1175182	2046421	1892841

(普通高等本科学校)

单位：千元

政府性基金预算安排的教育经费	#彩票公益金	国有及国有控股企业办学中的企业拨款	校办产业和社会服务收入中用于教育的经费	其他属于国家财政性教育经费	民办学校中举办者投入	捐赠收入	事业收入	#学费	其他教育经费
16115119	**309871**		**3085548**	**48121831**	**3810114**	**7520576**	**474099468**	**289282429**	**74927167**
77583	10923		1095714	8507639		2364837	41304169	12540763	11218522
3361190	12803		16460	1558626	100000	107659	8758460	4856228	1048631
80874	31478		669	480703		198242	15522731	11840335	835740
422043	6438		922	518011		36105	7434412	4531283	729649
1496	1496		9627	54563	10000	15460	3255264	2351855	324573
26564	4200		20227	1471979		98558	18234340	12402959	1583880
16433	1910		79707	328538	6156	18218	9895052	7187186	1168980
42663	1528		212627	1403955		27174	14461851	6779684	870621
5739	4669		632577	3066063		670346	26347482	12307111	5006015
55809	5745		164297	3749596	100000	747740	32845425	17850305	6558750
2332016	5560		37736	6492605	299000	225829	27043510	13920928	5579237
152640	2340		76706	2389120	85812	58708	11717526	7833247	2630579
561868	11988		8197	870924		372158	13099372	8853719	1686359
1448129	6800		3189	305158	1918802	37993	12649558	9713350	828892
1738760	16040		27642	1934546		419384	29749935	20058142	4627961
119160	34459			1111261	30000	105314	21182505	16321920	2677260
158888	22526		66940	1982395		651208	24504804	16396555	5897136
463533	2768		229065	259803		119864	16261197	10991988	2153217
1288490	6502		112063	2453132	500000	557174	42242374	29421104	4294278
117779	2697			450273		4470	11632528	8785215	1317289
291461	764			214847		67410	3207214	2603888	197080
6067	6067		62961	1362697		30311	10519850	6986933	2080709
2355987	57743		161214	2154731		89283	24883395	14848658	3656621
150624	6453			367644	403218	26993	4571739	3285314	1146251
480658	12088		5502	609286		55534	8494640	6628315	1120224
11718	10328			8153		697	210867	87589	36199
165100	14760		7501	3552367	357126	337678	24174710	13104590	3733453
105475	3190		39301	79323		66778	4404296	2970789	643331
700	700		2763	128470			571794	314706	171327
900	900			67144		1597	1994587	1663950	84040
74773	4010		11938	188281		7853	2923883	1843819	1020362
22364							219880	166241	1458
			142	343790		39341	3283989	2435562	336793
167342			87	5284		4790	957971	754740	45433
500000						25057	2755884	2539097	188810
10992	2908			427291		117041	5709152	2482112	820620

3-8 教育经费收入情况

地 区	总 计	国家财政性教育经费	一般公共预算安排的教育经费	一般公共预算教育经费	教育事业费	基本建设经费	教育费附加	科研经费	其 他
合 计	**934391286**	**535754161**	**504388810**	**445318699**	**417951461**	**24346260**	**3020977**	**18312583**	**40757529**
北 京	28109036	21422573	20269496	20073420	16861457	3211962		38461	157615
天 津	18414352	12055524	8993304	7734259	7394707	339552		418654	840391
河 北	35552362	19868391	19332156	18608823	18064629	544194		197745	525589
山 西	25057820	16857653	15916677	14961296	14260176	696260	4860	380759	574623
内蒙古	15069779	11464482	11398796	9081869	8849975	231784	110	779551	1537375
辽 宁	32947224	17315225	17167674	13572739	12941680	382444	248615	723428	2871507
吉 林	18932768	10140613	9874305	9042746	8442388	600358		248710	582850
黑龙江	18812176	11070416	10909374	10647491	10321282	326209		110204	151679
上 海	42838033	28809978	26870961	21300414	17830924	3469490		467828	5102719
江 苏	62022447	34253190	32369970	26435584	26171576	85000	179008	1546855	4387531
浙 江	58828205	33270227	29571175	25518946	24174394	604370	740182	1257289	2794941
安 徽	27832297	15714754	14802126	13865606	13333253	324353	208000	195194	741327
福 建	25073513	12789158	11588709	9742775	9688395	45000	9380	556071	1289863
江 西	32505523	17070277	15313801	14096822	13556919	538686	1217	841707	375272
山 东	60183969	30103185	27357804	25691975	25189088	415933	86955	1070140	595689
河 南	51311615	27349036	26118615	23334744	21981685	1342800	10260	1015839	1768032
湖 北	37057693	17461242	16819353	15814278	15814278			229602	775473
湖 南	31633044	16587630	15851747	14122340	13653919	413863	54558	1365429	363978
广 东	101386076	60394180	57015075	49037383	40871789	6947390	1218204	3489796	4487896
广 西	26691457	13737170	13169118	12007657	11530560	477097		368264	793197
海 南	12256207	8784503	8278196	7267773	6034187	1233586		251170	759253
重 庆	20077689	10378173	9984565	8096116	7866116	230000		24955	1863494
四 川	38993835	19480849	18800552	18048052	17749032	284110	14910	375785	376715
贵 州	20581753	14433552	13915283	12348458	12000289	117601	230568	64554	1502271
云 南	25419643	15749245	14653798	12362933	12193462	169401	71	723025	1567840
西 藏	2545101	2297339	2277468	1957211	1853114	104097		66922	253335
陕 西	31673150	13800070	13125455	11177343	10809246	368096		346702	1601410
甘 肃	11871291	8353389	8169876	6686769	6259451	427238	80	393989	1089119
青 海	4054891	3311770	3179837	2575425	2355675	219750		245115	359298
宁 夏	4590443	2695241	2674175	1987966	1987966			226973	459236
新 疆	12067896	8735125	8619368	8119487	7909850	195636	14000	291867	208014
大 连	1211768	990430	968066	785750	422999	114137	248615		182315
宁 波	6681499	3021376	2677444	2397919	2397919			4701	274824
厦 门	2494924	1486731	1314018	1191260	1191260			37356	85403
青 岛	4187502	1217750	717750	628809	564565		64244	68937	20004
深 圳	31041285	24479006	23956188	20101461	12515494	6410785	1175182	1961886	1892841

(地方普通高等本科学校)

单位：千元

政府性基金预算安排的教育经费	#彩票公益金	国有及国有控股企业办学中的企业拨款	校办产业和社会服务收入中用于教育的经费	其他属于国家财政性教育经费	民办学校中举办者投入	捐赠收入	事业收入	#学费	其他教育经费
13286437	**275892**		**321591**	**17757322**	**3810114**	**2687046**	**350755836**	**250861611**	**41384129**
1110	1110		46966	1105000		1200	6111690	3248295	573573
2951900	11003			110319	100000	21485	5616536	4042833	620806
80874	31478		381	454979		193203	14812903	11512061	677864
422043	6438		922	518011		36105	7434412	4531283	729649
1496	1496		9627	54563	10000	15460	3255264	2351855	324573
26564	4200		8582	112404		25081	14514532	10899213	1092386
15637	1113		18237	232434	6156	9149	8067559	6308551	709290
34513	1528		3778	122751		697	7626828	5644240	114235
1566	1566		9068	1928383		66186	12689019	8024895	1272850
45174	4650		50709	1787337	100000	411793	22895559	14949418	4361905
2331106	4650		11037	1356909	299000	225829	21763953	12658257	3269196
151980	1680		17225	743422	85812	23614	10304395	7351807	1703722
560120	11240		4289	636040		121326	10851066	7869980	1311963
1448129	6800		3189	305158	1918802	37993	12649558	9713350	828892
1738760	16040		10642	995979		357380	25948710	18582725	3774693
119160	34459			1111261	30000	105314	21154091	16296121	2673174
154339	18137		9065	478485		177594	16764006	13405362	2654850
450765	1200		25315	259803		65013	13670668	10143024	1309733
1288490	6502		70696	2019919	500000	455700	37042050	27271637	2994146
117779	2697			450273		4470	11632528	8785215	1317289
291461	764			214847		67410	3207214	2603888	197080
4510	4510			389099		13524	8211022	5833302	1474969
65657	56506		13470	601170		33821	17091173	12334964	2387992
150624	6453			367644	403218	26993	4571739	3285314	1146251
480658	12088		5502	609286		55534	8494640	6628315	1120224
11718	10328			8153		697	210867	87589	36199
161450	11450		1	513164	357126	119831	16252376	10754290	1143747
104085	1800		104	79323		7885	3137399	2375450	372618
700	700		2763	128470			571794	314706	171327
900	900			20166		1597	1840523	1543170	53082
73167	2404		20	42571		5160	2361762	1510502	965849
22364							219880	166241	1458
			142	343790		39341	3283989	2435562	336793
167342			87	5284		4790	957971	754740	45433
500000						25057	2755884	2539097	188810
10992	2908			511826		117041	5624617	2482112	820620

3-9 教育经费收入情况

地区	总计	国家财政性教育经费	一般公共预算安排的教育经费	一般公共预算教育经费	教育事业费	基本建设经费	教育费附加	科研经费	其他
合计	**363086518**	**234651994**	**213704608**	**195362832**	**185775101**	**5543092**	**4044639**	**365855**	**17975920**
北京	4357623	3655632	3631136	3403637	3235637	168000		300	227199
天津	5687688	3962224	3255927	3002526	2876096	126430		645	252756
河北	14465243	9070992	7503056	7178453	6885224	289004	4225	127641	196962
山西	6924234	5260468	4994977	4616237	4545448	3330	67458	6587	372154
内蒙古	7478062	5772868	5498980	4676487	4492562	183859	66	27961	794532
辽宁	7184820	5047198	4944492	4344594	4162529	137990	44075	2022	597876
吉林	5786386	3960365	3198622	3005473	2857138	96389	51946	715	192434
黑龙江	6994089	4527190	4211370	3678296	3579379	55491	43425	181	532894
上海	5547872	3726963	3715064	3465335	1657384	834280	973671	60	249669
江苏	25975506	16924167	15886992	13789942	13444364	65000	280578	12375	2084675
浙江	19018715	11566254	9874473	8212838	7823665	56650	332522	64857	1596778
安徽	15685836	10979336	10441831	9146684	8639001	431182	76500	1758	1293390
福建	11248492	6431065	5681482	5078740	4691465	19368	367907	18881	583861
江西	14530794	9863088	8249773	7942587	7832290	108782	1515	12217	294969
山东	24803012	15981548	14718725	14027525	13715664	266276	45586	1161	690038
河南	24735434	15765522	14252659	13189892	12816053	163952	209887	14275	1048492
湖北	15043960	9633533	8619084	7993638	7993638			3303	622144
湖南	17228876	10347158	9763071	9071866	8791205	1538	279123	7557	683648
广东	30536741	18073809	16973193	15898192	15128405	47116	722671	19488	1055512
广西	13969314	8039882	7048842	6782781	6705931	68231	8620		266061
海南	2155203	1201758	1195817	990305	990190		115	3526	201986
重庆	12884595	7397247	6701394	5879238	5497910	355328	26000	953	821203
四川	20025540	11016353	10123038	9674390	9374517	259673	40200	8526	440121
贵州	9894227	7554451	7284453	6672466	6517890	47019	107558	4684	607303
云南	10868710	6698061	6333006	5787507	5598279	159179	30050	3906	541592
西藏	810129	773413	773226	701364	581844	119520			71862
陕西	9879283	6174026	5567384	5203285	4759651	443033	601	6	364093
甘肃	6988466	5382387	4970963	4398072	4063078	30688	304305	16033	556859
青海	1258562	1059059	1057219	883627	803577	80050		3100	170492
宁夏	1785679	1393842	1312626	1085411	978431	95000	11980	1820	225395
新疆	9333425	7412134	5921732	5581444	4736655	830734	14055	1317	338971
大连	389895	275551	275546	214085	203517		10568		61461
宁波	1904911	1194994	1084104	885686	885686			10	198408
厦门	1640195	566467	545270	519198	257111		262087		26072
青岛	2017063	1127471	884590	806937	805637		1300		77653
深圳	1628154	1443567	1442949	1200477	635469	356	564652	226	242246

（普通高职高专学校）

单位：千元

政府性基金预算安排的教育经费	#彩票公益金	国有及国有控股企业办学中的企业拨款	校办产业和社会服务收入中用于教育的经费	其他属于国家财政性教育经费	民办学校中举办者投入	捐赠收入	事业收入	#学费	其他教育经费
20001586	**710089**	**511973**	**316100**	**117727**	**1737473**	**365696**	**116186936**	**94852268**	**10144420**
			23273	1223	3350	3712	611739	489404	83189
653350	1101	33823	18873	251	104940	2614	1435752	1156816	182158
1538116	270		29493	328	37400	381	5216309	4524745	140160
186974	2254	78157	215	145		2886	1524888	1256856	135991
266172	18495		7716			5734	1542180	1248868	157280
86554	900	12000	3893	259		1035	1987410	1737030	149178
757300			4443			2542	1590948	1424169	232531
50875	289	259330	5615			2756	2334770	1771924	129373
				11899		12869	1712481	1413162	95558
974284	120163		12174	50717	55349	53484	8217414	6331537	725092
1635293	5546		40176	16312	203370	12720	6172449	4335254	1063923
481511	31961	33274	20838	1882	58365	2322	4316182	3571592	329630
747905	6705		1014	664		14958	4599713	3925206	202756
1558681	700		54204	430	45000	46365	4308795	3561889	267546
1235211	11384	15520	2486	9606	51821	10312	7948995	6313454	810336
1492521	3484	14070	6102	170	255557	30772	8055134	7120721	628450
977019	34788	35000	2419	10	15000	42917	5125800	3896033	226711
555097	8696		28183	807	27380	9359	6325261	5304645	519718
1090356	31864		6606	3655		22676	11917320	9615837	522936
987491	2073		3223	326	10000	7252	5564507	4697076	347673
5148	5148		178	616		2389	896343	767846	54713
689206				6647	226000	31197	4826628	3950012	403524
848401	234577	30799	8431	5685	412468	3804	7870064	6585954	722851
256717	17029		9678	3603	231473	3799	1848411	1486210	256093
347975	14059		16299	781		16174	3815482	3298065	338993
187	187					6732	27839	11525	2145
606607				35		11574	3035282	2515621	658402
407675	500		3043	706		1084	1486242	1176769	118754
			1840				161439	118428	38064
78526	78526		2153	538		22	373573	162031	18241
1486433	79388		3534	435		1256	1337585	1083590	582450
				5			112704	96444	1640
107552	552			3338		4281	602738	422412	102898
21000			79	118		260	1023178	913813	50289
227360		15520				982	749278	470323	139333
618						50	181267	83623	3270

3-10 教育经费收入情况

地 区	总 计	国家财政性教育经费	一般公共预算安排的教育经费	一般公共预 算教育经费	教 育事业费	基本建设经 费	教育费附 加	科研经费	其 他
合 计	**357242567**	**230806648**	**211232615**	**193305473**	**184216298**	**5044536**	**4044639**	**365639**	**17561503**
北 京	4191629	3524858	3500362	3285967	3117967	168000		300	214095
天 津	5687688	3962224	3255927	3002526	2876096	126430		645	252756
河 北	14465243	9070992	7503056	7178453	6885224	289004	4225	127641	196962
山 西	6924234	5260468	4994977	4616237	4545448	3330	67458	6587	372154
内蒙古	7478062	5772868	5498980	4676487	4492562	183859	66	27961	794532
辽 宁	7184820	5047198	4944492	4344594	4162529	137990	44075	2022	597876
吉 林	5786386	3960365	3198622	3005473	2857138	96389	51946	715	192434
黑龙江	5908228	4001332	3944843	3631182	3532266	55491	43425	181	313480
上 海	5300914	3578197	3566298	3345576	1537625	834280	973671	60	220662
江 苏	25975506	16924167	15886992	13789942	13444364	65000	280578	12375	2084675
浙 江	19018715	11566254	9874473	8212838	7823665	56650	332522	64857	1596778
安 徽	15685836	10979336	10441831	9146684	8639001	431182	76500	1758	1293390
福 建	11248492	6431065	5681482	5078740	4691465	19368	367907	18881	583861
江 西	14530794	9863088	8249773	7942587	7832290	108782	1515	12217	294969
山 东	24803012	15981548	14718725	14027525	13715664	266276	45586	1161	690038
河 南	24735434	15765522	14252659	13189892	12816053	163952	209887	14275	1048492
湖 北	14504020	9534849	8520401	7894954	7894954			3303	622144
湖 南	17089174	10282435	9698348	9007329	8726668	1538	279123	7481	683538
广 东	29914321	17605172	16773769	15722385	14952598	47116	722671	19488	1031896
广 西	13969314	8039882	7048842	6782781	6705931	68231	8620		266061
海 南	2155203	1201758	1195817	990305	990190		115	3526	201986
重 庆	12581661	7253221	6557360	5754235	5372907	355328	26000	953	802180
四 川	19612803	10799528	9938409	9494210	9194338	259673	40200	8526	435672
贵 州	9894227	7554451	7284453	6672466	6517890	47019	107558	4684	607303
云 南	10868710	6698061	6333006	5787507	5598279	159179	30050	3906	541592
西 藏	810129	773413	773226	701364	581844	119520			71862
陕 西	9879283	6174026	5567384	5203285	4759651	443033	601	6	364093
甘 肃	6988466	5382387	4970963	4398072	4063078	30688	304305	16033	556859
青 海	1258562	1059059	1057219	883627	803577	80050		3100	170492
宁 夏	1785679	1393842	1312626	1085411	978431	95000	11980	1820	225395
新 疆	7006018	5365082	4687293	4452839	4106606	332178	14055	1177	233277
大 连	389895	275551	275546	214085	203517		10568		61461
宁 波	1904911	1194994	1084104	885686	885686			10	198408
厦 门	1640195	566467	545270	519198	257111		262087		26072
青 岛	2017063	1127471	884590	806937	805637		1300		77653
深 圳	1628154	1443567	1442949	1200477	635469	356	564652	226	242246

(地方普通高职高专学校)

单位：千元

政府性基金预算安排的教育经费	#彩票公益金	国有及国有控股企业办学中的企业拨款	校办产业和社会服务收入中用于教育的经费	其他属于国家财政性教育经费	民办学校中举办者投入	捐赠收入	事业收入	#学费	其他教育经费
18920168	**637476**	**221844**	**314537**	**117483**	**1737473**	**363672**	**114457993**	**93925165**	**9876781**
			23273	1223	3350	1879	584228	463517	77314
653350	1101	33823	18873	251	104940	2614	1435752	1156816	182158
1538116	270		29493	328	37400	381	5216309	4524745	140160
186974	2254	78157	215	145		2886	1524888	1256856	135991
266172	18495		7716			5734	1542180	1248868	157280
86554	900	12000	3893	259		1035	1987410	1737030	149178
757300			4443			2542	1590948	1424169	232531
50875	289		5615			2756	1819456	1651139	84684
				11899		12869	1626277	1343112	83570
974284	120163		12174	50717	55349	53484	8217414	6331537	725092
1635293	5546		40176	16312	203370	12720	6172449	4335254	1063923
481511	31961	33274	20838	1882	58365	2322	4316182	3571592	329630
747905	6705		1014	664		14958	4599713	3925206	202756
1558681	700		54204	430	45000	46365	4308795	3561889	267546
1235211	11384	15520	2486	9606	51821	10312	7948995	6313454	810336
1492521	3484	14070	6102	170	255557	30772	8055134	7120721	628450
977019	34788	35000	2419	10	15000	42917	4755050	3708443	156204
555097	8696		28183	807	27380	9359	6250284	5239043	519718
821551	31864		6329	3523		22676	11770244	9506789	516229
987491	2073		3223	326	10000	7252	5564507	4697076	347673
5148	5148		178	616		2389	896343	767846	54713
689206				6647	226000	31197	4687128	3853003	384118
848401	234577		7145	5573	412468	3614	7682941	6468694	714252
256717	17029		9678	3603	231473	3799	1848411	1486210	256093
347975	14059		16299	781		16174	3815482	3298065	338993
187	187					6732	27839	11525	2145
606607				35		11574	3035282	2515621	658402
407675	500		3043	706		1084	1486242	1176769	118754
			1840				161439	118428	38064
78526	78526		2153	538		22	373573	162031	18241
673820	6775		3534	435		1256	1157098	949718	482582
				5			112704	96444	1640
107552	552			3338		4281	602738	422412	102898
21000			79	118		260	1023178	913813	50289
227360		15520				982	749278	470323	139333
618						50	181267	83623	3270

3-11 教育经费收入情况

地区	总计	国家财政性教育经费	一般公共预算安排的教育经费	一般公共预算教育经费	教育事业费	基本建设经费	教育费附加	科研经费	其他
合计	19693130	9090716	8870467	7258696	7099518	49250	109929	3635	1608136
北京	3647797	1087688	985592	785109	784275		834		200483
天津	382700	245887	242275	208408	172958	35450			33867
河北	781116	506197	506031	467616	467408		208		38414
山西	311231	192480	192264	153750	151092		2658	330	38184
内蒙古	223481	105303	105303	77277	77277				28026
辽宁	561275	404711	402289	189885	181901		7985		212404
吉林	600608	399491	396146	311215	294470		16745	146	84786
黑龙江	544540	317014	279384	231867	231603		265		47517
上海	1332237	897270	896559	698448	698291		157		198111
江苏	196518	156034	156034	125712	115604		10108		30322
浙江	1438129	769839	759154	673315	664964	1275	7076	458	85381
安徽	441192	161124	161124	129971	129951		20		31153
福建	610012	255284	251909	220409	219859		549	600	30900
江西	614322	345646	344609	333549	333376		173		11060
山东	760027	176499	176499	168671	158671	10000			7827
河南	334572	118442	118442	90412	88462		1950	120	27911
湖北	96020	64774	64774	54389	54389				10385
湖南	736051	365463	331717	303062	263354		39709	158	28497
广东	2643608	942056	940468	729828	714611		15217	120	210519
广西	200910	83737	83560	68768	68768				14791
海南	117461	92151	92151	60610	60610			1182	30359
重庆	26678	5886	5886	2780	2725		55		3106
四川	826949	343154	340030	290994	290674		320		49035
贵州	255187	140332	140332	118408	117184		1224		21924
云南	354255	74815	74815	63296	63083		212	50	11469
西藏	373	373	373	373	373				
陕西	698075	379226	369905	335987	331194	1824	2968		33918
甘肃	255632	116808	111832	83731	83731			280	27821
青海	47997	29523	29523	19202	19202				10322
宁夏									
新疆	654179	313506	311487	261651	259456	700	1495	192	49645
大连	130416	98831	98831	68126	66824		1302		30705
宁波	303055	128674	128674	111438	111429		9	30	17205
厦门									
青岛	124150	36057	36057	28230	28230				7827
深圳	132227	83117	83117	55928	53580		2348		27189

(成人高等学校)

单位：千元

政府性基金预算安排的教育经费	#彩票公益金	国有及国有控股企业办学中的企业拨款	校办产业和社会服务收入中用于教育的经费	其他属于国家财政性教育经费	民办学校中举办者投入	捐赠收入	事业收入	#学费	其他教育经费
99254	**69**	**7895**	**113099**			**3106**	**10112929**	**7624033**	**486379**
87544			14553			2155	2428950	2096234	129004
			3611				119019	110462	17794
			167				274497	246555	421
40			176				112545	34110	6206
							117846	99234	332
			2422			12	155985	18999	567
100		2919	326				153412	98512	47704
			37630				206670	172520	20856
			711			84	404411	247906	30472
							38531	22944	1954
10357			328			49	630462	405900	37779
							276069	152516	3998
			3375			185	341911	247852	12632
			1038				267879	243584	797
							573580	432206	9949
							192287	123753	23843
							30226	28459	1019
69	69		33677				316777	231229	53810
967			621			53	1686693	1397764	14806
177							111581	21499	5592
							24418		892
							20792	20792	
			3124			38	462668	439628	21090
							103812	101300	11043
							274128	4560	5312
			9321				311911	260828	6938
		4976					136586	102821	2238
							16869	16869	1604
			2018			530	322414	244999	17729
							31584	8554	1
							167143	79617	7239
							88014	84119	80
							49110	49110	

3-12 教育经费收入情况

地区	总计	国家财政性教育经费	一般公共预算安排的教育经费	一般公共预算教育经费					
					教育事业费	基本建设经费	教育费附加	科研经费	其他
合计	16965724	8725947	8595260	7103947	6944769	49250	109929	3494	1487820
北京	1077945	812933	798381	692200	691366		834		106181
天津	382700	245887	242275	208408	172958	35450			33867
河北	781116	506197	506031	467616	467408		208		38414
山西	311231	192480	192264	153750	151092		2658	330	38184
内蒙古	223481	105303	105303	77277	77277				28026
辽宁	557285	404711	402289	189885	181901		7985		212404
吉林	600608	399491	396146	311215	294470		16745	146	84786
黑龙江	544540	317014	279384	231867	231603		265		47517
上海	1332237	897270	896559	698448	698291		157		198111
江苏	196518	156034	156034	125712	115604		10108		30322
浙江	1438129	769839	759154	673315	664964	1275	7076	458	85381
安徽	441192	161124	161124	129971	129951		20		31153
福建	610012	255284	251909	220409	219859		549	600	30900
江西	614322	345646	344609	333549	333376		173		11060
山东	760027	176499	176499	168671	158671	10000			7827
河南	334572	118442	118442	90412	88462		1950	120	27911
湖北	96020	64774	64774	54389	54389				10385
湖南	736051	365463	331717	303062	263354		39709	158	28497
广东	2643608	942056	940468	729828	714611		15217	120	210519
广西	200910	83737	83560	68768	68768				14791
海南	117461	92151	92151	60610	60610			1182	30359
重庆	26678	5886	5886	2780	2725		55		3106
四川	826949	343154	340030	290994	290674		320		49035
贵州	255187	140332	140332	118408	117184		1224		21924
云南	354255	74815	74815	63296	63083		212	50	11469
西藏	373	373	373	373	373				
陕西	698075	379226	369905	335987	331194	1824	2968		33918
甘肃	255632	116808	111832	83731	83731			280	27821
青海	47997	29523	29523	19202	19202				10322
宁夏									
新疆	500616	223492	223492	199811	197616	700	1495	50	23631
大连	130416	98831	98831	68126	66824		1302		30705
宁波	303055	128674	128674	111438	111429		9	30	17205
厦门									
青岛	124150	36057	36057	28230	28230				7827
深圳	132227	83117	83117	55928	53580		2348		27189

（地方成人高等学校）

单位：千元

政府性基金预算安排的教育经费	#彩票公益金	国有及国有控股企业办学中的企业拨款	校办产业和社会服务收入中用于教育的经费	其他属于国家财政性教育经费	民办学校中举办者投入	捐赠收入	事业收入	#学费	其他教育经费
11711	**69**	**7895**	**111081**			**951**	**7868190**	**5733518**	**370637**
			14553				250693	247005	14319
			3611				119019	110462	17794
			167				274497	246555	421
40			176				112545	34110	6206
							117846	99234	332
			2422			12	152394	16831	167
100		2919	326				153412	98512	47704
			37630				206670	172520	20856
			711			84	404411	247906	30472
							38531	22944	1954
10357			328			49	630462	405900	37779
							276069	152516	3998
			3375			185	341911	247852	12632
			1038				267879	243584	797
							573580	432206	9949
							192287	123753	23843
							30226	28459	1019
69	69		33677				316777	231229	53810
967			621			53	1686693	1397764	14806
177							111581	21499	5592
							24418		892
							20792	20792	
			3124			38	462668	439628	21090
							103812	101300	11043
							274128	4560	5312
			9321				311911	260828	6938
		4976					136586	102821	2238
							16869	16869	1604
						530	259523	205882	17071
							31584	8554	1
							167143	79617	7239
							88014	84119	80
							49110	49110	

3-13 教育经费收入情况

地区	总计	国家财政性教育经费	一般公共预算安排的教育经费	一般公共预算教育经费	教育事业费	基本建设经费	教育费附加	科研经费	其他
合计	330801925	286968579	254763705	222269828	208248825	2477526	11543477	160047	32333830
北京	6761676	6362356	6298520	5252804	5121575	125791	5439		1045716
天津	2679620	2363195	2301192	2016727	2016637		90		284465
河北	20581993	18059298	13170114	12182423	11683550	40257	458616	27774	959916
山西	7671192	7038555	6212689	5273824	5096520	77535	99769	338	938526
内蒙古	5221359	4930348	4870595	4040762	3756280	83532	200950	34580	795253
辽宁	6076281	5399950	5310140	4180296	3807556	44144	328597		1129844
吉林	4980186	4488427	3679894	3022746	2868940	6851	146955		657149
黑龙江	4684710	4194957	4147308	3378279	3232572	39092	106615	5	769024
上海	7356333	6799353	6739372	5371463	3646589	2310	1722564		1367909
江苏	24270431	21232715	19241848	15894673	15016995	3500	874178	6779	3340397
浙江	24982556	22611735	18488128	16216178	15295646	522317	398214	7294	2264657
安徽	13350439	11576026	9619488	8382058	7951945	118519	311594	5262	1232168
福建	11552390	10649413	8984856	7938957	6821094	54054	1063810	1436	1044463
江西	12864981	10993027	8305615	7863127	7314471	178776	369879	13923	428565
山东	25802100	22923611	21204219	19298708	17062850	10450	2225408		1905511
河南	16609860	14281444	12747750	10791286	9994371	36703	760212	378	1956087
湖北	9913698	8642229	7563911	6513803	6513803			728	1049380
湖南	13646411	10621993	9981081	9424889	8882784	71887	470218	192	556000
广东	36211017	29835646	26792939	23883771	22993692	87177	802901	11156	2898012
广西	8777690	7144975	6886333	6075711	6001131	26527	48052	8275	802348
海南	2752368	2520806	2401677	2054845	2011913	42933		526	346306
重庆	8707138	7161428	6789037	5785919	5460955	99732	225232	5	1003114
四川	14983059	12424826	11526040	10177578	9845708	38591	293279	1479	1346983
贵州	6814019	5983474	4656820	4146698	3938621	82721	125356	11936	498186
云南	8099501	7050331	6793681	5489331	5325269	48242	115820	1792	1302559
西藏	1695854	1685849	1681603	1480323	1477453	2225	646		201279
陕西	7591991	5526814	4894251	4414937	4226646	25050	163241		479314
甘肃	4628500	4289160	3791957	3200183	3059239	72952	67992	11529	580246
青海	1322666	1244261	1223734	1043512	999286	30737	13489		180221
宁夏	1569269	1377320	1376249	1157302	1153722		3580		218947
新疆	8642637	7555057	7082663	6316713	5671011	504921	140781	14661	751288
大连	1134566	1046167	1037055	817304	774952	8413	33939		219751
宁波	3881432	3663770	3423256	2917619	2859420		58199	431	505206
厦门	2095343	1996382	1809023	1532513	1185409	20835	326268		276510
青岛	4217030	3933340	3864944	3442131	2515028		927103		422814
深圳	4113919	3251913	3198952	2605339	2100287	24050	481002	86	593527

(中等职业学校)

单位：千元

政府性基金预算安排的教育经费	#彩票公益金	国有及国有控股企业办学中的企业拨款	校办产业和社会服务收入中用于教育的经费	其他属于国家财政性教育经费	民办学校中举办者投入	捐赠收入	事业收入	#学费	其他教育经费
31328791	**1133375**	**205920**	**670163**		**1812500**	**347762**	**35172172**	**22797972**	**6500913**
40095	21613		23741			1281	318937	165450	79102
49721	9179	734	11548		27016	20	223640	185658	65748
4791253	27019	3816	94116		60094	6006	2272758	1679842	183836
809998	32003	870	14999		36990	2005	501906	303944	91736
25810	15254	28340	5603		10729	572	271416	198007	8294
68651	30724	3000	18159		23653	1584	586554	426604	64540
805887	19966	2645			3860	4617	228122	172070	255161
39292	15607		8357		19008	413	375305	289062	95027
33152	4391	21072	5757			244	354954	260675	201782
1989706	106725		1160		20598	15620	2681721	1728530	319779
4109298	71633		14309		131300	6704	1448411	861591	784406
1943193	36700	8419	4926		117819	323	1539071	1027881	117199
1650066	44721		14491		29327	1507	711145	391681	160999
2668023	64621		19389		272162	8575	1534201	1088774	57016
1571612	111234	64974	82806		87401	179664	2403958	1619620	207466
1510168	32945	10239	13287		220087	5448	1885870	1178558	217012
1077418	51998		900		13202	302	1135606	650691	122359
529053	20413	8118	103741		262900	22386	2410788	1599821	328345
3006432	111299	12000	24276		107300	22867	5861102	4380773	384102
256917	13328		1726		38421	1441	1192874	320958	399979
116263			2866		360	2568	171679	111470	56956
361070	4096		11321		5406	12175	1027678	434255	500451
782673	79605	6878	109235		236949	10013	1994383	1257856	316888
1320456	53611		6198		40257	7558	664463	328715	118267
232196	51732		24454		10416	6566	821765	510327	210423
4246	3778						9406		599
553658	21404	29817	49087		28374	2975	1884564	1300176	149265
497203	21552				5472	15994	268388	95393	49485
15527	14683	5000			1000	5171	42622	18477	29612
			1071				133711	102001	58238
469753	41539		2641		2400	3165	215173	109110	866842
9112	8185				11988	420	73239	42638	2753
240514	15509				3000	326	172318	88054	42019
183719	133		3641			140	86300	59855	12522
68396	26496				30	2439	219088	164099	62131
46529	26144		6433				778546	622461	83459

3-14 教育经费收入情况

地区	总计	国家财政性教育经费	一般公共预算安排的教育经费	一般公共预算教育经费	教育事业费	基本建设经费	教育费附加	科研经费	其他
合计	**329031127**	**285559639**	**253426290**	**221120177**	**207373334**	**2203365**	**11543477**	**160047**	**32146066**
北京	6602023	6251161	6187325	5158469	5027239	125791	5439		1028857
天津	2670171	2359267	2297306	2012841	2012751		90		284465
河北	20549218	18042375	13170114	12182423	11683550	40257	458616	27774	959916
山西	7671192	7038555	6212689	5273824	5096520	77535	99769	338	938526
内蒙古	5221359	4930348	4870595	4040762	3756280	83532	200950	34580	795253
辽宁	6076281	5399950	5310140	4180296	3807556	44144	328597		1129844
吉林	4980186	4488427	3679894	3022746	2868940	6851	146955		657149
黑龙江	4597639	4139849	4092200	3329544	3183837	39092	106615	5	762651
上海	7318893	6799353	6739372	5371463	3646589	2310	1722564		1367909
江苏	24221339	21195351	19204485	15857309	14979632	3500	874178	6779	3340397
浙江	24982556	22611735	18488128	16216178	15295646	522317	398214	7294	2264657
安徽	13350439	11576026	9619488	8382058	7951945	118519	311594	5262	1232168
福建	11552390	10649413	8984856	7938957	6821094	54054	1063810	1436	1044463
江西	12858192	10993004	8305592	7863104	7314448	178776	369879	13923	428565
山东	25802100	22923611	21204219	19298708	17062850	10450	2225408		1905511
河南	16504212	14267279	12733586	10777121	9980206	36703	760212	378	1956087
湖北	9911296	8642229	7563911	6513803	6513803			728	1049380
湖南	13640258	10621993	9981081	9424889	8882784	71887	470218	192	556000
广东	36135705	29772186	26729479	23820311	22930232	87177	802901	11156	2898012
广西	8777690	7144975	6886333	6075711	6001131	26527	48052	8275	802348
海南	2752368	2520806	2401677	2054845	2011913	42933		526	346306
重庆	8707138	7161428	6789037	5785919	5460955	99732	225232	5	1003114
四川	14874693	12375870	11477083	10136621	9804752	38591	293279	1479	1338983
贵州	6814019	5983474	4656820	4146698	3938621	82721	125356	11936	498186
云南	8099501	7050331	6793681	5489331	5325269	48242	115820	1792	1302559
西藏	1695854	1685849	1681603	1480323	1477453	2225	646		201279
陕西	7564074	5504181	4894064	4414750	4226459	25050	163241		479314
甘肃	4628500	4289160	3791957	3200183	3059239	72952	67992	11529	580246
青海	1322666	1244261	1223734	1043512	999286	30737	13489		180221
宁夏	1569269	1377320	1376249	1157302	1153722		3580		218947
新疆	7579908	6519871	6079592	5470174	5098632	230761	140781	14661	594757
大连	1134566	1046167	1037055	817304	774952	8413	33939		219751
宁波	3881432	3663770	3423256	2917619	2859420		58199	431	505206
厦门	2095343	1996382	1809023	1532513	1185409	20835	326268		276510
青岛	4217030	3933340	3864944	3442131	2515028		927103		422814
深圳	4113919	3251913	3198952	2605339	2100287	24050	481002	86	593527

(地方中等职业学校)

单位：千元

政府性基金预算安排的教育经费	#彩票公益金	国有及国有控股企业办学中的企业拨款	校办产业和社会服务收入中用于教育的经费	其他属于国家财政性教育经费	民办学校中举办者投入	捐赠收入	事业收入	#学费	其他教育经费
31296677	**1115322**	**183433**	**653240**		**1812500**	**347717**	**34933292**	**22698572**	**6377980**
40095	21613		23741			1281	279708	149805	69872
49721	9179	691	11548		27016	20	220183	182748	63684
4791253	27019	3816	77193		60094	6006	2256906	1668543	183836
809998	32003	870	14999		36990	2005	501906	303944	91736
25810	15254	28340	5603		10729	572	271416	198007	8294
68651	30724	3000	18159		23653	1584	586554	426604	64540
805887	19966	2645			3860	4617	228122	172070	255161
39292	15607		8357		19008	413	374150	288083	64219
33152	4391	21072	5757			244	354954	260675	164342
1989706	106725		1160		20598	15620	2669991	1717561	319779
4109298	71633		14309		131300	6704	1448411	861591	784406
1943193	36700	8419	4926		117819	323	1539071	1027881	117199
1650066	44721		14491		29327	1507	711145	391681	160999
2668023	64621		19389		272162	8575	1534170	1088774	50281
1571612	111234	64974	82806		87401	179664	2403958	1619620	207466
1510168	32945	10239	13287		220087	5448	1812766	1170962	198632
1077418	51998		900		13202	302	1133214	649046	122348
529053	20413	8118	103741		262900	22386	2404937	1595758	328042
3006432	111299	12000	24276		107300	22867	5849707	4380314	383645
256917	13328		1726		38421	1441	1192874	320958	399979
116263			2866		360	2568	171679	111470	56956
361070	4096		11321		5406	12175	1027678	434255	500451
782673	79605	6878	109235		236949	9968	1945655	1226925	306252
1320456	53611		6198		40257	7558	664463	328715	118267
232196	51732		24454		10416	6566	821765	510327	210423
4246	3778						9406		599
553658	21404	7372	49087		28374	2975	1880317	1296320	148227
497203	21552				5472	15994	268388	95393	49485
15527	14683	5000			1000	5171	42622	18477	29612
			1071				133711	102001	58238
437639	23487		2641		2400	3165	193461	100062	861010
9112	8185				11988	420	73239	42638	2753
240514	15509				3000	326	172318	88054	42019
183719	133		3641			140	86300	59855	12522
68396	26496				30	2439	219088	164099	62131
46529	26144		6433				778546	622461	83459

3-15 教育经费收入情况

地区	总计	国家财政性教育经费	一般公共预算安排的教育经费	一般公共预算教育经费	教育事业费	基本建设经费	教育费附加	科研经费	其他
合计	**150956349**	**132730253**	**118942143**	**103158932**	**96190834**	**1360341**	**5607756**	**47681**	**15735531**
北京	2624247	2431782	2385574	1941909	1829909	112000			443666
天津	1751391	1554849	1513683	1359448	1359358		90		154235
河北	7337932	5660685	3809441	3616693	3513296	20735	82662	595	192153
山西	2598946	2435152	2320837	1881348	1822700	45655	12993	167	439322
内蒙古	1545405	1368913	1357090	1120638	1048556	70417	1665		236451
辽宁	3342647	3132077	3092324	2418786	2141012	24913	252860		673538
吉林	1786976	1567345	1125660	966756	931073	4851	30833		158904
黑龙江	1385844	1019325	1004385	876424	797757		78666		127961
上海	4431482	4085110	4073020	3341959	2076955	2310	1262694		731061
江苏	17333001	15522641	13993996	11592777	10956690	3500	632587	5768	2395451
浙江	3851879	3502895	3226940	2491291	2358312	80201	52778	309	735340
安徽	12054134	10401345	8799526	7631260	7221908	118519	290833	5262	1163004
福建	8546016	8173667	7072797	6312573	5499091	45719	767763	1380	758844
江西	7118343	6511346	5132274	4839415	4458166	136470	244779	27	292831
山东	12782291	11478047	10257867	9086694	8225141	10150	851403		1171173
河南	5335149	4565514	4298157	3785464	3423128	280	362057	378	512315
湖北	6567043	5697984	5133223	4363317	4363317			728	769178
湖南	1495207	1325947	1220150	1159296	1107489		51806	110	60744
广东	15667185	13460088	11374004	10164853	9881771	45352	237730	960	1208192
广西	6220074	5118607	5050616	4461942	4407898	11527	42517	8275	580399
海南	1641523	1535623	1534443	1361533	1351991	9542		142	172768
重庆	1520302	1176203	1156717	1047199	980676	15900	50624		109518
四川	5091471	3919010	3709289	3289605	3226737	13903	48965	1239	418445
贵州	2280304	2089663	1823047	1610740	1510176	57842	42722	11017	201290
云南	3360085	2687057	2646226	2209255	2115770	36388	57097	13	436958
西藏	1602255	1592848	1588602	1391692	1388821	2225	646		196910
陕西	1136949	965384	945679	712324	712324				233355
甘肃	3094887	2900644	2673345	2244906	2137497	60493	46916	11179	417260
青海	1308867	1241923	1221395	1041174	996947	30737	13489		180221
宁夏	559391	468050	466979	388093	384899		3194		78886
新疆	5585123	5140527	4934856	4449566	3961468	400713	87386	133	485156
大连	538854	519584	510472	394534	371538	8413	14583		115938
宁波	809982	787084	771809	576125	568625		7500	10	195674
厦门	1499171	1475169	1372446	1221416	963889	20835	236692		151030
青岛	411565	388281	361791	243011	227169		15842		118780
深圳	866896	835215	789071	612573	530206	9674	72693	86	176413

（中等专业学校）

单位：千元

政府性基金预算安排的教育经费	#彩票公益金	国有及国有控股企业办学中的企业拨款	校办产业和社会服务收入中用于教育的经费	其他属于国家财政性教育经费	民办学校中举办者投入	捐赠收入	事业收入	#学费	其他教育经费
13371778	**1035713**	**33327**	**383005**		**671314**	**58892**	**15014628**	**9462790**	**2481261**
40095	21613		6113				160187	78609	32278
29721	9179		11445		24000	10	122964	100733	49568
1769967	17858		81277		31275	274	1578309	1233296	67390
98915	28827	500	14901		3000	28	92505	28727	68262
11763	11763		61		2107	23	169197	127343	5165
28704	27777		11049		2215		195928	153727	12427
441684	10550						100278	76523	119353
14882	14882		58		18956		292692	247783	54871
5623	4391	1660	4807				238568	181493	107804
1527484	105340		1160		6000	3109	1597789	1028229	203462
274838	69408		1118			357	257960	130183	90667
1601350	26201	259	210		81513	323	1467156	987278	103795
1089121	44221		11749		15350	1397	249960	103747	105642
1362989	55937		16083		10225	2285	568507	353262	25979
1111466	111049	25908	82806		61477	862	1192530	745821	49375
267357	25921				112702	4931	573267	341273	78735
563861	51998		900		13202	302	797169	428097	58385
6381	6381		99416				119764	53088	49496
2085523	110393		561		64171	9229	1984560	1372370	149137
66316	13328		1675		38421	1227	791986	271281	269833
			1180			2568	50326	20219	53007
10076	3536		9410			721	260017	98289	83362
192470	79323		17251		178513	5893	870482	600249	117573
262582	53581		4034			612	151973	79992	38056
36161	36161		4670		8186	1445	573767	362354	89631
4246	3778						9406		
19705	14544					25	136064	67974	35476
227300	21549					14963	161596	34975	17683
15527	14683	5000				5171	32585	17237	29189
			1071				72339	57388	19002
205671	41539					3139	144798	81248	296659
9112	8185						19144	5215	126
15274	15274						11465	419	11433
101824	133		899			100	14240	4564	9662
26489	26489					116	21482	17813	1687
46144	26144						9659	2108	22022

3-16 教育经费收入情况

地区	总计	国家财政性教育经费	一般公共预算安排的教育经费	一般公共预算教育经费	教育事业费	基本建设经费	教育费附加	科研经费	其他
合计	149509581	131468490	117729418	102112678	95418741	1086181	5607756	47681	15569060
北京	2466228	2320587	2274379	1847573	1735573	112000			426806
天津	1751391	1554849	1513683	1359448	1359358		90		154235
河北	7305157	5643761	3809441	3616693	3513296	20735	82662	595	192153
山西	2598946	2435152	2320837	1881348	1822700	45655	12993	167	439322
内蒙古	1545405	1368913	1357090	1120638	1048556	70417	1665		236451
辽宁	3342647	3132077	3092324	2418786	2141012	24913	252860		673538
吉林	1786976	1567345	1125660	966756	931073	4851	30833		158904
黑龙江	1310180	973907	958967	831005	752339		78666		127961
上海	4394042	4085110	4073020	3341959	2076955	2310	1262694		731061
江苏	17333001	15522641	13993996	11592777	10956690	3500	632587	5768	2395451
浙江	3851879	3502895	3226940	2491291	2358312	80201	52778	309	735340
安徽	12054134	10401345	8799526	7631260	7221908	118519	290833	5262	1163004
福建	8546016	8173667	7072797	6312573	5499091	45719	767763	1380	758844
江西	7111554	6511323	5132251	4839392	4458143	136470	244779	27	292831
山东	12782291	11478047	10257867	9086694	8225141	10150	851403		1171173
河南	5327098	4565514	4298157	3785464	3423128	280	362057	378	512315
湖北	6564640	5697984	5133223	4363317	4363317			728	769178
湖南	1495207	1325947	1220150	1159296	1107489		51806	110	60744
广东	15591873	13396628	11310544	10101393	9818311	45352	237730	960	1208192
广西	6220074	5118607	5050616	4461942	4407898	11527	42517	8275	580399
海南	1641523	1535623	1534443	1361533	1351991	9542		142	172768
重庆	1520302	1176203	1156717	1047199	980676	15900	50624		109318
四川	5086342	3914238	3704517	3284833	3221965	13903	48965	1239	418445
贵州	2280304	2089663	1823047	1610740	1510176	57842	42722	11017	201290
云南	3360085	2687057	2646226	2209255	2115770	36388	57097	13	436958
西藏	1602255	1592848	1588602	1391692	1388821	2225	646		196910
陕西	1136949	965384	945679	712324	712324				233355
甘肃	3094887	2900644	2673345	2244906	2137497	60493	46916	11179	417260
青海	1308867	1241923	1221395	1041174	996947	30737	13489		180221
宁夏	559391	468050	466979	388093	384899		3194		78886
新疆	4539937	4120556	3946999	3611322	3397383	126552	87386	133	335545
大连	538854	519584	510472	394534	371538	8413	14583		115938
宁波	809982	787084	771809	576125	568625		7500	10	195674
厦门	1499171	1475169	1372446	1221416	963889	20835	236692		151030
青岛	411565	388281	361791	243011	227169		15842		118780
深圳	866896	835215	789071	612573	530206	9674	72693	86	176413

（地方中等专业学校）

单位：千元

政府性基金预算安排的教育经费	#彩票公益金	国有及国有控股企业办学中的企业拨款	校办产业和社会服务收入中用于教育的经费	其他属于国家财政性教育经费	民办学校中举办者投入	捐赠收入	事业收入	#学费	其他教育经费
13339663	**1017660**	**33327**	**366082**		**671314**	**58892**	**14917397**	**9419852**	**2393487**
40095	21613		6113				121585	63590	24056
29721	9179		11445		24000	10	122964	100733	49568
1769967	17858		64353		31275	274	1562457	1221997	67390
98915	28827	500	14901		3000	28	92505	28727	68262
11763	11763		61		2107	23	169197	127343	5165
28704	27777		11049		2215		195928	153727	12427
441684	10550						100278	76523	119353
14882	14882		58		18956		291537	246805	25779
5623	4391	1660	4807				238568	181493	70365
1527484	105340		1160		6000	3109	1597789	1028229	203462
274838	69408		1118			357	257960	130183	90667
1601350	26201	259	210		81513	323	1467156	987278	103795
1089121	44221		11749		15350	1397	249960	103747	105642
1362989	55937		16083		10225	2285	568476	353262	19244
1111466	111049	25908	82806		61477	862	1192530	745821	49375
267357	25921				112702	4931	565216	335283	78735
563861	51998		900		13202	302	794777	426452	58374
6381	6381		99416				119764	53088	49496
2085523	110393		561		64171	9229	1973165	1371911	148680
66316	13328		1675		38421	1227	791986	271281	269833
			1180			2568	50326	20219	53007
10076	3536		9410			721	260017	98289	83362
192470	79323		17251		178513	5893	870125	600249	117573
262582	53581		4034			612	151973	79992	38056
36161	36161		4670		8186	1445	573767	362354	89631
4246	3778						9406		
19705	14544					25	136064	67974	35476
227300	21549					14963	161596	34975	17683
15527	14683	5000				5171	32585	17237	29189
			1071				72339	57388	19002
173557	23487					3139	125401	73699	290842
9112	8185						19144	5215	126
15274	15274						11465	419	11433
101824	133		899			100	14240	4564	9662
26489	26489					116	21482	17813	1687
46144	26144						9659	2108	22022

3-17 教育经费收入情况

地区	总计	国家财政性教育经费	一般公共预算安排的教育经费	一般公共预算教育经费	教育事业费	基本建设经费	教育费附加	科研经费	其他
合计	**121443608**	**108103596**	**93342823**	**81995173**	**76277980**	**783599**	**4933594**	**59091**	**11288558**
北京	2374734	2270012	2269926	1674405	1655176	13791	5439		595521
天津	625794	550029	530029	458746	458746				71283
河北	10686544	10186098	7169749	6620654	6279430	561	340663		549095
山西	4225086	3816155	3107168	2716485	2597894	31880	86710	3	390680
内蒙古	3559425	3452088	3438041	2865945	2653545	13115	199285	34580	537516
辽宁	2195676	1799600	1753121	1400000	1340470	4141	55388		353121
吉林	2199388	1964870	1601426	1297962	1202406	2000	93556		303464
黑龙江	1921545	1835957	1828593	1532502	1468874	39092	24536		296091
上海	2579227	2418116	2390587	1836306	1415781		420525		554281
江苏	3962245	3570535	3155141	2597831	2436467		161365	45	557265
浙江	17372293	15841864	12292042	11220717	10550006	366616	304095	5584	1065741
安徽	553321	492533	254558	245170	234269		10901		9388
福建	1148152	1118075	809231	642772	465235		177537		166459
江西	4415452	3423810	2497562	2389767	2226744	40857	122166	13896	93898
山东	7677956	7025792	6757453	6236775	5047354		1189421		520677
河南	6478744	5977211	5051318	4411203	4042572	5536	363096		640115
湖北	2399628	2089250	1945693	1707396	1707396				238297
湖南	10604019	8070755	7609849	7238015	6783535	69840	384640	82	371752
广东	6991488	6394782	6144036	5210049	4966084	20217	223748	1227	932760
广西	162253	159037	158857	134919	134819		100		23938
海南	614051	506923	470589	373674	373674			384	96531
重庆	4682347	4335525	4172480	3518790	3312637	37202	168952	2	653688
四川	8296579	7344540	6777147	5954522	5697230	19600	237691	240	822385
贵州	3943859	3485777	2427903	2155874	2048360	24879	82634	919	271109
云南	3075367	2929728	2736813	2162528	2103757	2610	56161	1779	572507
西藏									
陕西	4656002	3598409	3066987	2895959	2710109	25050	160800		171027
甘肃	1320008	1220577	950674	829230	801438	8914	18878	350	121095
青海	2098	2098	2098	2098	2098				
宁夏	1009878	909270	909270	769209	768823		387		140061
新疆	1710451	1314176	1064484	895670	793053	57699	44919		168813
大连	448136	386289	386289	301871	287533		14339		84418
宁波	2337674	2257372	2034791	1794215	1750469		43746	310	240267
厦门	190626	190013	166118	80497	62038		18459		85621
青岛	3253208	3021875	2979968	2721619	1929972		791647		258349
深圳	1616879	1426964	1420146	1128179	970217	14376	143585		291967

（职业高中）

单位：千元

政府性基金预算安排的教育经费	#彩票公益金	国有及国有控股企业办学中的企业拨款	校办产业和社会服务收入中用于教育的经费	其他属于国家财政性教育经费	民办学校中举办者投入	捐赠收入	事业收入	#学费	其他教育经费
14742507	**92802**	**501**	**17765**		**1014638**	**97731**	**10087233**	**6823403**	**2140412**
			87			959	85895	68994	17867
20000					3016		70750	66720	2000
3016349	9161				28289	4374	373166	237099	94616
708617	710	370			25100	1967	363924	260880	17939
14047	3492				8622	435	95258	65592	3022
39947	2947		6532		21438	1584	322453	246880	50601
363444	9416				3860	3667	112311	91264	114680
7364	364					413	49759	27280	35415
27529						244	73279	60539	87587
415394	30				13655		342049	245199	36006
3549822	2189				127300	5971	846793	523788	550365
237843	10499	132			34600		26188	20521	
308844	500						28606	20203	1471
926249	8684				242436	3886	722328	539416	22991
268340	65				20300	18451	531365	384412	82047
923537	7024		2357		58546	317	391472	223203	51198
143557							264313	176140	46064
458550	14032		2356		262900	22354	2101010	1439634	147000
244313	382		6433		40129	7379	491297	344088	57902
180							2489	23	727
36334					360		106203	88782	564
163045	560				5406	11372	301728	154800	28316
567393	282				52901	2384	796237	456563	100516
1057874	31				40257	5096	342378	196221	70351
192915	15572				1593	4392	76501	41358	63154
531423	6860				16057	1732	994523	738241	45280
269903	3				5472	754	62240	34872	30964
							61372	44613	39235
249693					2400		51342	26079	342532
					11988	420	46812	37423	2627
222581	200						65767	24093	14535
23895							613		
41907	7				30	2323	189137	139469	39843
385			6433				164901	143570	25014

3-18 教育经费收入情况

地区	总计	国家财政性教育经费	一般公共预算安排的教育经费	一般公共预算教育经费	教育事业费	基本建设经费	教育费附加	科研经费	其他
合计	**121432202**	**108093906**	**93333133**	**81991857**	**76274664**	**783599**	**4933594**	**59091**	**11282185**
北京	2374734	2270012	2269926	1674405	1655176	13791	5439		595521
天津	625794	550029	530029	458746	458746				71283
河北	10686544	10186098	7169749	6620654	6279430	561	340663		549095
山西	4225086	3816155	3107168	2716485	2597894	31880	86710	3	390680
内蒙古	3559425	3452088	3438041	2865945	2653545	13115	199285	34580	537516
辽宁	2195676	1799600	1753121	1400000	1340470	4141	55388		353121
吉林	2199388	1964870	1601426	1297962	1202406	2000	93556		303464
黑龙江	1910139	1826267	1818903	1529186	1465557	39092	24536		289718
上海	2579227	2418116	2390587	1836306	1415781		420525		554281
江苏	3962245	3570535	3155141	2597831	2436467		161365	45	557265
浙江	17372293	15841864	12292042	11220717	10550006	366616	304095	5584	1065741
安徽	553321	492533	254558	245170	234269		10901		9388
福建	1148152	1118075	809231	642772	465235		177537		166459
江西	4415452	3423810	2497562	2389767	2226744	40857	122166	13896	93898
山东	7677956	7025792	6757453	6236775	5047354		1189421		520677
河南	6478744	5977211	5051318	4411203	4042572	5536	363096		640115
湖北	2399628	2089250	1945693	1707396	1707396				238297
湖南	10604019	8070755	7609849	7238015	6783535	69840	384640	82	371752
广东	6991488	6394782	6144036	5210049	4966084	20217	223748	1227	932760
广西	162253	159037	158857	134919	134819		100		23938
海南	614051	506923	470589	373674	373674			384	96531
重庆	4682317	4335525	4172480	3518790	3312637	37202	168952	2	653688
四川	8296579	7344540	6777147	5954522	5697230	19600	237691	240	822385
贵州	3943859	3485777	2427903	2155874	2048360	24879	82634	919	271109
云南	3075367	2929728	2736813	2162528	2103757	2610	56161	1779	572507
西藏									
陕西	4656002	3598409	3066987	2895959	2710109	25050	160800		171027
甘肃	1320008	1220577	950674	829230	801438	8914	18878	350	121095
青海	2098	2098	2098	2098	2098				
宁夏	1009878	909270	909270	769209	768823		387		140061
新疆	1710451	1314176	1064484	895670	793053	57699	44919		168813
大连	448136	386289	386289	301871	287533		14339		84418
宁波	2337674	2257372	2034791	1794215	1750469		43746	310	240267
厦门	190626	190013	166118	80497	62038		18459		85621
青岛	3253208	3021875	2979968	2721619	1929972		791647		258349
深圳	1616879	1426964	1420146	1128179	970217	14376	143585		291967

（地方职业高中）

单位：千元

政府性基金预算安排的教育经费	#彩票公益金	国有及国有控股企业办学中的企业拨款	校办产业和社会服务收入中用于教育的经费	其他属于国家财政性教育经费	民办学校中举办者投入	捐赠收入	事业收入	#学费	其他教育经费
14742507	92802	501	17765		1014638	97731	10087233	6823403	2138696
			87			959	85895	68994	17867
20000					3016		70750	66720	2000
3016349	9161				28289	4374	373166	237099	94616
708617	710	370			25100	1967	363924	260880	17939
14047	3492				8622	435	95258	65592	3022
39947	2947		6532		21438	1584	322453	246880	50601
363444	9416				3860	3667	112311	91264	114680
7364	364					413	49759	27280	33699
27529						244	73279	60539	87587
415394	30				13655		342049	245199	36006
3549822	2189				127300	5971	846793	523788	550365
237843	10499	132			34600		26188	20521	
308844	500						28606	20203	1471
926249	8684				242436	3886	722328	539416	22991
268340	65				20300	18451	531365	384412	82047
923537	7024		2357		58546	317	391472	223203	51198
143557							264313	176140	46064
458550	14032		2356		262900	22354	2101010	1439634	147000
244313	382		6433		40129	7379	491297	344088	57902
180							2489	23	727
36334					360		106203	88782	564
163045	560				5406	11372	301728	154800	28316
567393	282				52901	2384	796237	456563	100516
1057874	31				40257	5096	342378	196221	70351
192915	15572				1593	4392	76501	41358	63154
531423	6860				16057	1732	994523	738241	45280
269903	3				5472	754	62240	34872	30964
							61372	44613	39235
249693					2400		51342	26079	342532
					11988	420	46812	37423	2627
222581	200						65767	24093	14535
23895							613		
41907	7				30	2323	189137	139469	39843
385			6433				164901	143570	25014

3-19 教育经费收入情况

地区	总计	国家财政性教育经费	一般公共预算安排的教育经费	一般公共预算教育经费				科研经费	其他
					教育事业费	基本建设经费	教育费附加		
合计	**56297959**	**50734806**	**41869578**	**37366290**	**35214252**	**323295**	**1828742**	**41664**	**4461625**
北京	229366	173341	173341	142913	142913				30428
天津	155462	143288	123288	107366	107366				15922
河北	6505275	6313665	4297994	3976200	3756912	561	218728		321794
山西	2287956	2121813	1786033	1528216	1432054	21880	74282		257817
内蒙古	2186895	2134261	2123506	1789054	1680037	7644	101374	34580	299871
辽宁	547753	475215	475215	387940	381741		6199		87275
吉林	1028337	929404	827243	675937	660677	2000	13260		151306
黑龙江	820349	786598	786598	657534	646430	3973	7131		129064
上海	211278	185487	185487	146744	108750		37993		38743
江苏	1804816	1715861	1302033	1145356	1094259		51096		156678
浙江	6951270	6356074	4060872	3694249	3522329	89392	82529	4326	362297
安徽	174274	158455	158455	156733	151822		4912		1722
福建	555810	544480	501304	371250	275635		95615		130054
江西	2777075	2278692	1709260	1650990	1536047	40857	74086		58269
山东	2403082	2106345	2001608	1857802	1617805		239997		143805
河南	3985048	3697183	3209911	2850499	2594745		255754		359413
湖北	832034	745476	716791	661102	661102				55689
湖南	5638852	4604871	4171633	3990541	3747428	51248	191865	58	181034
广东	767405	583511	529052	459759	441927		17832		69293
广西	109226	106218	106188	86700	86700				19488
海南	220682	162476	162416	125299	125299				37116
重庆	1829513	1764038	1684722	1429528	1402597	6322	20609		255194
四川	4449045	3831447	3570720	3183770	3049829	19600	114340		386951
贵州	2275852	2101419	1482766	1314204	1268728	8468	37008	570	167991
云南	1989031	1937515	1788600	1411811	1374377	2610	34824	1779	375011
西藏									
陕西	2519516	2192650	1856531	1762306	1631291	24050	106965		94224
甘肃	1057980	1010755	751352	651514	635346		16168	350	99487
青海	2098	2098	2098	2098	2098				
宁夏	527242	478901	478901	398011	397624		387		80890
新疆	1455436	1093270	845663	750864	680385	44691	25787		94799
大连	49751	49751	49751	39863	39553		310		9888
宁波	730130	685683	490882	452535	446776		5758		38348
厦门	190626	190013	166118	80497	62038		18459		85621
青岛	98063	37373	37373	31816	29790		2027		5557
深圳									

（农村职业高中）

单位：千元

政府性基金预算安排的教育经费	#彩票公益金	国有及国有控股企业办学中的企业拨款	校办产业和社会服务收入中用于教育的经费	其他属于国家财政性教育经费	民办学校中举办者投入	捐赠收入	事业收入	#学费	其他教育经费
8862501	**44711**	**370**	**2357**		**497601**	**46800**	**4102066**	**2666603**	**916685**
							40093	29844	15932
20000					3016		9158	8672	
2015671	9161				10213	4134	173968	102899	3296
335411		370			8246	1946	143173	98714	12777
10755	199				8622	335	42507	30429	1170
					1191		68557	43288	2791
102161	9320				2153	3667	59343	46991	33770
							14147	6700	19604
							11567	11311	14223
413827					13200		55792	20441	19963
2295202	283				91300	1277	395090	280258	107529
							15818	11442	
43176	500						10716	5690	614
569432	8684				180814	3886	301891	210502	11792
104737	58				16010		241283	191882	39445
484915	4240		2357		29218	317	247378	144145	10951
28686							65543	32179	21015
433237	5116				32526	20828	889820	572913	90807
54459					35764	180	142356	115883	5595
30							2281	23	727
60							58205	50363	2
79316	80						56583	15385	8892
260727	150				40372	992	514798	312606	61437
618654					19355	4196	133386	68743	17495
148915	57				1443	3212	33251	15540	13610
336120	6860					1681	299506	200229	25679
259403	3				1758	150	17869	6120	27448
							23505	15833	24836
247607					2400		34481	17578	325285
194801	200						39643	24093	4804
23895							613		
							57315	50266	3375

3-20 教育经费收入情况

地区	总计	国家财政性教育经费	一般公共预算安排的教育经费	一般公共预算教育经费	教育事业费	基本建设经费	教育费附加	科研经费	其他
合计	**56286553**	**50725116**	**41859888**	**37362973**	**35210936**	**323295**	**1828742**	**41664**	**4455252**
北京	229366	173341	173341	142913	142913				30428
天津	155462	143288	123288	107366	107366				15922
河北	6505275	6313665	4297994	3976200	3756912	561	218728		321794
山西	2287956	2121813	1786033	1528216	1432054	21880	74282		257817
内蒙古	2186895	2134261	2123506	1789054	1680037	7644	101374	34580	299871
辽宁	547753	475215	475215	387940	381741		6199		87275
吉林	1028337	929404	827243	675937	660677	2000	13260		151306
黑龙江	808943	776908	776908	654218	643113	3973	7131		122690
上海	211278	185487	185487	146744	108750		37993		38743
江苏	1804816	1715861	1302033	1145356	1094259		51096		156678
浙江	6951270	6356074	4060872	3694249	3522329	89392	82529	4326	362297
安徽	174274	158455	158455	156733	151822		4912		1722
福建	555810	544480	501304	371250	275635		95615		130054
江西	2777075	2278692	1709260	1650990	1536047	40857	74086		58269
山东	2403082	2106345	2001608	1857802	1617805		239997		143805
河南	3985048	3697183	3209911	2850499	2594745		255754		359413
湖北	832034	745476	716791	661102	661102				55689
湖南	5638852	4604871	4171633	3990541	3747428	51248	191865	58	181034
广东	767405	583511	529052	459759	441927		17832		69293
广西	109226	106218	106188	86700	86700				19488
海南	220682	162476	162416	125299	125299				37116
重庆	1829513	1764038	1684722	1429528	1402597	6322	20609		255194
四川	4449045	3831447	3570720	3183770	3049829	19600	114340		386951
贵州	2275852	2101419	1482766	1314204	1268728	8468	37008	570	167991
云南	1989031	1937515	1788600	1411811	1374377	2610	34824	1779	375011
西藏									
陕西	2519516	2192650	1856531	1762306	1631291	24050	106965		94224
甘肃	1057980	1010755	751352	651514	635346		16168	350	99487
青海	2098	2098	2098	2098	2098				
宁夏	527242	478901	478901	398011	397624		387		80890
新疆	1455436	1093270	845663	750864	680385	44691	25787		94799
大连	49751	49751	49751	39863	39553		310		9888
宁波	730130	685683	490882	452535	446776		5758		38348
厦门	190626	190013	166118	80497	62038		18459		85621
青岛	98063	37373	37373	31816	29790		2027		5557
深圳									

（地方农村职业高中）

单位：千元

政府性基金预算安排的教育经费	#彩票公益金	国有及国有控股企业办学中的企业拨款	校办产业和社会服务收入中用于教育的经费	其他属于国家财政性教育经费	民办学校中举办者投入	捐赠收入	事业收入	#学费	其他教育经费
8862501	**44711**	**370**	**2357**		**497601**	**46800**	**4102066**	**2666603**	**914969**
							40093	29844	15932
20000					3016		9158	8672	
2015671	9161				10213	4134	173968	102899	3296
335411		370			8246	1946	143173	98714	12777
10755	199				8622	335	42507	30429	1170
					1191		68557	43288	2791
102161	9320				2153	3667	59343	46991	33770
							14147	6700	17888
							11567	11311	14223
413827					13200		55792	20441	19963
2295202	283				91300	1277	395090	280258	107529
							15818	11442	
43176	500						10716	5690	614
569432	8684				180814	3886	301891	210502	11792
104737	58				16010		241283	191882	39445
484915	4240		2357		29218	317	247378	144145	10951
28686							65543	32179	21015
433237	5116				32526	20828	889820	572913	90807
54459					35764	180	142356	115883	5595
30							2281	23	727
60							58205	50363	2
79316	80						56583	15385	8892
260727	150				40372	992	514798	312606	61437
618654					19355	4196	133386	68743	17495
148915	57				1443	3212	33251	15540	13610
336120	6860					1681	299506	200229	25679
259403	3				1758	150	17869	6120	27448
							23505	15833	24836
247607					2400		34481	17578	325285
194801	200						39643	24093	4804
23895							613		
							57315	50266	3375

3-21 教育经费收入情况

地区	总计	国家财政性教育经费	一般公共预算安排的教育经费	一般公共预算教育经费	教育事业费	基本建设经费	教育费附加	科研经费	其他
合计	**49275573**	**38690030**	**35259104**	**31179971**	**29995472**	**322294**	**862205**	**26006**	**4053127**
北京	1729048	1635117	1617576	1615267	1615267				2308
天津	283928	240633	239797	183815	183815				55982
河北	1328924	1064934	1043342	965132	925781	18962	20390		78210
山西	804596	744906	742342	645998	645933		66	148	96196
内蒙古	79796	74048	40166	28410	28410				11757
辽宁	537958	468273	464696	361511	326074	15089	20348		103184
吉林	262569	241760	241760	191954	171942		20013		49805
黑龙江	695152	668741	651196	486879	486879				164316
上海	285189	236744	216382	151197	111879		39318		65185
江苏	2668401	1934249	1888776	1538183	1459128		79054	966	349627
浙江	3220415	2797895	2502802	2082978	1990940	75500	16537	1339	418485
安徽	670168	616083	499339	452093	452093				47246
福建	1832543	1337454	1082611	965089	838246	8334	118509	56	117466
江西	1208263	940026	557936	522180	520731	1449			35756
山东	5004522	4194980	3969386	3772690	3614206	300	158184		196696
河南	3049259	2744418	2404075	1742906	1704411	30887	7608		661169
湖北	883087	811935	441935	403014	403014				38922
湖南	931154	704243	630036	544801	514451		30350		85235
广东	13383855	9833160	9130053	8384594	8031730	21609	331255	8969	736490
广西	2336145	1812598	1622127	1447159	1426724	15000	5435		174968
海南	471109	455340	373726	319638	286248	33390			54088
重庆	1516408	815707	795847	725362	678456	46630	276		70485
四川	1177515	873661	781263	728183	717699	5088	5396		53080
贵州	484964	307483	305319	288857	288857				16461
云南	1355601	1180065	1157298	938677	937445		1232		218621
西藏	93599	93000	93000	88632	88632				4369
陕西	1544395	715681	636456	596713	596713				39743
甘肃	136920	103714	103714	84737	81193	3545			18976
青海	11702	241	241	241	241				
宁夏									
新疆	1288391	1042939	1025909	923083	868339	46510	8234	14528	88298
大连	147576	140293	140293	120898	115881		5017		19395
宁波	416672	321424	321424	289178	289178			50	32196
厦门	405547	331200	270459	230600	159482		71117		39859
青岛	552219	523185	523185	477500	357887		119613		45684
深圳	1630143	989734	989734	864587	599863		264724		125147

(技工学校)

单位：千元

政府性基金预算安排的教育经费	#彩票公益金	国有及国有控股企业办学中的企业拨款	校办产业和社会服务收入中用于教育的经费	其他属于国家财政性教育经费	民办学校中举办者投入	捐赠收入	事业收入	#学费	其他教育经费
3031920	**3351**	**166686**	**232319**		**71786**	**185954**	**8634989**	**5516596**	**1692815**
			17542			10	66559	17220	27361
		734	103			10	29303	18205	13981
4937		3816	12839		530		248182	193455	15278
2466	2466		98		8890	10	45282	14335	5508
		28340	5542				5643	5071	105
		3000	577				68173	25998	1512
							4975	2232	15834
17046	360		500				25958	8694	453
		19412	950				43108	18642	5337
45473					943	12475	653197	423198	67538
281902			13191		4000	50	327140	203805	91330
104000		8028	4716		1706		38975	18379	13404
252101			2741		13977	110	427117	264545	53886
378785			3306		19500	2404	239539	195697	6794
189289		36305			5624	160000	567913	400555	76004
319174		10239	10930			200	232818	35039	71823
370000							53387	34160	17764
64122		8118	1969				114749	58931	112161
673823	524	12000	17283		3000	6259	3364513	2655767	176924
190420			51			214	394030	47577	129304
79929			1686				15149	2470	619
17949			1911			82	333922	104331	366696
22810		6878	62710		300	1007	241701	143738	60846
			2164			1850	166269	51547	9362
2984			19783			30	119447	58594	56059
									599
320		29817	49087		12317	1217	746674	489528	68506
							33115	21860	91
					1000		10038	1240	423
14389			2641			26	18113	1783	227313
							7283		
					3000		88318	63532	3930
58000			2741			40	71447	55291	2860
							8470	6817	20564
							603987	476783	36423

3-22 教育经费收入情况

地区	总计	国家财政性教育经费	一般公共预算安排的教育经费	一般公共预算教育经费	教育事业费	基本建设经费	教育费附加	科研经费	其他
合计	**48974794**	**38561748**	**35153310**	**31083877**	**29899377**	**322294**	**862205**	**26006**	**4043427**
北京	1729040	1635117	1617576	1615267	1615267				2308
天津	274677	236705	235911	179929	179929				55982
河北	1328924	1064934	1043342	965132	925781	18962	20390		78210
山西	804596	744906	742342	645998	645933		66	148	96196
内蒙古	79796	74048	40166	28410	28410				11757
辽宁	537958	468273	464696	361511	326074	15089	20348		103184
吉林	262569	241760	241760	191954	171942		20013		49805
黑龙江	695152	668741	651196	486879	486879				164316
上海	285189	236744	216382	151197	111879		39318		65185
江苏	2619308	1896885	1851413	1500819	1421765		79054	966	349627
浙江	3220415	2797895	2502802	2082978	1990940	75500	16537	1339	418485
安徽	670168	616083	499339	452093	452093				47246
福建	1832543	1337454	1082611	965089	838246	8334	118509	56	117466
江西	1208263	940026	557936	522180	520731	1449			35756
山东	5004522	4194980	3969386	3772690	3614206	300	158184		196696
河南	2951662	2730253	2389910	1728741	1690246	30887	7608		661169
湖北	883087	811935	441935	403014	403014				38922
湖南	925000	704243	630036	544801	514451		30350		85235
广东	13383855	9833160	9130053	8384594	8031730	21609	331255	8969	736490
广西	2336145	1812598	1622127	1447159	1426724	15000	5435		174968
海南	471109	455340	373726	319638	286248	33390			54088
重庆	1516408	815707	795847	725362	678456	46630	276		70483
四川	1074278	829477	737079	691999	681514	5088	5396		45080
贵州	484964	307483	305319	288857	288857				16461
云南	1355601	1180065	1157298	938677	937445		1232		218621
西藏	93599	93000	93000	88632	88632				4369
陕西	1516478	693048	636269	596526	596526				39743
甘肃	136920	103714	103714	84737	81193	3545			18976
青海	11702	241	241	241	241				
宁夏									
新疆	1280868	1036931	1019901	918775	864031	46510	8234	14528	86598
大连	147576	140293	140293	120898	115881		5017		19395
宁波	416672	321424	321424	289178	289178			50	32196
厦门	405547	331200	270459	230600	159482		71117		39859
青岛	552219	523185	523185	477500	357887		119613		45684
深圳	1630143	989734	989734	864587	599863		264724		125147

(地方技工学校)

单位：千元

政府性基金预算安排的教育经费	#彩票公益金	国有及国有控股企业办学中的企业拨款	校办产业和社会服务收入中用于教育的经费	其他属于国家财政性教育经费	民办学校中举办者投入	捐赠收入	事业收入	#学费	其他教育经费
3031920	**3351**	**144199**	**232319**		**71786**	**185910**	**8494781**	**5460762**	**1660571**
			17542			10	66559	17220	27354
		691	103			10	25846	15295	12116
4937		3816	12839		530		248182	193455	15278
2466	2466		98		8890	10	45282	14335	5508
		28340	5542				5643	5071	105
		3000	577				68173	25998	1512
							4975	2232	15834
17046	360		500				25958	8694	453
		19412	950				43108	18642	5337
45473					943	12475	641468	412230	67538
281902			13191		4000	50	327140	203805	91330
104000		8028	4716		1706		38975	18379	13404
252101			2741		13977	110	427117	264545	53886
378785			3306		19500	2404	239539	195697	6794
189289		36305			5624	160000	567913	400555	76004
319174		10239	10930			200	167765	33433	53444
370000							53387	34160	17764
64122		8118	1969				108899	54868	111858
673823	524	12000	17283		3000	6259	3364513	2655767	176924
190420			51			214	394030	47577	129304
79929			1686				15149	2470	619
17949			1911			82	333922	104331	366696
22810		6878	62710		300	962	193329	112807	50210
			2164			1850	166269	51547	9362
2984			19783			30	119447	58594	56059
									599
320		7372	49087		12317	1217	742428	485672	67467
							33115	21860	91
					1000		10038	1240	423
14389			2641			26	16613	283	227298
							7283		
					3000		88318	63532	3930
58000			2741			40	71447	55291	2860
							8470	6817	20564
							603987	476783	36423

3-23 教育经费收入情况

地区	总计	国家财政性教育经费	一般公共预算安排的教育经费	一般公共预算教育经费	教育事业费	基本建设经费	教育费附加	科研经费	其他
合计	**9126395**	**7444701**	**7219635**	**5935751**	**5784539**	**11292**	**139921**	**27269**	**1256615**
北京	33648	25445	25445	21223	21223				4221
天津	18507	17684	17684	14718	14718				2966
河北	1228594	1147582	1147582	979944	965044		14901	27180	140458
山西	42564	42342	42342	29994	29994			20	12328
内蒙古	36733	35298	35298	25770	25770				9528
辽宁									
吉林	731253	714452	711048	566072	563519		2553		144976
黑龙江	682168	670934	663134	482474	479062		3412	5	180655
上海	60435	59383	59383	42001	41975		27		17381
江苏	306784	205290	203935	165882	164710		1172		38054
浙江	537969	469081	466345	421192	396388		24804	61	45092
安徽	72816	66064	66064	53535	43676		9859		12529
福建	25678	20216	20216	18523	18523				1694
江西	122924	117844	117844	111764	108830		2934		6079
山东	337332	224792	219513	202549	176149		26400		16964
河南	1746708	994300	994200	851713	824261		27452		142488
湖北	63940	43059	43059	40076	40076				2983
湖南	616032	521047	521047	482778	477308	2047	3422		38269
广东	168489	147617	144845	124274	114107		10167		20571
广西	59218	54733	54733	31690	31690				23043
海南	25685	22919	22919						22919
重庆	988081	833993	663993	494568	489187		5381	3	169423
四川	417494	287614	258340	205268	204042		1226		53072
贵州	104893	100552	100552	91227	91227				9325
云南	308448	253480	253344	178871	168297	9245	1329		74473
西藏									
陕西	254645	247340	245130	209941	207500		2441		35189
甘肃	76685	64225	64225	41310	39111		2198		22915
青海									
宁夏									
新疆	58673	57414	57414	48394	48152		242		9021
大连									
宁波	317104	297891	295231	258101	251148		6953	61	37069
厦门									
青岛	37								
深圳									

（成人中等专业学校）

单位：千元

政府性基金预算安排的教育经费	#彩票公益金	国有及国有控股企业办学中的企业拨款	校办产业和社会服务收入中用于教育的经费	其他属于国家财政性教育经费	民办学校中举办者投入	捐赠收入	事业收入	#学费	其他教育经费
182587	**1510**	**5406**	**37074**		**54763**	**5185**	**1435322**	**995183**	**186425**
						312	6295	627	1596
							624		199
						1359	73101	15992	6552
							195	4	27
						114	1318		3
759		2645				950	10559	2051	5293
			7799		51		6896	5304	4287
									1052
1355	1355					36	88685	31904	12773
2736	35					326	16518	3815	52044
							6752	1703	
							5461	3185	
							3827	399	1252
2518	120	2761				351	112150	88832	40
100					48839		688313	579043	15256
							20737	12295	144
						33	75265	48168	19688
2772							20733	8547	139
							4369	2078	116
									2766
170000							132011	76836	22077
			29274		5235	728	85964	57305	37952
							3843	956	498
136					637	700	52050	48021	1580
2210							7302	4433	4
						277	11436	3687	747
							920		339
2659	35					326	6767	10	12120
									37

3-24 教育经费收入情况

地区	总计	国家财政性教育经费	一般公共预算安排的教育经费	一般公共预算教育经费	教育事业费	基本建设经费	教育费附加	科研经费	其他
合计	**9114549**	**7435495**	**7210429**	**5931766**	**5780553**	**11292**	**139921**	**27269**	**1251395**
北京	32021	25445	25445	21223	21223				4221
天津	18308	17684	17684	14718	14718				2966
河北	1228594	1147582	1147582	979944	965044		14901	27180	140458
山西	42564	42342	42342	29994	29994			20	12328
内蒙古	36733	35298	35298	25770	25770				9528
辽宁									
吉林	731253	714452	711048	566072	563519		2553		144976
黑龙江	682168	670934	663134	482474	479062		3412	5	180655
上海	60435	59383	59383	42001	41975		27		17381
江苏	306784	205290	203935	165882	164710		1172		38054
浙江	537969	469081	466345	421192	396388		24804	61	45092
安徽	72816	66064	66064	53535	43676		9859		12529
福建	25678	20216	20216	18523	18523				1694
江西	122924	117844	117844	111764	108830		2934		6079
山东	337332	224792	219513	202549	176149		26400		16964
河南	1746708	994300	994200	851713	824261		27452		142488
湖北	63940	43059	43059	40076	40076				2983
湖南	616032	521047	521047	482778	477308	2047	3422		38269
广东	168489	147617	144845	124274	114107		10167		20571
广西	59218	54733	54733	31690	31690				23043
海南	25685	22919	22919						22919
重庆	988081	833993	663993	494568	489187		5381	3	169423
四川	417494	287614	258340	205268	204042		1226		53072
贵州	104893	100552	100552	91227	91227				9325
云南	308448	253480	253344	178871	168297	9245	1329		74473
西藏									
陕西	254645	247340	245130	209941	207500		2441		35189
甘肃	76685	64225	64225	41310	39111		2198		22915
青海									
宁夏									
新疆	48652	48208	48208	44408	44166		242		3801
大连									
宁波	317104	297891	295231	258101	251148		6953	61	37069
厦门									
青岛	37								
深圳									

（地方成人中等专业学校）

单位：千元

政府性基金预算安排的教育经费	#彩票公益金	国有及国有控股企业办学中的企业拨款	校办产业和社会服务收入中用于教育的经费	其他属于国家财政性教育经费	民办学校中举办者投入	捐赠收入	事业收入	#学费	其他教育经费
182587	**1510**	**5406**	**37074**		**54763**	**5185**	**1433881**	**994556**	**185226**
						312	5668		596
							624		
						1359	73101	15992	6552
							195	4	27
						114	1318		3
759		2645				950	10559	2051	5293
			7799		51		6896	5304	4287
									1052
1355	1355					36	88685	31904	12773
2736	35					326	16518	3815	52044
							6752	1703	
							5461	3185	
							3827	399	1252
2518	120	2761				351	112150	88832	40
100					48839		688313	579043	15256
							20737	12295	144
						33	75265	48168	19688
2772							20733	8547	139
							4369	2078	116
									2766
170000							132011	76836	22077
			29274		5235	728	85964	57305	37952
							3843	956	498
136					637	700	52050	48021	1580
2210							7302	4433	4
						277	11436	3687	747
							105		339
2659	35					326	6767	10	12120
									37

3-25 教育经费收入情况

地区	总计	国家财政性教育经费	一般公共预算安排的教育经费	一般公共预算教育经费	教育事业费	基本建设经费	教育费附加	科研经费	其他
合计	**1798739738**	**1519437368**	**1494906634**	**1289855209**	**1211281900**	**26886824**	**51686485**	**666854**	**204384572**
北京	45796758	39657305	39432312	32464893	30268841	1659433	536620	213	6967206
天津	18924156	16422348	16389507	14556108	14388915	95655	71538		1833399
河北	81321806	65850499	64952078	60192385	58645717	222606	1324062	978	4758714
山西	38703203	33839373	33572211	28787376	27466220	214856	1106300	2759	4782076
内蒙古	31478590	29594398	29514990	24157933	21792696	312666	2052572	5492	5351565
辽宁	33246351	28935145	28921240	23171282	22149491	144359	877432	42	5749916
吉林	23233768	19868926	19660550	16224316	15580070	137850	506396		3436233
黑龙江	30302465	26630194	26617459	21165619	20367211	421240	377168	53	5451788
上海	52953487	44018108	42185253	33245063	25519149	596591	7129323		8940190
江苏	124352944	107726108	104786397	89603578	83439649	80517	6083413	44033	15138786
浙江	101157813	80186588	76851454	70140962	64668701	2942474	2529787	50653	6659839
安徽	71120681	60210511	59911147	51440567	48276135	954370	2210062	47854	8422726
福建	55849691	47407336	46408894	40529868	38735654	115525	1678689	464	5878562
江西	62299067	52255637	51835016	47671267	45301821	1091912	1277533	42169	4121580
山东	124247140	107719027	106013045	95078398	90567802	6510	4504086	8030	10926618
河南	99561768	81619007	80909880	68349863	63560988	1169640	3619235	11466	12548550
湖北	66621392	55064343	53688006	47443304	47443304			20834	6223868
湖南	79418161	61685449	61264772	57555729	55136504	216341	2202884	12465	3696578
广东	191839095	149977737	148126691	126579899	111566469	10343434	4669995	5423	21541369
广西	54759320	47919265	47459972	39277928	38394830	206935	676163	26560	8155484
海南	16495274	14123185	13789863	10451506	10303790	118995	28721	489	3337868
重庆	43303911	39283116	38075959	29945102	28250595	829202	865305	163363	7967292
四川	94649079	77108586	75919422	64290509	61387295	550265	2352950	7305	11621608
贵州	54107893	45904334	43521785	38540584	37144804	282578	1113202	112335	4868866
云南	54553319	48425439	48264666	39216994	38113015	309156	794823	8580	9039092
西藏	11376898	11340181	11331174	9796632	9065955	730356	322		1534542
陕西	42495270	37745055	37238457	34686876	32344586	737838	1604452		2551581
甘肃	29543332	27953711	27674027	22986739	22172513	368488	445737	49557	4637732
青海	10767504	10351153	10313334	7842973	7307001	373034	162938	50	2470311
宁夏	10684185	9791174	9768284	7482465	7260572	33582	188310	2700	2283119
新疆	43575419	40824128	40508791	36978492	34661608	1620416	696468	42785	3487514
大连	6622629	5699162	5699089	4439357	4092404	71604	275348		1259733
宁波	13588647	10738145	10581680	9698990	9351303	220877	126811	1498	881191
厦门	8527501	7506543	7264679	6196078	5575760	55954	564364		1068601
青岛	15334861	13021845	12938626	11659663	10936150		723513		1278963
深圳	39052166	32607387	32395576	26747650	15895138	8706228	2146284	1673	5646254

(中学)

单位：千元

政府性基金预算安排的教育经费	#彩票公益金	国有及国有控股企业办学中的企业拨款	校办产业和社会服务收入中用于教育的经费	其他属于国家财政性教育经费	民办学校中举办者投入	捐赠收入	事业收入	#学费	其他教育经费
24464275	**1064265**	**44824**	**21635**		**5149963**	**2267782**	**225664084**	**195164496**	**46220542**
176364	13630	43452	5177		3626	55139	5176619	4553768	904069
32842	540				77223	8473	1710674	1605959	705437
898421	83449				183386	25326	14570806	12667506	691790
267162	37915				29565	61329	4177840	3581226	595096
79408	26405				21282	59007	1379302	1170529	424602
5957	832		7949		27817	11816	2903164	2520358	1368408
208245	2782		132		6744	14925	1565926	1470470	1777247
11363	11165	1372	1		6853	12278	1898630	1730786	1754509
1832855	11587				23105	33909	6639421	6424562	2238944
2939711	48859				234580	146357	13577214	12550921	2668685
3335134	43731				410150	278155	16356610	14760131	3926310
299364	26559				135054	22161	9725040	8329086	1027916
998442	29300				150810	194111	6558897	5972780	1538536
417774	43510		2848		66036	51317	6669625	5324077	3256452
1705982	91856				461835	84287	15029484	13322888	952507
709128	124559				478258	28952	15885499	12935304	1550051
1375587	13766		750		484049	29720	9598566	8058171	1444713
420677	38611				862615	107469	11512329	9476153	5250300
1849395	107578		1651		443782	389013	39243643	34287963	1784921
456231	35896		3062		169630	29224	5689941	4561517	951259
333321	7834				23619	18131	2141183	1812612	189156
1207156	9874				24644	38883	3051234	2486116	906034
1189165	50916				328425	229827	12851074	10665408	4131166
2382484	32097		65		70496	72157	6723801	5522770	1337105
160773	31405				238951	97038	4910761	4249346	881129
9007	3011						13774	8794	22943
506598	44371				178949	77697	3103777	2514941	1389792
279684	6498				1100	22251	1332666	1191727	233604
37819	35832				195	16857	250752	218102	148547
22890	8072				3010	28785	563642	500660	297574
315337	41826				4174	23186	852189	689866	1871740
73					7774	65	712274	653539	203354
156465	1480				5734	22427	2298930	2181095	523412
241864	2502					4705	923241	847741	93012
83219	20772				85790	6712	2188334	1963110	32180
211811	26402				22682	16694	6040068	5405057	365335

3-26 教育经费收入情况

地区	总计	国家财政性教育经费	一般公共预算安排的教育经费	一般公共预算教育经费	教育事业费	基本建设经费	教育费附加	科研经费	其他
合计	**1789662607**	**1511856963**	**1487364938**	**1283325412**	**1205108178**	**26552710**	**51664525**	**666181**	**203373345**
北京	43413564	38154999	37930035	31013687	28817635	1659433	536620	213	6916135
天津	18924156	16422348	16389507	14556108	14388915	95655	71538		1833399
河北	81321806	65850499	64952078	60192385	58645717	222606	1324062	978	4758714
山西	38703203	33839373	33572211	28787376	27466220	214856	1106300	2759	4782076
内蒙古	31478590	29594398	29514990	24157933	21792696	312666	2052572	5492	5351565
辽宁	33246351	28935145	28921240	23171282	22149491	144359	877432	42	5749916
吉林	22998316	19697655	19489278	16053045	15408799	137850	506396		3436233
黑龙江	30302465	26630194	26617459	21165619	20367211	421240	377168	53	5451788
上海	52526443	43732624	41899769	33037886	25333932	596591	7107363		8861883
江苏	124352944	107726108	104786397	89603578	83439649	80517	6083413	44033	15138786
浙江	101157813	80186588	76851454	70140962	64668701	2942474	2529787	50653	6659839
安徽	71120624	60210511	59911147	51440567	48276135	954370	2210062	47854	8422726
福建	55849691	47407336	46408894	40529868	38735654	115525	1678689	464	5878562
江西	62299067	52255637	51835016	47671267	45301821	1091912	1277533	42169	4121580
山东	124247140	107719027	106013045	95078398	90567802	6510	4504086	8030	10926618
河南	99561768	81619007	80909880	68349863	63560988	1169640	3619235	11466	12548550
湖北	66196547	54681687	53305351	47060656	47060656			20834	6223860
湖南	79394919	61671267	61250590	57541548	55122323	216341	2202884	12465	3696578
广东	191839095	149977737	148126691	126579899	111566469	10343434	4669995	5423	21541369
广西	54759320	47919265	47459972	39277928	38394830	206935	676163	26560	8155484
海南	16495274	14123185	13789863	10451506	10303790	118995	28721	489	3337868
重庆	43039901	39101891	37894735	29763877	28069370	829202	865305	163565	7967292
四川	94613269	77105086	75915922	64287009	61383795	550265	2352950	7305	11621608
贵州	54107893	45904334	43521785	38540584	37144804	282578	1113202	112335	4868866
云南	54553319	48425439	48264666	39216994	38113015	309156	794823	8580	9039092
西藏	11376898	11340181	11331174	9796632	9065955	730356	322		1534542
陕西	42253918	37570724	37064126	34512545	32170255	737838	1604452		2551581
甘肃	29529221	27939682	27659998	22975419	22161194	368488	445737	49557	4635021
青海	10767504	10351153	10313334	7842973	7307001	373034	162938	50	2470311
宁夏	10684185	9791174	9768284	7482465	7260572	33582	188310	2700	2283119
新疆	38547404	35972706	35696050	33045554	31062784	1286302	696468	42112	2608383
大连	6622629	5699162	5699089	4439357	4092404	71604	275348		1259733
宁波	13588647	10738145	10581680	9698990	9351303	220877	126811	1498	881191
厦门	8527501	7506543	7264679	6196078	5575760	55954	564364		1068601
青岛	15334861	13021845	12938626	11659663	10936150		723513		1278963
深圳	39052166	32607387	32395576	26747650	15895138	8706228	2146284	1673	5646254

(地方中学)

单位：千元

政府性基金预算安排的教育经费	#彩票公益金	国有及国有控股企业办学中的企业拨款	校办产业和社会服务收入中用于教育的经费	其他属于国家财政性教育经费	民办学校中举办者投入	捐赠收入	事业收入	#学费	其他教育经费
24425595	**1027815**	**44824**	**21606**		**5149963**	**2220766**	**225262633**	**194928467**	**45172281**
176364	13630	43452	5148		3626	43673	5028980	4510870	182286
32842	540				77223	8473	1710674	1605959	705437
898421	83449				183386	25326	14570806	12667506	691790
267162	37915				29565	61329	4177840	3581226	595096
79408	26405				21282	59007	1379302	1170529	424602
5957	832		7949		27817	11816	2903164	2520358	1368408
208245	2782		132		6744	12359	1546983	1451563	1734575
11363	11165	1372	1		6853	12278	1898630	1730786	1754509
1832855	11587				23105	19831	6546998	6333965	2203886
2939711	48859				234580	146357	13577214	12550921	2668685
3335134	43731				410150	278155	16356610	14760131	3926310
299364	26559				135054	22161	9725040	8329086	1027858
998442	29300				150810	194111	6558897	5972780	1538536
417774	43510		2848		66036	51317	6669625	5324077	3256452
1705982	91856				461835	84287	15029484	13322888	952507
709128	124559				478258	28952	15885499	12935304	1550051
1375587	13766		750		484049	22418	9578509	8042246	1429883
420677	38611				862615	107469	11507606	9474453	5245962
1849395	107578		1651		443782	389013	39243643	34287963	1784921
456231	35896		3062		169630	29224	5689941	4561517	951259
333321	7834				23619	18131	2141183	1812612	189156
1207156	9874				24644	38883	3039894	2477897	834589
1189165	50916				328425	229827	12850168	10664843	4099763
2382484	32097		65		70496	72157	6723801	5522770	1337105
160773	31405				238951	97038	4910761	4249346	881129
9007	3011						13774	8794	22943
506598	44371				178949	71333	3077771	2491443	1355142
279684	6498				1100	22251	1332586	1191647	233604
37819	35832				195	16857	250752	218102	148547
22890	8072				3010	28785	563642	500660	297574
276657	5375				4174	17948	772856	656225	1779719
73					7774	65	712274	653539	203354
156465	1480				5734	22427	2298930	2181095	523412
241864	2502					4705	923241	847741	93012
83219	20772				85790	6712	2188334	1963110	32180
211811	26402				22682	16694	6040068	5405057	365335

3-27 教育经费收入情况

地区	总计	国家财政性教育经费	一般公共预算安排的教育经费	一般公共预算教育经费				科研经费	其他
					教育事业费	基本建设经费	教育费附加		
合计	**1798312179**	**1519040922**	**1494510361**	**1289514148**	**1210944852**	**26886824**	**51682472**	**666812**	**204329401**
北京	45703063	39564241	39339248	32389517	30193723	1659433	536361	213	6949519
天津	18892748	16390945	16358103	14529819	14362626	95655	71538		1828284
河北	81321806	65850499	64952078	60192385	58645717	222606	1324062	978	4758714
山西	38703203	33839373	33572211	28787376	27466220	214856	1106300	2759	4782076
内蒙古	31478590	29594398	29514990	24157933	21792696	312666	2052572	5492	5351565
辽宁	33246351	28935145	28921240	23171282	22149491	144359	877432	42	5749916
吉林	23230759	19866173	19657796	16222359	15578112	137850	506396		3435438
黑龙江	30302465	26630194	26617459	21165619	20367211	421240	377168	53	5451788
上海	52953487	44018108	42185253	33245063	25519149	596591	7129323		8940190
江苏	124346074	107719239	104779528	89596865	83433019	80517	6083330	44033	15138629
浙江	100883595	79941280	76606318	69923276	64454291	2942474	2526511	50611	6632431
安徽	71120681	60210511	59911147	51440567	48276135	954370	2210062	47854	8422726
福建	55849691	47407336	46408894	40529868	38735654	115525	1678689	464	5878562
江西	62299067	52255637	51835016	47671267	45301821	1091912	1277533	42169	4121580
山东	124247140	107719027	106013045	95078398	90567802	6510	4504086	8030	10926618
河南	99561768	81619007	80909880	68349863	63560988	1169640	3619235	11466	12548550
湖北	66621392	55064343	53688006	47443304	47443304			20834	6223868
湖南	79414507	61683027	61262350	57553877	55134652	216341	2202884	12465	3696008
广东	191829122	149967763	148116717	126571892	111558623	10343434	4669835	5423	21539401
广西	54759320	47919265	47459972	39277928	38394830	206935	676163	26560	8155484
海南	16495274	14123185	13789863	10451506	10303790	118995	28721	489	3337868
重庆	43303911	39283116	38075959	29945102	28250595	829202	865305	163565	7967292
四川	94649079	77108586	75919422	64290509	61387295	550265	2352950	7305	11621608
贵州	54107893	45904334	43521785	38540584	37144804	282578	1113202	112335	4868866
云南	54548588	48420788	48260015	39213813	38110069	309156	794589	8580	9037621
西藏	11376898	11340181	11331174	9796632	9065955	730356	322		1534542
陕西	42495270	37745055	37238457	34686876	32344586	737838	1604452		2551581
甘肃	29543332	27953711	27674027	22986739	22172513	368488	445737	49557	4637732
青海	10767504	10351153	10313334	7842973	7307001	373034	162938	50	2470311
宁夏	10684185	9791174	9768284	7482465	7260572	33582	188310	2700	2283119
新疆	43575419	40824128	40508791	36978492	34661608	1620416	696468	42785	3487514
大连	6622629	5699162	5699089	4439357	4092404	71604	275348		1259733
宁波	13588647	10738145	10581680	9698990	9351303	220877	126811	1498	881191
厦门	8527501	7506543	7264679	6196078	5575760	55954	564364		1068601
青岛	15334861	13021845	12938626	11659663	10936150		723513		1278963
深圳	39052166	32607387	32395576	26747650	15895138	8706228	2146284	1673	5646254

(普通中学)

单位：千元

政府性基金预算安排的教育经费	#彩票公益金	国有及国有控股企业办学中的企业拨款	校办产业和社会服务收入中用于教育的经费	其他属于国家财政性教育经费	民办学校中举办者投入	捐赠收入	事业收入	#学费	其他教育经费
24464103	**1064265**	**44824**	**21635**		**5149963**	**2267736**	**225659320**	**195162771**	**46194238**
176364	13630	43452	5177		3626	55139	5175988	4553137	904069
32842	540				77223	8473	1710674	1605959	705432
898421	83449				183386	25326	14570806	12667506	691790
267162	37915				29565	61329	4177840	3581226	595096
79408	26405				21282	59007	1379302	1170529	424602
5957	832		7949		27817	11816	2903164	2520358	1368408
208245	2782		132		6744	14925	1565926	1470470	1776991
11363	11165	1372	1		6853	12278	1898630	1730786	1754509
1832855	11587				23105	33909	6639421	6424562	2238944
2939711	48859				234580	146357	13577214	12550921	2668685
3334962	43731				410150	278109	16353789	14760131	3900267
299364	26559				135054	22161	9725040	8329086	1027916
998442	29300				150810	194111	6558897	5972780	1538536
417774	43510		2848		66036	51317	6669625	5324077	3256452
1705982	91856				461835	84287	15029484	13322888	952507
709128	124559				478258	28952	15885499	12935304	1550051
1375587	13766		750		484049	29720	9598566	8058171	1444713
420677	38611				862615	107469	11511096	9475058	5250300
1849395	107578		1651		443782	389013	39243643	34287963	1784921
456231	35896		3062		169630	29224	5689941	4561517	951259
333321	7834				23619	18131	2141183	1812612	189156
1207156	9874				24644	38883	3051234	2486116	906034
1189165	50916				328425	229827	12851074	10665408	4131166
2382484	32097		65		70496	72157	6723801	5522770	1337105
160773	31405				238951	97038	4910682	4249346	881129
9007	3011						13774	8794	22943
506598	44371				178949	77697	3103777	2514941	1389792
279684	6498				1100	22251	1332666	1191727	233604
37819	35832				195	16857	250752	218102	148547
22890	8072				3010	28785	563642	500660	297574
315337	41826				4174	23186	852189	689866	1871740
73					7774	65	712274	653539	203354
156465	1480				5734	22427	2298930	2181095	523412
241864	2502					4705	923241	847741	93012
83219	20772				85790	6712	2188334	1963110	32180
211811	26402				22682	16694	6040068	5405057	365335

3-28 教育经费收入情况

地区	总计								
		国家财政性教育经费							
			一般公共预算安排的教育经费						
				一般公共预算教育经费				科研经费	其他
					教育事业费	基本建设经费	教育费附加		
合计	**1789235048**	**1511460517**	**1486968665**	**1282984352**	**1204771130**	**26552710**	**51660512**	**666139**	**203318174**
北京	43319870	38061936	37836972	30938311	28742517	1659433	536361	213	6898448
天津	18892748	16390945	16358103	14529819	14362626	95655	71538		1828284
河北	81321806	65850499	64952078	60192385	58645717	222606	1324062	978	4758714
山西	38703203	33839373	33572211	28787376	27466220	214856	1106300	2759	4782076
内蒙古	31478590	29594398	29514990	24157933	21792696	312666	2052572	5492	5351565
辽宁	33246351	28935145	28921240	23171282	22149491	144359	877432	42	5749916
吉林	22995306	19694901	19486525	16051087	15406841	137850	506396		3435438
黑龙江	30302465	26630194	26617459	21165619	20367211	421240	377168	53	5451788
上海	52526443	43732624	41899769	33037886	25333932	596591	7107363		8861883
江苏	124346074	107719239	104779528	89596865	83433019	80517	6083330	44033	15138629
浙江	100883595	79941280	76606318	69923276	64454291	2942474	2526511	50611	6632431
安徽	71120624	60210511	59911147	51440567	48276135	954370	2210062	47854	8422726
福建	55849691	47407336	46408894	40529868	38735654	115525	1678689	464	5878562
江西	62299067	52255637	51835016	47671267	45301821	1091912	1277533	42169	4121580
山东	124247140	107719027	106013045	95078398	90567802	6510	4504086	8030	10926618
河南	99561768	81619007	80909880	68349863	63560988	1169640	3619235	11466	12548550
湖北	66196547	54681687	53305351	47060656	47060656			20834	6223860
湖南	79391265	61668845	61248168	57539695	55120470	216341	2202884	12465	3696008
广东	191829122	149967763	148116717	126571892	111558623	10343434	4669835	5423	21539401
广西	54759320	47919265	47459972	39277928	38394830	206935	676163	26560	8155484
海南	16495274	14123185	13789863	10451506	10303790	118995	28721	489	3337868
重庆	43039901	39101891	37894735	29763877	28069370	829202	865305	163565	7967292
四川	94613269	77105086	75915922	64287009	61383795	550265	2352950	7305	11621608
贵州	54107893	45904334	43521785	38540584	37144804	282578	1113202	112335	4868866
云南	54548588	48420788	48260015	39213813	38110069	309156	794589	8580	9037621
西藏	11376898	11340181	11331174	9796632	9065955	730356	322		1534542
陕西	42253918	37570724	37064126	34512545	32170255	737838	1604452		2551581
甘肃	29529221	27939682	27659998	22975419	22161194	368488	445737	49557	4635021
青海	10767504	10351153	10313334	7842973	7307001	373034	162938	50	2470311
宁夏	10684185	9791174	9768284	7482465	7260572	33582	188310	2700	2283119
新疆	38547404	35972706	35696050	33045554	31062784	1286302	696468	42112	2608383
大连	6622629	5699162	5699089	4439357	4092404	71604	275348		1259733
宁波	13588647	10738145	10581680	9698990	9351303	220877	126811	1498	881191
厦门	8527501	7506543	7264679	6196078	5575760	55954	564364		1068601
青岛	15334861	13021845	12938626	11659663	10936150		723513		1278963
深圳	39052166	32607387	32395576	26747650	15895138	8706228	2146284	1673	5646254

(地方普通中学)

单位：千元

政府性基金预算安排的教育经费	#彩票公益金	国有及国有控股企业办学中的企业拨款	校办产业和社会服务收入中用于教育的经费	其他属于国家财政性教育经费	民办学校中举办者投入	捐赠收入	事业收入	#学费	其他教育经费
24425423	**1027815**	**44824**	**21606**		**5149963**	**2220720**	**225257869**	**194926741**	**45145978**
176364	13630	43452	5148		3626	43673	5028349	4510239	182286
32842	540				77223	8473	1710674	1605959	705432
898421	83449				183386	25326	14570806	12667506	691790
267162	37915				29565	61329	4177840	3581226	595096
79408	26405				21282	59007	1379302	1170529	424602
5957	832		7949		27817	11816	2903164	2520358	1368408
208245	2782		132		6744	12359	1546983	1451563	1734319
11363	11165	1372	1		6853	12278	1898630	1730786	1754509
1832855	11587				23105	19831	6546998	6333965	2203886
2939711	48859				234580	146357	13577214	12550921	2668685
3334962	43731				410150	278109	16353789	14760131	3900267
299364	26559				135054	22161	9725040	8329086	1027858
998442	29300				150810	194111	6558897	5972780	1538536
417774	43510		2848		66036	51317	6669625	5324077	3256452
1705982	91856				461835	84287	15029484	13322888	952507
709128	124559				478258	28952	15885499	12935304	1550051
1375587	13766		750		484049	22418	9578509	8042246	1429883
420677	38611				862615	107469	11506374	9473358	5245962
1849395	107578		1651		443782	389013	39243643	34287963	1784921
456231	35896		3062		169630	29224	5689941	4561517	951259
333321	7834				23619	18131	2141183	1812612	189156
1207156	9874				24644	38883	3039894	2477897	834589
1189165	50916				328425	229827	12850168	10664843	4099763
2382484	32097		65		70496	72157	6723801	5522770	1337105
160773	31405				238951	97038	4910682	4249346	881129
9007	3011						13774	8794	22943
506598	44371				178949	71333	3077771	2491443	1355142
279684	6498				1100	22251	1332586	1191647	233604
37819	35832				195	16857	250752	218102	148547
22890	8072				3010	28785	563642	500660	297574
276657	5375				4174	17948	772856	656225	1779719
73					7774	65	712274	653539	203354
156465	1480				5734	22427	2298930	2181095	523412
241864	2502					4705	923241	847741	93012
83219	20772				85790	6712	2188334	1963110	32180
211811	26402				22682	16694	6040068	5405057	365335

3-29 教育经费收入情况

地区	总计	国家财政性教育经费	一般公共预算安排的教育经费	一般公共预算教育经费	教育事业费	基本建设经费	教育费附加	科研经费	其他
合计	**684767831**	**526117787**	**513637465**	**439462788**	**407254646**	**13168713**	**19039428**	**367998**	**73806679**
北京	18015450	14695978	14653006	11883433	11343374	491768	48291	103	2769470
天津	7357149	5810776	5810776	5162913	5159088		3825		647863
河北	32832560	22419973	21770537	20094214	19667418	14605	412192	100	1676223
山西	16277989	13509243	13382235	11373025	10957041	112133	303852		2009210
内蒙古	13190200	12099666	12066332	10008614	8904016	147182	957417	2256	2055462
辽宁	12794355	9652824	9644117	7712921	7397952	41956	273013		1931195
吉林	8721927	6546146	6455258	5185278	5051774	33289	100214		1269980
黑龙江	11419108	9081243	9077846	7315482	6877151	288004	150328		1762363
上海	18172657	15173161	14157011	10730986	8103221	169602	2458163		3426025
江苏	48223421	39933405	38171125	32447134	29494782	19074	2933278	21159	5702832
浙江	39581982	28608005	27322374	24653653	21786412	1995988	871253	23783	2644937
安徽	25971834	19435771	19253388	15928018	14231338	772590	924090	35299	3290071
福建	20126690	15581032	15125047	13208932	12509808	93315	605808	57	1916058
江西	23956701	18172434	17769198	16235722	15235740	642383	357600	20928	1512548
山东	45192732	34872910	34057436	30489206	28891025		1598181		3568231
河南	38753369	27415979	26901554	22842389	20366052	972101	1504235	1277	4057889
湖北	26287191	19019497	17883824	15760542	15760542			8227	2115055
湖南	32148435	20749435	20587637	19295942	18144998	28609	1122335	11719	1279977
广东	74361946	53770860	53070236	44901346	38260548	5036521	1604277	1150	8167740
广西	20701454	15714714	15552727	12675010	12409124	117752	148134	12205	2865511
海南	6161511	4741328	4580948	3462387	3386548	70076	5763	114	1118448
重庆	16756618	14544269	13980941	10962224	10487826	254367	220030	95109	2923609
四川	33813829	25538246	24893789	20850608	19879743	108414	862451	6236	4036945
贵州	19810393	14730424	13906817	12074776	11606369	127500	340906	97223	1734819
云南	20388294	16328174	16263565	13194997	12805959	158227	230810	7875	3060693
西藏	4245494	4214927	4212982	3678858	3254999	423859			534123
陕西	15216110	12892661	12618881	11674609	10870505	283117	520987		944272
甘肃	11657855	10601990	10417242	8570875	8235162	121698	214015	21966	1824401
青海	4323128	3972486	3966421	3010027	2843010	104077	62940	21	956373
宁夏	4190388	3649070	3640340	2740480	2716954		23526	272	899589
新疆	14117062	12641161	12443874	11338186	10616166	540503	181517	919	1104769
大连	2541218	1807781	1807781	1352944	1291615		61329		454838
宁波	5321780	3742154	3664956	3155557	3085583	37110	32864	863	508537
厦门	3358076	2639454	2559079	2192165	1927363	41883	222919		366914
青岛	5808129	4518099	4508887	4005930	3622814		383116		502957
深圳	16567047	13009919	12973225	10799411	5840355	4039571	919485	374	2173440

(普通高中)

单位：千元

政府性基金预算安排的教育经费	#彩票公益金	国有及国有控股企业办学中的企业拨款	校办产业和社会服务收入中用于教育的经费	其他属于国家财政性教育经费	民办学校中举办者投入	捐赠收入	事业收入	#学费	其他教育经费
12436990	**342402**	**21698**	**21635**		**3805646**	**1227551**	**137180205**	**115338439**	**16436642**
16098	50	21698	5177		3601	16540	2554894	2104431	744437
					57197	2796	1113123	1021655	373257
649436	21795				149613	12791	9612478	8303643	637706
127008	1728				18093	45968	2413571	2011102	291114
33333	4532				14364	32693	797627	635052	245850
759	26		7949		25422	9637	2221215	1916951	885256
90756	290		132		6500	6739	1089165	1014047	1073377
3397	3352		1		6753	1195	1281411	1149499	1048506
1016150	4589				114	12143	2326877	2215242	660361
1762281	28750				95963	114138	7093098	6324337	986816
1285631	3839				293919	102490	9992155	8907238	585414
182383	8349				76394	16583	6232700	5222907	210386
455985	16348				93557	125944	3898461	3488421	427697
400387	30672		2848		57196	35250	4916662	3810383	775160
815473	20403				353714	45074	9797154	8605658	123881
514425	12910				303728	17007	10828952	8585391	187704
1134923	5842		750		445278	16232	6322105	5178056	484079
161797	13632				772255	82998	8112929	6627514	2430818
698972	38437		1651		155491	200874	19646962	16672347	587760
158925	17457		3062		149040	24784	4285700	3393133	527216
160380	1623				19794	2183	1322091	1081282	76115
563328	3101				17508	23310	1991131	1577909	180399
644457	20206				231989	125936	7082367	5520717	835291
823541	15360		65		62618	23210	4593338	3654072	400802
64610	8331				216563	68197	3540405	3000417	234954
1946	1946						13774	8794	16793
273780	21323				170807	9132	1780062	1338043	363449
184748	1391				1000	18982	936768	830622	99114
6065	4079					8673	244280	212114	97689
8729	6641				3000	23075	381595	322545	133648
197287	25399				4174	2976	757156	604914	711595
					6540	38	565692	519734	161167
77198	54				5000	15033	1406781	1319699	152812
80375	267					2694	675492	611452	40436
9212					64310	4008	1208791	1033900	12920
36694	1122				12000	8895	3326638	2861484	209595

3-30 教育经费收入情况

地区	总计	国家财政性教育经费	一般公共预算安排的教育经费	一般公共预算教育经费	教育事业费	基本建设经费	教育费附加	科研经费	其他
合计	**679891614**	**522459651**	**510003780**	**436253134**	**404262849**	**12963632**	**19026653**	**367779**	**73382867**
北京	16288556	13762501	13719558	10988250	10448191	491768	48291	103	2731205
天津	7357149	5810776	5810776	5162913	5159088		3825		647863
河北	32832560	22419973	21770537	20094214	19667418	14605	412192	100	1676223
山西	16277989	13509243	13382235	11373025	10957041	112133	303852		2009210
内蒙古	13190200	12099666	12066332	10008614	8904016	147182	957417	2256	2055462
辽宁	12794355	9652824	9644117	7712921	7397952	41956	273013		1931195
吉林	8633218	6494229	6403340	5133360	4999857	33289	100214		1269980
黑龙江	11419108	9081243	9077846	7315482	6877151	288004	150328		1762363
上海	17842312	14956964	13940813	10591587	7976597	169602	2445388		3349226
江苏	48223421	39933405	38171125	32447134	29494782	19074	2933278	21159	5702832
浙江	39581982	28608005	27322374	24653653	21786412	1995988	871253	23783	2644937
安徽	25971834	19435771	19253388	15928018	14231338	772590	924090	35299	3290071
福建	20126690	15581032	15125047	13208932	12509808	93315	605808	57	1916058
江西	23956701	18172434	17769198	16235722	15235740	642383	357600	20928	1512548
山东	45192732	34872910	34057436	30489206	28891025		1598181		3568231
河南	38753369	27415979	26901554	22842389	20366052	972101	1504235	1277	4057889
湖北	25931487	18705022	17569349	15446075	15446075			8227	2115047
湖南	32135253	20741523	20579726	19288030	18137086	28609	1122335	11719	1279977
广东	74361946	53770860	53070236	44901346	38260548	5036521	1604277	1150	8167740
广西	20701454	15714714	15552727	12675010	12409124	117752	148134	12205	2865511
海南	6161511	4741328	4580948	3462387	3386548	70076	5763	114	1118448
重庆	16653720	14477191	13913863	10895145	10420748	254367	220030	95109	2923609
四川	33792714	25536220	24891763	20848582	19877717	108414	862451	6236	4036945
贵州	19810393	14730424	13906817	12074776	11606369	127500	340906	97223	1734819
云南	20388294	16328174	16263565	13194997	12805959	158227	230810	7875	3060693
西藏	4245494	4214927	4212982	3678858	3254999	423859			534123
陕西	15090367	12814992	12541213	11596940	10792837	283117	520987		944272
甘肃	11651592	10595809	10411060	8566080	8230368	121698	214015	21966	1823014
青海	4323128	3972486	3966421	3010027	2843010	104077	62940	21	956373
宁夏	4190388	3649070	3640340	2740480	2716954		23526	272	899589
新疆	12011697	10659958	10487095	9688979	9172040	335423	181517	700	797416
大连	2541218	1807781	1807781	1352944	1291615		61329		454838
宁波	5321780	3742154	3664956	3155557	3085583	37110	32864	863	508537
厦门	3358076	2639454	2559079	2192165	1927363	41883	222919		366914
青岛	5808129	4518099	4508887	4005930	3622814		383116		502957
深圳	16567047	13009919	12973225	10799411	5840355	4039571	919485	374	2173440

(地方普通高中)

单位：千元

政府性基金预算安排的教育经费	#彩票公益金	国有及国有控股企业办学中的企业拨款	校办产业和社会服务收入中用于教育的经费	其他属于国家财政性教育经费	民办学校中举办者投入	捐赠收入	事业收入	#学费	其他教育经费
12412567	**317979**	**21698**	**21606**		**3805646**	**1197009**	**136783374**	**115102409**	**15645934**
16098	50	21698	5148		3601	7162	2407255	2061533	108037
					57197	2796	1113123	1021655	373257
649436	21795				149613	12791	9612478	8303643	637706
127008	1728				18093	45968	2413571	2011102	291114
33333	4532				14364	32693	797627	635052	245850
759	26		7949		25422	9637	2221215	1916951	885256
90756	290		132		6500	5643	1070222	995140	1056625
3397	3352		1		6753	1195	1281411	1149499	1048506
1016150	4589				114	5178	2234454	2124645	645602
1762281	28750				95963	114138	7093098	6324337	986816
1285631	3839				293919	102490	9992155	8907238	585414
182383	8349				76394	16583	6232700	5222907	210386
455985	16348				93557	125944	3898461	3488421	427697
400387	30672		2848		57196	35250	4916662	3810383	775160
815473	20403				353714	45074	9797154	8605658	123881
514425	12910				303728	17007	10828952	8585391	187704
1134923	5842		750		445278	8929	6302048	5162132	470210
161797	13632				772255	82998	8109760	6625814	2428717
698972	38437		1651		155491	200874	19646962	16672347	587760
158925	17457		3062		149040	24784	4285700	3393133	527216
160380	1623				19794	2183	1322091	1081282	76115
563328	3101				17508	23310	1981758	1569691	153954
644457	20206				231989	125936	7081460	5520153	817108
823541	15360		65		62618	23210	4593338	3654072	400802
64610	8331				216563	68197	3540405	3000417	234954
1946	1946						13774	8794	16793
273780	21323				170807	4756	1754058	1314545	345753
184748	1391				1000	18982	936687	830542	99114
6065	4079					8673	244280	212114	97689
8729	6641				3000	23075	381595	322545	133648
172863	976				4174	1553	678921	571273	667091
					6540	38	565692	519734	161167
77198	54				5000	15033	1406781	1319699	152812
80375	267					2694	675492	611452	40436
9212					64310	4008	1208791	1033900	12920
36694	1122				12000	8895	3326638	2861484	209595

3-31 教育经费收入情况

地区	总计	国家财政性教育经费	一般公共预算安排的教育经费	一般公共预算教育经费	教育事业费	基本建设经费	教育费附加	科研经费	其他
合计	267905961	206336224	202716370	174226701	167262452	2234633	4729617	97222	28392447
北京	1356643	976311	976246	845430	591204	254000	226		130816
天津	1157468	916023	916023	783698	783698				132326
河北	17944673	11864386	11240426	10223465	10009924	14605	198937	49	1016912
山西	7306753	6336308	6305244	5343340	5161562	23060	158718		961904
内蒙古	6224399	5864288	5843847	4880048	4266186	105855	508007	2161	961638
辽宁	2863319	2274143	2271387	1797611	1757963	6194	33454		473776
吉林	3223762	2519442	2476366	1903487	1878874	140	24472		572879
黑龙江	4390734	3488631	3486502	2821047	2630615	174352	16080		665454
上海	1336572	1156717	1156717	893642	757846		135796		263075
江苏	16249687	13194645	12665506	11008497	10306792		701705	4620	1652390
浙江	13408494	10105870	9695622	8800067	7970037	521353	308677	19265	876291
安徽	13893456	9939781	9890549	8209123	8095372	1036	112715	9938	1671488
福建	8709864	6992737	6816030	6025052	5886884	10700	127469	49	790930
江西	12375239	9302789	8933727	8214492	7855495	189551	169446		719234
山东	16164963	11587197	11493292	10124988	9640854		484134		1368305
河南	21025392	14157020	14120953	12021112	11612075	18194	390844	906	2098935
湖北	7441020	5337780	5313592	4764484	4764484				549108
湖南	17945844	11425248	11290785	10446053	9995274	22870	427909	11375	833358
广东	14846299	10671110	10560877	8808357	8717288	7418	83651	13	1752507
广西	9092095	7525372	7443406	6128634	5971020	102701	54913	2094	1312678
海南	2589481	2137019	2114159	1670476	1609456	56546	4473	22	443661
重庆	5795659	5211259	5149557	4078709	4037724	6071	34913	843	1070005
四川	14712694	12136874	11817876	9696396	9392552	79340	224505	440	2121040
贵州	10609574	8261324	7867126	6750277	6642055	29162	79060	23619	1093230
云南	11118129	9439645	9405803	7647430	7458323	116490	72618	7266	1751106
西藏	1230719	1230585	1229683	1043424	1043424				186260
陕西	7268868	6184651	6153154	5793510	5442798	170817	179895		359644
甘肃	7078498	6541937	6541341	5406601	5284571	24388	97642	14533	1120207
青海	2470109	2253504	2250080	1659053	1522243	81939	54871		591027
宁夏	1565573	1351477	1351477	1020568	1013420		7148		330909
新疆	6509976	5952152	5939015	5417631	5162441	217853	37337	30	521354
大连	194791	136789	136789	103534	94189		9345		33256
宁波	1734642	1181006	1108292	968063	966428		1636		140229
厦门	68816	64552	58052	49081	45890		3191		8971
青岛	623123	468904	459694	402813	285409		117403		56882
深圳									

（农村高中）

单位：千元

政府性基金预算安排的教育经费	#彩票公益金	国有及国有控股企业办学中的企业拨款	校办产业和社会服务收入中用于教育的经费	其他属于国家财政性教育经费	民办学校中举办者投入	捐赠收入	事业收入	#学费	其他教育经费
3615988	**135134**		**3866**		**2143019**	**585208**	**53083372**	**43599786**	**5758137**
66					2000	1536	373425	337484	3372
					29680		173273	142096	38492
623960	20557				115999	12267	5826590	5007804	125432
31064	121				10897	33837	851542	701738	74167
20441	578				4410	21465	214201	152169	120036
7	7		2749				435156	351783	154020
42944			132		3200	3560	338501	309942	359060
2129	2129				4600	831	424110	390762	472562
						500	142887	130859	36467
529139	22154				37340	39614	2750363	2426045	227726
410248	821				118338	41010	2944339	2622107	198938
49232	3584				321	13870	3825725	3270008	113758
176706	7797				74392	68708	1396103	1226671	177925
369062	25360				54766	12677	2574235	1938609	430773
93905	1614				238649	21785	4292283	3791265	25049
36067	47				230975	3835	6548509	5063712	85053
24189	90				54682	10896	1933264	1487682	104398
134463	9397				667364	61776	4256906	3438839	1534550
109248	8254		985		66159	51188	4000637	3300003	57205
81966	8387				25927	21325	1453793	1108668	65678
22859	1623				8924	2179	409171	327230	32190
61702	344				14838	9311	535875	368436	24376
318997	6686				124746	51399	2107993	1464779	291684
394197	10595				62181	15192	2024223	1611834	246654
33842	1585				18825	56210	1524016	1249931	79432
901	901								134
31497	519				170807	2491	729182	514178	181737
596	546					14755	463766	401825	58040
3424	1437					6643	139609	121545	70353
					3000	6154	163589	140500	41353
13137						193	230108	201284	327524
							49867	45793	8135
72714						11685	448990	418702	92961
6500							4264	4017	
9210					2865	1063	149257	132792	1034

3-32 教育经费收入情况

地区	总计	国家财政性教育经费	一般公共预算安排的教育经费	一般公共预算教育经费	教育事业费	基本建设经费	教育费附加	科研经费	其他
合计	**267482355**	**205952840**	**202332986**	**173879759**	**166925444**	**2224698**	**4729617**	**97202**	**28356025**
北京	1356643	976311	976246	845430	591204	254000	226		130816
天津	1157468	916023	916023	783698	783698				132326
河北	17944673	11864386	11240426	10223465	10009924	14605	198937	49	1016912
山西	7306753	6336308	6305244	5343340	5161562	23060	158718		961904
内蒙古	6224399	5864288	5843847	4880048	4266186	105855	508007	2161	961638
辽宁	2863319	2274143	2271387	1797611	1757963	6194	33454		473776
吉林	3223762	2519442	2476366	1903487	1878874	140	24472		572879
黑龙江	4390734	3488631	3486502	2821047	2630615	174352	16080		665454
上海	1336572	1156717	1156717	893642	757846		135796		263075
江苏	16249687	13194645	12665506	11008497	10306792		701705	4620	1652390
浙江	13408494	10105870	9695622	8800067	7970037	521353	308677	19265	876291
安徽	13893456	9939781	9890549	8209123	8095372	1036	112715	9938	1671488
福建	8709864	6992737	6816030	6025052	5886884	10700	127469	49	790930
江西	12375239	9302789	8933727	8214492	7855495	189551	169446		719234
山东	16164963	11587197	11493292	10124988	9640854		484134		1368305
河南	21025392	14157020	14120953	12021112	11612075	18194	390844	906	2098935
湖北	7244261	5174274	5150085	4600985	4600985				549100
湖南	17945844	11425248	11290785	10446053	9995274	22870	427909	11375	833358
广东	14846299	10671110	10560877	8808357	8717288	7418	83651	13	1752507
广西	9092095	7525372	7443406	6128634	5971020	102701	54913	2094	1312678
海南	2589481	2137019	2114159	1670476	1609456	56546	4473	22	443661
重庆	5795659	5211259	5149557	4078709	4037724	6071	34913	843	1070005
四川	14712694	12136874	11817876	9696396	9392552	79340	224505	440	2121040
贵州	10609574	8261324	7867126	6750277	6642055	29162	79060	23619	1093230
云南	11118129	9439645	9405803	7647430	7458323	116490	72618	7266	1751106
西藏	1230719	1230585	1229683	1043424	1043424				186260
陕西	7268868	6184651	6153154	5793510	5442798	170817	179895		359644
甘肃	7072236	6535755	6535159	5401806	5279776	24388	97642	14533	1118820
青海	2470109	2253504	2250080	1659053	1522243	81939	54871		591027
宁夏	1565573	1351477	1351477	1020568	1013420		7148		330909
新疆	6289392	5738456	5725319	5238982	4993726	207918	37337	10	486327
大连	194791	136789	136789	103534	94189		9345		33256
宁波	1734642	1181006	1108292	968063	966428		1636		140229
厦门	68816	64552	58052	49081	45890		3191		8971
青岛	623123	468904	459694	402813	285409		117403		56882
深圳									

(地方农村高中)

单位：千元

政府性基金预算安排的教育经费	#彩票公益金	国有及国有控股企业办学中的企业拨款	校办产业和社会服务收入中用于教育的经费	其他属于国家财政性教育经费	民办学校中举办者投入	捐赠收入	事业收入	#学费	其他教育经费
3615988	**135134**		**3866**		**2143019**	**577906**	**53064274**	**43585556**	**5744315**
66					2000	1536	373425	337484	3372
					29680		173273	142096	38492
623960	20557				115999	12267	5826590	5007804	125432
31064	121				10897	33837	851542	701738	74167
20441	578				4410	21465	214201	152169	120036
7	7		2749				435156	351783	154020
42944			132		3200	3560	338501	309942	359060
2129	2129				4600	831	424110	390762	472562
						500	142887	130859	36467
529139	22154				37340	39614	2750363	2426045	227726
410248	821				118338	41010	2944339	2622107	198938
49232	3584				321	13870	3825725	3270008	113758
176706	7797				74392	68708	1396103	1226671	177925
369062	25360				54766	12677	2574235	1938609	430773
93905	1614				238649	21785	4292283	3791265	25049
36067	47				230975	3835	6548509	5063712	85053
24189	90				54682	3594	1919600	1477627	92112
134463	9397				667364	61776	4256906	3438839	1534550
109248	8254		985		66159	51188	4000637	3300003	57205
81966	8387				25927	21325	1453793	1108668	65678
22859	1623				8924	2179	409171	327230	32190
61702	344				14838	9311	535875	368436	24376
318997	6686				124746	51399	2107993	1464779	291684
394197	10595				62181	15192	2024223	1611834	246654
33842	1585				18825	56210	1524016	1249931	79432
901	901								134
31497	519				170807	2491	729182	514178	181737
596	546					14755	463685	401744	58040
3424	1437					6643	139609	121545	70353
					3000	6154	163589	140500	41353
13137						193	224755	197190	325988
							49867	45793	8135
72714						11685	448990	418702	92961
6500							4264	4017	
9210					2865	1063	149257	132792	1034

3-33 教育经费收入情况

地区	总计	国家财政性教育经费	一般公共预算安排的教育经费	一般公共预算教育经费	教育事业费	基本建设经费	教育费附加	科研经费	其他
合计	**1113544348**	**992923135**	**980872896**	**850051360**	**803690206**	**13718111**	**32643044**	**298813**	**130522722**
北京	27687613	24868263	24686243	20506084	18850349	1167665	488070	110	4180049
天津	11535598	10580169	10547327	9366906	9203538	95655	67713		1180421
河北	48489246	43430526	43181541	40098171	38978300	208001	911870	879	3082491
山西	22425214	20330130	20189976	17414350	16509179	102723	802449	2759	2772866
内蒙古	18288391	17494732	17448658	14149319	12888680	165484	1095155	3236	3296103
辽宁	20451996	19282321	19277123	15458361	14751538	102403	604419	42	3818721
吉林	14508831	13320027	13202539	11037081	10526338	104561	406182		2165458
黑龙江	18883357	17548951	17539614	13850137	13490060	133236	226840	53	3689425
上海	34780829	28844946	28028242	22514077	17415928	426989	4671159		5514165
江苏	76122654	67785833	66608403	57149732	53938237	61443	3150052	22874	9435797
浙江	61301613	51333275	49283944	45269623	42667879	946485	1655259	26828	3987494
安徽	45148848	40774740	40657758	35512549	34044798	181780	1285972	12554	5132655
福建	35723000	31826304	31283847	27320936	26225845	22210	1072881	407	3962504
江西	38342366	34083203	34065817	31435544	30066081	449529	919934	21241	2609032
山东	79054408	72846117	71955609	64589192	61676777	6510	2905905	8030	7358387
河南	60808398	54203028	54008325	45507475	43194936	197539	2115000	10189	8490662
湖北	40334201	36044846	35804182	31682762	31682762			12607	4108813
湖南	47266072	40933592	40674712	38257935	36989654	187732	1080549	746	2416032
广东	117467175	96196903	95046481	81670546	73298075	5306913	3065558	4273	13371661
广西	34057865	32204551	31907245	26602917	25985706	89183	528029	14355	5289973
海南	10333763	9381857	9208915	6989119	6917242	48919	22958	375	2219421
重庆	26547294	24738816	24095018	18982878	17762768	574835	645276	68456	5043683
四川	60835250	51570340	51025633	43439901	41507552	441851	1490499	1069	7584663
贵州	34297500	31173910	29614968	26465809	25538435	155078	772296	15112	3134047
云南	34160294	32092613	31996450	26018817	25304110	150929	563779	705	5976928
西藏	7131404	7125254	7118192	6117774	5810956	306496	322		1000419
陕西	27279159	24852395	24619576	23012267	21474081	454721	1083465		1607309
甘肃	17885477	17351721	17256785	14415864	13937351	246791	231723	27591	2813331
青海	6444376	6378667	6346913	4832945	4463990	268957	99998	29	1513939
宁夏	6493798	6142105	6127943	4741985	4543618	33582	164784	2428	1383530
新疆	29458356	28182967	28064917	25640306	24045442	1079912	514951	41866	2382746
大连	4081411	3891381	3891308	3086413	2800790	71604	214019		804895
宁波	8266866	6995991	6916723	6543433	6265720	183767	93947	636	372654
厦门	5169424	4867089	4705600	4003914	3648398	14070	341445		701687
青岛	9526732	8503745	8429739	7653733	7313336		340397		776006
深圳	22485119	19597468	19422351	15948239	10054782	4666658	1226799	1299	3472813

（普通初中）

单位：千元

政府性基金预算安排的教育经费	#彩票公益金	国有及国有控股企业办学中的企业拨款	校办产业和社会服务收入中用于教育的经费	其他属于国家财政性教育经费	民办学校中举办者投入	捐赠收入	事业收入	#学费	其他教育经费
12027113	**721863**	**23126**			**1344317**	**1040185**	**88479115**	**79824332**	**29757596**
160266	13580	21754			25	38599	2621094	2448706	159632
32842	540				20027	5677	597552	584304	332175
248985	61653				33773	12535	4958328	4363863	54084
140155	36187				11472	15362	1764269	1570124	303982
46075	21873				6918	26314	581675	535477	178752
5198	806				2395	2179	681949	603407	483152
117488	2492				244	8187	476761	456423	703613
7966	7813	1372			100	11083	617219	581287	706003
816705	6998				22990	21766	4312543	4209320	1578584
1177430	20109				138617	32218	6484116	6226584	1681869
2049331	39892				116231	175620	6361634	5852893	3314853
116981	18209				58660	5578	3492340	3106179	817530
542457	12952				57253	68168	2660436	2484359	1110840
17386	12838				8840	16067	1752964	1513694	2481292
890509	71454				108122	39213	5232330	4717230	828626
194703	111649				174531	11945	5056547	4349914	1362347
240664	7923				38771	13489	3276461	2880115	960634
258880	24979				90359	24471	3398168	2847544	2819482
1150423	69141				288291	188139	19596681	17615616	1197161
297306	18438				20591	4439	1404241	1168384	424043
172941	6211				3825	15948	819092	731331	113041
643828	6773				7136	15574	1060103	908206	725635
544707	30711				96436	103891	5768707	5144691	3295876
1558943	16737				7877	48946	2130464	1868698	936303
96164	23073				22387	28841	1370277	1248928	646176
7062	1065								6150
232818	23048				8142	68565	1323715	1176898	1026343
94936	5107				100	3268	395898	361105	134489
31754	31754				195	8184	6472	5988	50858
14161	1431				10	5710	182048	178115	163926
118051	16427					20210	95034	84953	1160145
73					1234	27	146582	133804	42187
79267	1426				734	7393	892149	861397	370600
161489	2235					2011	247749	236289	52576
74007	20772				21480	2704	979543	929210	19260
175116	25280				10682	7799	2713430	2543573	155740

3-34 教育经费收入情况

地区	总计	国家财政性教育经费	一般公共预算安排的教育经费	一般公共预算教育经费	教育事业费	基本建设经费	教育费附加	科研经费	其他
合计	**1109343434**	**989000867**	**976964884**	**846731217**	**800508281**	**13589078**	**32633859**	**298361**	**129935306**
北京	27031314	24299434	24117414	19950061	18294326	1167665	488070	110	4167243
天津	11535598	10580169	10547327	9366906	9203538	95655	67713		1180421
河北	48489246	43430526	43181541	40098171	38978300	208001	911870	879	3082491
山西	22425214	20330130	20189976	17414350	16509179	102723	802449	2759	2772866
内蒙古	18288391	17494732	17448658	14149319	12888680	165484	1095155	3236	3296103
辽宁	20451996	19282321	19277123	15458361	14751538	102403	604419	42	3818721
吉林	14362088	13200673	13083185	10917727	10406984	104561	406182		2165458
黑龙江	18883357	17548951	17539614	13850137	13490060	133236	226840	53	3689425
上海	34684131	28775660	27958955	22446298	17357335	426989	4661975		5512657
江苏	76122654	67785833	66608403	57149732	53938237	61443	3150052	22874	9435797
浙江	61301613	51333275	49283944	45269623	42667879	946485	1655259	26828	3987494
安徽	45148790	40774740	40657758	35512549	34044798	181780	1285972	12554	5132655
福建	35723000	31826304	31283847	27320936	26225845	22210	1072881	407	3962504
江西	38342366	34083203	34065817	31435544	30066081	449529	919934	21241	2609032
山东	79054408	72846117	71955609	64589192	61676777	6510	2905905	8030	7358387
河南	60808398	54203028	54008325	45507475	43194936	197539	2115000	10189	8490662
湖北	40265060	35976666	35736002	31614582	31614582			12607	4108813
湖南	47256011	40927323	40668443	38251665	36983384	187732	1080549	746	2416032
广东	117467175	96196903	95046481	81670546	73298075	5306913	3065558	4273	13371661
广西	34057865	32204551	31907245	26602917	25985706	89183	528029	14355	5289973
海南	10333763	9381857	9208915	6989119	6917242	48919	22958	375	2219421
重庆	26306101	24624700	23980872	18868732	17618622	571835	615276	68156	5013683
四川	60820555	51568866	51024159	43438428	41506078	441851	1490499	1069	7584663
贵州	34297500	31173910	29614968	26465809	25538435	155078	772296	15112	3134047
云南	34160294	32092613	31996450	26018817	25304110	150929	563779	705	5976928
西藏	7131404	7125254	7118192	6117774	5810956	306496	322		1000419
陕西	27163551	24755732	24522913	22915604	21377418	454721	1083465		1607309
甘肃	17877629	17343873	17248937	14409339	13930826	246791	231723	27591	2812007
青海	6444376	6378667	6346913	4832945	4463990	268957	99998	29	1513939
宁夏	6493798	6142105	6127943	4741985	4543618	33582	164784	2428	1383530
新疆	26535707	25312748	25208955	23356575	21890745	950879	514951	41413	1810967
大连	4081411	3891381	3891308	3086413	2800790	71604	214019		804895
宁波	8266866	6995991	6916723	6543433	6265720	183767	93947	636	372654
厦门	5169424	4867089	4705600	4003914	3648398	14070	341445		701687
青岛	9526732	8503745	8429739	7653733	7313336		340397		776006
深圳	22485119	19597468	19422351	15948239	10054782	4666658	1226799	1299	3472813

（地方普通初中）

单位：千元

政府性基金预算安排的教育经费	#彩票公益金	国有及国有控股企业办学中的企业拨款	校办产业和社会服务收入中用于教育的经费	其他属于国家财政性教育经费	民办学校中举办者投入	捐赠收入	事业收入	#学费	其他教育经费
12012856	**709836**	**23126**			**1344317**	**1023712**	**88474495**	**79824332**	**29500044**
160266	13580	21754			25	36511	2621094	2448706	74249
32842	540				20027	5677	597552	584304	332175
248985	61653				33773	12535	4958328	4363863	54084
140155	36187				11472	15362	1764269	1570124	303982
46075	21873				6918	26314	581675	535477	178752
5198	806				2395	2179	681949	603407	483152
117488	2492				244	6717	476761	456423	677694
7966	7813	1372			100	11083	617219	581287	706003
816705	6998				22990	14654	4312543	4209320	1558283
1177430	20109				138617	32218	6484116	6226584	1681869
2049331	39892				116231	175620	6361634	5852893	3314853
116981	18209				58660	5578	3492340	3106179	817472
542457	12952				57253	68168	2660436	2484359	1110840
17386	12838				8840	16067	1752964	1513694	2481292
890509	71454				108122	39213	5232330	4717230	828626
194703	111649				174531	11945	5056547	4349914	1362347
240664	7923				38771	13489	3276461	2880115	959674
258880	24979				90359	24471	3396614	2847544	2817245
1150423	69141				288291	188139	19596681	17615616	1197161
297306	18438				20591	4439	1404241	1168384	424043
172941	6211				3825	15948	819092	731331	113041
643828	6773				7136	15574	1058137	908206	680634
544707	30711				96436	103891	5768707	5144691	3282654
1558943	16737				7877	48946	2130464	1868698	936303
96164	23073				22387	28841	1370277	1248928	646176
7062	1065								6150
232818	23048				8142	66576	1323713	1176898	1009388
94936	5107				100	3268	395898	361105	134489
31754	31754				195	8184	6472	5988	50858
14161	1431				10	5710	182048	178115	163926
103794	4400					16396	93935	84953	1112628
73					1234	27	146582	133804	42187
79267	1426				734	7393	892149	861397	370600
161489	2235					2011	247749	236289	52576
74007	20772				21480	2704	979543	929210	19260
175116	25280				10682	7799	2713430	2543573	155740

3-35 教育经费收入情况

地区	总计	国家财政性教育经费	一般公共预算安排的教育经费	一般公共预算教育经费	教育事业费	基本建设经费	教育费附加	科研经费	其他
合计	**572936661**	**530097144**	**525969463**	**455205168**	**441353245**	**3137420**	**10714503**	**67395**	**70696900**
北京	4516068	4207706	4189356	3528050	3378097	137035	12918	10	661296
天津	2702227	2595791	2595781	2245912	2245912				349869
河北	32033807	28869170	28759258	26654681	25940086	195429	519166	160	2104417
山西	12020679	11252252	11211003	9545121	8941600	41331	562189	2700	1663182
内蒙古	11075892	10758065	10741518	8715772	8030456	90060	595256	3230	2022516
辽宁	8142542	7878937	7878485	6203801	6061215	1321	141265	42	1674642
吉林	8616230	8052819	8008434	6610818	6361845	37362	211610		1397617
黑龙江	10135182	9655394	9649496	7506262	7408281	49781	48199		2143234
上海	2869508	2600006	2599251	1965425	1720505		244920		633826
江苏	31014493	28123836	27755238	24008826	23173785		835041	1853	3744559
浙江	22950183	20131236	19286067	17738456	17162660	280384	295412	11359	1536251
安徽	31113186	28347421	28303211	24456807	23539540	180630	736637	5344	3841059
福建	18190032	16703802	16583728	14815222	14476135	8929	330158	1	1768506
江西	24401623	22111177	22108628	20458336	19769036	111899	577400	5704	1644588
山东	40247649	37284544	36932961	32983352	31708220	6510	1268621	30	3949579
河南	41664502	37695653	37607110	31938616	30427138	81984	1429494	1211	5667284
湖北	20013095	18757756	18649025	16552568	16552568			7378	2089080
湖南	30632942	27199489	27068268	25353418	24904974	161034	287411	637	1714213
广东	36323934	32447829	32417495	26943314	26466413	119285	357617	1821	5472359
广西	22602689	22100404	21908768	18422737	18059109	76659	286969	300	3485731
海南	6029073	5689587	5651245	4287428	4230076	39534	17818	140	1363677
重庆	12411760	11889294	11830237	9062998	8923994	9689	129314	361	2766879
四川	35106819	32032277	31860555	26892201	25997978	320404	573818	314	4968040
贵州	23235879	21749160	20583388	18192841	17869919	69296	253626	4762	2385785
云南	24944772	24094385	24072292	19677891	19409591	99579	168721	28	4394373
西藏	4719435	4719435	4717360	4028614	3804666	223627	322		688746
陕西	14615905	13578833	13490613	12593029	12121737	98129	373164		897584
甘肃	12823084	12656663	12647180	10623266	10391327	124489	107451	13661	2010252
青海	4236029	4188235	4181222	3113607	2932648	153278	27681		1067615
宁夏	3536792	3422820	3421550	2607136	2503378	31720	72037		814414
新疆	20010650	19303168	19260741	17478664	16840358	388041	250266	6348	1775728
大连	708455	688639	688639	514225	468282		45943		174414
宁波	2448199	2220087	2192217	2006773	1879687	109767	17320	140	185304
厦门	300949	291864	291149	256611	237029	790	18792		34537
青岛	1968664	1867524	1804550	1625568	1594921		30647		178983
深圳									

(农村初中)

单位：千元

政府性基金预算安排的教育经费	#彩票公益金	国有及国有控股企业办学中的企业拨款	校办产业和社会服务收入中用于教育的经费	其他属于国家财政性教育经费	民办学校中举办者投入	捐赠收入	事业收入	#学费	其他教育经费
4126310	**250404**	**1372**			**631789**	**458066**	**27680092**	**24525383**	**14069570**
18350	1667				25	5651	297928	276335	4758
10	10					4	55916	51391	50517
109913	59100				27401	11310	3099339	2715196	26587
41249	1196				7973	14105	633276	561870	113073
16547	7058					20212	197574	178816	100041
452	29					127	116137	104403	147341
44385	692					5237	161442	155092	396731
4527	4374	1372				717	183363	175548	295708
755					14805	2271	224445	215024	27981
368598	1363				41937	4394	2076295	1970272	768031
845169	9236				12357	25062	1716795	1587097	1064733
44211	7887				15511	4867	2122694	1881350	622693
120074	8060				56100	41144	863781	801479	525205
2549	1959				7788	5757	791014	665446	1485888
351583	27473				50465	18201	2436442	2194964	457997
88543	40054				111977	2834	2959882	2517853	894156
108731	2985				4979	6010	819802	717137	424549
131221	17453				50059	6092	1551257	1275770	1826045
30335	1022				133208	55239	3443122	3054615	244536
191636	5147				18075	3736	403286	349466	77188
38342	6167				2467	735	278044	244154	58240
59057	3656				720	3641	156310	109961	361794
171722	6669				62311	75346	1268314	1119197	1668572
1165772	2320				6598	43250	791520	699904	645350
22093	11759				5990	25331	416671	377907	402394
2075	976								
88220	7862				1033	61725	470333	391214	503981
9483	4793					2648	98703	90264	65069
7013	7013					6732	3439	3304	37623
1270	301				10	1221	41824	40353	70918
42427	2120					4465	1143		701875
							18062	17691	1755
27870	182					6308	103673	96259	118131
715	18						9085	7800	
62974	12070				1135	736	97078	92204	2191

3-36 教育经费收入情况

地区	总计	国家财政性教育经费	一般公共预算安排的教育经费	一般公共预算教育经费	教育事业费	基本建设经费	教育费附加	科研经费	其他
合计	**571133713**	**528318018**	**524192653**	**453800599**	**440009998**	**3076098**	**10714503**	**67060**	**70324995**
北京	4516068	4207706	4189356	3528050	3378097	137035	12918	10	661296
天津	2702227	2595791	2595781	2245912	2245912				349869
河北	32033807	28869170	28759258	26654681	25940086	195429	519166	160	2104417
山西	12020679	11252252	11211003	9545121	8941600	41331	562189	2700	1663182
内蒙古	11075892	10758065	10741518	8715772	8030456	90060	595256	3230	2022516
辽宁	8142542	7878937	7878485	6203801	6061215	1321	141265	42	1674642
吉林	8616230	8052819	8008434	6610818	6361845	37362	211610		1397617
黑龙江	10135182	9655394	9649496	7506262	7408281	49781	48199		2143234
上海	2869508	2600006	2599251	1965425	1720505		244920		633826
江苏	31014493	28123836	27755238	24008826	23173785		835041	1853	3744559
浙江	22950183	20131236	19286067	17738456	17162660	280384	295412	11359	1536251
安徽	31113186	28347421	28303211	24456807	23539540	180630	736637	5344	3841059
福建	18190032	16703802	16583728	14815222	14476135	8929	330158	1	1768506
江西	24401623	22111177	22108628	20458336	19769036	111899	577400	5704	1644588
山东	40247649	37284544	36932961	32983352	31708220	6510	1268621	30	3949579
河南	41664502	37695653	37607110	31938616	30427138	81984	1429494	1211	5667284
湖北	20013095	18757756	18649025	16552568	16552568			7378	2089080
湖南	30632942	27199489	27068268	25353418	24904974	161034	287411	637	1714213
广东	36323934	32447829	32417495	26943314	26466413	119285	357617	1821	5472359
广西	22602689	22100404	21908768	18422737	18059109	76659	286969	300	3485731
海南	6029073	5689587	5651245	4287428	4230076	39534	17818	140	1363677
重庆	12411760	11889294	11830237	9062998	8923994	9689	129314	361	2766879
四川	35106819	32032277	31860555	26892201	25997978	320404	573818	314	4968040
贵州	23235879	21749160	20583388	18192841	17869919	69296	253626	4762	2385785
云南	24944772	24094385	24072292	19677891	19409591	99579	168721	28	4394373
西藏	4719435	4719435	4717360	4028614	3804666	223627	322		688746
陕西	14615905	13578833	13490613	12593029	12121737	98129	373164		897584
甘肃	12815236	12648815	12639332	10616742	10384802	124489	107451	13661	2008928
青海	4236029	4188235	4181222	3113607	2932648	153278	27681		1067615
宁夏	3536792	3422820	3421550	2607136	2503378	31720	72037		814414
新疆	18215551	17531889	17491779	16080620	15503635	326720	250266	6013	1405147
大连	708455	688639	688639	514225	468282		45943		174414
宁波	2448199	2220087	2192217	2006773	1879687	109767	17320	140	185304
厦门	300949	291864	291149	256611	237029	790	18792		34537
青岛	1968664	1867524	1804550	1625568	1594921		30647		178983
深圳									

（地方农村初中）

单位：千元

政府性基金预算安排的教育经费	#彩票公益金	国有及国有控股企业办学中的企业拨款	校办产业和社会服务收入中用于教育的经费	其他属于国家财政性教育经费	民办学校中举办者投入	捐赠收入	事业收入	#学费	其他教育经费
4123993	249619	1372			631789	457731	27679783	24525383	14046392
18350	1667				25	5651	297928	276335	4758
10	10					4	55916	51391	50517
109913	59100				27401	11310	3099339	2715196	26587
41249	1196				7973	14105	633276	561870	113073
16547	7058					20212	197574	178816	100041
452	29					127	116137	104403	147341
44385	692					5237	161442	155092	396731
4527	4374	1372				717	183363	175548	295708
755					14805	2271	224445	215024	27981
368598	1363				41937	4394	2076295	1970272	768031
845169	9236				12357	25062	1716795	1587097	1064733
44211	7887				15511	4867	2122694	1881350	622693
120074	8060				56100	41144	863781	801479	525205
2549	1959				7788	5757	791014	665446	1485888
351583	27473				50465	18201	2436442	2194964	457997
88543	40054				111977	2834	2959882	2517853	894156
108731	2985				4979	6010	819802	717137	424549
131221	17453				50059	6092	1551257	1275770	1826045
30335	1022				133208	55239	3443122	3054615	244536
191636	5147				18075	3736	403286	349466	77188
38342	6167				2467	735	278044	244154	58240
59057	3656				720	3641	156310	109961	361794
171722	6669				62311	75346	1268314	1119197	1668572
1165772	2320				6598	43250	791520	699904	645350
22093	11759				5990	25331	416671	377907	402394
2075	976								
88220	7862				1033	61725	470333	391214	503981
9483	4793					2648	98703	90264	65069
7013	7013					6732	3439	3304	37623
1270	301				10	1221	41824	40353	70918
40110	1335					4130	834		678697
							18062	17691	1755
27870	182					6308	103673	96259	118131
715	18						9085	7800	
62974	12070				1135	736	97078	92204	2191

3-37 教育经费收入情况

地区	总计	国家财政性教育经费	一般公共预算安排的教育经费	一般公共预算教育经费	教育事业费	基本建设经费	教育费附加	科研经费	其他
合计	**1704582028**	**1557374301**	**1540882757**	**1324328883**	**1264897256**	**18122547**	**41309080**	**356806**	**216197068**
北京	50258959	45247319	44371993	36663392	35146214	1397228	119950	687	7707913
天津	17363727	16328608	16320868	14687565	14542919	76010	68637		1633303
河北	75776101	72526217	72415711	66389303	64941022	153568	1294714		6026408
山西	35004525	33182430	32935454	27772016	26426696	150941	1194379	3294	5160143
内蒙古	29995476	29301315	29231473	23325110	21982897	224323	1117891	3685	5902678
辽宁	28174290	26759572	26749830	21434076	20522188	71615	840273	58	5315695
吉林	21869045	20609273	20470674	16819861	16291719	133092	395049		3650814
黑龙江	23135009	22005982	21978039	17016803	16674825	123193	218785	50	4961186
上海	41253790	35788060	35386020	27581283	23312638	17738	4250906		7804737
江苏	113115835	103257931	101920304	88552939	84063931	73201	4415808	30592	13336772
浙江	97878666	86215070	82673708	75801086	72034999	1245609	2520478	25686	6846937
安徽	64798489	61568961	61440088	52402192	50965846	156384	1279962	14949	9022947
福建	53956887	50990159	49903134	43356163	41902422	165731	1288010	5760	6541211
江西	55147360	49776420	49678325	45591785	44113685	413844	1064256	15993	4070547
山东	105685501	98849429	97921478	87613220	83356003	650	4256568	8250	10300008
河南	89012052	79616400	79362033	66237190	63232086	487418	2517686	37944	13086899
湖北	56547582	51070089	50664128	44975312	44975312			36543	5652273
湖南	66406941	58969149	58848223	55430853	54129296	182579	1118978	685	3416686
广东	199586871	166294090	164990518	139568001	127063925	7760442	4743634	30054	25392464
广西	58651222	55612228	54850419	45094780	44354052	111740	628989	22526	9733112
海南	16425003	14770370	14444737	10786015	10722779	13105	50131	406	3658316
重庆	41237105	39058185	38244920	28913282	27183443	781760	948071	5545	9326092
四川	90381492	78343909	77812091	65624183	63119172	400061	2104950	3759	12184149
贵州	53500548	50406487	49089865	43434195	42054005	185122	1195068	30350	5625320
云南	58193593	55844397	55437884	44025254	42840131	392958	792165	576	11412053
西藏	15254210	15250371	15157017	13042779	12540910	500491	1377	148	2114091
陕西	45314715	41345512	40500684	38156839	36016245	671520	1469074	20	2343825
甘肃	31178474	30665393	30579250	25450435	24845496	189417	415521	36459	5092357
青海	10974495	10903810	10890753	8414926	7802429	472184	140313	923	2474904
宁夏	10502382	10103627	10086392	7775554	7500318	31988	243249	32	2310806
新疆	48001685	46713536	46526744	42392491	40239652	1538631	614207	41831	4092422
大连	5649393	5288146	5283944	4178586	3889507	44053	245026		1105358
宁波	13931632	12118850	11806876	11108689	10808976	134000	165713	8820	689367
厦门	9847089	9371155	8947184	7394927	6806641	129841	458445		1552257
青岛	14317263	13348667	13338194	12212320	11132516		1079805		1125874
深圳	45770921	39254908	39082623	32215386	21574066	7525217	3116103	2938	6864299

（小学）

单位：千元

政府性基金预算安排的教育经费	#彩票公益金	国有及国有控股企业办学中的企业拨款	校办产业和社会服务收入中用于教育的经费	其他属于国家财政性教育经费	民办学校中举办者投入	捐赠收入	事业收入	#学费	其他教育经费
16414437	**851575**	**77106**			**1425518**	**1332769**	**94967723**	**88122746**	**49481716**
804035	3616	71291			3041	34020	4807048	4684485	167530
7740	840				15430	11489	671029	661816	337170
110506	73303				78830	27193	2983593	2624734	160267
242252	5973	4724			25352	8694	1510073	1301874	277975
69843	31109				1285	24355	336871	313864	331650
9743	955				5244	8529	714086	645969	686859
138599	6112				2043	9087	341462	335796	907180
26851	12343	1092				6190	242228	219272	880609
402041					29895	9801	4724542	4688340	701492
1337627	44782				112502	62704	6220976	6090430	3461723
3541362	58928				84775	130046	6591058	6137992	4857717
128872	21853				39881	4444	1763375	1572296	1421828
1087026	19436				5282	75033	1505802	1412844	1380611
98095	30706				5122	10506	1198018	1088147	4157295
927950	56467				128894	32729	4997235	4625790	1677214
254367	147906				91316	5833	6949556	6036274	2348947
405962	6752				43061	23695	3360224	3036359	2050513
120926	21662				31906	49321	2512157	2106660	4844408
1303572	61712				445102	406541	30075296	28327426	2365841
761809	25616				43168	6781	1224218	1077623	1764826
325632	10539				10439	1025	1349481	1180974	293689
813265	34515				12009	17565	912485	804275	1236861
531818	33119				126925	56131	5825497	5351912	6029031
1316622	13653				1493	104626	1438598	1267828	1549344
406513	46996				28826	122789	820850	771398	1376731
93354	14016					785			3053
844828	23145				53101	29001	1506131	1398240	2380971
86143	12945				480	7380	257367	238711	247854
13057	12104				61	7221	5728	5005	57675
17235	7349				57	8881	75185	71070	314632
186793	13124					30373	47557	45341	1210219
4202					2653	4114	253758	237890	100723
311975	5432				1266	2891	933538	906891	875087
423971	12737				1150	3525	403550	386359	67709
10473	7279				14773	8278	930249	909270	15296
172285	14627				38498	13725	6209876	6040212	253915

3-38 教育经费收入情况

地区	总计	国家财政性教育经费	一般公共预算安排的教育经费	一般公共预算教育经费	教育事业费	基本建设经费	教育费附加	科研经费	其他
合计	**1698477242**	**1551495749**	**1535118833**	**1319559408**	**1260456867**	**17793460**	**41309080**	**355811**	**215203614**
北京	49755430	44778576	43903250	36213314	34696136	1397228	119950	687	7689248
天津	17322209	16294890	16287149	14653846	14509200	76010	68637		1633303
河北	75776101	72526217	72415711	66389303	64941022	153568	1294714		6026408
山西	35004525	33182430	32935454	27772016	26426696	150941	1194379	3294	5160143
内蒙古	29995476	29301315	29231473	23325110	21982897	224323	1117891	3685	5902678
辽宁	28174290	26759572	26749830	21434076	20522188	71615	840273	58	5315695
吉林	21730431	20496612	20358013	16707199	16179058	133092	395049		3650814
黑龙江	23135009	22005982	21978039	17016803	16674825	123193	218785	50	4961186
上海	41224837	35768651	35366611	27563226	23294581	17738	4250906		7803385
江苏	113115835	103257931	101920304	88552939	84063931	73201	4415808	30592	13336772
浙江	97878666	86215070	82673708	75801086	72034999	1245609	2520478	25686	6846937
安徽	64798202	61568961	61440088	52402192	50965846	156384	1279962	14949	9022947
福建	53956887	50990159	49903134	43356163	41902422	165731	1288010	5760	6541211
江西	55147360	49776420	49678325	45591785	44113685	413844	1064256	15993	4070547
山东	105669001	98832929	97921478	87613220	83356003	650	4256568	8250	10300008
河南	88997186	79606894	79352528	66231830	63226831	487313	2517686	37944	13082753
湖北	56358273	50889893	50483932	44795116	44795116			36543	5652273
湖南	66392165	58957892	58836966	55419595	54118039	182579	1118978	685	3416686
广东	199586871	166294090	164990518	139568001	127063925	7760442	4743634	30054	25392464
广西	58651222	55612228	54850419	45094780	44354052	111740	628989	22526	9733112
海南	16425003	14770370	14444737	10786015	10722779	13105	50131	406	3658316
重庆	41139274	38968246	38154980	28826802	27096963	781768	948071	5545	9322633
四川	90367722	78342334	77810516	65622609	63117597	400061	2104950	3759	12184149
贵州	53500548	50406487	49089865	43434195	42054005	185122	1195068	30350	5625320
云南	58193593	55844397	55437884	44025254	42840131	392958	792165	576	11412053
西藏	15254210	15250371	15157017	13042779	12540910	500491	1377	148	2114091
陕西	45157290	41216858	40372030	38028184	35887591	671520	1469074	20	2343825
甘肃	31155088	30642007	30555865	25430079	24825141	189417	415521	36459	5089326
青海	10974495	10903810	10890753	8414926	7802429	472184	140313	923	2474904
宁夏	10502382	10103627	10086392	7775554	7500318	31988	243249	32	2310806
新疆	43137663	41930529	41841865	38671408	36847552	1209649	614207	40836	3129620
大连	5649393	5288146	5283944	4178586	3889507	44053	245026		1105358
宁波	13931632	12118850	11806876	11108689	10808976	134000	165713	8820	689367
厦门	9847089	9371155	8947184	7394927	6806641	129841	458445		1552257
青岛	14317263	13348667	13338194	12212320	11132516		1079805		1125874
深圳	45770921	39254908	39082623	32215386	21574066	7525217	3116103	2938	6864299

(地方小学)

单位：千元

政府性基金预算安排的教育经费	#彩票公益金	国有及国有控股企业办学中的企业拨款	校办产业和社会服务收入中用于教育的经费	其他属于国家财政性教育经费	民办学校中举办者投入	捐赠收入	事业收入	#学费	其他教育经费
16299809	**829961**	**77106**			**1425518**	**1320894**	**94965631**	**88122746**	**49269450**
804035	3616	71291			3041	31395	4807048	4684485	135369
7740	840				15430	11489	671029	661816	329371
110506	73303				78830	27193	2983593	2624734	160267
242252	5973	4724			25352	8694	1510073	1301874	277975
69843	31109				1285	24355	336871	313864	331650
9743	955				5244	8529	714086	645969	686859
138599	6112				2043	9087	341462	335796	881228
26851	12343	1092				6190	242228	219272	880609
402041					29895	9801	4724542	4688340	691948
1337627	44782				112502	62704	6220976	6090430	3461723
3541362	58928				84775	130046	6591058	6137992	4857717
128872	21853				39881	4444	1763375	1572296	1421541
1087026	19436				5282	75033	1505802	1412844	1380611
98095	30706				5122	10506	1198018	1088147	4157295
911450	39967				128894	32729	4997235	4625790	1677214
254367	147906				91316	5833	6949556	6036274	2343587
405962	6752				43061	23695	3360224	3036359	2041400
120926	21662				31906	49321	2510799	2106660	4842247
1303572	61712				445102	406541	30075296	28327426	2365841
761809	25616				43168	6781	1224218	1077623	1764826
325632	10539				10439	1025	1349481	1180974	293689
813265	34515				12009	17553	912438	804275	1229028
531818	33119				126925	56131	5825497	5351912	6016836
1316622	13653				1493	104626	1438598	1267828	1549344
406513	46996				28826	122789	820850	771398	1376731
93354	14016					785			3053
844828	23145				53101	25401	1506131	1398240	2355800
86143	12945				480	7380	257367	238711	247854
13057	12104				61	7221	5728	5005	57675
17235	7349				57	8881	75185	71070	314632
88665	8010					24734	46870	45341	1135530
4202					2653	4114	253758	237890	100723
311975	5432				1266	2891	933538	906891	875087
423971	12737				1150	3525	403550	386359	67709
10473	7279				14773	8278	930249	909270	15296
172285	14627				38498	13725	6209876	6040212	253915

3-39 教育经费收入情况

地区	总计	国家财政性教育经费	一般公共预算安排的教育经费	一般公共预算教育经费	教育事业费	基本建设经费	教育费附加	科研经费	其他
合计	**1704565087**	**1557357359**	**1540865816**	**1324312446**	**1264880819**	**18122547**	**41309080**	**356806**	**216196564**
北京	50258959	45247319	44371993	36663392	35146214	1397228	119950	687	7707913
天津	17363727	16328608	16320868	14687565	14542919	76010	68637		1633303
河北	75776101	72526217	72415711	66389303	64941022	153568	1294714		6026408
山西	35004525	33182430	32935454	27772016	26426696	150941	1194379	3294	5160143
内蒙古	29995476	29301315	29231473	23325110	21982897	224323	1117891	3685	5902678
辽宁	28174290	26759572	26749830	21434076	20522188	71615	840273	58	5315695
吉林	21869045	20609273	20470674	16819861	16291719	133092	395049		3650814
黑龙江	23135009	22005982	21978039	17016803	16674825	123193	218785	50	4961186
上海	41253790	35788060	35386020	27581283	23312638	17738	4250906		7804737
江苏	113115835	103257931	101920304	88552939	84063931	73201	4415808	30592	13336772
浙江	97878666	86215070	82673708	75801086	72034999	1245609	2520478	25686	6846937
安徽	64798489	61568961	61440088	52402192	50965846	156384	1279962	14949	9022947
福建	53955644	50988917	49901891	43354921	41901179	165731	1288010	5760	6541211
江西	55147360	49776420	49678325	45591785	44113685	413844	1064256	15993	4070547
山东	105685501	98849429	97921478	87613220	83356003	650	4256568	8250	10300008
河南	89012052	79616400	79362033	66237190	63232086	487418	2517686	37944	13086899
湖北	56547582	51070089	50664128	44975312	44975312			36543	5652273
湖南	66406941	58969149	58848223	55430853	54129296	182579	1118978	685	3416686
广东	199586871	166294090	164990518	139568001	127063925	7760442	4743634	30054	25392464
广西	58651222	55612228	54850419	45094780	44354052	111740	628989	22526	9733112
海南	16425003	14770370	14444737	10786015	10722779	13105	50131	406	3658316
重庆	41236671	39057750	38244485	28912930	27183090	781768	948071	5545	9326010
四川	90381492	78343909	77812091	65624183	63119172	400061	2104950	3759	12184149
贵州	53500548	50406487	49089865	43434195	42054005	185122	1195068	30350	5625320
云南	58193593	55844397	55437884	44025254	42840131	392958	792165	576	11412053
西藏	15254210	15250371	15157017	13042779	12540910	500491	1377	148	2114091
陕西	45314715	41345512	40500684	38156839	36016245	671520	1469074	20	2343825
甘肃	31175696	30662615	30576473	25448080	24843141	189417	415521	36459	5091934
青海	10974495	10903810	10890753	8414926	7802429	472184	140313	923	2474904
宁夏	10502382	10103627	10086392	7775554	7500318	31988	243249	32	2310806
新疆	47989198	46701050	46514257	42380004	40227166	1538631	614207	41831	4092422
大连	5649393	5288146	5283944	4178586	3889507	44053	245026		1105358
宁波	13931632	12118850	11806876	11108689	10808976	134000	165713	8820	689367
厦门	9847089	9371155	8947184	7394927	6806641	129841	458445		1552257
青岛	14317263	13348667	13338194	12212320	11132516		1079805		1125874
深圳	45770921	39254908	39082623	32215386	21574066	7525217	3116103	2938	6864299

(普通小学)

单位：千元

政府性基金预算安排的教育经费	#彩票公益金	国有及国有控股企业办学中的企业拨款	校办产业和社会服务收入中用于教育的经费	其他属于国家财政性教育经费	民办学校中举办者投入	捐赠收入	事业收入	#学费	其他教育经费
16414437	**851575**	**77106**			**1425518**	**1332769**	**94967723**	**88122746**	**49481716**
804035	3616	71291			3041	34020	4807048	4684485	167530
7740	840				15430	11489	671029	661816	337170
110506	73303				78830	27193	2983593	2624734	160267
242252	5973	4724			25352	8694	1510073	1301874	277975
69843	31109				1285	24355	336871	313864	331650
9743	955				5244	8529	714086	645969	686859
138599	6112				2043	9087	341462	335796	907180
26851	12343	1092				6190	242228	219272	880609
402041					29895	9801	4724542	4688340	701492
1337627	44782				112502	62704	6220976	6090430	3461723
3541362	58928				84775	130046	6591058	6137992	4857717
128872	21853				39881	4444	1763375	1572296	1421828
1087026	19436				5282	75033	1505802	1412844	1380611
98095	30706				5122	10506	1198018	1088147	4157295
927950	56467				128894	32729	4997235	4625790	1677214
254367	147906				91316	5833	6949556	6036274	2348947
405962	6752				43061	23695	3360224	3036359	2050513
120926	21662				31906	49321	2512157	2106660	4844408
1303572	61712				445102	406541	30075296	28327426	2365841
761809	25616				43168	6781	1224218	1077623	1764826
325632	10539				10439	1025	1349481	1180974	293689
813265	34515				12009	17565	912485	804275	1236861
531818	33119				126925	56131	5825497	5351912	6029031
1316622	13653				1493	104626	1438598	1267828	1549344
406513	46996				28826	122789	820850	771398	1376731
93354	14016					785			3053
844828	23145				53101	29001	1506131	1398240	2380971
86143	12945				480	7380	257367	238711	247854
13057	12104				61	7221	5728	5005	57675
17235	7349				57	8881	75185	71070	314632
186793	13124					30373	47557	45341	1210219
4202					2653	4114	253758	237890	100723
311975	5432				1266	2891	933538	906891	875087
423971	12737				1150	3525	403550	386359	67709
10473	7279				14773	8278	930249	909270	15296
172285	14627				38498	13725	6209876	6040212	253915

3-40 教育经费收入情况

地区	总计	国家财政性教育经费	一般公共预算安排的教育经费	一般公共预算教育经费	教育事业费	基本建设经费	教育费附加	科研经费	其他
合计	**1698460300**	**1551478807**	**1535101892**	**1319542971**	**1260440430**	**17793460**	**41309080**	**355811**	**215203109**
北京	49755430	44778576	43903250	36213314	34696136	1397228	119950	687	7689248
天津	17322209	16294890	16287149	14653846	14509200	76010	68637		1633303
河北	75776101	72526217	72415711	66389303	64941022	153568	1294714		6026408
山西	35004525	33182430	32935454	27772016	26426696	150941	1194379	3294	5160143
内蒙古	29995476	29301315	29231473	23325110	21982897	224323	1117891	3685	5902678
辽宁	28174290	26759572	26749830	21434076	20522188	71615	840273	58	5315695
吉林	21730431	20496612	20358013	16707199	16179058	133092	395049		3650814
黑龙江	23135009	22005982	21978039	17016803	16674825	123193	218785	50	4961186
上海	41224837	35768651	35366611	27563226	23294581	17738	4250906		7803385
江苏	113115835	103257931	101920304	88552939	84063931	73201	4415808	30592	13336772
浙江	97878666	86215070	82673708	75801086	72034999	1245609	2520478	25686	6846937
安徽	64798202	61568961	61440088	52402192	50965846	156384	1279962	14949	9022947
福建	53955644	50988917	49901891	43354921	41901179	165731	1288010	5760	6541211
江西	55147360	49776420	49678325	45591785	44113685	413844	1064256	15993	4070547
山东	105669001	98832929	97921478	87613220	83356003	650	4256568	8250	10300008
河南	88997186	79606894	79352528	66231830	63226831	487313	2517686	37944	13082753
湖北	56358273	50889893	50483932	44795116	44795116			36543	5652273
湖南	66392165	58957892	58836966	55419595	54118039	182579	1118978	685	3416686
广东	199586871	166294090	164990518	139568001	127063925	7760442	4743634	30054	25392464
广西	58651222	55612228	54850419	45094780	44354052	111740	628989	22526	9733112
海南	16425003	14770370	14444737	10786015	10722779	13105	50131	406	3658316
重庆	41138839	38967811	38154546	28826450	27096610	781768	948071	5545	9322551
四川	90367722	78342334	77810516	65622609	63117597	400061	2104950	3759	12184149
贵州	53500548	50406487	49089865	43434195	42054005	185122	1195068	30350	5625320
云南	58193593	55844397	55437884	44025254	42840131	392958	792165	576	11412053
西藏	15254210	15250371	15157017	13042779	12540910	500491	1377	148	2114091
陕西	45157290	41216858	40372030	38028184	35887591	671520	1469074	20	2343825
甘肃	31152310	30639230	30553087	25427724	24822786	189417	415521	36459	5088904
青海	10974495	10903810	10890753	8414926	7802429	472184	140313	923	2474904
宁夏	10502382	10103627	10086392	7775554	7500318	31988	243249	32	2310806
新疆	43125176	41918042	41829378	38658921	36835065	1209649	614207	40836	3129620
大连	5649393	5288146	5283944	4178586	3889507	44053	245026		1105358
宁波	13931632	12118850	11806876	11108689	10808976	134000	165713	8820	689367
厦门	9847089	9371155	8947184	7394927	6806641	129841	458445		1552257
青岛	14317263	13348667	13338194	12212320	11132516		1079805		1125874
深圳	45770921	39254908	39082623	32215386	21574066	7525217	3116103	2938	6864299

（地方普通小学）

单位：千元

政府性基金预算安排的教育经费	#彩票公益金	国有及国有控股企业办学中的企业拨款	校办产业和社会服务收入中用于教育的经费	其他属于国家财政性教育经费	民办学校中举办者投入	捐赠收入	事业收入	#学费	其他教育经费
16299809	**829961**	**77106**			**1425518**	**1320894**	**94965631**	**88122746**	**49269450**
804035	3616	71291			3041	31395	4807048	4684485	135369
7740	840				15430	11489	671029	661816	329371
110506	73303				78830	27193	2983593	2624734	160267
242252	5973	4724			25352	8694	1510073	1301874	277975
69843	31109				1285	24355	336871	313864	331650
9743	955				5244	8529	714086	645969	686859
138599	6112				2043	9087	341462	335796	881228
26851	12343	1092				6190	242228	219272	880609
402041					29895	9801	4724542	4688340	691948
1337627	44782				112502	62704	6220976	6090430	3461723
3541362	58928				84775	130046	6591058	6137992	4857717
128872	21853				39881	4444	1763375	1572296	1421541
1087026	19436				5282	75033	1505802	1412844	1380611
98095	30706				5122	10506	1198018	1088147	4157295
911450	39967				128894	32729	4997235	4625790	1677214
254367	147906				91316	5833	6949556	6036274	2343587
405962	6752				43061	23695	3360224	3036359	2041400
120926	21662				31906	49321	2510799	2106660	4842247
1303572	61712				445102	406541	30075296	28327426	2365841
761809	25616				43168	6781	1224218	1077623	1764826
325632	10539				10439	1025	1349481	1180974	293689
813265	34515				12009	17553	912438	804275	1229028
531818	33119				126925	56131	5825497	5351912	6016836
1316622	13653				1493	104626	1438598	1267828	1549344
406513	46996				28826	122789	820850	771398	1376731
93354	14016					785			3053
844828	23145				53101	25401	1506131	1398240	2355800
86143	12945				480	7380	257367	238711	247854
13057	12104				61	7221	5728	5005	57675
17235	7349				57	8881	75185	71070	314632
88665	8010					24734	46870	45341	1135530
4202					2653	4114	253758	237890	100723
311975	5432				1266	2891	933538	906891	875087
423971	12737				1150	3525	403550	386359	67709
10473	7279				14773	8278	930249	909270	15296
172285	14627				38498	13725	6209876	6040212	253915

3-41 教育经费收入情况

地区	总计	国家财政性教育经费	一般公共预算安排的教育经费	一般公共预算教育经费	教育事业费	基本建设经费	教育费附加	科研经费	其他
合计	**903496109**	**853979262**	**848713398**	**723991702**	**706059956**	**4738023**	**13193724**	**81379**	**124640317**
北京	7436982	6800930	6800930	5662518	5599837	45949	16732		1138412
天津	3643590	3498817	3498817	3062845	3062845				435972
河北	52925483	51000975	50920647	46797381	45951941	149946	695493		4123266
山西	21189853	20595689	20512228	16811310	16077796	92133	641381	544	3700374
内蒙古	20314279	20015034	19967139	15765311	15047219	143467	574625	2819	4199008
辽宁	11610875	11271406	11270587	8838132	8667996	17029	153107	58	2432397
吉林	13665282	13074132	13035458	10524294	10285153	52554	186586		2511164
黑龙江	13026703	12658298	12632889	9532799	9446031	37027	49740		3100090
上海	4069665	3768697	3767374	2835557	2463634		371923		931817
江苏	43341274	40396115	40312406	34929128	33756315		1172813	4285	5378992
浙江	38502026	34919267	33439374	30497390	29146021	658496	692873	8512	2933472
安徽	43554341	41494298	41391518	34665926	34028387	134234	503305	20	6725572
福建	27910741	26769804	26534642	23312107	22916281	22344	373482	135	3222400
江西	35949317	33058916	32995915	30245230	29409850	310033	525347	8707	2741978
山东	55264737	52083832	51804846	45971035	44103069	650	1867316		5833811
河南	62563750	56717189	56575391	47444189	45695765	213359	1535064	3096	9128106
湖北	27327701	25619266	25508662	22591206	22591206			277	2917179
湖南	41333381	37250458	37199649	34784623	34291562	129394	363668	240	2414786
广东	60623673	55172844	55108210	44258462	43985103	37105	236254	561	10849187
广西	41996312	40898515	40568902	33569513	33038283	75666	455564	11071	6988318
海南	10327010	9643648	9542119	6999342	6972951	12216	14175	135	2542642
重庆	20402406	19699440	19593527	14319411	14172898	42101	104411	247	5273869
四川	53351907	49451080	49239145	41025027	39917217	348823	758987	1329	8212790
贵州	38864550	37219003	36214722	31750561	31245664	72418	432479	17994	4446168
云南	44242040	43148754	42929879	33957524	33402446	211915	343164	136	8972219
西藏	12194139	12193353	12164007	10493866	10054716	437772	1377	148	1669994
陕西	23492333	22220704	22048293	20668863	19943657	196641	528564		1379431
甘肃	24014597	23838564	23819491	19909881	19566193	153145	190544	12104	3897506
青海	8216337	8165039	8152129	6345025	5923292	346594	75139	600	1806504
宁夏	6166087	5981387	5977766	4509122	4379663	25850	103608		1468645
新疆	35974736	35353805	35186734	31914125	30916962	771161	226003	8361	3264248
大连	1007041	922876	922876	697450	640535	8092	48824		225426
宁波	4685748	4084507	3882758	3572656	3487902	44000	40754	320	309781
厦门	850941	839921	794949	668118	641670	6235	20213		126831
青岛	3055580	2933622	2930886	2715645	2566872		148773		215241
深圳									

(农村小学)

单位: 千元

政府性基金预算安排的教育经费	#彩票公益金	国有及国有控股企业办学中的企业拨款	校办产业和社会服务收入中用于教育的经费	其他属于国家财政性教育经费	民办学校中举办者投入	捐赠收入	事业收入	#学费	其他教育经费
5260049	**443549**	**5815**			**542561**	**705125**	**24376634**	**21747883**	**23892528**
					41	6307	615834	594204	13869
					1100	699	68001	66275	74973
80329	59315				35526	24449	1823034	1591090	41498
78738	3861	4724			6564	3967	458629	370089	125004
47895	25312					18049	88573	80640	192624
819	58					3840	143232	134558	192397
38674	2709					7962	156255	154552	426934
24318	10889	1092				3907	25369	25014	339129
1323					8195	4239	255908	252467	32625
83709	3689				62962	7197	1539626	1497415	1335374
1479894	11115				3950	51720	1525108	1416725	2001981
102780	13198				12890	3258	1048143	936340	995751
235162	4763				1968	32670	391205	356597	715094
63000	17672				4129	5837	468313	409448	2412122
278985	12675				76928	17517	2018352	1851941	1068108
141798	87758				47379	3290	4255952	3615212	1539941
110604	4439				1460	8997	914302	804697	783676
50809	16410				22848	13356	1202351	1001398	2844367
64634	8196				146905	185664	4427649	4058129	690612
329613	11086				32178	4746	254385	212813	806488
101530	10479				7896	923	513108	442076	161434
105913	24876				6805	10407	111758	68323	573996
211935	16747				49369	45293	1065499	950686	2740665
1004281	7723				576	102268	483729	422973	1058973
218875	28607				1373	107179	127339	113375	857394
29346	12010					785			
172411	17114				11233	5753	320097	259389	934547
19073	10904				280	5475	56489	48199	113789
12910	11957					4522	251	15	46526
3621	1349				7	2668	17359	13244	164666
167072	8638					12181	782		607969
						3372	74776	72644	6016
201749	661					276	82203	75413	518762
44972	214						10713	9197	307
2736	2736				1282	2042	117940	115845	694

3-42 教育经费收入情况

地区	总计	国家财政性教育经费	一般公共预算安排的教育经费	一般公共预算教育经费				科研经费	其他
					教育事业费	基本建设经费	教育费附加		
合计	**900025747**	**850553127**	**845380136**	**721354263**	**703568712**	**4591827**	**13193724**	**80696**	**123945177**
北京	7436982	6800930	6800930	5662518	5599837	45949	16732		1138412
天津	3643590	3498817	3498817	3062845	3062845				435972
河北	52925483	51000975	50920647	46797381	45951941	149946	695493		4123266
山西	21189853	20595689	20512228	16811310	16077796	92133	641381	544	3700374
内蒙古	20314279	20015034	19967139	15765311	15047219	143467	574625	2819	4199008
辽宁	11610875	11271406	11270587	8838132	8667996	17029	153107	58	2432397
吉林	13665282	13074132	13035458	10524294	10285153	52554	186586		2511164
黑龙江	13026703	12658298	12632889	9532799	9446031	37027	49740		3100090
上海	4069665	3768697	3767374	2835557	2463634		371923		931817
江苏	43341274	40396115	40312406	34929128	33756315		1172813	4285	5378992
浙江	38502026	34919267	33439374	30497390	29146021	658496	692873	8512	2933472
安徽	43554341	41494298	41391518	34665926	34028387	134234	503305	20	6725572
福建	27910741	26769804	26534642	23312107	22916281	22344	373482	135	3222400
江西	35949317	33058916	32995915	30245230	29409850	310033	525347	8707	2741978
山东	55264737	52083832	51804846	45971035	44103069	650	1867316		5833811
河南	62563750	56717189	56575391	47444189	45695765	213359	1535064	3096	9128106
湖北	27327701	25619266	25508662	22591206	22591206			277	2917179
湖南	41333381	37250458	37199649	34784623	34291562	129394	363668	240	2414786
广东	60623673	55172844	55108210	44258462	43985103	37105	236254	561	10849187
广西	41996312	40898515	40568902	33569513	33038283	75666	455564	11071	6988318
海南	10327010	9643648	9542119	6999342	6972951	12216	14175	135	2542642
重庆	20402406	19699440	19593527	14319411	14172898	42101	104411	247	5273869
四川	53351907	49451080	49239145	41025027	39917217	348823	758987	1329	8212790
贵州	38864550	37219003	36214722	31750561	31245664	72418	432479	17994	4446168
云南	44242040	43148754	42929879	33957524	33402446	211915	343164	136	8972219
西藏	12194139	12193353	12164007	10493866	10054716	437772	1377	148	1669994
陕西	23492333	22220704	22048293	20668863	19943657	196641	528564		1379431
甘肃	23991212	23815179	23796106	19889526	19545837	153145	190544	12104	3894476
青海	8216337	8165039	8152129	6345025	5923292	346594	75139	600	1806504
宁夏	6166087	5981387	5977766	4509122	4379663	25850	103608		1468645
新疆	32527760	31951056	31876858	29297042	28446074	624966	226003	7678	2572138
大连	1007041	922876	922876	697450	640535	8092	48824		225426
宁波	4685748	4084507	3882758	3572656	3487902	44000	40754	320	309781
厦门	850941	839921	794949	668118	641670	6235	20213		126831
青岛	3055580	2933622	2930886	2715645	2566872		148773		215241
深圳									

（地方农村小学）

单位：千元

政府性基金预算安排的教育经费	#彩票公益金	国有及国有控股企业办学中的企业拨款	校办产业和社会服务收入中用于教育的经费	其他属于国家财政性教育经费	民办学校中举办者投入	捐赠收入	事业收入	#学费	其他教育经费
5167176	**441766**	**5815**			**542561**	**704298**	**24376344**	**21747883**	**23849418**
					41	6307	615834	594204	13869
					1100	699	68001	66275	74973
80329	59315				35526	24449	1823034	1591090	41498
78738	3861	4724			6564	3967	458629	370089	125004
47895	25312					18049	88573	80640	192624
819	58					3840	143232	134558	192397
38674	2709					7962	156255	154552	426934
24318	10889	1092				3907	25369	25014	339129
1323					8195	4239	255908	252467	32625
83709	3689				62962	7197	1539626	1497415	1335374
1479894	11115				3950	51720	1525108	1416725	2001981
102780	13198				12890	3258	1048143	936340	995751
235162	4763				1968	32670	391205	356597	715094
63000	17672				4129	5837	468313	409448	2412122
278985	12675				76928	17517	2018352	1851941	1068108
141798	87758				47379	3290	4255952	3615212	1539941
110604	4439				1460	8997	914302	804697	783676
50809	16410				22848	13356	1202351	1001398	2844367
64634	8196				146905	185664	4427649	4058129	690612
329613	11086				32178	4746	254385	212813	806488
101530	10479				7896	923	513108	442076	161434
105913	24876				6805	10407	111758	68323	573996
211935	16747				49369	45293	1065499	950686	2740665
1004281	7723				576	102268	483729	422973	1058973
218875	28607				1373	107179	127339	113375	857394
29346	12010					785			
172411	17114				11233	5753	320097	259389	934547
19073	10904				280	5475	56489	48199	113789
12910	11957					4522	251	15	46526
3621	1349				7	2668	17359	13244	164666
74198	6855					11354	492		564859
						3372	74776	72644	6016
201749	661					276	82203	75413	518762
44972	214						10713	9197	307
2736	2736				1282	2042	117940	115845	694

3-43 教育经费收入情况

地区	总计	国家财政性教育经费	一般公共预算安排的教育经费	一般公共预算教育经费	教育事业费	基本建设经费	教育费附加	科研经费	其他
合计	**25019531**	**24703511**	**24419815**	**20637763**	**19688973**	**224261**	**724528**	**4238**	**3777814**
北京	715817	711843	711843	573030	572525		505		138812
天津	268941	268244	268059	237125	236601		524		30934
河北	857465	847123	846733	777223	772408		4815		69510
山西	648527	641324	624939	455871	453769		2102		169069
内蒙古	541921	539796	533640	427849	417869	5978	4002	52	105739
辽宁	750308	748815	739626	591220	584149		7072		148406
吉林	416343	412463	409772	344555	333410	511	10634		65217
黑龙江	563092	562709	562374	449954	433820	274	15860		112420
上海	1127597	1119868	1119868	865984	740671		125314		253883
江苏	1646128	1630432	1622687	1369909	1328206		41703	339	252439
浙江	1447887	1429413	1328929	1214186	1169404	7261	37521	173	114570
安徽	1534721	1520698	1512853	1394618	1260877	5193	128549	290	117944
福建	902635	891926	882714	774847	760565	1000	13282		107866
江西	673561	663620	663069	617985	563652	1494	52839		45084
山东	1770304	1738418	1723319	1501551	1459203		42348		221767
河南	888804	881219	878823	706016	696438		9578	149	172659
湖北	698339	689273	687211	526209	526209			27	160975
湖南	989330	939459	939323	877552	828292		49259		61771
广东	3194306	3150525	3139053	2661267	2431489	165635	64143	3046	474740
广西	697775	689096	676212	523481	514345	5289	3847		152731
海南	185394	184992	183339	135622	134987		635		47717
重庆	362316	361447	360455	279230	277395		1835		81225
四川	1101557	1097893	1093654	906179	846366	17842	41971		187475
贵州	678457	665195	658295	585401	543504	7209	34687	14	72879
云南	661567	655907	654534	533754	521787	4037	7930		120779
西藏	164626	164626	163614	133119	133119				30495
陕西	547883	537278	486378	437984	423842		14141		48394
甘肃	295337	287731	285314	238363	237920		443	148	46803
青海	116593	116086	115909	95248	94819		430		20661
宁夏	237343	228644	221221	108485	101498		6987		112736
新疆	334656	327447	326058	293946	289835	2538	1573		32112
大连	134004	133997	133997	105791	103456		2335		28206
宁波	157899	155683	153523	138957	138939		18	20	14546
厦门	178647	175978	168784	150793	145330		5463		17991
青岛	333694	332593	324251	261078	256014		5064		63173
深圳	721499	720062	720059	575278	413166	108400	53712		144781

（特殊教育）

单位：千元

政府性基金预算安排的教育经费	#彩票公益金	国有及国有控股企业办学中的企业拨款	校办产业和社会服务收入中用于教育的经费	其他属于国家财政性教育经费	民办学校中举办者投入	捐赠收入	事业收入	#学费	其他教育经费
283696	**82430**				**9901**	**47205**	**108405**	**72784**	**150508**
						702	186		3086
185	185								697
390	390				976	1061	7605	7449	700
16384	12228				380	1457	2281	1568	3086
6157	6130					1164			961
9189	9189					1351			142
2691						2977			902
335	335					161			221
						69			7660
7745	3921				1417	1010	2026	1479	11243
100484	2658				1400	1805	5384	2118	9885
7845	242					3002	1373	482	9649
9213	398					3579	2131	368	4999
551	551				1091	3314	884	597	4651
15099	11605				1622	1632	4398	3001	24235
2396	1396					97	4700	4539	2788
2062	2062					7336	137		1592
137	107				3000	1343	20279	17398	25248
11472	994				15	3426	34502	29636	5837
12885	8878					128	6368	577	2182
1652	12								403
992	992					2	673	115	194
4239	3744					1118	626		1921
6900	2321					6195	1005		6062
1373	1327					2660	1054	966	1947
1013	1013								
50900	400					409	5565	2492	4632
2417	2417					12			7594
178	178					40			467
7424	7424					169	7229		1301
1389	1337					984			6224
									7
2160	100					50			2166
7194						849			1820
8342	8342					213			887
2									1438

3-44 教育经费收入情况

地区	总计	国家财政性教育经费	一般公共预算安排的教育经费	一般公共预算教育经费	教育事业费	基本建设经费	教育费附加	科研经费	其他
合计	**23762248**	**23503989**	**23237460**	**19615713**	**18821269**	**157414**	**637030**	**4238**	**3617509**
北京	599558	595946	595946	483778	483273		505		112168
天津	257804	257512	257327	228112	227588		524		29215
河北	857465	847123	846733	777223	772408		4815		69510
山西	617634	610430	594046	430127	428024		2102		163919
内蒙古	541921	539796	533640	427849	417869	5978	4002	52	105739
辽宁	698210	696836	687647	549064	543437		5627		138583
吉林	404356	400478	397786	334561	324037	511	10013		63225
黑龙江	551041	550659	550324	439875	427363	274	12237		110449
上海	959088	951480	951480	735657	627395		108262		215823
江苏	1618536	1602918	1595173	1344293	1304374		39919	339	250541
浙江	1420237	1401763	1303926	1191307	1146525	7261	37521	173	112446
安徽	1498798	1484775	1484533	1368285	1257256	5193	105836	290	115958
福建	902635	891926	882714	774847	760565	1000	13282		107866
江西	618300	608359	607808	566480	516732	1494	48254		41328
山东	1770304	1738418	1723319	1501551	1459203		42348		221767
河南	867292	860351	857956	689959	680968		8991	149	167849
湖北	678014	668948	666885	510016	510016			27	156843
湖南	932118	909951	909814	848043	808314		39730		61771
广东	2939896	2914132	2908814	2435651	2272389	102404	60857	3046	470118
广西	655517	649000	636615	486988	481656	1672	3660		149626
海南	169777	169375	167985	129134	128499		635		38852
重庆	347925	347055	346064	267776	266191		1584		78288
四川	1023229	1019565	1015326	839389	790973	17842	30574		175937
贵州	547107	539049	532149	474538	439719	7209	27610	14	57596
云南	616270	610888	609515	495694	487090	4037	4567		113821
西藏	164626	164626	163614	133119	133119				30495
陕西	523798	515856	464956	419495	405353		14141		45462
甘肃	292546	284941	282524	235573	235130		443	148	46803
青海	116593	116086	115909	95248	94819		430		20661
宁夏	237343	228644	221221	108485	101498		6987		112736
新疆	334309	327101	325711	293599	289488	2538	1573		32112
大连	123863	123856	123856	98420	97228		1192		25436
宁波	157899	155683	153523	138957	138939		18	20	14546
厦门	178647	175978	168784	150793	145330		5463		17991
青岛	333694	332593	324251	261078	256014		5064		63173
深圳	667758	666454	666454	522160	411814	57137	53209		144294

（特殊教育学校）

单位：千元

政府性基金预算安排的教育经费	#彩票公益金	国有及国有控股企业办学中的企业拨款	校办产业和社会服务收入中用于教育的经费	其他属于国家财政性教育经费	民办学校中举办者投入	捐赠收入	事业收入	#学费	其他教育经费
266530	**82430**				**6901**	**43831**	**67012**	**39997**	**140515**
						702	36		2874
185	185								292
390	390				976	1061	7605	7449	700
16384	12228				380	1457	2281	1568	3086
6157	6130					1164			961
9189	9189					1351			23
2691						2977			900
335	335					161			221
						69			7539
7745	3921				1417	1010	2026	1479	11165
97837	2658				1400	1805	5384	2118	9885
242	242					3002	1373	482	9649
9213	398					3579	2131	368	4999
551	551				1091	3314	884	597	4651
15099	11605				1622	1632	4398	3001	24235
2396	1396					97	4700	4539	2144
2062	2062					7336	137		1592
137	107					1343	2264	1653	18560
5318	994				15	3126	16932	12594	5691
12386	8878					128	4230	577	2159
1389	12								403
992	992					2	673	115	194
4239	3744					1118	626		1921
6900	2321					3121	149		4787
1373	1327					2660	1054	966	1668
1013	1013								
50900	400					409	2902	2492	4632
2417	2417					12			7594
178	178					40			467
7424	7424					169	7229		1301
1389	1337					984			6224
									7
2160	100					50			2166
7194						849			1820
8342	8342					213			887
									1304

3-45 教育经费收入情况

地区	总计	国家财政性教育经费	一般公共预算安排的教育经费	一般公共预算教育经费	教育事业费	基本建设经费	教育费附加	科研经费	其他
合计	**1257282**	**1199522**	**1182356**	**1022050**	**867704**	**66848**	**87499**		**160305**
北京	116258	115896	115896	89252	89252				26644
天津	11137	10732	10732	9013	9013				1719
河北									
山西	30894	30893	30893	25744	25744				5149
内蒙古									
辽宁	52098	51979	51979	42156	40712		1444		9823
吉林	11987	11985	11985	9994	9373		621		1991
黑龙江	12051	12051	12051	10080	6456		3624		1971
上海	168508	168388	168388	130328	113276		17051		38060
江苏	27592	27514	27514	25616	23832		1784		1898
浙江	27649	27649	25003	22879	22879				2124
安徽	35923	35923	28320	26334	3621		22713		1986
福建									
江西	55261	55261	55261	51505	46920		4584		3756
山东									
河南	21512	20868	20868	16057	15470		587		4810
湖北	20325	20325	20325	16193	16193				4132
湖南	57212	29509	29509	29509	19979		9530		
广东	254410	236394	230239	225616	159100	63231	3286		4622
广西	42258	40096	39597	36492	32689	3617	186		3105
海南	15617	15617	15354	6489	6489				8865
重庆	14391	14391	14391	11454	11204		251		2937
四川	78328	78328	78328	66790	55392		11398		11538
贵州	131351	126146	126146	110863	103785		7077		15283
云南	45298	45018	45018	38060	34697		3363		6958
西藏									
陕西	24085	21422	21422	18489	18489				2933
甘肃	2790	2790	2790	2790	2790				
青海									
宁夏									
新疆	347	347	347	347	347				
大连	10141	10141	10141	7371	6228		1142		2770
宁波									
厦门									
青岛									
深圳	53742	53608	53605	53118	1352	51263	504		487

(工读学校)

单位：千元

	政府性基金预算安排的教育经费	#彩票公益金	国有及国有控股企业办学中的企业拨款	校办产业和社会服务收入中用于教育的经费	其他属于国家财政性教育经费	民办学校中举办者投入	捐赠收入	事业收入	#学费	其他教育经费
	17166					**3000**	**3374**	**41393**	**32787**	**9993**
								150		212
										405
										119
										2
										121
										78
	2647									
	7603									
										1
										645
						3000		18015	15745	6688
	6155						300	17570	17043	146
	499							2139		23
	263									
							3074	856		1275
										279
								2663		
	2									134

3-46 教育经费收入情况

地区	总计	国家财政性教育经费	一般公共预算安排的教育经费	一般公共预算教育经费	教育事业费	基本建设经费	教育费附加	科研经费	其他
合计	**538630465**	**315013373**	**296888002**	**266549597**	**254127291**	**2957891**	**9464415**	**111858**	**30226547**
北京	23116271	16924608	16867318	15038532	14828178	176227	34128		1828786
天津	7099982	4499975	4248064	3808396	3803236		5160		439668
河北	18751215	11539161	10974228	10051319	9958646	13229	79444	68	922841
山西	9278799	5394720	4545810	3926107	3773851	45247	107009		619703
内蒙古	9976742	7324964	7200419	6074936	5735300	82451	257185	100	1125383
辽宁	7062316	2809498	2804893	2525488	2445894	2630	76964		279405
吉林	4448690	2447446	2344490	1982708	1951660	10986	20063		361782
黑龙江	4543174	2656880	2479130	2055681	1997490	53019	5171		423449
上海	25432712	19851901	19138926	15060085	13347223	47068	1665795		4078841
江苏	36841145	21078633	20388042	18635343	17633022	1735	1000586	1788	1750912
浙江	43104388	26137177	23341278	22173128	20840672	414698	917757	3421	1164729
安徽	18813913	12021287	11055808	10110498	9838388	68120	203990	51	945260
福建	18102558	11431537	10387411	9349198	9001422	41430	306346	386	1037826
江西	16658652	11885082	9927024	9396897	9072570	80255	244072	61	530066
山东	33235183	16779786	16304865	14968243	14415079	690	552474		1336622
河南	23734579	8103381	7293335	6212460	5905884	47213	259363	110	1080764
湖北	15587074	7504269	6996103	6337929	6337929			10036	648137
湖南	16965135	6796498	6679039	6419651	6230113	20767	168771	30	259359
广东	65068225	26828342	25087556	23716842	22286922	378549	1051371	172	1370542
广西	12750912	6216738	5866096	4990481	4857983	47601	84897	100	875515
海南	5433470	3415769	3237371	2795221	2746716	2730	45775	208	441942
重庆	10198122	4894231	4652717	4076292	3850008	63730	162554	8	576417
四川	29790340	17940342	16328553	14847571	13891943	142455	813173		1480982
贵州	16970250	11093878	10702569	9558928	9002987	97348	458593	885	1142756
云南	13703020	7382654	7336438	6048274	5735956	143282	169036	233	1287931
西藏	5416553	5370894	5370743	4605788	4409112	196619	58		764954
陕西	15849472	11163378	10590943	10011968	9238701	159981	613285	107	578868
甘肃	9364665	7555313	7175256	6045851	5901867	65130	78853	4093	1125313
青海	2276711	1624771	1601389	1483735	1245541	216599	21595		117654
宁夏	2959151	1988712	1980188	1759791	1742237		17554		220397
新疆	15797046	14351549	13982000	12482256	12100758	338104	43394	90000	1409744
大连	1819860	746621	743216	687683	679959		7724		55532
宁波	6292177	3607196	3431239	3253704	3149064	27500	77140	412	177122
厦门	3679242	2690409	2643342	2377232	2310871	26510	39851		266109
青岛	5138587	2919049	2916594	2781035	2618442		162593		135560
深圳	17870867	11272128	11120809	11048709	9962771	319514	766424		72100

（幼儿园）

单位：千元

政府性基金预算安排的教育经费	#彩票公益金	国有及国有控股企业办学中的企业拨款	校办产业和社会服务收入中用于教育的经费	其他属于国家财政性教育经费	民办学校中举办者投入	捐赠收入	事业收入	#学费	其他教育经费
17400227	**169066**	**725144**	**1**		**4533699**	**704431**	**212105064**	**209113860**	**6273897**
48489		8800			46577	17709	5943036	5848813	184341
203757		48153			157410	8427	2411646	2402157	22524
540169	3848	24764			132179	3926	7059980	7001590	15969
710818	488	138091	1		74335	421	3773154	3739618	36170
85708	23748	38837			74845	12480	2519035	2517382	45418
3405		1200			21264	160	4198192	4142019	33202
102956	1640				27558	134	1933635	1911315	39917
19124	450	158626			24286	844	1812292	1725377	48872
712974					8900	29842	5216114	5193736	325955
678733	4805	11858			298074	82180	14519164	14496372	863094
2766517	19795	29382			868697	163505	14509974	14375164	1425035
949386	20639	16094			100187	5855	6470595	6443840	215988
1008095	416	36031			80810	35681	6368472	6314700	186059
1955878	12156	2180			74543	7828	4619515	4235664	71684
454231	713	20690			236092	19315	16092083	16091559	107907
786959	22253	23088			501911	1810	15050228	14624007	77249
503515	60	4651			88631	6590	7877885	7690984	109699
110474	277	6985			30341	1887	10042821	9927663	93586
1722764	9444	18022			664434	151338	36558250	36120665	865861
350167	6933	475			98616	2846	6354228	6305465	78484
178398					46995	9	1923320	1775925	47377
237102	12	4413			32383	42615	5278091	5178334	250801
1566963	874	44826			331762	32739	11223351	11074527	262145
391114	12954	195			80775	36861	5589158	5515170	169577
44416	2504	1800			305297	16008	5867990	5728098	131071
151	148						45653	45653	6
509925	1695	62510			46842	2311	4535856	4480867	101085
366343	15475	13714			41476	6045	1745279	1712709	16553
23340	7718	41			5851	8906	551341	548592	85842
3892	20	4632			11346	93	815007	783838	143992
364466		5084			21283	6065	1199719	1162057	218431
3405					2250	30	1068559	1060254	2400
175957	164				34198	40349	2462265	2455650	148168
45567	66	1500			25362	1889	946606	945847	14976
500		1954			29007	3870	2180966	2180966	5696
151319					34525	191	6071063	5865088	492960

3-47 教育经费收入情况

地区	总计	国家财政性教育经费	一般公共预算安排的教育经费	一般公共预算教育经费	教育事业费	基本建设经费	教育费附加	科研经费	其他
合计	535145559	312467814	294577863	264477363	252093818	2919133	9464411	111858	29988642
北京	22039287	16181929	16124640	14308872	14098522	176227	34124		1815768
天津	7018810	4449455	4245698	3806051	3800891		5160		439647
河北	18722113	11527321	10966263	10043354	9950680	13229	79444	68	922841
山西	9264164	5390949	4542039	3926107	3773851	45247	107009		615932
内蒙古	9971887	7324958	7200413	6074930	5735294	82451	257185	100	1125383
辽宁	6989262	2807482	2802877	2523472	2443877	2630	76964		279405
吉林	4437431	2445578	2342622	1980840	1949792	10986	20063		361782
黑龙江	4284400	2460178	2406820	1990787	1932597	53019	5171		416033
上海	25146866	19721120	19008146	14946917	13234054	47068	1665795		4061229
江苏	36819422	21061884	20371292	18620480	17618159	1735	1000586	1788	1749025
浙江	43096566	26137177	23341278	22173128	20840672	414698	917757	3421	1164729
安徽	18796681	12020982	11055503	10110192	9838083	68120	203990	51	945260
福建	18096182	11431537	10387411	9349198	9001422	41430	306346	386	1037826
江西	16658652	11885082	9927024	9396897	9072570	80255	244072	61	530066
山东	33235183	16779786	16304865	14968243	14415079	690	552474		1336622
河南	23704638	8094674	7284628	6206454	5899878	47213	259363	110	1078063
湖北	15563057	7502843	6994677	6336503	6336503			10036	648137
湖南	16942026	6786192	6668734	6409345	6219807	20767	168771	30	259359
广东	65044818	26825425	25084639	23713926	22284006	378549	1051371	172	1370542
广西	12750912	6216738	5866096	4990481	4857983	47601	84897	100	875515
海南	5419563	3414218	3235820	2793670	2745165	2730	45775	208	441942
重庆	10477913	4893949	4652435	4076010	3849726	63730	162554	8	576417
四川	29767024	17936829	16325040	14846692	13891064	142455	813173		1478348
贵州	16970250	11093878	10702569	9558928	9002987	97348	458593	885	1142756
云南	13697986	7382454	7336238	6048073	5735755	143282	169036	233	1287931
西藏	5416553	5370894	5370743	4605788	4409112	196619	58		764954
陕西	15832060	11161504	10589069	10010094	9236827	159981	613285	107	578868
甘肃	9335513	7537658	7157601	6029725	5885742	65130	78853	4093	1123783
青海	2276711	1624771	1601389	1483735	1245541	216599	21595		117654
宁夏	2958586	1988712	1980188	1759791	1742237		17554		220397
新疆	14411045	13011657	12701107	11388680	11045940	299347	43394	90000	1222427
大连	1798355	744604	741199	685667	677943		7724		55532
宁波	6292177	3607196	3431239	3253704	3149064	27500	77140	412	177122
厦门	3674642	2690409	2643342	2377232	2310871	26510	39851		266109
青岛	5138587	2919049	2916594	2781035	2618442		162593		135560
深圳	17866195	11270081	11118762	11046662	9960724	319514	766424		72100

(地方幼儿园)

单位：千元

政府性基金预算安排的教育经费	#彩票公益金	国有及国有控股企业办学中的企业拨款	校办产业和社会服务收入中用于教育的经费	其他属于国家财政性教育经费	民办学校中举办者投入	捐赠收入	事业收入	#学费	其他教育经费
17341227	**169066**	**548723**	**1**		**4533699**	**696697**	**211325677**	**208381539**	**6121671**
48489		8800			46577	10578	5647996	5566813	152207
203757					157410	8427	2381101	2371729	22416
540169	3848	20889			132179	3926	7042718	6986272	15969
710818	488	138091	1		74335	421	3770176	3737061	28284
85708	23748	38837			74845	12480	2515613	2513960	43990
3405		1200			21264	160	4141285	4094070	19071
102956	1640				27558	134	1925720	1903399	38441
19124	450	34234			24286	844	1771068	1687435	28024
712974					8900	29442	5072862	5050499	314542
678733	4805	11858			298074	82180	14515921	14493130	861364
2766517	19795	29382			868697	163505	14506842	14372032	1420345
949386	20639	16094			100187	5855	6460226	6433720	209431
1008095	416	36031			80810	35681	6362096	6308323	186059
1955878	12156	2180			74543	7828	4619515	4235664	71684
454231	713	20690			236092	19315	16092083	16091559	107907
786959	22253	23088			501911	1810	15038248	14614902	67996
503515	60	4651			88631	6590	7856099	7669549	108894
110474	277	6985			30341	1887	10037205	9922610	86399
1722764	9444	18022			664434	151338	36537760	36100319	865861
350167	6933	475			98616	2846	6354228	6305465	78484
178398					46995	9	1911407	1770313	46931
237102	12	4413			32383	42615	5264767	5165313	244198
1566963	874	44826			331762	32566	11209130	11060306	256736
391114	12954	195			80775	36861	5589158	5515170	169577
44416	2504	1800			305297	16008	5863157	5723308	131071
151	148						45653	45653	6
509925	1695	62510			46842	2311	4524374	4469386	97029
366343	15475	13714			41476	6045	1733781	1701212	16553
23340	7718	41			5851	8906	551341	548592	85842
3892	20	4632			11346	93	814442	783273	143992
305466		5084			21283	6035	1169705	1140502	202364
3405					2250	30	1049362	1047403	2109
175957	164				34198	40349	2462265	2455650	148168
45567	66	1500			25362	1889	942006	941247	14976
500		1954			29007	3870	2180966	2180966	5696
151319					34525	191	6068438	5862463	492960

3-48 教育经费收入情况

地区	总计	国家财政性教育经费	一般公共预算安排的教育经费	一般公共预算教育经费	教育事业费	基本建设经费	教育费附加	科研经费	其他
合计	216197705	142567228	134067541	119542625	115586465	1309514	2646646	95868	14429048
北京	3714196	3153605	3141750	2832580	2760281	68092	4207		309170
天津	918287	736834	693901	610062	610062				83838
河北	11652537	7970305	7536340	6825738	6776092	6298	43349	68	710533
山西	4200849	2921605	2742653	2365372	2272087	17882	75403		377281
内蒙古	5751377	4709977	4667240	3921220	3652790	43729	224701	100	745920
辽宁	1300519	677822	677822	600781	575296	2630	22855		77041
吉林	1853337	1183012	1152197	964841	958010	4690	2140		187356
黑龙江	1908149	1334669	1284293	1054980	1033756	20702	522		229313
上海	2433032	2149435	2149435	1701180	1497032		204147		448255
江苏	11044107	6726766	6464307	5954484	5694059		260425	26	509797
浙江	15017674	9755024	8312298	7958107	7458460	169330	330317	2647	351544
安徽	10547930	7172443	6520112	5837795	5726479	53220	58096	51	682266
福建	7538460	4936456	4451113	4036787	3961698	14920	60169		414326
江西	9872964	7397048	6188489	5846849	5673123	61394	112331	49	341591
山东	13833623	8018078	7890429	7175709	6935179	690	239840		714720
河南	13392600	4832023	4438041	3817867	3646121	19213	152534		620173
湖北	5631549	3070376	2715889	2439534	2439534			25	276330
湖南	8941706	4105542	3995340	3830090	3748783	16007	65301	30	165220
广东	13126964	5418421	4547854	3978343	3915275	951	62117	68	569444
广西	7025084	3812654	3644897	3127453	3069988	22790	34675	100	517344
海南	2804818	2052622	1999688	1715041	1692015	2512	20515	208	284439
重庆	3331367	2056500	1882903	1613490	1564777	23783	24930		269413
四川	11436461	8150147	7675069	6747279	6446875	101921	198483		927789
贵州	10671986	7455728	7285381	6450938	6338848	17298	94791	865	833579
云南	7333362	4613084	4609124	3752982	3586318	86353	80310	141	856002
西藏	3842965	3841440	3841389	3278431	3119746	158627	58		562958
陕西	6936749	5612459	5298557	4964819	4755739	33723	175357	107	333631
甘肃	6192961	5578266	5414136	4530931	4462664	30004	38262	1385	881821
青海	1432754	1173341	1161887	1090718	898141	182326	10251		71169
宁夏	1326112	1016852	1016039	903911	893297		10615		112127
新疆	11183226	10934692	10668968	9614314	9423940	150429	39945	90000	964655
大连	147701	88813	88813	83901	83094		807		4912
宁波	1904504	1158577	1109692	1057005	1046667		10338	232	52455
厦门	195413	164383	161336	151441	146455		4986		9895
青岛	701831	514910	514910	500792	454312		46479		14118
深圳									

（农村幼儿园）

单位：千元

政府性基金预算安排的教育经费	#彩票公益金	国有及国有控股企业办学中的企业拨款	校办产业和社会服务收入中用于教育的经费	其他属于国家财政性教育经费	民办学校中举办者投入	捐赠收入	事业收入	#学费	其他教育经费
8331636	**105428**	**168052**			**1487653**	**188008**	**70437294**	**69365008**	**1517522**
3955		7900			782	3552	542654	533266	13602
40751		2183			10993	2003	167491	167097	967
421522	829	12443			62442	3826	3607496	3577952	8469
115813		63139			22873	421	1248138	1243351	7812
42737	13722				20367	11555	993355	992189	16122
					1330	100	616016	605102	5251
30815	1640				12937	23	651221	651213	6144
943	450	49434			2984	64	534378	476251	36053
					400	223	254148	251241	28826
262459	2285				88769	13398	4087555	4078907	127620
1435638	14801	7088			266529	34028	4479360	4447729	482733
648031	10909	4300			58124	245	3257622	3250620	59497
479454	245	5889			27339	5164	2506131	2484043	63370
1208559	1538				51865	3449	2383309	2216203	37293
124741	613	2908			91441	7734	5685543	5685268	30827
392972	22022	1010			197787	490	8351923	8099413	10377
354487					14431	209	2525267	2461087	21265
110202	115				11653	523	4792416	4746587	31573
867547	646	3021			159196	30201	7465567	7452652	53579
167756	4513				39487	986	3147351	3127433	24607
52934					13088	9	707411	625349	31688
169384	12	4213			4958	1097	1225160	1204061	43651
474305	164	774			149054	8282	3087850	3017602	41128
170347	8804				59278	35058	3048475	3003578	73446
3960	340				74987	13602	2600766	2540119	30923
51	48						1525	1525	
310151	1546	3751			14750	199	1285676	1264458	23665
164130	15475				19758	1886	585158	579516	7893
11454	4712				175	8599	181974	180644	68665
814					5202	78	268537	258129	35442
265723					4675	1004	147823	142425	95032
							57952	57952	937
48885	59				13550	11071	682787	677948	38519
3047	45				169	54	30804	30804	2
					2095	257	184451	184451	118

3-49 教育经费收入情况

地区	总计	国家财政性教育经费	一般公共预算安排的教育经费	一般公共预算教育经费	教育事业费	基本建设经费	教育费附加	科研经费	其他
合计	**215223111**	**141665397**	**133193272**	**118800660**	**114861229**	**1292785**	**2646646**	**95868**	**14296744**
北京	3705986	3146530	3134675	2825504	2753205	68092	4207		309170
天津	914635	734651	693901	610062	610062				83838
河北	11650934	7969826	7536334	6825733	6776086	6298	43349	68	710533
山西	4200849	2921605	2742653	2365372	2272087	17882	75403		377281
内蒙古	5751377	4709977	4667240	3921220	3652790	43729	224701	100	745920
辽宁	1300519	677822	677822	600781	575296	2630	22855		77041
吉林	1853337	1183012	1152197	964841	958010	4690	2140		187356
黑龙江	1764181	1238757	1213287	991390	970166	20702	522		221897
上海	2433032	2149435	2149435	1701180	1497032		204147		448255
江苏	11044107	6726766	6464307	5954484	5694059		260425	26	509797
浙江	15017674	9755024	8312298	7958107	7458460	169330	330317	2647	351544
安徽	10547930	7172443	6520112	5837795	5726479	53220	58096	51	682266
福建	7538460	4936456	4451113	4036787	3961698	14920	60169		414326
江西	9872964	7397048	6188489	5846849	5673123	61394	112331	49	341591
山东	13833623	8018078	7890429	7175709	6935179	690	239840		714720
河南	13390495	4832023	4438041	3817867	3646121	19213	152534		620173
湖北	5631033	3070251	2715765	2439409	2439409			25	276330
湖南	8941217	4105476	3995274	3830024	3748717	16007	65301	30	165220
广东	13117297	5417555	4546987	3977476	3914408	951	62117	68	569444
广西	7025084	3812654	3644897	3127453	3069988	22790	34675	100	517344
海南	2804525	2052622	1999688	1715041	1692015	2512	20515	208	284439
重庆	3331367	2056500	1882903	1613490	1564777	23783	24930		269413
四川	11436461	8150147	7675069	6747279	6446875	101921	198483		927789
贵州	10671986	7455728	7285381	6450938	6338848	17298	94791	865	833579
云南	7333362	4613084	4609124	3752982	3586318	86353	80310	141	856002
西藏	3842965	3841440	3841389	3278431	3119746	158627	58		562958
陕西	6935354	5612411	5298508	4964771	4755691	33723	175357	107	333631
甘肃	6174858	5561531	5397401	4515725	4447459	30004	38262	1385	880291
青海	1432754	1173341	1161887	1090718	898141	182326	10251		71169
宁夏	1326112	1016852	1016039	903911	893297		10615		112127
新疆	10398633	10156351	9890628	8959332	8785687	133700	39945	90000	841296
大连	147701	88813	88813	83901	83094		807		4912
宁波	1904504	1158577	1109692	1057005	1046667		10338	232	52455
厦门	195413	164383	161336	151441	146455		4986		9895
青岛	701831	514910	514910	500792	454312		46479		14118
深圳									

(地方农村幼儿园)

单位：千元

政府性基金预算安排的教育经费	#彩票公益金	国有及国有控股企业办学中的企业拨款	校办产业和社会服务收入中用于教育的经费	其他属于国家财政性教育经费	民办学校中举办者投入	捐赠收入	事业收入	#学费	其他教育经费
8331636	**105428**	**140490**			**1487653**	**187978**	**70394630**	**69326133**	**1487453**
3955		7900			782	3552	541520	532131	13602
40751					10993	2003	166021	165628	967
421522	829	11970			62442	3826	3606372	3576827	8469
115813		63139			22873	421	1248138	1243351	7812
42737	13722				20367	11555	993355	992189	16122
					1330	100	616016	605102	5251
30815	1640				12937	23	651221	651213	6144
943	450	24527			2984	64	506648	451803	15728
					400	223	254148	251241	28826
262459	2285				88769	13398	4087555	4078907	127620
1435638	14801	7088			266529	34028	4479360	4447729	482733
648031	10909	4300			58124	245	3257622	3250620	59497
479454	245	5889			27339	5164	2506131	2484043	63370
1208559	1538				51865	3449	2383309	2216203	37293
124741	613	2908			91441	7734	5685543	5685268	30827
392972	22022	1010			197787	490	8351816	8099306	8379
354487					14431	209	2524876	2460696	21265
110202	115				11653	523	4791993	4746526	31573
867547	646	3021			159196	30201	7456766	7443996	53579
167756	4513				39487	986	3147351	3127433	24607
52934					13088	9	707323	625261	31484
169384	12	4213			4958	1097	1225160	1204061	43651
474305	164	774			149054	8282	3087850	3017602	41128
170347	8804				59278	35058	3048475	3003578	73446
3960	340				74987	13602	2600766	2540119	30923
51	48						1525	1525	
310151	1546	3751			14750	199	1285655	1264437	22339
164130	15475				19758	1886	583790	578147	7893
11454	4712				175	8599	181974	180644	68665
814					5202	78	268537	258129	35442
265723					4675	974	147815	142417	88818
							57952	57952	937
48885	59				13550	11071	682787	677948	38519
3047	45				169	54	30804	30804	2
					2095	257	184451	184451	118

3-50 教育经费收入情况

地区	总计	国家财政性教育经费	一般公共预算安排的教育经费	一般公共预算教育经费	教育事业费	基本建设经费	教育费附加	科研经费	其他
合计	**44992609**	**43717383**	**41869890**	**33800099**	**32840847**	**184116**	**775137**	**331189**	**7738601**
北京	3329077	3181592	2887425	2159668	2159498		170	340	727417
天津	370262	362411	362411	318306	318306				44105
河北	930472	911056	910581	746483	746483				164098
山西	1270128	1259474	1248652	993812	973485		20327	35833	219007
内蒙古	851349	819492	812876	622081	599841	1000	21239	93	190702
辽宁	831343	828460	817138	628436	616654	699	11083		188702
吉林	460894	428045	423889	367067	364263		2804		56822
黑龙江	1960020	1942561	1820526	1447903	1400362	28921	18620	1616	371006
上海	463616	461951	461951	314807	314807				147145
江苏	2112044	2058097	2035677	1597501	1580374		17128	29267	408908
浙江	2367086	2334891	2183306	1838877	1790330		48547	101062	243368
安徽	1771415	1716973	1690406	1414743	1381126		33616	31	275632
福建	1195636	1157310	1127755	802815	748564	38154	16097	4337	320604
江西	1073951	1060102	891804	789839	780844		8996	2224	99741
山东	2853935	2775507	2768701	2353144	2353142		2	586	414971
河南	1348490	1332411	1315682	980662	938593		42069	45135	289884
湖北	1572996	1534209	1518024	1298667	1298667			1953	217403
湖南	2675374	2549141	2539946	2335688	2299957	7040	28691	245	204013
广东	4490399	4412817	4342463	3512928	3270203	32795	209930	920	828615
广西	645893	628219	623639	505236	504931		305	2161	116242
海南	469244	461002	445924	357484	351440		6044	259	88181
重庆	1348360	1333249	892649	693526	574698	40200	78628	7924	191199
四川	2691757	2653203	2587219	2078396	2018934	4800	54662	26335	482487
贵州	1398640	1321870	1306491	1081497	1010760		70737	7196	217798
云南	1382609	1288697	1259447	892467	850243	13171	29052	3134	363846
西藏	833244	832959	819246	694496	687657	6185	654		124750
陕西	1415872	1401605	1325635	1058302	1005167	9400	43735	15080	252254
甘肃	683054	669876	665065	476194	467441		8753	35092	153779
青海	244179	234093	234093	165657	163543		2114		68436
宁夏	307019	299348	286154	188711	187578		1133		97443
新疆	1444252	1266762	1265115	1084708	1082958	1750		10366	170042
大连	159700	159700	158507	125729	123614		2115		32778
宁波	148100	139727	139727	107143	107143				32584
厦门	261790	259734	259734	150371	112457	37915			109363
青岛	369109	367559	367559	328671	328671				38888
深圳	969552	968103	965333	850110	653930	26797	169383		115223

(教育行政单位)

单位：千元

政府性基金预算安排的教育经费	#彩票公益金	国有及国有控股企业办学中的企业拨款	校办产业和社会服务收入中用于教育的经费	其他属于国家财政性教育经费	民办学校中举办者投入	捐赠收入	事业收入	#学费	其他教育经费
1847493	**434929**					**137816**	**92435**		**1044975**
294167	281652					57			147429
									7851
475	350					383	7514		11518
10821	73						1102		9552
6616	6326					4884	16		26958
11322	1700					280			2603
4156						60			32789
122035	7278					15000			2459
									1664
22421	7586								53947
151584	1656						1269		30926
26567	25453						12049		42393
29555	1359					3425			34901
168297	13610					2235			11614
6806	6551					795	26546		51087
16729	2766						8657		7422
16185	600					2705			36083
9195	4635						1172		125061
70354	7676					35069			42513
4580	100					420			17253
15078						1303			6939
640600	4045						1921		13190
65984	15371					3959	3146		31449
15379	3857					11953	19574		45243
29251	26961					42318	8678		42915
13712	3669								285
75970	9996					502			13765
4811	1090					523	284		12371
						1269			8817
13194						550			7121
1646	567					10126	508		166856
1193									
									8373
						2047			9
									1550
2769	500								1450

3-51 教育经费收入情况

地区	总计	国家财政性教育经费	一般公共预算安排的教育经费	一般公共预算教育经费	教育事业费	基本建设经费	教育费附加	科研经费	其他
合计	42325952	41211126	39645852	32139008	31179756	184116	775137	330820	7176024
北京	795290	795212	782697	588128	587958		170		194569
天津	370262	362411	362411	318306	318306				44105
河北	930472	911056	910581	746483	746483				164098
山西	1270128	1259474	1248652	993812	973485		20327	35833	219007
内蒙古	851349	819492	812876	622081	599841	1000	21239	93	190702
辽宁	831343	828460	817138	628436	616654	699	11083		188702
吉林	460894	428045	423889	367067	364263		2804		56822
黑龙江	1960020	1942561	1820526	1447903	1400362	28921	18620	1616	371006
上海	463616	461951	461951	314807	314807				147145
江苏	2112044	2058097	2035677	1597501	1580374		17128	29267	408908
浙江	2367086	2334891	2183306	1838877	1790330		48547	101062	243368
安徽	1771415	1716973	1690406	1414743	1381126		33616	31	275632
福建	1195636	1157310	1127755	802815	748564	38154	16097	4337	320604
江西	1073951	1060102	891804	789839	780844		8996	2224	99741
山东	2853935	2775507	2768701	2353144	2353142		2	586	414971
河南	1348490	1332411	1315682	980662	938593		42069	45135	289884
湖北	1572996	1534209	1518024	1298667	1298667			1953	217403
湖南	2675374	2549141	2539946	2335688	2299957	7040	28691	245	204013
广东	4490399	4412817	4342463	3512928	3270203	32795	209930	920	828615
广西	645893	628219	623639	505236	504931		305	2161	116242
海南	469244	461002	445924	357484	351440		6044	259	88181
重庆	1548360	1533249	892649	693526	574698	40200	78628	7924	191199
四川	2691757	2653203	2587219	2078396	2018934	4800	54662	26335	482487
贵州	1398640	1321870	1306491	1081497	1010760		70737	7196	217798
云南	1382609	1288697	1259447	892467	850243	13171	29052	3134	363846
西藏	833244	832959	819246	694496	687657	6185	654		124750
陕西	1415872	1401605	1325635	1058302	1005167	9400	43735	15080	252254
甘肃	683054	669876	665065	476194	467441		8753	35092	153779
青海	244179	234093	234093	165657	163543		2114		68436
宁夏	307019	299348	286154	188711	187578		1133		97443
新疆	1311381	1146885	1145806	995157	993407	1750		10336	140313
大连	159700	159700	158507	125729	123614		2115		32778
宁波	148100	139727	139727	107143	107143				32584
厦门	261790	259734	259734	150371	112457	37915			109363
青岛	369109	367559	367559	328671	328671				38888
深圳	969552	968103	965333	850110	653930	26797	169383		115223

(地方教育行政单位)

单位：千元

政府性基金预算安排的教育经费	#彩票公益金	国有及国有控股企业办学中的企业拨款	校办产业和社会服务收入中用于教育的经费	其他属于国家财政性教育经费	民办学校中举办者投入	捐赠收入	事业收入	#学费	其他教育经费
1565274	**152710**					**137584**	**92435**		**884807**
12515						57			21
									7851
475	350					383	7514		11518
10821	73						1102		9552
6616	6326					4884	16		26958
11322	1700					280			2603
4156						60			32789
122035	7278					15000			2459
									1664
22421	7586								53947
151584	1656						1269		30926
26567	25453						12049		42393
29555	1359					3425			34901
168297	13610					2235			11614
6806	6551					795	26546		51087
16729	2766						8657		7422
16185	600					2705			36083
9195	4635						1172		125061
70354	7676					35069			42513
4580	100					420			17253
15078						1303			6939
640600	4045						1921		13190
65984	15371					3959	3146		31449
15379	3857					11953	19574		45243
29251	26961					42318	8678		42915
13712	3669								285
75970	9996					502			13765
4811	1090					523	284		12371
						1269			8817
13194						550			7121
1079						9894	508		154095
1193									
									8373
						2047			9
									1550
2769	500								1450

3-52 教育经费收入情况

地 区	总 计	国家财政性教育经费	一般公共预算安排的教育经费	一般公共预算教育经费	教育事业费	基本建设经费	教育费附加	科研经费	其 他
合 计	**96294587**	**80342733**	**76912186**	**64829883**	**62684403**	**520464**	**1625017**	**309158**	**11773145**
北 京	15973294	9682197	8594667	7368189	7260971	58369	48850	123880	1102597
天 津	1734062	1583221	1523306	1362387	1362387			1	160918
河 北	3184062	2499198	2460060	2168127	2167498		629	2205	289729
山 西	2842405	2401208	2392199	1984503	1967967	999	15537	15016	392680
内蒙古	2733393	2501012	2491830	1932182	1794901		137281	6597	553051
辽 宁	2940299	2713722	2711738	2110290	2044389	1500	64401	230	601218
吉 林	1379505	1284457	1254143	1066367	1049063	1135	16169		187776
黑龙江	1285362	1166021	1162085	926922	888561		38361	1	235161
上 海	6348743	5979531	5919898	4808764	4266752	329113	212899	980	1110154
江 苏	5965960	4954400	4721856	3899015	3806820		92194	13985	808857
浙 江	6764144	5874919	5351511	4841947	4630288	5464	206194	8629	500935
安 徽	1733068	1542734	1459928	1211378	1185757		25621	2083	246467
福 建	3389835	2996384	2904848	2494796	2396834	24890	73072	22824	387228
江 西	2053628	1972624	1915823	1740128	1717749	3718	18661	2317	173378
山 东	3849704	3036264	3028294	2692257	2670737		21519	105	335932
河 南	3435676	2825257	2793654	2197773	2163665	1726	32382	1123	594758
湖 北	3135177	2647098	2636838	2255713	2255713				381124
湖 南	1385367	1208831	1207808	1143086	1081932		61154	837	63885
广 东	7236690	6459457	6075495	5171376	4919188	26143	226044	78739	825381
广 西	2043880	1633052	1624021	1322515	1286895	603	35016	2612	298894
海 南	595078	528041	522342	409324	408228		1097	1870	111148
重 庆	1830111	1688409	1222606	1021434	982239	854	38342	143	201029
四 川	4659565	4213519	4132567	3450291	3321766	2012	126513	3248	679028
贵 州	1161234	1028295	1026267	862449	853780		8669	11549	152268
云 南	1828370	1716225	1695465	1292220	1258357	750	33113	994	402250
西 藏	873402	872468	867453	754113	742483	11597	34		113340
陕 西	2553462	2385305	2338432	2134851	2027834	40238	66779	300	203281
甘 肃	1269285	1133242	1090837	831841	823424		8417	4682	254314
青 海	671597	611159	597959	380720	372265		8455		217239
宁 夏	336474	267225	267225	182479	181938		541		84746
新 疆	1101756	937255	921031	812445	794022	11352	7071	4207	104379
大 连	478690	469165	469165	371593	347013		24580	100	97473
宁 波	752034	657264	654075	574072	564309		9762	40	79963
厦 门	513273	492927	480952	389420	379181	9920	319		91532
青 岛	495830	446107	446107	358823	353814		5009		87284
深 圳	1605263	1584998	1563866	1366490	1194377	22125	149988		197376

（教育事业单位）

单位：千元

政府性基金预算安排的教育经费	#彩票公益金	国有及国有控股企业办学中的企业拨款	校办产业和社会服务收入中用于教育的经费	其他属于国家财政性教育经费	民办学校中举办者投入	捐赠收入	事业收入	#学费	其他教育经费
2899121	**1293535**		**531425**			**1082732**	**12539617**		**2329505**
1007090	1007090		80441			960586	4776992		553518
1293	1293		58622			110	126270		24461
33838	31445		5300			867	656975		27021
7920	1458		1089			2000	389297		49901
6641	6566		2541			601	204103		27676
653	631		1332			505	141579		84491
28714	2046		1600			6064	56039		32946
3612	2112		325			207	111673		7461
53597			6036			91	240993		128128
34100	2023		198444				858251		153309
507968	32885		15440			6226	562284		320716
82493	57465		313			1560	149770		39004
49908	2135		41629			25217	304125		64109
49693	36993		7108			7607	39768		33629
7971	5285					247	666943		146250
20968	18657		10635			315	525810		84295
1845	1673		8416			1451	439513		47114
1023	1023					33	159558		16946
381087	16249		2875			18443	645871		112918
6309	2000		2722			490	369736		40601
5698	4750					12	60464		6561
465803	10					3608	74303		63791
32940	11208		48013			120	386027		59898
2029	1872					5746	106349		20844
12081	10088		8679			29199	42210		40736
5014	3630								934
46874	16103					843	143987		23326
25487	469		16918			994	103289		31759
13200	13200					1485	38957		19996
							57528		11721
3274	3174		12950			8105	100951		55445
							8003		1522
3189							56846		37924
11975	1985								20346
							40000		9723
21132	6300						19675		590

3-53 教育经费收入情况

地区	总计	国家财政性教育经费	一般公共预算安排的教育经费	一般公共预算教育经费	教育事业费	基本建设经费	教育费附加	科研经费	其他
合计	**86246214**	**76246561**	**73870892**	**62106549**	**59967177**	**514355**	**1625017**	**185210**	**11579133**
北京	6088617	5741867	5709214	4768192	4665453	53889	48850	100	940923
天津	1734062	1583221	1523306	1362387	1362387			1	160918
河北	3184062	2499198	2460060	2168127	2167498		629	2205	289729
山西	2842405	2401208	2392199	1984503	1967967	999	15537	15016	392680
内蒙古	2733393	2501012	2491830	1932182	1794901		137281	6597	553051
辽宁	2940299	2713722	2711738	2110290	2044389	1500	64401	230	601218
吉林	1379505	1284457	1254143	1066367	1049063	1135	16169		187776
黑龙江	1285362	1166021	1162085	926922	888561		38361	1	235161
上海	6348743	5979531	5919898	4808764	4266752	329113	212899	980	1110154
江苏	5965960	4954400	4721856	3899015	3806820		92194	13985	808857
浙江	6764144	5874919	5351511	4841947	4630288	5464	206194	8629	500935
安徽	1733068	1542734	1459928	1211378	1185757		25621	2083	246467
福建	3389835	2996384	2904848	2494796	2396834	24890	73072	22824	387228
江西	2053628	1972624	1915823	1740128	1717749	3718	18661	2317	173378
山东	3849704	3036264	3028294	2692257	2670737		21519	105	335932
河南	3435676	2825257	2793654	2197773	2163665	1726	32382	1123	594758
湖北	3135177	2647098	2636838	2255713	2255713				381124
湖南	1385367	1208831	1207808	1143086	1081932		61154	837	63885
广东	7236690	6459457	6075495	5171376	4919188	26143	226044	78739	825381
广西	2043880	1633052	1624021	1322515	1286895	603	35016	2612	298894
海南	595078	528041	522342	409324	408228		1097	1870	111148
重庆	1830111	1688409	1222606	1021434	982239	854	38342	143	201029
四川	4659565	4213519	4132567	3450291	3321766	2012	126513	3248	679028
贵州	1161234	1028295	1026267	862449	853780		8669	11549	152268
云南	1828370	1716225	1695465	1292220	1258357	750	33113	994	402250
西藏	873402	872468	867453	754113	742483	11597	34		113340
陕西	2553462	2385305	2338432	2134851	2027834	40238	66779	300	203281
甘肃	1269285	1133242	1090837	831841	823424		8417	4682	254314
青海	671597	611159	597959	380720	372265		8455		217239
宁夏	336474	267225	267225	182479	181938		541		84746
新疆	938060	781414	765190	689108	672314	9723	7071	4040	72042
大连	478690	469165	469165	371593	347013		24580	100	97473
宁波	752034	657264	654075	574072	564309		9762	40	79963
厦门	513273	492927	480952	389420	379181	9920	319		91532
青岛	495830	446107	446107	358823	353814		5009		87284
深圳	1605263	1584998	1563866	1366490	1194377	22125	149988		197376

(地方教育事业单位)

单位：千元

政府性基金预算安排的教育经费	#彩票公益金	国有及国有控股企业办学中的企业拨款	校办产业和社会服务收入中用于教育的经费	其他属于国家财政性教育经费	民办学校中举办者投入	捐赠收入	事业收入	#学费	其他教育经费
1892031	**286445**		**483637**			**120715**	**7973672**		**1905266**
			32652			10	217396		129344
1293	1293		58622			110	126270		24461
33838	31445		5300			867	656975		27021
7920	1458		1089			2000	389297		49901
6641	6566		2541			601	204103		27676
653	631		1332			505	141579		84491
28714	2046		1600			6064	56039		32946
3612	2112		325			207	111673		7461
53597			6036			91	240993		128128
34100	2023		198444				858251		153309
507968	32885		15440			6226	562284		320716
82493	57465		313			1560	149770		39004
49908	2135		41629			25217	304125		64109
49693	36993		7108			7607	39768		33629
7971	5285					247	666943		146250
20968	18657		10635			315	525810		84295
1845	1673		8416			1451	439513		47114
1023	1023					33	159558		16946
381087	16249		2875			18443	645871		112918
6309	2000		2722			490	369736		40601
5698	4750					12	60464		6561
465803	10					3608	74303		63791
32940	11208		48013			120	386027		59898
2029	1872					5746	106349		20844
12081	10088		8679			29199	42210		40736
5014	3630								934
46874	16103					843	143987		23326
25487	469		16918			994	103289		31759
13200	13200					1485	38957		19996
							57528		11721
3274	3174		12950			6664	94603		55379
							8003		1522
3189							56846		37924
11975	1985								20346
							40000		9723
21132	6300						19675		590

3-54 教育经费收入情况

地区	总计	国家财政性教育经费	一般公共预算安排的教育经费	一般公共预算教育经费	教育事业费	基本建设经费	教育费附加	科研经费	其他
合计	**54311740**	**49652219**	**47400628**	**38488017**	**34104315**	**4191580**	**192122**	**279792**	**8632819**
北京	2898063	2306041	2306041	2034380	2031176	3204		161879	109781
天津	511107	506131	474224	400366	371866	28500		500	73358
河北	1795622	1731493	1689669	1472705	1259842	211863	1000	1228	215736
山西	1705721	1687468	1663440	1421038	1355715	65323		2809	239593
内蒙古	1375260	1298443	1292940	1078852	824581	254271		6146	207942
辽宁	1154035	1096860	1095366	858153	765945	92209		313	236899
吉林	879209	828527	825587	529424	522943	6481		129	296033
黑龙江	863676	806984	805719	644121	644121				161598
上海	1984283	1578963	1571453	1136345	1119816	16529		20487	414621
江苏	2576645	2411878	2273828	1522896	1519368		3528	16001	734931
浙江	3199326	2928630	2152190	1683936	1648866	33111	1960	12342	455912
安徽	2155373	1973264	1968269	1607773	1167810	422245	17717	1207	359289
福建	2109839	1785899	1256999	1049561	974061	75500		1526	205912
江西	1994583	1877642	1876253	1351856	1136358	208888	6610	502	523895
山东	3248169	2973760	2917428	2647979	2581459	51000	15520	1427	268022
河南	2517543	2409406	2278295	1920673	1667856	163353	89464	1210	356411
湖北	2581782	2504256	2501417	2169102	2169102			4162	328153
湖南	1541771	1459544	1432342	1239801	1218988	20814		2405	190136
广东	3710491	3499172	3449132	2862895	1800250	1021699	40946	13361	572876
广西	1355142	1223087	1208908	1050054	995457	53397	1200	1038	157816
海南	829970	762685	519147	433682	329309	104372		2352	83113
重庆	697043	642107	630835	433898	429554	1060	3284	1923	195015
四川	3408861	3216831	3123588	2495137	2313940	181157	40	9817	618634
贵州	1799580	1516199	1510335	1288833	1127874	160959		512	220991
云南	1553629	1442143	1436308	979372	892698	86674		7304	449632
西藏	371943	370013	370013	328084	278906	49177			41930
陕西	1048830	945038	944534	810989	757789	44200	9000	274	133271
甘肃	1029274	942316	942316	730569	718191	11656	722	3521	208226
青海	698022	619443	619443	494719	368988	124634	1097		124724
宁夏	334960	302231	302231	227396	227396				74835
新疆	2381988	2005764	1962377	1583429	884090	699305	34	5416	373533
大连	136799	128384	128204	84369	84144	225		213	43622
宁波	248198	220153	215592	172423	172423				43169
厦门	135688	130904	130774	97454	97454				33320
青岛	356450	347618	347618	322222	322222				25395
深圳	688325	671621	671621	577175	393588	182798	789	2643	91802

(其他教育机构)

单位：千元

政府性基金预算安排的教育经费	#彩票公益金	国有及国有控股企业办学中的企业拨款	校办产业和社会服务收入中用于教育的经费	其他属于国家财政性教育经费	民办学校中举办者投入	捐赠收入	事业收入	#学费	其他教育经费
2095657	**29789**		**155935**			**7494**	**3480054**	**597847**	**1171973**
							332021	25385	260002
			31907				640		4335
41824							63398	8821	730
24028							16976		1277
5503	147						75159	6612	1659
180			1314				43036	241	14140
2940						2681	26657	1438	21345
1266							12805	969	43888
			7510			238	360772	101751	44310
138049	26060		1				150925	30802	13842
768390	20		8050				220961	50142	49735
4865	230		130			290	148862	41759	32957
479630	480		49271			10	270497	14797	53433
1389	1139					33	106770		10138
56332							255590	116981	18819
124274			6838				63455	47345	44682
2839	978						66482	1247	11044
27202	100						59362	35417	22865
50040						3362	191251	62745	16705
5343			8836			340	92365		39350
243539						180	50114		16991
11272							48976	5463	5960
92980	611		263				163526	1917	28504
5863							264148	6014	19232
1627	25		4208			329	72323	14718	38833
							1930	920	
504							91786	1986	12006
							86075	497	883
							57027	10770	21553
							19474	7436	13255
5780			37607			30	66692	1675	309501
180							8145		270
1162			3399				26857		1188
			130						4784
							6277		2555
							16236	13000	469

3-55 教育经费收入情况

地区	总计	国家财政性教育经费	一般公共预算安排的教育经费	一般公共预算教育经费	教育事业费	基本建设经费	教育费附加	科研经费	其他
合计	**50873905**	**47427034**	**45207329**	**36916939**	**32635014**	**4089803**	**192122**	**125629**	**8164760**
北京	1035163	1012428	1012428	915518	912313	3204		7879	89031
天津	507702	502726	470819	400366	371866	28500		500	69953
河北	1793785	1729656	1687832	1472705	1259842	211863	1000	1228	213899
山西	1703045	1684792	1660764	1421038	1355715	65323		2809	236917
内蒙古	1375260	1298443	1292940	1078852	824581	254271		6146	207942
辽宁	1148493	1091318	1089824	858153	765945	92209		313	231357
吉林	878339	827657	824717	529424	522943	6481		129	295163
黑龙江	841950	791350	790085	636445	636445				153640
上海	1421826	1388849	1383510	1002744	986215	16529		20487	360279
江苏	2510248	2345481	2207431	1522896	1519368		3528	16001	668534
浙江	3190876	2920180	2143740	1683936	1648866	33111	1960	12342	447462
安徽	2154797	1972688	1967693	1607773	1167810	422245	17717	1207	358713
福建	1841163	1742540	1213640	1015757	940257	75500		1526	196356
江西	1994295	1877354	1875965	1351856	1136358	208888	6610	502	523607
山东	3237956	2963547	2907216	2647979	2581459	51000	15520	1427	257809
河南	2511939	2403802	2272691	1920673	1667856	163353	89464	1210	350807
湖北	2563158	2485632	2482793	2169102	2169102			4162	309529
湖南	1538283	1456056	1428854	1239801	1218988	20814		2405	186648
广东	3710491	3499172	3449132	2862895	1800250	1021699	40946	13361	572876
广西	1355142	1223087	1208908	1050054	995457	53397	1200	1038	157816
海南	829970	762685	519147	433682	329309	104372		2352	83113
重庆	697043	642107	630835	433898	429554	1060	3284	1923	195015
四川	3376266	3184235	3090992	2495137	2313940	181157	40	9817	586039
贵州	1795441	1512060	1506197	1288833	1127874	160959		512	216852
云南	1519729	1408243	1402408	979372	892698	86674		7304	415732
西藏	371943	370013	370013	328084	278906	49177			41930
陕西	1021455	917663	917159	810989	757789	44200	9000	274	105896
甘肃	1026343	939385	939385	730569	718191	11656	722	3521	205296
青海	698022	619443	619443	494719	368988	124634	1097		124724
宁夏	334960	302231	302231	227396	227396				74835
新疆	1888822	1552207	1538536	1306295	708733	597529	34	5253	226987
大连	136799	128384	128204	84369	84144	225		213	43622
宁波	248198	220153	215592	172423	172423				43169
厦门	135688	130904	130774	97454	97454				33320
青岛	356450	347618	347618	322222	322222				25395
深圳	688325	671621	671621	577175	393588	182798	789	2643	91802

(地方其他教育机构)

单位：千元

政府性基金预算安排的教育经费	#彩票公益金	国有及国有控股企业办学中的企业拨款	校办产业和社会服务收入中用于教育的经费	其他属于国家财政性教育经费	民办学校中举办者投入	捐赠收入	事业收入	#学费	其他教育经费
2095657	**29789**		**124048**			**7246**	**2587172**	**466822**	**852454**
							22520	1267	214
			31907				640		4335
41824							63398	8821	730
24028							16976		1277
5503	147						75159	6612	1659
180			1314				43036	241	14140
2940						2681	26657	1438	21345
1266							12805	969	37795
			5340				22109		10867
138049	26060		1				150925	30802	13842
768390	20		8050				220961	50142	49735
4865	230		130			290	148862	41759	32957
479630	480		49271				47810	9640	50813
1389	1139					33	106770		10138
56332							255590	116981	18819
124274			6838				63455	47345	44682
2839	978						66482	1247	11044
27202	100						59362	35417	22865
50040						3362	191251	62745	16705
5343			8836			340	92365		39350
243539						180	50114		16991
11272							48976	5463	5960
92980	611		263				163526	1917	28504
5863							264148	6014	19232
1627	25		4208			329	72323	14718	38833
							1930	920	
504							91786	1986	12006
							86075	497	883
							57027	10770	21553
							19474	7436	13255
5780			7891			30	44660	1675	291925
180							8145		270
1162			3399				26857		1188
			130						4784
							6277		2555
							16236	13000	469

第四部分

各地区各级各类教育机构教育经费支出明细

4-1 教育经费支出明细

地区	合计	个人部分	工资福利支出	对个人和家庭的补助支出	#助学金
合计	**6387465333**	**4059852503**	**3583591968**	**476260535**	**247535057**
北京	308516386	172754291	146607878	26146413	18606838
天津	84099771	55045776	50920768	4125008	2655132
河北	258848092	170006196	148375137	21631058	9310039
山西	130201817	82978656	74159046	8819611	4070535
内蒙古	104444915	69288383	61825948	7462435	3929869
辽宁	133800491	88755842	79212821	9543021	4944481
吉林	92064462	59452103	54049972	5402131	3081078
黑龙江	104547930	73214853	60995104	12219749	3921444
上海	238503961	132530170	119377583	13152587	7711603
江苏	435992351	298391849	267822341	30569508	13003553
浙江	373712790	222534901	204295467	18239434	10115097
安徽	235160900	149563120	126292431	23270689	8653058
福建	194050916	126885949	113977342	12908607	4736975
江西	204142865	114046451	103134821	10911630	6361141
山东	406424402	270267678	245795742	24471936	9357278
河南	313923652	199984656	178824445	21160212	12734750
湖北	243189073	152940505	133371262	19569243	8990283
湖南	241708749	152714714	133383240	19331474	9715573
广东	672060238	420037473	372808122	47229351	17352301
广西	181017465	125588934	110979545	14609389	9510681
海南	56210416	33790863	31146913	2643950	1883616
重庆	151214772	91918313	78420495	13497818	6175471
四川	325465964	208961539	179861198	29100341	16818604
贵州	169536294	111618895	92674666	18944228	11231266
云南	176511637	126602531	110145637	16456894	12520786
西藏	40074971	27692229	22333656	5358573	4491243
陕西	188114523	108474119	95619908	12854210	8954807
甘肃	106434626	70123329	61663695	8459635	5222376
青海	33002282	21374530	18267962	3106568	1591593
宁夏	34728170	21921142	19916852	2004290	1156899
新疆	149760451	100392509	87331969	13060540	8726686
大连	17972413	13245924	12286250	959674	185290
宁波	48229973	30391522	28300394	2091129	1040441
厦门	29380646	18509313	16475080	2034233	288250
青岛	46779763	31430064	28998536	2431528	521254
深圳	143939011	71659116	62797461	8861655	3325913

(各级各类教育机构)

单位：千元

公用部分					基本建设支出
	商品和服务支出	其他资本性支出			
			专项公用支出	专项项目支出	
2226159998	**1307610285**	**918549713**	**338162707**	**580387006**	**101452833**
127688480	99233510	28454970	16899896	11555074	8073615
28167119	17140313	11026807	3750020	7276787	886875
87335798	46751344	40584454	13670476	26913978	1506098
45852813	26066536	19786277	7879446	11906831	1370348
33530824	18433310	15097514	5808958	9288556	1625709
43185709	30447012	12738697	7117428	5621269	1858940
31515878	19291049	12224829	5058566	7166263	1096481
29911096	21665123	8245973	3904491	4341482	1421981
98741424	70143286	28598138	14970955	13627183	7232367
136835340	82801803	54033536	17685951	36347585	765163
144608124	86133237	58474887	17440889	41033998	6569764
82210764	40573057	41637707	14778226	26859481	3387016
65915424	36365634	29549790	11130346	18419444	1249542
86908901	28895350	58013551	15670365	42343186	3187513
135272585	72426962	62845622	21502192	41343431	884139
110838521	60631335	50207186	15161099	35046087	3100474
89562284	50131524	39430760	14220057	25210702	686284
87963895	54512731	33451164	12845516	20605648	1030139
224248187	148747121	75501067	36982861	38518206	27774578
54594015	29012010	25582005	10479542	15102463	834515
21074980	10920538	10154442	4260943	5893499	1344573
54845369	35823218	19022152	7465659	11556493	4451090
114163776	70113612	44050164	14778758	29271406	2340649
56431955	27318298	29113657	8888510	20225147	1485444
48458469	27505192	20953277	5268788	15684489	1450637
10773990	4719569	6054422	2005105	4049317	1608752
76700792	44840470	31860322	10765572	21094750	2939612
35190233	15206668	19983565	6406074	13577491	1121064
10191187	4438304	5752883	1825112	3927771	1436565
12646457	6565704	6080753	2329612	3751141	160570
40795608	20756465	20039143	7211294	12827849	8572334
4443972	3441264	1002708	472172	530536	282516
17456074	9607756	7848318	1867360	5980958	382377
10405912	6835294	3570618	1871581	1699037	465420
15349699	8821776	6527924	2162798	4365125	
48802090	39608408	9193682	7768120	1425562	23477805

4-2 教育经费支出明细

地区	合计	个人部分	工资福利支出	对个人和家庭的补助支出	#助学金
合计	**5878732412**	**3818101167**	**3399121943**	**418979224**	**203654285**
北京	163965407	106446620	100547498	5899122	1875960
天津	72483416	49191699	46264897	2926802	1612250
河北	255406909	167910770	146632199	21278571	9148590
山西	130170664	82958285	74140488	8817798	4070534
内蒙古	104435340	69280446	61818018	7462429	3929863
辽宁	119173024	82054923	73855031	8199891	3832318
吉林	81852025	53896549	49598676	4297873	2271456
黑龙江	90136910	66617124	55787336	10829788	2991094
上海	183347009	109053003	100253005	8799998	3815592
江苏	401702235	280067808	253889369	26178439	9812391
浙江	357630821	215850439	199392187	16458252	8558356
安徽	225045505	144794087	122879210	21914877	7807673
福建	185923375	122266179	110683535	11582644	3911865
江西	204138825	114043713	103132638	10911075	6361141
山东	388923059	262476539	239623748	22852791	8184084
河南	313406185	199777366	178636238	21141128	12731079
湖北	206220245	134123127	118550189	15572938	6085719
湖南	230338445	147057613	128889811	18167802	8814948
广东	648364555	409501886	364732663	44769222	15863477
广西	181017300	125588769	110979380	14609389	9510681
海南	56163345	33756305	31112355	2643950	1883616
重庆	141219011	86838866	74427925	12410940	5425666
四川	298512319	195940442	169085049	26855393	14978219
贵州	169532156	111618895	92674666	18944228	11231266
云南	176468040	126594852	110137958	16456894	12520786
西藏	40074971	27692229	22333656	5358573	4491243
陕西	158599130	93373446	83668131	9705314	6546266
甘肃	99086258	66955801	59351138	7604663	4702653
青海	33002282	21374530	18267962	3106568	1591593
宁夏	33511332	21179662	19280714	1898948	1076807
新疆	128882312	89819192	78496270	11322923	8017096
大连	17921009	13201427	12244356	957070	185290
宁波	48229973	30391522	28300394	2091129	1040441
厦门	29375718	18505785	16471552	2034233	288250
青岛	46779763	31430064	28998536	2431528	521254
深圳	143369952	71302275	62440884	8861391	3325913

(地方各级各类教育机构)

单位：千元

公用部分	商品和服务支出	其他资本性支出	专项公用支出	专项项目支出	基本建设支出
1970385637	**1125804294**	**844581343**	**288488947**	**556092396**	**90245608**
52368308	40330461	12037847	7987343	4050504	5150478
22645687	12890740	9754948	2871295	6883652	646030
86032336	45750905	40281431	13401501	26879930	1463803
45842030	26058101	19783929	7879166	11904763	1370348
33529185	18432160	15097026	5808470	9288556	1625709
35648993	25507999	10140994	5113258	5027735	1469109
26904430	15597546	11306884	4273483	7033401	1051046
22336736	15549157	6787579	2935592	3851987	1183051
67890775	49183222	18707553	7863961	10843592	6403231
121294421	70621823	50672599	15082045	35590553	340006
135388012	79352384	56035628	15322576	40713052	6392370
77054546	37276216	39778330	13170612	26607718	3196872
62619244	34010103	28609141	10553335	18055806	1037952
86907599	28894048	58013551	15670365	42343186	3187513
125725011	66457307	59267704	18801544	40466160	721509
110614290	60488318	50125972	15097370	35028602	3014529
71954964	38852830	33102135	9383075	23719059	142154
82386785	50292057	32094728	11693780	20400948	894047
211278131	141484209	69793922	32088931	37704991	27584538
54594015	29012010	25582005	10479542	15102463	834515
21062468	10914470	10147998	4259964	5888034	1344573
50041612	32090231	17951381	6730179	11221202	4338533
100536329	61298942	39237387	12768955	26468432	2035548
56427817	27314159	29113657	8888510	20225147	1485444
48422551	27469865	20952686	5268563	15684124	1450637
10773990	4719569	6054422	2005105	4049317	1608752
62880979	34301094	28579885	8809066	19770819	2344706
31151705	13567405	17584300	4406566	13177734	978751
10191187	4438304	5752883	1825112	3927771	1436565
12171100	6293539	5877560	2267274	3610287	160570
33710399	17355120	16355278	5782407	10572871	5352721
4437066	3435812	1001254	471336	529918	282516
17456074	9607756	7848318	1867360	5980958	382377
10404512	6833894	3570618	1871581	1699037	465420
15349699	8821776	6527924	2162798	4365125	
48589872	39535752	9054119	7628557	1425562	23477805

4-3 教育经费支出明细

地区	合计	个人部分	工资福利支出	对个人和家庭的补助支出	#助学金
合计	**1782076940**	**875368407**	**694201281**	**181167125**	**127631453**
北京	161056631	79644846	57200607	22444239	18157905
天津	35751030	16974854	14206916	2767939	2315767
河北	54537124	28343111	21848605	6494506	3655623
山西	32097322	16213807	12737824	3475983	2177713
内蒙古	21928866	11519248	8958024	2561224	1904294
辽宁	53730637	26997891	21663608	5334283	3908383
吉林	33964801	16993196	13668096	3325100	2409334
黑龙江	37214907	20216998	15910016	4306982	2858250
上海	101464928	45189038	37668948	7520090	6070190
江苏	125358837	69343111	56502004	12841108	8923096
浙江	92211984	44863984	36679658	8184326	5522335
安徽	57651116	30068266	22325676	7742590	4220409
福建	46036905	24171840	18987928	5183912	3163266
江西	50635867	22728450	18668136	4060314	3104324
山东	104878113	50051190	41738991	8312199	5368472
河南	77896129	37060801	29419944	7640858	5301187
湖北	85876786	44335939	35642792	8693148	6020851
湖南	59515825	30216046	23555187	6660859	4093686
广东	154366902	72444967	58617181	13827785	8097040
广西	41232129	20131405	15736012	4395392	3490236
海南	13295292	5339981	4273771	1066211	806115
重庆	42678545	19621807	14880265	4741542	3489672
四川	84768572	41975066	33862397	8112669	6269564
贵州	32702394	14353640	10539277	3814363	2607288
云南	36592102	17913773	14402134	3511639	3027089
西藏	3757951	1908286	1433925	474361	417432
陕西	72004873	35259591	28367564	6892027	5424977
甘肃	27712108	12895631	10020897	2874734	2203517
青海	5697923	2435442	1851058	584384	266204
宁夏	7552337	3886255	3121696	764559	457641
新疆	27908003	12269943	9712145	2557798	1899592
大连	1748992	1084009	655350	428659	89416
宁波	9279742	4552396	3775337	777059	480950
厦门	4028655	1929820	1455969	473850	168111
青岛	5926763	1871693	1602804	268889	222097
深圳	31590607	11396630	9501430	1895200	1189342

（高等学校）

单位：千元

公用部分	商品和服务支出	其他资本性支出	专项公用支出	专项项目支出	基本建设支出
867420453	**519327460**	**348092993**	**168109494**	**179983499**	**39288081**
77502107	58340106	19162002	10489377	8672625	3909677
18089466	9779048	8310417	2991276	5319141	686710
25346750	14083394	11263357	4664277	6599079	847263
15253267	8478134	6775133	3566731	3208402	630248
9993769	5762849	4230920	2016567	2214353	415849
25343387	16724692	8618695	5552725	3065970	1389360
16295104	10874230	5420874	3355644	2065230	676501
16320903	12253113	4067789	2169397	1898392	677006
50154748	36782316	13372432	9539859	3832573	6121142
55424767	39123260	16301507	8604941	7696567	590958
46209834	30888170	15321664	7667578	7654086	1138166
26610129	13193961	13416168	6030286	7385883	972720
21339449	12623579	8715870	4157970	4557899	525616
27179400	10227184	16952216	5401844	11550371	728017
54012085	29338426	24673658	12124461	12549197	814839
39718972	20919834	18799138	7792664	11006475	1116355
40854563	23619931	17234632	10049830	7184802	686284
28788458	17128902	11659556	6556722	5102834	511322
74586295	42498987	32087308	17496580	14590728	7335640
20799248	10062667	10736581	5285031	5451550	301476
6855921	3059646	3796274	1862966	1933309	1099390
21456266	12552714	8903552	3951736	4951816	1600472
41944621	24072697	17871924	6945573	10926351	848885
17792633	6950192	10842441	3267641	7574800	556121
18335850	9644958	8690892	2917536	5773356	342478
1734872	903311	831561	483705	347856	114793
35508617	23368110	12140507	5111896	7028611	1236665
14465739	6089100	8376639	4193474	4183164	350737
3024426	1225161	1799265	654065	1145200	238056
3571082	2203145	1367937	654823	713113	95000
12907726	6555644	6352082	2552318	3799764	2730334
530591	370762	159829	120313	39517	134392
4727346	2833132	1894214	657695	1236520	
2098835	1422357	676478	300106	376372	
4055070	1658198	2396872	275371	2121501	
13782836	10312747	3470089	3417309	52781	6411141

4-4 教育经费支出明细

地区	合计	个人部分	工资福利支出	对个人和家庭的补助支出	#助学金
合计	**1307343229**	**650264849**	**524676310**	**125588539**	**84228656**
北京	31929502	18323534	15826529	2497005	1449908
天津	24283472	11216070	9644303	1571767	1273246
河北	51161480	26296784	20154284	6142500	3494214
山西	32097322	16213807	12737824	3475983	2177713
内蒙古	21928866	11519248	8958024	2561224	1904294
辽宁	39243519	20412261	16411418	4000842	2796220
吉林	24135695	11717740	9491800	2225941	1599713
黑龙江	23260032	13962139	11009544	2952595	1928936
上海	47578394	22348557	19162512	3186046	2182486
江苏	91205856	51068360	42616469	8451891	5733787
浙江	76151349	38190347	31786541	6403806	3965594
安徽	47609741	25335398	18945991	6389407	3375024
福建	38123050	19621995	15759135	3862860	2341952
江西	50635867	22728450	18668136	4060314	3104324
山东	87403484	42260051	35566997	6693054	4195278
河南	77534682	36952018	29327194	7624824	5297562
湖北	49625944	26058003	21342209	4715793	3116933
湖南	48309454	24684584	19182417	5502167	3193186
广东	130777792	61984378	50607053	11377325	6609761
广西	41232129	20131405	15736012	4395392	3490236
海南	13295292	5339981	4273771	1066211	806115
重庆	33081482	14850012	11186673	3663339	2741847
四川	58083842	29092008	23201387	5890621	4436139
贵州	32702394	14353640	10539277	3814363	2607288
云南	36592102	17913773	14402134	3511639	3027089
西藏	3757951	1908286	1433925	474361	417432
陕西	42992137	20503399	16749795	3753604	3017506
甘肃	20436136	9787950	7766535	2021416	1685163
青海	5697923	2435442	1851058	584384	266204
宁夏	6339336	3148488	2489271	659217	377549
新疆	20137004	9906740	7848090	2058650	1615957
大连	1748992	1084009	655350	428659	89416
宁波	9279742	4552396	3775337	777059	480950
厦门	4028655	1929820	1455969	473850	168111
青岛	5926763	1871693	1602804	268889	222097
深圳	31026090	11041897	9146697	1895200	1189342

(地方高等学校)

单位：千元

公用部分	商品和服务支出	其他资本性支出	专项公用支出	专项项目支出	基本建设支出
627805364	**351133169**	**276672195**	**119718831**	**156953363**	**29273016**
12618806	9477071	3141735	1914104	1227631	987162
12621537	5579014	7042523	2115134	4927389	445865
24059728	13095639	10964089	4396735	6567354	804968
15253267	8478134	6775133	3566731	3208402	630248
9993769	5762849	4230920	2016567	2214353	415849
17831731	11805140	6026591	3551936	2474655	999528
11786889	7272352	4514538	2580705	1933832	631065
8859817	6247125	2612692	1202611	1410081	438076
19937831	16366020	3571811	2501265	1070546	5292006
39971694	27017770	12953924	6003696	6950228	165801
37000231	24117141	12883090	5549663	7333427	960772
21491767	9903653	11588114	4425499	7162615	782577
18187029	10409088	7777941	3582259	4195681	314026
27179400	10227184	16952216	5401844	11550371	728017
44491224	23378984	21112240	9423813	11688427	652209
39552149	20807334	18744815	7738341	11006475	1030515
23425787	12479306	10946482	5246432	5700050	142154
23249641	12943559	10306082	5407933	4898149	375229
61647814	35262847	26384967	12606844	13778123	7145600
20799248	10062667	10736581	5285031	5451550	301476
6855921	3059646	3796274	1862966	1933309	1099390
16743555	8897275	7846280	3228724	4617556	1487915
28448051	15361709	13086342	4954242	8132100	543783
17792633	6950192	10842441	3267641	7574800	556121
18335850	9644958	8690892	2917536	5773356	342478
1734872	903311	831561	483705	347856	114793
21846979	12960748	8886231	3171124	5715107	641759
10439761	4458144	5981617	2194827	3786791	208425
3024426	1225161	1799265	654065	1145200	238056
3095848	1931095	1164753	592494	572259	95000
9528110	5048056	4480054	1874363	2605691	702154
530591	370762	159829	120313	39517	134392
4727346	2833132	1894214	657695	1236520	
2098835	1422357	676478	300106	376372	
4055070	1658198	2396872	275371	2121501	
13573052	10242489	3330563	3277782	52781	6411141

4-5 教育经费支出明细

地 区	合 计	个人部分	工资福利支出	对个人和家庭的补助支出	#助学金
合 计	**1763529986**	**865943793**	**685793573**	**180150221**	**127499330**
北 京	158231707	78439183	56086215	22352968	18157897
天 津	35375852	16727925	13973332	2754593	2313005
河 北	53758253	27853990	21421534	6432456	3648326
山 西	31791531	16016152	12560369	3455783	2175482
内蒙古	21708219	11411309	8856769	2554540	1904294
辽 宁	53178646	26638587	21335891	5302695	3908375
吉 林	33311615	16575163	13298834	3276328	2400997
黑龙江	36674208	19868324	15648558	4219766	2858250
上 海	100136324	44530510	37075890	7454620	6069597
江 苏	125157418	69222307	56396784	12825523	8921574
浙 江	90792667	44121466	35971939	8149526	5517301
安 徽	57212891	29815690	22097110	7718580	4219714
福 建	45398935	23866011	18721155	5144856	3162280
江 西	50023135	22385998	18368872	4017126	3079769
山 东	104092583	49853001	41561996	8291005	5367979
河 南	77565433	36894510	29275791	7618719	5297950
湖 北	85780163	44274891	35592365	8682526	6020836
湖 南	58838130	29879587	23257943	6621643	4090602
广 东	152008865	71322543	57672025	13650518	8090051
广 西	41021110	20027126	15641861	4385266	3488119
海 南	13166586	5269660	4210459	1059201	799725
重 庆	42651868	19612900	14872657	4740244	3489672
四 川	83983262	41591795	33510939	8080856	6266720
贵 州	32448146	14226944	10440884	3786060	2594651
云 南	36269457	17818712	14308639	3510073	3027089
西 藏	3757578	1907913	1433925	473988	417059
陕 西	71254630	34817065	27976446	6840619	5385768
甘 肃	27486469	12761024	9897070	2863953	2203498
青 海	5650127	2403293	1821603	581690	266204
宁 夏	7552337	3886255	3121696	764559	457641
新 疆	27251840	11923959	9384020	2539939	1898905
大 连	1618643	992736	569057	423679	89416
宁 波	9001290	4418247	3648548	769699	480150
厦 门	4028655	1929820	1455969	473850	168111
青 岛	5794643	1820534	1555293	265241	222097
深 圳	31472032	11327161	9441288	1885873	1188938

(普通高等学校)

单位：千元

公用部分	商品和服务支出	其他资本性支出	专项公用支出	专项项目支出	基本建设支出
858356095	**511381082**	**346975013**	**167433231**	**179541783**	**39230097**
75882847	56849536	19033311	10366865	8666446	3909677
17996668	9688886	8307781	2988640	5319141	651260
25057000	13833316	11223684	4636271	6587413	847263
15145131	8376310	6768821	3560707	3208114	630248
9881061	5683591	4197470	2002105	2195364	415849
25159433	16556585	8602848	5540658	3062190	1380626
16059951	10658628	5401323	3340588	2060735	676501
16128878	12075498	4053380	2163018	1890362	677006
49484672	36158014	13326659	9512798	3813861	6121142
55344152	39055078	16289073	8593706	7695367	590958
45534310	30314632	15219678	7603039	7616639	1136891
26424481	13021547	13402934	6019154	7383780	972720
21007308	12328281	8679027	4133942	4545084	525616
26909120	10021441	16887679	5379984	11507695	728017
53434743	28843586	24591157	12104033	12487124	804839
39554567	20764647	18789920	7784549	11005371	1116355
40818988	23588484	17230504	10046962	7183541	686284
28447222	16875315	11571907	6532650	5039257	511322
73350682	41361203	31989479	17403061	14586418	7335640
20692507	9969286	10723221	5275751	5447470	301476
6797537	3012199	3785337	1857154	1928184	1099390
21438496	12535153	8903342	3951526	4951816	1600472
41542582	23714635	17827947	6931963	10895984	848885
17665081	6852736	10812345	3238226	7574119	556121
18108267	9451293	8656975	2887595	5769379	342478
1734872	903311	831561	483705	347856	114793
35202724	23115611	12087113	5080457	7006656	1234841
14374708	6015148	8359560	4181191	4178369	350737
3008779	1214121	1794658	650958	1143700	238056
3571082	2203145	1367937	654823	713113	95000
12598247	6339864	6258384	2527151	3731233	2729634
491515	333656	157859	118501	39358	134392
4583043	2712522	1870521	646271	1224251	
2098835	1422357	676478	300106	376372	
3974109	1581164	2392945	271444	2121501	
13733729	10265115	3468614	3415834	52781	6411141

4-6 教育经费支出明细

地区	合计	个人部分	工资福利支出	对个人和家庭的补助支出	#助学金
合计	**1290739891**	**641423392**	**516814264**	**124609128**	**84096533**
北京	30872788	17577523	15136613	2440910	1449900
天津	23908294	10969141	9410719	1558422	1270483
河北	50382608	25807663	19727213	6080450	3486918
山西	31791531	16016152	12560369	3455783	2175482
内蒙古	21708219	11411309	8856769	2554540	1904294
辽宁	38704500	20064269	16095015	3969254	2796212
吉林	23482509	11299707	9122538	2177169	1591375
黑龙江	22719333	13613465	10748086	2865379	1928936
上海	46249790	21690029	18569454	3120575	2181893
江苏	91004436	50947556	42511250	8436306	5732264
浙江	74732032	37447829	31078822	6369007	3960560
安徽	47171517	25082822	18717425	6365397	3374330
福建	37485080	19316166	15492362	3823804	2340965
江西	50023135	22385998	18368872	4017126	3079769
山东	86617953	42061862	35390002	6671860	4194785
河南	77203985	36785727	29183042	7602685	5294324
湖北	49529321	25996955	21291783	4705171	3116918
湖南	47631759	24348125	18885173	5462952	3190103
广东	128419755	60861955	49661897	11200057	6602772
广西	41021110	20027126	15641861	4385266	3488119
海南	13166586	5269660	4210459	1059201	799725
重庆	33054805	14841105	11179065	3662040	2741847
四川	57298532	28708737	22849929	5858808	4433295
贵州	32448146	14226944	10440884	3786060	2594651
云南	36269457	17818712	14308639	3510073	3027089
西藏	3757578	1907913	1433925	473988	417059
陕西	42241893	20060873	16358677	3702197	2978297
甘肃	20210497	9653343	7642708	2010635	1685144
青海	5650127	2403293	1821603	581690	266204
宁夏	6339336	3148488	2489271	659217	377549
新疆	19643276	9672948	7629840	2043108	1615270
大连	1618643	992736	569057	423679	89416
宁波	9001290	4418247	3648548	769699	480150
厦门	4028655	1929820	1455969	473850	168111
青岛	5794643	1820534	1555293	265241	222097
深圳	30907514	10972429	9086555	1885873	1188938

（地方普通高等学校）

单位：千元

公用部分	商品和服务支出	其他资本性支出			基本建设支出
			专项公用支出	专项项目支出	
620101465	**344427069**	**275674397**	**119154167**	**156520230**	**29215033**
12308102	9185484	3122618	1898092	1224526	987162
12528739	5488852	7039887	2112498	4927389	410415
23769978	12845561	10924416	4368728	6555688	804968
15145131	8376310	6768821	3560707	3208114	630248
9881061	5683591	4197470	2002105	2195364	415849
17649437	11638693	6010744	3539869	2470875	990795
11551737	7056750	4494986	2565650	1929337	631065
8667792	6069510	2598282	1196232	1402050	438076
19267755	15741717	3526038	2474205	1051833	5292006
39891079	26949589	12941490	5992461	6949028	165801
36324706	23543602	12781104	5485124	7295980	959497
21306119	9731239	11574880	4414367	7160512	782577
17854889	10113791	7741098	3558231	4182866	314026
26909120	10021441	16887679	5379984	11507695	728017
43913882	22884144	21029739	9403385	11626354	642209
39387744	20652147	18735597	7730226	11005371	1030515
23390212	12447859	10942353	5243564	5698789	142154
22908405	12689972	10218433	5383861	4834571	375229
60412201	34125062	26287138	12513325	13773813	7145600
20692507	9969286	10723221	5275751	5447470	301476
6797537	3012199	3785337	1857154	1928184	1099390
16725784	8879715	7846070	3228513	4617556	1487915
28046012	15003647	13042365	4940632	8101733	543783
17665081	6852736	10812345	3238226	7574119	556121
18108267	9451293	8656975	2887595	5769379	342478
1734872	903311	831561	483705	347856	114793
21541085	12708248	8832837	3139685	5693152	639934
10348730	4384191	5964538	2182543	3781995	208425
3008779	1214121	1794658	650958	1143700	238056
3095848	1931095	1164753	592494	572259	95000
9268874	4871911	4396963	1854295	2542668	701454
491515	333656	157859	118501	39358	134392
4583043	2712522	1870521	646271	1224251	
2098835	1422357	676478	300106	376372	
3974109	1581164	2392945	271444	2121501	
13523944	10194857	3329087	3276307	52781	6411141

4-7 教育经费支出明细

地区	合计	个人部分	工资福利支出	对个人和家庭的补助支出	#助学金
合计	**1399428889**	**687848675**	**542806749**	**145041925**	**101898877**
北京	153855131	75758554	53654296	22104258	18022437
天津	29695996	13790883	11399542	2391340	2027134
河北	39453999	21305696	16388724	4916972	2671189
山西	24774186	12033325	9417260	2616065	1549894
内蒙古	14477150	7709680	5958082	1751599	1260121
辽宁	46190964	22867079	18280645	4586433	3300693
吉林	27522489	14313228	11568298	2744931	1995874
黑龙江	30226695	15849880	12629716	3220164	2215474
上海	94369928	42219036	35003100	7215935	5945410
江苏	99286885	54411247	43722890	10688357	7545092
浙江	72072846	34969213	28017058	6952155	4674777
安徽	41066489	22402068	16527305	5874763	2940165
福建	33936316	18791005	14597981	4193024	2459244
江西	35599238	15536380	12720159	2816220	2020944
山东	78747020	37366427	30971446	6394981	4183996
河南	52378851	25206545	20026461	5180085	3429326
湖北	70785474	36651625	29453741	7197885	5139340
湖南	41192976	20482965	15698001	4784964	2926553
广东	121206198	55181306	44320611	10860695	6448747
广西	27647573	13658367	10880099	2778268	2089624
海南	11154138	4127806	3343781	784025	561356
重庆	30230625	14358910	10989184	3369726	2393061
四川	64719639	32126079	26320434	5805646	4506462
贵州	21228338	9258744	6956416	2302329	1406594
云南	25171769	13001277	10741650	2259627	1863845
西藏	2839941	1510137	1102938	407199	355448
陕西	61677444	30161779	24192084	5969695	4667877
甘肃	20035064	9799513	7761289	2038224	1474186
青海	4360702	1792927	1337362	455565	189349
宁夏	5665215	2910833	2288789	622044	351941
新疆	17859609	8296161	6537409	1758752	1282721
大连	1226826	772978	386798	386180	60206
宁波	7107269	3479175	2792807	686367	420745
厦门	2541553	1296498	941977	354521	109725
青岛	3651638	1006614	844661	161953	150804
深圳	29837029	10493339	8713315	1780024	1123301

（普通高等本科学校）

单位：千元

公用部分	商品和服务支出	其他资本性支出	专项公用支出	专项项目支出	基本建设支出
677913569	**430854637**	**247058931**	**123853131**	**123205800**	**33666646**
74263866	55746978	18516888	9968805	8548083	3832711
15378854	8398596	6980258	1936051	5044207	526260
17590043	10798753	6791291	2576867	4214424	558259
12113958	6707073	5406884	2738568	2668316	626903
6535912	4074128	2461784	1171700	1290083	231558
22055470	14702804	7352666	4731190	2621476	1268415
12629149	9288347	3340802	2477717	863085	580112
13767095	10565682	3201413	1679848	1521565	609720
47024321	34525338	12498983	9128830	3370154	5126571
44315850	32614056	11701794	6511709	5190085	559788
36144645	25285178	10859468	5901249	4958218	958988
17984585	9816199	8168386	4603338	3565048	679837
14799618	9680897	5118721	2524265	2594456	345693
19443623	7484948	11958674	3350928	8607747	619236
40842030	23449570	17392460	9225341	8167119	538563
26183478	15547376	10636102	4133466	6502636	988828
33447565	20543240	12904325	7967547	4936778	686284
20252435	13357803	6894631	3975609	2919022	457577
58763964	34480792	24283172	13260166	11023006	7260928
13761350	7204777	6556572	2844688	3711884	227857
5926942	2394767	3532175	1709625	1822550	1099390
14707931	9393700	5314231	2285895	3028336	1163784
32004348	18968560	13035788	4825993	8209795	589212
11561184	4911727	6649457	1944505	4704952	408410
11996010	6874247	5121763	1963413	3158349	174482
1233749	756076	477674	356069	121604	96055
30610115	21052991	9557124	4125695	5431428	905551
9934066	4915039	5019027	3274559	1744468	301485
2331100	909743	1421357	373906	1047451	236675
2754382	1761656	992726	467463	525263	
7555932	4643597	2912335	1818125	1094210	2007516
319456	227042	92414	53056	39358	134392
3628095	2151371	1476724	473916	1002809	
1245054	896479	348575	144528	204047	
2645023	1171696	1473327	148384	1324944	
12932905	9803534	3129371	3076591	52781	6410785

4-8 教育经费支出明细

地区	合计	个人部分	工资福利支出	对个人和家庭的补助支出	#助学金
合计	**932088264**	**465574538**	**375676857**	**89897681**	**58739822**
北京	26692090	14993094	12784245	2208849	1327133
天津	18228438	8032099	6836930	1195169	984612
河北	36078354	19259369	14694403	4564966	2509781
山西	24774186	12033325	9417260	2616065	1549894
内蒙古	14477150	7709680	5958082	1751599	1260121
辽宁	31716818	16292761	13039769	3252992	2188530
吉林	17693383	9037772	7392001	1645771	1186253
黑龙江	17145954	10183334	8208318	1975016	1317886
上海	40870949	19533506	16636494	2897012	2072239
江苏	65133904	36136496	29837356	6299140	4355783
浙江	56012211	28295576	23123941	5171636	3118036
安徽	31025114	17669199	13147620	4521579	2094781
福建	26022461	14241159	11369188	2871971	1637930
江西	35599238	15536380	12720159	2816220	2020944
山东	61272390	29575288	24799452	4775836	3010802
河南	52017404	25097762	19933711	5164051	3425700
湖北	35020813	18674976	15398683	3276293	2277682
湖南	30124046	15052121	11425849	3626272	2026053
广东	98082507	44987275	36545652	8441623	4980665
广西	27647573	13658367	10880099	2778268	2089624
海南	11154138	4127806	3343781	784025	561356
重庆	20910022	9716718	7401424	2315294	1665793
四川	38388295	19461884	15832007	3629877	2710076
贵州	21228338	9258744	6956416	2302329	1406594
云南	25171769	13001277	10741650	2259627	1863845
西藏	2839941	1510137	1102938	407199	355448
陕西	32664708	15405587	12574316	2831272	2260406
甘肃	12759092	6691832	5506926	1184906	955832
青海	4360702	1792927	1337362	455565	189349
宁夏	4452214	2173066	1656364	516702	271849
新疆	12524061	6435020	5074463	1360557	1064825
大连	1226826	772978	386798	386180	60206
宁波	7107269	3479175	2792807	686367	420745
厦门	2541553	1296498	941977	354521	109725
青岛	3651638	1006614	844661	161953	150804
深圳	29272512	10138607	8358582	1780024	1123301

(地方普通高等本科学校)

单位：千元

公用部分	商品和服务支出	其他资本性支出			基本建设支出
			专项公用支出	专项项目支出	
442473693	**265041788**	**177431905**	**75901753**	**101530152**	**24040033**
10770293	8129759	2640534	1528164	1112370	928702
9910925	4198561	5712364	1059908	4652456	285415
16303021	9810998	6492023	2309325	4182699	515964
12113958	6707073	5406884	2738568	2668316	626903
6535912	4074128	2461784	1171700	1290083	231558
14545473	9784912	4760562	2730401	2030161	878583
8120935	5686469	2434466	1702778	731688	534676
6591625	4810875	1780750	739510	1041240	370994
17040008	14204493	2835515	2096296	739218	4297435
28862777	20508567	8354211	3910464	4443747	134631
26935042	18514148	8420894	3783334	4637559	781593
12866223	6525891	6340332	2998551	3341780	489693
11647198	7466407	4180791	1948554	2232238	134103
19443623	7484948	11958674	3350928	8607747	619236
31321169	17490128	13831042	6524693	7306349	375933
26016655	15434876	10581779	4079143	6502636	902988
16203684	9537800	6665884	3185614	3480270	142154
14750441	9202614	5547827	2833184	2714643	321484
46024344	27325086	18699258	8416320	10282938	7070889
13761350	7204777	6556572	2844688	3711884	227857
5926942	2394767	3532175	1709625	1822550	1099390
10142077	5885118	4256958	1562882	2694076	1051228
18642301	10377212	8265089	2843248	5421841	284110
11561184	4911727	6649457	1944505	4704952	408410
11996010	6874247	5121763	1963413	3158349	174482
1233749	756076	477674	356069	121604	96055
16948476	10645628	6302848	2184924	4117925	310644
5908088	3284083	2624006	1275912	1348094	159172
2331100	909743	1421357	373906	1047451	236675
2279148	1489606	789543	405133	384409	
5739964	3411071	2328892	1330012	998881	349077
319456	227042	92414	53056	39358	134392
3628095	2151371	1476724	473916	1002809	
1245054	896479	348575	144528	204047	
2645023	1171696	1473327	148384	1324944	
12723120	9733276	2989845	2937064	52781	6410785

4-9 教育经费支出明细

地区	合计	个人部分	工资福利支出	对个人和家庭的补助支出	#助学金
合计	**364101097**	**178095119**	**142986824**	**35108295**	**25600453**
北京	4376576	2680630	2431920	248710	135460
天津	5679856	2937042	2573789	363253	285871
河北	14304254	6548294	5032810	1515484	977137
山西	7017346	3982827	3143109	839718	625588
内蒙古	7231069	3701629	2898687	802941	644173
辽宁	6987683	3771508	3055246	716262	607682
吉林	5789126	2261935	1730537	531398	405123
黑龙江	6447514	4018444	3018842	999602	642776
上海	5766396	2311474	2072790	238685	124187
江苏	25870532	14811060	12673895	2137166	1376482
浙江	18719821	9152253	7954881	1197371	842524
安徽	16146402	7413623	5569805	1843818	1279549
福建	11462619	5075006	4123174	951832	703035
江西	14423898	6849618	5648713	1200905	1058825
山东	25345563	12486574	10590549	1896024	1183982
河南	25186581	11687965	9249330	2438635	1868624
湖北	14994689	7623266	6138625	1484641	881496
湖南	17645154	9396622	7559942	1836679	1164049
广东	30802666	16141237	13351415	2789822	1641304
广西	13373536	6368759	4761762	1606998	1398496
海南	2012448	1141854	866677	275176	238368
重庆	12421243	5253991	3883473	1370518	1096611
四川	19263623	9465716	7190505	2275211	1760258
贵州	11219807	4968199	3484469	1483731	1188057
云南	11097688	4817435	3566989	1250446	1163244
西藏	917637	397777	330988	66789	61611
陕西	9577185	4655286	3784361	870925	717891
甘肃	7451405	2961511	2135782	825729	729312
青海	1289425	610366	484241	126125	76855
宁夏	1887122	975423	832907	142515	105700
新疆	9392232	3627798	2846611	781187	616183
大连	391816	219758	182259	37498	29210
宁波	1894021	939073	855741	83332	59405
厦门	1487102	633321	513992	119329	58386
青岛	2143005	813920	710631	103288	71293
深圳	1635002	833822	727973	105849	65637

(普通高职高专学校)

单位：千元

公用部分	商品和服务支出	其他资本性支出	专项公用支出	专项项目支出	基本建设支出
180442526	**80526444**	**99916082**	**43580099**	**56335983**	**5563452**
1618981	1102558	516423	398060	118363	76966
2617814	1290291	1327523	1052589	274934	125000
7466957	3034564	4432393	2059404	2372989	289004
3031174	1669237	1361937	822139	539798	3345
3345150	1609464	1735686	830405	905281	184291
3103964	1853781	1250182	809468	440714	112211
3430802	1370281	2060521	862872	1197649	96389
2361783	1509816	851967	483170	368797	67286
2460351	1632675	827676	383969	443707	994571
11028302	6441022	4587279	2081997	2505282	31171
9389665	5029454	4360211	1701790	2658421	177904
8439896	3205348	5234548	1415816	3818732	292884
6207690	2647384	3560306	1609678	1950628	179923
7465498	2536493	4929005	2029056	2899949	108782
12592713	5394016	7198697	2878692	4320005	266276
13371089	5217271	8153818	3651083	4502735	127527
7371423	3045245	4326178	2079415	2246763	
8194787	3517512	4677275	2557041	2120235	53745
14586718	6880411	7706307	4142896	3563411	74711
6931158	2764509	4166649	2431063	1735586	73619
870595	617433	253162	147529	105633	
6730564	3141453	3589111	1665631	1923480	436688
9538234	4746075	4792159	2105969	2686189	259673
6103897	1941009	4162888	1293721	2869167	147711
6112257	2577045	3535212	924182	2611030	167996
501123	147235	353888	127636	226252	18738
4592609	2062620	2529989	954761	1575228	329290
4440642	1100109	3340533	906632	2433901	49253
677679	304378	373301	277052	96249	1381
816700	441489	375211	187360	187850	95000
5042315	1696267	3346049	709026	2637022	722118
172059	106614	65444	65444		
954948	561151	393797	172355	221442	
853781	525878	327903	155578	172325	
1329086	409468	919617	123060	796557	
800824	461581	339243	339243		356

4-10 教育经费支出明细

地区	合计	个人部分	工资福利支出	对个人和家庭的补助支出	#助学金
合计	**358651627**	**175848855**	**141137408**	**34711447**	**25356711**
北京	4180698	2584429	2352368	232062	122767
天津	5679856	2937042	2573789	363253	285871
河北	14304254	6548294	5032810	1515484	977137
山西	7017346	3982827	3143109	839718	625588
内蒙古	7231069	3701629	2898687	802941	644173
辽宁	6987683	3771508	3055246	716262	607682
吉林	5789126	2261935	1730537	531398	405123
黑龙江	5573380	3430131	2539768	890362	611050
上海	5378841	2156523	1932960	223563	109655
江苏	25870532	14811060	12673895	2137166	1376482
浙江	18719821	9152253	7954881	1197371	842524
安徽	16146402	7413623	5569805	1843818	1279549
福建	11462619	5075006	4123174	951832	703035
江西	14423898	6849618	5648713	1200905	1058825
山东	25345563	12486574	10590549	1896024	1183982
河南	25186581	11687965	9249330	2438635	1868624
湖北	14508507	7321979	5893100	1428879	839236
湖南	17507712	9296004	7459324	1836679	1164049
广东	30337248	15874680	13116246	2758434	1622108
广西	13373536	6368759	4761762	1606998	1398496
海南	2012448	1141854	866677	275176	238368
重庆	12144782	5124387	3777641	1346746	1076054
四川	18910237	9246853	7017922	2228931	1723219
贵州	11219807	4968199	3484469	1483731	1188057
云南	11097688	4817435	3566989	1250446	1163244
西藏	917637	397777	330988	66789	61611
陕西	9577185	4655286	3784361	870925	717891
甘肃	7451405	2961511	2135782	825729	729312
青海	1289425	610366	484241	126125	76855
宁夏	1887122	975423	832907	142515	105700
新疆	7119215	3237928	2555377	682551	550445
大连	391816	219758	182259	37498	29210
宁波	1894021	939073	855741	83332	59405
厦门	1487102	633321	513992	119329	58386
青岛	2143005	813920	710631	103288	71293
深圳	1635002	833822	727973	105849	65637

(地方普通高职高专学校)

单位：千元

公用部分	商品和服务支出	其他资本性支出			基本建设支出
			专项公用支出	专项项目支出	
177627772	**79385281**	**98242492**	**43252413**	**54990079**	**5175000**
1537809	1055725	482085	369929	112156	58460
2617814	1290291	1327523	1052589	274934	125000
7466957	3034564	4432393	2059404	2372989	289004
3031174	1669237	1361937	822139	539798	3345
3345150	1609464	1735686	830405	905281	184291
3103964	1853781	1250182	809468	440714	112211
3430802	1370281	2060521	862872	1197649	96389
2076167	1258635	817532	456722	360810	67082
2227747	1537224	690523	377908	312615	994571
11028302	6441022	4587279	2081997	2505282	31171
9389665	5029454	4360211	1701790	2658421	177904
8439896	3205348	5234548	1415816	3818732	292884
6207690	2647384	3560306	1609678	1950628	179923
7465498	2536493	4929005	2029056	2899949	108782
12592713	5394016	7198697	2878692	4320005	266276
13371089	5217271	8153818	3651083	4502735	127527
7186528	2910059	4276469	2057950	2218520	
8157964	3487358	4670606	2550678	2119928	53745
14387857	6799976	7587881	4097006	3490875	74711
6931158	2764509	4166649	2431063	1735586	73619
870595	617433	253162	147529	105633	
6583708	2994596	3589111	1665631	1923480	436688
9403711	4626435	4777276	2097384	2679893	259673
6103897	1941009	4162888	1293721	2869167	147711
6112257	2577045	3535212	924182	2611030	167996
501123	147235	353888	127636	226252	18738
4592609	2062620	2529989	954761	1575228	329290
4440642	1100109	3340533	906632	2433901	49253
677679	304378	373301	277052	96249	1381
816700	441489	375211	187360	187850	95000
3528910	1460840	2068070	524283	1543787	352377
172059	106614	65444	65444		
954948	561151	393797	172355	221442	
853781	525878	327903	155578	172325	
1329086	409468	919617	123060	796557	
800824	461581	339243	339243		356

4-11 教育经费支出明细

地区	合计				
		个人部分			
			工资福利支出	对个人和家庭的补助支出	
					#助学金
合计	**18546954**	**9424613**	**8407709**	**1016905**	**132123**
北京	2824923	1205663	1114392	91271	8
天津	375178	246929	233584	13345	2762
河北	778872	489121	427071	62050	7296
山西	305790	197655	177455	20200	2230
内蒙古	220647	107939	101255	6684	
辽宁	551991	359304	327716	31588	8
吉林	653186	418033	369262	48771	8338
黑龙江	540699	348674	261458	87216	
上海	1328604	658528	593058	65470	593
江苏	201419	120804	105219	15585	1522
浙江	1419317	742518	707719	34799	5034
安徽	438224	252576	228566	24010	695
福建	637970	305829	266774	39056	986
江西	612732	342452	299264	43189	24555
山东	785531	198189	176996	21194	494
河南	330696	166291	144152	22139	3238
湖北	96623	61048	50426	10622	15
湖南	677695	336459	297243	39216	3083
广东	2358037	1122423	945156	177267	6988
广西	211019	104278	94152	10127	2117
海南	128706	70322	63312	7009	6391
重庆	26678	8907	7608	1299	
四川	785310	383271	351458	31813	2844
贵州	254249	126697	98393	28304	12637
云南	322644	95061	93495	1567	
西藏	373	373		373	373
陕西	750243	442526	391118	51407	39209
甘肃	225639	134607	123827	10780	19
青海	47796	32149	29455	2694	
宁夏					
新疆	656162	345984	328125	17859	687
大连	130349	91273	86293	4981	
宁波	278452	134148	126789	7359	800
厦门					
青岛	132120	51160	47511	3648	
深圳	118576	69469	60142	9327	404

（成人高等学校）

单位：千元

公用部分	商品和服务支出	其他资本性支出	专项公用支出	专项项目支出	基本建设支出
9064358	**7946378**	**1117979**	**676263**	**441716**	**57983**
1619260	1490570	128690	122511	6179	
92798	90162	2636	2636		35450
289750	250077	39673	28007	11666	
108135	101824	6312	6024	288	
112708	79257	33451	14462	18989	
183953	168107	15847	12067	3780	8733
235152	215601	19551	15056	4495	
192025	177615	14410	6379	8031	
670076	624303	45773	27061	18713	
80615	68181	12434	11235	1199	
675524	573538	101986	64539	37447	1275
185648	172414	13234	11132	2102	
332141	295297	36843	24028	12815	
270279	205743	64536	21860	42676	
577342	494840	82501	20428	62073	10000
164405	155187	9219	8115	1104	
35575	31447	4129	2868	1261	
341236	253587	87649	24072	63577	
1235613	1137784	97829	93519	4310	
106741	93381	13360	9280	4080	
58384	47447	10937	5812	5125	
17771	17561	210	210		
402039	358062	43977	13610	30367	
127552	97456	30095	29415	681	
227583	193665	33918	29941	3977	
305893	252499	53394	31439	21955	1824
91031	73953	17079	12283	4795	
15647	11040	4607	3107	1500	
309479	215780	93698	25167	68532	700
39076	37106	1971	1812	159	
144303	120611	23693	11424	12269	
80961	77034	3927	3927		
49107	47632	1475	1475		

4-12 教育经费支出明细

地区	合计	个人部分	工资福利支出	对个人和家庭的补助支出	#助学金
合计	**16603338**	**8841457**	**7862045**	**979411**	**132123**
北京	1056714	746010	689916	56094	8
天津	375178	246929	233584	13345	2762
河北	778872	489121	427071	62050	7296
山西	305790	197655	177455	20200	2230
内蒙古	220647	107939	101255	6684	
辽宁	539019	347992	316403	31588	8
吉林	653186	418033	369262	48771	8338
黑龙江	540699	348674	261458	87216	
上海	1328604	658528	593058	65470	593
江苏	201419	120804	105219	15585	1522
浙江	1419317	742518	707719	34799	5034
安徽	438224	252576	228566	24010	695
福建	637970	305829	266774	39056	986
江西	612732	342452	299264	43189	24555
山东	785531	198189	176996	21194	494
河南	330696	166291	144152	22139	3238
湖北	96623	61048	50426	10622	15
湖南	677695	336459	297243	39216	3083
广东	2358037	1122423	945156	177267	6988
广西	211019	104278	94152	10127	2117
海南	128706	70322	63312	7009	6391
重庆	26678	8907	7608	1299	
四川	785310	383271	351458	31813	2844
贵州	254249	126697	98393	28304	12637
云南	322644	95061	93495	1567	
西藏	373	373		373	373
陕西	750243	442526	391118	51407	39209
甘肃	225639	134607	123827	10780	19
青海	47796	32149	29455	2694	
宁夏					
新疆	493728	233792	218250	15543	687
大连	130349	91273	86293	4981	
宁波	278452	134148	126789	7359	800
厦门					
青岛	132120	51160	47511	3648	
深圳	118576	69469	60142	9327	404

（地方成人高等学校）

单位：千元

公用部分	商品和服务支出	其他资本性支出	专项公用支出	专项项目支出	基本建设支出
7703898	**6706100**	**997798**	**564665**	**433133**	**57983**
310704	291587	19117	16012	3105	
92798	90162	2636	2636		35450
289750	250077	39673	28007	11666	
108135	101824	6312	6024	288	
112708	79257	33451	14462	18989	
182294	166447	15847	12067	3780	8733
235152	215601	19551	15056	4495	
192025	177615	14410	6379	8031	
670076	624303	45773	27061	18713	
80615	68181	12434	11235	1199	
675524	573538	101986	64539	37447	1275
185648	172414	13234	11132	2102	
332141	295297	36843	24028	12815	
270279	205743	64536	21860	42676	
577342	494840	82501	20428	62073	10000
164405	155187	9219	8115	1104	
35575	31447	4129	2868	1261	
341236	253587	87649	24072	63577	
1235613	1137784	97829	93519	4310	
106741	93381	13360	9280	4080	
58384	47447	10937	5812	5125	
17771	17561	210	210		
402039	358062	43977	13610	30367	
127552	97456	30095	29415	681	
227583	193665	33918	29941	3977	
305893	252499	53394	31439	21955	1824
91031	73953	17079	12283	4795	
15647	11040	4607	3107	1500	
259236	176145	83091	20068	63023	700
39076	37106	1971	1812	159	
144303	120611	23693	11424	12269	
80961	77034	3927	3927		
49107	47632	1475	1475		

4-13 教育经费支出明细

地区	合计	个人部分	工资福利支出	对个人和家庭的补助支出	#助学金
合计	**332346461**	**181264300**	**157715804**	**23548496**	**12007057**
北京	6777325	4555918	4193780	362139	62058
天津	2621416	1970453	1820142	150311	58178
河北	20668762	10327606	8958968	1368638	643556
山西	7860328	4327494	3864347	463147	263993
内蒙古	5269689	3098232	2642624	455608	318359
辽宁	6122105	4099579	3617150	482429	145129
吉林	5047666	2699495	2447664	251832	124127
黑龙江	4782225	3298254	2689212	609042	93907
上海	7307350	4375438	3742655	632783	233757
江苏	24251146	15670268	14410975	1259293	347776
浙江	24985530	12686359	11955746	730613	341237
安徽	13514669	6400935	5173744	1227191	614954
福建	11556249	5649268	5081124	568145	120288
江西	12885814	4400505	3696177	704327	543623
山东	26343337	14442291	13112218	1330073	333102
河南	16750077	8268204	7260038	1008167	627293
湖北	9788253	5568739	4761294	807446	338476
湖南	13548998	7113541	6099250	1014291	629505
广东	36499985	20282296	18129916	2152380	489968
广西	8798439	5002043	4362447	639596	416523
海南	2796617	1487785	1208816	278969	267895
重庆	8622069	4597627	3661554	936073	590648
四川	14770062	8699886	7150374	1549511	919749
贵州	6902549	3434833	2498935	935898	669325
云南	8054179	5123184	4139720	983464	770141
西藏	1968733	991097	826220	164877	146729
陕西	7450505	4181270	3679696	501574	376949
甘肃	4678185	2698163	2277023	421141	318829
青海	1424195	658326	484419	173908	119731
宁夏	1596815	770043	670647	99396	65872
新疆	8703191	4385168	3098932	1286236	1015381
大连	1147749	788719	736577	52142	24371
宁波	3909954	2211722	2100290	111432	36567
厦门	2093990	1041992	834191	207801	22577
青岛	4253482	2490190	2243972	246218	14976
深圳	4036743	1868637	1620294	248343	100590

（中等职业学校）

单位：千元

公用部分	商品和服务支出	其他资本性支出	专项公用支出	专项项目支出	基本建设支出
148186725	**66998466**	**81188259**	**27242214**	**53946045**	**2895436**
2171976	1510237	661739	499160	162578	49430
650964	496251	154712	76642	78070	
10300147	3360107	6940039	2270683	4669357	41009
3448937	1580261	1868677	662043	1206633	83897
2055534	1059225	996309	603032	393277	115923
1960661	1567295	393365	272977	120388	61865
2340382	838947	1501435	293892	1207543	7788
1444104	954798	489306	269287	220019	39867
2929602	2157002	772600	442338	330262	2310
8577378	4166554	4410825	1476732	2934093	3500
11568589	4300523	7268066	1686566	5581499	730582
7025045	2686583	4338463	1435545	2902918	88688
5831579	2069095	3762484	1218407	2544077	75401
8306533	1742740	6563794	1561476	5002317	178776
11890595	4985949	6904646	2296913	4607732	10450
8419823	3712501	4707322	1412779	3294543	62049
4219513	1905019	2314495	626854	1687641	
6363570	3355775	3007796	809030	2198766	71887
16076668	8137087	7939581	3282338	4657243	141020
3763810	1972629	1791181	941676	849505	32586
1290900	614494	676406	420030	256376	17933
3825138	2742895	1082243	408513	673729	199305
6031585	3366960	2664625	1015810	1648815	38591
3360660	1161571	2199089	589232	1609856	107056
2882753	1533233	1349520	407536	941984	48242
975411	386928	588483	223340	365143	2225
3244185	1657946	1586240	464286	1121953	25050
1902468	658058	1244410	234558	1009852	77554
735131	273092	462040	296012	166028	30737
826772	353492	473280	232709	240571	
3766310	1691219	2075091	811815	1263275	551713
335895	267878	68017	53694	14323	23135
1698232	734360	963872	319908	643964	
1009815	488567	521248	237099	284150	42183
1763292	839257	924035	391017	533018	
2144056	1634254	509802	446182	63620	24050

4-14 教育经费支出明细

地区	合计	个人部分	工资福利支出	对个人和家庭的补助支出	#助学金
合计	**330545902**	**180460520**	**157032207**	**23428313**	**11966931**
北京	6586488	4439530	4083812	355718	60701
天津	2608058	1961965	1812029	149936	57818
河北	20635063	10302305	8933765	1368540	643516
山西	7860328	4327494	3864347	463147	263993
内蒙古	5269689	3098232	2642624	455608	318359
辽宁	6122105	4099579	3617150	482429	145129
吉林	5047666	2699495	2447664	251832	124127
黑龙江	4695339	3224815	2641964	582851	93326
上海	7271301	4354327	3721545	632783	233757
江苏	24202053	15639849	14382352	1257497	345980
浙江	24985530	12686359	11955746	730613	341237
安徽	13514669	6400935	5173744	1227191	614954
福建	11556249	5649268	5081124	568145	120288
江西	12882062	4397766	3693994	703772	543623
山东	26343337	14442291	13112218	1330073	333102
河南	16646440	8209683	7201725	1007958	627293
湖北	9779812	5560737	4754035	806702	338476
湖南	13542848	7108103	6093812	1014291	629505
广东	36443497	20248474	18102881	2145593	488606
广西	8798439	5002043	4362447	639596	416523
海南	2796617	1487785	1208816	278969	267895
重庆	8622069	4597627	3661554	936073	590648
四川	14641089	8637018	7107680	1529338	913281
贵州	6902549	3434833	2498935	935898	669325
云南	8054179	5123184	4139720	983464	770141
西藏	1968733	991097	826220	164877	146729
陕西	7423453	4156057	3654695	501363	376755
甘肃	4678185	2698163	2277023	421141	318829
青海	1424195	658326	484419	173908	119731
宁夏	1596815	770043	670647	99396	65872
新疆	7647046	4053136	2823523	1229614	987413
大连	1147749	788719	736577	52142	24371
宁波	3909954	2211722	2100290	111432	36567
厦门	2093990	1041992	834191	207801	22577
青岛	4253482	2490190	2243972	246218	14976
深圳	4036743	1868637	1620294	248343	100590

(地方中等职业学校)

单位：千元

公用部分	商品和服务支出	其他资本性支出			基本建设支出
			专项公用支出	专项项目支出	
147465791	**66621296**	**80844495**	**27052862**	**53791633**	**2619592**
2097528	1440361	657167	494589	162578	49430
646093	491407	154687	76617	78070	
10291748	3354344	6937404	2269621	4667783	41009
3448937	1580261	1868677	662043	1206633	83897
2055534	1059225	996309	603032	393277	115923
1960661	1567295	393365	272977	120388	61865
2340382	838947	1501435	293892	1207543	7788
1430658	942027	488631	268612	220019	39867
2914664	2147752	766912	440584	326328	2310
8558704	4160939	4397766	1474366	2923400	3500
11568589	4300523	7268066	1686566	5581499	730582
7025045	2686583	4338463	1435545	2902918	88688
5831579	2069095	3762484	1218407	2544077	75401
8305520	1741726	6563794	1561476	5002317	178776
11890595	4985949	6904646	2296913	4607732	10450
8374708	3692891	4681817	1404600	3277217	62049
4219076	1904892	2314183	626543	1687641	
6362859	3355125	3007733	808967	2198766	71887
16054003	8117961	7936042	3279326	4656716	141020
3763810	1972629	1791181	941676	849505	32586
1290900	614494	676406	420030	256376	17933
3825138	2742895	1082243	408513	673729	199305
5965480	3325178	2640301	999971	1640331	38591
3360660	1161571	2199089	589232	1609856	107056
2882753	1533233	1349520	407536	941984	48242
975411	386928	588483	223340	365143	2225
3242346	1656629	1585717	464179	1121538	25050
1902468	658058	1244410	234558	1009852	77554
735131	273092	462040	296012	166028	30737
826772	353492	473280	232709	240571	
3318040	1505794	1812246	660428	1151818	275870
335895	267878	68017	53694	14323	23135
1698232	734360	963872	319908	643964	
1009815	488567	521248	237099	284150	42183
1763292	839257	924035	391017	533018	
2144056	1634254	509802	446182	63620	24050

4-15 教育经费支出明细

地区	合计	个人部分	工资福利支出	对个人和家庭的补助支出	#助学金
合计	**152108786**	**84038006**	**71680231**	**12357775**	**6390679**
北京	2643732	1709754	1587179	122575	30407
天津	1719898	1265952	1174028	91925	43225
河北	7488017	3613838	2939655	674183	392517
山西	2627826	1690976	1461804	229172	114592
内蒙古	1583708	842263	692463	149800	96048
辽宁	3313975	2246921	1944923	301997	78418
吉林	1836699	801955	725839	76116	36523
黑龙江	1432498	793378	640700	152679	39901
上海	4432126	2574192	2194621	379571	162641
江苏	17436390	11372767	10415739	957028	248449
浙江	3848221	2151965	1984154	167811	92773
安徽	12235209	6011613	4913990	1097622	539026
福建	8632322	4426272	3957944	468328	108497
江西	7218533	2716245	2315685	400560	277613
山东	12855029	7127781	6382883	744898	219813
河南	5385452	2667691	2241880	425812	278418
湖北	6473329	3698303	3180688	517616	233097
湖南	1398853	702984	591263	111721	71418
广东	15899110	8834899	7649066	1185833	299015
广西	6242893	3589034	3126375	462659	302040
海南	1668395	917513	700053	217460	213420
重庆	1527137	714499	473679	240821	195940
四川	4960926	2907890	2339595	568294	357267
贵州	2249457	1127631	734277	393354	219494
云南	3331860	2113858	1612201	501657	412488
西藏	1830235	945777	786495	159282	146545
陕西	1102896	691015	589809	101206	81986
甘肃	3133673	1898012	1607033	290979	219950
青海	1412463	652575	479749	172826	118649
宁夏	560200	274496	234471	40025	24050
新疆	5627725	2955957	2001989	953967	736458
大连	538500	388832	367578	21255	5218
宁波	810706	470816	429564	41252	17296
厦门	1486027	809602	619834	189768	20842
青岛	414851	271637	235467	36171	1031
深圳	860932	465995	411400	54596	27949

(中等专业学校)

单位：千元

公用部分	商品和服务支出	其他资本性支出	专项公用支出	专项项目支出	基本建设支出
66502579	**31095562**	**35407017**	**13452971**	**21954045**	**1568201**
898460	658074	240385	210896	29490	35518
453945	352775	101170	58357	42813	
3852692	1426924	2425768	1403013	1022755	21487
891195	554269	336927	196656	140271	45655
643753	353738	290015	227131	62884	97692
1042141	844958	197183	153639	43544	24913
1029894	316355	713538	126253	587285	4851
639120	443295	195825	107696	88130	
1855623	1503424	352200	228204	123995	2310
6060123	2869007	3191116	1116384	2074732	3500
1477682	703751	773931	303763	470168	218574
6134908	2358773	3776135	1280846	2495289	88688
4156669	1560014	2596655	951208	1645446	49381
4365818	985564	3380254	849985	2530270	136470
5717097	2430435	3286663	870492	2416170	10150
2717481	1255709	1461772	512244	949528	280
2775026	1332470	1442556	426717	1015839	
695869	517969	177901	89218	88682	
6965016	3241636	3723380	1278748	2444632	99194
2642908	1359476	1283432	709460	573972	10951
741339	355473	385866	299113	86754	9542
776964	695045	81919	42336	39583	35673
2039134	1227689	811445	226707	584738	13903
1040783	394969	645814	307462	338352	81044
1181614	747051	434563	171030	263533	36388
882234	360808	521426	206469	314957	2225
411881	316753	95128	61203	33925	
1165053	477729	687324	178281	509044	70609
729151	268743	460409	294381	166028	30737
285705	139666	146039	76276	69763	
2233302	1043023	1190279	488804	701475	438466
141255	114587	26668	16343	10325	8413
339890	110109	229781	72319	157462	
651929	369335	282593	152056	130537	24497
143213	114570	28644	24573	4071	
385263	294654	90609	90329	279	9674

4-16 教育经费支出明细

地 区	合 计	个人部分	工资福利支 出	对个人和家庭的补助支出	#助学金
合 计	**150653899**	**83440683**	**71174430**	**12266253**	**6358739**
北 京	2456397	1594905	1478751	116155	29051
天 津	1719898	1265952	1174028	91925	43225
河 北	7454317	3588537	2914452	674085	392477
山 西	2627826	1690976	1461804	229172	114592
内蒙古	1583708	842263	692463	149800	96048
辽 宁	3313975	2246921	1944923	301997	78418
吉 林	1836699	801955	725839	76116	36523
黑龙江	1356749	730685	599048	131638	39319
上 海	4396077	2553082	2173511	379571	162641
江 苏	17436390	11372767	10415739	957028	248449
浙 江	3848221	2151965	1984154	167811	92773
安 徽	12235209	6011613	4913990	1097622	539026
福 建	8632322	4426272	3957944	468328	108497
江 西	7214781	2713506	2313501	400005	277613
山 东	12855029	7127781	6382883	744898	219813
河 南	5377438	2662172	2236389	425783	278418
湖 北	6464889	3690300	3173429	516872	233097
湖 南	1398853	702984	591263	111721	71418
广 东	15842622	8801077	7622031	1179047	297653
广 西	6242893	3589034	3126375	462659	302040
海 南	1668395	917513	700053	217460	213420
重 庆	1527137	714499	473679	240821	195940
四 川	4955804	2907258	2339595	567663	356635
贵 州	2249457	1127631	734277	393354	219494
云 南	3331860	2113858	1612201	501657	412488
西 藏	1830235	945777	786495	159282	146545
陕 西	1102896	691015	589809	101206	81986
甘 肃	3133673	1898012	1607033	290979	219950
青 海	1412463	652575	479749	172826	118649
宁 夏	560200	274496	234471	40025	24050
新 疆	4587486	2633302	1734550	898752	708491
大 连	538500	388832	367578	21255	5218
宁 波	810706	470816	429564	41252	17296
厦 门	1486027	809602	619834	189768	20842
青 岛	414851	271637	235467	36171	1031
深 圳	860932	465995	411400	54596	27949

（地方中等专业学校）

单位：千元

公用部分	商品和服务支出	其他资本性支出			基本建设支出
			专项公用支出	专项项目支出	
65920859	**30794311**	**35126548**	**13289949**	**21836598**	**1292357**
825974	590160	235814	206324	29490	35518
453945	352775	101170	58357	42813	
3844293	1421161	2423132	1401951	1021181	21487
891195	554269	336927	196656	140271	45655
643753	353738	290015	227131	62884	97692
1042141	844958	197183	153639	43544	24913
1029894	316355	713538	126253	587285	4851
626064	430914	195150	107020	88130	
1840685	1494173	346512	226451	120061	2310
6060123	2869007	3191116	1116384	2074732	3500
1477682	703751	773931	303763	470168	218574
6134908	2358773	3776135	1280846	2495289	88688
4156669	1560014	2596655	951208	1645446	49381
4364805	984550	3380254	849985	2530270	136470
5717097	2430435	3286663	870492	2416170	10150
2714986	1253550	1461436	511908	949528	280
2774589	1332344	1442245	426406	1015839	
695869	517969	177901	89218	88682	
6942351	3222510	3719841	1275736	2444105	99194
2642908	1359476	1283432	709460	573972	10951
741339	355473	385866	299113	86754	9542
776964	695045	81919	42336	39583	35673
2034643	1223198	811445	226707	584738	13903
1040783	394969	645814	307462	338352	81044
1181614	747051	434563	171030	263533	36388
882234	360808	521426	206469	314957	2225
411881	316753	95128	61203	33925	
1165053	477729	687324	178281	509044	70609
729151	268743	460409	294381	166028	30737
285705	139666	146039	76276	69763	
1791562	863995	927567	337503	590063	162622
141255	114587	26668	16343	10325	8413
339890	110109	229781	72319	157462	
651929	369335	282593	152056	130537	24497
143213	114570	28644	24573	4071	
385263	294654	90609	90329	279	9674

4-17 教育经费支出明细

地区	合计	个人部分	工资福利支出	对个人和家庭的补助支出	#助学金
合计	121585492	65657476	57856556	7800920	4165068
北京	2388360	1790171	1618244	171927	6391
天津	607772	480900	445265	35635	5419
河北	10569065	4810469	4331752	478717	217264
山西	4376317	2164353	1986656	177697	114464
内蒙古	3569101	2167946	1867590	300356	220630
辽宁	2269276	1517679	1379419	138259	53755
吉林	2239939	1098505	1015006	83499	36029
黑龙江	1919415	1340706	1096968	243738	48766
上海	2523298	1538785	1322610	216174	64156
江苏	3905505	2504487	2339599	164888	41930
浙江	17368340	8710891	8222223	488668	230570
安徽	560326	118581	51575	67006	40982
福建	1157730	377774	338048	39726	5502
江西	4392441	1194795	973708	221086	196559
山东	7716457	4491786	4099710	392076	57498
河南	6419430	3368982	3032358	336624	210515
湖北	2359687	1533469	1299252	234216	85056
湖南	10611262	5503354	4706204	797151	520014
广东	6968177	4504713	4071995	432717	58157
广西	162803	100306	88640	11666	6519
海南	629489	359218	310702	48516	43335
重庆	4751279	2752937	2261992	490946	320244
四川	8206088	4798466	4017614	780852	442739
贵州	4110625	1971778	1558646	413132	332629
云南	3067107	2095098	1760745	334353	246685
西藏					
陕西	4634140	2485763	2172960	312803	232104
甘肃	1333013	649629	534634	114996	91244
青海	2098	1576	521	1055	1055
宁夏	1036615	495547	436176	59372	41822
新疆	1730336	728814	515745	213069	193036
大连	461067	328682	308918	19764	9556
宁波	2344677	1298216	1249404	48812	15973
厦门	190626	69546	64344	5202	408
青岛	3290507	1920161	1717493	202668	13550
深圳	1596065	836598	737225	99373	27163

(职业高中)

单位：千元

公用部分	商品和服务支出	其他资本性支出	专项公用支出	专项项目支出	基本建设支出
55096480	**21694744**	**33401736**	**8282434**	**25119302**	**831536**
584278	390909	193368	127617	65751	13912
126872	80735	46137	12738	33399	
5758036	1372587	4385449	814759	3570690	561
2173721	754380	1419341	408859	1010482	38243
1382924	692733	690191	366180	324012	18231
729735	559624	170111	97882	72228	21863
1139434	389853	749581	147490	602091	2000
538843	319448	219395	123284	96111	39867
984513	576074	408439	202172	206267	
1401018	541961	859058	162697	696361	
8290324	2777902	5512422	944496	4567926	367125
441744	64169	377575	19664	357911	
762270	73176	689094	76343	612752	17686
3156790	499341	2657449	360137	2297313	40857
3224671	1297516	1927155	709645	1217511	
3044404	1141924	1902480	343838	1558641	6044
826219	394284	431935	145204	286730	
5038068	2477546	2560522	642669	1917853	69840
2443247	1520014	923233	435788	487445	20217
62497	23011	39486	26693	12793	
270271	171032	99240	49876	49363	
1961340	1361554	599786	210199	389587	37001
3388022	1739732	1648290	688644	959647	19600
2112835	643833	1469002	216532	1252470	26013
969400	406492	562907	147184	415723	2610
2123326	828007	1295320	351270	944049	25050
679984	142661	537323	44160	493163	3400
522	522				
541068	213827	327241	156433	170807	
940104	239898	700205	249981	450225	61419
117663	89893	27770	23772	3998	14721
1046461	401304	645157	173501	471656	
103394	7809	95584	1689	93895	17686
1370346	603028	767317	349495	417823	
745091	562976	182115	158649	23466	14376

4-18 教育经费支出明细

地区	合计	个人部分	工资福利支出	对个人和家庭的补助支出	#助学金
合计	**121574355**	**65646730**	**57850960**	**7795770**	**4165068**
北京	2388360	1790171	1618244	171927	6391
天津	607772	480900	445265	35635	5419
河北	10569065	4810469	4331752	478717	217264
山西	4376317	2164353	1986656	177697	114464
内蒙古	3569101	2167946	1867590	300356	220630
辽宁	2269276	1517679	1379419	138259	53755
吉林	2239939	1098505	1015006	83499	36029
黑龙江	1908279	1329960	1091372	238588	48766
上海	2523298	1538785	1322610	216174	64156
江苏	3905505	2504487	2339599	164888	41930
浙江	17368340	8710891	8222223	488668	230570
安徽	560326	118581	51575	67006	40982
福建	1157730	377774	338048	39726	5502
江西	4392441	1194795	973708	221086	196559
山东	7716457	4491786	4099710	392076	57498
河南	6419430	3368982	3032358	336624	210515
湖北	2359687	1533469	1299252	234216	85056
湖南	10611262	5503354	4706204	797151	520014
广东	6968177	4504713	4071995	432717	58157
广西	162803	100306	88640	11666	6519
海南	629489	359218	310702	48516	43335
重庆	4751279	2752937	2261992	490946	320244
四川	8206088	4798466	4017614	780852	442739
贵州	4110625	1971778	1558646	413132	332629
云南	3067107	2095098	1760745	334353	246685
西藏					
陕西	4634140	2485763	2172960	312803	232104
甘肃	1333013	649629	534634	114996	91244
青海	2098	1576	521	1055	1055
宁夏	1036615	495547	436176	59372	41822
新疆	1730336	728814	515745	213069	193036
大连	461067	328682	308918	19764	9556
宁波	2344677	1298216	1249404	48812	15973
厦门	190626	69546	64344	5202	408
青岛	3290507	1920161	1717493	202668	13550
深圳	1596065	836598	737225	99373	27163

(地方职业高中)

单位：千元

公用部分	商品和服务支出	其他资本性支出			基本建设支出
			专项公用支出	专项项目支出	
55096089	**21694353**	**33401736**	**8282434**	**25119302**	**831536**
584278	390909	193368	127617	65751	13912
126872	80735	46137	12738	33399	
5758036	1372587	4385449	814759	3570690	561
2173721	754380	1419341	408859	1010482	38243
1382924	692733	690191	366180	324012	18231
729735	559624	170111	97882	72228	21863
1139434	389853	749581	147490	602091	2000
538452	319057	219395	123284	96111	39867
984513	576074	408439	202172	206267	
1401018	541961	859058	162697	696361	
8290324	2777902	5512422	944496	4567926	367125
441744	64169	377575	19664	357911	
762270	73176	689094	76343	612752	17686
3156790	499341	2657449	360137	2297313	40857
3224671	1297516	1927155	709645	1217511	
3044404	1141924	1902480	343838	1558641	6044
826219	394284	431935	145204	286730	
5038068	2477546	2560522	642669	1917853	69840
2443247	1520014	923233	435788	487445	20217
62497	23011	39486	26693	12793	
270271	171032	99240	49876	49363	
1961340	1361554	599786	210199	389587	37001
3388022	1739732	1648290	688644	959647	19600
2112835	643833	1469002	216532	1252470	26013
969400	406492	562907	147184	415723	2610
2123326	828007	1295320	351270	944049	25050
679984	142661	537323	44160	493163	3400
522	522				
541068	213827	327241	156433	170807	
940104	239898	700205	249981	450225	61419
117663	89893	27770	23772	3998	14721
1046461	401304	645157	173501	471656	
103394	7809	95584	1689	93895	17686
1370346	603028	767317	349495	417823	
745091	562976	182115	158649	23466	14376

4-19 教育经费支出明细

地区	合计	个人部分	工资福利支出	对个人和家庭的补助支出	#助学金
合计	**56340520**	**28495539**	**24962555**	**3532984**	**2345351**
北京	235773	140628	136516	4113	593
天津	155557	102421	99104	3317	1001
河北	6605531	2761786	2469952	291833	161563
山西	2322683	1294555	1189019	105536	67600
内蒙古	2194074	1338020	1159282	178739	140098
辽宁	567741	383377	359624	23753	14781
吉林	1063033	607132	551762	55370	25787
黑龙江	809967	586396	482064	104332	36680
上海	211058	149272	131438	17833	12210
江苏	1795996	971723	911385	60338	23777
浙江	6910858	3028527	2889863	138664	67955
安徽	182104	76726	16538	60187	39007
福建	560596	198584	183179	15405	3652
江西	2642377	684721	592077	92643	82056
山东	2406624	1372537	1275401	97136	26642
河南	3906461	1972265	1781108	191157	133854
湖北	799082	518478	428048	90430	44726
湖南	5646388	2767446	2341209	426237	306162
广东	819891	454268	423906	30361	9182
广西	109782	71173	65682	5491	2069
海南	215737	115708	98497	17212	16493
重庆	1842615	1137176	948281	188895	138577
四川	4363829	2500024	2070076	429948	284104
贵州	2354630	1175114	934078	241036	198699
云南	2018238	1451207	1236507	214700	165090
西藏					
陕西	2523561	1323809	1123113	200696	137362
甘肃	1069000	475957	401438	74519	54237
青海	2098	1576	521	1055	1055
宁夏	538206	265358	231140	34218	28609
新疆	1467033	569575	431747	137828	121730
大连	49751	40402	39652	750	290
宁波	728522	379612	366287	13326	6316
厦门	190626	69546	64344	5202	408
青岛	111914	56776	52730	4046	3073
深圳					

（农村职业高中）

单位：千元

公用部分	商品和服务支出	其他资本性支出	专项公用支出	专项项目支出	基本建设支出
27494739	**9250450**	**18244289**	**3694578**	**14549711**	**350243**
95144	76078	19066	18402	665	
53136	18215	34921	6576	28346	
3843184	818718	3024467	406837	2617629	561
999885	423307	576579	182513	394065	28243
845185	402037	443148	220594	222554	10868
184363	132485	51878	40287	11591	
453902	215957	237944	83613	154332	2000
219599	133865	85733	44453	41280	3973
61786	46775	15012	7015	7996	
824273	229705	594568	78801	515766	
3792938	950438	2842501	305333	2537167	89392
105378	9394	95985	17218	78767	
344326	42866	301460	49494	251966	17686
1916799	270572	1646227	189908	1456319	40857
1034086	365551	668535	127877	540659	
1934196	725689	1208506	209509	998997	
280603	120938	159665	50521	109144	
2827694	1218850	1608843	363867	1244976	51248
365623	187155	178468	64124	114343	
38609	16200	22410	14767	7643	
100028	70495	29534	21884	7650	
700127	449906	250221	75218	175004	5312
1844205	970707	873498	348620	524878	19600
1170364	344788	825576	164803	660773	9153
564421	229898	334523	90380	244143	2610
1175702	380934	794768	176602	618166	24050
593043	93518	499525	32524	467001	
522	522				
272848	100874	171975	86370	85604	
852767	204013	648755	216466	432288	44691
9349	6158	3191	3191		
348910	93778	255132	52545	202587	
103394	7809	95584	1689	93895	17686
55138	35983	19155	2833	16322	

4-20 教育经费支出明细

地区	合计	个人部分	工资福利支出	对个人和家庭的补助支出	#助学金
合计	**56329383**	**28484792**	**24956958**	**3527834**	**2345351**
北京	235773	140628	136516	4113	593
天津	155557	102421	99104	3317	1001
河北	6605531	2761786	2469952	291833	161563
山西	2322683	1294555	1189019	105536	67600
内蒙古	2194074	1338020	1159282	178739	140098
辽宁	567741	383377	359624	23753	14781
吉林	1063033	607132	551762	55370	25787
黑龙江	798831	575649	476468	99182	36680
上海	211058	149272	131438	17833	12210
江苏	1795996	971723	911385	60338	23777
浙江	6910858	3028527	2889863	138664	67955
安徽	182104	76726	16538	60187	39007
福建	560596	198584	183179	15405	3652
江西	2642377	684721	592077	92643	82056
山东	2406624	1372537	1275401	97136	26642
河南	3906461	1972265	1781108	191157	133854
湖北	799082	518478	428048	90430	44726
湖南	5646388	2767446	2341209	426237	306162
广东	819891	454268	423906	30361	9182
广西	109782	71173	65682	5491	2069
海南	215737	115708	98497	17212	16493
重庆	1842615	1137176	948281	188895	138577
四川	4363829	2500024	2070076	429948	284104
贵州	2354630	1175114	934078	241036	198699
云南	2018238	1451207	1236507	214700	165090
西藏					
陕西	2523561	1323809	1123113	200696	137362
甘肃	1069000	475957	401438	74519	54237
青海	2098	1576	521	1055	1055
宁夏	538206	265358	231140	34218	28609
新疆	1467033	569575	431747	137828	121730
大连	49751	40402	39652	750	290
宁波	728522	379612	366287	13326	6316
厦门	190626	69546	64344	5202	408
青岛	111914	56776	52730	4046	3073
深圳					

(地方农村职业高中)

单位：千元

公用部分	商品和服务支出	其他资本性支出			基本建设支出
			专项公用支出	专项项目支出	
27494349	**9250060**	**18244289**	**3694578**	**14549711**	**350243**
95144	76078	19066	18402	665	
53136	18215	34921	6576	28346	
3843184	818718	3024467	406837	2617629	561
999885	423307	576579	182513	394065	28243
845185	402037	443148	220594	222554	10868
184363	132485	51878	40287	11591	
453902	215957	237944	83613	154332	2000
219208	133475	85733	44453	41280	3973
61786	46775	15012	7015	7996	
824273	229705	594568	78801	515766	
3792938	950438	2842501	305333	2537167	89392
105378	9394	95985	17218	78767	
344326	42866	301460	49494	251966	17686
1916799	270572	1646227	189908	1456319	40857
1034086	365551	668535	127877	540659	
1934196	725689	1208506	209509	998997	
280603	120938	159665	50521	109144	
2827694	1218850	1608843	363867	1244976	51248
365623	187155	178468	64124	114343	
38609	16200	22410	14767	7643	
100028	70495	29534	21884	7650	
700127	449906	250221	75218	175004	5312
1844205	970707	873498	348620	524878	19600
1170364	344788	825576	164803	660773	9153
564421	229898	334523	90380	244143	2610
1175702	380934	794768	176602	618166	24050
593043	93518	499525	32524	467001	
522	522				
272848	100874	171975	86370	85604	
852767	204013	648755	216466	432288	44691
9349	6158	3191	3191		
348910	93778	255132	52545	202587	
103394	7809	95584	1689	93895	17686
55138	35983	19155	2833	16322	

4-21 教育经费支出明细

地区	合计	个人部分	工资福利支出	对个人和家庭的补助支出	#助学金
合计	**49258838**	**25296312**	**22581238**	**2715074**	**1347673**
北京	1693751	1027986	961058	66928	25259
天津	273705	207038	184886	22152	9534
河北	1367667	855049	746503	108546	32330
山西	812847	438252	384297	53954	34620
内蒙古	80281	57987	55214	2773	1681
辽宁	538854	334979	292807	42173	12956
吉林	237317	166687	106963	59724	51492
黑龙江	740208	525662	440549	85113	5241
上海	292449	218936	190422	28514	6960
江苏	2584673	1585495	1469332	116162	52479
浙江	3217439	1494776	1440726	54050	17487
安徽	646257	226266	168016	58249	34947
福建	1740368	824772	766018	58754	6288
江西	1151800	418101	342523	75578	69451
山东	5429633	2652756	2476818	175937	54359
河南	3050824	1327553	1174262	153292	90530
湖北	892446	290675	244860	45815	19574
湖南	920131	521056	455442	65614	21855
广东	13464399	6821437	6301538	519899	132403
广西	2334830	1271651	1109003	162648	107936
海南	473559	200966	188056	12910	11141
重庆	1320635	586485	456092	130392	68801
四川	1196370	699595	532421	167174	111085
贵州	424130	281044	161361	119683	110719
云南	1345487	668566	549460	119107	103059
西藏	138498	45320	39725	5595	184
陕西	1460265	791027	710954	80073	62859
甘肃	133222	92432	83390	9043	6532
青海	9634	4176	4149	27	27
宁夏					
新疆	1287158	659588	544390	115198	85886
大连	148181	71204	60081	11123	9597
宁波	428086	232900	224186	8714	3297
厦门	417337	162844	150013	12831	1326
青岛	548090	298360	290981	7379	395
深圳	1579745	566043	471669	94374	45478

(技工学校)

单位：千元

公用部分	商品和服务支出	其他资本性支出			基本建设支出
			专项公用支出	专项项目支出	
23478119	**12069152**	**11408968**	**5258845**	**6150122**	**484407**
665766	438158	227608	160271	67337	
66668	61175	5493	5493		
493657	386417	107240	41607	65633	18962
374595	264438	110158	55868	54290	
22294	10428	11866	9290	2576	
188785	162713	26072	21456	4615	15089
69693	55371	14322	12602	1720	937
214546	147439	67107	36810	30297	
73513	62293	11219	11219		
999178	686751	312427	183834	128593	
1577779	643330	934449	401775	532674	144883
419992	237654	182338	133620	48718	
907262	431354	475908	190041	285867	8334
732250	235067	497183	340453	156730	1449
2776577	1149506	1627070	700634	926437	300
1667545	702158	965387	496813	468574	55725
601771	163798	437972	54141	383831	
399075	168474	230602	60016	170585	
6621353	3334122	3287231	1562305	1724926	21609
1041544	574356	467188	205343	261845	21635
264203	73521	190682	70423	120259	8390
607520	440359	167161	123398	43763	126630
491687	298133	193554	92569	100985	5088
143086	81391	61695	51288	10407	
676921	333113	343808	85351	258458	
93178	26120	67057	16871	50187	
669238	485982	183256	50468	132788	
37245	19683	17562	11110	6453	3545
5458	3827	1631	1631		
575741	392020	183721	72145	111576	51829
76977	63398	13579	13579		
195187	120585	74602	64227	10375	
254493	111423	143071	83353	59718	
249730	121656	128074	16949	111125	
1013703	776624	237079	197204	39875	

4-22 教育经费支出明细

地区	合计				
		个人部分			
			工资福利支出	对个人和家庭的补助支出	
					#助学金
合计	**48937687**	**25108572**	**22415963**	**2692609**	**1339487**
北京	1693701	1027935	961008	66928	25259
天津	261962	200080	178303	21777	9174
河北	1367667	855049	746503	108546	32330
山西	812847	438252	384297	53954	34620
内蒙古	80281	57987	55214	2773	1681
辽宁	538854	334979	292807	42173	12956
吉林	237317	166687	106963	59724	51492
黑龙江	740208	525662	440549	85113	5241
上海	292449	218936	190422	28514	6960
江苏	2535580	1555076	1440710	114366	50683
浙江	3217439	1494776	1440726	54050	17487
安徽	646257	226266	168016	58249	34947
福建	1740368	824772	766018	58754	6288
江西	1151800	418101	342523	75578	69451
山东	5429633	2652756	2476818	175937	54359
河南	2955201	1274551	1121440	153112	90530
湖北	892446	290675	244860	45815	19574
湖南	913982	515618	450004	65614	21855
广东	13464399	6821437	6301538	519899	132403
广西	2334830	1271651	1109003	162648	107936
海南	473559	200966	188056	12910	11141
重庆	1320635	586485	456092	130392	68801
四川	1072519	637359	489727	147632	105249
贵州	424130	281044	161361	119683	110719
云南	1345487	668566	549460	119107	103059
西藏	138498	45320	39725	5595	184
陕西	1433212	765814	685952	79862	62665
甘肃	133222	92432	83390	9043	6532
青海	9634	4176	4149	27	27
宁夏					
新疆	1279570	655164	540328	114836	85886
大连	148181	71204	60081	11123	9597
宁波	428086	232900	224186	8714	3297
厦门	417337	162844	150013	12831	1326
青岛	548090	298360	290981	7379	395
深圳	1579745	566043	471669	94374	45478

(地方技工学校)

单位：千元

公用部分	商品和服务支出	其他资本性支出			基本建设支出
			专项公用支出	专项项目支出	
23344708	**11999020**	**11345688**	**5232531**	**6113158**	**484407**
665766	438158	227608	160271	67337	
61882	56415	5467	5467		
493657	386417	107240	41607	65633	18962
374595	264438	110158	55868	54290	
22294	10428	11866	9290	2576	
188785	162713	26072	21456	4615	15089
69693	55371	14322	12602	1720	937
214546	147439	67107	36810	30297	
73513	62293	11219	11219		
980504	681136	299368	181468	117900	
1577779	643330	934449	401775	532674	144883
419992	237654	182338	133620	48718	
907262	431354	475908	190041	285867	8334
732250	235067	497183	340453	156730	1449
2776577	1149506	1627070	700634	926437	300
1624924	684707	940218	488969	451248	55725
601771	163798	437972	54141	383831	
398364	167825	230539	59954	170585	
6621353	3334122	3287231	1562305	1724926	21609
1041544	574356	467188	205343	261845	21635
264203	73521	190682	70423	120259	8390
607520	440359	167161	123398	43763	126630
430072	260842	169230	76730	92500	5088
143086	81391	61695	51288	10407	
676921	333113	343808	85351	258458	
93178	26120	67057	16871	50187	
667398	484664	182733	50361	132373	
37245	19683	17562	11110	6453	3545
5458	3827	1631	1631		
572577	388973	183604	72075	111530	51829
76977	63398	13579	13579		
195187	120585	74602	64227	10375	
254493	111423	143071	83353	59718	
249730	121656	128074	16949	111125	
1013703	776624	237079	197204	39875	

4-23 教育经费支出明细

地区	合计	个人部分	工资福利支出	对个人和家庭的补助支出	#助学金
合计	**9393345**	**6272507**	**5597779**	**674727**	**103637**
北京	51481	28008	27299	709	
天津	20041	16563	15964	599	
河北	1244014	1048251	941059	107193	1446
山西	43337	33912	31589	2323	316
内蒙古	36599	30036	27356	2680	
辽宁					
吉林	733710	632349	599857	32492	83
黑龙江	690103	638508	510995	127513	
上海	59478	43525	35001	8524	
江苏	324579	207519	186304	21215	4919
浙江	551531	328726	308642	20084	407
安徽	72877	44476	40163	4313	
福建	25828	20451	19114	1337	
江西	123039	71364	64261	7103	
山东	342218	169968	152807	17161	1432
河南	1894371	903978	811539	92439	47829
湖北	62790	46292	36494	9798	748
湖南	618751	386146	346340	39805	16218
广东	168299	121247	107317	13930	393
广西	57914	41053	38429	2624	28
海南	25173	10087	10005	82	
重庆	1023019	543705	469791	73915	5664
四川	406678	293936	260744	33192	8658
贵州	118336	54380	44651	9729	6483
云南	309725	245662	217314	28348	7910
西藏					
陕西	253205	213465	205973	7492	
甘肃	78277	58090	51966	6124	1103
青海					
宁夏					
新疆	57972	40809	36808	4002	
大连					
宁波	326485	209790	197136	12654	
厦门					
青岛	34	32	32		
深圳					

(成人中等专业学校)

单位：千元

公用部分	商品和服务支出	其他资本性支出	专项公用支出	专项项目支出	基本建设支出
3109547	**2139008**	**970538**	**247964**	**722575**	**11292**
23473	23096	377	377		
3478	1566	1912	55	1858	
195762	174180	21582	11304	10278	
9425	7174	2251	660	1591	
6563	2327	4237	431	3805	
101361	77368	23993	7546	16447	
51595	44617	6979	1499	5480	
15953	15211	742	742		
117059	68835	48225	13817	34408	
222804	175540	47264	36532	10732	
28401	25987	2415	1415	1000	
5377	4550	827	815	13	
51675	22768	28907	10902	18005	
172250	108493	63757	16143	47615	
990393	612710	377683	59884	317799	
16498	14467	2031	791	1240	
230558	191787	38772	17126	21645	2047
47052	41315	5737	5497	240	
16861	15786	1075	180	895	
15086	14469	617	617		
479313	245937	233376	32580	200796	
112742	101406	11336	7890	3446	
63956	41378	22578	13950	8628	
54818	46578	8241	3971	4269	9245
39740	27204	12536	1345	11191	
20187	17985	2201	1008	1193	
17163	16278	885	885		
116694	102362	14332	9862	4471	
2	2				

4-24 教育经费支出明细

地区	合计	个人部分	工资福利支出	对个人和家庭的补助支出	#助学金
合计	**9379961**	**6264535**	**5590853**	**673682**	**103637**
北京	48030	26519	25810	709	
天津	18426	15033	14434	599	
河北	1244014	1048251	941059	107193	1446
山西	43337	33912	31589	2323	316
内蒙古	36599	30036	27356	2680	
辽宁					
吉林	733710	632349	599857	32492	83
黑龙江	690103	638508	510995	127513	
上海	59478	43525	35001	8524	
江苏	324579	207519	186304	21215	4919
浙江	551531	328726	308642	20084	407
安徽	72877	44476	40163	4313	
福建	25828	20451	19114	1337	
江西	123039	71364	64261	7103	
山东	342218	169968	152807	17161	1432
河南	1894371	903978	811539	92439	47829
湖北	62790	46292	36494	9798	748
湖南	618751	386146	346340	39805	16218
广东	168299	121247	107317	13930	393
广西	57914	41053	38429	2624	28
海南	25173	10087	10005	82	
重庆	1023019	543705	469791	73915	5664
四川	406678	293936	260744	33192	8658
贵州	118336	54380	44651	9729	6483
云南	309725	245662	217314	28348	7910
西藏					
陕西	253205	213465	205973	7492	
甘肃	78277	58090	51966	6124	1103
青海					
宁夏					
新疆	49654	35856	32900	2956	
大连					
宁波	326485	209790	197136	12654	
厦门					
青岛	34	32	32		
深圳					

(地方成人中等专业学校)

单位：千元

公用部分	商品和服务支出	其他资本性支出			基本建设支出
			专项公用支出	专项项目支出	
3104134	**2133611**	**970523**	**247948**	**722575**	**11292**
21510	21133	377	377		
3393	1481	1912	55	1858	
195762	174180	21582	11304	10278	
9425	7174	2251	660	1591	
6563	2327	4237	431	3805	
101361	77368	23993	7546	16447	
51595	44617	6979	1499	5480	
15953	15211	742	742		
117059	68835	48225	13817	34408	
222804	175540	47264	36532	10732	
28401	25987	2415	1415	1000	
5377	4550	827	815	13	
51675	22768	28907	10902	18005	
172250	108493	63757	16143	47615	
990393	612710	377683	59884	317799	
16498	14467	2031	791	1240	
230558	191787	38772	17126	21645	2047
47052	41315	5737	5497	240	
16861	15786	1075	180	895	
15086	14469	617	617		
479313	245937	233376	32580	200796	
112742	101406	11336	7890	3446	
63956	41378	22578	13950	8628	
54818	46578	8241	3971	4269	9245
39740	27204	12536	1345	11191	
20187	17985	2201	1008	1193	
13798	12928	870	870		
116694	102362	14332	9862	4471	
2	2				

4-25 教育经费支出明细

地区	合计	个人部分	工资福利支出	对个人和家庭的补助支出	#助学金
合计	**1800112434**	**1262596488**	**1150352418**	**112244069**	**51962430**
北京	45886523	30132034	28745052	1386982	159191
天津	18755469	15285890	14729726	556164	178423
河北	81696109	56604733	51246737	5357996	2613394
山西	39038095	27112320	25318117	1794204	787102
内蒙古	31438846	21851273	20070209	1781064	951838
辽宁	33000286	26160101	24684174	1475926	409343
吉林	23342689	17240437	16412957	827480	353336
黑龙江	30172650	24062627	20905042	3157586	584435
上海	53016125	32019308	29791610	2227698	643824
江苏	124041690	91320121	84960013	6360108	1619771
浙江	101087897	66819629	63006534	3813096	2107509
安徽	71854330	50236774	43808882	6427892	2129031
福建	56148273	40640704	37969747	2670957	846746
江西	62629985	38536915	35698845	2838070	1487803
山东	124196304	92885027	86361807	6523220	1935881
河南	99021770	68227121	62139373	6087747	3537306
湖北	66963730	47640935	43140906	4500028	1291263
湖南	78584893	52687888	47099313	5588575	2508672
广东	192955152	128718586	117831190	10887396	3513337
广西	54619229	40943368	36707757	4235610	3021794
海南	16244378	10930080	10308088	621992	417060
重庆	43310493	30459186	27511941	2947245	1046802
四川	94672187	67595411	58932951	8662460	4834220
贵州	53978912	38419820	32983406	5436414	3587481
云南	54505327	42631495	37736427	4895068	3859634
西藏	11363575	8044899	6525509	1519390	1326454
陕西	42329146	27723471	25341281	2382190	1503159
甘肃	29870612	21697833	19660986	2036847	1203386
青海	10830068	7700158	6781306	918852	506268
宁夏	10810944	7463091	7015628	447462	280780
新疆	43746748	30805254	26926902	3878352	2717186
大连	6623510	5082075	4902063	180012	47900
宁波	13461568	9260634	8768405	492230	235528
厦门	8546967	5865509	5404113	461395	33958
青岛	15420973	11547112	10616735	930377	167985
深圳	39283615	19440050	17528474	1911576	630133

（中学）

单位：千元

公用部分	商品和服务支出	其他资本性支出	专项公用支出	专项项目支出	基本建设支出
507487143	**275841001**	**231646143**	**65910173**	**165735970**	**30028803**
13498892	9998071	3500821	2223210	1277611	2255597
3373924	2384106	989819	290594	699224	95655
24859794	13291113	11568681	3436714	8131967	231582
11643002	6468197	5174805	1697025	3477780	282773
9083189	4531264	4551926	1313054	3238872	504384
6664651	4915435	1749215	618949	1130266	175535
5961720	3216555	2745165	691922	2053244	140533
5666060	3981874	1684186	669620	1014566	443962
20400226	12452469	7947756	2576818	5370938	596591
32627270	14855683	17771587	3365632	14405954	94298
31308207	17706712	13601496	3230917	10370579	2960061
20047161	10229682	9817479	3307167	6510312	1570395
15320422	7448999	7871423	2577262	5294161	187146
22957046	6950327	16006719	3870769	12135950	1136024
31304767	15528344	15776423	3281913	12494510	6510
29591558	15413605	14177954	3115060	11062893	1203091
19322795	9330980	9991815	1771788	8220027	
25680664	15251582	10429082	2959894	7469187	216341
53423079	36795493	16627586	7117363	9510223	10813487
13413200	6876512	6536689	2117737	4418952	262660
5207855	2477188	2730667	1051071	1679596	106444
11758832	8268656	3490176	1264987	2225189	1092476
26465816	15515991	10949825	3143729	7806096	610960
15227663	7333339	7894325	2824358	5069967	331429
11535237	6317939	5217298	841235	4376063	338594
2589081	1085740	1503341	549433	953908	729595
13857975	6742030	7115945	2154114	4961830	747700
7801567	3105964	4695602	950439	3745164	371212
2745776	979500	1766276	444906	1321370	384134
3314271	1437601	1876670	708037	1168632	33582
10835443	4950051	5885392	1744453	4140940	2106051
1469830	1060583	409247	167049	242198	71604
3980057	2041882	1938175	402043	1536133	220877
2553737	1494603	1059134	544539	514596	127722
3873861	2542439	1331421	601005	730417	
11046594	9072866	1973728	1461748	511980	8796971

4-26 教育经费支出明细

地区	合计	个人部分	工资福利支出	对个人和家庭的补助支出	#助学金
合计	**1791325045**	**1256792001**	**1145120632**	**111671370**	**51763384**
北京	43821740	28810264	27464903	1345361	155217
天津	18755469	15285890	14729726	556164	178423
河北	81696109	56604733	51246737	5357996	2613394
山西	39038095	27112320	25318117	1794204	787102
内蒙古	31438846	21851273	20070209	1781064	951838
辽宁	33000286	26160101	24684174	1475926	409343
吉林	23114817	17072568	16249772	822796	353336
黑龙江	30172650	24062627	20905042	3157586	584435
上海	52615369	31718256	29496399	2221857	642740
江苏	124041690	91320121	84960013	6360108	1619771
浙江	101087897	66819629	63006534	3813096	2107509
安徽	71849275	50235519	43807627	6427892	2129031
福建	56148273	40640704	37969747	2670957	846746
江西	62629985	38536915	35698845	2838070	1487803
山东	124196304	92885027	86361807	6523220	1935881
河南	99021770	68227121	62139373	6087747	3537306
湖北	66514171	47288777	42803637	4485140	1290619
湖南	78508445	52622585	47036533	5586053	2508548
广东	192955152	128718586	117831190	10887396	3513337
广西	54619229	40943368	36707757	4235610	3021794
海南	16244378	10930080	10308088	621992	417060
重庆	43052158	30271206	27330037	2941169	1044822
四川	94636376	67570761	58908449	8662311	4834072
贵州	53978912	38419820	32983406	5436414	3587481
云南	54505327	42631495	37736427	4895068	3859634
西藏	11363575	8044899	6525509	1519390	1326454
陕西	42079062	27551926	25176401	2375524	1502468
甘肃	29855820	21685379	19648707	2036672	1203374
青海	10830068	7700158	6781306	918852	506268
宁夏	10810944	7463091	7015628	447462	280780
新疆	38742853	27606805	24218531	3388273	2526796
大连	6623510	5082075	4902063	180012	47900
宁波	13461568	9260634	8768405	492230	235528
厦门	8546967	5865509	5404113	461395	33958
青岛	15420973	11547112	10616735	930377	167985
深圳	39283615	19440050	17528474	1911576	630133

（地方中学）

单位：千元

公用部分	商品和服务支出	其他资本性支出			基本建设支出
			专项公用支出	专项项目支出	
504879206	**274208128**	**230671078**	**65496793**	**165174285**	**29653837**
12755879	9352349	3403530	2125947	1277583	2255597
3373924	2384106	989819	290594	699224	95655
24859794	13291113	11568681	3436714	8131967	231582
11643002	6468197	5174805	1697025	3477780	282773
9083189	4531264	4551926	1313054	3238872	504384
6664651	4915435	1749215	618949	1130266	175535
5901716	3158244	2743472	690229	2053244	140533
5666060	3981874	1684186	669620	1014566	443962
20300522	12374133	7926389	2555451	5370938	596591
32627270	14855683	17771587	3365632	14405954	94298
31308207	17706712	13601496	3230917	10370579	2960061
20043361	10229272	9814089	3307141	6506948	1570395
15320422	7448999	7871423	2577262	5294161	187146
22957046	6950327	16006719	3870769	12135950	1136024
31304767	15528344	15776423	3281913	12494510	6510
29591558	15413605	14177954	3115060	11062893	1203091
19225394	9258244	9967149	1748298	8218851	
25669518	15241176	10428343	2959155	7469187	216341
53423079	36795493	16627586	7117363	9510223	10813487
13413200	6876512	6536689	2117737	4418952	262660
5207855	2477188	2730667	1051071	1679596	106444
11688476	8205926	3482550	1257362	2225189	1092476
26454656	15506303	10948352	3142256	7806096	610960
15227663	7333339	7894325	2824358	5069967	331429
11535237	6317939	5217298	841235	4376063	338594
2589081	1085740	1503341	549433	953908	729595
13779437	6671969	7107467	2145637	4961830	747700
7799230	3104723	4694506	950388	3744119	371212
2745776	979500	1766276	444906	1321370	384134
3314271	1437601	1876670	708037	1168632	33582
9404963	4326818	5078146	1493279	3584866	1731085
1469830	1060583	409247	167049	242198	71604
3980057	2041882	1938175	402043	1536133	220877
2553737	1494603	1059134	544539	514596	127722
3873861	2542439	1331421	601005	730417	
11046594	9072866	1973728	1461748	511980	8796971

4-27 教育经费支出明细

地区	合计	个人部分	工资福利支出	对个人和家庭的补助支出	#助学金
合计	**1799680055**	**1262267169**	**1150035709**	**112231460**	**51962430**
北京	45791907	30052709	28667001	1385708	159191
天津	18723923	15255145	14699873	555272	178423
河北	81696109	56604733	51246737	5357996	2613394
山西	39038095	27112320	25318117	1794204	787102
内蒙古	31438846	21851273	20070209	1781064	951838
辽宁	33000286	26160101	24684174	1475926	409343
吉林	23339598	17237801	16410903	826898	353336
黑龙江	30172650	24062627	20905042	3157586	584435
上海	53016125	32019308	29791610	2227698	643824
江苏	124034820	91313676	84953949	6359727	1619771
浙江	100810100	66625070	62820111	3804959	2107509
安徽	71854330	50236774	43808882	6427892	2129031
福建	56148273	40640704	37969747	2670957	846746
江西	62629985	38536915	35698845	2838070	1487803
山东	124196304	92885027	86361807	6523220	1935881
河南	99021770	68227121	62139373	6087747	3537306
湖北	66963730	47640935	43140906	4500028	1291263
湖南	78581239	52685136	47096600	5588535	2508672
广东	192945077	128710111	117824020	10886092	3513337
广西	54619229	40943368	36707757	4235610	3021794
海南	16244378	10930080	10308088	621992	417060
重庆	43310493	30459186	27511941	2947245	1046802
四川	94672187	67595411	58932951	8662460	4834220
贵州	53978912	38419820	32983406	5436414	3587481
云南	54500596	42627113	37732045	4895068	3859634
西藏	11363575	8044899	6525509	1519390	1326454
陕西	42329146	27723471	25341281	2382190	1503159
甘肃	29870612	21697833	19660986	2036847	1203386
青海	10830068	7700158	6781306	918852	506268
宁夏	10810944	7463091	7015628	447462	280780
新疆	43746748	30805254	26926902	3878352	2717186
大连	6623510	5082075	4902063	180012	47900
宁波	13461568	9260634	8768405	492230	235528
厦门	8546967	5865509	5404113	461395	33958
青岛	15420973	11547112	10616735	930377	167985
深圳	39283615	19440050	17528474	1911576	630133

(普通中学)

单位：千元

公用部分	商品和服务支出	其他资本性支出	专项公用支出	专项项目支出	基本建设支出
507384083	**275744803**	**231639279**	**65903522**	**165735757**	**30028803**
13483601	9983174	3500427	2222817	1277611	2255597
3373123	2383324	989799	290575	699224	95655
24859794	13291113	11568681	3436714	8131967	231582
11643002	6468197	5174805	1697025	3477780	282773
9083189	4531264	4551926	1313054	3238872	504384
6664651	4915435	1749215	618949	1130266	175535
5961265	3216104	2745160	691917	2053244	140533
5666060	3981874	1684186	669620	1014566	443962
20400226	12452469	7947756	2576818	5370938	596591
32626845	14855259	17771587	3365632	14405954	94298
31224969	17629858	13595111	3224744	10370366	2960061
20047161	10229682	9817479	3307167	6510312	1570395
15320422	7448999	7871423	2577262	5294161	187146
22957046	6950327	16006719	3870769	12135950	1136024
31304767	15528344	15776423	3281913	12494510	6510
29591558	15413605	14177954	3115060	11062893	1203091
19322795	9330980	9991815	1771788	8220027	
25679762	15250680	10429082	2959894	7469187	216341
53421479	36793953	16627525	7117303	9510223	10813487
13413200	6876512	6536689	2117737	4418952	262660
5207855	2477188	2730667	1051071	1679596	106444
11758832	8268656	3490176	1264987	2225189	1092476
26465816	15515991	10949825	3143729	7806096	610960
15227663	7333339	7894325	2824358	5069967	331429
11534889	6317590	5217298	841235	4376063	338594
2589081	1085740	1503341	549433	953908	729595
13857975	6742030	7115945	2154114	4961830	747700
7801567	3105964	4695602	950439	3745164	371212
2745776	979500	1766276	444906	1321370	384134
3314271	1437601	1876670	708037	1168632	33582
10835443	4950051	5885392	1744453	4140940	2106051
1469830	1060583	409247	167049	242198	71604
3980057	2041882	1938175	402043	1536133	220877
2553737	1494603	1059134	544539	514596	127722
3873861	2542439	1331421	601005	730417	
11046594	9072866	1973728	1461748	511980	8796971

4-28 教育经费支出明细

地区	合计	个人部分	工资福利支出	对个人和家庭的补助支出	#助学金
合计	**1790892665**	**1256462683**	**1144803923**	**111658760**	**51763384**
北京	43727124	28730939	27386852	1344087	155217
天津	18723923	15255145	14699873	555272	178423
河北	81696109	56604733	51246737	5357996	2613394
山西	39038095	27112320	25318117	1794204	787102
内蒙古	31438846	21851273	20070209	1781064	951838
辽宁	33000286	26160101	24684174	1475926	409343
吉林	23111726	17069932	16247718	822214	353336
黑龙江	30172650	24062627	20905042	3157586	584435
上海	52615369	31718256	29496399	2221857	642740
江苏	124034820	91313676	84953949	6359727	1619771
浙江	100810100	66625070	62820111	3804959	2107509
安徽	71849275	50235519	43807627	6427892	2129031
福建	56148273	40640704	37969747	2670957	846746
江西	62629985	38536915	35698845	2838070	1487803
山东	124196304	92885027	86361807	6523220	1935881
河南	99021770	68227121	62139373	6087747	3537306
湖北	66514171	47288777	42803637	4485140	1290619
湖南	78504791	52619833	47033820	5586013	2508548
广东	192945077	128710111	117824020	10886092	3513337
广西	54619229	40943368	36707757	4235610	3021794
海南	16244378	10930080	10308088	621992	417060
重庆	43052158	30271206	27330037	2941169	1044822
四川	94636376	67570761	58908449	8662311	4834072
贵州	53978912	38419820	32983406	5436414	3587481
云南	54500596	42627113	37732045	4895068	3859634
西藏	11363575	8044899	6525509	1519390	1326454
陕西	42079062	27551926	25176401	2375524	1502468
甘肃	29855820	21685379	19648707	2036672	1203374
青海	10830068	7700158	6781306	918852	506268
宁夏	10810944	7463091	7015628	447462	280780
新疆	38742853	27606805	24218531	3388273	2526796
大连	6623510	5082075	4902063	180012	47900
宁波	13461568	9260634	8768405	492230	235528
厦门	8546967	5865509	5404113	461395	33958
青岛	15420973	11547112	10616735	930377	167985
深圳	39283615	19440050	17528474	1911576	630133

(地方普通中学)

单位：千元

公用部分	商品和服务支出	其他资本性支出	其他资本性支出：专项公用支出	其他资本性支出：专项项目支出	基本建设支出
504776145	**274111930**	**230664214**	**65490142**	**165174073**	**29653837**
12740588	9337452	3403136	2125553	1277583	2255597
3373123	2383324	989799	290575	699224	95655
24859794	13291113	11568681	3436714	8131967	231582
11643002	6468197	5174805	1697025	3477780	282773
9083189	4531264	4551926	1313054	3238872	504384
6664651	4915435	1749215	618949	1130266	175535
5901261	3157794	2743467	690224	2053244	140533
5666060	3981874	1684186	669620	1014566	443962
20300522	12374133	7926389	2555451	5370938	596591
32626845	14855259	17771587	3365632	14405954	94298
31224969	17629858	13595111	3224744	10370366	2960061
20043361	10229272	9814089	3307141	6506948	1570395
15320422	7448999	7871423	2577262	5294161	187146
22957046	6950327	16006719	3870769	12135950	1136024
31304767	15528344	15776423	3281913	12494510	6510
29591558	15413605	14177954	3115060	11062893	1203091
19225394	9258244	9967149	1748298	8218851	
25668617	15240274	10428343	2959155	7469187	216341
53421479	36793953	16627525	7117303	9510223	10813487
13413200	6876512	6536689	2117737	4418952	262660
5207855	2477188	2730667	1051071	1679596	106444
11688476	8205926	3482550	1257362	2225189	1092476
26454656	15506303	10948352	3142256	7806096	610960
15227663	7333339	7894325	2824358	5069967	331429
11534889	6317590	5217298	841235	4376063	338594
2589081	1085740	1503341	549433	953908	729595
13779437	6671969	7107467	2145637	4961830	747700
7799230	3104723	4694506	950388	3744119	371212
2745776	979500	1766276	444906	1321370	384134
3314271	1437601	1876670	708037	1168632	33582
9404963	4326818	5078146	1493279	3584866	1731085
1469830	1060583	409247	167049	242198	71604
3980057	2041882	1938175	402043	1536133	220877
2553737	1494603	1059134	544539	514596	127722
3873861	2542439	1331421	601005	730417	
11046594	9072866	1973728	1461748	511980	8796971

4-29 教育经费支出明细

地区	合计				
		个人部分			
			工资福利支出	对个人和家庭的补助支出	
					#助学金
合计	**683620452**	**460068397**	**425659849**	**34408548**	**15339615**
北京	17730376	12150310	11573179	577131	51158
天津	7239124	5793901	5585702	208198	94094
河北	32938161	21707605	19801306	1906298	993574
山西	16304946	11139024	10516239	622786	275808
内蒙古	13147532	8468996	7713823	755173	442421
辽宁	12597971	9402135	8995945	406189	118314
吉林	8714556	6215942	5900318	315624	165084
黑龙江	11250251	8286628	7435789	850840	203296
上海	18397835	10400042	9709633	690409	114137
江苏	48026881	33345349	31365437	1979912	424600
浙江	39401390	25635843	24415405	1220437	581725
安徽	26193340	18336079	16448334	1887745	668251
福建	20236257	14130331	13312373	817959	163061
江西	24043591	14656211	13598764	1057447	524911
山东	45185930	32496210	30846401	1649809	433796
河南	38529667	24349887	22606281	1743606	963941
湖北	26438591	17862966	16597724	1265242	402515
湖南	31550749	20228190	18513755	1714434	793660
广东	74204347	47219137	43981630	3237507	808433
广西	20527431	14345357	13133914	1211443	848707
海南	6027276	3930573	3761837	168736	83411
重庆	16756318	11753138	10741821	1011317	397935
四川	33994848	23426696	20901282	2525414	1409208
贵州	19742825	13289637	11778832	1510806	859397
云南	20420102	14741463	13382559	1358905	976299
西藏	4205286	2772838	2265026	507813	456116
陕西	15168980	9843349	9160198	683151	448717
甘肃	11917708	8264041	7619826	644215	370178
青海	4335888	2959595	2638525	321070	188389
宁夏	4233442	2931857	2770201	161656	99159
新疆	14158853	9985068	8587792	1397276	979317
大连	2502730	1899662	1838332	61330	23199
宁波	5238981	3517334	3359792	157541	64791
厦门	3371003	2169689	2009027	160662	13859
青岛	5920238	4123412	3865238	258174	30423
深圳	16628157	7507259	6871551	635709	185551

(普通高中)

单位：千元

公用部分					基本建设支出
	商品和服务支出	其他资本性支出			
			专项公用支出	专项项目支出	
209043177	**116303816**	**92739361**	**27297502**	**65441859**	**14508879**
5020685	4111666	909019	684569	224451	559381
1445223	1074675	370548	91057	279490	
11215952	5985900	5230052	1674975	3555077	14605
5053724	2785142	2268582	690065	1578517	112198
4357955	2234926	2123030	579088	1543941	320581
3140841	2399810	741031	276662	464369	54995
2464332	1515131	949201	351434	597766	34282
2668070	1929972	738098	315779	422318	295553
7828191	4254298	3573893	1021291	2552602	169602
14656772	5914874	8741898	1548398	7193499	24760
11768417	6846733	4921684	1500422	3421262	1997130
6501746	3751761	2749985	1085479	1664505	1355516
5990806	3096101	2894705	1095146	1799559	115119
8749972	2900792	5849180	1532730	4316450	637408
12689720	7050126	5639594	1377454	4262141	
13196869	7250312	5946556	1461652	4484904	982911
8575625	4080914	4494711	683070	3811640	
11293950	6925374	4368576	1127488	3241088	28609
21728462	15324451	6404011	2985519	3418492	5256749
6064323	3169164	2895159	871691	2023468	117752
2034528	1040940	993588	280296	713292	62175
4641817	3291294	1350523	598057	752466	361363
10443938	6035555	4408383	1445667	2962716	124214
6299800	3391062	2908738	1123523	1785214	153388
5520412	2833632	2686780	410595	2276184	158227
1009076	523900	485176	174017	311159	423371
5039254	2669843	2369411	709640	1659771	286377
3531965	1364737	2167228	486097	1681132	121702
1274548	388575	885974	302330	583644	101744
1301586	598811	702774	281751	421024	
3534619	1563344	1971276	531558	1439717	639165
603068	439917	163152	63626	99525	
1684537	834160	850377	179028	671349	37110
1137480	641039	496441	269867	226574	63834
1796826	1073477	723349	248783	474566	
4991369	4005711	985658	757123	228535	4129528

4-30 教育经费支出明细

地区	合计	个人部分	工资福利支出	对个人和家庭的补助支出	#助学金
合计	**678989778**	**457227103**	**423054020**	**34173083**	**15255035**
北京	16266852	11225567	10681906	543661	47726
天津	7239124	5793901	5585702	208198	94094
河北	32938161	21707605	19801306	1906298	993574
山西	16304946	11139024	10516239	622786	275808
内蒙古	13147532	8468996	7713823	755173	442421
辽宁	12597971	9402135	8995945	406189	118314
吉林	8639873	6162363	5848797	313565	165084
黑龙江	11250251	8286628	7435789	850840	203296
上海	18075095	10156612	9471755	684857	113053
江苏	48026881	33345349	31365437	1979912	424600
浙江	39401390	25635843	24415405	1220437	581725
安徽	26193340	18336079	16448334	1887745	668251
福建	20236257	14130331	13312373	817959	163061
江西	24043591	14656211	13598764	1057447	524911
山东	45185930	32496210	30846401	1649809	433796
河南	38529667	24349887	22606281	1743606	963941
湖北	26059881	17565420	16315032	1250387	401904
湖南	31513400	20199299	18486276	1713023	793579
广东	74204347	47219137	43981630	3237507	808433
广西	20527431	14345357	13133914	1211443	848707
海南	6027276	3930573	3761837	168736	83411
重庆	16660233	11683094	10674027	1009068	397203
四川	33974115	23412424	20887096	2525328	1409123
贵州	19742825	13289637	11778832	1510806	859397
云南	20420102	14741463	13382559	1358905	976299
西藏	4205286	2772838	2265026	507813	456116
陕西	15038655	9760679	9080832	679847	448119
甘肃	11910976	8258414	7614286	644129	370175
青海	4335888	2959595	2638525	321070	188389
宁夏	4233442	2931857	2770201	161656	99159
新疆	12059060	8864575	7639692	1224882	901363
大连	2502730	1899662	1838332	61330	23199
宁波	5238981	3517334	3359792	157541	64791
厦门	3371003	2169689	2009027	160662	13859
青岛	5920238	4123412	3865238	258174	30423
深圳	16628157	7507259	6871551	635709	185551

(地方普通高中)

单位：千元

公用部分	商品和服务支出	其他资本性支出	其他资本性支出：专项公用支出	其他资本性支出：专项项目支出	基本建设支出
207489258	**115387266**	**92101992**	**27056520**	**65045472**	**14273417**
4481904	3643293	838611	614187	224425	559381
1445223	1074675	370548	91057	279490	
11215952	5985900	5230052	1674975	3555077	14605
5053724	2785142	2268582	690065	1578517	112198
4357955	2234926	2123030	579088	1543941	320581
3140841	2399810	741031	276662	464369	54995
2443228	1494716	948512	350746	597766	34282
2668070	1929972	738098	315779	422318	295553
7748881	4194690	3554191	1001589	2552602	169602
14656772	5914874	8741898	1548398	7193499	24760
11768417	6846733	4921684	1500422	3421262	1997130
6501746	3751761	2749985	1085479	1664505	1355516
5990806	3096101	2894705	1095146	1799559	115119
8749972	2900792	5849180	1532730	4316450	637408
12689720	7050126	5639594	1377454	4262141	
13196869	7250312	5946556	1461652	4484904	982911
8494461	4020333	4474128	663213	3810915	
11285491	6917324	4368168	1127079	3241088	28609
21728462	15324451	6404011	2985519	3418492	5256749
6064323	3169164	2895159	871691	2023468	117752
2034528	1040940	993588	280296	713292	62175
4615775	3268075	1347700	595235	752466	361363
10437476	6029946	4407530	1444814	2962716	124214
6299800	3391062	2908738	1123523	1785214	153388
5520412	2833632	2686780	410595	2276184	158227
1009076	523900	485176	174017	311159	423371
4991598	2627425	2364173	704402	1659771	286377
3530859	1364139	2166720	486097	1680624	121702
1274548	388575	885974	302330	583644	101744
1301586	598811	702774	281751	421024	
2790782	1335666	1455117	410528	1044589	403703
603068	439917	163152	63626	99525	
1684537	834160	850377	179028	671349	37110
1137480	641039	496441	269867	226574	63834
1796826	1073477	723349	248783	474566	
4991369	4005711	985658	757123	228535	4129528

4-31 教育经费支出明细

地区	合计	个人部分			
			工资福利支出	对个人和家庭的补助支出	
					#助学金
合计	**267486198**	**185319908**	**170736720**	**14583188**	**8491695**
北京	1254367	731393	718718	12675	4672
天津	1106249	925837	912940	12897	2098
河北	18080633	11751320	10776942	974378	617214
山西	7297565	5088719	4739643	349075	175496
内蒙古	6200451	3957048	3611266	345783	212011
辽宁	2814511	2195249	2116965	78284	33684
吉林	3171345	2204336	2093440	110897	64141
黑龙江	4244053	3079516	2703526	375989	74059
上海	1318707	963269	916116	47153	9310
江苏	16002448	11626502	11032334	594168	202487
浙江	13316184	9277956	8901662	376294	151706
安徽	14156768	10395858	9230751	1165107	463753
福建	8848287	6545692	6242541	303152	93439
江西	12505984	6968071	6571889	396182	258483
山东	16178239	11785237	11293998	491239	194724
河南	20875850	13431440	12525011	906429	646697
湖北	7347311	5258734	4848569	410164	223238
湖南	17603149	10958304	10066039	892265	524361
广东	14910486	10453283	9795167	658116	225590
广西	9040154	6476282	5864164	612118	452879
海南	2586791	1630649	1556060	74589	48096
重庆	5805706	4585202	4166265	418938	211660
四川	14839680	10388345	9190559	1197787	763044
贵州	10546869	7335264	6468293	866971	594848
云南	11159831	8487833	7698636	789198	634910
西藏	1226942	1039413	858906	180507	164178
陕西	7231093	4513937	4103512	410425	258196
甘肃	7289982	5270329	4817711	452617	297153
青海	2471225	1712166	1513693	198473	137344
宁夏	1573328	1153060	1091347	61713	45075
新疆	6482011	5129662	4310054	819608	707149
大连	183899	128307	119130	9177	1234
宁波	1667496	1157236	1116985	40251	17209
厦门	69216	45922	44609	1313	162
青岛	638364	397107	380452	16655	2896
深圳					

(农村高中)

单位：千元

公用部分	商品和服务支出	其他资本性支出	专项公用支出	专项项目支出	基本建设支出
79992613	**42973146**	**37019467**	**9684197**	**27335270**	**2173677**
400549	326653	73896	41698	32199	122425
180412	127786	52626	8467	44158	
6314709	3430309	2884399	746805	2137594	14605
2185787	1212326	973461	263284	710177	23060
2122284	961374	1160910	227819	933091	121118
608098	460829	147269	63504	83765	11164
966868	528379	438489	154633	283857	140
992876	767941	224935	99705	125230	171661
355438	253467	101971	83816	18155	
4370260	1906363	2463897	363989	2099907	5686
3516875	2117013	1399862	413112	986750	521353
3759874	2162114	1597760	492289	1105471	1036
2291896	1219469	1072427	346406	726021	10700
5348361	1546385	3801976	936765	2865211	189551
4393002	2501757	1891245	514122	1377123	
7426216	4190136	3236080	764469	2471611	18194
2088577	1153814	934763	195762	739001	
6621976	3779292	2842684	572123	2270561	22870
4437305	2836091	1601214	542468	1058746	19898
2461171	1349835	1111336	303992	807344	102701
899783	390125	509658	148498	361160	56359
1211969	908970	302999	101894	201105	8534
4366995	2595395	1771599	472551	1299048	84340
3156648	1732823	1423825	665102	758723	54956
2555508	1336828	1218680	198924	1019757	116490
187529	146796	40734	23398	17335	
2543079	1278663	1264416	367767	896648	174077
1997566	815068	1182498	220546	961952	22087
679452	179795	499657	92679	406977	79606
420268	204531	215737	73311	142426	
1131281	552818	578464	184295	394168	221067
55592	29722	25869	13402	12467	
510260	287302	222958	45603	177355	
23294	12347	10947	4447	6500	
241257	105710	135547	75180	60367	

4-32 教育经费支出明细

地区	合计	个人部分	工资福利支出	对个人和家庭的补助支出	#助学金
合计	**267041606**	**185004078**	**170461262**	**14542816**	**8487094**
北京	1254367	731393	718718	12675	4672
天津	1106249	925837	912940	12897	2098
河北	18080633	11751320	10776942	974378	617214
山西	7297565	5088719	4739643	349075	175496
内蒙古	6200451	3957048	3611266	345783	212011
辽宁	2814511	2195249	2116965	78284	33684
吉林	3171345	2204336	2093440	110897	64141
黑龙江	4244053	3079516	2703526	375989	74059
上海	1318707	963269	916116	47153	9310
江苏	16002448	11626502	11032334	594168	202487
浙江	13316184	9277956	8901662	376294	151706
安徽	14156768	10395858	9230751	1165107	463753
福建	8848287	6545692	6242541	303152	93439
江西	12505984	6968071	6571889	396182	258483
山东	16178239	11785237	11293998	491239	194724
河南	20875850	13431440	12525011	906429	646697
湖北	7129681	5092636	4696696	395940	223231
湖南	17603149	10958304	10066039	892265	524361
广东	14910486	10453283	9795167	658116	225590
广西	9040154	6476282	5864164	612118	452879
海南	2586791	1630649	1556060	74589	48096
重庆	5805706	4585202	4166265	418938	211660
四川	14839680	10388345	9190559	1197787	763044
贵州	10546869	7335264	6468293	866971	594848
云南	11159831	8487833	7698636	789198	634910
西藏	1226942	1039413	858906	180507	164178
陕西	7231093	4513937	4103512	410425	258196
甘肃	7283250	5264702	4812171	452531	297150
青海	2471225	1712166	1513693	198473	137344
宁夏	1573328	1153060	1091347	61713	45075
新疆	6261781	4985556	4192010	793546	702558
大连	183899	128307	119130	9177	1234
宁波	1667496	1157236	1116985	40251	17209
厦门	69216	45922	44609	1313	162
青岛	638364	397107	380452	16655	2896
深圳					

(地方农村高中)

单位：千元

公用部分	商品和服务支出	其他资本性支出	专项公用支出	专项项目支出	基本建设支出
79873786	**42901438**	**36972349**	**9658146**	**27314202**	**2163742**
400549	326653	73896	41698	32199	122425
180412	127786	52626	8467	44158	
6314709	3430309	2884399	746805	2137594	14605
2185787	1212326	973461	263284	710177	23060
2122284	961374	1160910	227819	933091	121118
608098	460829	147269	63504	83765	11164
966868	528379	438489	154633	283857	140
992876	767941	224935	99705	125230	171661
355438	253467	101971	83816	18155	
4370260	1906363	2463897	363989	2099907	5686
3516875	2117013	1399862	413112	986750	521353
3759874	2162114	1597760	492289	1105471	1036
2291896	1219469	1072427	346406	726021	10700
5348361	1546385	3801976	936765	2865211	189551
4393002	2501757	1891245	514122	1377123	
7426216	4190136	3236080	764469	2471611	18194
2037044	1113140	923904	184903	739001	
6621976	3779292	2842684	572123	2270561	22870
4437305	2836091	1601214	542468	1058746	19898
2461171	1349835	1111336	303992	807344	102701
899783	390125	509658	148498	361160	56359
1211969	908970	302999	101894	201105	8534
4366995	2595395	1771599	472551	1299048	84340
3156648	1732823	1423825	665102	758723	54956
2555508	1336828	1218680	198924	1019757	116490
187529	146796	40734	23398	17335	
2543079	1278663	1264416	367767	896648	174077
1996461	814471	1181990	220546	961444	22087
679452	179795	499657	92679	406977	79606
420268	204531	215737	73311	142426	
1065093	522381	542712	169104	373608	211133
55592	29722	25869	13402	12467	
510260	287302	222958	45603	177355	
23294	12347	10947	4447	6500	
241257	105710	135547	75180	60367	

4-33 教育经费支出明细

地区	合计	个人部分	工资福利支出	对个人和家庭的补助支出	#助学金
合计	**1116059603**	**802198772**	**724375860**	**77822912**	**36622815**
北京	28061531	17902399	17093822	808577	108032
天津	11484799	9461245	9114171	347074	84329
河北	48757948	34897128	31445430	3451698	1619820
山西	22733149	15973296	14801878	1171418	511294
内蒙古	18291314	13382277	12356386	1025890	509417
辽宁	20402315	16757966	15688229	1069737	291029
吉林	14625042	11021859	10510585	511274	188253
黑龙江	18922399	15775999	13469253	2306746	381139
上海	34618291	21619267	20081977	1537290	529687
江苏	76007939	57968327	53588512	4379815	1195171
浙江	61408710	40989228	38404706	2584522	1525784
安徽	45660990	31900696	27360549	4540147	1460780
福建	35912016	26510373	24657375	1852998	683685
江西	38586394	23880705	22100081	1780623	962892
山东	79010374	60388817	55515406	4873410	1502085
河南	60492103	43877234	39533092	4344141	2573364
湖北	40525139	29777968	26543182	3234786	888748
湖南	47030490	32456946	28582845	3874101	1715012
广东	118740729	81490975	73842390	7648585	2704905
广西	34091797	26598011	23573844	3024167	2173087
海南	10217102	6999507	6546251	453256	333648
重庆	26554176	18706048	16770120	1935928	648866
四川	60677338	44168715	38031669	6137046	3425012
贵州	34236087	25130183	21204574	3925609	2728084
云南	34080494	27885650	24349486	3536163	2883335
西藏	7158289	5272060	4260484	1011577	870338
陕西	27160166	17880121	16181083	1699039	1054443
甘肃	17952904	13433792	12041160	1392632	833208
青海	6494180	4740562	4142781	597782	317878
宁夏	6577502	4531234	4245427	285806	181622
新疆	29587895	20820186	18339110	2481075	1737868
大连	4120780	3182414	3063732	118682	24701
宁波	8222587	5743301	5408612	334688	170736
厦门	5175964	3695819	3395086	300733	20100
青岛	9500735	7423700	6751497	672203	137561
深圳	22655459	11932791	10656924	1275867	444582

(普通初中)

单位：千元

公用部分	商品和服务支出	其他资本性支出			基本建设支出
			专项公用支出	专项项目支出	
298340906	**159440988**	**138899918**	**38606020**	**100293898**	**15519925**
8462916	5871508	2591408	1538248	1053160	1696216
1927900	1308648	619251	199518	419734	95655
13643842	7305213	6338629	1761738	4576891	216978
6589279	3683055	2906223	1006960	1899263	170575
4725234	2296338	2428896	733965	1694931	183803
3523810	2515626	1008184	342287	665897	120539
3496933	1700973	1795960	340483	1455477	106250
2997991	2051902	946089	353841	592248	148409
12572035	8198172	4373863	1555528	2818336	426989
17970074	8940385	9029689	1817234	7212455	69538
19456552	10783125	8673427	1724322	6949105	962930
13545414	6477920	7067494	2221688	4845806	214880
9329616	4352899	4976717	1482115	3494602	72027
14207074	4049535	10157539	2338040	7819500	498616
18615047	8478218	10136829	1904460	8232369	6510
16394689	8163292	8231397	1653408	6577989	220180
10747170	5250066	5497104	1088718	4408386	
14385812	8325306	6060506	1832407	4228099	187732
31693017	21469503	10223514	4131783	6091731	5556738
7348878	3707348	3641530	1246046	2395484	144908
3173326	1436247	1737079	770775	966304	44269
7117015	4977362	2139653	666930	1472723	731113
16021878	9480436	6541442	1698062	4843380	486746
8927864	3942277	4985587	1700834	3284753	178040
6014477	3483958	2530519	430640	2099879	180367
1580005	561840	1018165	375416	642749	306224
8818721	4072187	4746534	1444475	3302059	461323
4269602	1741228	2528374	464342	2064032	249509
1471228	590926	880302	142576	737726	282390
2012685	838790	1173896	426287	747609	33582
7300823	3386707	3914117	1212894	2701222	1466886
866762	620666	246095	103422	142673	71604
2295520	1207722	1087798	223014	864784	183767
1416257	853563	562694	274672	288022	63888
2077035	1468962	608073	352222	255851	
6055225	5067154	988070	704625	283445	4667443

4-34 教育经费支出明细

地区	合计	个人部分	工资福利支出	对个人和家庭的补助支出	#助学金
合计	**1111902888**	**799235580**	**721749902**	**77485678**	**36508350**
北京	27460273	17505372	16704946	800426	107491
天津	11484799	9461245	9114171	347074	84329
河北	48757948	34897128	31445430	3451698	1619820
山西	22733149	15973296	14801878	1171418	511294
内蒙古	18291314	13382277	12356386	1025890	509417
辽宁	20402315	16757966	15688229	1069737	291029
吉林	14471852	10907569	10398920	508649	188253
黑龙江	18922399	15775999	13469253	2306746	381139
上海	34540274	21561644	20024643	1537001	529687
江苏	76007939	57968327	53588512	4379815	1195171
浙江	61408710	40989228	38404706	2584522	1525784
安徽	45655935	31899440	27359293	4540147	1460780
福建	35912016	26510373	24657375	1852998	683685
江西	38586394	23880705	22100081	1780623	962892
山东	79010374	60388817	55515406	4873410	1502085
河南	60492103	43877234	39533092	4344141	2573364
湖北	40454290	29723357	26488604	3234753	888715
湖南	46991391	32420534	28547545	3872989	1714969
广东	118740729	81490975	73842390	7648585	2704905
广西	34091797	26598011	23573844	3024167	2173087
海南	10217102	6999507	6546251	453256	333648
重庆	26391925	18588111	16656011	1932101	647619
四川	60662262	44158337	38021353	6136984	3424949
贵州	34236087	25130183	21204574	3925609	2728084
云南	34080494	27885650	24349486	3536163	2883335
西藏	7158289	5272060	4260484	1011577	870338
陕西	27040407	17791246	16095569	1695677	1054349
甘肃	17944844	13426965	12034422	1392543	833198
青海	6494180	4740562	4142781	597782	317878
宁夏	6577502	4531234	4245427	285806	181622
新疆	26683793	18742230	16578839	2163391	1625433
大连	4120780	3182414	3063732	118682	24701
宁波	8222587	5743301	5408612	334688	170736
厦门	5175964	3695819	3395086	300733	20100
青岛	9500735	7423700	6751497	672203	137561
深圳	22655459	11932791	10656924	1275867	444582

(地方普通初中)

单位：千元

公用部分					基本建设支出
	商品和服务支出	其他资本性支出			
			专项公用支出	专项项目支出	
297286887	**158724664**	**138562223**	**38433622**	**100128601**	**15380421**
8258684	5694159	2564525	1511366	1053159	1696216
1927900	1308648	619251	199518	419734	95655
13643842	7305213	6338629	1761738	4576891	216978
6589279	3683055	2906223	1006960	1899263	170575
4725234	2296338	2428896	733965	1694931	183803
3523810	2515626	1008184	342287	665897	120539
3458033	1663077	1794955	339478	1455477	106250
2997991	2051902	946089	353841	592248	148409
12551641	8179443	4372198	1553862	2818336	426989
17970074	8940385	9029689	1817234	7212455	69538
19456552	10783125	8673427	1724322	6949105	962930
13541615	6477511	7064104	2221661	4842442	214880
9329616	4352899	4976717	1482115	3494602	72027
14207074	4049535	10157539	2338040	7819500	498616
18615047	8478218	10136829	1904460	8232369	6510
16394689	8163292	8231397	1653408	6577989	220180
10730932	5237911	5493021	1085085	4407936	
14383125	8322950	6060175	1832076	4228099	187732
31693017	21469503	10223514	4131783	6091731	5556738
7348878	3707348	3641530	1246046	2395484	144908
3173326	1436247	1737079	770775	966304	44269
7072701	4937851	2134850	662127	1472723	731113
16017179	9476357	6540822	1697442	4843380	486746
8927864	3942277	4985587	1700834	3284753	178040
6014477	3483958	2530519	430640	2099879	180367
1580005	561840	1018165	375416	642749	306224
8787838	4044544	4743295	1441235	3302059	461323
4268370	1740584	2527786	464291	2063495	249509
1471228	590926	880302	142576	737726	282390
2012685	838790	1173896	426287	747609	33582
6614181	2991152	3623029	1082751	2540278	1327382
866762	620666	246095	103422	142673	71604
2295520	1207722	1087798	223014	864784	183767
1416257	853563	562694	274672	288022	63888
2077035	1468962	608073	352222	255851	
6055225	5067154	988070	704625	283445	4667443

4-35 教育经费支出明细

地区	合计	个人部分	工资福利支出	对个人和家庭的补助支出	#助学金
合计	**574517362**	**434387647**	**388504883**	**45882764**	**24119179**
北京	4654475	3166858	3016867	149991	36377
天津	2698079	2454355	2410582	43773	821
河北	32148270	22677208	20426679	2250530	1223526
山西	12099098	8868208	8189719	678489	351269
内蒙古	11086526	8339622	7700363	639259	324261
辽宁	8096415	7146759	6643307	503452	165153
吉林	8685611	6671017	6372114	298903	116989
黑龙江	10135138	8560721	7347925	1212796	130811
上海	2848146	2302703	2132395	170308	47148
江苏	31032303	24937327	22879471	2057855	613810
浙江	22988101	16444545	15259907	1184638	646870
安徽	31435801	22738557	19242583	3495973	1209261
福建	18264784	14482712	13746109	736603	228987
江西	24578604	15085245	14209577	875668	433269
山东	40213610	31911898	29265765	2646133	864763
河南	41381606	29934030	26691172	3242858	2087045
湖北	20203422	15534166	13675875	1858290	657336
湖南	30543729	21787191	18880933	2906258	1364554
广东	36971169	28421458	25979819	2441639	809110
广西	22713396	18282556	15929192	2353364	1743561
海南	5992251	4098970	3871088	227883	156111
重庆	12453842	9898647	8782158	1116489	433684
四川	34972492	26573831	23053483	3520349	1870227
贵州	23249314	18152624	15244901	2907723	2203456
云南	24913284	21320650	18513680	2806969	2420337
西藏	4727459	3644623	2957294	687330	596643
陕西	14548800	9946910	8726910	1220000	824158
甘肃	12928779	9890515	8777593	1112922	714129
青海	4262927	3318959	2869415	449544	269678
宁夏	3569198	2693424	2508909	184516	124339
新疆	20120734	15101356	13199098	1902259	1451496
大连	712723	606703	569683	37020	4444
宁波	2456457	1803967	1699639	104328	54763
厦门	300135	231490	184704	46785	3531
青岛	1971058	1716420	1517381	199039	7794
深圳					

（农村初中）

单位：千元

公用部分	商品和服务支出	其他资本性支出			基本建设支出
			专项公用支出	专项项目支出	
136542190	**68811164**	**67731025**	**16938903**	**50792122**	**3587526**
1363537	940984	422553	192348	230204	124080
243725	218151	25573	13451	12122	
9266656	4849793	4416863	1103668	3313195	204406
3135474	1706048	1429426	481878	947547	95416
2650346	1262105	1388241	365743	1022498	96558
941350	733661	207689	70933	136756	8306
1977223	955432	1021791	189407	832384	37371
1509463	1066844	442619	136790	305830	64954
545443	442242	103201	78445	24755	
6094976	3362319	2732658	596655	2136003	
6263172	3578634	2684538	579268	2105270	280384
8487614	4193584	4294031	1245398	3048632	209630
3772421	2002225	1770195	517657	1252539	9651
9335241	2375191	6960050	1696160	5263890	158118
8295201	3552850	4742352	893825	3848526	6510
11365592	5140240	6225352	1136372	5088980	81984
4669257	2054720	2614536	382738	2231798	
8595504	4952284	3643220	867185	2776035	161034
8429910	5267769	3162141	1011665	2150476	119801
4350190	2357089	1993101	594703	1398399	80649
1854191	693307	1160884	503134	657750	39089
2527761	1733831	793930	282598	511331	27434
8048718	4744107	3304611	627726	2676885	349943
5027394	2352392	2675002	1175388	1499614	69296
3491197	2088196	1403001	208316	1194685	101437
859208	337517	521692	115238	406454	223627
4503759	1812132	2691626	708829	1982798	98131
2911056	1143122	1767934	345405	1422530	127208
795731	341719	454012	97542	356470	148237
844053	379220	464833	130878	333955	31720
4386825	2173455	2213370	589561	1623809	632552
106020	99862	6158	2978	3181	
542723	369441	173282	98444	74838	109767
67133	42459	24674	18943	5731	1512
254638	137296	117343	69836	47506	

4-36 教育经费支出明细

地区	合计	个人部分	工资福利支出	对个人和家庭的补助支出	#助学金
合计	**572705343**	**433020691**	**387341432**	**45679259**	**24062587**
北京	4654475	3166858	3016867	149991	36377
天津	2698079	2454355	2410582	43773	821
河北	32148270	22677208	20426679	2250530	1223526
山西	12099098	8868208	8189719	678489	351269
内蒙古	11086526	8339622	7700363	639259	324261
辽宁	8096415	7146759	6643307	503452	165153
吉林	8685611	6671017	6372114	298903	116989
黑龙江	10135138	8560721	7347925	1212796	130811
上海	2848146	2302703	2132395	170308	47148
江苏	31032303	24937327	22879471	2057855	613810
浙江	22988101	16444545	15259907	1184638	646870
安徽	31435801	22738557	19242583	3495973	1209261
福建	18264784	14482712	13746109	736603	228987
江西	24578604	15085245	14209577	875668	433269
山东	40213610	31911898	29265765	2646133	864763
河南	41381606	29934030	26691172	3242858	2087045
湖北	20203422	15534166	13675875	1858290	657336
湖南	30543729	21787191	18880933	2906258	1364554
广东	36971169	28421458	25979819	2441639	809110
广西	22713396	18282556	15929192	2353364	1743561
海南	5992251	4098970	3871088	227883	156111
重庆	12453842	9898647	8782158	1116489	433684
四川	34972492	26573831	23053483	3520349	1870227
贵州	23249314	18152624	15244901	2907723	2203456
云南	24913284	21320650	18513680	2806969	2420337
西藏	4727459	3644623	2957294	687330	596643
陕西	14548800	9946910	8726910	1220000	824158
甘肃	12920720	9883687	8770854	1112833	714120
青海	4262927	3318959	2869415	449544	269678
宁夏	3569198	2693424	2508909	184516	124339
新疆	18316774	13741229	12042386	1698843	1394914
大连	712723	606703	569683	37020	4444
宁波	2456457	1803967	1699639	104328	54763
厦门	300135	231490	184704	46785	3531
青岛	1971058	1716420	1517381	199039	7794
深圳					

（地方农村初中）

单位：千元

公用部分	商品和服务支出	其他资本性支出	专项公用支出	专项项目支出	基本建设支出
136172104	**68603386**	**67568718**	**16867270**	**50701448**	**3512548**
1363537	940984	422553	192348	230204	124080
243725	218151	25573	13451	12122	
9266656	4849793	4416863	1103668	3313195	204406
3135474	1706048	1429426	481878	947547	95416
2650346	1262105	1388241	365743	1022498	96558
941350	733661	207689	70933	136756	8306
1977223	955432	1021791	189407	832384	37371
1509463	1066844	442619	136790	305830	64954
545443	442242	103201	78445	24755	
6094976	3362319	2732658	596655	2136003	
6263172	3578634	2684538	579268	2105270	280384
8487614	4193584	4294031	1245398	3048632	209630
3772421	2002225	1770195	517657	1252539	9651
9335241	2375191	6960050	1696160	5263890	158118
8295201	3552850	4742352	893825	3848526	6510
11365592	5140240	6225352	1136372	5088980	81984
4669257	2054720	2614536	382738	2231798	
8595504	4952284	3643220	867185	2776035	161034
8429910	5267769	3162141	1011665	2150476	119801
4350190	2357089	1993101	594703	1398399	80649
1854191	693307	1160884	503134	657750	39089
2527761	1733831	793930	282598	511331	27434
8048718	4744107	3304611	627726	2676885	349943
5027394	2352392	2675002	1175388	1499614	69296
3491197	2088196	1403001	208316	1194685	101437
859208	337517	521692	115238	406454	223627
4503759	1812132	2691626	708829	1982798	98131
2909825	1142479	1767346	345354	1421993	127208
795731	341719	454012	97542	356470	148237
844053	379220	464833	130878	333955	31720
4017971	1966320	2051651	517979	1533672	557575
106020	99862	6158	2978	3181	
542723	369441	173282	98444	74838	109767
67133	42459	24674	18943	5731	1512
254638	137296	117343	69836	47506	

4-37 教育经费支出明细

地区	合计	个人部分	工资福利支出	对个人和家庭的补助支出	#助学金
合计	**1709226431**	**1273878976**	**1142801191**	**131077785**	**49176910**
北京	50916977	35040332	33837218	1203114	193786
天津	17291556	14074965	13600553	474412	100533
河北	76139453	57561301	50212050	7349250	2317064
山西	35324289	26202053	23725540	2476512	729129
内蒙古	30221096	23240326	21100939	2139387	661574
辽宁	28087093	22737088	20999622	1737465	448331
吉林	21989407	17621592	16827761	793831	182581
黑龙江	23183642	19768769	16437761	3331009	356424
上海	41075485	29003109	27044543	1958566	683258
江苏	113155738	87953978	79616000	8337978	1906326
浙江	97743617	65362518	61062504	4300014	1973829
安徽	65846609	48214106	41431416	6782690	1489596
福建	54168280	40835173	37339933	3495239	491998
江西	55434687	37232911	34377369	2855542	1109440
山东	105539476	82200911	75359174	6841737	1371748
河南	88453871	67003780	61419821	5583959	3099301
湖北	56776385	41058599	36520032	4538567	1220026
湖南	66397401	47914615	42718563	5196052	2225352
广东	201953749	145369150	128717001	16652149	4692767
广西	58905645	48109435	43251364	4858071	2451787
海南	16367967	12336052	11843871	492181	308598
重庆	41190277	29838451	25738121	4100330	718062
四川	89741257	67137341	58386624	8750717	4194888
贵州	53797950	41601739	34240312	7361427	3590759
云南	58159576	48157838	41867537	6290301	4486014
西藏	15295800	11376859	9038499	2338360	2022750
陕西	44914728	28855229	26300239	2554990	1475010
甘肃	31397994	24353071	21730418	2622653	1370875
青海	10984759	8293412	7187280	1106132	576753
宁夏	10604338	7465139	6933953	531186	293760
新疆	48167331	37959135	33935172	4023963	2434589
大连	5670765	4351631	4145765	205866	21022
宁波	13844747	9319430	8722929	596501	259811
厦门	9842101	6699583	6078035	621549	25784
青岛	14314676	10903325	10132027	771297	93518
深圳	46154387	25656600	22289291	3367309	1141849

（小学）

单位：千元

公用部分	商品和服务支出	其他资本性支出			基本建设支出
			专项公用支出	专项项目支出	
415624389	**243122026**	**172502363**	**49683399**	**122818964**	**19723066**
14295266	10566432	3728834	2538968	1189866	1581378
3140581	2095119	1045463	263837	781625	76010
18417787	10140166	8277621	2470304	5807317	160365
8890227	5360581	3529647	1286598	2243049	232008
6744437	3534051	3210386	1039665	2170721	236333
5246303	3776353	1469950	402009	1067942	103703
4230015	2455911	1774104	428545	1345559	137800
3288269	2330734	957535	373237	584298	126604
12054638	8613033	3441604	1260438	2181166	17738
25127089	13837035	11290054	2729615	8560439	74671
31103822	17721944	13381878	2893594	10488284	1277278
17400499	8366497	9034002	2620008	6413994	232004
13073796	7287799	5785997	1956433	3829564	259311
17787800	6211275	11576525	3067955	8508570	413975
23337914	11685538	11652376	2617923	9034453	650
20944673	11724345	9220328	1988996	7231332	505418
15717786	8960544	6757242	1214616	5542626	
18300207	12141015	6159192	1836288	4322904	182579
48668709	36390153	12278556	5812085	6466470	7915889
10672794	6090711	4582083	1586102	2995982	123416
4018365	2281545	1736820	508203	1228617	13549
9966972	6660266	3306706	1007912	2298794	1384854
22154628	14894171	7260457	2147704	5112753	449288
12000300	6007968	5992332	1432649	4559682	195912
9593152	5573134	4020018	625291	3394726	408586
3419779	1208064	2211716	435290	1776425	499162
15387972	7406433	7981539	2141598	5839942	671527
6840647	2918887	3921761	618473	3303288	204275
2224548	1060903	1163645	269866	893779	466800
3107211	1327467	1779744	534397	1245347	31988
8468201	4493951	3974250	1574801	2399449	1739995
1267199	969630	297569	81938	215632	51935
4391317	2238464	2152853	305939	1846914	134000
2932140	1971667	960473	541536	418937	210377
3411352	2068825	1342527	676984	665543	
12935996	10991337	1944660	1455542	489118	7561790

4-38 教育经费支出明细

地区	合计	个人部分	工资福利支出	对个人和家庭的补助支出	#助学金
合计	**1703049984**	**1269458098**	**1138935756**	**130522343**	**49000681**
北京	50386878	34700189	33504494	1195694	192585
天津	17249187	14044401	13571648	472753	100533
河北	76139453	57561301	50212050	7349250	2317064
山西	35320534	26198776	23722420	2476355	729128
内蒙古	30221096	23240326	21100939	2139387	661574
辽宁	28087093	22737088	20999622	1737465	448331
吉林	21851743	17523738	16730270	793468	182581
黑龙江	23183642	19768769	16437761	3331009	356424
上海	41045624	28984817	27026253	1958564	683258
江苏	113155738	87953978	79616000	8337978	1906326
浙江	97743617	65362518	61062504	4300014	1973829
安徽	65821468	48207861	41425171	6782690	1489596
福建	54168280	40835173	37339933	3495239	491998
江西	55434687	37232911	34377369	2855542	1109440
山东	105522976	82200911	75359174	6841737	1371748
河南	88439006	66990799	61409636	5581164	3099301
湖北	56591931	40922085	36383747	4538338	1220026
湖南	66353427	47880134	42685034	5195100	2225352
广东	201953749	145369150	128717001	16652149	4692767
广西	58905645	48109435	43251364	4858071	2451787
海南	16367967	12336052	11843871	492181	308598
重庆	41094612	29757437	25659326	4098111	718062
四川	89722387	67123843	58374471	8749372	4194885
贵州	53797950	41601739	34240312	7361427	3590759
云南	58159576	48157838	41867537	6290301	4486014
西藏	15295800	11376859	9038499	2338360	2022750
陕西	44757492	28740542	26187970	2552572	1475004
甘肃	31374211	24333777	21711863	2621914	1370178
青海	10984759	8293412	7187280	1106132	576753
宁夏	10604338	7465139	6933953	531186	293760
新疆	43315119	34447102	30958281	3488821	2260268
大连	5670765	4351631	4145765	205866	21022
宁波	13844747	9319430	8722929	596501	259811
厦门	9842101	6699583	6078035	621549	25784
青岛	14314676	10903325	10132027	771297	93518
深圳	46154387	25656600	22289291	3367309	1141849

(地方小学)

单位：千元

公用部分	商品和服务支出	其他资本性支出			基本建设支出
			专项公用支出	专项项目支出	
414219650	**242258028**	**171961622**	**49383734**	**122577888**	**19372236**
14105311	10393113	3712198	2522378	1189820	1581378
3128776	2084403	1044373	262747	781625	76010
18417787	10140166	8277621	2470304	5807317	160365
8889750	5360143	3529607	1286558	2243049	232008
6744437	3534051	3210386	1039665	2170721	236333
5246303	3776353	1469950	402009	1067942	103703
4190205	2425386	1764819	420331	1344487	137800
3288269	2330734	957535	373237	584298	126604
12043069	8601755	3441314	1260148	2181166	17738
25127089	13837035	11290054	2729615	8560439	74671
31103822	17721944	13381878	2893594	10488284	1277278
17381603	8364461	9017142	2619876	6397265	232004
13073796	7287799	5785997	1956433	3829564	259311
17787800	6211275	11576525	3067955	8508570	413975
23321414	11685538	11635876	2617923	9017953	650
20942893	11722674	9220219	1988887	7231332	505313
15669846	8924971	6744875	1206431	5538443	
18290714	12132864	6157851	1834963	4322888	182579
48668709	36390153	12278556	5812085	6466470	7915889
10672794	6090711	4582083	1586102	2995982	123416
4018365	2281545	1736820	508203	1228617	13549
9952321	6648917	3303405	1004610	2298794	1384854
22149256	14889527	7259729	2147006	5112723	449288
12000300	6007968	5992332	1432649	4559682	195912
9593152	5573134	4020018	625291	3394726	408586
3419779	1208064	2211716	435290	1776425	499162
15345423	7378161	7967263	2136160	5831103	671527
6836159	2916808	3919351	618205	3301147	204275
2224548	1060903	1163645	269866	893779	466800
3107211	1327467	1779744	534397	1245347	31988
7478747	3950005	3528742	1320815	2207927	1389270
1267199	969630	297569	81938	215632	51935
4391317	2238464	2152853	305939	1846914	134000
2932140	1971667	960473	541536	418937	210377
3411352	2068825	1342527	676984	665543	
12935996	10991337	1944660	1455542	489118	7561790

4-39 教育经费支出明细

地区	合计	个人部分	工资福利支出	对个人和家庭的补助支出	#助学金
合计	**1709209490**	**1273865445**	**1142787729**	**131077715**	**49176910**
北京	50916977	35040332	33837218	1203114	193786
天津	17291556	14074965	13600553	474412	100533
河北	76139453	57561301	50212050	7349250	2317064
山西	35324289	26202053	23725540	2476512	729129
内蒙古	30221096	23240326	21100939	2139387	661574
辽宁	28087093	22737088	20999622	1737465	448331
吉林	21989407	17621592	16827761	793831	182581
黑龙江	23183642	19768769	16437761	3331009	356424
上海	41075485	29003109	27044543	1958566	683258
江苏	113155738	87953978	79616000	8337978	1906326
浙江	97743617	65362518	61062504	4300014	1973829
安徽	65846609	48214106	41431416	6782690	1489596
福建	54167038	40834193	37338953	3495239	491998
江西	55434687	37232911	34377369	2855542	1109440
山东	105539476	82200911	75359174	6841737	1371748
河南	88453871	67003780	61419821	5583959	3099301
湖北	56776385	41058599	36520032	4538567	1220026
湖南	66397401	47914615	42718563	5196052	2225352
广东	201953749	145369150	128717001	16652149	4692767
广西	58905645	48109435	43251364	4858071	2451787
海南	16367967	12336052	11843871	492181	308598
重庆	41189843	29838060	25737729	4100330	718062
四川	89741257	67137341	58386624	8750717	4194888
贵州	53797950	41601739	34240312	7361427	3590759
云南	58159576	48157838	41867537	6290301	4486014
西藏	15295800	11376859	9038499	2338360	2022750
陕西	44914728	28855229	26300239	2554990	1475010
甘肃	31395216	24351165	21728582	2622583	1370875
青海	10984759	8293412	7187280	1106132	576753
宁夏	10604338	7465139	6933953	531186	293760
新疆	48154844	37948882	33924918	4023963	2434589
大连	5670765	4351631	4145765	205866	21022
宁波	13844747	9319430	8722929	596501	259811
厦门	9842101	6699583	6078035	621549	25784
青岛	14314676	10903325	10132027	771297	93518
深圳	46154387	25656600	22289291	3367309	1141849

(普通小学)

单位：千元

公用部分	商品和服务支出	其他资本性支出			基本建设支出
			专项公用支出	专项项目支出	
415620979	**243118862**	**172502117**	**49683240**	**122818877**	**19723066**
14295266	10566432	3728834	2538968	1189866	1581378
3140581	2095119	1045463	263837	781625	76010
18417787	10140166	8277621	2470304	5807317	160365
8890227	5360581	3529647	1286598	2243049	232008
6744437	3534051	3210386	1039665	2170721	236333
5246303	3776353	1469950	402009	1067942	103703
4230015	2455911	1774104	428545	1345559	137800
3288269	2330734	957535	373237	584298	126604
12054638	8613033	3441604	1260438	2181166	17738
25127089	13837035	11290054	2729615	8560439	74671
31103822	17721944	13381878	2893594	10488284	1277278
17400499	8366497	9034002	2620008	6413994	232004
13073534	7287537	5785997	1956433	3829564	259311
17787800	6211275	11576525	3067955	8508570	413975
23337914	11685538	11652376	2617923	9034453	650
20944673	11724345	9220328	1988996	7231332	505418
15717786	8960544	6757242	1214616	5542626	
18300207	12141015	6159192	1836288	4322904	182579
48668709	36390153	12278556	5812085	6466470	7915889
10672794	6090711	4582083	1586102	2995982	123416
4018365	2281545	1736820	508203	1228617	13549
9966929	6660223	3306706	1007912	2298794	1384854
22154628	14894171	7260457	2147704	5112753	449288
12000300	6007968	5992332	1432649	4559682	195912
9593152	5573134	4020018	625291	3394726	408586
3419779	1208064	2211716	435290	1776425	499162
15387972	7406433	7981539	2141598	5839942	671527
6839776	2918261	3921515	618314	3303201	204275
2224548	1060903	1163645	269866	893779	466800
3107211	1327467	1779744	534397	1245347	31988
8465967	4491718	3974250	1574801	2399449	1739995
1267199	969630	297569	81938	215632	51935
4391317	2238464	2152853	305939	1846914	134000
2932140	1971667	960473	541536	418937	210377
3411352	2068825	1342527	676984	665543	
12935996	10991337	1944660	1455542	489118	7561790

4-40 教育经费支出明细

地区	合计	个人部分	工资福利支出	对个人和家庭的补助支出	#助学金
合计	**1703033042**	**1269444567**	**1138922294**	**130522273**	**49000681**
北京	50386878	34700189	33504494	1195694	192585
天津	17249187	14044401	13571648	472753	100533
河北	76139453	57561301	50212050	7349250	2317064
山西	35320534	26198776	23722420	2476355	729128
内蒙古	30221096	23240326	21100939	2139387	661574
辽宁	28087093	22737088	20999622	1737465	448331
吉林	21851743	17523738	16730270	793468	182581
黑龙江	23183642	19768769	16437761	3331009	356424
上海	41045624	28984817	27026253	1958564	683258
江苏	113155738	87953978	79616000	8337978	1906326
浙江	97743617	65362518	61062504	4300014	1973829
安徽	65821468	48207861	41425171	6782690	1489596
福建	54167038	40834193	37338953	3495239	491998
江西	55434687	37232911	34377369	2855542	1109440
山东	105522976	82200911	75359174	6841737	1371748
河南	88439006	66990799	61409636	5581164	3099301
湖北	56591931	40922085	36383747	4538338	1220026
湖南	66353427	47880134	42685034	5195100	2225352
广东	201953749	145369150	128717001	16652149	4692767
广西	58905645	48109435	43251364	4858071	2451787
海南	16367967	12336052	11843871	492181	308598
重庆	41094178	29757046	25658935	4098111	718062
四川	89722387	67123843	58374471	8749372	4194885
贵州	53797950	41601739	34240312	7361427	3590759
云南	58159576	48157838	41867537	6290301	4486014
西藏	15295800	11376859	9038499	2338360	2022750
陕西	44757492	28740542	26187970	2552572	1475004
甘肃	31371434	24331871	21710027	2621844	1370178
青海	10984759	8293412	7187280	1106132	576753
宁夏	10604338	7465139	6933953	531186	293760
新疆	43302632	34436848	30948028	3488821	2260268
大连	5670765	4351631	4145765	205866	21022
宁波	13844747	9319430	8722929	596501	259811
厦门	9842101	6699583	6078035	621549	25784
青岛	14314676	10903325	10132027	771297	93518
深圳	46154387	25656600	22289291	3367309	1141849

(地方普通小学)

单位：千元

公用部分	商品和服务支出	其他资本性支出	专项公用支出	专项项目支出	基本建设支出
414216240	**242254864**	**171961376**	**49383575**	**122577801**	**19372236**
14105311	10393113	3712198	2522378	1189820	1581378
3128776	2084403	1044373	262747	781625	76010
18417787	10140166	8277621	2470304	5807317	160365
8889750	5360143	3529607	1286558	2243049	232008
6744437	3534051	3210386	1039665	2170721	236333
5246303	3776353	1469950	402009	1067942	103703
4190205	2425386	1764819	420331	1344487	137800
3288269	2330734	957535	373237	584298	126604
12043069	8601755	3441314	1260148	2181166	17738
25127089	13837035	11290054	2729615	8560439	74671
31103822	17721944	13381878	2893594	10488284	1277278
17381603	8364461	9017142	2619876	6397265	232004
13073534	7287537	5785997	1956433	3829564	259311
17787800	6211275	11576525	3067955	8508570	413975
23321414	11685538	11635876	2617923	9017953	650
20942893	11722674	9220219	1988887	7231332	505313
15669846	8924971	6744875	1206431	5538443	
18290714	12132864	6157851	1834963	4322888	182579
48668709	36390153	12278556	5812085	6466470	7915889
10672794	6090711	4582083	1586102	2995982	123416
4018365	2281545	1736820	508203	1228617	13549
9952278	6648873	3303405	1004610	2298794	1384854
22149256	14889527	7259729	2147006	5112723	449288
12000300	6007968	5992332	1432649	4559682	195912
9593152	5573134	4020018	625291	3394726	408586
3419779	1208064	2211716	435290	1776425	499162
15345423	7378161	7967263	2136160	5831103	671527
6835288	2916183	3919106	618046	3301060	204275
2224548	1060903	1163645	269866	893779	466800
3107211	1327467	1779744	534397	1245347	31988
7476514	3947771	3528742	1320815	2207927	1389270
1267199	969630	297569	81938	215632	51935
4391317	2238464	2152853	305939	1846914	134000
2932140	1971667	960473	541536	418937	210377
3411352	2068825	1342527	676984	665543	
12935996	10991337	1944660	1455542	489118	7561790

4-41 教育经费支出明细

地区	合计	个人部分	工资福利支出	对个人和家庭的补助支出	#助学金
合计	**906246251**	**713638461**	**630165237**	**83473224**	**33902769**
北京	7778190	5554870	5315634	239236	49677
天津	3638966	3219884	3114642	105241	1487
河北	53154477	40881312	35200042	5681271	1956196
山西	21284106	16756129	14955752	1800378	462969
内蒙古	20397840	16264469	14640249	1624221	455939
辽宁	11553718	10271757	9381944	889813	237499
吉林	13725769	11353710	10862314	491396	114580
黑龙江	13066539	11487644	9446082	2041562	128570
上海	4052690	3320872	3037154	283718	73917
江苏	43428750	36235104	31972419	4262685	901963
浙江	38438056	26565070	24358276	2206794	896426
安徽	44210132	33545033	28465339	5079694	1187185
福建	28083650	22477089	20541311	1935778	99882
江西	36083632	24264183	22544071	1720112	572055
山东	55151218	44420663	40453991	3966672	743268
河南	62173985	47552606	43267471	4285135	2618397
湖北	27468497	21263983	18632374	2631610	917578
湖南	41319428	30825008	27230532	3594475	1835342
广东	61558235	50149489	44163777	5985712	1108654
广西	42254297	35287975	31207968	4080007	2090234
海南	10304381	8172517	7943088	229429	104598
重庆	20481863	16860215	14145862	2714353	527224
四川	53131004	41807174	36079864	5727310	2889546
贵州	39039299	31822832	25834328	5988504	3175496
云南	44196130	38161786	32994925	5166862	3759652
西藏	12222218	9121784	7189807	1931977	1687546
陕西	23369537	15822522	13954819	1867703	1132262
甘肃	24241810	19155581	16866866	2288714	1208087
青海	8209822	6260404	5372993	887410	539174
宁夏	6220709	4793829	4418999	374831	216464
新疆	36007303	29962966	26572342	3390624	2210904
大连	1000822	800392	724370	76022	5005
宁波	4697366	3010106	2780695	229411	99563
厦门	849996	624117	482543	141574	3460
青岛	3064172	2361660	2090587	271073	11926
深圳					

(农村小学)

单位：千元

公用部分	商品和服务支出	其他资本性支出	专项公用支出	专项项目支出	基本建设支出
187587819	**105062784**	**82525035**	**21078977**	**61446057**	**5019971**
2161102	1600629	560473	274812	285660	62218
419083	375244	43839	14437	29402	
12116421	6926209	5190212	1478109	3712103	156744
4372883	2678087	1694796	483835	1210961	155093
3978590	2200852	1777738	619625	1158112	154781
1254994	973629	281365	90124	191241	26968
2317575	1334315	983260	236864	746397	54484
1538456	1120380	418076	181853	236223	40439
731818	632764	99054	93823	5231	
7193645	4746077	2447569	644487	1803082	
11214491	6287691	4926800	909598	4017202	658496
10530865	5401619	5129246	1538072	3591174	134234
5558733	3181006	2377727	713385	1664342	47829
11509284	3454907	8054377	2185099	5869278	310165
10729905	5003918	5725987	1083331	4642657	650
14408020	7878058	6529962	1335390	5194572	213359
6204513	3410356	2794158	490056	2304102	
10365027	6873356	3491671	931856	2559815	129394
11370023	8080790	3289233	1372130	1917103	38722
6890195	3990229	2899966	907299	1992666	76127
2119884	1114358	1005526	292193	713332	11980
3571531	2513043	1058488	305886	752603	50117
10938530	7270283	3668247	728198	2940049	385300
7145637	3690277	3455360	825919	2629441	70830
5806901	3485145	2321756	390163	1931594	227442
2663991	963136	1700854	261570	1439284	436443
7351173	3280588	4070585	1020582	3050003	195841
4934677	2037355	2897322	435981	2461341	151552
1620364	735305	885059	171118	713941	329055
1401030	745093	655937	209846	446091	25850
5168480	3078086	2090394	853337	1237056	875858
184456	173262	11194	2969	8225	15974
1643260	617389	1025871	87213	938658	44000
207202	123738	83464	26339	57125	18677
702512	334901	367611	100654	266957	

4-42 教育经费支出明细

地区	合计	个人部分	工资福利支出	对个人和家庭的补助支出	#助学金
合计	**902770326**	**711053367**	**627972458**	**83080909**	**33791787**
北京	7778190	5554870	5315634	239236	49677
天津	3638966	3219884	3114642	105241	1487
河北	53154477	40881312	35200042	5681271	1956196
山西	21280351	16752852	14952632	1800221	462968
内蒙古	20397840	16264469	14640249	1624221	455939
辽宁	11553718	10271757	9381944	889813	237499
吉林	13725769	11353710	10862314	491396	114580
黑龙江	13066539	11487644	9446082	2041562	128570
上海	4052690	3320872	3037154	283718	73917
江苏	43428750	36235104	31972419	4262685	901963
浙江	38438056	26565070	24358276	2206794	896426
安徽	44210132	33545033	28465339	5079694	1187185
福建	28083650	22477089	20541311	1935778	99882
江西	36083632	24264183	22544071	1720112	572055
山东	55151218	44420663	40453991	3966672	743268
河南	62173985	47552606	43267471	4285135	2618397
湖北	27468497	21263983	18632374	2631610	917578
湖南	41319428	30825008	27230532	3594475	1835342
广东	61558235	50149489	44163777	5985712	1108654
广西	42254297	35287975	31207968	4080007	2090234
海南	10304381	8172517	7943088	229429	104598
重庆	20481863	16860215	14145862	2714353	527224
四川	53131004	41807174	36079864	5727310	2889546
贵州	39039299	31822832	25834328	5988504	3175496
云南	44196130	38161786	32994925	5166862	3759652
西藏	12222218	9121784	7189807	1931977	1687546
陕西	23369537	15822522	13954819	1867703	1132262
甘肃	24218027	19136286	16848311	2287975	1207390
青海	8209822	6260404	5372993	887410	539174
宁夏	6220709	4793829	4418999	374831	216464
新疆	32558915	27400443	24401239	2999205	2100620
大连	1000822	800392	724370	76022	5005
宁波	4697366	3010106	2780695	229411	99563
厦门	849996	624117	482543	141574	3460
青岛	3064172	2361660	2090587	271073	11926
深圳					

(地方农村小学)

单位：千元

公用部分	商品和服务支出	其他资本性支出			基本建设支出
			专项公用支出	专项项目支出	
186868898	**104693517**	**82175380**	**20873110**	**61302271**	**4848061**
2161102	1600629	560473	274812	285660	62218
419083	375244	43839	14437	29402	
12116421	6926209	5190212	1478109	3712103	156744
4372405	2677649	1694756	483795	1210961	155093
3978590	2200852	1777738	619625	1158112	154781
1254994	973629	281365	90124	191241	26968
2317575	1334315	983260	236864	746397	54484
1538456	1120380	418076	181853	236223	40439
731818	632764	99054	93823	5231	
7193645	4746077	2447569	644487	1803082	
11214491	6287691	4926800	909598	4017202	658496
10530865	5401619	5129246	1538072	3591174	134234
5558733	3181006	2377727	713385	1664342	47829
11509284	3454907	8054377	2185099	5869278	310165
10729905	5003918	5725987	1083331	4642657	650
14408020	7878058	6529962	1335390	5194572	213359
6204513	3410356	2794158	490056	2304102	
10365027	6873356	3491671	931856	2559815	129394
11370023	8080790	3289233	1372130	1917103	38722
6890195	3990229	2899966	907299	1992666	76127
2119884	1114358	1005526	292193	713332	11980
3571531	2513043	1058488	305886	752603	50117
10938530	7270283	3668247	728198	2940049	385300
7145637	3690277	3455360	825919	2629441	70830
5806901	3485145	2321756	390163	1931594	227442
2663991	963136	1700854	261570	1439284	436443
7351173	3280588	4070585	1020582	3050003	195841
4930189	2035276	2894913	435713	2459200	151552
1620364	735305	885059	171118	713941	329055
1401030	745093	655937	209846	446091	25850
4454524	2711336	1743189	647778	1095411	703947
184456	173262	11194	2969	8225	15974
1643260	617389	1025871	87213	938658	44000
207202	123738	83464	26339	57125	18677
702512	334901	367611	100654	266957	

4-43 教育经费支出明细

地区	合计	个人部分	工资福利支出	对个人和家庭的补助支出	#助学金
合计	**25093764**	**17580590**	**16247201**	**1333388**	**456985**
北京	723980	576634	543270	33364	10533
天津	275894	219124	211747	7377	229
河北	860544	662809	615818	46992	10962
山西	648538	459385	413546	45839	9232
内蒙古	544892	407976	391944	16032	5884
辽宁	751201	612743	567710	45033	7339
吉林	421214	323861	308846	15015	6063
黑龙江	567194	441818	389180	52638	12515
上海	1134350	841036	774842	66194	14467
江苏	1648446	1273577	1153853	119724	30241
浙江	1459749	903567	856083	47484	26638
安徽	1473796	478084	428088	49995	17456
福建	903861	664817	617564	47253	20233
江西	679072	403410	379446	23964	9210
山东	1774628	1386610	1240329	146282	62304
河南	888858	675034	623844	51191	16014
湖北	701005	546142	475276	70866	16759
湖南	985235	664860	615586	49274	20142
广东	3213917	2171717	2059905	111812	32661
广西	700272	479365	455971	23394	7930
海南	188936	138839	130521	8318	6191
重庆	363097	272059	244128	27931	7351
四川	1103832	766743	702209	64534	24600
贵州	693183	482451	435924	46527	20868
云南	667137	520523	482778	37745	29311
西藏	164204	135500	126896	8604	4755
陕西	549166	353688	337107	16581	6547
甘肃	300824	218742	207207	11534	5083
青海	123453	72431	65680	6751	2523
宁夏	248364	156552	137706	18846	3903
新疆	334923	270492	254197	16296	9043
大连	134298	116090	113442	2648	286
宁波	156164	115302	107148	8154	3832
厦门	177728	113445	104770	8675	2737
青岛	333121	261877	228313	33564	9831
深圳	721501	389000	381395	7605	1033

（特殊教育）

单位：千元

公用部分	商品和服务支出	其他资本性支出	专项公用支出	专项项目支出	基本建设支出
7239683	**4229730**	**3009953**	**925134**	**2084819**	**273492**
147345	119040	28305	14663	13642	
56770	49045	7726	6978	748	
197735	141880	55855	24780	31075	
189152	127798	61355	34923	26431	
130854	78501	52353	27985	24368	6063
138458	106273	32185	16161	16024	
94961	58086	36875	17223	19652	2392
125102	85634	39468	19487	19981	274
293314	234342	58972	38520	20451	
374869	275276	99593	54796	44798	
548921	244367	304554	65514	239040	7261
990519	119589	870931	59763	811168	5193
238044	168420	69624	32000	37624	1000
274168	110865	163304	45445	117859	1494
388017	277528	110490	45365	65125	
213824	150701	63123	25790	37333	
154863	119686	35176	15699	19477	
320375	215299	105076	51440	53636	
859912	631901	228012	133393	94618	182287
207883	93812	114070	39369	74702	13024
50097	38163	11934	10117	1817	
90816	72418	18398	6705	11693	222
318860	233152	85707	30117	55590	18229
181255	106053	75202	26171	49031	29477
142577	88750	53826	13838	39988	4037
28704	18263	10441	9633	808	
195478	84822	110655	17296	93359	
82082	41522	40560	9953	30607	
51022	18232	32790	11091	21700	
91812	69500	22312	12461	9851	
61893	50812	11081	8456	2625	2538
18207	17327	881	471	410	
40862	32927	7935	5914	2021	
64283	49955	14329	6659	7670	
71244	56641	14603	11471	3132	
207449	189203	18246	18246		125052

4-44 教育经费支出明细

地区	合计	个人部分	工资福利支出	对个人和家庭的补助支出	#助学金
合计	**23834278**	**16857540**	**15579849**	**1277690**	**446890**
北京	608108	487054	462040	25014	10353
天津	260104	210446	204500	5946	229
河北	860544	662809	615818	46992	10962
山西	617644	437853	392071	45782	9192
内蒙古	544892	407976	391944	16032	5884
辽宁	699103	567293	525848	41445	7261
吉林	408923	313989	299500	14489	6059
黑龙江	555143	435297	383171	52126	12515
上海	966989	714558	661573	52985	14093
江苏	1620854	1254666	1136216	118450	30162
浙江	1432100	887361	840303	47058	26623
安徽	1437873	473621	424623	48998	17456
福建	903861	664817	617564	47253	20233
江西	623207	374274	350604	23670	9209
山东	1774628	1386610	1240329	146282	62304
河南	867348	658546	609460	49086	16014
湖北	680679	531821	462379	69442	16759
湖南	928583	636604	588073	48531	20007
广东	2963284	2097498	1989971	107527	31397
广西	658902	462018	439459	22559	7920
海南	172430	127858	120871	6987	4862
重庆	348705	263121	236207	26914	7351
四川	1025394	715860	653450	62410	24212
贵州	559444	393968	356580	37387	15384
云南	621361	495082	458772	36310	28823
西藏	164204	135500	126896	8604	4755
陕西	525543	343050	326836	16214	6547
甘肃	298034	218742	207207	11534	5083
青海	123453	72431	65680	6751	2523
宁夏	248364	156552	137706	18846	3903
新疆	334577	270262	254197	16065	8812
大连	124157	107203	105075	2128	208
宁波	156164	115302	107148	8154	3832
厦门	177728	113445	104770	8675	2737
青岛	333121	261877	228313	33564	9831
深圳	667857	387598	380105	7493	1008

（特殊教育学校）

单位：千元

公用部分					基本建设支出
	商品和服务支出	其他资本性支出			
			专项公用支出	专项项目支出	
6770094	**3959532**	**2810562**	**849669**	**1960893**	**206644**
121054	97730	23323	11987	11336	
49658	42237	7421	6673	748	
197735	141880	55855	24780	31075	
179791	121552	58239	33082	25157	
130854	78501	52353	27985	24368	6063
131809	99793	32016	15992	16024	
92542	56272	36270	16617	19652	2392
119572	81116	38456	18687	19769	274
252431	199077	53354	32903	20451	
366188	270309	95879	51804	44074	
537478	238758	298720	64445	234275	7261
959059	116163	842896	51728	791168	5193
238044	168420	69624	32000	37624	1000
247438	99774	147664	40721	106943	1494
388017	277528	110490	45365	65125	
208802	147553	61249	24480	36770	
148858	114590	34269	14791	19477	
291979	197236	94743	45933	48809	
746729	579289	167440	106775	60665	119057
187477	82250	105227	35561	69666	9407
44571	33111	11460	9643	1817	
85363	67016	18347	6655	11693	222
291304	215219	76086	26461	49625	18229
135999	79259	56740	22542	34198	29477
122242	80047	42196	13603	28593	4037
28704	18263	10441	9633	808	
182492	76853	105639	17296	88343	
79292	41310	37982	9517	28464	
51022	18232	32790	11091	21700	
91812	69500	22312	12461	9851	
61776	50696	11081	8456	2625	2538
16955	16138	816	406	410	
40862	32927	7935	5914	2021	
64283	49955	14329	6659	7670	
71244	56641	14603	11471	3132	
206469	188387	18081	18081		73790

4-45 教育经费支出明细

地区	合计	个人部分	工资福利支出	对个人和家庭的补助支出	#助学金
合计	1259486	723050	667352	55698	10095
北京	115872	89580	81230	8350	179
天津	15790	8678	7247	1431	
河北					
山西	30894	21532	21475	57	39
内蒙古					
辽宁	52098	45450	41862	3588	78
吉林	12291	9872	9346	526	4
黑龙江	12051	6521	6009	512	
上海	167361	126477	113268	13209	374
江苏	27592	18911	17637	1273	79
浙江	27649	16207	15781	426	15
安徽	35923	4463	3466	997	
福建					
江西	55865	29136	28842	293	1
山东					
河南	21510	16488	14383	2105	
湖北	20325	14321	12897	1424	
湖南	56652	28256	27513	743	135
广东	250633	74219	69934	4285	1263
广西	41369	17346	16512	834	10
海南	16506	10980	9650	1331	1329
重庆	14391	8938	7921	1017	
四川	78438	50883	48759	2124	388
贵州	133739	88484	79344	9140	5484
云南	45776	25441	24005	1436	487
西藏					
陕西	23623	10638	10271	367	
甘肃	2790				
青海					
宁夏					
新疆	347	230		230	230
大连	10141	8888	8367	521	78
宁波					
厦门					
青岛					
深圳	53645	1402	1290	112	26

（工读学校）

单位：千元

公用部分	商品和服务支出	其他资本性支出			基本建设支出
			专项公用支出	专项项目支出	
469588	**270197**	**199391**	**75465**	**123926**	**66848**
26292	21310	4982	2676	2306	
7112	6807	305	305		
9361	6246	3116	1842	1274	
6648	6479	169	169		
2419	1814	606	606		
5530	4518	1011	799	212	
40883	35266	5618	5618		
8681	4967	3715	2991	723	
11443	5609	5834	1069	4765	
31460	3425	28035	8035	20000	
26730	11091	15639	4724	10915	
5022	3149	1873	1310	564	
6004	5097	907	907		
28396	18062	10334	5507	4827	
113183	52612	60571	26618	33953	63231
20406	11563	8843	3808	5036	3617
5526	5053	473	473		
5453	5402	51	51		
27555	17934	9622	3657	5965	
45256	26794	18462	3629	14833	
20335	8704	11631	236	11395	
12985	7969	5016		5016	
2790	212	2578	436	2142	
116	116				
1253	1189	64	64		
981	816	165	165		51263

4-46 教育经费支出明细

地区	合计	个人部分	工资福利支出	对个人和家庭的补助支出	#助学金
合计	**545646773**	**350598259**	**336660442**	**13937817**	**6254154**
北京	24092718	15707769	15495192	212577	6194
天津	6924528	4806785	4734550	72236	2001
河北	18991751	12822511	12378417	444094	69439
山西	9418347	5329413	5135516	193897	103367
内蒙古	10041452	6239830	6014956	224874	87920
辽宁	7219863	4898185	4766541	131644	25956
吉林	4520941	3040554	3006817	33738	4648
黑龙江	4547371	3105755	2948072	157684	12875
上海	25667692	16751803	16365420	386383	56935
江苏	36896784	26513065	25874960	638105	173877
浙江	43886330	26208228	25720204	488024	142270
安徽	19073832	11382093	10840034	542059	181611
福建	18390524	11747301	11311300	436001	90649
江西	16797637	8437405	8251500	185905	106741
山东	33794737	23186694	22563487	623207	285770
河南	23750028	14984078	14726084	257994	153649
湖北	15735219	10032898	9710238	322660	102113
湖南	17069026	10848535	10410259	438276	235469
广东	67673114	43920892	41661625	2259267	524140
广西	12692253	8853401	8586379	267022	122411
海南	5458875	2951757	2803660	148097	77757
重庆	10579615	5673698	5225292	448406	322429
四川	29675099	17357911	16287852	1070059	573863
贵州	17035077	11099320	10084975	1014345	755545
云南	13792450	9503370	8996274	507096	348598
西藏	5426322	3984529	3288183	696346	573123
陕西	15899819	9797030	9521396	275635	168165
甘肃	9457667	6400179	6100420	299759	120686
青海	2281672	1233897	1078108	155789	120115
宁夏	2942319	1599638	1504701	94937	54942
新疆	15913713	12179735	11268032	911703	650896
大连	1875064	1360034	1312141	47893	2296
宁波	6434462	4254984	4201679	53305	23753
厦门	3774159	2412616	2225264	187351	35084
青岛	5296876	3545410	3434872	110538	12849
深圳	18912994	11848320	10647164	1201157	262966

（幼儿园）

单位：千元

公用部分	商品和服务支出	其他资本性支出	专项公用支出	专项项目支出	基本建设支出
191783811	**130913731**	**60870080**	**19073954**	**41796126**	**3264703**
8198233	7313602	884631	720601	164030	186716
2117743	1651629	466114	102720	363394	
6156011	4260901	1895110	620494	1274616	13229
4033187	2511946	1521241	367253	1153988	55747
3713481	2271969	1441512	488177	953335	88142
2316185	2037574	278611	143022	135590	5493
1468760	1040983	427778	149349	278429	11626
1386731	1052183	334548	147080	187468	54884
8865016	6391809	2473207	796477	1676731	50872
10381984	7074490	3307494	1126820	2180675	1735
17261998	10824052	6437946	1449187	4988758	416104
7605501	4069914	3535587	1082258	2453329	86238
6606573	4380340	2226233	962181	1264052	36650
8279701	2343309	5936392	1441222	4495170	80530
10607353	7835906	2771447	880607	1890840	690
8718738	6169258	2549480	546382	2003098	47213
5702321	4125023	1577298	405621	1171677	
6200454	4677203	1523251	396070	1127181	20037
23374417	18294418	5079998	2556122	2523876	377805
3778047	2574964	1203084	396562	806522	60805
2504233	1673984	830249	328826	501423	2885
4817228	4011560	805669	273070	532599	88688
12168213	8215867	3952346	1114711	2837635	148975
5835904	3975818	1860086	635221	1224865	99853
4144799	3086018	1058781	251827	806954	144282
1245774	515591	730184	193442	536742	196019
5942392	3725956	2216437	611805	1604631	160396
2991858	1579454	1412404	276371	1136033	65630
859201	500618	358583	74914	283670	188574
1342681	874695	467986	156078	311907	
3159093	1852701	1306393	379486	926906	574885
515030	473272	41759	27202	14556	
2151978	1304851	847127	145382	701745	27500
1334934	1051786	283147	213870	69277	26610
1751465	1364047	387418	194900	192518	
6745154	5576409	1168745	867882	300863	319519

4-47 教育经费支出明细

地区	合计	个人部分	工资福利支出	对个人和家庭的补助支出	#助学金
合计	**541185364**	**347502114**	**333743427**	**13758687**	**6219058**
北京	22467525	14505104	14341020	164084	6121
天津	6834864	4750544	4678309	72236	2001
河北	18961749	12798713	12355002	443711	69439
山西	9393625	5312319	5120078	192241	103367
内蒙古	10031877	6231893	6007025	224868	87914
辽宁	7085056	4782896	4660940	121956	25956
吉林	4504016	3026179	2992494	33686	4648
黑龙江	4199646	2847600	2691723	155877	12423
上海	25385089	16582610	16201143	381467	56935
江苏	36875138	26494194	25856145	638049	173821
浙江	43873447	26197403	25710042	487362	142270
安徽	19030585	11353428	10813999	539430	181611
福建	18378201	11737266	11301350	435916	90649
江西	16797637	8437405	8251500	185905	106741
山东	33794737	23186694	22563487	623207	285770
河南	23718114	14957073	14699125	257948	153604
湖北	15678311	9990130	9670560	319570	102110
湖南	17035152	10828118	10391348	436770	235468
广东	67623029	43879716	41623329	2256386	523957
广西	12692088	8853236	8586214	267022	122411
海南	5411804	2917199	2769102	148097	77757
重庆	10534918	5635040	5187012	448028	322429
四川	29622433	17320888	16252062	1068826	573522
贵州	17035077	11099320	10084975	1014345	755545
云南	13782753	9495690	8988595	507095	348598
西藏	5426322	3984529	3288183	696346	573123
陕西	15858909	9763993	9489537	274456	167984
甘肃	9426774	6372080	6073061	299020	120027
青海	2281672	1233897	1078108	155789	120115
宁夏	2938482	1595925	1500988	94937	54942
新疆	14506335	11331030	10516972	814058	617800
大连	1823660	1315536	1270247	45289	2296
宁波	6434462	4254984	4201679	53305	23753
厦门	3769231	2409088	2221736	187351	35084
青岛	5296876	3545410	3434872	110538	12849
深圳	18908453	11846212	10645320	1200893	262966

(地方幼儿园)

单位：千元

公用部分	商品和服务支出	其他资本性支出			基本建设支出
			专项公用支出	专项项目支出	
190460513	**129930144**	**60530369**	**18926065**	**41604304**	**3222738**
7775705	6943838	831867	688779	143088	186716
2084320	1621055	463265	101253	362012	
6149806	4255816	1893990	620123	1273867	13229
4025559	2506625	1518933	367013	1151920	55747
3711842	2270818	1441023	487688	953335	88142
2296667	2023655	273012	139641	133371	5493
1466211	1039063	427147	149111	278036	11626
1297162	965237	331925	145641	186284	54884
8751607	6309463	2442145	775260	1666885	50872
10379209	7072010	3307199	1126525	2180675	1735
17259940	10822679	6437261	1448789	4988471	416104
7590918	4066403	3524515	1079588	2444927	86238
6604285	4378429	2225856	962029	1263827	36650
8279701	2343309	5936392	1441222	4495170	80530
10607353	7835906	2771447	880607	1890840	690
8713828	6165625	2548203	545263	2002940	47213
5688180	4114013	1574168	404024	1170143	
6186998	4664567	1522431	395249	1127181	20037
23365507	18286774	5078734	2554940	2523793	377805
3778047	2574963	1203084	396562	806522	60805
2491720	1667915	823805	327847	495958	2885
4811189	4008092	803097	271529	531568	88688
12152570	8200894	3951676	1114249	2837427	148975
5835904	3975818	1860086	635221	1224865	99853
4142781	3084590	1058191	251602	806589	144282
1245774	515591	730184	193442	536742	196019
5934520	3720968	2213552	610094	1603458	160396
2989064	1577398	1411666	275829	1135836	65630
859201	500618	358583	74914	283670	188574
1342557	874580	467977	156069	311907	
2642386	1543432	1098955	305960	792995	532919
508124	467819	40305	26366	13939	
2151978	1304851	847127	145382	701745	27500
1333534	1050386	283147	213870	69277	26610
1751465	1364047	387418	194900	192518	
6742721	5574012	1168709	867846	300863	319519

4-48 教育经费支出明细

地区	合计	个人部分	工资福利支出	对个人和家庭的补助支出	#助学金
合计	**218008411**	**144251242**	**137514157**	**6737085**	**4173094**
北京	3882516	2391775	2374046	17729	1484
天津	910106	670891	661536	9355	518
河北	11716310	8064540	7853019	211521	39358
山西	4234322	2619820	2513437	106383	66007
内蒙古	5779812	3660302	3525111	135191	50942
辽宁	1294374	904173	884394	19779	9085
吉林	1871483	1339594	1330944	8650	1787
黑龙江	1904454	1371057	1291450	79607	9772
上海	2463998	1861851	1821396	40455	8254
江苏	11038499	8004384	7811070	193315	93698
浙江	15467460	8932584	8725925	206660	71777
安徽	10714817	6574809	6274535	300275	120736
福建	7594898	5003482	4882336	121147	34509
江西	9969528	5113459	5000565	112894	80965
山东	13939993	9821378	9494264	327114	171018
河南	13431487	8574646	8417211	157435	131842
湖北	5647409	3618860	3477354	141506	81880
湖南	8999262	5655271	5405092	250178	159893
广东	13507973	8821960	8563507	258454	157968
广西	6980494	4924352	4762983	161369	97869
海南	2787534	1683554	1574454	109100	54763
重庆	3323340	1899391	1708486	190905	145883
四川	11460465	7112681	6484784	627897	411181
贵州	10644016	7616260	6830061	786199	619768
云南	7407440	5421696	5107617	314079	239994
西藏	3847194	2926038	2362931	563107	466152
陕西	6944534	4419641	4232802	186839	111698
甘肃	6290439	4568596	4387454	181142	34526
青海	1430831	716271	603378	112894	94737
宁夏	1326119	736607	678774	57833	40049
新疆	11197303	9221317	8473242	748075	564980
大连	152003	102290	101337	953	330
宁波	2085643	1265925	1248224	17702	8743
厦门	195735	104894	101668	3226	
青岛	703134	510678	477568	33110	1971
深圳					

（农村幼儿园）

单位：千元

公用部分	商品和服务支出	其他资本性支出			基本建设支出
			专项公用支出	专项项目支出	
72327168	**44551485**	**27775682**	**7121934**	**20653748**	**1430001**
1422649	1243116	179533	133393	46139	68092
239215	167128	72087	7210	64877	
3645472	2382613	1262859	343951	918908	6298
1596620	1043994	552626	159716	392910	17882
2070690	1176536	894154	241746	652408	48820
385207	328481	56726	30742	25984	4993
527910	372722	155187	57618	97569	3979
510830	372626	138204	52524	85680	22567
602147	497414	104733	96502	8231	
3034114	1941202	1092912	283748	809164	
6365546	3469608	2895938	455741	2440197	169330
4086788	2232271	1854517	466348	1388169	53220
2581376	1655803	925573	303174	622399	10040
4794676	1265651	3529025	861004	2668021	61394
4117924	2899002	1218922	353751	865171	690
4837628	3309848	1527780	283778	1244002	19213
2028548	1174809	853739	138983	714756	
3327985	2350348	977637	224101	753535	16007
4684972	3039797	1645175	684211	960964	1041
2033352	1340066	693286	215004	478282	22790
1101469	727917	373551	125542	248010	2512
1400476	1044229	356247	72157	284090	23474
4241863	2734343	1507520	329556	1177964	105921
3012962	2141381	871581	306821	564760	14794
1899390	1396208	503182	127657	375525	86353
762529	335608	426922	118412	308509	158627
2490756	1358585	1132170	241633	890538	34138
1691839	866939	824900	160816	664084	30004
560259	288514	271745	52231	219514	154301
589512	410703	178809	64330	114480	
1682464	984023	698441	129532	568909	293522
49714	41927	7787	5677	2110	
819718	378977	440741	49814	390927	
90841	77043	13798	10489	3308	
192456	129967	62489	26144	36345	

4-49 教育经费支出明细

地区	合计	个人部分	工资福利支出	对个人和家庭的补助支出	#助学金
合计	**217019801**	**143582049**	**136901621**	**6680428**	**4159980**
北京	3863011	2378097	2360368	17729	1484
天津	904120	667651	658296	9355	518
河北	11714538	8063054	7851533	211521	39358
山西	4231849	2617683	2511300	106383	66007
内蒙古	5779812	3660302	3525111	135191	50942
辽宁	1294374	904173	884394	19779	9085
吉林	1871483	1339594	1330944	8650	1787
黑龙江	1762502	1269056	1191256	77801	9319
上海	2463998	1861851	1821396	40455	8254
江苏	11038499	8004384	7811070	193315	93698
浙江	15467460	8932584	8725925	206660	71777
安徽	10714817	6574809	6274535	300275	120736
福建	7594898	5003482	4882336	121147	34509
江西	9969528	5113459	5000565	112894	80965
山东	13939993	9821378	9494264	327114	171018
河南	13429382	8572736	8415301	157435	131842
湖北	5646893	3618485	3476978	141506	81880
湖南	8998823	5654937	5404759	250177	159892
广东	13498134	8814265	8555995	258271	157785
广西	6980329	4924187	4762818	161369	97869
海南	2785927	1682176	1573077	109100	54763
重庆	3323340	1899391	1708486	190905	145883
四川	11460465	7112681	6484784	627897	411181
贵州	10644016	7616260	6830061	786199	619768
云南	7407440	5421696	5107617	314079	239994
西藏	3847194	2926038	2362931	563107	466152
陕西	6943139	4418418	4231581	186837	111696
甘肃	6275320	4555101	4374120	180981	34445
青海	1430831	716271	603378	112894	94737
宁夏	1326119	736607	678774	57833	40049
新疆	10411567	8701241	8007671	693571	552585
大连	152003	102290	101337	953	330
宁波	2085643	1265925	1248224	17702	8743
厦门	195735	104894	101668	3226	
青岛	703134	510678	477568	33110	1971
深圳					

(地方农村幼儿园)

单位：千元

公用部分	商品和服务支出	其他资本性支出	专项公用支出	专项项目支出	基本建设支出
72032344	**44330370**	**27701974**	**7092857**	**20609117**	**1405408**
1416821	1239194	177628	133219	44409	68092
236469	164872	71597	7040	64557	
3645187	2382330	1262857	343949	918908	6298
1596285	1043659	552626	159716	392910	17882
2070690	1176536	894154	241746	652408	48820
385207	328481	56726	30742	25984	4993
527910	372722	155187	57618	97569	3979
470878	335297	135582	51086	84496	22567
602147	497414	104733	96502	8231	
3034114	1941202	1092912	283748	809164	
6365546	3469608	2895938	455741	2440197	169330
4086788	2232271	1854517	466348	1388169	53220
2581376	1655803	925573	303174	622399	10040
4794676	1265651	3529025	861004	2668021	61394
4117924	2899002	1218922	353751	865171	690
4837433	3309680	1527752	283750	1244002	19213
2028408	1174669	853739	138983	714756	
3327880	2350282	977598	224063	753535	16007
4682828	3037872	1644957	684076	960881	1041
2033352	1340066	693286	215004	478282	22790
1101239	727747	373491	125482	248010	2512
1400476	1044229	356247	72157	284090	23474
4241863	2734343	1507520	329556	1177964	105921
3012962	2141381	871581	306821	564760	14794
1899390	1396208	503182	127657	375525	86353
762529	335608	426922	118412	308509	158627
2490582	1358412	1132170	241633	890538	34138
1690216	865809	824407	160519	663887	30004
560259	288514	271745	52231	219514	154301
589512	410703	178809	64330	114480	
1441396	810807	630589	102798	527791	268929
49714	41927	7787	5677	2110	
819718	378977	440741	49814	390927	
90841	77043	13798	10489	3308	
192456	129967	62489	26144	36345	

4-50 教育经费支出明细

地区	合计	个人部分	工资福利支出	对个人和家庭的补助支出	#助学金
合计	**43362922**	**24716982**	**20077781**	**4639201**	
北京	1162293	755441	677953	77487	
天津	365076	295692	275791	19902	
河北	934706	646726	511795	134931	
山西	1269055	855996	738807	117189	
内蒙古	865610	527498	431993	95505	
辽宁	807030	525352	421524	103828	
吉林	496587	269160	233122	36038	
黑龙江	1932579	922508	584170	338338	
上海	463318	363725	326456	37269	
江苏	2128438	1355909	1034959	320950	
浙江	2355176	1131408	964241	167168	
安徽	1805421	925948	713515	212433	
福建	1243267	620822	419122	201699	
江西	1041581	444079	369122	74958	
山东	2868204	2281616	2009825	271791	
河南	1417713	834751	658702	176049	
湖北	1619199	952679	766917	185761	
湖南	2688609	1687004	1486658	200346	
广东	4651189	2218686	1685936	532750	
广西	648181	379659	326835	52824	
海南	457287	219475	199010	20465	
重庆	1689077	383364	271832	111533	
四川	2712436	1545917	1123511	422405	
贵州	1419711	835042	676256	158786	
云南	1386708	830610	729014	101597	
西藏	843881	515222	459657	55565	
陕西	1424569	539217	442418	96799	
甘肃	681146	451331	381396	69935	
青海	256088	181464	144868	36596	
宁夏	275041	182286	163073	19213	
新疆	1453746	1038395	849304	189090	
大连	147503	100374	86530	13844	
宁波	147093	110993	100465	10529	
厦门	260690	61484	47471	14013	
青岛	372905	296139	274599	21541	
深圳	952728	326948	200341	126607	

（教育行政单位）

单位：千元

公用部分	商品和服务支出	其他资本性支出	专项公用支出	专项项目支出	基本建设支出
18391072	**14691742**	**3699330**	**1440092**	**2259238**	**254868**
406211	397751	8459	7717	743	642
69384	67480	1904	1675	229	
287980	251290	36691	20749	15941	
413059	318369	94690	51252	43438	
336457	291696	44761	23092	21669	1655
279956	240746	39211	15397	23814	1721
227427	167080	60347	12217	48130	
935752	438699	497053	158535	338518	74319
99594	95840	3753	1256	2497	
772529	661402	111127	103089	8038	
1223768	1050671	173097	80378	92718	
879472	730256	149216	80165	69051	
573598	488268	85330	48133	37197	48848
597502	345220	252282	52671	199611	
586589	528811	57778	45497	12280	
582962	549557	33404	20471	12934	
666521	588807	77714	32771	44943	
994445	816939	177506	81959	95546	7161
2399708	2140623	259085	149165	109920	32795
268523	244321	24202	19115	5087	
237812	206604	31208	27903	3305	
1265512	524044	741468	77000	664468	40200
1153967	1028462	125505	56201	69304	12552
580199	535038	45161	37319	7842	4470
542926	436466	106461	60245	46215	13171
322475	238183	84291	52294	31997	6185
875952	583955	291997	68191	223806	9400
229814	205893	23921	16925	6996	
74624	65710	8914	6726	2188	
92754	80546	12208	5483	6725	
413602	373015	40587	26500	14087	1750
47129	43417	3712	799	2913	
36100	34897	1203	1203		
150598	147658	2940	2940		48608
76766	69977	6789	2376	4413	
598983	582661	16322	15058	1265	26797

4-51 教育经费支出明细

地 区	合 计				
		个人部分			
			工资福利支 出	对个人和家庭的补助支出	
					#助学金
合 计	**42853693**	**24472022**	**19885938**	**4586083**	
北 京	778729	564738	518101	46637	
天 津	365076	295692	275791	19902	
河 北	934706	646726	511795	134931	
山 西	1269055	855996	738807	117189	
内蒙古	865610	527498	431993	95505	
辽 宁	807030	525352	421524	103828	
吉 林	496587	269160	233122	36038	
黑龙江	1932579	922508	584170	338338	
上 海	463318	363725	326456	37269	
江 苏	2128438	1355909	1034959	320950	
浙 江	2355176	1131408	964241	167168	
安 徽	1805421	925948	713515	212433	
福 建	1243267	620822	419122	201699	
江 西	1041581	444079	369122	74958	
山 东	2868204	2281616	2009825	271791	
河 南	1417713	834751	658702	176049	
湖 北	1619199	952679	766917	185761	
湖 南	2688609	1687004	1486658	200346	
广 东	4651189	2218686	1685936	532750	
广 西	648181	379659	326835	52824	
海 南	457287	219475	199010	20465	
重 庆	1689077	383364	271832	111533	
四 川	2712436	1545917	1123511	422405	
贵 州	1419711	835042	676256	158786	
云 南	1386708	830610	729014	101597	
西 藏	843881	515222	459657	55565	
陕 西	1424569	539217	442418	96799	
甘 肃	681146	451331	381396	69935	
青 海	256088	181464	144868	36596	
宁 夏	275041	182286	163073	19213	
新 疆	1328081	984137	817315	166823	
大 连	147503	100374	86530	13844	
宁 波	147093	110993	100465	10529	
厦 门	260690	61484	47471	14013	
青 岛	372905	296139	274599	21541	
深 圳	952728	326948	200341	126607	

（地方教育行政单位）

单位：千元

公用部分	商品和服务支出	其他资本性支出			基本建设支出
			专项公用支出	专项项目支出	
18126804	**14432220**	**3694583**	**1435444**	**2259139**	**254868**
213349	208120	5230	4487	743	642
69384	67480	1904	1675	229	
287980	251290	36691	20749	15941	
413059	318369	94690	51252	43438	
336457	291696	44761	23092	21669	1655
279956	240746	39211	15397	23814	1721
227427	167080	60347	12217	48130	
935752	438699	497053	158535	338518	74319
99594	95840	3753	1256	2497	
772529	661402	111127	103089	8038	
1223768	1050671	173097	80378	92718	
879472	730256	149216	80165	69051	
573598	488268	85330	48133	37197	48848
597502	345220	252282	52671	199611	
586589	528811	57778	45497	12280	
582962	549557	33404	20471	12934	
666521	588807	77714	32771	44943	
994445	816939	177506	81959	95546	7161
2399708	2140623	259085	149165	109920	32795
268523	244321	24202	19115	5087	
237812	206604	31208	27903	3305	
1265512	524044	741468	77000	664468	40200
1153967	1028462	125505	56201	69304	12552
580199	535038	45161	37319	7842	4470
542926	436466	106461	60245	46215	13171
322475	238183	84291	52294	31997	6185
875952	583955	291997	68191	223806	9400
229814	205893	23921	16925	6996	
74624	65710	8914	6726	2188	
92754	80546	12208	5483	6725	
342194	303124	39069	25082	13988	1750
47129	43417	3712	799	2913	
36100	34897	1203	1203		
150598	147658	2940	2940		48608
76766	69977	6789	2376	4413	
598983	582661	16322	15058	1265	26797

4-52 教育经费支出明细

地区	合计	个人部分	工资福利支出	对个人和家庭的补助支出	#助学金
合计	**95174575**	**51920357**	**46307612**	**5612745**	
北京	14848358	5270274	4993050	277224	
天津	1642781	1101721	1043621	58101	
河北	3218781	2131644	1845084	286560	
山西	2822850	1861967	1673564	188403	
内蒙古	2766372	1816964	1679293	137671	
辽宁	2891985	2034988	1897977	137010	
吉林	1408297	841717	762310	79407	
黑龙江	1284461	840089	673127	166962	
上海	6443739	3389772	3130649	259123	
江苏	5926017	3627267	3128077	499190	
浙江	6706779	3450625	3116595	334030	
安徽	1755850	947026	800296	146730	
福建	3506117	1823409	1606945	216463	
江西	2013207	1257981	1136680	121301	
山东	3775199	2297530	2030159	267371	
河南	3272676	1973238	1744104	229134	
湖北	3152472	2041633	1701734	339898	
湖南	1385828	840679	745450	95229	
广东	7124906	3469252	2915786	553467	
广西	2076412	1165593	1069937	95656	
海南	601118	272630	267062	5568	
重庆	2089100	710048	581538	128510	
四川	4605790	2621724	2327478	294246	
贵州	1179324	724670	640913	83758	
云南	1875982	1194057	1111755	82301	
西藏	869967	521756	426185	95571	
陕西	2497424	1363038	1245619	117419	
甘肃	1321071	895204	811792	83412	
青海	669280	496179	406969	89210	
宁夏	342640	230640	215618	15021	
新疆	1099790	707044	578245	128799	
大连	485040	276926	266033	10893	
宁波	751710	445227	411774	33453	
厦门	520790	307536	260510	47026	
青岛	504159	339929	309040	30889	
深圳	1605437	544383	468643	75740	

(教育事业单位)

单位：千元

公用部分					基本建设支出
	商品和服务支出	其他资本性支出			
			专项公用支出	专项项目支出	
42666247	**35271714**	**7394533**	**3871141**	**3523392**	**587972**
9491112	9132882	358230	326114	32116	86971
541060	492417	48643	14849	33794	
1086350	901161	185189	95056	90133	787
940531	790724	149808	95221	54587	20351
946441	578406	368035	224327	143708	2968
848763	749855	98908	73229	25680	8234
565445	393100	172345	87756	84589	1135
444372	325171	119202	71628	47574	
2724854	2292784	432071	256173	175897	329113
2298751	1952451	346300	165998	180301	
3250689	2324494	926195	283371	642824	5464
808823	612385	196438	86065	110374	
1657819	1366172	291646	91404	200242	24890
751508	610625	140884	85560	55324	3718
1477669	1181086	296583	84502	212081	
1296442	1131439	165003	127197	37806	2996
1110839	942073	168767	64945	103822	
545149	448291	96858	83854	13005	
3629510	2801588	827922	379912	448011	26143
906571	698117	208453	46787	161666	4249
328487	296809	31678	30741	938	
1375240	714510	660730	469513	191217	3813
1982054	1621197	360857	176319	184539	2012
454654	412017	42637	28987	13650	
680175	483305	196871	93289	103582	1750
336615	260094	76521	42509	34012	11597
1094148	854132	240016	160079	79937	40238
425867	316178	109689	73815	35874	
173101	132375	40726	21808	18918	
112000	101695	10305	9108	1197	
381204	354183	27022	21026	5995	11542
207709	192857	14852	14045	807	405
306483	275487	30995	22145	8851	
203334	170491	32843	13208	19635	9920
164231	145858	18372	5939	12434	
1038929	959484	79445	73527	5919	22125

4-53 教育经费支出明细

地区	合计	个人部分	工资福利支出	对个人和家庭的补助支出	#助学金
合计	**86406031**	**50613461**	**45059688**	**5553773**	
北京	6236133	4060169	3827558	232611	
天津	1642781	1101721	1043621	58101	
河北	3218781	2131644	1845084	286560	
山西	2822850	1861967	1673564	188403	
内蒙古	2766372	1816964	1679293	137671	
辽宁	2891985	2034988	1897977	137010	
吉林	1408297	841717	762310	79407	
黑龙江	1284461	840089	673127	166962	
上海	6443739	3389772	3130649	259123	
江苏	5926017	3627267	3128077	499190	
浙江	6706779	3450625	3116595	334030	
安徽	1755850	947026	800296	146730	
福建	3506117	1823409	1606945	216463	
江西	2013207	1257981	1136680	121301	
山东	3775199	2297530	2030159	267371	
河南	3272676	1973238	1744104	229134	
湖北	3152472	2041633	1701734	339898	
湖南	1385828	840679	745450	95229	
广东	7124906	3469252	2915786	553467	
广西	2076412	1165593	1069937	95656	
海南	601118	272630	267062	5568	
重庆	2089100	710048	581538	128510	
四川	4605790	2621724	2327478	294246	
贵州	1179324	724670	640913	83758	
云南	1875982	1194057	1111755	82301	
西藏	869967	521756	426185	95571	
陕西	2497424	1363038	1245619	117419	
甘肃	1321071	895204	811792	83412	
青海	669280	496179	406969	89210	
宁夏	342640	230640	215618	15021	
新疆	943472	610253	495813	114440	
大连	485040	276926	266033	10893	
宁波	751710	445227	411774	33453	
厦门	520790	307536	260510	47026	
青岛	504159	339929	309040	30889	
深圳	1605437	544383	468643	75740	

（地方教育事业单位）

单位：千元

公用部分					基本建设支出
	商品和服务支出	其他资本性支出			
			专项公用支出	专项项目支出	
35207039	**27947705**	**7259335**	**3738037**	**3521297**	**585531**
2089615	1857589	232026	199917	32108	86349
541060	492417	48643	14849	33794	
1086350	901161	185189	95056	90133	787
940531	790724	149808	95221	54587	20351
946441	578406	368035	224327	143708	2968
848763	749855	98908	73229	25680	8234
565445	393100	172345	87756	84589	1135
444372	325171	119202	71628	47574	
2724854	2292784	432071	256173	175897	329113
2298751	1952451	346300	165998	180301	
3250689	2324494	926195	283371	642824	5464
808823	612385	196438	86065	110374	
1657819	1366172	291646	91404	200242	24890
751508	610625	140884	85560	55324	3718
1477669	1181086	296583	84502	212081	
1296442	1131439	165003	127197	37806	2996
1110839	942073	168767	64945	103822	
545149	448291	96858	83854	13005	
3629510	2801588	827922	379912	448011	26143
906571	698117	208453	46787	161666	4249
328487	296809	31678	30741	938	
1375240	714510	660730	469513	191217	3813
1982054	1621197	360857	176319	184539	2012
454654	412017	42637	28987	13650	
680175	483305	196871	93289	103582	1750
336615	260094	76521	42509	34012	11597
1094148	854132	240016	160079	79937	40238
425867	316178	109689	73815	35874	
173101	132375	40726	21808	18918	
112000	101695	10305	9108	1197	
323495	305467	18028	14120	3909	9723
207709	192857	14852	14045	807	405
306483	275487	30995	22145	8851	
203334	170491	32843	13208	19635	9920
164231	145858	18372	5939	12434	
1038929	959484	79445	73527	5919	22125

4-54 教育经费支出明细

地 区	合 计	个人部分	工资福利支出	对个人和家庭的补助支出	#助学金
合 计	**54425033**	**21928145**	**19228237**	**2699908**	**46068**
北 京	3051583	1071043	921755	149288	17173
天 津	472019	316292	297724	18567	
河 北	1800861	905754	757664	148090	
山 西	1722993	616221	551785	64436	
内蒙古	1368091	587037	535966	51071	
辽 宁	1190292	689916	594515	95401	
吉 林	872861	422089	382399	39691	988
黑龙江	862901	558034	458525	99509	3036
上 海	1930973	596941	532460	64481	9174
江 苏	2585256	1334554	1141501	193053	2464
浙 江	3275727	1108582	933903	174679	1279
安 徽	2185278	909888	770779	139109	
福 建	2097441	732615	643677	88938	3796
江 西	2025015	604796	557547	47249	
山 东	3254404	1535809	1379752	156058	
河 南	2472530	957648	832535	125113	
湖 北	2576024	762942	652072	110870	796
湖 南	1532935	741548	652975	88573	2747
广 东	3621326	1441926	1189582	252344	2388
广 西	1344905	524667	482843	41823	
海 南	799947	114265	112114	2150	
重 庆	692498	362073	305825	56248	507
四 川	3416728	1261540	1087801	173739	1720
贵 州	1827195	667380	574670	92710	
云 南	1478177	727682	679999	47683	
西 藏	384537	214081	208583	5498	
陕 西	1044294	401586	384588	16998	
甘 肃	1015021	513175	473554	39620	
青 海	734843	303222	268275	34946	
宁 夏	355372	167498	153829	13669	
新 疆	2433005	777343	709040	68303	
大 连	139492	86066	68349	17717	
宁 波	244532	120833	112367	8466	
厦 门	135565	77329	64756	12573	
青 岛	356808	174388	156173	18215	
深 圳	680999	188548	160429	28119	

(其他教育机构)

单位：千元

公用部分	商品和服务支出	其他资本性支出			基本建设支出
			专项公用支出	专项项目支出	
27360475	**17214416**	**10146059**	**1907106**	**8238953**	**5136413**
1977336	1855389	121948	80085	41863	3204
127228	125219	2009	1448	561	28500
683244	321333	361911	67419	294492	211863
1041449	430527	610922	118400	492523	65323
526663	325350	201313	73061	128252	254391
387346	328791	58555	22959	35596	113030
332064	246158	85906	22019	63887	118707
299803	242917	56887	26221	30666	5064
1219432	1123690	95742	59076	36666	114601
1250702	855654	395049	58328	336721	
2132296	1072304	1059993	83783	976210	34849
843613	564190	279423	76969	202453	431777
1274146	532963	741183	86556	654627	90680
775242	353806	421437	143422	278014	644977
1667595	1065374	602221	125010	477212	51000
1351529	860095	491435	131761	359674	163353
1813083	539461	1273621	37933	1235689	
770573	477726	292847	70259	222589	20814
1229889	1056869	173019	55903	117116	949511
783939	398278	385661	47163	338498	36300
581310	272104	309206	21087	288119	104372
289365	276155	13211	6222	6988	41060
1944032	1165115	778917	148594	630323	211157
998688	836303	162385	46931	115454	161128
600999	341389	259610	57989	201621	149496
121279	103396	17883	15458	2425	49177
594073	417086	176987	36306	140681	48635
450190	291611	158579	32066	126513	51656
303357	182712	120645	45725	74919	128264
187874	117563	70311	16515	53796	
802136	434889	367247	92439	274808	853526
52380	45539	6841	6661	180	1045
123699	111756	11944	7132	4812	
58236	38210	20026	11624	8402	
182420	76534	105887	3737	102149	
302092	289448	12644	12627	17	190359

4-55 教育经费支出明细

地区	合计	个人部分	工资福利支出	对个人和家庭的补助支出	#助学金
合计	**50939287**	**20965312**	**18427312**	**2538000**	**18771**
北京	1034433	466458	437810	28648	896
天津	468614	316292	297724	18567	
河北	1799024	905754	757664	148090	
山西	1720317	616221	551785	64436	
内蒙古	1368091	587037	535966	51071	
辽宁	1184750	689916	594515	95401	
吉林	871991	422089	382399	39691	988
黑龙江	841365	546758	454825	91933	3036
上海	1409825	469904	413207	56697	1949
江苏	2518859	1334554	1141501	193053	2464
浙江	3267277	1108582	933903	174679	1279
安徽	2184702	909888	770779	139109	
福建	1896078	672726	588614	84111	
江西	2024727	604796	557547	47249	
山东	3244191	1535809	1379752	156058	
河南	2466926	957648	832535	125113	
湖北	2557400	762942	652072	110870	796
湖南	1529447	741548	652975	88573	2747
广东	3621326	1441926	1189582	252344	2388
广西	1344905	524667	482843	41823	
海南	799947	114265	112114	2150	
重庆	692498	362073	305825	56248	507
四川	3384133	1261540	1087801	173739	1720
贵州	1823057	667380	574670	92710	
云南	1444277	727682	679999	47683	
西藏	384537	214081	208583	5498	
陕西	1016919	401586	384588	16998	
甘肃	1012091	513175	473554	39620	
青海	734843	303222	268275	34946	
宁夏	355372	167498	153829	13669	
新疆	1937366	617296	570075	47222	
大连	139492	86066	68349	17717	
宁波	244532	120833	112367	8466	
厦门	135565	77329	64756	12573	
青岛	356808	174388	156173	18215	
深圳	680999	188548	160429	28119	

(地方其他教育机构)

单位：千元

公用部分	商品和服务支出	其他资本性支出			基本建设支出
			专项公用支出	专项项目支出	
24983676	**15045220**	**9938455**	**1812764**	**8125692**	**4990300**
564771	538981	25790	22480	3310	3204
123823	121813	2009	1448	561	28500
681407	319496	361911	67419	294492	211863
1038773	427851	610922	118400	492523	65323
526663	325350	201313	73061	128252	254391
381804	323249	58555	22959	35596	113030
331194	245288	85906	22019	63887	118707
289543	232656	56887	26221	30666	5064
825320	761134	64186	35303	28883	114601
1184305	789257	395049	58328	336721	
2123846	1063854	1059993	83783	976210	34849
843037	563614	279423	76969	202453	431777
1132673	393833	738840	85408	653432	90680
774954	353518	421437	143422	278014	644977
1657382	1055161	602221	125010	477212	51000
1345925	854491	491435	131761	359674	163353
1794459	520837	1273621	37933	1235689	
767085	474238	292847	70259	222589	20814
1229889	1056869	173019	55903	117116	949511
783939	398278	385661	47163	338498	36300
581310	272104	309206	21087	288119	104372
289365	276155	13211	6222	6988	41060
1911436	1132520	778917	148594	630323	211157
994549	832164	162385	46931	115454	161128
567099	307489	259610	57989	201621	149496
121279	103396	17883	15458	2425	49177
566698	389711	176987	36306	140681	48635
447260	288681	158579	32066	126513	51656
303357	182712	120645	45725	74919	128264
187874	117563	70311	16515	53796	
612657	322957	289699	80622	209077	707413
52380	45539	6841	6661	180	1045
123699	111756	11944	7132	4812	
58236	38210	20026	11624	8402	
182420	76534	105887	3737	102149	
302092	289448	12644	12627	17	190359

第五部分

各地区各级各类教育机构财政补助支出明细

5-1 财政补助支出明细

地区	合计	个人部分			
			工资福利支出	对个人和家庭的补助支出	
					#助学金
合计	**4872111165**	**3331176179**	**2922808051**	**408368128**	**206542613**
北京	205434842	132857481	113451355	19406126	14630106
天津	63522982	45435020	42427865	3007155	1768407
河北	205149579	144071707	124992801	19078907	7414484
山西	108338929	72258732	64197403	8061328	3714342
内蒙古	93859173	64483579	57482890	7000689	3680069
辽宁	98753094	72506811	64261113	8245698	4036405
吉林	71474648	48246306	43891567	4354739	2487545
黑龙江	81395405	62177840	51031605	11146235	3347066
上海	170391985	103302431	93505196	9797235	4889190
江苏	331899115	237843334	213078368	24764966	9232190
浙江	276729808	176611524	162253074	14358450	7335483
安徽	185183064	121794957	101569109	20225848	7222928
福建	151282731	105801253	95095209	10706044	3459518
江西	158211871	93888256	84440022	9448234	5515097
山东	308597964	228411504	207113864	21297640	7582137
河南	233935089	156560588	138546088	18014500	11439828
湖北	175035472	120226232	104057960	16168272	7393541
湖南	175944431	121832756	105502784	16329972	8291865
广东	479942833	325057484	283665727	41391757	13556226
广西	142843600	104671646	91215066	13456580	8942982
海南	46076531	28248942	25770848	2478094	1782497
重庆	117154473	76962753	65477647	11485107	5184350
四川	240000682	165055754	139833277	25222477	14352310
贵州	143266642	99934881	82152554	17782327	10489384
云南	145800757	112339315	97076038	15263276	11662743
西藏	39639122	27539781	22232064	5307716	4457761
陕西	135758485	83275544	73290305	9985240	7125111
甘肃	91028118	63707194	56161389	7545805	4686733
青海	30546047	20397383	17481569	2915813	1520244
宁夏	29399904	19471444	17597979	1873464	1075880
新疆	135513786	96203747	83955314	12248433	8266190
大连	15063249	11664864	10743460	921404	152387
宁波	35299275	23615713	22051028	1564685	652790
厦门	24645014	16423067	14552507	1870561	166747
青岛	37120385	26681246	24337671	2343575	457883
深圳	116005200	58525687	50376930	8148757	2782241

(各级各类教育机构)

单位：千元

公用部分	商品和服务支出	其他资本性支出	专项公用支出	专项项目支出	基本建设支出
1439482153	**764473005**	**675009148**	**227977147**	**447032001**	**101452833**
64503745	49606436	14897309	10780728	4116581	8073615
17201087	8624832	8576255	2258939	6317316	886875
59571773	27901418	31670356	10342161	21328194	1506098
34709850	17563101	17146748	6500098	10646650	1370348
27749886	13987023	13762863	5290941	8471922	1625709
24387342	17679569	6707773	3924850	2782923	1858940
22131861	12287963	9843898	3761424	6082474	1096481
17795584	11507878	6287706	2816435	3471270	1421981
59857187	41657249	18199938	8814303	9385635	7232367
93290618	50191620	43098998	12167537	30931461	765163
93548519	48821807	44726712	11619363	33107349	6569764
60001091	27636565	32364526	10291240	22073286	3387016
44231935	21953438	22278497	7887093	14391404	1249542
61136102	16498869	44637233	11022058	33615175	3187513
79302322	35815095	43487227	11692374	31794853	884139
74274027	36244567	38029460	10981465	27047994	3100474
54122956	27569485	26553472	7665775	18887697	686284
53081536	29748189	23333347	7950259	15383088	1030139
127110771	80594320	46516451	23029364	23487087	27774578
37337439	18201156	19136283	7783963	11352319	834515
16483016	7608163	8874853	3662150	5212703	1344573
35740630	22837745	12902885	5351693	7551192	4451090
72604278	40414028	32190250	9283336	22906915	2340649
41846316	17151012	24695304	7177561	17517743	1485444
32010805	16627630	15383175	3726566	11656609	1450637
10490589	4525486	5965103	1961718	4003385	1608752
49543329	26459406	23083923	7381883	15702040	2939612
26199861	11237813	14962047	3622831	11339216	1121064
8712099	3311236	5400863	1655153	3745711	1436565
9767891	4553579	5214311	1982541	3231771	160570
30737706	15656325	15081381	5591345	9490036	8572334
3115868	2361055	754814	347678	407136	282516
11301186	5182835	6118351	1318040	4800311	382377
7756526	4836165	2920361	1528672	1391689	465420
10439138	5212704	5226434	1867372	3359062	
34001707	26445543	7556164	6744426	811738	23477805

5-2 财政补助支出明细

地 区	合 计	个人部分	工资福利支出	对个人和家庭的补助支出	#助学金
合 计	**4617303326**	**3183766067**	**2810054571**	**373711496**	**176880814**
北 京	137191147	94232337	88914124	5318212	1630504
天 津	58006876	41940511	39479071	2461439	1261637
河 北	202944368	142585542	123691007	18894534	7295909
山 西	108332482	72254961	64194407	8060554	3714342
内蒙古	93859167	64483573	57482890	7000683	3680063
辽 宁	91794603	68301034	60952481	7348553	3234660
吉 林	64848787	44410639	40825552	3585087	1841137
黑龙江	74759200	58154614	47986779	10167834	2622842
上 海	146149147	90866789	83065008	7801781	2984335
江 苏	314701714	227823920	205176171	22647749	7471999
浙 江	270955061	172804940	159321292	13483648	6576281
安 徽	180077777	118456807	99009610	19447197	6610618
福 建	146798775	103057359	93019956	10037404	2868090
江 西	158211560	93888256	84440022	9448234	5515097
山 东	301991492	224166988	203725477	20441511	6962990
河 南	233548334	156421427	138424651	17996776	11436157
湖 北	155968166	108128357	94375544	13752813	5293671
湖 南	169679105	118494773	102867597	15627176	7687262
广 东	467766297	317770253	277606424	40163830	12479053
广 西	142843600	104671646	91215066	13456580	8942982
海 南	46071894	28248567	25770473	2478094	1782497
重 庆	111899521	73392162	62536338	10855824	4659839
四 川	226564029	157707997	133537016	24170981	13430703
贵 州	143262503	99934881	82152554	17782327	10489384
云 南	145766656	112339314	97076038	15263276	11662742
西 藏	39639122	27539781	22232064	5307716	4457761
陕 西	120382554	74727322	66474572	8252749	5701865
甘 肃	87698930	61433281	54299508	7133773	4457102
青 海	30546047	20397383	17481569	2915813	1520244
宁 夏	28631307	18964328	17171995	1792333	1006652
新 疆	116413107	86166327	75549314	10617013	7602395
大 连	15061233	11663156	10741752	921404	152387
宁 波	35299275	23615713	22051028	1564685	652790
厦 门	24645014	16423067	14552507	1870561	166747
青 岛	37120385	26681246	24337671	2343575	457883
深 圳	115438635	58169952	50021459	8148493	2782241

(地方各级各类教育机构)

单位：千元

公用部分	商品和服务支出	其他资本性支出	专项公用支出	专项项目支出	基本建设支出
1343291651	**693722676**	**649568975**	**211190660**	**438378315**	**90245608**
37808332	28021185	9787147	6900677	2886470	5150478
15420336	7473806	7946529	1811248	6135281	646030
58895023	27406587	31488436	10171999	21316437	1463803
34707174	17560425	17146748	6500098	10646650	1370348
27749886	13987023	13762863	5290941	8471922	1625709
22024460	15826003	6198458	3522924	2675534	1469109
19387102	9982324	9404778	3369522	6035256	1051046
15421536	9950081	5471455	2384125	3087330	1183051
48879128	33122880	15756248	6766746	8989501	6403231
86537789	45010551	41527238	10782790	30744448	340006
91757751	47519049	44238702	11245752	32992949	6392370
58424097	26556617	31867480	9848939	22018542	3196872
42703463	20869359	21834104	7556541	14277564	1037952
61135791	16498558	44637233	11022058	33615175	3187513
77102995	34165744	42937251	11232070	31705180	721509
74112378	36137299	37975079	10927085	27047994	3014529
47697655	22716223	24981432	6403042	18578391	142154
50290285	27287076	23003209	7664860	15338349	894047
122411505	77175006	45236499	22041810	23194689	27584538
37337439	18201156	19136283	7783963	11352319	834515
16478755	7607229	8871526	3661972	5209554	1344573
34168826	21563210	12605616	5056063	7549553	4338533
66820483	37650710	29169773	8606174	20563599	2035548
41842178	17146873	24695304	7177561	17517743	1485444
31976705	16593574	15383131	3726522	11656609	1450637
10490589	4525486	5965103	1961718	4003385	1608752
43310526	21762179	21548347	6428921	15119426	2344706
25286898	10592687	14694211	3449454	11244757	978751
8712099	3311236	5400863	1655153	3745711	1436565
9506409	4388953	5117456	1928607	3188849	160570
24894058	13113587	11780471	4311325	7469146	5352721
3115560	2360746	754814	347678	407136	282516
11301186	5182835	6118351	1318040	4800311	382377
7756526	4836165	2920361	1528672	1391689	465420
10439138	5212704	5226434	1867372	3359062	
33790879	26374242	7416637	6604899	811738	23477805

5-3 财政补助支出明细

地区	合计	个人部分	工资福利支出	对个人和家庭的补助支出	#助学金
合计	**985278709**	**551381094**	**423795423**	**127585671**	**94944362**
北京	82495397	50160443	34248727	15911716	14206222
天津	21496245	11112872	9356163	1756709	1512170
河北	31050084	19175667	14082384	5093283	2850612
山西	22767628	12439710	9594176	2845534	1871281
内蒙古	17167857	9787696	7549840	2237856	1680386
辽宁	29437021	16687986	12566395	4121592	3041100
吉林	20774898	10063287	7716599	2346688	1840550
黑龙江	21133734	13405227	10003679	3401548	2325284
上海	54779959	26781386	22449765	4331620	3370560
江苏	67538096	39659102	31771457	7887645	5473280
浙江	48931703	27860677	22466900	5393776	3616823
安徽	30889049	17287214	11720029	5567185	3208931
福建	23250443	13480932	10200687	3280245	2035409
江西	26659342	14807608	11709654	3097954	2621093
山东	51852104	34647736	29035019	5612717	3810785
河南	43081223	21492151	16319262	5172889	4334080
湖北	45091109	27731315	21975490	5755825	4615834
湖南	32069381	18788443	14279404	4509039	3067277
广东	87528411	48051638	38044569	10007069	5666671
广西	20987732	10096465	6548463	3548002	3053006
海南	9460850	3433763	2473141	960622	728393
重庆	22043422	11180341	8193904	2986437	2651074
四川	43118231	25021799	19485020	5536779	4508441
贵州	23896536	11864246	8425138	3439108	2373520
云南	21950417	12504338	9821386	2682952	2394284
西藏	3406831	1798152	1372358	425794	385180
陕西	34612606	18162515	13910215	4252300	3684090
甘肃	17151495	8753913	6683320	2070593	1700642
青海	4609980	2048049	1602277	445773	235872
宁夏	4848902	2693167	2009070	684097	411866
新疆	21198025	10403257	8180931	2222325	1669645
大连	1367675	949391	539997	409394	71530
宁波	3951842	2064751	1685039	379712	203855
厦门	2024604	1078831	739648	339183	59922
青岛	2355038	625025	397902	227123	186407
深圳	25528118	9554731	8059794	1494937	852844

(高等学校)

单位：千元

公用部分	商品和服务支出	其他资本性支出	专项公用支出	专项项目支出	基本建设支出
394609535	**226680863**	**167928672**	**83940948**	**83987724**	**39288081**
28425277	21702285	6722993	5205549	1517444	3909677
9696663	3465821	6230842	1628094	4602748	686710
11027155	5871512	5155643	2868075	2287568	847263
9697670	4690625	5007044	2627217	2379827	630248
6964311	3736178	3228134	1717407	1510727	415849
11359675	8106899	3252777	2695098	557679	1389360
10035110	6196398	3838712	2264512	1574200	676501
7051501	4737548	2313953	1227094	1086859	677006
21877432	16581181	5296250	4095586	1200665	6121142
27288036	18618395	8669641	4612641	4057000	590958
19932860	10764177	9168683	3793490	5375193	1138166
12629114	6623134	6005980	2408217	3597763	972720
9243895	5525149	3718746	2139101	1579645	525616
11123717	5044441	6079276	1933411	4145866	728017
16389529	7426863	8962666	3847184	5115482	814839
20472717	11139224	9333493	4748300	4585193	1116355
16673510	9431220	7242289	4191050	3051239	686284
12769616	7462630	5306987	2808968	2498019	511322
32141133	19826616	12314517	8579765	3734752	7335640
10589791	4539231	6050560	3425447	2625113	301476
4927696	1926882	3000814	1485913	1514901	1099390
9262609	5857822	3404788	2203417	1201371	1600472
17247548	8414739	8832809	2348981	6483828	848885
11476169	3487489	7988680	2109128	5879552	556121
9103601	4591486	4512115	1855241	2656874	342478
1493886	750808	743079	441086	301992	114793
15213425	10453427	4759998	2244256	2515743	1236665
8046844	4003600	4043244	1599792	2443452	350737
2323875	647989	1675886	558031	1117855	238056
2060735	1267801	792934	466724	326209	95000
8064434	3789295	4275139	1812173	2462967	2730334
283892	170910	112982	73614	39368	134392
1887091	792519	1094572	305323	789249	
945773	556430	389343	129466	259877	
1730013	263268	1466745	144103	1322642	
9562246	6479858	3082388	3037105	45283	6411141

5-4 财政补助支出明细

地区	合计	个人部分	工资福利支出	对个人和家庭的补助支出	#助学金
合计	**754293824**	**416858140**	**322498579**	**94359562**	**65745264**
北京	22570716	14512101	12539150	1972950	1226186
天津	16022661	7647384	6435227	1212158	1005760
河北	28856015	17697655	12788372	4909283	2732037
山西	22767628	12439710	9594176	2845534	1871281
内蒙古	17167857	9787696	7549840	2237856	1680386
辽宁	22486088	12483917	9259470	3224446	2239354
吉林	14435707	6449876	4871105	1578771	1194142
黑龙江	14642497	9495126	7049985	2445140	1601277
上海	31151193	14741443	12398023	2343420	1469505
江苏	50461206	29672930	23900652	5772279	3714941
浙江	43165406	24054093	19535118	4518974	2857621
安徽	25784643	13949064	9160531	4788534	2596621
福建	18811129	10757353	8141986	2615367	1447745
江西	26659342	14807608	11709654	3097954	2621093
山东	45272344	30403221	25646633	4756588	3191639
河南	42732449	21383367	16226512	5156855	4330454
湖北	26606699	16082026	12740028	3341998	2516610
湖南	25843579	15477567	11671323	3806244	2462676
广东	75405581	40799026	32012692	8786334	4591005
广西	20987732	10096465	6548463	3548002	3053006
海南	9460850	3433763	2473141	960622	728393
重庆	17059304	7831713	5471061	2360652	2126841
四川	29771876	17711063	13206482	4504581	3592574
贵州	23896536	11864246	8425138	3439108	2373520
云南	21950417	12504338	9821386	2682952	2394284
西藏	3406831	1798152	1372358	425794	385180
陕西	19569096	9827452	7302326	2525126	2261331
甘肃	13878529	6524745	4864617	1660129	1472380
青海	4609980	2048049	1602277	445773	235872
宁夏	4080304	2186051	1583086	602965	342638
新疆	14779629	8390939	6597767	1793172	1428912
大连	1367675	949391	539997	409394	71530
宁波	3951842	2064751	1685039	379712	203855
厦门	2024604	1078831	739648	339183	59922
青岛	2355038	625025	397902	227123	186407
深圳	24963601	9199999	7705061	1494937	852844

（地方高等学校）

单位：千元

公用部分	商品和服务支出	其他资本性支出			基本建设支出
			专项公用支出	专项项目支出	
308162668	**163561428**	**144601240**	**68190442**	**76410798**	**29273016**
7071454	5214402	1857051	1527171	329881	987162
7929412	2327218	5602194	1181480	4420713	445865
10353393	5379529	4973864	2698018	2275845	804968
9697670	4690625	5007044	2627217	2379827	630248
6964311	3736178	3228134	1717407	1510727	415849
9002644	6259183	2743461	2293172	450290	999528
7354766	3948454	3406312	1877866	1528446	631065
4709296	3210028	1499268	795183	704085	438076
11117744	8228293	2889451	2084750	804701	5292006
20622474	13511292	7111182	3230502	3880681	165801
18150542	9469869	8680672	3419880	5260792	960772
11053002	5543900	5509102	1966083	3543019	782577
7739750	4465391	3274359	1808554	1465805	314026
11123717	5044441	6079276	1933411	4145866	728017
14216915	5787724	8429190	3386881	5042310	652209
20318567	11039397	9279170	4693977	4585193	1030515
10382520	4680398	5702122	2954510	2747612	142154
9990783	5013164	4977619	2524340	2453279	375229
27460955	16425032	11035923	7593041	3442881	7145600
10589791	4539231	6050560	3425447	2625113	301476
4927696	1926882	3000814	1485913	1514901	1099390
7739676	4621579	3118097	1918315	1199782	1487915
11517029	5695718	5821311	1680216	4141094	543783
11476169	3487489	7988680	2109128	5879552	556121
9103601	4591486	4512115	1855241	2656874	342478
1493886	750808	743079	441086	301992	114793
9099885	5853973	3245913	1303953	1941960	641759
7145359	3365714	3779645	1427269	2352376	208425
2323875	647989	1675886	558031	1117855	238056
1799253	1103175	696078	412791	283287	95000
5686536	3002866	2683669	1259610	1424059	702154
283892	170910	112982	73614	39368	134392
1887091	792519	1094572	305323	789249	
945773	556430	389343	129466	259877	
1730013	263268	1466745	144103	1322642	
9352461	6409600	2942861	2897578	45283	6411141

5-5 财政补助支出明细

地区	合计	个人部分	工资福利支出	对个人和家庭的补助支出	#助学金
合计	**976224552**	**544689366**	**417904714**	**126784653**	**94836641**
北京	81414211	49386965	33530459	15856506	14206214
天津	21254277	10917000	9171033	1745967	1510480
河北	30543438	18754721	13718431	5036291	2844334
山西	22577343	12280545	9450719	2829826	1869326
内蒙古	17062554	9712753	7481235	2231518	1680386
辽宁	29044059	16382475	12291118	4091358	3041091
吉林	20345973	9744978	7439802	2305177	1832861
黑龙江	20846622	13160729	9823036	3337692	2325284
上海	53884905	26202592	21928189	4274403	3370470
江苏	67385618	39553496	31678698	7874797	5471757
浙江	48162478	27295510	21925258	5370253	3615167
安徽	30727064	17192684	11642329	5550355	3208874
福建	22992317	13292749	10047677	3245072	2035362
江西	26301660	14572115	11501589	3070526	2598356
山东	51675605	34528795	28930345	5598450	3810785
河南	42959468	21399450	16243180	5156270	4330869
湖北	45024976	27676114	21930459	5745655	4615834
湖南	31738855	18585907	14107988	4477919	3065618
广东	86560002	47239064	37385968	9853095	5664870
广西	20901343	10039559	6498040	3541520	3050889
海南	9368770	3384874	2431053	953821	722019
重庆	22037536	11174949	8189699	2985250	2651074
四川	42779727	24766779	19247672	5519108	4506847
贵州	23756201	11763054	8347995	3415059	2360884
云南	21875602	12458387	9777002	2681385	2394284
西藏	3406458	1797779	1372358	425420	384807
陕西	34238986	17919607	13708944	4210663	3649974
甘肃	17039045	8661362	6597495	2063867	1700642
青海	4580475	2020450	1577284	443166	235872
宁夏	4848902	2693167	2009070	684097	411866
新疆	20890083	10130755	7920588	2210167	1669545
大连	1268687	861274	456860	404413	71530
宁波	3823169	1968862	1594337	374525	203707
厦门	2024604	1078831	739648	339183	59922
青岛	2318982	595485	372011	223474	186407
深圳	25445001	9492341	8006114	1486227	852844

（普通高等学校）

单位：千元

公用部分	商品和服务支出	其他资本性支出	专项公用支出	专项项目支出	基本建设支出
392305089	**224865037**	**167440052**	**83644320**	**83795732**	**39230097**
28117569	21481263	6636305	5122032	1514273	3909677
9686017	3456083	6229935	1627186	4602748	651260
10941454	5792721	5148733	2861590	2287143	847263
9666550	4662596	5003953	2624126	2379827	630248
6933951	3714760	3219191	1713444	1505748	415849
11280958	8034316	3246642	2690764	555878	1380626
9924493	6101462	3823032	2253253	1569779	676501
7008887	4701741	2307146	1224880	1082265	677006
21561171	16293029	5268143	4082631	1185512	6121142
27241164	18583151	8658013	4602212	4055801	590958
19730076	10603365	9126711	3766598	5360113	1136891
12561659	6561553	6000106	2402343	3597763	972720
9173952	5470325	3703628	2129162	1574465	525616
11001528	4972743	6028785	1925377	4103408	728017
16341971	7387706	8954266	3838783	5115482	804839
20443663	11111785	9331878	4746685	4585193	1116355
16662578	9422583	7239995	4190014	3049981	686284
12641627	7403716	5237911	2798392	2439518	511322
31985299	19696065	12289234	8556998	3732235	7335640
10560308	4521716	6038592	3417553	2621039	301476
4884506	1888818	2995688	1485094	1510593	1099390
9262115	5857327	3404788	2203417	1201371	1600472
17164063	8332780	8831283	2347878	6483405	848885
11437026	3459801	7977225	2098152	5879073	556121
9074737	4571280	4503456	1846582	2656874	342478
1493886	750808	743079	441086	301992	114793
15084538	10359511	4725027	2222357	2502670	1234841
8026946	3989683	4037263	1596197	2441066	350737
2321969	647731	1674238	556384	1117855	238056
2060735	1267801	792934	466724	326209	95000
8029693	3766819	4262874	1806422	2456452	2729634
273021	160239	112782	73424	39358	134392
1854307	775169	1079137	302157	776981	
945773	556430	389343	129466	259877	
1723496	257729	1465767	143125	1322642	
9541519	6460591	3080929	3035646	45283	6411141

5-6 财政补助支出明细

地区	合计	个人部分	工资福利支出	对个人和家庭的补助支出	#助学金
合计	**745619956**	**410372064**	**316805243**	**93566821**	**65637542**
北京	21783442	13861929	11938036	1923892	1226178
天津	15780694	7451512	6250096	1201416	1004070
河北	28349369	17276710	12424418	4852291	2725759
山西	22577343	12280545	9450719	2829826	1869326
内蒙古	17062554	9712753	7481235	2231518	1680386
辽宁	22093127	12178406	8984194	3194212	2239346
吉林	14006782	6131567	4594307	1537260	1186454
黑龙江	14355385	9250628	6869343	2381284	1601277
上海	30256139	14162649	11876447	2286203	1469415
江苏	50308727	29567324	23807893	5759432	3713418
浙江	42396181	23488926	18993476	4495450	2855964
安徽	25622658	13854535	9082831	4771704	2596564
福建	18553003	10569171	7988976	2580195	1447697
江西	26301660	14572115	11501589	3070526	2598356
山东	45095846	30284280	25541959	4742321	3191639
河南	42610694	21290666	16150430	5140236	4327243
湖北	26540567	16026825	12694997	3331828	2516610
湖南	25513053	15275031	11499907	3775124	2461016
广东	74437172	39986452	31354092	8632360	4589204
广西	20901343	10039559	6498040	3541520	3050889
海南	9368770	3384874	2431053	953821	722019
重庆	17053418	7826322	5466856	2359466	2126841
四川	29433372	17456044	12969134	4486910	3590979
贵州	23756201	11763054	8347995	3415059	2360884
云南	21875602	12458387	9777002	2681385	2394284
西藏	3406458	1797779	1372358	425420	384807
陕西	19195477	9584545	7101056	2483489	2227216
甘肃	13766079	6432194	4778792	1653402	1472380
青海	4580475	2020450	1577284	443166	235872
宁夏	4080304	2186051	1583086	602965	342638
新疆	14558064	8200783	6417644	1783138	1428811
大连	1268687	861274	456860	404413	71530
宁波	3823169	1968862	1594337	374525	203707
厦门	2024604	1078831	739648	339183	59922
青岛	2318982	595485	372011	223474	186407
深圳	24880484	9137608	7651381	1486227	852844

(地方普通高等学校)

单位：千元

公用部分	商品和服务支出	其他资本性支出	专项公用支出	专项项目支出	基本建设支出
306032859	**161848543**	**144184317**	**67965445**	**76218872**	**29215033**
6934351	5092796	1841555	1514779	326776	987162
7918767	2317480	5601287	1180573	4420713	410415
10267692	5300738	4966954	2691533	2275421	804968
9666550	4662596	5003953	2624126	2379827	630248
6933951	3714760	3219191	1713444	1505748	415849
8923926	6186600	2737327	2288838	448489	990795
7244150	3853518	3390632	1866606	1524025	631065
4666681	3174221	1492460	792969	699492	438076
10801484	7940141	2861343	2071795	789548	5292006
20575601	13476048	7099554	3220072	3879481	165801
17947758	9309057	8638700	3392988	5245712	959497
10985547	5482319	5503228	1960209	3543019	782577
7669807	4410566	3259240	1798615	1460625	314026
11001528	4972743	6028785	1925377	4103408	728017
14169357	5748567	8420790	3378480	5042310	642209
20289513	11011958	9277555	4692362	4585193	1030515
10371588	4671761	5699828	2953473	2746354	142154
9862793	4954250	4908543	2513764	2394779	375229
27305120	16294481	11010639	7570274	3440365	7145600
10560308	4521716	6038592	3417553	2621039	301476
4884506	1888818	2995688	1485094	1510593	1099390
7739181	4621085	3118097	1918315	1199782	1487915
11433545	5613760	5819785	1679113	4140672	543783
11437026	3459801	7977225	2098152	5879073	556121
9074737	4571280	4503456	1846582	2656874	342478
1493886	750808	743079	441086	301992	114793
8970998	5760057	3210941	1282054	1928887	639934
7125461	3351796	3773664	1423675	2349990	208425
2321969	647731	1674238	556384	1117855	238056
1799253	1103175	696078	412791	283287	95000
5655827	2983917	2671911	1254366	1417545	701454
273021	160239	112782	73424	39358	134392
1854307	775169	1079137	302157	776981	
945773	556430	389343	129466	259877	
1723496	257729	1465767	143125	1322642	
9331735	6390333	2941402	2896119	45283	6411141

5-7 财政补助支出明细

地区	合计	个人部分	工资福利支出	对个人和家庭的补助支出	#助学金
合计	**740887524**	**420946756**	**323310624**	**97636132**	**72746455**
北京	77848556	47039294	31387041	15652253	14092966
天津	17360278	8771722	7302450	1469272	1290497
河北	21624456	14341077	10528867	3812210	2066960
山西	17253468	9157528	7048442	2109086	1319228
内蒙古	11317812	6493505	5005030	1488475	1088065
辽宁	24067090	13793174	10336778	3456396	2502128
吉林	16251782	8283566	6414131	1869435	1479890
黑龙江	16739966	10508719	8055576	2453143	1708824
上海	50049245	24874569	20769003	4105566	3289590
江苏	50261208	29776197	23575056	6201141	4397798
浙江	36710702	20990800	16544128	4446672	2925278
安徽	19945920	12389251	8317182	4072069	2170806
福建	16620468	10234628	7657219	2577410	1573287
江西	16467331	9500272	7521873	1978398	1610005
山东	35871269	24846833	20802231	4044602	2790335
河南	27176973	13234464	10081009	3153454	2669363
湖北	35371390	22440494	17905092	4535403	3800226
湖南	21318240	12058133	9061458	2996675	2029590
广东	68600309	36449399	28811449	7637949	4423011
广西	12812112	6638580	4426180	2212400	1814401
海南	8113790	2755531	2057602	697930	501526
重庆	14792540	8244038	6262525	1981513	1752667
四川	31851816	18578529	15069020	3509508	2903273
贵州	15114930	7565504	5485122	2080382	1290433
云南	14990322	8799355	7238226	1561129	1337465
西藏	2533061	1412125	1052187	359938	324272
陕西	27994552	14989448	11502870	3486578	3002277
甘肃	11680192	6377223	5066861	1310362	1018795
青海	3474729	1480213	1159288	320925	161221
宁夏	3427044	1952918	1402639	550279	308945
新疆	13245971	6969666	5464088	1505578	1103334
大连	993309	686018	313721	372297	47702
宁波	2632125	1275485	958904	316582	156559
厦门	1452506	860218	585101	275117	50844
青岛	1217750	200463	70241	130222	119346
深圳	23999046	8752961	7351821	1401139	806948

（普通高等本科学校）

单位：千元

公用部分	商品和服务支出	其他资本性支出			基本建设支出
			专项公用支出	专项项目支出	
286274122	**180647614**	**105626508**	**54906239**	**50720269**	**33666646**
26976552	20779085	6197467	4780701	1416766	3832711
8062297	2866189	5196108	757888	4438220	526260
6725120	4351897	2373223	1225357	1147866	558259
7469037	3468250	4000787	1962463	2038324	626903
4592749	2685608	1907141	997982	909159	231558
9005500	6699022	2306478	2061446	245032	1268415
7388104	5308657	2079447	1589826	489621	580112
5621527	3913866	1707662	839629	868032	609720
20048105	15352888	4695217	3782939	912278	5126571
19925222	14799121	5126102	3038986	2087116	559788
14760913	8467941	6292972	2706088	3586884	958988
6876833	4289511	2587322	1415830	1171492	679837
6040147	4153467	1886680	1189388	697292	345693
6347824	3253805	3094019	1074806	2019213	619236
10485873	5450255	5035618	2217828	2817790	538563
12953681	7968146	4985535	2503065	2482471	988828
12244612	8059450	4185162	2566904	1618258	686284
8802531	5698037	3104493	1532000	1572494	457577
24889982	16516732	8373249	5648125	2725125	7260928
5945676	2953742	2991934	1635647	1356287	227857
4258868	1460005	2798864	1371831	1427033	1099390
5384718	3881494	1503224	1201878	301346	1163784
12684076	5983689	6700386	1335241	5365145	589212
7141016	2158159	4982857	1265029	3717828	408410
6016485	3158695	2857790	1344769	1513022	174482
1024881	627951	396931	321190	75740	96055
12099553	9022750	3076803	1681489	1395314	905551
5001485	3256292	1745193	1023692	721500	301485
1757841	444861	1312980	283244	1029737	236675
1474126	995774	478352	298213	180139	
4268789	2622277	1646512	1252765	393746	2007516
172899	96920	75979	36621	39358	134392
1356640	552893	803746	184635	619111	
592288	404006	188282	20940	167342	
1017287	156023	861264	40095	821169	
8835300	6082867	2752433	2707150	45283	6410785

5-8 财政补助支出明细

地区	合计	个人部分	工资福利支出	对个人和家庭的补助支出	#助学金
合计	**513675427**	**287761191**	**223051185**	**64710006**	**43767723**
北京	18368335	11585116	9852643	1732474	1124322
天津	11886695	5306234	4381513	924721	784087
河北	19430387	12863065	9234854	3628211	1948385
山西	17253468	9157528	7048442	2109086	1319228
内蒙古	11317812	6493505	5005030	1488475	1088065
辽宁	17116157	9589105	7029854	2559251	1700382
吉林	9912591	4670155	3568637	1101518	833482
黑龙江	10505502	6776955	5211511	1565445	1015990
上海	26563221	12931222	10804271	2126950	1397998
江苏	33184317	19790026	15704251	4085776	2639458
浙江	30944404	17184216	13612346	3571870	2166076
安徽	14841514	9051101	5757683	3293418	1558496
福建	12181154	7511050	5598518	1912532	985623
江西	16467331	9500272	7521873	1978398	1610005
山东	29291510	20602318	17413844	3188473	2171188
河南	26828199	13125680	9988260	3137420	2665737
湖北	16996693	10877752	8713495	2164257	1742676
湖南	15154902	8779673	6485793	2293880	1424988
广东	56797979	29354644	22923523	6431120	3360870
广西	12812112	6638580	4426180	2212400	1814401
海南	8113790	2755531	2057602	697930	501526
重庆	9952449	4945041	3568377	1376664	1248991
四川	18690581	11402804	8884314	2518490	2023646
贵州	15114930	7565504	5485122	2080382	1290433
云南	14990322	8799355	7238226	1561129	1337465
西藏	2533061	1412125	1052187	359938	324272
陕西	12951043	6654386	4894982	1759404	1579519
甘肃	8407226	4148055	3248158	899897	790533
青海	3474729	1480213	1159288	320925	161221
宁夏	2658446	1445802	976654	469148	239718
新疆	8934565	5364180	4203755	1160425	918942
大连	993309	686018	313721	372297	47702
宁波	2632125	1275485	958904	316582	156559
厦门	1452506	860218	585101	275117	50844
青岛	1217750	200463	70241	130222	119346
深圳	23434529	8398228	6997089	1401139	806948

(地方普通高等本科学校)

单位：千元

公用部分	商品和服务支出	其他资本性支出	专项公用支出	专项项目支出	基本建设支出
201874203	**118193566**	**83680637**	**39491045**	**44189592**	**24040033**
5854517	4421646	1432871	1200011	232860	928702
6295046	1727586	4567460	311275	4256185	285415
6051358	3859914	2191444	1055300	1136143	515964
7469037	3468250	4000787	1962463	2038324	626903
4592749	2685608	1907141	997982	909159	231558
6648469	4851306	1797163	1659520	137643	878583
4707760	3060713	1647047	1203180	443867	534676
3357553	2446312	911240	425982	485259	370994
9334565	7045971	2288594	1772279	516314	4297435
13259660	9692017	3567643	1656847	1910796	134631
12978595	7173634	5804961	2332478	3472483	781593
5300721	3210277	2090443	973695	1116748	489693
4536002	3093709	1442293	858841	583451	134103
6347824	3253805	3094019	1074806	2019213	619236
8313259	3811117	4502143	1757525	2744618	375933
12799532	7868319	4931212	2448742	2482471	902988
5976787	3330329	2646459	1331827	1314631	142154
6053746	3271962	2781784	1253724	1528060	321484
20372446	13160913	7211534	4705743	2505791	7070889
5945676	2953742	2991934	1635647	1356287	227857
4258868	1460005	2798864	1371831	1427033	1099390
3956181	2739647	1216533	916776	299757	1051228
7003667	3311298	3692369	669957	3022412	284110
7141016	2158159	4982857	1265029	3717828	408410
6016485	3158695	2857790	1344769	1513022	174482
1024881	627951	396931	321190	75740	96055
5986013	4423295	1562717	741186	821531	310644
4100000	2618406	1481594	851170	630424	159172
1757841	444861	1312980	283244	1029737	236675
1212644	831147	381497	244280	137217	
3221308	2032973	1188335	863747	324589	349077
172899	96920	75979	36621	39358	134392
1356640	552893	803746	184635	619111	
592288	404006	188282	20940	167342	
1017287	156023	861264	40095	821169	
8625515	6012609	2612906	2567623	45283	6410785

5-9 财政补助支出明细

地 区	合 计	个人部分	工资福利支 出	对个人和家庭的补助支出	#助学金
合 计	**235337028**	**123742610**	**94594090**	**29148520**	**22090186**
北 京	3565654	2347671	2143419	204253	113249
天 津	3893999	2145278	1868583	276695	219983
河 北	8918982	4413644	3189564	1224080	777374
山 西	5323875	3123017	2402277	720740	550098
内蒙古	5744742	3219248	2476205	743043	592321
辽 宁	4976970	2589301	1954339	634962	538963
吉 林	4094191	1461412	1025670	435742	352971
黑龙江	4106656	2652009	1767460	884550	616460
上 海	3835660	1328023	1159185	168837	80880
江 苏	17124410	9777298	8103642	1673656	1073960
浙 江	11451776	6304710	5381129	923581	689889
安 徽	10781144	4803434	3325148	1478286	1038068
福 建	6371849	3058121	2390458	667663	462075
江 西	9834329	5071843	3979715	1092128	988351
山 东	15804336	9681962	8128114	1553848	1020450
河 南	15782495	8164986	6162170	2002816	1661506
湖 北	9653587	5235620	4025368	1210252	815607
湖 南	10420615	6527774	5046530	1481244	1036029
广 东	17959693	10789665	8574519	2215146	1241859
广 西	8089230	3400980	2071859	1329120	1236488
海 南	1254980	629343	373452	255891	220493
重 庆	7244996	2930911	1927174	1003737	898407
四 川	10927911	6188251	4178651	2009599	1603574
贵 州	8641271	4197550	2862873	1334677	1070451
云 南	6885280	3659032	2538776	1120256	1056819
西 藏	873396	385654	320171	65482	60535
陕 西	6244434	2930159	2206074	724085	647697
甘 肃	5358853	2284139	1530634	753505	681847
青 海	1105747	540237	417996	122241	74651
宁 夏	1421858	740249	606432	133817	102920
新 疆	7644112	3161089	2456500	704589	566211
大 连	275378	175255	143139	32116	23828
宁 波	1191044	693377	635433	57943	47148
厦 门	572099	218613	154547	64066	9077
青 岛	1101231	395022	301770	93252	67061
深 圳	1445955	739380	654292	85088	45897

(普通高职高专学校)

单位：千元

公用部分					基本建设支出
	商品和服务支出	其他资本性支出	专项公用支出	专项项目支出	
106030967	**44217423**	**61813544**	**28738080**	**33075463**	**5563452**
1141017	702179	438838	341331	97507	76966
1623721	589894	1033827	869298	164528	125000
4216334	1440824	2775510	1636233	1139277	289004
2197513	1194346	1003166	661663	341503	3345
2341202	1029152	1312050	715462	596588	184291
2275457	1335294	940164	629318	310846	112211
2536390	792805	1743585	663427	1080158	96389
1387360	787876	599484	385251	214233	67286
1513067	940141	572926	299692	273234	994571
7315941	3784030	3531911	1563226	1968685	31171
4969163	2135424	2833739	1060510	1773229	177904
5684826	2272042	3412785	986514	2426271	292884
3133805	1316857	1816948	939774	877174	179923
4653704	1718938	2934766	850572	2084194	108782
5856098	1937451	3918647	1620955	2297692	266276
7489982	3143639	4346343	2243620	2102723	127527
4417967	1363134	3054833	1623110	1431723	
3839096	1705679	2133417	1266393	867025	53745
7095317	3179332	3915984	2908874	1007110	74711
4614632	1567974	3046658	1781906	1264752	73619
625637	428813	196824	113264	83560	
3877397	1975834	1901564	1001538	900025	436688
4479988	2349091	2130897	1012637	1118260	259673
4296010	1301642	2994368	833124	2161245	147711
3058252	1412586	1645666	501813	1143853	167996
469005	122857	346148	119896	226252	18738
2984985	1336761	1648224	540869	1107355	329290
3025461	733391	2292070	572505	1719565	49253
564128	202870	361258	273140	88118	1381
586609	272027	314582	168511	146070	95000
3760904	1144542	2616363	553657	2062706	722118
100122	63320	36803	36803		
497667	222276	275391	117522	157869	
353485	152424	201062	108526	92535	
706209	101706	604503	103030	501473	
706219	377724	328496	328496		356

5-10 财政补助支出明细

地区	合计	个人部分	工资福利支出	对个人和家庭的补助支出	#助学金
合计	**231944529**	**122610873**	**93754058**	**28856814**	**21869820**
北京	3415106	2276813	2085394	191419	101855
天津	3893999	2145278	1868583	276695	219983
河北	8918982	4413644	3189564	1224080	777374
山西	5323875	3123017	2402277	720740	550098
内蒙古	5744742	3219248	2476205	743043	592321
辽宁	4976970	2589301	1954339	634962	538963
吉林	4094191	1461412	1025670	435742	352971
黑龙江	3849883	2473672	1657833	815840	585287
上海	3692917	1231428	1072175	159252	71416
江苏	17124410	9777298	8103642	1673656	1073960
浙江	11451776	6304710	5381129	923581	689889
安徽	10781144	4803434	3325148	1478286	1038068
福建	6371849	3058121	2390458	667663	462075
江西	9834329	5071843	3979715	1092128	988351
山东	15804336	9681962	8128114	1553848	1020450
河南	15782495	8164986	6162170	2002816	1661506
湖北	9543874	5149073	3981502	1167571	773934
湖南	10358151	6495358	5014114	1481244	1036029
广东	17639193	10631808	8430568	2201240	1228334
广西	8089230	3400980	2071859	1329120	1236488
海南	1254980	629343	373452	255891	220493
重庆	7100970	2881281	1898479	982802	877850
四川	10742791	6053240	4084820	1968420	1567334
贵州	8641271	4197550	2862873	1334677	1070451
云南	6885280	3659032	2538776	1120256	1056819
西藏	873396	385654	320171	65482	60535
陕西	6244434	2930159	2206074	724085	647697
甘肃	5358853	2284139	1530634	753505	681847
青海	1105747	540237	417996	122241	74651
宁夏	1421858	740249	606432	133817	102920
新疆	5623499	2836603	2213889	622714	509869
大连	275378	175255	143139	32116	23828
宁波	1191044	693377	635433	57943	47148
厦门	572099	218613	154547	64066	9077
青岛	1101231	395022	301770	93252	67061
深圳	1445955	739380	654292	85088	45897

(地方普通高职高专学校)

单位：千元

公用部分					基本建设支出
	商品和服务支出	其他资本性支出	专项公用支出	专项项目支出	
104158656	**43654977**	**60503680**	**28474400**	**32029280**	**5175000**
1079834	671150	408684	314768	93916	58460
1623721	589894	1033827	869298	164528	125000
4216334	1440824	2775510	1636233	1139277	289004
2197513	1194346	1003166	661663	341503	3345
2341202	1029152	1312050	715462	596588	184291
2275457	1335294	940164	629318	310846	112211
2536390	792805	1743585	663427	1080158	96389
1309128	727909	581220	366987	214233	67082
1466919	894170	572749	299516	273234	994571
7315941	3784030	3531911	1563226	1968685	31171
4969163	2135424	2833739	1060510	1773229	177904
5684826	2272042	3412785	986514	2426271	292884
3133805	1316857	1816948	939774	877174	179923
4653704	1718938	2934766	850572	2084194	108782
5856098	1937451	3918647	1620955	2297692	266276
7489982	3143639	4346343	2243620	2102723	127527
4394801	1341432	3053369	1621646	1431723	
3809048	1682289	2126759	1260040	866719	53745
6932674	3133569	3799105	2864531	934574	74711
4614632	1567974	3046658	1781906	1264752	73619
625637	428813	196824	113264	83560	
3783001	1881437	1901564	1001538	900025	436688
4429878	2302462	2127416	1009156	1118260	259673
4296010	1301642	2994368	833124	2161245	147711
3058252	1412586	1645666	501813	1143853	167996
469005	122857	346148	119896	226252	18738
2984985	1336761	1648224	540869	1107355	329290
3025461	733391	2292070	572505	1719565	49253
564128	202870	361258	273140	88118	1381
586609	272027	314582	168511	146070	95000
2434519	950944	1483575	390619	1092956	352377
100122	63320	36803	36803		
497667	222276	275391	117522	157869	
353485	152424	201062	108526	92535	
706209	101706	604503	103030	501473	
706219	377724	328496	328496		356

5-11 财政补助支出明细

地区	合计	个人部分	工资福利支出	对个人和家庭的补助支出	#助学金
合计	**9054157**	**6691727**	**5890709**	**801018**	**107722**
北京	1081187	773478	718268	55210	8
天津	241968	195872	185131	10741	1690
河北	506646	420945	363953	56992	6278
山西	190285	159165	143456	15708	1955
内蒙古	105303	74943	68606	6337	
辽宁	392962	305511	275277	30234	8
吉林	428925	318309	276798	41511	7689
黑龙江	287112	244498	180642	63856	
上海	895054	578794	521577	57217	90
江苏	152479	105606	92759	12847	1522
浙江	769225	565166	541643	23524	1656
安徽	161985	94530	77700	16830	57
福建	258126	188183	153010	35173	47
江西	357682	235493	208065	27428	22738
山东	176499	118941	104674	14267	
河南	121755	92701	76082	16619	3211
湖北	66132	55201	45031	10170	
湖南	330526	202536	171416	31120	1659
广东	968409	812574	658601	153974	1801
广西	86389	56906	50423	6482	2117
海南	92080	48889	42088	6801	6375
重庆	5886	5391	4204	1187	
四川	338504	255020	237348	17671	1594
贵州	140335	101192	77143	24050	12637
云南	74815	45950	44384	1567	
西藏	373	373		373	373
陕西	373619	242908	201271	41637	34116
甘肃	112450	92551	85825	6727	
青海	29505	27599	24993	2606	
宁夏					
新疆	307942	272501	260343	12159	101
大连	98988	88117	83137	4980	
宁波	128674	95889	90702	5187	148
厦门					
青岛	36057	29540	25891	3648	
深圳	83117	62391	53680	8710	

（成人高等学校）

单位：千元

公用部分	商品和服务支出	其他资本性支出	专项公用支出	专项项目支出	基本建设支出
2304447	**1815826**	**488620**	**296628**	**191992**	**57983**
307709	221021	86687	83516	3171	
10645	9738	907	907		35450
85701	78791	6910	6485	425	
31120	28029	3091	3091		
30360	21418	8942	3963	4979	
78718	72583	6134	4334	1800	8733
110616	94936	15680	11260	4421	
42614	35807	6807	2214	4593	
316260	288152	28108	12955	15153	
46873	35244	11629	10429	1199	
202784	160812	41972	26892	15080	1275
67455	61581	5874	5874		
69943	54824	15119	9939	5180	
122189	71698	50491	8033	42458	
47558	39157	8401	8401		10000
29054	27439	1615	1615		
10931	8637	2295	1037	1258	
127989	58913	69076	10576	58500	
155835	130551	25284	22767	2517	
29483	17515	11968	7894	4074	
43191	38064	5126	819	4308	
494	494				
83484	81959	1526	1103	423	
39143	27688	11455	10976	479	
28864	20206	8659	8659		
128887	93916	34971	21898	13073	1824
19898	13917	5981	3595	2387	
1906	258	1648	1648		
34741	22476	12265	5751	6514	700
10871	10671	200	190	10	
32784	17349	15435	3166	12269	
6517	5539	978	978		
20726	19267	1459	1459		

5-12 财政补助支出明细

地区	合计	个人部分	工资福利支出	对个人和家庭的补助支出	#助学金
合计	**8673868**	**6486076**	**5693335**	**792741**	**107722**
北京	787275	650172	601114	49058	8
天津	241968	195872	185131	10741	1690
河北	506646	420945	363953	56992	6278
山西	190285	159165	143456	15708	1955
内蒙古	105303	74943	68606	6337	
辽宁	392962	305511	275277	30234	8
吉林	428925	318309	276798	41511	7689
黑龙江	287112	244498	180642	63856	
上海	895054	578794	521577	57217	90
江苏	152479	105606	92759	12847	1522
浙江	769225	565166	541643	23524	1656
安徽	161985	94530	77700	16830	57
福建	258126	188183	153010	35173	47
江西	357682	235493	208065	27428	22738
山东	176499	118941	104674	14267	
河南	121755	92701	76082	16619	3211
湖北	66132	55201	45031	10170	
湖南	330526	202536	171416	31120	1659
广东	968409	812574	658601	153974	1801
广西	86389	56906	50423	6482	2117
海南	92080	48889	42088	6801	6375
重庆	5886	5391	4204	1187	
四川	338504	255020	237348	17671	1594
贵州	140335	101192	77143	24050	12637
云南	74815	45950	44384	1567	
西藏	373	373		373	373
陕西	373619	242908	201271	41637	34116
甘肃	112450	92551	85825	6727	
青海	29505	27599	24993	2606	
宁夏					
新疆	221565	190157	180123	10034	101
大连	98988	88117	83137	4980	
宁波	128674	95889	90702	5187	148
厦门					
青岛	36057	29540	25891	3648	
深圳	83117	62391	53680	8710	

(地方成人高等学校)

单位：千元

公用部分	商品和服务支出	其他资本性支出			基本建设支出
			专项公用支出	专项项目支出	
2129809	**1712885**	**416923**	**224998**	**191926**	**57983**
137103	121606	15497	12392	3105	
10645	9738	907	907		35450
85701	78791	6910	6485	425	
31120	28029	3091	3091		
30360	21418	8942	3963	4979	
78718	72583	6134	4334	1800	8733
110616	94936	15680	11260	4421	
42614	35807	6807	2214	4593	
316260	288152	28108	12955	15153	
46873	35244	11629	10429	1199	
202784	160812	41972	26892	15080	1275
67455	61581	5874	5874		
69943	54824	15119	9939	5180	
122189	71698	50491	8033	42458	
47558	39157	8401	8401		10000
29054	27439	1615	1615		
10931	8637	2295	1037	1258	
127989	58913	69076	10576	58500	
155835	130551	25284	22767	2517	
29483	17515	11968	7894	4074	
43191	38064	5126	819	4308	
494	494				
83484	81959	1526	1103	423	
39143	27688	11455	10976	479	
28864	20206	8659	8659		
128887	93916	34971	21898	13073	1824
19898	13917	5981	3595	2387	
1906	258	1648	1648		
30709	18950	11759	5245	6514	700
10871	10671	200	190	10	
32784	17349	15435	3166	12269	
6517	5539	978	978		
20726	19267	1459	1459		

5-13 财政补助支出明细

地区	合计	个人部分	工资福利支出	对个人和家庭的补助支出	#助学金
合计	**286053178**	**161858898**	**139628330**	**22230568**	**11291542**
北京	6272407	4322479	3978512	343967	55566
天津	2329516	1851218	1712924	138294	55406
河北	17878829	9134714	7890252	1244462	533165
山西	7142899	3993164	3544048	449116	256915
内蒙古	4911032	2931661	2478642	453019	316421
辽宁	5329290	3755882	3280352	475530	139876
吉林	4513438	2545050	2308375	236675	118125
黑龙江	4201399	3046562	2463555	583006	92547
上海	6719965	4115585	3502303	613282	218105
江苏	21312963	14159093	12974357	1184737	310658
浙江	22608382	11832497	11143332	689165	310833
安徽	11537694	5345102	4224171	1120931	547194
福建	10672338	5373645	4818196	555448	116274
江西	10964692	3624359	2963866	660493	511156
山东	22773526	13068358	11812858	1255500	307940
河南	14275892	7218151	6265624	952527	589663
湖北	8524611	4889701	4115070	774631	326463
湖南	10334848	5821588	4881139	940449	602495
广东	29703532	18080701	16058879	2021822	425233
广西	7073160	4089660	3525009	564650	401244
海南	2525260	1368087	1092785	275302	264881
重庆	7240981	3910779	3039987	870793	574226
四川	12238792	7378130	5905793	1472337	872911
贵州	5971192	3013425	2133475	879950	621940
云南	6971916	4705183	3738262	966921	758508
西藏	1959182	990031	825278	164753	146729
陕西	5432872	3225951	2766226	459725	344912
甘肃	4288435	2546718	2138530	408188	307712
青海	1336790	630636	462162	168474	114923
宁夏	1411662	700982	605887	95096	62135
新疆	7595682	4189807	2978482	1211325	987387
大连	1046733	748665	696990	51675	24074
宁波	3664753	2149224	2040139	109085	34445
厦门	1999153	1027421	819718	207704	22504
青岛	3933340	2363684	2120147	243537	13256
深圳	3248747	1725021	1481103	243918	96728

(中等职业学校)

单位：千元

公用部分	商品和服务支出	其他资本性支出			基本建设支出
			专项公用支出	专项项目支出	
121298845	**49639201**	**71659644**	**23249217**	**48410428**	**2895436**
1900498	1266102	634396	474107	160289	49430
478298	364083	114215	63426	50789	
8703106	2200613	6502493	2032310	4470182	41009
3065838	1314951	1750887	591236	1159651	83897
1863448	907512	955936	593028	362908	115923
1511543	1202981	308562	206312	102250	61865
1960600	662854	1297745	261521	1036225	7788
1114971	670373	444598	232718	211881	39867
2602069	1915905	686165	371440	314725	2310
7150369	3141629	4008740	1251790	2756950	3500
10045303	3571837	6473466	1456708	5016758	730582
6103904	2087222	4016682	1298271	2718411	88688
5223293	1680070	3543223	1095463	2447759	75401
7161557	1143970	6017587	1291200	4726387	178776
9694717	3837431	5857287	1882850	3974436	10450
6995692	2789480	4206212	1255502	2950710	62049
3634910	1450556	2184354	574506	1609848	
4441374	2214404	2226970	589742	1637228	71887
11481811	5073881	6407931	2511933	3895998	141020
2950915	1430662	1520253	807934	712319	32586
1139240	503718	635522	389501	246021	17933
3130897	2206558	924340	331398	592942	199305
4822071	2431441	2390631	903934	1486696	38591
2850711	823651	2027061	535223	1491837	107056
2218491	1074520	1143971	368114	775857	48242
966927	378464	588463	223320	365143	2225
2181871	875291	1306580	367322	939258	25050
1664164	519861	1144303	210976	933327	77554
675417	234101	441316	292230	149085	30737
710680	282210	428469	212961	215508	
2854161	1382873	1471289	572240	899049	551713
274934	227857	47076	37150	9927	23135
1515530	594835	920694	286214	634480	
929549	417955	511593	227444	284150	42183
1569656	683057	886599	377490	509109	
1499676	1045489	454187	423223	30964	24050

5-14 财政补助支出明细

地区	合计	个人部分	工资福利支出	对个人和家庭的补助支出	#助学金
合计	**284705857**	**161301715**	**139174707**	**22127009**	**11254527**
北京	6159970	4238030	3895293	342737	55554
天津	2325769	1847470	1709537	137934	55046
河北	17878829	9134714	7890252	1244462	533165
山西	7142899	3993164	3544048	449116	256915
内蒙古	4911032	2931661	2478642	453019	316421
辽宁	5329290	3755882	3280352	475530	139876
吉林	4513438	2545050	2308375	236675	118125
黑龙江	4146710	2997916	2432548	565368	92366
上海	6719965	4115585	3502303	613282	218105
江苏	21275599	14140404	12957463	1182941	308862
浙江	22608382	11832497	11143332	689165	310833
安徽	11537694	5345102	4224171	1120931	547194
福建	10672338	5373645	4818196	555448	116274
江西	10964669	3624359	2963866	660493	511156
山东	22773526	13068358	11812858	1255500	307940
河南	14261728	7203986	6251459	952527	589663
湖北	8523867	4888957	4115070	773887	326463
湖南	10334848	5821588	4881139	940449	602495
广东	29652742	18047740	16032684	2015056	423889
广西	7073160	4089660	3525009	564650	401244
海南	2525260	1368087	1092785	275302	264881
重庆	7240981	3910779	3039987	870793	574226
四川	12189678	7349124	5895819	1453305	867438
贵州	5971192	3013425	2133475	879950	621940
云南	6971916	4705183	3738262	966921	758508
西藏	1959182	990031	825278	164753	146729
陕西	5432685	3225763	2766226	459537	344724
甘肃	4288435	2546718	2138530	408188	307712
青海	1336790	630636	462162	168474	114923
宁夏	1411662	700982	605887	95096	62135
新疆	6571621	3865220	2709700	1155519	959726
大连	1046733	748665	696990	51675	24074
宁波	3664753	2149224	2040139	109085	34445
厦门	1999153	1027421	819718	207704	22504
青岛	3933340	2363684	2120147	243537	13256
深圳	3248747	1725021	1481103	243918	96728

(地方中等职业学校)

单位：千元

公用部分	商品和服务支出	其他资本性支出			基本建设支出
			专项公用支出	专项项目支出	
120784550	**49405482**	**71379068**	**23085570**	**48293499**	**2619592**
1872510	1240393	632117	471828	160289	49430
478298	364083	114215	63426	50789	
8703106	2200613	6502493	2032310	4470182	41009
3065838	1314951	1750887	591236	1159651	83897
1863448	907512	955936	593028	362908	115923
1511543	1202981	308562	206312	102250	61865
1960600	662854	1297745	261521	1036225	7788
1108927	664329	444598	232718	211881	39867
2602069	1915905	686165	371440	314725	2310
7131695	3136014	3995681	1249424	2746257	3500
10045303	3571837	6473466	1456708	5016758	730582
6103904	2087222	4016682	1298271	2718411	88688
5223293	1680070	3543223	1095463	2447759	75401
7161534	1143947	6017587	1291200	4726387	178776
9694717	3837431	5857287	1882850	3974436	10450
6995692	2789480	4206212	1255502	2950710	62049
3634910	1450556	2184354	574506	1609848	
4441374	2214404	2226970	589742	1637228	71887
11463982	5057380	6406603	2511132	3895470	141020
2950915	1430662	1520253	807934	712319	32586
1139240	503718	635522	389501	246021	17933
3130897	2206558	924340	331398	592942	199305
4801963	2420312	2381652	895538	1486114	38591
2850711	823651	2027061	535223	1491837	107056
2218491	1074520	1143971	368114	775857	48242
966927	378464	588463	223320	365143	2225
2181871	875291	1306580	367322	939258	25050
1664164	519861	1144303	210976	933327	77554
675417	234101	441316	292230	149085	30737
710680	282210	428469	212961	215508	
2430532	1214175	1216357	422435	793922	275870
274934	227857	47076	37150	9927	23135
1515530	594835	920694	286214	634480	
929549	417955	511593	227444	284150	42183
1569656	683057	886599	377490	509109	
1499676	1045489	454187	423223	30964	24050

5-15 财政补助支出明细

地区	合计	个人部分	工资福利支出	对个人和家庭的补助支出	#助学金
合计	**132620185**	**75080548**	**63487870**	**11592678**	**5984524**
北京	2371797	1581145	1471123	110022	26491
天津	1539999	1202155	1115744	86411	41893
河北	5622298	2770786	2187102	583684	309676
山西	2447905	1620521	1396872	223649	111580
内蒙古	1373134	757321	609676	147645	94453
辽宁	3061675	2121116	1823642	297474	74733
吉林	1586634	750351	685467	64885	31439
黑龙江	1018126	600741	470980	129761	38679
上海	4083037	2404050	2035204	368846	154663
江苏	15628598	10464745	9558912	905833	217629
浙江	3502562	1983021	1824821	158201	86898
安徽	10411823	5019041	4016196	1002845	478192
福建	8170351	4271923	3813739	458183	105466
江西	6493943	2422770	2048492	374278	261574
山东	11365031	6400363	5714355	686008	203836
河南	4635323	2322448	1913502	408946	270325
湖北	5586863	3221994	2731641	490354	224000
湖南	1103478	589042	493895	95147	70341
广东	13594033	7996795	6878309	1118486	263540
广西	5072971	2974076	2564572	409504	287872
海南	1535442	857577	641195	216383	212740
重庆	1187720	535179	314017	221162	190166
四川	3843248	2296983	1753697	543286	341104
贵州	2072899	1058438	673935	384503	213021
云南	2673654	1808293	1316057	492236	406037
西藏	1820809	944835	785553	159282	146545
陕西	960016	606295	533677	72618	56559
甘肃	2878226	1796328	1515861	280467	210790
青海	1334452	629031	461638	167393	113842
宁夏	471045	247210	208412	38799	23218
新疆	5173092	2825974	1929584	896390	717222
大连	519595	378292	357183	21110	5153
宁波	787184	463523	423024	40498	16643
厦门	1463036	807910	618239	189671	20769
青岛	388281	261672	225665	36007	888
深圳	833650	465995	411400	54596	27949

(中等专业学校)

单位：千元

公用部分	商品和服务支出	其他资本性支出	专项公用支出	专项项目支出	基本建设支出
55971436	**23821807**	**32149629**	**12041629**	**20108000**	**1568201**
755134	533437	221697	194069	27629	35518
337844	265522	72322	48391	23931	
2830025	689371	2140654	1292217	848437	21487
781729	468564	313165	181133	132032	45655
518121	259657	258464	222817	35647	97692
915646	734557	181089	141394	39695	24913
831432	251972	579460	105168	474292	4851
417385	254697	162688	79587	83101	
1676677	1350996	325681	210833	114848	2310
5160353	2243604	2916749	959866	1956883	3500
1300967	574481	726486	264144	462342	218574
5304094	1803827	3500266	1147062	2353204	88688
3849048	1387580	2461467	877713	1583754	49381
3934703	772857	3161846	742559	2419287	136470
4954518	1838032	3116486	794183	2322303	10150
2312595	995478	1317117	456432	860685	280
2364869	1006724	1358144	400826	957318	
514436	378787	135649	60268	75382	
5498044	2268025	3230019	1072236	2157784	99194
2087944	998404	1089540	616252	473288	10951
668322	312846	355476	277707	77769	9542
616868	562895	53972	33737	20236	35673
1532362	820172	712190	190658	521532	13903
933417	325521	607896	302263	305633	81044
828974	469756	359218	154300	204918	36388
873749	352344	521406	206449	314957	2225
353721	272943	80778	50297	30481	
1011290	389119	622171	165155	457017	70609
674684	233368	441316	292230	149085	30737
223835	98458	125377	61706	63672	
1908652	907813	1000839	439978	560861	438466
132889	106865	26024	16097	9927	8413
323661	100540	223121	65961	157160	
630629	351071	279557	149020	130537	24497
126608	99574	27034	23818	3216	
357980	267377	90603	90324	279	9674

5-16 财政补助支出明细

地区	合计				
		个人部分			
			工资福利支出	对个人和家庭的补助支出	
					#助学金
合计	**131395901**	**74607030**	**63090560**	**11516470**	**5954744**
北京	2259361	1496696	1387904	108792	26479
天津	1539999	1202155	1115744	86411	41893
河北	5622298	2770786	2187102	583684	309676
山西	2447905	1620521	1396872	223649	111580
内蒙古	1373134	757321	609676	147645	94453
辽宁	3061675	2121116	1823642	297474	74733
吉林	1586634	750351	685467	64885	31439
黑龙江	972711	561169	443896	117273	38498
上海	4083037	2404050	2035204	368846	154663
江苏	15628598	10464745	9558912	905833	217629
浙江	3502562	1983021	1824821	158201	86898
安徽	10411823	5019041	4016196	1002845	478192
福建	8170351	4271923	3813739	458183	105466
江西	6493920	2422770	2048492	374278	261574
山东	11365031	6400363	5714355	686008	203836
河南	4635323	2322448	1913502	408946	270325
湖北	5586119	3221250	2731641	489610	224000
湖南	1103478	589042	493895	95147	70341
广东	13543243	7963834	6852113	1111721	262196
广西	5072971	2974076	2564572	409504	287872
海南	1535442	857577	641195	216383	212740
重庆	1187720	535179	314017	221162	190166
四川	3838476	2296402	1753697	542704	340522
贵州	2072899	1058438	673935	384503	213021
云南	2673654	1808293	1316057	492236	406037
西藏	1820809	944835	785553	159282	146545
陕西	960016	606295	533677	72618	56559
甘肃	2878226	1796328	1515861	280467	210790
青海	1334452	629031	461638	167393	113842
宁夏	471045	247210	208412	38799	23218
新疆	4162989	2510763	1668772	841991	689561
大连	519595	378292	357183	21110	5153
宁波	787184	463523	423024	40498	16643
厦门	1463036	807910	618239	189671	20769
青岛	388281	261672	225665	36007	888
深圳	833650	465995	411400	54596	27949

(地方中等专业学校)

单位：千元

公用部分	商品和服务支出	其他资本性支出	专项公用支出	专项项目支出	基本建设支出
55496514	**23605318**	**31891196**	**11888804**	**20002392**	**1292357**
727147	507728	219418	191790	27629	35518
337844	265522	72322	48391	23931	
2830025	689371	2140654	1292217	848437	21487
781729	468564	313165	181133	132032	45655
518121	259657	258464	222817	35647	97692
915646	734557	181089	141394	39695	24913
831432	251972	579460	105168	474292	4851
411542	248854	162688	79587	83101	
1676677	1350996	325681	210833	114848	2310
5160353	2243604	2916749	959866	1956883	3500
1300967	574481	726486	264144	462342	218574
5304094	1803827	3500266	1147062	2353204	88688
3849048	1387580	2461467	877713	1583754	49381
3934680	772834	3161846	742559	2419287	136470
4954518	1838032	3116486	794183	2322303	10150
2312595	995478	1317117	456432	860685	280
2364869	1006724	1358144	400826	957318	
514436	378787	135649	60268	75382	
5480215	2251524	3228691	1071435	2157256	99194
2087944	998404	1089540	616252	473288	10951
668322	312846	355476	277707	77769	9542
616868	562895	53972	33737	20236	35673
1528172	815982	712190	190658	521532	13903
933417	325521	607896	302263	305633	81044
828974	469756	359218	154300	204918	36388
873749	352344	521406	206449	314957	2225
353721	272943	80778	50297	30481	
1011290	389119	622171	165155	457017	70609
674684	233368	441316	292230	149085	30737
223835	98458	125377	61706	63672	
1489604	743591	746013	290233	455780	162622
132889	106865	26024	16097	9927	8413
323661	100540	223121	65961	157160	
630629	351071	279557	149020	130537	24497
126608	99574	27034	23818	3216	
357980	267377	90603	90324	279	9674

5-17 财政补助支出明细

地区	合计	个人部分	工资福利支出	对个人和家庭的补助支出	#助学金
合计	**108080521**	**60246460**	**52723895**	**7522564**	**3973526**
北京	2273799	1750232	1579000	171233	5707
天津	550405	457079	422538	34541	4349
河北	10054115	4630254	4171673	458581	202186
山西	3913164	1941101	1770153	170948	110907
内蒙古	3462363	2120181	1820162	300019	220385
辽宁	1799169	1341009	1204967	136042	52223
吉林	1993245	1010417	929847	80571	35129
黑龙江	1841698	1315588	1072375	243213	48661
上海	2364172	1497893	1289949	207944	56546
江苏	3570535	2330865	2169033	161831	39557
浙江	15850670	8217089	7757053	460037	208326
安徽	499970	101939	35393	66546	40552
福建	1126956	362520	322943	39577	5488
江西	3456980	794021	589443	204578	180619
山东	7026229	4204583	3817514	387070	54162
河南	5912536	3136178	2810448	325730	205772
湖北	2080027	1385083	1153294	231789	84915
湖南	8041134	4433007	3682496	750511	495078
广东	6302267	4317977	3895516	422461	52347
广西	159489	99124	87548	11576	6501
海南	510295	304498	257926	46572	41579
重庆	4381979	2583554	2099558	483997	315332
四川	7341683	4350773	3605904	744869	426296
贵州	3549586	1751073	1380479	370594	293666
云南	2911626	2055903	1724831	331071	244336
西藏					
陕西	3597303	1985219	1679005	306214	227375
甘肃	1241298	622437	508767	113670	90226
青海	2098	1576	521	1055	1055
宁夏	940617	453772	397475	56297	38917
新疆	1325117	691513	488085	203428	185336
大连	386845	299259	279727	19532	9324
宁波	2259178	1271448	1223845	47603	14765
厦门	190013	69546	64344	5202	408
青岛	3021875	1809777	1609584	200193	11972
深圳	1422450	789999	692716	97283	25155

(职业高中)

单位：千元

公用部分	商品和服务支出	其他资本性支出	专项公用支出	专项项目支出	基本建设支出
47002525	**16844598**	**30157927**	**7068285**	**23089642**	**831536**
509655	320513	189142	123774	65368	13912
93326	57676	35649	10649	25000	
5423301	1164855	4258446	702827	3555619	561
1933819	595696	1338123	365987	972136	38243
1323950	642055	681896	361017	320879	18231
436297	333888	102409	44272	58137	21863
980827	297429	683399	137778	545621	2000
486243	268769	217474	121425	96049	39867
866279	517387	348892	149015	199877	
1239670	431077	808593	137621	670972	
7266455	2394824	4871632	825157	4046475	367125
398031	57995	340035	19547	320489	
746750	61829	684921	73173	611748	17686
2622102	219183	2402919	244242	2158677	40857
2821645	1037740	1783905	642068	1141837	
2770315	936918	1833397	312799	1520598	6044
694944	293983	400960	127341	273620	
3538287	1587592	1950695	480748	1469948	69840
1964073	1188117	775957	374076	401880	20217
60365	21059	39306	26513	12793	
205797	112919	92878	44884	47994	
1761423	1213753	547670	188011	359658	37001
2971310	1393669	1577641	656774	920866	19600
1772501	421424	1351077	183582	1167495	26013
853114	350286	502827	138692	364135	2610
1587034	432829	1154206	292582	861624	25050
615461	111043	504418	35290	469128	3400
522	522				
486845	183753	303092	151255	151837	
572185	195817	376368	97186	279183	61419
72865	65204	7661	7661		14721
987730	354158	633572	164388	469184	
102781	7196	95584	1689	93895	17686
1212098	474941	737157	342389	394767	
618075	467789	150286	149920	366	14376

5-18 财政补助支出明细

地区	合计	个人部分	工资福利支出	对个人和家庭的补助支出	#助学金
合计	**108071247**	**60237386**	**52719972**	**7517414**	**3973526**
北京	2273799	1750232	1579000	171233	5707
天津	550405	457079	422538	34541	4349
河北	10054115	4630254	4171673	458581	202186
山西	3913164	1941101	1770153	170948	110907
内蒙古	3462363	2120181	1820162	300019	220385
辽宁	1799169	1341009	1204967	136042	52223
吉林	1993245	1010417	929847	80571	35129
黑龙江	1832424	1306514	1068452	238063	48661
上海	2364172	1497893	1289949	207944	56546
江苏	3570535	2330865	2169033	161831	39557
浙江	15850670	8217089	7757053	460037	208326
安徽	499970	101939	35393	66546	40552
福建	1126956	362520	322943	39577	5488
江西	3456980	794021	589443	204578	180619
山东	7026229	4204583	3817514	387070	54162
河南	5912536	3136178	2810448	325730	205772
湖北	2080027	1385083	1153294	231789	84915
湖南	8041134	4433007	3682496	750511	495078
广东	6302267	4317977	3895516	422461	52347
广西	159489	99124	87548	11576	6501
海南	510295	304498	257926	46572	41579
重庆	4381979	2583554	2099558	483997	315332
四川	7341683	4350773	3605904	744869	426296
贵州	3549586	1751073	1380479	370594	293666
云南	2911626	2055903	1724831	331071	244336
西藏					
陕西	3597303	1985219	1679005	306214	227375
甘肃	1241298	622437	508767	113670	90226
青海	2098	1576	521	1055	1055
宁夏	940617	453772	397475	56297	38917
新疆	1325117	691513	488085	203428	185336
大连	386845	299259	279727	19532	9324
宁波	2259178	1271448	1223845	47603	14765
厦门	190013	69546	64344	5202	408
青岛	3021875	1809777	1609584	200193	11972
深圳	1422450	789999	692716	97283	25155

(地方职业高中)

单位：千元

公用部分	商品和服务支出	其他资本性支出	专项公用支出	专项项目支出	基本建设支出
47002325	**16844398**	**30157927**	**7068285**	**23089642**	**831536**
509655	320513	189142	123774	65368	13912
93326	57676	35649	10649	25000	
5423301	1164855	4258446	702827	3555619	561
1933819	595696	1338123	365987	972136	38243
1323950	642055	681896	361017	320879	18231
436297	333888	102409	44272	58137	21863
980827	297429	683399	137778	545621	2000
486043	268569	217474	121425	96049	39867
866279	517387	348892	149015	199877	
1239670	431077	808593	137621	670972	
7266455	2394824	4871632	825157	4046475	367125
398031	57995	340035	19547	320489	
746750	61829	684921	73173	611748	17686
2622102	219183	2402919	244242	2158677	40857
2821645	1037740	1783905	642068	1141837	
2770315	936918	1833397	312799	1520598	6044
694944	293983	400960	127341	273620	
3538287	1587592	1950695	480748	1469948	69840
1964073	1188117	775957	374076	401880	20217
60365	21059	39306	26513	12793	
205797	112919	92878	44884	47994	
1761423	1213753	547670	188011	359658	37001
2971310	1393669	1577641	656774	920866	19600
1772501	421424	1351077	183582	1167495	26013
853114	350286	502827	138692	364135	2610
1587034	432829	1154206	292582	861624	25050
615461	111043	504418	35290	469128	3400
522	522				
486845	183753	303092	151255	151837	
572185	195817	376368	97186	279183	61419
72865	65204	7661	7661		14721
987730	354158	633572	164388	469184	
102781	7196	95584	1689	93895	17686
1212098	474941	737157	342389	394767	
618075	467789	150286	149920	366	14376

5-19 财政补助支出明细

地区	合计	个人部分	工资福利支出	对个人和家庭的补助支出	#助学金
合计	**50876051**	**26302478**	**22904392**	**3398086**	**2261653**
北京	175436	121319	117206	4113	593
天津	143291	98263	95794	2468	152
河北	6410640	2694116	2412057	282059	155297
山西	2126070	1193801	1090774	103027	66577
内蒙古	2138602	1314666	1136186	178481	139871
辽宁	480815	364917	341287	23630	14739
吉林	951653	559935	506186	53748	25411
黑龙江	777424	576541	472502	104039	36674
上海	185606	138496	123584	14912	9346
江苏	1715861	940417	881573	58844	22967
浙江	6346245	2796881	2673857	123024	57391
安徽	166850	64763	4827	59936	38756
福建	547017	191492	176093	15399	3652
江西	2309220	530719	448560	82159	71879
山东	2106340	1250721	1155602	95119	24948
河南	3626479	1832671	1646788	185882	131326
湖北	728040	476194	387751	88443	44723
湖南	4575546	2337457	1931822	405635	296544
广东	585168	395138	365431	29707	8900
广西	106669	69991	64589	5402	2051
海南	166435	91194	73983	17212	16493
重庆	1767645	1114236	926588	187648	137664
四川	3841839	2213526	1811538	401987	271153
贵州	2131140	1071694	843477	228217	188169
云南	1963405	1434488	1221681	212807	163780
西藏					
陕西	2189088	1167614	969020	198594	136645
甘肃	1023605	470433	396213	74220	54237
青海	2098	1576	521	1055	1055
宁夏	488010	248267	216792	31475	25973
新疆	1099814	540951	412107	128844	114686
大连	49751	40402	39652	750	290
宁波	683602	361791	348555	13236	6226
厦门	190013	69546	64344	5202	408
青岛	37373	28484	25546	2938	1965
深圳					

（农村职业高中）

单位：千元

公用部分	商品和服务支出	其他资本性支出	专项公用支出	专项项目支出	基本建设支出
24223330	**7269415**	**16953915**	**3180158**	**13773757**	**350243**
54117	36915	17202	16895	308	
45028	14058	30970	5970	25000	
3715963	713724	3002239	396211	2606028	561
904026	363169	540857	161952	378905	28243
813068	374477	438591	218620	219971	10868
115898	83643	32255	22364	9891	
389719	155275	234443	80736	153707	2000
196909	111906	85003	43725	41278	3973
47110	38913	8198	6592	1606	
775443	193794	581649	71331	510318	
3459972	809139	2650833	260506	2390327	89392
102086	7942	94145	17100	77045	
337839	36994	300845	48879	251966	17686
1737644	152038	1585606	159086	1426520	40857
855619	275406	580213	91036	489177	
1793808	610417	1183392	196898	986493	
251846	95769	156077	48835	107242	
2186841	833643	1353198	274064	1079134	51248
190031	84366	105665	34010	71655	
36678	14449	22230	14587	7643	
75240	46154	29086	21436	7650	
648098	412019	236079	73499	162580	5312
1608714	759006	849708	333096	516612	19600
1050293	254570	795723	152697	643026	9153
526307	198387	327921	85552	242368	2610
997424	254413	743011	162215	580796	24050
553172	82683	470489	27523	442966	
522	522				
239743	85904	153839	84084	69755	
514171	169722	344450	70661	273789	44691
9349	6158	3191	3191		
321811	68276	253535	50948	202587	
102781	7196	95584	1689	93895	17686
8890	8109	781	751	30	

5-20 财政补助支出明细

地区	合计	个人部分	工资福利支出	对个人和家庭的补助支出	#助学金
合计	**50866777**	**26293404**	**22900468**	**3392936**	**2261653**
北京	175436	121319	117206	4113	593
天津	143291	98263	95794	2468	152
河北	6410640	2694116	2412057	282059	155297
山西	2126070	1193801	1090774	103027	66577
内蒙古	2138602	1314666	1136186	178481	139871
辽宁	480815	364917	341287	23630	14739
吉林	951653	559935	506186	53748	25411
黑龙江	768150	567468	468578	98889	36674
上海	185606	138496	123584	14912	9346
江苏	1715861	940417	881573	58844	22967
浙江	6346245	2796881	2673857	123024	57391
安徽	166850	64763	4827	59936	38756
福建	547017	191492	176093	15399	3652
江西	2309220	530719	448560	82159	71879
山东	2106340	1250721	1155602	95119	24948
河南	3626479	1832671	1646788	185882	131326
湖北	728040	476194	387751	88443	44723
湖南	4575546	2337457	1931822	405635	296544
广东	585168	395138	365431	29707	8900
广西	106669	69991	64589	5402	2051
海南	166435	91194	73983	17212	16493
重庆	1767645	1114236	926588	187648	137664
四川	3841839	2213526	1811538	401987	271153
贵州	2131140	1071694	843477	228217	188169
云南	1963405	1434488	1221681	212807	163780
西藏					
陕西	2189088	1167614	969020	198594	136645
甘肃	1023605	470433	396213	74220	54237
青海	2098	1576	521	1055	1055
宁夏	488010	248267	216792	31475	25973
新疆	1099814	540951	412107	128844	114686
大连	49751	40402	39652	750	290
宁波	683602	361791	348555	13236	6226
厦门	190013	69546	64344	5202	408
青岛	37373	28484	25546	2938	1965
深圳					

(地方农村职业高中)

单位：千元

公用部分	商品和服务支出	其他资本性支出			基本建设支出
			专项公用支出	专项项目支出	
24223130	**7269215**	**16953915**	**3180158**	**13773757**	**350243**
54117	36915	17202	16895	308	
45028	14058	30970	5970	25000	
3715963	713724	3002239	396211	2606028	561
904026	363169	540857	161952	378905	28243
813068	374477	438591	218620	219971	10868
115898	83643	32255	22364	9891	
389719	155275	234443	80736	153707	2000
196709	111706	85003	43725	41278	3973
47110	38913	8198	6592	1606	
775443	193794	581649	71331	510318	
3459972	809139	2650833	260506	2390327	89392
102086	7942	94145	17100	77045	
337839	36994	300845	48879	251966	17686
1737644	152038	1585606	159086	1426520	40857
855619	275406	580213	91036	489177	
1793808	610417	1183392	196898	986493	
251846	95769	156077	48835	107242	
2186841	833643	1353198	274064	1079134	51248
190031	84366	105665	34010	71655	
36678	14449	22230	14587	7643	
75240	46154	29086	21436	7650	
648098	412019	236079	73499	162580	5312
1608714	759006	849708	333096	516612	19600
1050293	254570	795723	152697	643026	9153
526307	198387	327921	85552	242368	2610
997424	254413	743011	162215	580796	24050
553172	82683	470489	27523	442966	
522	522				
239743	85904	153839	84084	69755	
514171	169722	344450	70661	273789	44691
9349	6158	3191	3191		
321811	68276	253535	50948	202587	
102781	7196	95584	1689	93895	17686
8890	8109	781	751	30	

5-21 财政补助支出明细

地区	合计	个人部分	工资福利支出	对个人和家庭的补助支出	#助学金
合计	**37924215**	**21021663**	**18533815**	**2487848**	**1261853**
北京	1601393	971632	909628	62004	23368
天津	221310	176951	160208	16743	9164
河北	1049677	697002	600289	96713	20740
山西	739502	397707	345511	52196	34111
内蒙古	40237	24223	21548	2675	1583
辽宁	468447	293757	251743	42014	12920
吉林	220615	159216	100468	58748	51473
黑龙江	670705	502375	418332	84043	5206
上海	213374	170118	142149	27969	6896
江苏	1890947	1215818	1115781	100037	48614
浙江	2786964	1324119	1273016	51103	15223
安徽	559777	180299	132936	47363	28450
福建	1352280	719627	663276	56351	5320
江西	895806	337063	262530	74533	68963
山东	4160234	2359898	2194301	165597	48817
河南	2746493	1193737	1047843	145894	85265
湖北	814454	250883	207234	43649	17549
湖南	669010	459589	402866	56723	20958
广东	9659249	5652155	5184474	467681	108953
广西	1785444	977854	836905	140950	106843
海南	457191	196196	183882	12314	10562
重庆	832471	299512	203478	96035	65342
四川	793399	506098	348017	158082	103694
贵州	251761	165524	48334	117190	108771
云南	1132965	615820	499966	115854	100538
西藏	138374	45196	39725	5471	184
陕西	627695	422031	348630	73401	60978
甘肃	103714	75638	66737	8901	6511
青海	241	29	2	27	27
宁夏					
新疆	1040486	631595	524005	107590	84829
大连	140293	71114	60081	11033	9597
宁波	321424	206735	198291	8443	3038
厦门	346104	149965	137134	12831	1326
青岛	523185	292234	284898	7336	395
深圳	992647	469026	376987	92039	43625

(技工学校)

单位：千元

公用部分	商品和服务支出	其他资本性支出			基本建设支出
			专项公用支出	专项项目支出	
16418144	**7708465**	**8709680**	**3994147**	**4715533**	**484407**
629761	406581	223180	155888	67292	
44359	39973	4385	4385		
333713	245796	87917	31040	56877	18962
341796	244448	97348	43456	53892	
16014	4502	11512	8935	2576	
159600	134536	25064	20646	4418	15089
60462	48894	11568	11556	12	937
168330	110722	57608	30310	27297	
43256	32407	10849	10849		
675130	432881	242248	146144	96104	
1317962	475589	842372	344648	497724	144883
379477	205447	174031	130312	43718	
624319	228174	396145	143887	252258	8334
557294	132521	424773	293687	131087	1449
1800036	901622	898415	431049	467365	300
1497031	585550	911480	471949	439532	55725
563570	140348	423223	45553	377670	
209421	99935	109486	37296	72190	
3985485	1588061	2397424	1061331	1336093	21609
785955	395623	390332	164989	225343	21635
252605	65982	186623	66364	120259	8390
406328	275166	131162	93258	37904	126630
282213	186854	95358	53802	41557	5088
86237	40272	45965	35883	10082	
517145	241954	275191	72656	202535	
93178	26120	67057	16871	50187	
205664	146322	59342	23147	36195	
24531	8112	16419	10059	6360	3545
212	212				
357062	263860	93203	34198	59005	51829
69179	55788	13391	13391		
114689	61660	53029	48864	4165	
196139	59688	136452	76734	59718	
230951	108543	122408	11283	111125	
523621	310323	213298	182979	30319	

5-22 财政补助支出明细

地区	合计	个人部分	工资福利支出	对个人和家庭的补助支出	#助学金
合计	**37818401**	**20952025**	**18485334**	**2466692**	**1254617**
北京	1601393	971632	909628	62004	23368
天津	217562	173204	156821	16383	8804
河北	1049677	697002	600289	96713	20740
山西	739502	397707	345511	52196	34111
内蒙古	40237	24223	21548	2675	1583
辽宁	468447	293757	251743	42014	12920
吉林	220615	159216	100468	58748	51473
黑龙江	670705	502375	418332	84043	5206
上海	213374	170118	142149	27969	6896
江苏	1853584	1197128	1098887	98241	46818
浙江	2786964	1324119	1273016	51103	15223
安徽	559777	180299	132936	47363	28450
福建	1352280	719627	663276	56351	5320
江西	895806	337063	262530	74533	68963
山东	4160234	2359898	2194301	165597	48817
河南	2732328	1179572	1033679	145894	85265
湖北	814454	250883	207234	43649	17549
湖南	669010	459589	402866	56723	20958
广东	9659249	5652155	5184474	467681	108953
广西	1785444	977854	836905	140950	106843
海南	457191	196196	183882	12314	10562
重庆	832471	299512	203478	96035	65342
四川	749057	477674	338043	139631	98802
贵州	251761	165524	48334	117190	108771
云南	1132965	615820	499966	115854	100538
西藏	138374	45196	39725	5471	184
陕西	627507	421843	348630	73213	60790
甘肃	103714	75638	66737	8901	6511
青海	241	29	2	27	27
宁夏					
新疆	1034478	627171	519943	107228	84829
大连	140293	71114	60081	11033	9597
宁波	321424	206735	198291	8443	3038
厦门	346104	149965	137134	12831	1326
青岛	523185	292234	284898	7336	395
深圳	992647	469026	376987	92039	43625

(地方技工学校)

单位：千元

公用部分	商品和服务支出	其他资本性支出	专项公用支出	专项项目支出	基本建设支出
16381969	**7694417**	**8687552**	**3983340**	**4704212**	**484407**
629761	406581	223180	155888	67292	
44359	39973	4385	4385		
333713	245796	87917	31040	56877	18962
341796	244448	97348	43456	53892	
16014	4502	11512	8935	2576	
159600	134536	25064	20646	4418	15089
60462	48894	11568	11556	12	937
168330	110722	57608	30310	27297	
43256	32407	10849	10849		
656455	427266	229189	143778	85411	
1317962	475589	842372	344648	497724	144883
379477	205447	174031	130312	43718	
624319	228174	396145	143887	252258	8334
557294	132521	424773	293687	131087	1449
1800036	901622	898415	431049	467365	300
1497031	585550	911480	471949	439532	55725
563570	140348	423223	45553	377670	
209421	99935	109486	37296	72190	
3985485	1588061	2397424	1061331	1336093	21609
785955	395623	390332	164989	225343	21635
252605	65982	186623	66364	120259	8390
406328	275166	131162	93258	37904	126630
266295	179916	86379	45405	40975	5088
86237	40272	45965	35883	10082	
517145	241954	275191	72656	202535	
93178	26120	67057	16871	50187	
205664	146322	59342	23147	36195	
24531	8112	16419	10059	6360	3545
212	212				
355478	262365	93113	34154	58959	51829
69179	55788	13391	13391		
114689	61660	53029	48864	4165	
196139	59688	136452	76734	59718	
230951	108543	122408	11283	111125	
523621	310323	213298	182979	30319	

5-23 财政补助支出明细

地区	合计	个人部分	工资福利支出	对个人和家庭的补助支出	#助学金
合计	**7428259**	**5510227**	**4882749**	**627478**	**71640**
北京	25417	19470	18761	709	
天津	17803	15033	14434	599	
河北	1152739	1036672	931188	105484	563
山西	42328	33835	31511	2323	316
内蒙古	35298	29936	27256	2680	
辽宁					
吉林	712944	625066	592594	32472	83
黑龙江	670869	627857	501868	125989	
上海	59383	43525	35001	8524	
江苏	222883	147666	130631	17036	4858
浙江	468187	308268	288443	19825	387
安徽	66124	43822	39646	4176	
福建	22751	19575	18238	1337	
江西	117963	70505	63402	7103	
山东	222031	103513	86688	16826	1125
河南	981540	565788	493830	71957	28301
湖北	43268	31740	22901	8839	
湖南	521226	339950	301882	38068	16118
广东	147983	113774	100580	13194	393
广西	55257	38605	35985	2620	28
海南	22332	9816	9782	34	
重庆	838812	492533	422934	69599	3385
四川	260462	224275	198175	26100	1817
贵州	96947	38390	30727	7664	6483
云南	253671	225167	197407	27760	7597
西藏					
陕西	247858	212407	204914	7492	
甘肃	65197	52315	47165	5150	185
青海					
宁夏					
新疆	56987	40725	36808	3918	
大连					
宁波	296968	207518	194978	12540	
厦门					
青岛					
深圳					

(成人中等专业学校)

单位：千元

公用部分	商品和服务支出	其他资本性支出	专项公用支出	专项项目支出	基本建设支出
1906740	**1264331**	**642408**	**145156**	**497253**	**11292**
5947	5570	377	377		
2770	911	1859	1	1858	
116067	100592	15476	6227	9249	
8493	6242	2251	660	1591	
5362	1298	4064	259	3805	
87878	64559	23319	7019	16299	
43012	36184	6828	1396	5432	
15858	15116	742	742		
75217	34068	41149	8158	32990	
159919	126943	32976	22758	10218	
22302	19953	2349	1349	1000	
3176	2487	690	690		
47458	19409	28049	10713	17336	
118518	60037	58481	15549	42931	
415752	271534	144219	14323	129896	
11528	9501	2027	787	1240	
179229	148090	31139	11431	19708	2047
34209	29679	4530	4290	240	
16651	15576	1075	180	895	
12516	11970	546	546		
346279	154743	191536	16392	175144	
36187	30745	5442	2700	2742	
58556	36433	22123	13495	8628	
19259	12524	6736	2466	4269	9245
35451	23198	12253	1296	10957	
12882	11588	1295	473	822	
16262	15383	879	879		
89450	78477	10973	7002	3971	

5-24 财政补助支出明细

地区	合计	个人部分	工资福利支出	对个人和家庭的补助支出	#助学金
合计	**7420308**	**5505274**	**4878841**	**626432**	**71640**
北京	25417	19470	18761	709	
天津	17803	15033	14434	599	
河北	1152739	1036672	931188	105484	563
山西	42328	33835	31511	2323	316
内蒙古	35298	29936	27256	2680	
辽宁					
吉林	712944	625066	592594	32472	83
黑龙江	670869	627857	501868	125989	
上海	59383	43525	35001	8524	
江苏	222883	147666	130631	17036	4858
浙江	468187	308268	288443	19825	387
安徽	66124	43822	39646	4176	
福建	22751	19575	18238	1337	
江西	117963	70505	63402	7103	
山东	222031	103513	86688	16826	1125
河南	981540	565788	493830	71957	28301
湖北	43268	31740	22901	8839	
湖南	521226	339950	301882	38068	16118
广东	147983	113774	100580	13194	393
广西	55257	38605	35985	2620	28
海南	22332	9816	9782	34	
重庆	838812	492533	422934	69599	3385
四川	260462	224275	198175	26100	1817
贵州	96947	38390	30727	7664	6483
云南	253671	225167	197407	27760	7597
西藏					
陕西	247858	212407	204914	7492	
甘肃	65197	52315	47165	5150	185
青海					
宁夏					
新疆	49037	35772	32900	2872	
大连					
宁波	296968	207518	194978	12540	
厦门					
青岛					
深圳					

(地方成人中等专业学校)

单位：千元

公用部分	商品和服务支出	其他资本性支出	专项公用支出	专项项目支出	基本建设支出
1903742	**1261350**	**642393**	**145140**	**497253**	**11292**
5947	5570	377	377		
2770	911	1859	1	1858	
116067	100592	15476	6227	9249	
8493	6242	2251	660	1591	
5362	1298	4064	259	3805	
87878	64559	23319	7019	16299	
43012	36184	6828	1396	5432	
15858	15116	742	742		
75217	34068	41149	8158	32990	
159919	126943	32976	22758	10218	
22302	19953	2349	1349	1000	
3176	2487	690	690		
47458	19409	28049	10713	17336	
118518	60037	58481	15549	42931	
415752	271534	144219	14323	129896	
11528	9501	2027	787	1240	
179229	148090	31139	11431	19708	2047
34209	29679	4530	4290	240	
16651	15576	1075	180	895	
12516	11970	546	546		
346279	154743	191536	16392	175144	
36187	30745	5442	2700	2742	
58556	36433	22123	13495	8628	
19259	12524	6736	2466	4269	9245
35451	23198	12253	1296	10957	
12882	11588	1295	473	822	
13265	12402	863	863		
89450	78477	10973	7002	3971	

5-25 财政补助支出明细

地区	合计	个人部分	工资福利支出	对个人和家庭的补助支出	#助学金
合计	**1524427378**	**1112740258**	**1008242293**	**104497965**	**46643124**
北京	39979914	27499649	26141168	1358481	145931
天津	16416541	13911364	13440615	470749	99375
河北	65992429	47814631	43254089	4560542	1836818
山西	33864934	24148080	22422903	1725176	753616
内蒙古	29695767	20760450	19050564	1709886	934837
辽宁	28974067	24278736	22851381	1427355	378926
吉林	19990563	15160000	14369428	790572	337698
黑龙江	26889072	22141348	19095106	3046242	549599
上海	44006331	27624157	25491939	2132218	565808
江苏	107702724	80838751	74932148	5906603	1411064
浙江	80194600	55708745	52625277	3083468	1449881
安徽	61105921	43147931	37147578	6000352	1875166
福建	47675795	36129239	33616430	2512809	731303
江西	52697989	32907589	30372917	2534673	1244712
山东	107726351	83657035	77371703	6285332	1782715
河南	81593396	58052866	52350510	5702356	3307738
湖北	55286607	41015202	36763617	4251585	1169607
湖南	61566782	44538940	39440603	5098336	2263552
广东	150809750	107602063	97802287	9799776	2690563
广西	48222092	37631539	33523167	4108372	2943700
海南	13946454	9649197	9063317	585879	404910
重庆	39457217	28618888	25759087	2859800	988855
四川	77140818	57144593	49262492	7882102	4342994
贵州	46285035	34362157	29260236	5101921	3358096
云南	48529450	39280109	34555906	4724203	3739114
西藏	11339035	8037657	6519742	1517915	1325914
陕西	37925616	25363170	23053658	2309511	1476784
甘肃	28096672	21068831	19075791	1993040	1186993
青海	10443042	7545407	6658653	886754	478362
宁夏	9897734	7021129	6594372	426756	264872
新疆	40974679	30080806	26375608	3705199	2603619
大连	5711435	4654122	4488639	165484	34021
宁波	10777829	7699480	7298681	400799	147992
厦门	7492157	5459662	5014297	445365	22371
青岛	13029297	10271019	9366804	904215	146188
深圳	32629115	16422381	14684575	1737806	509055

(中学)

单位：千元

公用部分					基本建设支出
	商品和服务支出	其他资本性支出			
			专项公用支出	专项项目支出	
381658316	**182508583**	**199149733**	**53842834**	**145306899**	**30028803**
10224669	7255094	2969575	1797943	1171632	2255597
2409522	1649159	760363	228940	531424	95655
17946216	8157793	9788423	2390206	7398216	231582
9434082	4677395	4756687	1512636	3244051	282773
8430933	3988951	4441982	1240035	3201946	504384
4519796	3100155	1419642	469563	950078	175535
4690029	2294082	2395948	585013	1810935	140533
4303762	2723853	1579909	589385	990524	443962
15785583	9430369	6355214	2229363	4125851	596591
26769675	10595298	16174377	2782512	13391865	94298
21525794	11296515	10229279	2448824	7780455	2960061
16387595	7517616	8869979	2902764	5967216	1570395
11359410	4733840	6625570	1982420	4643150	187146
18654376	3993728	14660648	3354314	11306334	1136024
24062805	9789055	14273750	2692554	11581197	6510
22337440	9718221	12619218	2465367	10153852	1203091
14271405	6141310	8130095	1393240	6736855	
16811501	8496459	8315042	2371327	5943715	216341
32394200	19695182	12699019	4996917	7702102	10813487
10327893	4928984	5398909	1653252	3745656	262660
4190814	1735204	2455609	958101	1497508	106444
9745853	6477240	3268613	1137458	2131155	1092476
19385265	10274246	9111019	2716179	6394840	610960
11591449	4517599	7073850	2525391	4548460	331429
8910747	4320763	4589984	621463	3968521	338594
2571783	1069088	1502695	548786	953908	729595
11814746	5318525	6496221	1976455	4519766	747700
6656629	2405473	4251156	875751	3375406	371212
2513500	854201	1659299	409734	1249564	384134
2843023	1078426	1764597	651651	1112946	33582
8787822	4274760	4513063	1335290	3177772	2106051
985708	710774	274934	130610	144325	71604
2857473	1130292	1727181	316505	1410676	220877
1904773	1067965	836809	472591	364218	127722
2758278	1596312	1161965	525840	636125	
7409763	5934796	1474967	1282498	192468	8796971

5-26 财政补助支出明细

地区	合计	个人部分	工资福利支出	对个人和家庭的补助支出	#助学金
合计	**1516874668**	**1107577644**	**1003594999**	**103982645**	**46450990**
北京	38504814	26434209	25105380	1328829	143863
天津	16416541	13911364	13440615	470749	99375
河北	65992429	47814631	43254089	4560542	1836818
山西	33864934	24148080	22422903	1725176	753616
内蒙古	29695767	20760450	19050564	1709886	934837
辽宁	28974067	24278736	22851381	1427355	378926
吉林	19819291	15023330	14234422	788908	337698
黑龙江	26889072	22141348	19095106	3046242	549599
上海	43729930	27395329	25264735	2130594	565808
江苏	107702724	80838751	74932148	5906603	1411064
浙江	80194600	55708745	52625277	3083468	1449881
安徽	61105921	43147931	37147578	6000352	1875166
福建	47675795	36129239	33616430	2512809	731303
江西	52697989	32907589	30372917	2534673	1244712
山东	107726351	83657035	77371703	6285332	1782715
河南	81593396	58052866	52350510	5702356	3307738
湖北	54904379	40702406	36451477	4250929	1168963
湖南	61552600	44524955	39426618	5098336	2263552
广东	150809750	107602063	97802287	9799776	2690563
广西	48222092	37631539	33523167	4108372	2943700
海南	13946454	9649197	9063317	585879	404910
重庆	39274295	28469992	25611470	2858522	988577
四川	77137318	57141093	49259140	7881953	4342846
贵州	46285035	34362157	29260236	5101921	3358096
云南	48529450	39280109	34555906	4724203	3739114
西藏	11339035	8037657	6519742	1517915	1325914
陕西	37751285	25247232	22940863	2306369	1476670
甘肃	28081997	21056458	19063511	1992946	1186980
青海	10443042	7545407	6658653	886754	478362
宁夏	9897734	7021129	6594372	426756	264872
新疆	36116580	26956618	23728480	3228138	2414752
大连	5711435	4654122	4488639	165484	34021
宁波	10777829	7699480	7298681	400799	147992
厦门	7492157	5459662	5014297	445365	22371
青岛	13029297	10271019	9366804	904215	146188
深圳	32629115	16422381	14684575	1737806	509055

(地方中学)

单位：千元

公用部分	商品和服务支出	其他资本性支出			基本建设支出
			专项公用支出	专项项目支出	
379643187	**181378033**	**198265155**	**53493896**	**144771258**	**29653837**
9815008	6912141	2902867	1731238	1171629	2255597
2409522	1649159	760363	228940	531424	95655
17946216	8157793	9788423	2390206	7398216	231582
9434082	4677395	4756687	1512636	3244051	282773
8430933	3988951	4441982	1240035	3201946	504384
4519796	3100155	1419642	469563	950078	175535
4655429	2260238	2395191	584256	1810935	140533
4303762	2723853	1579909	589385	990524	443962
15738011	9386846	6351165	2225314	4125851	596591
26769675	10595298	16174377	2782512	13391865	94298
21525794	11296515	10229279	2448824	7780455	2960061
16387595	7517616	8869979	2902764	5967216	1570395
11359410	4733840	6625570	1982420	4643150	187146
18654376	3993728	14660648	3354314	11306334	1136024
24062805	9789055	14273750	2692554	11581197	6510
22337440	9718221	12619218	2465367	10153852	1203091
14201973	6091082	8110891	1375211	6735680	
16811304	8496265	8315039	2371324	5943715	216341
32394200	19695182	12699019	4996917	7702102	10813487
10327893	4928984	5398909	1653252	3745656	262660
4190814	1735204	2455609	958101	1497508	106444
9711828	6450441	3261386	1130231	2131155	1092476
19385265	10274246	9111019	2716179	6394840	610960
11591449	4517599	7073850	2525391	4548460	331429
8910747	4320763	4589984	621463	3968521	338594
2571783	1069088	1502695	548786	953908	729595
11756353	5268604	6487749	1967982	4519766	747700
6654327	2404267	4250060	875700	3374361	371212
2513500	854201	1659299	409734	1249564	384134
2843023	1078426	1764597	651651	1112946	33582
7428877	3692877	3736000	1091645	2644356	1731085
985708	710774	274934	130610	144325	71604
2857473	1130292	1727181	316505	1410676	220877
1904773	1067965	836809	472591	364218	127722
2758278	1596312	1161965	525840	636125	
7409763	5934796	1474967	1282498	192468	8796971

5-27 财政补助支出明细

地区	合计	个人部分	工资福利支出	对个人和家庭的补助支出	#助学金
合计	**1524026465**	**1112415087**	**1007929097**	**104485991**	**46643124**
北京	39885903	27420324	26063117	1357207	145931
天津	16384998	13880619	13410762	469857	99375
河北	65992429	47814631	43254089	4560542	1836818
山西	33864934	24148080	22422903	1725176	753616
内蒙古	29695767	20760450	19050564	1709886	934837
辽宁	28974067	24278736	22851381	1427355	378926
吉林	19987751	15157370	14367374	789996	337698
黑龙江	26889072	22141348	19095106	3046242	549599
上海	44006331	27624157	25491939	2132218	565808
江苏	107695855	80832306	74926084	5906222	1411064
浙江	79945969	55517976	52442059	3075918	1449881
安徽	61105921	43147931	37147578	6000352	1875166
福建	47675795	36129239	33616430	2512809	731303
江西	52697989	32907589	30372917	2534673	1244712
山东	107726351	83657035	77371703	6285332	1782715
河南	81593396	58052866	52350510	5702356	3307738
湖北	55286607	41015202	36763617	4251585	1169607
湖南	61564360	44536535	39438199	5098336	2263552
广东	150799777	107593592	97795117	9798474	2690563
广西	48222092	37631539	33523167	4108372	2943700
海南	13946454	9649197	9063317	585879	404910
重庆	39457217	28618888	25759087	2859800	988855
四川	77140818	57144593	49262492	7882102	4342994
贵州	46285035	34362157	29260236	5101921	3358096
云南	48524799	39275727	34551524	4724203	3739114
西藏	11339035	8037657	6519742	1517915	1325914
陕西	37925616	25363170	23053658	2309511	1476784
甘肃	28096672	21068831	19075791	1993040	1186993
青海	10443042	7545407	6658653	886754	478362
宁夏	9897734	7021129	6594372	426756	264872
新疆	40974679	30080806	26375608	3705199	2603619
大连	5711435	4654122	4488639	165484	34021
宁波	10777829	7699480	7298681	400799	147992
厦门	7492157	5459662	5014297	445365	22371
青岛	13029297	10271019	9366804	904215	146188
深圳	32629115	16422381	14684575	1737806	509055

（普通中学）

单位：千元

公用部分					基本建设支出
	商品和服务支出	其他资本性支出	专项公用支出	专项项目支出	
381582574	**182437694**	**199144880**	**53838194**	**145306686**	**30028803**
10209982	7240802	2969181	1797549	1171632	2255597
2408724	1648380	760344	228920	531424	95655
17946216	8157793	9788423	2390206	7398216	231582
9434082	4677395	4756687	1512636	3244051	282773
8430933	3988951	4441982	1240035	3201946	504384
4519796	3100155	1419642	469563	950078	175535
4689848	2293904	2395943	585009	1810935	140533
4303762	2723853	1579909	589385	990524	443962
15785583	9430369	6355214	2229363	4125851	596591
26769251	10594873	16174377	2782512	13391865	94298
21467932	11243027	10224905	2444663	7780242	2960061
16387595	7517616	8869979	2902764	5967216	1570395
11359410	4733840	6625570	1982420	4643150	187146
18654376	3993728	14660648	3354314	11306334	1136024
24062805	9789055	14273750	2692554	11581197	6510
22337440	9718221	12619218	2465367	10153852	1203091
14271405	6141310	8130095	1393240	6736855	
16811483	8496441	8315042	2371327	5943715	216341
32392698	19693740	12698958	4996856	7702102	10813487
10327893	4928984	5398909	1653252	3745656	262660
4190814	1735204	2455609	958101	1497508	106444
9745853	6477240	3268613	1137458	2131155	1092476
19385265	10274246	9111019	2716179	6394840	610960
11591449	4517599	7073850	2525391	4548460	331429
8910478	4320494	4589984	621463	3968521	338594
2571783	1069088	1502695	548786	953908	729595
11814746	5318525	6496221	1976455	4519766	747700
6656629	2405473	4251156	875751	3375406	371212
2513500	854201	1659299	409734	1249564	384134
2843023	1078426	1764597	651651	1112946	33582
8787822	4274760	4513063	1335290	3177772	2106051
985708	710774	274934	130610	144325	71604
2857473	1130292	1727181	316505	1410676	220877
1904773	1067965	836809	472591	364218	127722
2758278	1596312	1161965	525840	636125	
7409763	5934796	1474967	1282498	192468	8796971

5-28 财政补助支出明细

地区	合计	个人部分	工资福利支出	对个人和家庭的补助支出	#助学金
合计	**1516473756**	**1107252472**	**1003281802**	**103970670**	**46450990**
北京	38410802	26354884	25027329	1327555	143863
天津	16384998	13880619	13410762	469857	99375
河北	65992429	47814631	43254089	4560542	1836818
山西	33864934	24148080	22422903	1725176	753616
内蒙古	29695767	20760450	19050564	1709886	934837
辽宁	28974067	24278736	22851381	1427355	378926
吉林	19816479	15020699	14232367	788332	337698
黑龙江	26889072	22141348	19095106	3046242	549599
上海	43729930	27395329	25264735	2130594	565808
江苏	107695855	80832306	74926084	5906222	1411064
浙江	79945969	55517976	52442059	3075918	1449881
安徽	61105921	43147931	37147578	6000352	1875166
福建	47675795	36129239	33616430	2512809	731303
江西	52697989	32907589	30372917	2534673	1244712
山东	107726351	83657035	77371703	6285332	1782715
河南	81593396	58052866	52350510	5702356	3307738
湖北	54904379	40702406	36451477	4250929	1168963
湖南	61550178	44522550	39424214	5098336	2263552
广东	150799777	107593592	97795117	9798474	2690563
广西	48222092	37631539	33523167	4108372	2943700
海南	13946454	9649197	9063317	585879	404910
重庆	39274295	28469992	25611470	2858522	988577
四川	77137318	57141093	49259140	7881953	4342846
贵州	46285035	34362157	29260236	5101921	3358096
云南	48524799	39275727	34551524	4724203	3739114
西藏	11339035	8037657	6519742	1517915	1325914
陕西	37751285	25247232	22940863	2306369	1476670
甘肃	28081997	21056458	19063511	1992946	1186980
青海	10443042	7545407	6658653	886754	478362
宁夏	9897734	7021129	6594372	426756	264872
新疆	36116580	26956618	23728480	3228138	2414752
大连	5711435	4654122	4488639	165484	34021
宁波	10777829	7699480	7298681	400799	147992
厦门	7492157	5459662	5014297	445365	22371
青岛	13029297	10271019	9366804	904215	146188
深圳	32629115	16422381	14684575	1737806	509055

(地方普通中学)

单位：千元

公用部分					基本建设支出
	商品和服务支出	其他资本性支出			
			专项公用支出	专项项目支出	
379567446	**181307144**	**198260302**	**53489256**	**144771046**	**29653837**
9800321	6897848	2902473	1730845	1171629	2255597
2408724	1648380	760344	228920	531424	95655
17946216	8157793	9788423	2390206	7398216	231582
9434082	4677395	4756687	1512636	3244051	282773
8430933	3988951	4441982	1240035	3201946	504384
4519796	3100155	1419642	469563	950078	175535
4655247	2260061	2395186	584251	1810935	140533
4303762	2723853	1579909	589385	990524	443962
15738011	9386846	6351165	2225314	4125851	596591
26769251	10594873	16174377	2782512	13391865	94298
21467932	11243027	10224905	2444663	7780242	2960061
16387595	7517616	8869979	2902764	5967216	1570395
11359410	4733840	6625570	1982420	4643150	187146
18654376	3993728	14660648	3354314	11306334	1136024
24062805	9789055	14273750	2692554	11581197	6510
22337440	9718221	12619218	2465367	10153852	1203091
14201973	6091082	8110891	1375211	6735680	
16811287	8496248	8315039	2371324	5943715	216341
32392698	19693740	12698958	4996856	7702102	10813487
10327893	4928984	5398909	1653252	3745656	262660
4190814	1735204	2455609	958101	1497508	106444
9711828	6450441	3261386	1130231	2131155	1092476
19385265	10274246	9111019	2716179	6394840	610960
11591449	4517599	7073850	2525391	4548460	331429
8910478	4320494	4589984	621463	3968521	338594
2571783	1069088	1502695	548786	953908	729595
11756353	5268604	6487749	1967982	4519766	747700
6654327	2404267	4250060	875700	3374361	371212
2513500	854201	1659299	409734	1249564	384134
2843023	1078426	1764597	651651	1112946	33582
7428877	3692877	3736000	1091645	2644356	1731085
985708	710774	274934	130610	144325	71604
2857473	1130292	1727181	316505	1410676	220877
1904773	1067965	836809	472591	364218	127722
2758278	1596312	1161965	525840	636125	
7409763	5934796	1474967	1282498	192468	8796971

5-29 财政补助支出明细

地区	合计	个人部分	工资福利支出	对个人和家庭的补助支出	#助学金
合计	**527422666**	**380572486**	**350656269**	**29916217**	**12120284**
北京	14777121	10846599	10289988	556611	42753
天津	5814491	5042293	4917211	125082	16425
河北	22400326	16284875	14893002	1391873	494394
山西	13530488	9653242	9075158	578084	252495
内蒙古	12149144	7868210	7156170	712040	431732
辽宁	9665455	8076160	7711114	365046	92170
吉林	6554555	4859763	4573922	285841	152021
黑龙江	9189379	7138792	6371406	767387	182784
上海	15181984	9026198	8382677	643521	75363
江苏	39816950	28713923	26971134	1742788	310650
浙江	28622898	19256208	18437307	818902	211734
安徽	19722201	14303059	12699487	1603572	472065
福建	15687929	11845642	11124189	721453	94349
江西	18252850	11458315	10595016	863299	369246
山东	34852251	27448755	25949418	1499337	335620
河南	27414759	18790894	17256496	1534398	819673
湖北	19098498	13826404	12705718	1120685	321306
湖南	20584768	15182126	13784078	1398047	633621
广东	54058369	38368582	35641795	2726787	434720
广西	15832131	12111096	10981624	1129471	798229
海南	4672655	3218064	3072366	145697	75749
重庆	14589834	10759088	9803817	955271	363255
四川	25510061	18789342	16678061	2111281	1102290
贵州	14915680	10845706	9485206	1360500	745175
云南	16370993	12528690	11262458	1266232	903468
西藏	4186338	2767758	2261121	506637	455769
陕西	12947044	8645811	7996718	649093	434464
甘肃	10638412	7903198	7283973	619225	359343
青海	4012239	2818247	2522666	295581	164558
宁夏	3682283	2674652	2526163	148489	88218
新疆	12690580	9520795	8246808	1273986	886646
大连	1812938	1570114	1522879	47235	9753
宁波	3740586	2642954	2534874	108080	16989
厦门	2628464	1870690	1724725	145965	3326
青岛	4517601	3446876	3203582	243294	19889
深圳	13004407	6017468	5489222	528246	109066

(普通高中)

单位：千元

公用部分	商品和服务支出	其他资本性支出			基本建设支出
			专项公用支出	专项项目支出	
132341302	**60325110**	**72016192**	**19195760**	**52820432**	**14508879**
3371142	2625141	746001	564283	181718	559381
772198	608509	163689	40582	123106	
6100846	2399185	3701661	736327	2965334	14605
3765048	1716854	2048194	575677	1472517	112198
3960353	1885211	2075142	545955	1529186	320581
1534300	1072200	462100	153006	309094	54995
1660510	879185	781325	259455	521870	34282
1755033	1091470	663563	252832	410732	295553
5986184	2982391	3003794	817415	2186379	169602
11078268	3542723	7535544	1181805	6353740	24760
7369560	3668787	3700773	1044404	2656369	1997130
4063626	2013273	2050352	787269	1263083	1355516
3727168	1592477	2134691	731749	1402942	115119
6157127	1328914	4828213	1170195	3658018	637408
7403496	2915490	4488006	929063	3558943	
7640955	2976722	4664232	913599	3750633	982911
5272094	2122222	3149872	434529	2715344	
5374033	2789489	2584544	653251	1931294	28609
10433038	6007451	4425586	1774702	2650884	5256749
3603283	1683087	1920197	479604	1440593	117752
1392416	604550	787866	211976	575890	62175
3469382	2244060	1225323	540041	685282	361363
6596505	3335811	3260694	1140701	2119992	124214
3916586	1567050	2349535	922154	1427381	153388
3684076	1496707	2187369	257924	1929445	158227
995209	510679	484530	173370	311159	423371
4014856	1998379	2016477	605447	1411030	286377
2613511	859106	1754405	420654	1333751	121702
1092247	283240	809007	273601	535406	101744
1007632	381755	625877	245251	380626	
2530620	1142990	1387630	358937	1028694	639165
242824	207430	35394	28786	6608	
1060522	352977	707545	114006	593539	37110
693940	355826	338114	211565	126549	63834
1070725	467783	602942	198093	404850	
2857411	2196096	661315	642717	18598	4129528

5-30 财政补助支出明细

地区	合计	个人部分	工资福利支出	对个人和家庭的补助支出	#助学金
合计	**523761130**	**378238213**	**348510456**	**29727757**	**12040852**
北京	13859086	10175665	9641077	534589	41226
天津	5814491	5042293	4917211	125082	16425
河北	22400326	16284875	14893002	1391873	494394
山西	13530488	9653242	9075158	578084	252495
内蒙古	12149144	7868210	7156170	712040	431732
辽宁	9665455	8076160	7711114	365046	92170
吉林	6502579	4819515	4534442	285072	152021
黑龙江	9189379	7138792	6371406	767387	182784
上海	14973564	8853723	8211538	642185	75363
江苏	39816950	28713923	26971134	1742788	310650
浙江	28622898	19256208	18437307	818902	211734
安徽	19722201	14303059	12699487	1603572	472065
福建	15687929	11845642	11124189	721453	94349
江西	18252850	11458315	10595016	863299	369246
山东	34852251	27448755	25949418	1499337	335620
河南	27414759	18790894	17256496	1534398	819673
湖北	18784046	13566118	12446056	1120062	320695
湖南	20576856	15174324	13776276	1398047	633621
广东	54058369	38368582	35641795	2726787	434720
广西	15832131	12111096	10981624	1129471	798229
海南	4672655	3218064	3072366	145697	75749
重庆	14522127	10703976	9749178	954798	363152
四川	25508035	18787315	16676121	2111195	1102204
贵州	14915680	10845706	9485206	1360500	745175
云南	16370993	12528690	11262458	1266232	903468
西藏	4186338	2767758	2261121	506637	455769
陕西	12869376	8597450	7949811	647639	434382
甘肃	10631740	7897614	7278433	619181	359340
青海	4012239	2818247	2522666	295581	164558
宁夏	3682283	2674652	2526163	148489	88218
新疆	10683911	8449351	7337018	1112333	809624
大连	1812938	1570114	1522879	47235	9753
宁波	3740586	2642954	2534874	108080	16989
厦门	2628464	1870690	1724725	145965	3326
青岛	4517601	3446876	3203582	243294	19889
深圳	13004407	6017468	5489222	528246	109066

(地方普通高中)

单位：千元

公用部分	商品和服务支出	其他资本性支出	其他资本性支出：专项公用支出	其他资本性支出：专项项目支出	基本建设支出
131249500	**59799613**	**71449888**	**19009209**	**52440678**	**14273417**
3124041	2421010	703031	521315	181716	559381
772198	608509	163689	40582	123106	
6100846	2399185	3701661	736327	2965334	14605
3765048	1716854	2048194	575677	1472517	112198
3960353	1885211	2075142	545955	1529186	320581
1534300	1072200	462100	153006	309094	54995
1648782	867747	781036	259166	521870	34282
1755033	1091470	663563	252832	410732	295553
5950239	2949144	3001095	814716	2186379	169602
11078268	3542723	7535544	1181805	6353740	24760
7369560	3668787	3700773	1044404	2656369	1997130
4063626	2013273	2050352	787269	1263083	1355516
3727168	1592477	2134691	731749	1402942	115119
6157127	1328914	4828213	1170195	3658018	637408
7403496	2915490	4488006	929063	3558943	
7640955	2976722	4664232	913599	3750633	982911
5217927	2083176	3134752	420133	2714618	
5373923	2789381	2584543	653249	1931294	28609
10433038	6007451	4425586	1774702	2650884	5256749
3603283	1683087	1920197	479604	1440593	117752
1392416	604550	787866	211976	575890	62175
3456788	2234140	1222648	537366	685282	361363
6596505	3335811	3260694	1140701	2119992	124214
3916586	1567050	2349535	922154	1427381	153388
3684076	1496707	2187369	257924	1929445	158227
995209	510679	484530	173370	311159	423371
3985549	1974310	2011239	600209	1411030	286377
2612424	858526	1753897	420654	1333243	121702
1092247	283240	809007	273601	535406	101744
1007632	381755	625877	245251	380626	
1830857	940030	890827	240652	650175	403703
242824	207430	35394	28786	6608	
1060522	352977	707545	114006	593539	37110
693940	355826	338114	211565	126549	63834
1070725	467783	602942	198093	404850	
2857411	2196096	661315	642717	18598	4129528

5-31 财政补助支出明细

地 区	合 计				
		个人部分			
			工资福利支 出	对个人和家庭的补助支出	
					#助学金
合 计	**206796916**	**154357759**	**141793185**	**12564574**	**7144550**
北 京	864488	531953	520701	11252	3320
天 津	916666	825078	812798	12279	1518
河 北	11893902	8360760	7705733	655027	309095
山 西	6338692	4631341	4308256	323085	163320
内蒙古	5884775	3783267	3458569	324698	210396
辽 宁	2278634	1979166	1907782	71383	29523
吉 林	2461213	1803959	1698630	105329	60025
黑龙江	3475207	2679458	2370253	309205	67452
上 海	1154009	911374	867853	43521	5741
江 苏	13094960	9788636	9314775	473861	159177
浙 江	10079062	7267502	6988769	278733	75357
安 徽	10159531	7953225	6966104	987121	350469
福 建	7056837	5575142	5322935	252207	54298
江 西	9370749	5432327	5111543	320784	205255
山 东	11572844	9440355	9006286	434068	158428
河 南	14161942	10171030	9399353	771677	545474
湖 北	5351976	4026182	3678581	347601	198495
湖 南	11338974	8238155	7532702	705453	431384
广 东	10813481	8684033	8129890	554143	150929
广 西	7584921	5747593	5175901	571691	426951
海 南	2132994	1364422	1303840	60582	42165
重 庆	5231667	4344612	3936628	407984	207355
四 川	12144213	9104954	8048104	1056851	679273
贵 州	8354634	6282886	5508992	773894	523863
云 南	9473883	7567069	6837954	729115	591049
西 藏	1226905	1039413	858906	180507	164178
陕 西	6193382	4044165	3649740	394425	253071
甘 肃	6582600	5147310	4710903	436407	288818
青 海	2264154	1626027	1443921	182106	121809
宁 夏	1365748	1039425	980077	59348	43764
新 疆	5973873	4966942	4236707	730235	622599
大 连	136981	110337	101992	8344	934
宁 波	1161886	853907	825665	28242	6180
厦 门	64952	45883	44609	1274	123
青 岛	468904	308494	293503	14992	1694
深 圳					

(农村高中)

单位：千元

公用部分	商品和服务支出	其他资本性支出			基本建设支出
			专项公用支出	专项项目支出	
50265480	**21486826**	**28778654**	**6560470**	**22218184**	**2173677**
210109	148660	61449	35312	26137	122425
91588	68951	22638	6285	16353	
3518538	1279721	2238817	463336	1775481	14605
1684292	798286	886006	226574	659432	23060
1980389	830582	1149807	219284	930523	121118
288305	189892	98413	42639	55774	11164
657114	290714	366400	92628	273772	140
624088	421744	202343	80370	121973	171661
242635	173303	69332	55332	14000	
3300638	1113366	2187272	264511	1922760	5686
2290207	1203053	1087154	314709	772445	521353
2205270	1092506	1112764	336330	776434	1036
1470995	670611	800384	176236	624148	10700
3748871	679362	3069509	687429	2382080	189551
2132489	827969	1304520	312355	992164	
3972719	1558088	2414631	443277	1971354	18194
1325794	590971	734823	113992	620831	
3077949	1506706	1571243	261053	1310190	22870
2109550	965813	1143738	231090	912647	19898
1734627	845543	889084	197007	692077	102701
712213	240073	472140	116041	356099	56359
878520	613953	264567	83978	180589	8534
2954918	1549358	1405561	342423	1063137	84340
2016791	808767	1208024	578135	629889	54956
1790325	723588	1066736	124319	942418	116490
187492	146759	40734	23398	17335	
1975140	976477	998663	309512	689151	174077
1413203	508834	904369	183396	720973	22087
558521	120467	438054	78387	359667	79606
326323	119595	206729	64905	141824	
785864	423114	362750	96224	266527	221067
26644	16473	10172	10172		
307978	112396	195582	29100	166482	
19069	9078	9991	3491	6500	
160410	40990	119420	73037	46383	

5-32 财政补助支出明细

地 区	合 计	个人部分	工资福利支 出	对个人和家庭的补助支出	#助学金
合 计	**206410901**	**154075627**	**141537074**	**12538553**	**7140042**
北 京	864488	531953	520701	11252	3320
天 津	916666	825078	812798	12279	1518
河 北	11893902	8360760	7705733	655027	309095
山 西	6338692	4631341	4308256	323085	163320
内蒙古	5884775	3783267	3458569	324698	210396
辽 宁	2278634	1979166	1907782	71383	29523
吉 林	2461213	1803959	1698630	105329	60025
黑龙江	3475207	2679458	2370253	309205	67452
上 海	1154009	911374	867853	43521	5741
江 苏	13094960	9788636	9314775	473861	159177
浙 江	10079062	7267502	6988769	278733	75357
安 徽	10159531	7953225	6966104	987121	350469
福 建	7056837	5575142	5322935	252207	54298
江 西	9370749	5432327	5111543	320784	205255
山 东	11572844	9440355	9006286	434068	158428
河 南	14161942	10171030	9399353	771677	545474
湖 北	5188493	3891777	3544184	347594	198488
湖 南	11338974	8238155	7532702	705453	431384
广 东	10813481	8684033	8129890	554143	150929
广 西	7584921	5747593	5175901	571691	426951
海 南	2132994	1364422	1303840	60582	42165
重 庆	5231667	4344612	3936628	407984	207355
四 川	12144213	9104954	8048104	1056851	679273
贵 州	8354634	6282886	5508992	773894	523863
云 南	9473883	7567069	6837954	729115	591049
西 藏	1226905	1039413	858906	180507	164178
陕 西	6193382	4044165	3649740	394425	253071
甘 肃	6575927	5141725	4705363	436362	288815
青 海	2264154	1626027	1443921	182106	121809
宁 夏	1365748	1039425	980077	59348	43764
新 疆	5758014	4824799	4120534	704266	618101
大 连	136981	110337	101992	8344	934
宁 波	1161886	853907	825665	28242	6180
厦 门	64952	45883	44609	1274	123
青 岛	468904	308494	293503	14992	1694
深 圳					

(地方农村高中)

单位：千元

公用部分	商品和服务支出	其他资本性支出	专项公用支出	专项项目支出	基本建设支出
50171532	**21433009**	**28738522**	**6539654**	**22198868**	**2163742**
210109	148660	61449	35312	26137	122425
91588	68951	22638	6285	16353	
3518538	1279721	2238817	463336	1775481	14605
1684292	798286	886006	226574	659432	23060
1980389	830582	1149807	219284	930523	121118
288305	189892	98413	42639	55774	11164
657114	290714	366400	92628	273772	140
624088	421744	202343	80370	121973	171661
242635	173303	69332	55332	14000	
3300638	1113366	2187272	264511	1922760	5686
2290207	1203053	1087154	314709	772445	521353
2205270	1092506	1112764	336330	776434	1036
1470995	670611	800384	176236	624148	10700
3748871	679362	3069509	687429	2382080	189551
2132489	827969	1304520	312355	992164	
3972719	1558088	2414631	443277	1971354	18194
1296716	567604	729111	108280	620831	
3077949	1506706	1571243	261053	1310190	22870
2109550	965813	1143738	231090	912647	19898
1734627	845543	889084	197007	692077	102701
712213	240073	472140	116041	356099	56359
878520	613953	264567	83978	180589	8534
2954918	1549358	1405561	342423	1063137	84340
2016791	808767	1208024	578135	629889	54956
1790325	723588	1066736	124319	942418	116490
187492	146759	40734	23398	17335	
1975140	976477	998663	309512	689151	174077
1412116	508255	903861	183396	720465	22087
558521	120467	438054	78387	359667	79606
326323	119595	206729	64905	141824	
722082	393243	328839	81120	247719	211133
26644	16473	10172	10172		
307978	112396	195582	29100	166482	
19069	9078	9991	3491	6500	
160410	40990	119420	73037	46383	

5-33 财政补助支出明细

地区	合计	个人部分	工资福利支出	对个人和家庭的补助支出	#助学金
合计	**996603798**	**731842601**	**657272828**	**74569773**	**34522840**
北京	25108782	16573725	15773129	800596	103178
天津	10570507	8838326	8493551	344775	82950
河北	43592103	31529756	28361086	3168670	1342424
山西	20334446	14494837	13347745	1147092	501121
内蒙古	17546624	12892241	11894395	997846	503105
辽宁	19308611	16202576	15140267	1062308	286755
吉林	13433196	10297608	9793452	504155	185677
黑龙江	17699694	15002556	12723701	2278855	366815
上海	28824347	18597959	17109262	1488697	490444
江苏	67878905	52118383	47954950	4163433	1100415
浙江	51323071	36261768	34004752	2257016	1238147
安徽	41383720	28844871	24448091	4396780	1403101
福建	31987866	24283597	22492241	1791356	636954
江西	34445139	21449275	19777901	1671374	875466
山东	72874100	56208280	51422285	4785995	1447095
河南	54178637	39261972	35094013	4167958	2488065
湖北	36188109	27188798	24057898	3130900	848301
湖南	40979592	29354410	25654120	3700289	1629931
广东	96741408	69225009	62153322	7071687	2255842
广西	32389961	25520443	22541543	2978901	2145471
海南	9273799	6431133	5990951	440182	329161
重庆	24867383	17859799	15955270	1904529	625600
四川	51630757	38355252	32584431	5770821	3240704
贵州	31369354	23516450	19775029	3741421	2612922
云南	32153806	26747037	23289066	3457971	2835646
西藏	7152697	5269900	4258621	1011279	870145
陕西	24978572	16717359	15056941	1660418	1042321
甘肃	17458260	13165633	11791817	1373815	827650
青海	6430803	4727160	4135988	591172	313804
宁夏	6215451	4346477	4068209	278268	176655
新疆	28284099	20560012	18128799	2431212	1716973
大连	3898497	3084008	2965760	118248	24267
宁波	7037243	5056526	4763806	292720	131003
厦门	4863693	3588972	3289572	299400	19044
青岛	8511697	6824144	6163223	660921	126299
深圳	19624708	10404913	9195354	1209559	399990

（普通初中）

单位：千元

公用部分	商品和服务支出	其他资本性支出			基本建设支出
			专项公用支出	专项项目支出	
249241273	**122112585**	**127128688**	**34642434**	**92486254**	**15519925**
6838841	4615661	2223180	1233266	989914	1696216
1636526	1039871	596655	188338	408317	95655
11845369	5758608	6086761	1653879	4432882	216978
5669034	2960540	2708493	936959	1771534	170575
4470580	2103740	2366840	694080	1672760	183803
2985496	2027954	957542	316557	640984	120539
3029338	1414719	1614619	325554	1289065	106250
2548729	1632383	916346	336554	579792	148409
9799399	6447978	3351420	1411948	1939472	426989
15690983	7052150	8638833	1600708	7038125	69538
14098372	7574240	6524132	1400259	5123873	962930
12323969	5504342	6819627	2115494	4704133	214880
7632242	3141364	4490878	1250670	3240208	72027
12497248	2664813	9832435	2184119	7648316	498616
16659310	6873566	9785744	1763491	8022253	6510
14696485	6741499	7954986	1551767	6403219	220180
8999311	4019088	4980223	958711	4021512	
11437450	5706953	5730498	1718077	4012421	187732
21959660	13686289	8273372	3222154	5051218	5556738
6724609	3245898	3478712	1173648	2305064	144908
2798397	1130654	1667743	746125	921618	44269
6276471	4233180	2043290	597417	1445873	731113
12788760	6938434	5850325	1575478	4274848	486746
7674864	2950549	4724315	1603236	3121079	178040
5226401	2823787	2402615	363538	2039076	180367
1576574	558409	1018165	375416	642749	306224
7799890	3320146	4479744	1371007	3108737	461323
4043118	1546367	2496751	455097	2041654	249509
1421253	570961	850292	136133	714159	282390
1835392	696671	1138721	406400	732320	33582
6257202	3131770	3125432	976354	2149078	1466886
742884	503344	239540	101823	137717	71604
1796951	777315	1019635	202498	817137	183767
1210833	712139	498695	261026	237668	63888
1687553	1128530	559023	327747	231276	
4552352	3738700	813652	639782	173870	4667443

5-34 财政补助支出明细

地区	合计	个人部分	工资福利支出	对个人和家庭的补助支出	#助学金
合计	**992712625**	**729014259**	**654771346**	**74242914**	**34410138**
北京	24551716	16179219	15386253	792967	102636
天津	10570507	8838326	8493551	344775	82950
河北	43592103	31529756	28361086	3168670	1342424
山西	20334446	14494837	13347745	1147092	501121
内蒙古	17546624	12892241	11894395	997846	503105
辽宁	19308611	16202576	15140267	1062308	286755
吉林	13313900	10201185	9697925	503260	185677
黑龙江	17699694	15002556	12723701	2278855	366815
上海	28756366	18541606	17053198	1488408	490444
江苏	67878905	52118383	47954950	4163433	1100415
浙江	51323071	36261768	34004752	2257016	1238147
安徽	41383720	28844871	24448091	4396780	1403101
福建	31987866	24283597	22492241	1791356	636954
江西	34445139	21449275	19777901	1671374	875466
山东	72874100	56208280	51422285	4785995	1447095
河南	54178637	39261972	35094013	4167958	2488065
湖北	36120334	27136288	24005421	3130867	848268
湖南	40973322	29348227	25647938	3700289	1629931
广东	96741408	69225009	62153322	7071687	2255842
广西	32389961	25520443	22541543	2978901	2145471
海南	9273799	6431133	5990951	440182	329161
重庆	24752168	17766016	15862291	1903724	625424
四川	51629284	38353778	32583020	5770759	3240641
贵州	31369354	23516450	19775029	3741421	2612922
云南	32153806	26747037	23289066	3457971	2835646
西藏	7152697	5269900	4258621	1011279	870145
陕西	24881909	16649782	14991052	1658730	1042288
甘肃	17450257	13158844	11785079	1373766	827640
青海	6430803	4727160	4135988	591172	313804
宁夏	6215451	4346477	4068209	278268	176655
新疆	25432669	18507268	16391462	2115805	1605127
大连	3898497	3084008	2965760	118248	24267
宁波	7037243	5056526	4763806	292720	131003
厦门	4863693	3588972	3289572	299400	19044
青岛	8511697	6824144	6163223	660921	126299
深圳	19624708	10404913	9195354	1209559	399990

(地方普通初中)

单位：千元

公用部分	商品和服务支出	其他资本性支出	专项公用支出	专项项目支出	基本建设支出
248317945	**121507531**	**126810414**	**34480047**	**92330368**	**15380421**
6676281	4476838	2199443	1209530	989913	1696216
1636526	1039871	596655	188338	408317	95655
11845369	5758608	6086761	1653879	4432882	216978
5669034	2960540	2708493	936959	1771534	170575
4470580	2103740	2366840	694080	1672760	183803
2985496	2027954	957542	316557	640984	120539
3006465	1392314	1614151	325086	1289065	106250
2548729	1632383	916346	336554	579792	148409
9787771	6437701	3350070	1410598	1939472	426989
15690983	7052150	8638833	1600708	7038125	69538
14098372	7574240	6524132	1400259	5123873	962930
12323969	5504342	6819627	2115494	4704133	214880
7632242	3141364	4490878	1250670	3240208	72027
12497248	2664813	9832435	2184119	7648316	498616
16659310	6873566	9785744	1763491	8022253	6510
14696485	6741499	7954986	1551767	6403219	220180
8984046	4007907	4976140	955078	4021061	
11437363	5706867	5730496	1718075	4012421	187732
21959660	13686289	8273372	3222154	5051218	5556738
6724609	3245898	3478712	1173648	2305064	144908
2798397	1130654	1667743	746125	921618	44269
6255039	4216301	2038738	592865	1445873	731113
12788760	6938434	5850325	1575478	4274848	486746
7674864	2950549	4724315	1603236	3121079	178040
5226401	2823787	2402615	363538	2039076	180367
1576574	558409	1018165	375416	642749	306224
7770804	3294294	4476509	1367773	3108737	461323
4041904	1545741	2496163	455046	2041117	249509
1421253	570961	850292	136133	714159	282390
1835392	696671	1138721	406400	732320	33582
5598019	2752847	2845173	850992	1994180	1327382
742884	503344	239540	101823	137717	71604
1796951	777315	1019635	202498	817137	183767
1210833	712139	498695	261026	237668	63888
1687553	1128530	559023	327747	231276	
4552352	3738700	813652	639782	173870	4667443

5-35 财政补助支出明细

地区	合计	个人部分	工资福利支出	对个人和家庭的补助支出	#助学金
合计	**532326934**	**408669962**	**364387814**	**44282148**	**23251352**
北京	4325979	3007594	2858506	149088	35941
天津	2596782	2371390	2327618	43773	821
河北	28904111	20555328	18492415	2062914	1039915
山西	11269969	8340535	7676036	664499	348457
内蒙古	10796151	8152497	7528642	623854	322121
辽宁	7890344	7051776	6549152	502624	164499
吉林	8159496	6403978	6108379	295598	115522
黑龙江	9722736	8317391	7121265	1196126	123689
上海	2597052	2158008	1991525	166483	43327
江苏	28202359	22898631	20952157	1946474	566814
浙江	20140115	14931702	13848851	1082851	563095
安徽	28781693	20855409	17455909	3399501	1175676
福建	16784774	13607722	12908653	699069	196495
江西	22372114	13831771	13008602	823169	394257
山东	37291998	29783368	27179971	2603397	840640
河南	37663206	27108405	23987076	3121329	2047091
湖北	18864417	14705525	12903786	1801739	640296
湖南	27216716	20159865	17378344	2781520	1312993
广东	32623593	25961732	23637018	2324713	728857
广西	22232098	17969341	15638693	2330647	1736621
海南	5682452	3897102	3677156	219946	152731
重庆	11950502	9712849	8604685	1108165	429964
四川	32051630	24651254	21311783	3339471	1805290
贵州	21923775	17450709	14680419	2770290	2123200
云南	24139088	20910155	18163524	2746631	2385890
西藏	4727459	3644623	2957294	687330	596643
陕西	13606623	9500286	8305083	1195203	819468
甘肃	12773015	9809268	8708424	1100844	711811
青海	4218252	3315304	2867606	447698	269548
宁夏	3456342	2631215	2449591	181624	123273
新疆	19362091	14975229	13109651	1865578	1436406
大连	692847	598026	561214	36812	4235
宁波	2227539	1670900	1568011	102888	53699
厦门	291864	226257	179743	46514	3260
青岛	1867524	1656285	1458467	197817	6589
深圳					

(农村初中)

单位：千元

公用部分	商品和服务支出	其他资本性支出	专项公用支出	专项项目支出	基本建设支出
120069446	**56090227**	**63979219**	**15730802**	**48248417**	**3587526**
1194304	781240	413064	186979	226086	124080
225392	200112	25279	13157	12122	
8144377	3863597	4280780	1041790	3238990	204406
2834018	1462115	1371903	451175	920728	95416
2547097	1174930	1372167	356324	1015843	96558
830263	633352	196911	64546	132365	8306
1718147	841072	877075	185928	691146	37371
1340391	908012	432379	127689	304690	64954
439044	346539	92506	70559	21946	
5303728	2713977	2589752	550168	2039583	
4928029	2690635	2237395	508280	1729115	280384
7716654	3551125	4165528	1194167	2971361	209630
3167401	1541877	1625524	438475	1187050	9651
8382225	1639152	6743073	1596691	5146383	158118
7502120	2913168	4588953	824882	3764071	6510
10472817	4407525	6065293	1092431	4972862	81984
4158891	1695497	2463395	342719	2120676	
6895818	3418568	3477249	806068	2671181	161034
6542061	3944929	2597132	797768	1799364	119801
4182108	2236191	1945917	576894	1369023	80649
1746262	595398	1150864	496333	654530	39089
2210218	1432096	778123	272944	505179	27434
7050433	3866335	3184098	599796	2584302	349943
4403770	1862440	2541330	1136513	1404817	69296
3127495	1780049	1347447	186654	1160793	101437
859208	337517	521692	115238	406454	223627
4008206	1494601	2513605	685907	1827698	98131
2836540	1077695	1758844	342925	1415919	127208
754712	329525	425187	92283	332903	148237
793407	334653	458754	126261	332493	31720
3754309	2016308	1738001	449260	1288741	632552
94821	90997	3824	2514	1311	
446872	283960	162912	94243	68669	109767
64095	39500	24594	18863	5731	1512
211239	98972	112268	66654	45613	

5-36 财政补助支出明细

地区	合计	个人部分	工资福利支出	对个人和家庭的补助支出	#助学金
合计	**530546301**	**407317467**	**363238451**	**44079016**	**23194854**
北京	4325979	3007594	2858506	149088	35941
天津	2596782	2371390	2327618	43773	821
河北	28904111	20555328	18492415	2062914	1039915
山西	11269969	8340535	7676036	664499	348457
内蒙古	10796151	8152497	7528642	623854	322121
辽宁	7890344	7051776	6549152	502624	164499
吉林	8159496	6403978	6108379	295598	115522
黑龙江	9722736	8317391	7121265	1196126	123689
上海	2597052	2158008	1991525	166483	43327
江苏	28202359	22898631	20952157	1946474	566814
浙江	20140115	14931702	13848851	1082851	563095
安徽	28781693	20855409	17455909	3399501	1175676
福建	16784774	13607722	12908653	699069	196495
江西	22372114	13831771	13008602	823169	394257
山东	37291998	29783368	27179971	2603397	840640
河南	37663206	27108405	23987076	3121329	2047091
湖北	18864417	14705525	12903786	1801739	640296
湖南	27216716	20159865	17378344	2781520	1312993
广东	32623593	25961732	23637018	2324713	728857
广西	22232098	17969341	15638693	2330647	1736621
海南	5682452	3897102	3677156	219946	152731
重庆	11950502	9712849	8604685	1108165	429964
四川	32051630	24651254	21311783	3339471	1805290
贵州	21923775	17450709	14680419	2770290	2123200
云南	24139088	20910155	18163524	2746631	2385890
西藏	4727459	3644623	2957294	687330	596643
陕西	13606623	9500286	8305083	1195203	819468
甘肃	12765012	9802479	8701685	1100794	711801
青海	4218252	3315304	2867606	447698	269548
宁夏	3456342	2631215	2449591	181624	123273
新疆	17589461	13629523	11967027	1662496	1379918
大连	692847	598026	561214	36812	4235
宁波	2227539	1670900	1568011	102888	53699
厦门	291864	226257	179743	46514	3260
青岛	1867524	1656285	1458467	197817	6589
深圳					

(地方农村初中)

单位：千元

公用部分					基本建设支出
	商品和服务支出	其他资本性支出	专项公用支出	专项项目支出	
119716285	**55892197**	**63824088**	**15663134**	**48160955**	**3512548**
1194304	781240	413064	186979	226086	124080
225392	200112	25279	13157	12122	
8144377	3863597	4280780	1041790	3238990	204406
2834018	1462115	1371903	451175	920728	95416
2547097	1174930	1372167	356324	1015843	96558
830263	633352	196911	64546	132365	8306
1718147	841072	877075	185928	691146	37371
1340391	908012	432379	127689	304690	64954
439044	346539	92506	70559	21946	
5303728	2713977	2589752	550168	2039583	
4928029	2690635	2237395	508280	1729115	280384
7716654	3551125	4165528	1194167	2971361	209630
3167401	1541877	1625524	438475	1187050	9651
8382225	1639152	6743073	1596691	5146383	158118
7502120	2913168	4588953	824882	3764071	6510
10472817	4407525	6065293	1092431	4972862	81984
4158891	1695497	2463395	342719	2120676	
6895818	3418568	3477249	806068	2671181	161034
6542061	3944929	2597132	797768	1799364	119801
4182108	2236191	1945917	576894	1369023	80649
1746262	595398	1150864	496333	654530	39089
2210218	1432096	778123	272944	505179	27434
7050433	3866335	3184098	599796	2584302	349943
4403770	1862440	2541330	1136513	1404817	69296
3127495	1780049	1347447	186654	1160793	101437
859208	337517	521692	115238	406454	223627
4008206	1494601	2513605	685907	1827698	98131
2835325	1077069	1758257	342874	1415383	127208
754712	329525	425187	92283	332903	148237
793407	334653	458754	126261	332493	31720
3402362	1818904	1583459	381643	1201816	557575
94821	90997	3824	2514	1311	
446872	283960	162912	94243	68669	109767
64095	39500	24594	18863	5731	1512
211239	98972	112268	66654	45613	

5-37 财政补助支出明细

地区	合计	个人部分	工资福利支出	对个人和家庭的补助支出	#助学金
合计	**1563617538**	**1191316981**	**1063667123**	**127649858**	**47599332**
北京	45791043	32494758	31300437	1194321	191395
天津	16320390	13388820	12916775	472045	99559
河北	72673863	55361365	48185831	7175534	2149539
山西	33291364	24998744	22542374	2456369	723629
内蒙古	29581571	22857115	20766519	2090596	655783
辽宁	26808153	22155705	20426522	1729183	444036
吉林	20720208	16886326	16103728	782597	180028
黑龙江	22130156	19121222	15805910	3315312	353133
上海	35694797	26151671	24225653	1926018	659291
江苏	103358030	81586265	73456376	8129889	1857497
浙江	86267633	60211701	56153078	4058623	1802669
安徽	62622730	46083605	39493822	6589783	1465896
福建	51173913	39466174	36017954	3448220	473753
江西	50319860	34540074	31808716	2731358	1032206
山东	98949548	77840788	71093288	6747500	1349783
河南	79504680	60379851	54993159	5386691	3055260
湖北	51203512	37894187	33480411	4413776	1173341
湖南	59052171	44948502	39923057	5025445	2156309
广东	167175655	125326813	109339238	15987575	4253194
广西	56071233	46136693	41336555	4800138	2434218
海南	14788453	11327910	10851085	476825	303231
重庆	39155596	29042949	24959842	4083107	711367
四川	78444620	59778450	51382365	8396085	4064577
贵州	51010865	40279440	33138837	7140602	3480501
云南	55912877	47184622	40993839	6190784	4446669
西藏	15291641	11372700	9034340	2338360	2022750
陕西	41468584	27256958	24790654	2466304	1456053
甘肃	30879085	24082867	21485673	2597195	1369561
青海	10899772	8268052	7171489	1096563	570972
宁夏	10182437	7310490	6792297	518193	286713
新疆	46873094	37582162	33697296	3884866	2376420
大连	5299475	4183434	3978413	205021	20231
宁波	12120272	8660946	8086538	574408	245918
厦门	9376352	6520341	5902059	618282	24134
青岛	13381201	10373211	9606069	767142	89586
深圳	39376510	21953480	18703133	3250347	1069174

（小学）

单位：千元

公用部分	商品和服务支出	其他资本性支出	专项公用支出	专项项目支出	基本建设支出
352577490	**190555463**	**162022027**	**45654985**	**116367042**	**19723066**
11714907	8253075	3461832	2391579	1070253	1581378
2855561	1835803	1019758	253888	765870	76010
17152133	9173523	7978610	2407052	5571558	160365
8060611	4658599	3402012	1239987	2162026	232008
6488123	3319015	3169108	1024897	2144211	236333
4548745	3150591	1398154	382671	1015483	103703
3696082	2050028	1646054	404495	1241559	137800
2882330	1934297	948032	368485	579548	126604
9525388	6499719	3025669	1105157	1920513	17738
21697094	11066338	10630756	2452736	8178020	74671
24778654	13107635	11671020	2510301	9160718	1277278
16307121	7448738	8858382	2535767	6322615	232004
11448427	5983371	5465056	1808250	3656806	259311
15365811	4080594	11285217	2873946	8411271	413975
21108110	9905472	11202639	2479252	8723387	650
18619411	9636920	8982492	1881674	7100818	505418
13309325	7178798	6130527	1084205	5046322	
13921090	8132497	5788593	1715667	4072926	182579
33932953	23859952	10073001	4675220	5397781	7915889
9811124	5361847	4449277	1502101	2947176	123416
3446994	1794475	1652519	462720	1189799	13549
8727792	5494157	3233635	961246	2272389	1384854
18216883	11326878	6890005	1977210	4912795	449288
10535514	4841978	5693535	1339590	4353945	195912
8319669	4473428	3846241	580022	3266218	408586
3419779	1208064	2211716	435290	1776425	499162
13540098	5857006	7683093	2001508	5681585	671527
6591943	2701590	3890353	596689	3293664	204275
2164920	1039917	1125003	258001	867002	466800
2839960	1131209	1708751	487258	1221493	31988
7550937	4049951	3500986	1458120	2042866	1739995
1064105	777498	286607	78465	208142	51935
3325327	1578250	1747077	275994	1471083	134000
2645634	1730367	915267	518240	397027	210377
3007991	1744440	1263550	657355	606195	
9861240	8241354	1619886	1302173	317713	7561790

5-38 财政补助支出明细

地区	合计	个人部分	工资福利支出	对个人和家庭的补助支出	#助学金
合计	**1557778448**	**1187094522**	**1059988715**	**127105807**	**47423499**
北京	45353047	32207963	31018530	1189433	190194
天津	16287387	13365712	12894472	471240	99559
河北	72673863	55361365	48185831	7175534	2149539
山西	33291364	24998744	22542374	2456369	723629
内蒙古	29581571	22857115	20766519	2090596	655783
辽宁	26808153	22155705	20426522	1729183	444036
吉林	20607546	16801525	16018998	782527	180028
黑龙江	22130156	19121222	15805910	3315312	353133
上海	35675314	26134515	24208500	1926015	659291
江苏	103358030	81586265	73456376	8129889	1857497
浙江	86267633	60211701	56153078	4058623	1802669
安徽	62622730	46083605	39493822	6589783	1465896
福建	51173913	39466174	36017954	3448220	473753
江西	50319860	34540074	31808716	2731358	1032206
山东	98933048	77840788	71093288	6747500	1349783
河南	79495175	60371865	54986818	5385047	3055260
湖北	51023637	37759268	33345721	4413547	1173341
湖南	59040649	44939040	39913595	5025445	2156309
广东	167175655	125326813	109339238	15987575	4253194
广西	56071233	46136693	41336555	4800138	2434218
海南	14788453	11327910	10851085	476825	303231
重庆	39067964	28969881	24888993	4080888	711367
四川	78443046	59776895	51380811	8396085	4064577
贵州	51010865	40279440	33138837	7140602	3480501
云南	55912877	47184622	40993839	6190784	4446669
西藏	15291641	11372700	9034340	2338360	2022750
陕西	41339929	27160103	24695607	2464496	1456047
甘肃	30855303	24063573	21467117	2596456	1368864
青海	10899772	8268052	7171489	1096563	570972
宁夏	10182437	7310490	6792297	518193	286713
新疆	42096194	34114702	30761481	3353220	2202490
大连	5299475	4183434	3978413	205021	20231
宁波	12120272	8660946	8086538	574408	245918
厦门	9376352	6520341	5902059	618282	24134
青岛	13381201	10373211	9606069	767142	89586
深圳	39376510	21953480	18703133	3250347	1069174

（地方小学）

单位：千元

公用部分	商品和服务支出	其他资本性支出	专项公用支出	专项项目支出	基本建设支出
351311690	**189795190**	**161516499**	**45369128**	**116147372**	**19372236**
11563707	8117736	3445971	2375764	1070207	1581378
2845665	1826985	1018681	252810	765870	76010
17152133	9173523	7978610	2407052	5571558	160365
8060611	4658599	3402012	1239987	2162026	232008
6488123	3319015	3169108	1024897	2144211	236333
4548745	3150591	1398154	382671	1015483	103703
3668221	2027519	1640702	400215	1240487	137800
2882330	1934297	948032	368485	579548	126604
9523061	6497580	3025481	1104969	1920513	17738
21697094	11066338	10630756	2452736	8178020	74671
24778654	13107635	11671020	2510301	9160718	1277278
16307121	7448738	8858382	2535767	6322615	232004
11448427	5983371	5465056	1808250	3656806	259311
15365811	4080594	11285217	2873946	8411271	413975
21091610	9905472	11186139	2479252	8706887	650
18617997	9635563	8982434	1881616	7100818	505313
13264369	7146139	6118230	1076090	5042140	
13919030	8130565	5788465	1715539	4072926	182579
33932953	23859952	10073001	4675220	5397781	7915889
9811124	5361847	4449277	1502101	2947176	123416
3446994	1794475	1652519	462720	1189799	13549
8713228	5482894	3230334	957945	2272389	1384854
18216863	11326858	6890005	1977210	4912795	449288
10535514	4841978	5693535	1339590	4353945	195912
8319669	4473428	3846241	580022	3266218	408586
3419779	1208064	2211716	435290	1776425	499162
13508299	5838186	7670113	1997342	5672772	671527
6587455	2699511	3887944	596421	3291523	204275
2164920	1039917	1125003	258001	867002	466800
2839960	1131209	1708751	487258	1221493	31988
6592222	3526611	3065610	1209660	1855951	1389270
1064105	777498	286607	78465	208142	51935
3325327	1578250	1747077	275994	1471083	134000
2645634	1730367	915267	518240	397027	210377
3007991	1744440	1263550	657355	606195	
9861240	8241354	1619886	1302173	317713	7561790

5-39 财政补助支出明细

地 区	合 计	个人部分	工资福利支出	对个人和家庭的补助支出	#助学金
合 计	**1563600596**	**1191303450**	**1063653662**	**127649788**	**47599332**
北 京	45791043	32494758	31300437	1194321	191395
天 津	16320390	13388820	12916775	472045	99559
河 北	72673863	55361365	48185831	7175534	2149539
山 西	33291364	24998744	22542374	2456369	723629
内蒙古	29581571	22857115	20766519	2090596	655783
辽 宁	26808153	22155705	20426522	1729183	444036
吉 林	20720208	16886326	16103728	782597	180028
黑龙江	22130156	19121222	15805910	3315312	353133
上 海	35694797	26151671	24225653	1926018	659291
江 苏	103358030	81586265	73456376	8129889	1857497
浙 江	86267633	60211701	56153078	4058623	1802669
安 徽	62622730	46083605	39493822	6589783	1465896
福 建	51172670	39465194	36016974	3448220	473753
江 西	50319860	34540074	31808716	2731358	1032206
山 东	98949548	77840788	71093288	6747500	1349783
河 南	79504680	60379851	54993159	5386691	3055260
湖 北	51203512	37894187	33480411	4413776	1173341
湖 南	59052171	44948502	39923057	5025445	2156309
广 东	167175655	125326813	109339238	15987575	4253194
广 西	56071233	46136693	41336555	4800138	2434218
海 南	14788453	11327910	10851085	476825	303231
重 庆	39155161	29042558	24959450	4083107	711367
四 川	78444620	59778450	51382365	8396085	4064577
贵 州	51010865	40279440	33138837	7140602	3480501
云 南	55912877	47184622	40993839	6190784	4446669
西 藏	15291641	11372700	9034340	2338360	2022750
陕 西	41468584	27256958	24790654	2466304	1456053
甘 肃	30876308	24080961	21483836	2597125	1369561
青 海	10899772	8268052	7171489	1096563	570972
宁 夏	10182437	7310490	6792297	518193	286713
新 疆	46860607	37571909	33687043	3884866	2376420
大 连	5299475	4183434	3978413	205021	20231
宁 波	12120272	8660946	8086538	574408	245918
厦 门	9376352	6520341	5902059	618282	24134
青 岛	13381201	10373211	9606069	767142	89586
深 圳	39376510	21953480	18703133	3250347	1069174

（普通小学）

单位：千元

公用部分	商品和服务支出	其他资本性支出			基本建设支出
			专项公用支出	专项项目支出	
352574080	**190552299**	**162021781**	**45654826**	**116366955**	**19723066**
11714907	8253075	3461832	2391579	1070253	1581378
2855561	1835803	1019758	253888	765870	76010
17152133	9173523	7978610	2407052	5571558	160365
8060611	4658599	3402012	1239987	2162026	232008
6488123	3319015	3169108	1024897	2144211	236333
4548745	3150591	1398154	382671	1015483	103703
3696082	2050028	1646054	404495	1241559	137800
2882330	1934297	948032	368485	579548	126604
9525388	6499719	3025669	1105157	1920513	17738
21697094	11066338	10630756	2452736	8178020	74671
24778654	13107635	11671020	2510301	9160718	1277278
16307121	7448738	8858382	2535767	6322615	232004
11448165	5983109	5465056	1808250	3656806	259311
15365811	4080594	11285217	2873946	8411271	413975
21108110	9905472	11202639	2479252	8723387	650
18619411	9636920	8982492	1881674	7100818	505418
13309325	7178798	6130527	1084205	5046322	
13921090	8132497	5788593	1715667	4072926	182579
33932953	23859952	10073001	4675220	5397781	7915889
9811124	5361847	4449277	1502101	2947176	123416
3446994	1794475	1652519	462720	1189799	13549
8727749	5494114	3233635	961246	2272389	1384854
18216883	11326878	6890005	1977210	4912795	449288
10535514	4841978	5693535	1339590	4353945	195912
8319669	4473428	3846241	580022	3266218	408586
3419779	1208064	2211716	435290	1776425	499162
13540098	5857006	7683093	2001508	5681585	671527
6591072	2700964	3890107	596530	3293577	204275
2164920	1039917	1125003	258001	867002	466800
2839960	1131209	1708751	487258	1221493	31988
7548704	4047718	3500986	1458120	2042866	1739995
1064105	777498	286607	78465	208142	51935
3325327	1578250	1747077	275994	1471083	134000
2645634	1730367	915267	518240	397027	210377
3007991	1744440	1263550	657355	606195	
9861240	8241354	1619886	1302173	317713	7561790

5-40 财政补助支出明细

地区	合计	个人部分	工资福利支出	对个人和家庭的补助支出	#助学金
合计	**1557761507**	**1187080991**	**1059975254**	**127105737**	**47423499**
北京	45353047	32207963	31018530	1189433	190194
天津	16287387	13365712	12894472	471240	99559
河北	72673863	55361365	48185831	7175534	2149539
山西	33291364	24998744	22542374	2456369	723629
内蒙古	29581571	22857115	20766519	2090596	655783
辽宁	26808153	22155705	20426522	1729183	444036
吉林	20607546	16801525	16018998	782527	180028
黑龙江	22130156	19121222	15805910	3315312	353133
上海	35675314	26134515	24208500	1926015	659291
江苏	103358030	81586265	73456376	8129889	1857497
浙江	86267633	60211701	56153078	4058623	1802669
安徽	62622730	46083605	39493822	6589783	1465896
福建	51172670	39465194	36016974	3448220	473753
江西	50319860	34540074	31808716	2731358	1032206
山东	98933048	77840788	71093288	6747500	1349783
河南	79495175	60371865	54986818	5385047	3055260
湖北	51023637	37759268	33345721	4413547	1173341
湖南	59040649	44939040	39913595	5025445	2156309
广东	167175655	125326813	109339238	15987575	4253194
广西	56071233	46136693	41336555	4800138	2434218
海南	14788453	11327910	10851085	476825	303231
重庆	39067529	28969490	24888602	4080888	711367
四川	78443046	59776895	51380811	8396085	4064577
贵州	51010865	40279440	33138837	7140602	3480501
云南	55912877	47184622	40993839	6190784	4446669
西藏	15291641	11372700	9034340	2338360	2022750
陕西	41339929	27160103	24695607	2464496	1456047
甘肃	30852525	24061666	21465281	2596386	1368864
青海	10899772	8268052	7171489	1096563	570972
宁夏	10182437	7310490	6792297	518193	286713
新疆	42083707	34104449	30751228	3353220	2202490
大连	5299475	4183434	3978413	205021	20231
宁波	12120272	8660946	8086538	574408	245918
厦门	9376352	6520341	5902059	618282	24134
青岛	13381201	10373211	9606069	767142	89586
深圳	39376510	21953480	18703133	3250347	1069174

（地方普通小学）

单位：千元

公用部分	商品和服务支出	其他资本性支出			基本建设支出
			专项公用支出	专项项目支出	
351308280	**189792026**	**161516254**	**45368969**	**116147285**	**19372236**
11563707	8117736	3445971	2375764	1070207	1581378
2845665	1826985	1018681	252810	765870	76010
17152133	9173523	7978610	2407052	5571558	160365
8060611	4658599	3402012	1239987	2162026	232008
6488123	3319015	3169108	1024897	2144211	236333
4548745	3150591	1398154	382671	1015483	103703
3668221	2027519	1640702	400215	1240487	137800
2882330	1934297	948032	368485	579548	126604
9523061	6497580	3025481	1104969	1920513	17738
21697094	11066338	10630756	2452736	8178020	74671
24778654	13107635	11671020	2510301	9160718	1277278
16307121	7448738	8858382	2535767	6322615	232004
11448165	5983109	5465056	1808250	3656806	259311
15365811	4080594	11285217	2873946	8411271	413975
21091610	9905472	11186139	2479252	8706887	650
18617997	9635563	8982434	1881616	7100818	505313
13264369	7146139	6118230	1076090	5042140	
13919030	8130565	5788465	1715539	4072926	182579
33932953	23859952	10073001	4675220	5397781	7915889
9811124	5361847	4449277	1502101	2947176	123416
3446994	1794475	1652519	462720	1189799	13549
8713185	5482851	3230334	957945	2272389	1384854
18216863	11326858	6890005	1977210	4912795	449288
10535514	4841978	5693535	1339590	4353945	195912
8319669	4473428	3846241	580022	3266218	408586
3419779	1208064	2211716	435290	1776425	499162
13508299	5838186	7670113	1997342	5672772	671527
6586584	2698886	3887698	596262	3291436	204275
2164920	1039917	1125003	258001	867002	466800
2839960	1131209	1708751	487258	1221493	31988
6589988	3524378	3065610	1209660	1855951	1389270
1064105	777498	286607	78465	208142	51935
3325327	1578250	1747077	275994	1471083	134000
2645634	1730367	915267	518240	397027	210377
3007991	1744440	1263550	657355	606195	
9861240	8241354	1619886	1302173	317713	7561790

5-41 财政补助支出明细

地区	合计	个人部分	工资福利支出	对个人和家庭的补助支出	#助学金
合计	**857488692**	**685642631**	**604038914**	**81603716**	**33211735**
北京	7028860	5210631	4973182	237449	48969
天津	3500349	3113187	3008084	105103	1487
河北	51083386	39529509	33963836	5565673	1845725
山西	20637142	16354580	14569601	1784979	458949
内蒙古	20127349	16128605	14534842	1593764	452226
辽宁	11282815	10140483	9253153	887331	236665
吉林	13155479	11038011	10553557	484454	112626
黑龙江	12730814	11297993	9266591	2031402	127819
上海	3766836	3158313	2880065	278248	68460
江苏	40405347	34290127	30170507	4119620	877785
浙江	34902398	25028236	22902343	2125893	843521
安徽	42233934	32254260	27293649	4960612	1172824
福建	26907073	21935920	20030797	1905123	87843
江西	33365340	22845963	21187792	1658172	537059
山东	52120674	42258300	38347754	3910546	734773
河南	56600610	43228711	39096367	4132344	2597484
湖北	25713420	20195372	17625317	2570054	893272
湖南	37281341	29198180	25737838	3460343	1783944
广东	55525791	46635759	40808038	5827721	1024554
广西	41237150	34523701	30484747	4038954	2080814
海南	9651844	7734453	7513250	221203	100946
重庆	19800988	16706231	14000850	2705381	523263
四川	49486184	39553997	34028222	5525775	2825497
贵州	37594488	31188599	25385673	5802926	3090829
云南	43197884	37855100	32765052	5090048	3730549
西藏	12222218	9121784	7189807	1931977	1687546
陕西	22308066	15264574	13467377	1797197	1116327
甘肃	24052039	19073019	16804438	2268581	1206967
青海	8142956	6249119	5368364	880756	534182
宁夏	6026028	4717707	4353490	364217	211307
新疆	35399890	29812206	26474333	3337873	2197524
大连	924564	760444	685022	75422	4404
宁波	4085926	2859473	2631940	227532	98717
厦门	839921	617889	476693	141196	3082
青岛	2933622	2291674	2021218	270456	11317
深圳					

（农村小学）

单位：千元

公用部分	商品和服务支出	其他资本性支出			基本建设支出
			专项公用支出	专项项目支出	
166826090	**88012460**	**78813630**	**19905975**	**58907655**	**5019971**
1756011	1231880	524131	264900	259231	62218
387162	345319	41843	12746	29096	
11397133	6334597	5062537	1441443	3621093	156744
4127469	2476746	1650723	461534	1189190	155093
3843963	2082565	1761398	610559	1150838	154781
1115364	849159	266205	86677	179528	26968
2062983	1172148	890835	226972	663863	54484
1392382	977586	414797	180617	234179	40439
608522	519234	89289	86370	2918	
6115220	3883746	2231474	571250	1660224	
9215666	5077785	4137881	807660	3330221	658496
9845440	4784171	5061268	1501950	3559318	134234
4923324	2660776	2262548	667194	1595354	47829
10209212	2341636	7867575	2054652	5812923	310165
9861724	4282491	5579233	1033708	4545525	650
13158540	6759102	6399439	1289573	5109866	213359
5518048	2898560	2619489	448946	2170543	
7953766	4662900	3290866	870960	2419905	129394
8851310	6040962	2810348	1159757	1650591	38722
6637322	3787661	2849661	891368	1958293	76127
1905412	929832	975579	272328	703252	11980
3044640	2012448	1032193	294852	737341	50117
9546887	5990446	3556442	673415	2883026	385300
6335059	3023284	3311775	801373	2510402	70830
5115341	2872605	2242736	369489	1873247	227442
2663991	963136	1700854	261570	1439284	436443
6847651	2859413	3988238	993033	2995206	195841
4827467	1952645	2874822	421277	2453545	151552
1564781	716812	847969	160486	687483	329055
1282471	652511	629960	193478	436483	25850
4711826	2870304	1841523	795838	1045685	875858
148146	143803	4344	1512	2832	15974
1182454	506567	675886	81762	594124	44000
203355	120234	83121	25996	57125	18677
641948	284735	357213	96699	260514	

5-42 财政补助支出明细

地区	合计				
		个人部分			
			工资福利支出	对个人和家庭的补助支出	
					#助学金
合计	**854061654**	**683090091**	**601877595**	**81212496**	**33100874**
北京	7028860	5210631	4973182	237449	48969
天津	3500349	3113187	3008084	105103	1487
河北	51083386	39529509	33963836	5565673	1845725
山西	20637142	16354580	14569601	1784979	458949
内蒙古	20127349	16128605	14534842	1593764	452226
辽宁	11282815	10140483	9253153	887331	236665
吉林	13155479	11038011	10553557	484454	112626
黑龙江	12730814	11297993	9266591	2031402	127819
上海	3766836	3158313	2880065	278248	68460
江苏	40405347	34290127	30170507	4119620	877785
浙江	34902398	25028236	22902343	2125893	843521
安徽	42233934	32254260	27293649	4960612	1172824
福建	26907073	21935920	20030797	1905123	87843
江西	33365340	22845963	21187792	1658172	537059
山东	52120674	42258300	38347754	3910546	734773
河南	56600610	43228711	39096367	4132344	2597484
湖北	25713420	20195372	17625317	2570054	893272
湖南	37281341	29198180	25737838	3460343	1783944
广东	55525791	46635759	40808038	5827721	1024554
广西	41237150	34523701	30484747	4038954	2080814
海南	9651844	7734453	7513250	221203	100946
重庆	19800988	16706231	14000850	2705381	523263
四川	49486184	39553997	34028222	5525775	2825497
贵州	37594488	31188599	25385673	5802926	3090829
云南	43197884	37855100	32765052	5090048	3730549
西藏	12222218	9121784	7189807	1931977	1687546
陕西	22308066	15264574	13467377	1797197	1116327
甘肃	24028257	19053725	16785883	2267842	1206270
青海	8142956	6249119	5368364	880756	534182
宁夏	6026028	4717707	4353490	364217	211307
新疆	31996634	27278960	24331568	2947392	2087360
大连	924564	760444	685022	75422	4404
宁波	4085926	2859473	2631940	227532	98717
厦门	839921	617889	476693	141196	3082
青岛	2933622	2291674	2021218	270456	11317
深圳					

（地方农村小学）

单位：千元

公用部分	商品和服务支出	其他资本性支出	其他资本性支出：专项公用支出	其他资本性支出：专项项目支出	基本建设支出
166123503	**87652789**	**78470714**	**19705206**	**58765508**	**4848061**
1756011	1231880	524131	264900	259231	62218
387162	345319	41843	12746	29096	
11397133	6334597	5062537	1441443	3621093	156744
4127469	2476746	1650723	461534	1189190	155093
3843963	2082565	1761398	610559	1150838	154781
1115364	849159	266205	86677	179528	26968
2062983	1172148	890835	226972	663863	54484
1392382	977586	414797	180617	234179	40439
608522	519234	89289	86370	2918	
6115220	3883746	2231474	571250	1660224	
9215666	5077785	4137881	807660	3330221	658496
9845440	4784171	5061268	1501950	3559318	134234
4923324	2660776	2262548	667194	1595354	47829
10209212	2341636	7867575	2054652	5812923	310165
9861724	4282491	5579233	1033708	4545525	650
13158540	6759102	6399439	1289573	5109866	213359
5518048	2898560	2619489	448946	2170543	
7953766	4662900	3290866	870960	2419905	129394
8851310	6040962	2810348	1159757	1650591	38722
6637322	3787661	2849661	891368	1958293	76127
1905412	929832	975579	272328	703252	11980
3044640	2012448	1032193	294852	737341	50117
9546887	5990446	3556442	673415	2883026	385300
6335059	3023284	3311775	801373	2510402	70830
5115341	2872605	2242736	369489	1873247	227442
2663991	963136	1700854	261570	1439284	436443
6847651	2859413	3988238	993033	2995206	195841
4822979	1950567	2872413	421009	2451404	151552
1564781	716812	847969	160486	687483	329055
1282471	652511	629960	193478	436483	25850
4013728	2512712	1501016	595337	905678	703947
148146	143803	4344	1512	2832	15974
1182454	506567	675886	81762	594124	44000
203355	120234	83121	25996	57125	18677
641948	284735	357213	96699	260514	

5-43 财政补助支出明细

地区	合计	个人部分	工资福利支出	对个人和家庭的补助支出	#助学金
合计	**24709552**	**17436031**	**16127763**	**1308268**	**446155**
北京	714118	571820	538973	32847	10533
天津	268671	218851	211525	7326	213
河北	848755	654695	607995	46700	10710
山西	641216	453457	410737	42720	8553
内蒙古	543103	407448	391847	15601	5882
辽宁	748328	612480	567592	44889	7339
吉林	415945	323398	308459	14939	6036
黑龙江	566605	441599	388972	52628	12505
上海	1120921	838084	772399	65685	14415
江苏	1631279	1266408	1147127	119281	29969
浙江	1439116	898014	851616	46398	25696
安徽	1457288	469973	421348	48625	16552
福建	894859	662948	615890	47058	20127
江西	668538	399724	375996	23728	9025
山东	1738877	1368219	1226987	141232	57590
河南	881072	670079	619133	50946	15794
湖北	691166	543197	474374	68822	16629
湖南	936032	648308	600988	47320	20040
广东	3163186	2150044	2038836	111208	32322
广西	689209	476006	453050	22956	7863
海南	187116	137188	128886	8302	6191
重庆	362055	271520	243879	27642	7324
四川	1098892	766566	702032	64534	24600
贵州	674365	477907	433734	44173	20575
云南	655349	515960	479979	35981	28019
西藏	164204	135500	126896	8604	4755
陕西	534018	350543	334886	15658	6475
甘肃	288820	211528	200513	11016	5083
青海	122075	72403	65679	6724	2496
宁夏	236642	152068	133527	18541	3841
新疆	327732	270094	253912	16182	9004
大连	133978	116090	113442	2648	286
宁波	154562	115155	107148	8006	3799
厦门	175963	113437	104770	8667	2737
青岛	331582	261007	227504	33503	9831
深圳	720165	389000	381395	7605	1033

(特殊教育)

单位：千元

公用部分	商品和服务支出	其他资本性支出			基本建设支出
			专项公用支出	专项项目支出	
7000030	**4061708**	**2938322**	**895214**	**2043108**	**273492**
142299	115656	26643	13178	13465	
49820	43080	6740	5992	748	
194060	138706	55353	24279	31075	
187760	126443	61317	34885	26431	
129592	77505	52087	27719	24368	6063
135848	105073	30774	14958	15816	
90155	54676	35479	17013	18466	2392
124731	85271	39460	19478	19981	274
282836	225456	57380	36929	20451	
364871	266384	98487	53869	44618	
533841	233516	300325	62438	237887	7261
982122	115540	866582	56579	810003	5193
230911	162690	68221	31118	37103	1000
267319	106124	161196	44333	116863	1494
370658	269801	100857	43227	57630	
210993	148195	62798	25465	37333	
147969	113179	34791	15376	19415	
287724	195270	92454	49298	43156	
830854	610335	220519	129599	90920	182287
200178	88230	111948	37472	74476	13024
49928	37994	11934	10117	1817	
90313	71938	18375	6683	11693	222
314096	228704	85392	29802	55590	18229
166981	98000	68981	24607	44373	29477
135352	85127	50225	13463	36762	4037
28704	18263	10441	9633	808	
183475	73198	110276	17118	93158	
77292	40543	36749	9745	27004	
49673	17710	31962	10287	21675	
84574	62267	22307	12456	9851	
55099	46833	8267	8097	170	2538
17888	17007	881	471	410	
39407	31472	7935	5914	2021	
62526	48403	14123	6454	7670	
70575	55972	14603	11471	3132	
206113	187867	18246	18246		125052

5-44 财政补助支出明细

地区	合计	个人部分	工资福利支出	对个人和家庭的补助支出	#助学金
合计	**23520826**	**16734889**	**15481806**	**1253082**	**436060**
北京	598500	482243	457747	24496	10353
天津	257866	210250	204326	5924	213
河北	848755	654695	607995	46700	10710
山西	610323	431924	389261	42663	8514
内蒙古	543103	407448	391847	15601	5882
辽宁	696349	567149	525848	41301	7261
吉林	403655	313526	299113	14414	6032
黑龙江	554554	435079	382963	52116	12505
上海	953913	711607	659130	52477	14040
江苏	1603765	1247575	1129567	118008	29891
浙江	1411466	881807	835835	45972	25681
安徽	1421365	465511	417883	47628	16552
福建	894859	662948	615890	47058	20127
江西	613311	370668	347233	23435	9024
山东	1738877	1368219	1226987	141232	57590
河南	860205	653591	604751	48841	15794
湖北	670841	528875	461477	67399	16629
湖南	906523	630383	583807	46577	19906
广东	2931878	2085008	1978085	106923	31059
广西	650007	459091	436970	22122	7853
海南	170633	126231	119260	6971	4862
重庆	347664	262582	235958	26624	7324
四川	1020794	715684	653274	62410	24212
贵州	547359	390625	355487	35138	15092
云南	610331	490899	455974	34926	27532
西藏	164204	135500	126896	8604	4755
陕西	517596	339906	324614	15291	6475
甘肃	286030	211528	200513	11016	5083
青海	122075	72403	65679	6724	2496
宁夏	236642	152068	133527	18541	3841
新疆	327386	269864	253912	15952	8774
大连	123837	107203	105075	2128	208
宁波	154562	115155	107148	8006	3799
厦门	175963	113437	104770	8667	2737
青岛	331582	261007	227504	33503	9831
深圳	666558	387598	380105	7493	1008

(特殊教育学校)

单位：千元

公用部分	商品和服务支出	其他资本性支出			基本建设支出
			专项公用支出	专项项目支出	
6579293	**3830642**	**2748651**	**822146**	**1926505**	**206644**
116257	94588	21669	10504	11165	
47616	40906	6710	5962	748	
194060	138706	55353	24279	31075	
178399	120198	58201	33044	25157	
129592	77505	52087	27719	24368	6063
129200	98594	30605	14789	15816	
87737	52864	34873	16408	18466	2392
119201	80753	38448	18679	19769	274
242306	190543	51762	31311	20451	
356190	261417	94773	50877	43895	
522399	227907	294491	61369	233122	7261
950662	112115	838546	48543	790003	5193
230911	162690	68221	31118	37103	1000
241148	95592	145557	39609	105948	1494
370658	269801	100857	43227	57630	
206613	145364	61249	24480	36770	
141965	108082	33883	14469	19415	
276140	188511	87628	44472	43156	
727813	566770	161043	103881	57162	119057
181508	78386	103122	33681	69440	9407
44402	32942	11460	9643	1817	
84860	66536	18325	6632	11693	222
286880	211110	75770	26145	49625	18229
127257	74245	53012	21175	31837	29477
115394	76800	38594	13227	25367	4037
28704	18263	10441	9633	808	
177690	72430	105260	17118	88142	
74502	40331	34171	9309	24862	
49673	17710	31962	10287	21675	
84574	62267	22307	12456	9851	
54983	46716	8267	8097	170	2538
16635	15818	816	406	410	
39407	31472	7935	5914	2021	
62526	48403	14123	6454	7670	
70575	55972	14603	11471	3132	
205170	187088	18081	18081		73790

5-45 财政补助支出明细

地区	合计	个人部分	工资福利支出	对个人和家庭的补助支出	#助学金
合计	**1188726**	**701142**	**645957**	**55185**	**10095**
北京	115618	89577	81226	8350	179
天津	10805	8601	7199	1403	
河北					
山西	30893	21532	21475	57	39
内蒙古					
辽宁	51979	45331	41743	3588	78
吉林	12289	9872	9346	526	4
黑龙江	12051	6521	6009	512	
上海	167008	126477	113268	13209	374
江苏	27514	18833	17560	1273	79
浙江	27649	16207	15781	426	15
安徽	35923	4463	3466	997	
福建					
江西	55227	29056	28762	293	1
山东					
河南	20868	16487	14382	2105	
湖北	20325	14321	12897	1424	
湖南	29509	17924	17181	743	135
广东	231308	65036	60751	4285	1263
广西	39203	16915	16080	834	10
海南	16483	10957	9626	1331	1329
重庆	14391	8938	7921	1017	
四川	78098	50882	48758	2124	388
贵州	127007	87283	78247	9036	5484
云南	45018	25061	24005	1056	487
西藏					
陕西	16422	10638	10271	367	
甘肃	2790				
青海					
宁夏					
新疆	347	230		230	230
大连	10141	8888	8367	521	78
宁波					
厦门					
青岛					
深圳	53608	1402	1290	112	26

（工读学校）

单位：千元

公用部分	商品和服务支出	其他资本性支出			基本建设支出
			专项公用支出	专项项目支出	
420736	**231066**	**189670**	**73068**	**116602**	**66848**
26042	21068	4974	2674	2300	
2204	2174	30	30		
9361	6245	3116	1842	1274	
6648	6479	169	169		
2418	1812	606	606		
5530	4518	1011	799	212	
40531	34913	5618	5618		
8681	4967	3715	2991	723	
11443	5609	5834	1069	4765	
31460	3425	28035	8035	20000	
26171	10532	15639	4724	10915	
4380	2831	1549	986	564	
6004	5097	907	907		
11584	6759	4826	4826		
103041	43566	59476	25718	33758	63231
18671	9844	8827	3791	5036	3617
5526	5053	473	473		
5453	5402	51	51		
27216	17594	9622	3657	5965	
39724	23756	15968	3432	12536	
19957	8326	11631	236	11395	
5785	768	5016		5016	
2790	212	2578	436	2142	
116	116				
1253	1189	64	64		
943	779	164	164		51263

5-46 财政补助支出明细

地区	合计	个人部分	工资福利支出	对个人和家庭的补助支出	#助学金
合计	**316706698**	**200907142**	**188407778**	**12499364**	**5579298**
北京	17014689	11845650	11693174	152476	3347
天津	4378951	3277990	3210425	67565	1685
河北	11534715	8300730	7900214	400516	33640
山西	5276969	2911187	2729235	181953	100348
内蒙古	7337940	4849052	4632773	216279	86759
辽宁	2823924	1780880	1667990	112890	25129
吉林	2490566	1750225	1719035	31190	4381
黑龙江	2569550	1746406	1595571	150835	11332
上海	20001970	13573404	13197594	375810	55263
江苏	21099893	14316273	13776572	539702	148090
浙江	26182413	14598386	14168954	429431	128303
安徽	12297185	6749396	6337988	411407	109189
福建	11609297	7655744	7274327	381417	78888
江西	12067552	5391226	5226765	164462	96905
山东	16807219	11799661	11227116	572545	273323
河南	8084794	5038213	4816501	221713	137293
湖北	7545419	4495646	4209046	286601	90872
湖南	6776555	3901784	3566322	335462	180807
广东	27179092	16798342	14660124	2138218	486481
广西	6344814	4213120	3987806	225314	102950
海南	3422723	1728069	1583953	144115	74892
重庆	4917469	2512217	2147535	364682	250997
四川	17895272	9602631	8612699	989932	537367
贵州	11535181	7722522	6878712	843810	634752
云南	7422659	5423784	4988362	435422	296148
西藏	5382856	3955245	3259588	695656	572433
陕西	11111351	6639222	6384980	254242	156796
甘肃	7601139	5218384	4937837	280547	116742
青海	1640487	858590	706760	151830	117619
宁夏	1996449	1028708	945074	83634	46452
新疆	14357607	11224453	10364745	859709	620116
大连	756914	550778	506048	44729	2245
宁波	3615230	2269809	2229024	40784	16779
厦门	2695849	1777876	1599979	177897	35079
青岛	2926426	1980172	1882655	97517	12616
深圳	11295489	7422321	6238638	1183683	253406

（幼儿园）

单位：千元

公用部分	商品和服务支出	其他资本性支出			基本建设支出
			专项公用支出	专项项目支出	
112534853	**60761674**	**51773179**	**14162348**	**37610831**	**3264703**
4982323	4275013	707311	591487	115824	186716
1100960	705697	395263	64110	331154	
3220756	1530640	1690116	494456	1195660	13229
2310036	957605	1352431	257244	1095186	55747
2400747	1061484	1339263	404952	934311	88142
1037551	913070	124480	66294	58186	5493
728715	372334	356380	113934	242447	11626
768260	470723	297537	125586	171951	54884
6377694	4100408	2277286	678400	1598886	50872
6781884	4058980	2722904	733457	1989447	1735
11167923	6355727	4812196	953370	3858826	416104
5461551	2287724	3173826	876405	2297421	86238
3916902	2104910	1811992	651295	1160698	36650
6595795	940482	5655313	1251207	4404107	80530
5006867	2749635	2257233	571072	1686161	690
2999368	827460	2171908	362181	1809727	47213
3049773	1703733	1346040	285370	1060670	
2854734	1777655	1077080	212980	864100	20037
10002944	6398047	3604897	1608188	1996709	377805
2070890	1039730	1031160	281949	749210	60805
1691769	941079	750691	278753	471938	2885
2316563	1637448	679115	186689	492425	88688
8143665	4467743	3675922	957393	2718529	148975
3712807	2044150	1668657	553656	1115001	99853
1854593	1091548	763046	112291	650754	144282
1231593	501578	730015	193341	536674	196019
4311732	2275868	2035865	522836	1513028	160396
2317125	964669	1352456	239785	1112671	65630
593323	277942	315381	68204	247177	188574
967741	537959	429782	130064	299718	
2558269	1390636	1167634	335400	832234	574885
206137	198319	7818	6754	1064	
1317921	737435	580487	101348	479138	27500
891363	682329	209034	149283	59751	26610
946254	643669	302585	139723	162862	
3553648	2755033	798616	580507	218109	319519

5-47 财政补助支出明细

地区	合计	个人部分	工资福利支出	对个人和家庭的补助支出	#助学金
合计	**314329368**	**199318522**	**186913480**	**12405043**	**5545541**
北京	16267578	11258858	11108847	150010	3280
天津	4376584	3275824	3208259	67565	1685
河北	11525409	8292576	7892433	400142	33640
山西	5273198	2907416	2726238	181178	100348
内蒙古	7337934	4849046	4632773	216273	86753
辽宁	2821908	1779173	1666282	112890	25129
吉林	2488698	1749441	1718251	31190	4381
黑龙江	2494905	1687502	1536881	150621	11294
上海	19871190	13493794	13119810	373984	55263
江苏	21083143	14301719	13762073	539646	148034
浙江	26182413	14598386	14168954	429431	128303
安徽	12296879	6749396	6337988	411407	109189
福建	11609297	7655744	7274327	381417	78888
江西	12067552	5391226	5226765	164462	96905
山东	16807219	11799661	11227116	572545	273323
河南	8076086	5029987	4808320	221667	137248
湖北	7543993	4495519	4208921	286598	90870
湖南	6766221	3898124	3562662	335461	180806
广东	27176176	16796684	14658892	2137792	486319
广西	6344814	4213120	3987806	225314	102950
海南	3418086	1727694	1583578	144115	74892
重庆	4917187	2512217	2147535	364682	250997
四川	17891758	9599671	8609857	989814	537249
贵州	11535181	7722522	6878712	843810	634752
云南	7422458	5423783	4988362	435421	296148
西藏	5382856	3955245	3259588	695656	572433
陕西	11109477	6639043	6384980	254064	156618
甘肃	7586304	5205307	4925495	279812	116083
青海	1640487	858590	706760	151830	117619
宁夏	1996449	1028708	945074	83634	46452
新疆	13017926	10422547	9649938	772609	587693
大连	754898	549070	504341	44729	2245
宁波	3615230	2269809	2229024	40784	16779
厦门	2695849	1777876	1599979	177897	35079
青岛	2926426	1980172	1882655	97517	12616
深圳	11293442	7421318	6237899	1183419	253406

(地方幼儿园)

单位：千元

公用部分	商品和服务支出	其他资本性支出			基本建设支出
			专项公用支出	专项项目支出	
111788108	**60255154**	**51532954**	**14060714**	**37472239**	**3222738**
4822004	4130376	691628	581401	110228	186716
1100760	705497	395263	64110	331154	
3219605	1529629	1689976	494351	1195625	13229
2310036	957605	1352431	257244	1095186	55747
2400747	1061484	1339263	404952	934311	88142
1037242	912762	124480	66294	58186	5493
727631	371861	355770	113716	242054	11626
752519	456547	295972	125187	170785	54884
6326523	4066596	2259927	661041	1598886	50872
6779688	4057026	2722662	733215	1989447	1735
11167923	6355727	4812196	953370	3858826	416104
5461246	2287586	3173659	876238	2297421	86238
3916902	2104910	1811992	651295	1160698	36650
6595795	940482	5655313	1251207	4404107	80530
5006867	2749635	2257233	571072	1686161	690
2998887	826979	2171908	362181	1809727	47213
3048474	1702804	1345670	285322	1060348	
2848061	1771620	1076440	212340	864100	20037
10001686	6396818	3604868	1608158	1996709	377805
2070890	1039730	1031160	281949	749210	60805
1687508	940145	747363	278575	468789	2885
2316281	1637216	679065	186689	492375	88688
8143112	4467190	3675922	957393	2718529	148975
3712807	2044150	1668657	553656	1115001	99853
1854393	1091392	763002	112247	650754	144282
1231593	501578	730015	193341	536674	196019
4310037	2274210	2035827	522815	1513012	160396
2315367	963644	1351723	239249	1112474	65630
593323	277942	315381	68204	247177	188574
967741	537959	429782	130064	299718	
2062460	1094055	968406	263839	704566	532919
205828	198010	7818	6754	1064	
1317921	737435	580487	101348	479138	27500
891363	682329	209034	149283	59751	26610
946254	643669	302585	139723	162862	
3552604	2753989	798616	580507	218109	319519

5-48 财政补助支出明细

地区	合计	个人部分	工资福利支出	对个人和家庭的补助支出	#助学金
合计	**143539015**	**95718803**	**89618980**	**6099823**	**3811773**
北京	3192514	1973320	1956348	16972	753
天津	730516	555464	546485	8979	315
河北	7939979	5862801	5666776	196025	26560
山西	2867275	1819393	1716316	103077	65241
内蒙古	4731705	3223390	3091390	131999	50207
辽宁	681366	464898	446884	18013	8746
吉林	1191849	909642	902246	7395	1617
黑龙江	1300902	976010	900351	75659	8925
上海	2147094	1685113	1645178	39935	8000
江苏	6732113	4628437	4466802	161635	78987
浙江	9818011	5273654	5087939	185715	67682
安徽	7346352	4382935	4149929	233006	75750
福建	5042731	3495747	3390642	105105	28688
江西	7509202	3579323	3480465	98858	73172
山东	8020898	5912570	5603519	309051	165189
河南	4831571	3031312	2889720	141591	121193
湖北	3104335	1829841	1700495	129346	75506
湖南	4106039	2359812	2170610	189202	130402
广东	5533714	3167049	2933775	233274	145314
广西	3901020	2608904	2478446	130459	80233
海南	2065638	1253585	1148319	105266	51970
重庆	2055469	1232972	1065615	167358	127416
四川	8147830	4959376	4383434	575942	386464
贵州	7640977	5897054	5228749	668304	538561
云南	4631690	3641369	3376669	264700	204133
西藏	3845670	2925211	2362104	563107	466152
陕西	5628074	3646285	3468757	177528	107278
甘肃	5649613	4168918	4001773	167145	33874
青海	1184483	605563	495764	109799	92242
宁夏	1024788	573762	522188	51574	36058
新疆	10935600	9075094	8341293	733801	555145
大连	91414	63621	62962	659	324
宁波	1156811	676136	663384	12752	7394
厦门	164383	91359	88132	3226	
青岛	514939	381306	349032	32274	1961
深圳					

（农村幼儿园）

单位：千元

公用部分	商品和服务支出	其他资本性支出			基本建设支出
			专项公用支出	专项项目支出	
46390212	**21944766**	**24445446**	**5498449**	**18946997**	**1430001**
1151102	988419	162683	121410	41273	68092
175052	110067	64985	4589	60396	
2070880	928106	1142774	274286	868488	6298
1030001	535539	494462	119887	374575	17882
1459496	612504	846992	200586	646406	48820
211476	181836	29640	14519	15120	4993
278228	140148	138080	45799	92281	3979
302325	180447	121878	46128	75750	22567
461981	372734	89247	83491	5756	
2103676	1192279	911397	185647	725750	
4375027	2142656	2232370	315162	1917209	169330
2910197	1215306	1694891	372211	1322680	53220
1536943	775978	760965	185898	575067	10040
3868485	492068	3376417	747951	2628466	61394
2107638	1117324	990314	223291	767023	690
1781046	408833	1372214	207110	1165104	19213
1274493	489508	784985	105917	679068	
1730220	999954	730266	137438	592828	16007
2365624	1012305	1353319	506373	846946	1041
1269326	654281	615045	164151	450894	22790
809541	475413	334128	102571	231557	2512
799022	463482	335540	54247	281293	23474
3082533	1681849	1400684	269444	1131240	105921
1729130	969392	759738	257611	502128	14794
903967	531955	372012	63597	308415	86353
761831	334913	426919	118409	308509	158627
1947651	890600	1057051	209230	847821	34138
1450691	658667	792024	141456	650568	30004
424620	189720	234900	49084	185816	154301
451026	285716	165310	53006	112305	
1566984	912768	654216	117950	536266	293522
27794	24329	3465	2855	610	
480675	220510	260165	39790	220375	
73025	62073	10952	7643	3308	
133633	82863	50770	18574	32196	

5-49 财政补助支出明细

地区	合计	个人部分	工资福利支出	对个人和家庭的补助支出	#助学金
合计	**142664932**	**95124456**	**89079364**	**6045093**	**3799097**
北京	3185395	1969527	1952555	16972	753
天津	730516	555464	546485	8979	315
河北	7939974	5862801	5666776	196025	26560
山西	2867275	1819393	1716316	103077	65241
内蒙古	4731705	3223390	3091390	131999	50207
辽宁	681366	464898	446884	18013	8746
吉林	1191849	909642	902246	7395	1617
黑龙江	1227560	918279	842833	75445	8888
上海	2147094	1685113	1645178	39935	8000
江苏	6732113	4628437	4466802	161635	78987
浙江	9818011	5273654	5087939	185715	67682
安徽	7346352	4382935	4149929	233006	75750
福建	5042731	3495747	3390642	105105	28688
江西	7509202	3579323	3480465	98858	73172
山东	8020898	5912570	5603519	309051	165189
河南	4831571	3031312	2889720	141591	121193
湖北	3104210	1829717	1700370	129346	75506
湖南	4105972	2359811	2170610	189201	130401
广东	5532847	3166394	2933283	233111	145151
广西	3901020	2608904	2478446	130459	80233
海南	2065638	1253585	1148319	105266	51970
重庆	2055469	1232972	1065615	167358	127416
四川	8147830	4959376	4383434	575942	386464
贵州	7640977	5897054	5228749	668304	538561
云南	4631690	3641369	3376669	264700	204133
西藏	3845670	2925211	2362104	563107	466152
陕西	5628025	3646284	3468757	177528	107278
甘肃	5635596	4156419	3989430	166989	33793
青海	1184483	605563	495764	109799	92242
宁夏	1024788	573762	522188	51574	36058
新疆	10157106	8555552	7875948	679604	542750
大连	91414	63621	62962	659	324
宁波	1156811	676136	663384	12752	7394
厦门	164383	91359	88132	3226	
青岛	514939	381306	349032	32274	1961
深圳					

(地方农村幼儿园)

单位：千元

公用部分	商品和服务支出	其他资本性支出	专项公用支出	专项项目支出	基本建设支出
46135068	**21756339**	**24378729**	**5471084**	**18907645**	**1405408**
1147776	986343	161433	121400	40033	68092
175052	110067	64985	4589	60396	
2070875	928101	1142774	274286	868488	6298
1030001	535539	494462	119887	374575	17882
1459496	612504	846992	200586	646406	48820
211476	181836	29640	14519	15120	4993
278228	140148	138080	45799	92281	3979
286714	166402	120313	45729	74584	22567
461981	372734	89247	83491	5756	
2103676	1192279	911397	185647	725750	
4375027	2142656	2232370	315162	1917209	169330
2910197	1215306	1694891	372211	1322680	53220
1536943	775978	760965	185898	575067	10040
3868485	492068	3376417	747951	2628466	61394
2107638	1117324	990314	223291	767023	690
1781046	408833	1372214	207110	1165104	19213
1274493	489508	784985	105917	679068	
1730155	999928	730227	137399	592828	16007
2365412	1012120	1353292	506346	846946	1041
1269326	654281	615045	164151	450894	22790
809541	475413	334128	102571	231557	2512
799022	463482	335540	54247	281293	23474
3082533	1681849	1400684	269444	1131240	105921
1729130	969392	759738	257611	502128	14794
903967	531955	372012	63597	308415	86353
761831	334913	426919	118409	308509	158627
1947603	890552	1057051	209230	847821	34138
1449173	657643	791530	141159	650371	30004
424620	189720	234900	49084	185816	154301
451026	285716	165310	53006	112305	
1332625	741751	590874	91356	499518	268929
27794	24329	3465	2855	610	
480675	220510	260165	39790	220375	
73025	62073	10952	7643	3308	
133633	82863	50770	18574	32196	

5-50 财政补助支出明细

地区	合计	个人部分	工资福利支出	对个人和家庭的补助支出	#助学金
合计	**41835528**	**24568130**	**20004558**	**4563572**	
北京	1052308	753379	676486	76893	
天津	360147	295692	275791	19902	
河北	912802	646409	511684	134725	
山西	1251455	855009	738651	116358	
内蒙古	830585	523434	430989	92446	
辽宁	799744	524027	421499	102528	
吉林	423304	267162	232376	34786	
黑龙江	1926872	921366	583902	337464	
上海	461423	363643	326374	37269	
江苏	2065210	1349584	1031271	318313	
浙江	2321142	1123435	957405	166030	
安徽	1728090	920364	709125	211239	
福建	1201839	611091	414681	196411	
江西	1019738	441551	366917	74634	
山东	2777921	2271474	2000518	270955	
河南	1396141	833435	658650	174786	
湖北	1549052	941426	763398	178028	
湖南	2551398	1674323	1478329	195994	
广东	4527127	2212384	1681824	530560	
广西	630474	378053	325476	52577	
海南	450159	218763	198912	19851	
重庆	1646777	383050	271542	111508	
四川	2666669	1543179	1120948	422231	
贵州	1337831	829728	671948	157780	
云南	1283382	826770	727327	99442	
西藏	843282	514668	459103	55565	
陕西	1408233	536075	441931	94144	
甘肃	662108	450452	381196	69255	
青海	237052	180294	144673	35621	
宁夏	258477	181056	162349	18707	
新疆	1254786	996853	839282	157571	
大连	147503	100374	86530	13844	
宁波	139692	104481	93953	10529	
厦门	259734	61484	47471	14013	
青岛	368913	296049	274599	21451	
深圳	951100	326948	200341	126607	

(教育行政单位)

单位：千元

公用部分	商品和服务支出	其他资本性支出	专项公用支出	专项项目支出	基本建设支出
17012531	**13514525**	**3498006**	**1335502**	**2162504**	**254868**
298287	289827	8459	7717	743	642
64455	62551	1904	1675	229	
266393	231621	34772	19025	15747	
396447	303149	93297	49920	43378	
305497	261602	43894	22225	21669	1655
273996	234894	39102	15328	23774	1721
156142	136208	19934	9766	10168	
931187	435903	495284	158387	336897	74319
97780	94027	3753	1256	2497	
715626	605803	109823	101785	8038	
1197707	1027742	169964	78104	91861	
807726	684464	123262	74210	49051	
541900	461601	80299	43891	36407	48848
578187	329885	248302	48691	199611	
506448	456507	49941	39930	10010	
562706	529747	32959	20025	12934	
607626	537371	70255	28919	41337	
869915	708648	161266	70512	90754	7161
2281948	2032521	249426	140115	109311	32795
252420	228266	24155	19067	5087	
231396	202296	29100	26426	2674	
1223527	502978	720549	65679	654870	40200
1110937	986716	124221	54917	69304	12552
503633	462209	41424	33778	7646	4470
443441	355600	87841	44404	43437	13171
322429	238137	84291	52294	31997	6185
862758	573770	288988	67043	221945	9400
211656	190006	21651	16280	5370	
56758	52380	4379	2332	2046	
77421	66766	10655	3958	6697	
256182	231326	24856	17843	7013	1750
47129	43417	3712	799	2913	
35210	34059	1152	1152		
149642	147202	2440	2440		48608
72864	66075	6789	2376	4413	
597354	581032	16322	15058	1265	26797

5-51 财政补助支出明细

地区	合计	个人部分			
			工资福利支出	对个人和家庭的补助支出	
					#助学金
合计	**41451116**	**24332977**	**19814103**	**4518874**	
北京	776667	564657	518020	46637	
天津	360147	295692	275791	19902	
河北	912802	646409	511684	134725	
山西	1251455	855009	738651	116358	
内蒙古	830585	523434	430989	92446	
辽宁	799744	524027	421499	102528	
吉林	423304	267162	232376	34786	
黑龙江	1926872	921366	583902	337464	
上海	461423	363643	326374	37269	
江苏	2065210	1349584	1031271	318313	
浙江	2321142	1123435	957405	166030	
安徽	1728090	920364	709125	211239	
福建	1201839	611091	414681	196411	
江西	1019738	441551	366917	74634	
山东	2777921	2271474	2000518	270955	
河南	1396141	833435	658650	174786	
湖北	1549052	941426	763398	178028	
湖南	2551398	1674323	1478329	195994	
广东	4527127	2212384	1681824	530560	
广西	630474	378053	325476	52577	
海南	450159	218763	198912	19851	
重庆	1646777	383050	271542	111508	
四川	2666669	1543179	1120948	422231	
贵州	1337831	829728	671948	157780	
云南	1283382	826770	727327	99442	
西藏	843282	514668	459103	55565	
陕西	1408233	536075	441931	94144	
甘肃	662108	450452	381196	69255	
青海	237052	180294	144673	35621	
宁夏	258477	181056	162349	18707	
新疆	1146014	950422	807293	143129	
大连	147503	100374	86530	13844	
宁波	139692	104481	93953	10529	
厦门	259734	61484	47471	14013	
青岛	368913	296049	274599	21451	
深圳	951100	326948	200341	126607	

(地方教育行政单位)

单位：千元

公用部分	商品和服务支出	其他资本性支出	专项公用支出	专项项目支出	基本建设支出
16863272	**13370013**	**3493259**	**1330854**	**2162405**	**254868**
211368	206138	5230	4487	743	642
64455	62551	1904	1675	229	
266393	231621	34772	19025	15747	
396447	303149	93297	49920	43378	
305497	261602	43894	22225	21669	1655
273996	234894	39102	15328	23774	1721
156142	136208	19934	9766	10168	
931187	435903	495284	158387	336897	74319
97780	94027	3753	1256	2497	
715626	605803	109823	101785	8038	
1197707	1027742	169964	78104	91861	
807726	684464	123262	74210	49051	
541900	461601	80299	43891	36407	48848
578187	329885	248302	48691	199611	
506448	456507	49941	39930	10010	
562706	529747	32959	20025	12934	
607626	537371	70255	28919	41337	
869915	708648	161266	70512	90754	7161
2281948	2032521	249426	140115	109311	32795
252420	228266	24155	19067	5087	
231396	202296	29100	26426	2674	
1223527	502978	720549	65679	654870	40200
1110937	986716	124221	54917	69304	12552
503633	462209	41424	33778	7646	4470
443441	355600	87841	44404	43437	13171
322429	238137	84291	52294	31997	6185
862758	573770	288988	67043	221945	9400
211656	190006	21651	16280	5370	
56758	52380	4379	2332	2046	
77421	66766	10655	3958	6697	
193842	170503	23339	16424	6914	1750
47129	43417	3712	799	2913	
35210	34059	1152	1152		
149642	147202	2440	2440		48608
72864	66075	6789	2376	4413	
597354	581032	16322	15058	1265	26797

5-52 财政补助支出明细

地 区	合 计	个人部分	工资福利支出	对个人和家庭的补助支出	#助学金
合 计	**79805807**	**49732894**	**44268311**	**5464584**	
北 京	9702330	4299753	4062428	237326	
天 津	1499824	1073426	1017253	56173	
河 北	2523674	2087989	1808614	279375	
山 西	2403159	1847762	1663781	183982	
内蒙古	2491428	1783408	1648741	134667	
辽 宁	2716701	2022821	1886490	136331	
吉 林	1313539	831213	753083	78130	
黑龙江	1166869	818376	653199	165177	
上 海	6038956	3315671	3060725	254946	
江 苏	4776688	3379350	2889022	490327	
浙 江	5849311	3310291	2980289	330003	
安 徽	1544976	916238	772562	143676	
福 建	2979548	1741040	1543039	198001	
江 西	1934913	1232619	1114542	118077	
山 东	2988428	2240043	1978146	261897	
河 南	2756317	1954462	1726698	227764	
湖 北	2651093	1959574	1630476	329098	
湖 南	1204312	778264	686722	91543	
广 东	6431309	3422131	2875623	546508	
广 西	1606930	1140809	1047412	93397	
海 南	532862	272013	266954	5059	
重 庆	1685002	691008	564155	126853	
四 川	4169508	2578102	2288333	289770	
贵 州	1029807	720877	638347	82530	
云 南	1705853	1176110	1095943	80168	
西 藏	869483	521746	426175	95571	
陕 西	2320298	1343434	1227024	116410	
甘 肃	1116555	867376	786487	80888	
青 海	609743	492431	403297	89134	
宁 夏	266846	220590	205675	14915	
新 疆	919548	693965	567076	126890	
大 连	469165	276891	265999	10893	
宁 波	657377	432198	398745	33453	
厦 门	490472	307402	260510	46891	
青 岛	446968	339911	309037	30874	
深 圳	1584286	544383	468643	75740	

(教育事业单位)

单位：千元

公用部分	商品和服务支出	其他资本性支出	其他资本性支出：专项公用支出	其他资本性支出：专项项目支出	基本建设支出
29484941	**22922068**	**6562873**	**3246213**	**3316660**	**587972**
5315605	5050765	264840	238120	26720	86971
426398	380862	45536	11742	33794	
434898	329562	105335	40029	65307	787
535046	420364	114682	71105	43577	20351
705052	370622	334430	190874	143557	2968
685646	601449	84197	58550	25647	8234
481191	312959	168231	83643	84589	1135
348493	235624	112869	69794	43075	
2394171	1974180	419991	245768	174224	329113
1397339	1098538	298800	127096	171705	
2533556	1658355	875200	239374	635826	5464
628738	442117	186621	77750	108871	
1213618	953810	259808	71048	188759	24890
698577	562620	135956	82100	53856	3718
748384	519608	228777	44253	184524	
798858	661743	137115	99310	37806	2996
691519	545059	146461	57641	88820	
426048	349689	76359	64106	12254	
2983034	2193694	789340	343041	446299	26143
461872	284449	177423	19860	157564	4249
260849	229913	30936	29998	938	
990181	348701	641480	453920	187560	3813
1589394	1279939	309454	150487	158967	2012
308930	275566	33363	20550	12814	
527993	377614	150379	79419	70960	1750
336140	259619	76521	42509	34012	11597
936625	708274	228351	150571	77780	40238
249180	182446	66734	44925	21808	
117312	77272	40040	21122	18918	
46256	41169	5088	3890	1197	
214041	195487	18554	13619	4935	11542
191869	177048	14821	14014	807	405
225180	197237	27943	19092	8851	
173151	150618	22532	11938	10595	9920
107057	89324	17732	5299	12434	
1017778	938848	78930	73012	5919	22125

5-53 财政补助支出明细

地区	合计	个人部分	工资福利支出	对个人和家庭的补助支出	#助学金
合计	**75785707**	**49317942**	**43878906**	**5439036**	
北京	5831881	3980311	3754179	226131	
天津	1499824	1073426	1017253	56173	
河北	2523674	2087989	1808614	279375	
山西	2403159	1847762	1663781	183982	
内蒙古	2491428	1783408	1648741	134667	
辽宁	2716701	2022821	1886490	136331	
吉林	1313539	831213	753083	78130	
黑龙江	1166869	818376	653199	165177	
上海	6038956	3315671	3060725	254946	
江苏	4776688	3379350	2889022	490327	
浙江	5849311	3310291	2980289	330003	
安徽	1544976	916238	772562	143676	
福建	2979548	1741040	1543039	198001	
江西	1934913	1232619	1114542	118077	
山东	2988428	2240043	1978146	261897	
河南	2756317	1954462	1726698	227764	
湖北	2651093	1959574	1630476	329098	
湖南	1204312	778264	686722	91543	
广东	6431309	3422131	2875623	546508	
广西	1606930	1140809	1047412	93397	
海南	532862	272013	266954	5059	
重庆	1685002	691008	564155	126853	
四川	4169508	2578102	2288333	289770	
贵州	1029807	720877	638347	82530	
云南	1705853	1176110	1095943	80168	
西藏	869483	521746	426175	95571	
陕西	2320298	1343434	1227024	116410	
甘肃	1116555	867376	786487	80888	
青海	609743	492431	403297	89134	
宁夏	266846	220590	205675	14915	
新疆	769897	598455	485919	112537	
大连	469165	276891	265999	10893	
宁波	657377	432198	398745	33453	
厦门	490472	307402	260510	46891	
青岛	446968	339911	309037	30874	
深圳	1584286	544383	468643	75740	

(地方教育事业单位)

单位：千元

公用部分	商品和服务支出	其他资本性支出	专项公用支出	专项项目支出	基本建设支出
25882234	**19392399**	**6489835**	**3175261**	**3314573**	**585531**
1765221	1564946	200275	173556	26720	86349
426398	380862	45536	11742	33794	
434898	329562	105335	40029	65307	787
535046	420364	114682	71105	43577	20351
705052	370622	334430	190874	143557	2968
685646	601449	84197	58550	25647	8234
481191	312959	168231	83643	84589	1135
348493	235624	112869	69794	43075	
2394171	1974180	419991	245768	174224	329113
1397339	1098538	298800	127096	171705	
2533556	1658355	875200	239374	635826	5464
628738	442117	186621	77750	108871	
1213618	953810	259808	71048	188759	24890
698577	562620	135956	82100	53856	3718
748384	519608	228777	44253	184524	
798858	661743	137115	99310	37806	2996
691519	545059	146461	57641	88820	
426048	349689	76359	64106	12254	
2983034	2193694	789340	343041	446299	26143
461872	284449	177423	19860	157564	4249
260849	229913	30936	29998	938	
990181	348701	641480	453920	187560	3813
1589394	1279939	309454	150487	158967	2012
308930	275566	33363	20550	12814	
527993	377614	150379	79419	70960	1750
336140	259619	76521	42509	34012	11597
936625	708274	228351	150571	77780	40238
249180	182446	66734	44925	21808	
117312	77272	40040	21122	18918	
46256	41169	5088	3890	1197	
161718	151638	10080	7232	2848	9723
191869	177048	14821	14014	807	405
225180	197237	27943	19092	8851	
173151	150618	22532	11938	10595	9920
107057	89324	17732	5299	12434	
1017778	938848	78930	73012	5919	22125

5-54 财政补助支出明细

地区	合计	个人部分	工资福利支出	对个人和家庭的补助支出	#助学金
合计	**49676776**	**21234751**	**18666472**	**2568279**	**38799**
北京	2412635	909550	811450	98100	17113
天津	452697	304787	286394	18393	
河北	1734429	895508	751738	143771	
山西	1699305	611620	551500	60120	
内蒙古	1299889	583314	532975	50340	
辽宁	1115866	688293	592893	95401	
吉林	832189	419644	380484	39161	728
黑龙江	811148	535734	441711	94023	2667
上海	1567664	538829	478443	60386	5749
江苏	2414232	1288509	1100039	188470	1631
浙江	2935509	1067779	906224	161555	1279
安徽	2000132	875134	742485	132649	
福建	1824699	680441	594005	86436	3763
江西	1879247	543506	500650	42856	
山东	2983991	1518189	1368229	149961	
河南	2361573	921379	796552	124828	
湖北	2492903	755985	646079	109906	796
湖南	1452953	732604	646220	86384	1384
广东	3424771	1413367	1164346	249021	1762
广西	1217955	509300	468126	41173	
海南	762655	113952	111814	2138	
重庆	645955	352001	297717	54285	507
四川	3227878	1242302	1073594	168707	1420
贵州	1525829	664580	572126	92454	
云南	1368854	722439	675035	47404	
西藏	382607	214081	208583	5498	
陕西	944908	397675	380730	16945	
甘肃	943809	507125	472042	35082	
青海	647106	301521	266580	34941	
宁夏	300755	163254	149727	13527	
新疆	2012633	762348	697982	64366	
大连	130370	85119	67402	17717	
宁波	217717	119670	111762	7908	
厦门	130728	76613	64055	12559	
青岛	347618	171168	152953	18215	
深圳	671669	187421	159308	28114	

(其他教育机构)

单位：千元

公用部分	商品和服务支出	其他资本性支出	专项公用支出	专项项目支出	基本建设支出
23305613	**13828920**	**9476692**	**1649887**	**7826805**	**5136413**
1499881	1398619	101261	61049	40212	3204
119410	117776	1634	1073	561	28500
627058	267447	359611	66729	292882	211863
1022361	413970	608391	115869	492523	65323
462184	264154	198030	69804	128226	254391
314543	264458	50085	16075	34010	113030
293838	208424	85413	21527	63887	118707
270350	214286	56063	25508	30556	5064
914234	836005	78229	50407	27822	114601
1125724	740255	385469	51651	333818	
1832881	806303	1026578	76753	949825	34849
693221	430009	263212	61277	201935	431777
1053579	347996	705582	64506	641076	90680
690764	297026	393737	142857	250880	644977
1414802	860725	554077	92051	462026	51000
1276841	793577	483264	123642	359622	163353
1736918	468259	1268659	35467	1233192	
699535	410939	288597	67659	220938	20814
1061893	904092	157801	44586	113215	949511
672356	299758	372598	36881	335718	36300
544331	236602	307729	20622	287107	104372
252894	240903	11991	5203	6788	41060
1774420	1003622	770797	144432	626365	211157
700122	600369	99753	35638	64115	161128
496919	257545	239374	52150	187225	149496
119349	101466	17883	15458	2425	49177
498598	324048	174550	34775	139776	48635
385028	229627	155401	28888	126513	51656
217322	109723	107599	35210	72389	128264
137501	85773	51728	13578	38150	
396759	295164	101595	38563	63031	853526
44206	38224	5982	5802	180	1045
98047	86737	11310	6498	4812	
54115	34897	19218	10816	8402	
176450	70585	105865	3716	102149	
293889	281267	12622	12605	17	190359

5-55 财政补助支出明细

地区	合计	个人部分	工资福利支出	对个人和家庭的补助支出	#助学金
合计	**47384671**	**20536374**	**18069847**	**2466527**	**15019**
北京	1012354	464389	435751	28637	896
天津	449291	304787	286394	18393	
河北	1732592	895508	751738	143771	
山西	1696629	611620	551500	60120	
内蒙古	1299889	583314	532975	50340	
辽宁	1110324	688293	592893	95401	
吉林	831319	419644	380484	39161	728
黑龙江	795514	530158	440275	89883	2667
上海	1380256	468723	412137	56586	1949
江苏	2347835	1288509	1100039	188470	1631
浙江	2927059	1067779	906224	161555	1279
安徽	1999556	875134	742485	132649	
福建	1780058	660125	577452	82672	
江西	1878959	543506	500650	42856	
山东	2973778	1518189	1368229	149961	
河南	2355969	921379	796552	124828	
湖北	2474279	755985	646079	109906	796
湖南	1449465	732604	646220	86384	1384
广东	3424771	1413367	1164346	249021	1762
广西	1217955	509300	468126	41173	
海南	762655	113952	111814	2138	
重庆	645955	352001	297717	54285	507
四川	3195283	1242302	1073594	168707	1420
贵州	1521691	664580	572126	92454	
云南	1334954	722439	675035	47404	
西藏	382607	214081	208583	5498	
陕西	917533	397675	380730	16945	
甘肃	940879	507125	472042	35082	
青海	647106	301521	266580	34941	
宁夏	300755	163254	149727	13527	
新疆	1597401	605130	561350	43780	
大连	130370	85119	67402	17717	
宁波	217717	119670	111762	7908	
厦门	130728	76613	64055	12559	
青岛	347618	171168	152953	18215	
深圳	671669	187421	159308	28114	

（地方其他教育机构）

单位：千元

公用部分	商品和服务支出	其他资本性支出	专项公用支出	专项项目支出	基本建设支出
21857998	**12504613**	**9353385**	**1590298**	**7763087**	**4990300**
544761	519397	25364	22054	3310	3204
116005	114371	1634	1073	561	28500
625221	265610	359611	66729	292882	211863
1019685	411294	608391	115869	492523	65323
462184	264154	198030	69804	128226	254391
309001	258916	50085	16075	34010	113030
292968	207554	85413	21527	63887	118707
260292	204228	56063	25508	30556	5064
796932	733998	62934	35282	27652	114601
1059327	673858	385469	51651	333818	
1824431	797853	1026578	76753	949825	34849
692645	429433	263212	61277	201935	431777
1029253	323676	705577	64501	641076	90680
690476	296738	393737	142857	250880	644977
1404589	850512	554077	92051	462026	51000
1271237	787973	483264	123642	359622	163353
1718294	449635	1268659	35467	1233192	
696048	407451	288597	67659	220938	20814
1061893	904092	157801	44586	113215	949511
672356	299758	372598	36881	335718	36300
544331	236602	307729	20622	287107	104372
252894	240903	11991	5203	6788	41060
1741824	971027	770797	144432	626365	211157
695983	596231	99753	35638	64115	161128
463019	223645	239374	52150	187225	149496
119349	101466	17883	15458	2425	49177
471223	296673	174550	34775	139776	48635
382098	226696	155401	28888	126513	51656
217322	109723	107599	35210	72389	128264
137501	85773	51728	13578	38150	
284858	215373	69485	33100	36385	707413
44206	38224	5982	5802	180	1045
98047	86737	11310	6498	4812	
54115	34897	19218	10816	8402	
176450	70585	105865	3716	102149	
293889	281267	12622	12605	17	190359

第六部分

各地区各级各类教育机构一般公共预算教育事业费和基本建设支出明细

6-1 一般公共预算教育事业费和

地区	合计	个人部分	工资福利支出	对个人和家庭的补助支出	#助学金
合计	**3961506696**	**2754771556**	**2428578882**	**326192675**	**199935884**
北京	170612645	107662338	91836847	15825491	14273534
天津	52139190	39284869	36490864	2794005	1743593
河北	179341182	131234861	114447751	16787109	7388115
山西	88561012	58809032	52875411	5933621	3665577
内蒙古	72114649	48086184	43472095	4614088	3632797
辽宁	76789406	54862231	49151800	5710431	3935710
吉林	56544866	38729302	35055406	3673896	2452266
黑龙江	64948200	48831022	41448484	7382538	3304984
上海	110976164	71248337	66334776	4913561	3757465
江苏	260991525	195630864	175408011	20222852	8780529
浙江	225007199	154645624	142107463	12538161	7071570
安徽	151244155	98579932	82237033	16342899	6934392
福建	120881883	90024874	82170075	7854800	3279367
江西	135498327	84109469	75408683	8700787	5437260
山东	259603281	201115797	182705437	18410360	7434973
河南	186784030	124433679	111176489	13257190	11381124
湖北	149266553	102051777	88221788	13829989	7248395
湖南	156320815	112695366	97331692	15363674	8248654
广东	389432404	263027397	236838600	26188797	12747455
广西	116304482	84442250	72547589	11894660	8889936
海南	35180859	19961455	17697421	2264033	1727430
重庆	87314523	56949362	50841475	6107888	4789207
四川	195359907	135952800	113331465	22621335	13974932
贵州	118861234	85380944	69468868	15912076	10212300
云南	114543087	86826838	74635980	12190859	11327628
西藏	34191227	22329231	17055474	5273757	4454716
陕西	115308789	73645397	64182388	9463008	6837065
甘肃	73102152	50117043	43707015	6410028	4581318
青海	23334283	14257075	12597453	1659621	1494540
宁夏	22485288	13596972	12305905	1291067	1071496
新疆	118463378	86249233	75489142	10760092	7857556
大连	11036810	8373091	8015840	357251	136936
宁波	30874280	20909306	19719402	1189903	616478
厦门	18349680	13654038	12493933	1160104	143316
青岛	29875318	23412301	21178301	2234000	408131
深圳	89407264	41054235	36646743	4407492	2143772

基本建设支出明细(各级各类教育机构)

单位：千元

公用部分					基本建设支出
	商品和服务支出	其他资本性支出			
			专项公用支出	专项项目支出	
1116799867	**671727840**	**445072027**	**173368419**	**271703608**	**89935273**
56078906	43313505	12765401	9111594	3653806	6871400
11967447	7901134	4066313	1418007	2648305	886875
46639502	26733680	19905822	7255830	12649992	1466820
28558786	15823213	12735573	5383961	7351611	1193194
22645073	11939772	10705302	4284578	6420724	1383392
20456752	15298897	5157855	3393406	1764448	1470424
16858203	10324558	6533644	3146295	3387349	957361
14880535	10043101	4837434	2398216	2439219	1236642
33772957	26547431	7225526	5115925	2109601	5954870
64713614	42906565	21807050	8338608	13468442	647047
64217695	42753953	21463743	8530712	12933030	6143880
50178451	25772925	24405526	8580508	15825018	2485772
29975057	18378261	11596796	4753263	6843534	881951
48698507	15593685	33104822	9630125	23474697	2690351
57603345	31558310	26045035	8231687	17813347	884139
59456228	33920604	25535625	8194923	17340701	2894123
46546889	25230144	21316745	6408898	14907847	667887
42649662	25805854	16843808	5311855	11531953	975787
99426997	69997598	29429399	17320392	12109006	26978011
31142162	17249842	13892320	5998791	7893528	720070
14091956	7023082	7068874	3319178	3749696	1127448
27913939	20851358	7062581	3746161	3316420	2451222
57285558	36924823	20360735	6657828	13702908	2121548
32379359	15923546	16455812	4489969	11965843	1100931
26390059	14512176	11877883	3157665	8720218	1326189
10256250	4407007	5849244	1874154	3975090	1605745
38758677	22831994	15926683	6166906	9759776	2904715
21939888	10366459	11573429	3226344	8347085	1045222
7677956	3050319	4627637	1478489	3149148	1399253
8727746	4113967	4613780	1822504	2791275	160570
24911710	14630077	10281633	4621643	5659990	7302435
2410565	1982772	427792	255880	171913	253154
9582598	4665472	4917125	1158439	3758686	382377
4414668	3636706	777961	583416	194545	280975
6463016	3986069	2476948	926239	1550709	
25027066	20829462	4197604	3997602	200002	23325963

6-2 一般公共预算教育事业费和

地 区	合 计	个人部分	工资福利支出	对个人和家庭的补助支出	#助学金
合 计	**3771160273**	**2636353806**	**2341518199**	**294835607**	**172114031**
北 京	115331862	75051626	72565616	2486010	1607937
天 津	48120093	36605642	34337989	2267652	1256104
河 北	177438640	130025250	113416843	16608407	7271338
山 西	88561012	58809032	52875411	5933621	3665577
内蒙古	72114643	48086178	43472095	4614082	3632791
辽 宁	71300190	51268172	46432648	4835524	3156193
吉 林	51686439	35475439	32497155	2978284	1808624
黑龙江	60403848	45597291	39141100	6456192	2588530
上 海	96864461	62787744	59384791	3402953	2325384
江 苏	249168416	187822996	169431663	18391333	7297730
浙 江	220084980	151481073	139792841	11688232	6337240
安 徽	148172842	96277458	80442746	15834712	6495291
福 建	117498470	87828246	80500177	7328069	2795196
江 西	135498304	84109469	75408683	8700787	5437260
山 东	254463932	197973316	180288604	17684713	6827750
河 南	186517942	124323741	111075582	13248159	11377453
湖 北	135067633	92776239	81173556	11602683	5265583
湖 南	152269628	109834777	95173659	14661119	7644239
广 东	380047042	256721258	231759683	24961575	11670367
广 西	116304482	84442250	72547589	11894660	8889936
海 南	35176223	19961080	17697046	2264033	1727430
重 庆	82562776	53806394	48327412	5478983	4264696
四 川	185723825	129809279	108239191	21570088	13053325
贵 州	118861234	85380944	69468868	15912076	10212300
云 南	114542886	86826838	74635980	12190858	11327627
西 藏	34191227	22329231	17055474	5273757	4454716
陕 西	104157648	66620153	58685087	7935065	5618367
甘 肃	69987327	48023209	42021448	6001761	4355329
青 海	23334283	14257075	12597453	1659621	1494540
宁 夏	21748864	13122030	11912094	1209935	1002269
新 疆	103959121	78920378	69159715	9760663	7252909
大 连	11034793	8371383	8014132	357251	136936
宁 波	30874280	20909306	19719402	1189903	616478
厦 门	18349680	13654038	12493933	1160104	143316
青 岛	29875318	23412301	21178301	2234000	408131
深 圳	88907982	40698500	36291271	4407228	2143772

基本建设支出明细(地方各级各类教育机构)

单位：千元

公用部分					基本建设支出
	商品和服务支出	其他资本性支出	专项公用支出	专项项目支出	
1054565628	**626093461**	**428472166**	**161000852**	**267471314**	**80240840**
35823097	27333946	8489151	5911707	2577444	4457139
10868422	7012400	3856022	1208134	2647888	646030
45968871	26243946	19724925	7086178	12638747	1444520
28558786	15823213	12735573	5383961	7351611	1193194
22645073	11939772	10705302	4284578	6420724	1383392
18692844	13960653	4732191	3073472	1658720	1339174
15299075	9024773	6274302	2934172	3340130	911925
13711335	9186377	4524958	2124193	2400766	1095222
28950983	23012647	5938336	4111175	1827162	5125734
61097728	40351676	20746053	7370106	13375946	247692
62637423	41642110	20995313	8176683	12818630	5966485
49443346	25314710	24128636	8358130	15770506	2452039
28999862	17756856	11243006	4505661	6737345	670361
48698484	15593662	33104822	9630125	23474697	2690351
55769107	30156469	25612638	7868933	17743705	721509
59300184	33818939	25481244	8140543	17340701	2894018
42149863	22167194	19982668	5382533	14600136	141532
41595156	24989081	16606075	5118862	11487214	839695
96537812	67985046	28552766	16662942	11889824	26787971
31142162	17249842	13892320	5998791	7893528	720070
14087695	7022149	7065546	3318999	3746547	1127448
26404136	19626798	6777338	3462557	3314781	2352245
54068080	34344377	19723703	6086748	13636955	1846466
32379359	15923546	16455812	4489969	11965843	1100931
26389859	14512020	11877839	3157621	8720218	1326189
10256250	4407007	5849244	1874154	3975090	1605745
35220232	20507769	14712463	5412920	9299544	2317263
21060478	9753327	11307150	3054524	8252626	903640
7677956	3050319	4627637	1478489	3149148	1399253
8466265	3949340	4516925	1768571	2748353	160570
20665705	12433497	8232208	3565423	4666786	4373038
2410256	1982464	427792	255880	171913	253154
9582598	4665472	4917125	1158439	3758686	382377
4414668	3636706	777961	583416	194545	280975
6463016	3986069	2476948	926239	1550709	
24883519	20818611	4064908	3864906	200002	23325963

6-3 一般公共预算教育事业费和

地区	合计	个人部分	工资福利支出	对个人和家庭的补助支出	#助学金
合计	**809125200**	**474528815**	**361883034**	**112645780**	**91885918**
北京	70597660	44108736	29086819	15021918	13852547
天津	14949064	9261224	7586900	1674324	1487434
河北	28228741	18448175	13515821	4932355	2845384
山西	20244796	11441917	9108303	2333615	1863953
内蒙古	13831102	7422303	5551348	1870955	1664774
辽宁	23439876	12521609	9214539	3307070	2999554
吉林	16902530	8620410	6579399	2041012	1822988
黑龙江	18359324	12273194	9012972	3260222	2312207
上海	37806246	18405186	15360208	3044978	2801892
江苏	52257519	31738003	25584307	6153695	5078592
浙江	37636390	22958183	18037739	4920444	3548817
安徽	25650639	14813610	10178494	4635116	2990402
福建	18327556	11611210	8919129	2692081	1885352
江西	22631974	14442045	11384447	3057598	2614304
山东	44983919	32619375	27261280	5358094	3789958
河南	36948557	18786445	13934809	4851636	4305566
湖北	37542426	23632764	18427422	5205341	4488742
湖南	26176334	17594726	13253382	4341344	3053813
广东	72425271	42401231	35202814	7198417	5483095
广西	18365947	9087659	5670438	3417221	3040545
海南	7863181	2751913	1819061	932852	720984
重庆	18127213	9321327	6645507	2675820	2393633
四川	37175561	23257482	17860273	5397210	4485694
贵州	21055430	10043024	7181535	2861489	2287086
云南	17942635	10625601	8150097	2475504	2352707
西藏	3017067	1495424	1071125	424299	383790
陕西	27399291	14942237	10983590	3958646	3470147
甘肃	14056038	7056414	5175258	1881157	1635800
青海	3626661	1331577	1054659	276918	235752
宁夏	3867298	2000739	1477527	523212	407564
新疆	17688955	9515072	7593834	1921238	1582839
大连	807391	484164	350939	133226	69084
宁波	3348425	1641331	1352803	288528	198221
厦门	1425242	947009	659475	287534	48669
青岛	1387713	519451	292418	227033	186317
深圳	20222735	7976827	6966338	1010489	739354

基本建设支出明细(高等学校)

单位：千元

公用部分	商品和服务支出	其他资本性支出	专项公用支出	专项项目支出	基本建设支出
300232296	**182069789**	**118162506**	**70181823**	**47980684**	**34364090**
23094717	17228241	5866476	4512046	1354430	3394206
5001129	2812220	2188910	812126	1376783	686710
8955267	5685915	3269352	1937947	1331406	825298
8174731	4049238	4125492	2275419	1850073	628148
5993382	3024451	2968931	1635386	1333545	415417
9853701	6969666	2884036	2483776	400260	1064566
7620116	4827887	2792228	1996118	796111	662004
5534128	3818762	1715366	1032922	682444	552001
14456562	10593671	3862890	2829680	1033211	4944499
20031423	14286111	5745312	3926860	1818451	488094
13733825	8773075	4960750	3124206	1836544	944382
10046258	5724004	4322255	2098299	2223955	790771
6360832	4345402	2015430	1536490	478940	355514
7476462	4466198	3010263	1826276	1183987	713467
11549706	5964280	5585426	3340836	2244590	814839
17174492	10108029	7066463	4326118	2740345	987621
13241775	7377139	5864636	3269195	2595442	667887
8124518	4534484	3590034	1712230	1877804	457090
22839494	14357537	8481957	6587802	1894155	7184546
8976813	4240558	4736255	3055267	1680988	301476
4228817	1585836	2642982	1397219	1245763	882450
8256275	5708653	2547621	2126858	420764	549612
13117011	7520186	5596825	2198096	3398729	801067
10679571	3235535	7444037	1884088	5559948	332835
6983373	3766770	3216603	1734520	1482083	333661
1409857	680376	729481	438971	290510	111787
11237964	7977527	3260437	2040554	1219883	1219090
6656104	3586483	3069621	1541383	1528238	343519
2065675	474834	1590842	538803	1052038	229408
1771559	1056792	714766	443207	271559	95000
5586758	3289930	2296828	1519123	777705	2587125
209090	151792	57299	48502	8797	114137
1707095	730189	976906	294656	682249	
478234	433816	44418	38098	6320	
868262	200356	667906	134103	533803	
5834767	3910228	1924539	1880617	43922	6411141

6-4　一般公共预算教育事业费和

地区	合计	个人部分	工资福利支出	对个人和家庭的补助支出	#助学金
合计	**637846159**	**366361587**	**284116614**	**82244973**	**64524940**
北京	21988766	14089340	12301580	1787760	1206516
天津	10969062	6610998	5461862	1149136	1000305
河北	26335504	17246719	12492693	4754025	2728607
山西	20244796	11441917	9108303	2333615	1863953
内蒙古	13831102	7422303	5551348	1870955	1664774
辽宁	17952676	8929258	6497096	2432162	2220037
吉林	12329903	5588801	4241668	1347134	1179346
黑龙江	13937983	9139013	6788079	2350934	1595971
上海	24139521	10225332	8685533	1539799	1373611
江苏	40486637	23961491	19637464	4324027	3597645
浙江	32714171	19793631	15723117	4070514	2814488
安徽	22579632	12511135	8384206	4126929	2551301
福建	14979196	9431580	7262467	2169113	1404944
江西	22631974	14442045	11384447	3057598	2614304
山东	39844570	29476894	24844447	4632447	3182735
河南	36708000	18700038	13857387	4842651	4301941
湖北	23906651	14805804	11826136	2979667	2506576
湖南	22161184	14761244	11122455	3638789	2449400
广东	63086734	36127969	30149842	5978128	4407494
广西	18365947	9087659	5670438	3417221	3040545
海南	7863181	2751913	1819061	932852	720984
重庆	13642842	6396864	4346450	2050414	1869400
四川	27585569	17148349	12783088	4365261	3569826
贵州	21055430	10043024	7181535	2861489	2287086
云南	17942635	10625601	8150097	2475504	2352707
西藏	3017067	1495424	1071125	424299	383790
陕西	16553198	8130152	5694133	2436020	2251935
甘肃	10984853	4997674	3523339	1474335	1411181
青海	3626661	1331577	1054659	276918	235752
宁夏	3130874	1525797	1083716	442081	338336
新疆	13249840	8122041	6418845	1703196	1399448
大连	807391	484164	350939	133226	69084
宁波	3348425	1641331	1352803	288528	198221
厦门	1425242	947009	659475	287534	48669
青岛	1387713	519451	292418	227033	186317
深圳	19725499	7622094	6611605	1010489	739354

基本建设支出明细(地方高等学校)

单位：千元

公用部分					基本建设支出
	商品和服务支出	其他资本性支出			
			专项公用支出	专项项目支出	
245769912	**142428946**	**103340966**	**58722457**	**44618509**	**25714660**
6918858	5086322	1832536	1511937	320599	980568
3912199	1932504	1979696	603330	1376366	445865
8285788	5197192	3088596	1768400	1320196	802997
8174731	4049238	4125492	2275419	1850073	628148
5993382	3024451	2968931	1635386	1333545	415417
8090103	5631731	2458372	2163841	294531	933316
6124534	3584928	2539606	1789249	750357	616568
4388389	2983933	1404455	759299	645157	410581
9798827	7187423	2611403	1860462	750942	4115362
16436407	11738791	4697616	2960967	1736649	88739
12153553	7661233	4492320	2770176	1722144	766987
9311458	5265927	4045532	1876089	2169443	757038
5403692	3742047	1661645	1288894	372751	143924
7476462	4466198	3010263	1826276	1183987	713467
9715468	4562439	5153029	2978081	2174948	652209
17020342	10008202	7012140	4271795	2740345	987621
8959316	4396919	4562397	2269000	2293398	141532
7078942	3725871	3353072	1520007	1833064	320997
19964259	12358105	7606154	5931181	1674973	6994506
8976813	4240558	4736255	3055267	1680988	301476
4228817	1585836	2642982	1397219	1245763	882450
6795343	4522387	2272956	1853782	419175	450634
9911235	4951442	4959793	1627016	3332777	525985
10679571	3235535	7444037	1884088	5559948	332835
6983373	3766770	3216603	1734520	1482083	333661
1409857	680376	729481	438971	290510	111787
7791407	5723699	2067708	1299227	768480	631639
5785241	2977661	2807580	1370419	1437162	201938
2065675	474834	1590842	538803	1052038	229408
1510077	892166	617911	389274	228637	95000
4425795	2774232	1651563	1074083	577480	702004
209090	151792	57299	48502	8797	114137
1707095	730189	976906	294656	682249	
478234	433816	44418	38098	6320	
868262	200356	667906	134103	533803	
5692263	3900420	1791843	1747921	43922	6411141

6-5　一般公共预算教育事业费和

地　区	合　计	个人部分	工资福利支　出	对个人和家庭的补助支出	#助学金
合　计	**801894728**	**469307172**	**357104210**	**112202962**	**91781986**
北　京	69795803	43491812	28495989	14995823	13852539
天　津	14740459	9098552	7432469	1666083	1485745
河　北	27761189	18065882	13180450	4885432	2839106
山　西	20095427	11318318	8990937	2327382	1861998
内蒙古	13753824	7375060	5504252	1870808	1664774
辽　宁	23259502	12368868	9065909	3302959	2999546
吉　林	16581625	8390705	6368976	2021729	1815300
黑龙江	18128619	12075773	8854777	3220997	2312207
上　海	37105552	18012666	14974292	3038374	2801802
江　苏	52142462	31662638	25514387	6148250	5077070
浙　江	36970590	22478331	17573919	4904412	3547167
安　徽	25520665	14750468	10121592	4628877	2990345
福　建	18105692	11453698	8785401	2668296	1885305
江　西	22288133	14214055	11182403	3031652	2591739
山　东	44815248	32508261	27164433	5343828	3789958
河　南	36857161	18721951	13874131	4847819	4304182
湖　北	37486679	23587948	18388738	5199210	4488742
湖　南	25913934	17418898	13103472	4315426	3052154
广　东	71689486	41802462	34673632	7128830	5481365
广　西	18294527	9045494	5633378	3412116	3038428
海　南	7801485	2714581	1787678	926903	715099
重　庆	18124488	9319042	6643334	2675708	2393633
四　川	36886496	23051337	17666263	5385074	4484099
贵　州	20938243	9964980	7119796	2845184	2275674
云　南	17879552	10590691	8115187	2475504	2352707
西　藏	3016694	1495051	1071125	423926	383417
陕　西	27062557	14733308	10815282	3918026	3436031
甘　肃	13971757	6991509	5111421	1880088	1635800
青　海	3607599	1314421	1037503	276918	235752
宁　夏	3867298	2000739	1477527	523212	407564
新　疆	17431981	9289673	7375557	1914116	1582738
大　连	740410	426752	293532	133220	69084
宁　波	3236996	1562606	1276157	286448	198073
厦　门	1425242	947009	659475	287534	48669
青　岛	1359483	497738	274354	223384	186317
深　圳	20169155	7940989	6930709	1010280	739354

基本建设支出明细(普通高等学校)

单位：千元

公用部分	商品和服务支出	其他资本性支出			基本建设支出
			专项公用支出	专项项目支出	
298272716	**180482302**	**117790413**	**69969475**	**47820938**	**34314840**
22909785	17079967	5829818	4478493	1351325	3394206
4990647	2802645	2188002	811219	1376783	651260
8870009	5607469	3262540	1931461	1331078	825298
8148960	4025300	4123660	2273587	1850073	628148
5963347	3003102	2960245	1631680	1328565	415417
9826069	6943905	2882163	2481914	400249	1064566
7528917	4748074	2780842	1985018	795825	662004
5500844	3791725	1709119	1031268	677850	552001
14148387	10313605	3834782	2816725	1018057	4944499
19991730	14251048	5740683	3922231	1818451	488094
13549152	8621656	4927497	3105959	1821538	943107
9979426	5663045	4316381	2092426	2223955	790771
6296480	4295956	2000525	1526685	473840	355514
7360611	4395839	2964772	1823242	1141529	713467
11502148	5925123	5577025	3332435	2244590	804839
17147589	10082229	7065361	4325016	2740345	987621
13230844	7368502	5862342	3268158	2594184	667887
8037945	4485980	3551965	1709409	1842557	457090
22702479	14245027	8457452	6565035	1892417	7184546
8947557	4223100	4724457	3047543	1676914	301476
4204453	1566552	2637902	1396446	1241455	882450
8255835	5708214	2547621	2126858	420764	549612
13034091	7438791	5595300	2196993	3398306	801067
10640428	3207847	7432582	1873112	5559469	332835
6955200	3747224	3207975	1725892	1482083	333661
1409857	680376	729481	438971	290510	111787
11111984	7885658	3226326	2018742	1207584	1217266
6636728	3573088	3063640	1537788	1525851	343519
2063769	474576	1589194	537156	1052038	229408
1771559	1056792	714766	443207	271559	95000
5555883	3269887	2285997	1514806	771191	2586425
199521	142423	57099	48312	8786	114137
1674390	712920	961471	291490	669981	
478234	433816	44418	38098	6320	
861745	194817	666928	133125	533803	
5817024	3893944	1923080	1879158	43922	6411141

6-6 一般公共预算教育事业费和

地区	合计	个人部分	工资福利支出	对个人和家庭的补助支出	#助学金
合计	630797332	361266430	279460446	81805984	64421008
北京	21308001	13541823	11776330	1765494	1206508
天津	10760457	6448325	5307431	1140894	998615
河北	25867953	16864426	12157323	4707103	2722329
山西	20095427	11318318	8990937	2327382	1861998
内蒙古	13753824	7375060	5504252	1870808	1664774
辽宁	17772302	8776517	6348465	2428051	2220029
吉林	12008999	5359096	4031245	1327851	1171658
黑龙江	13707278	8941593	6629884	2311709	1595971
上海	23438827	9832813	8299617	1533196	1373521
江苏	40371580	23886127	19567544	4318583	3596122
浙江	32048371	19313779	15259296	4054483	2812838
安徽	22449658	12447994	8327304	4120689	2551244
福建	14757331	9274068	7128739	2145329	1404896
江西	22288133	14214055	11182403	3031652	2591739
山东	39675899	29365780	24747600	4618180	3182735
河南	36616604	18635543	13796709	4838834	4300557
湖北	23850904	14760988	11787452	2973536	2506576
湖南	21898784	14585417	10972545	3612872	2447740
广东	62350950	35529201	29620660	5908541	4405764
广西	18294527	9045494	5633378	3412116	3038428
海南	7801485	2714581	1787678	926903	715099
重庆	13640117	6394578	4344277	2050301	1869400
四川	27296504	16942204	12589078	4353126	3568232
贵州	20938243	9964980	7119796	2845184	2275674
云南	17879552	10590691	8115187	2475504	2352707
西藏	3016694	1495051	1071125	423926	383417
陕西	16216464	7921224	5525824	2395399	2217820
甘肃	10900572	4932769	3459502	1473267	1411181
青海	3607599	1314421	1037503	276918	235752
宁夏	3130874	1525797	1083716	442081	338336
新疆	13053420	7953720	6257646	1696074	1399347
大连	740410	426752	293532	133220	69084
宁波	3236996	1562606	1276157	286448	198073
厦门	1425242	947009	659475	287534	48669
青岛	1359483	497738	274354	223384	186317
深圳	19671919	7586257	6575977	1010280	739354

基本建设支出明细(地方普通高等学校)

单位：千元

公用部分	商品和服务支出	其他资本性支出			基本建设支出
			专项公用支出	专项项目支出	
243865491	**140874873**	**102990618**	**58531854**	**44458764**	**25665410**
6785610	4968489	1817121	1499627	317494	980568
3901717	1922928	1978789	602423	1376366	410415
8200530	5118746	3081783	1761914	1319869	802997
8148960	4025300	4123660	2273587	1850073	628148
5963347	3003102	2960245	1631680	1328565	415417
8062470	5605970	2456500	2161979	294521	933316
6033335	3505115	2528220	1778149	750071	616568
4355104	2956896	1398208	757644	640564	410581
9490652	6907356	2583295	1847507	735788	4115362
16396714	11703728	4692987	2956337	1736649	88739
11968879	7509813	4459066	2751929	1707137	765712
9244626	5204968	4039658	1870215	2169443	757038
5339340	3692600	1646739	1279088	367651	143924
7360611	4395839	2964772	1823242	1141529	713467
9667911	4523282	5144629	2969681	2174948	642209
16993440	9982402	7011038	4270693	2740345	987621
8948384	4388282	4560103	2267963	2292140	141532
6992369	3677366	3315003	1517186	1797817	320997
19827243	12245595	7581648	5908414	1673235	6994506
8947557	4223100	4724457	3047543	1676914	301476
4204453	1566552	2637902	1396446	1241455	882450
6794904	4521948	2272956	1853782	419175	450634
9828315	4870047	4958268	1625913	3332354	525985
10640428	3207847	7432582	1873112	5559469	332835
6955200	3747224	3207975	1725892	1482083	333661
1409857	680376	729481	438971	290510	111787
7665427	5631831	2033596	1277414	756182	629814
5765865	2964266	2801599	1366824	1434775	201938
2063769	474576	1589194	537156	1052038	229408
1510077	892166	617911	389274	228637	95000
4398396	2757163	1641234	1070268	570966	701304
199521	142423	57099	48312	8786	114137
1674390	712920	961471	291490	669981	
478234	433816	44418	38098	6320	
861745	194817	666928	133125	533803	
5674521	3884137	1790384	1746462	43922	6411141

6-7 一般公共预算教育事业费和

地 区	合 计	个人部分	工资福利支出	对个人和家庭的补助支出	#助学金
合 计	609554889	361040024	275052148	85987876	70082210
北 京	66466361	41307164	26490305	14816860	13741693
天 津	11739532	7165260	5760606	1404654	1265831
河 北	20629557	13846017	10115201	3730816	2062196
山 西	15378080	8502492	6814789	1687703	1313913
内蒙古	9050838	4908697	3666463	1242234	1076301
辽 宁	19013289	10353912	7604844	2749068	2463310
吉 林	13557296	7130076	5520384	1609691	1462344
黑龙江	14645200	9806396	7384713	2421683	1695904
上 海	34482939	17385681	14441253	2944428	2739563
江 苏	38466065	23864402	18973681	4890721	4048118
浙 江	29176702	17516603	13416210	4100393	2864999
安 徽	16671644	10733789	7374102	3359687	1968548
福 建	13368422	8701381	6625306	2076074	1444306
江 西	14345018	9300396	7345232	1955165	1604834
山 东	30999343	23278525	19424087	3854438	2769510
河 南	23692414	11545023	8547255	2997768	2658995
湖 北	29378586	18909020	14810345	4098675	3675371
湖 南	17232218	11458009	8497985	2960023	2029243
广 东	56394603	32017377	26640660	5376716	4278699
广 西	11626185	5877920	3770834	2107086	1808531
海 南	6786007	2231892	1548946	682946	494606
重 庆	12349601	6920930	5117116	1803814	1609752
四 川	27292311	17232884	13802684	3430200	2883819
贵 州	13282817	6308272	4635193	1673079	1254304
云 南	12184559	7448689	6051237	1397452	1307340
西 藏	2215771	1178228	819762	358466	322882
陕 西	21897768	12166536	8948295	3218241	2791535
甘 肃	9908519	5151934	3975323	1176611	961678
青 海	2741176	940354	738615	201739	161221
宁 夏	2749635	1479572	1061685	417887	304657
新 疆	11832431	6372595	5129035	1243560	1018205
大 连	537135	312958	203595	109363	45257
宁 波	2351922	1049923	813777	236146	150925
厦 门	1167338	760331	526096	234235	39592
青 岛	564565	180369	50237	130132	119256
深 圳	19533330	7461219	6480882	980336	712583

基本建设支出明细(普通高等本科学校)

单位：千元

公用部分	商品和服务支出	其他资本性支出	专项公用支出	专项项目支出	基本建设支出
219221860	**139537031**	**79684829**	**46475339**	**33209490**	**29293005**
21835363	16424487	5410876	4147776	1263100	3323834
4048012	2239915	1808098	459556	1348542	526260
6247246	4179646	2067600	1199640	867960	536294
6250770	2902418	3348352	1688410	1659942	624818
3910583	2058669	1851914	949229	902685	231558
7707022	5626824	2080199	1876488	203711	952355
5861605	3990674	1870931	1395834	475097	565615
4326390	3121882	1204508	682686	521822	512414
13147330	9726135	3421195	2653575	767621	3949928
14144739	10591529	3553210	2485615	1067596	456924
10775236	6825189	3950047	2232649	1717398	884863
5439968	3472260	1967707	1134119	833589	497887
4330895	3220278	1110617	882964	227653	336146
4439936	2746124	1693811	986004	707808	604686
7182255	4040562	3141693	1969890	1171803	538563
11285232	7057737	4227495	2332886	1894609	862159
9801679	6056044	3745635	2139915	1605720	667887
5370865	2982261	2388604	946270	1442334	403345
17239796	11543195	5696601	4284023	1412578	7137430
5520408	2693041	2827368	1605562	1221806	227857
3671665	1218666	2452999	1287848	1165152	882450
5155399	3775773	1379626	1185919	193706	273273
9518033	5339564	4178469	1203468	2975001	541394
6765063	1995989	4769074	1114752	3654322	209482
4561388	2380105	2181283	1257371	923912	174482
941488	558155	383333	319075	64258	96055
8843256	6648080	2195176	1479069	716107	887976
4462318	2866865	1595453	976238	619216	294267
1572795	279612	1293183	266944	1026239	228028
1270064	813509	456555	277526	179029	
3595060	2161844	1433216	1054041	379175	1864777
110041	79286	30754	21968	8786	114137
1301999	508919	793080	173968	619111	
407008	386924	20084	20084		
384196	94411	289785	30095	259690	
5661326	3790802	1870524	1826602	43922	6410785

6-8 一般公共预算教育事业费和

地区	合计	个人部分	工资福利支出	对个人和家庭的补助支出	#助学金
合计	**440493327**	**253829781**	**197995445**	**55834336**	**42941598**
北京	18117669	11416979	9818770	1598209	1107056
天津	7759530	4515033	3635568	879465	778701
河北	18736320	12644560	9092073	3552487	1945420
山西	15378080	8502492	6814789	1687703	1313913
内蒙古	9050838	4908697	3666463	1242234	1076301
辽宁	13526089	6761561	4887400	1874160	1683793
吉林	8984670	4098467	3182653	915813	818703
黑龙江	10269402	6704228	5160661	1543568	1010841
上海	20936473	9297095	7848382	1448712	1320745
江苏	26695183	16087891	13026838	3061053	2567171
浙江	24254483	14352051	11101588	3250463	2130670
安徽	13600637	8431315	5579815	2851500	1529447
福建	10020061	6521751	4968644	1553107	963898
江西	14345018	9300396	7345232	1955165	1604834
山东	25859994	20136044	17007254	3128790	2162287
河南	23451857	11458616	8469832	2988783	2655370
湖北	15852524	10168606	8252925	1915682	1734878
湖南	13279345	8656943	6399474	2257469	1424829
广东	47231025	25878484	21708532	4169952	3216623
广西	11626185	5877920	3770834	2107086	1808531
海南	6786007	2231892	1548946	682946	494606
重庆	7990232	4027072	2828108	1198964	1106076
四川	17882991	11255012	8815830	2439182	2004192
贵州	13282817	6308272	4635193	1673079	1254304
云南	12184559	7448689	6051237	1397452	1307340
西藏	2215771	1178228	819762	358466	322882
陕西	11051675	5354451	3658837	1695614	1573324
甘肃	6837334	3093194	2323404	769790	737059
青海	2741176	940354	738615	201739	161221
宁夏	2013211	1004629	667874	336755	235429
新疆	8532169	5268859	4169911	1098948	891156
大连	537135	312958	203595	109363	45257
宁波	2351922	1049923	813777	236146	150925
厦门	1167338	760331	526096	234235	39592
青岛	564565	180369	50237	130132	119256
深圳	19036094	7106486	6126150	980336	712583

基本建设支出明细(地方普通高等本科学校)

单位：千元

公用部分	商品和服务支出	其他资本性支出	专项公用支出	专项项目支出	基本建设支出
165632192	**100409586**	**65222606**	**35240326**	**29982280**	**21031353**
5771988	4343656	1428332	1195472	232860	928702
2959082	1360199	1598884	250760	1348124	285415
5577766	3690923	1886843	1030093	856751	513994
6250770	2902418	3348352	1688410	1659942	624818
3910583	2058669	1851914	949229	902685	231558
5943424	4288889	1654535	1556553	97982	821104
4366024	2747715	1618309	1188965	429343	520179
3194180	2296015	898165	413630	484535	370994
8518587	6348721	2169866	1684514	485352	3120792
10549723	8044209	2505514	1519721	985793	57569
9194963	5713346	3481617	1878619	1602998	707469
4705168	3014183	1690984	911908	779076	464154
3373754	2616923	756832	635367	121465	124556
4439936	2746124	1693811	986004	707808	604686
5348018	2638721	2709297	1607136	1102161	375933
11131083	6957910	4173172	2278563	1894609	862159
5542386	3097526	2444860	1141184	1303676	141532
4355150	2196851	2158300	760399	1397900	267252
14405151	9580526	4824625	3631229	1193396	6947390
5520408	2693041	2827368	1605562	1221806	227857
3671665	1218666	2452999	1287848	1165152	882450
3788864	2683903	1104961	912843	192117	174296
6361667	2816749	3544917	635869	2909048	266312
6765063	1995989	4769074	1114752	3654322	209482
4561388	2380105	2181283	1257371	923912	174482
941488	558155	383333	319075	64258	96055
5396699	4394253	1002447	737742	264705	300524
3591455	2258042	1333413	805273	528140	152685
1572795	279612	1293183	266944	1026239	228028
1008582	648883	359700	223592	136107	
2914383	1838666	1075717	765699	310017	348927
110041	79286	30754	21968	8786	114137
1301999	508919	793080	173968	619111	
407008	386924	20084	20084		
384196	94411	289785	30095	259690	
5518823	3780995	1737828	1693906	43922	6410785

6-9 一般公共预算教育事业费和

地区	合计	个人部分	工资福利支出	对个人和家庭的补助支出	#助学金
合计	192339838	108267148	82052062	26215086	21699776
北京	3329442	2184647	2005684	178963	110846
天津	3000927	1933292	1671863	261429	219914
河北	7131632	4219865	3065250	1154616	776909
山西	4717347	2815826	2176148	639679	548085
内蒙古	4702986	2466363	1837789	628574	588474
辽宁	4246214	2014956	1461065	553891	536236
吉林	3024330	1260629	848592	412038	352955
黑龙江	3483418	2269377	1470063	799314	616303
上海	2622613	626985	533038	93947	62239
江苏	13676397	7798236	6540706	1257530	1028951
浙江	7793888	4961728	4157708	804020	682168
安徽	8849021	4016679	2747489	1269189	1021797
福建	4737270	2752317	2160095	592222	440999
江西	7943116	4913659	3837172	1076487	986905
山东	13815905	9229736	7740346	1489389	1020449
河南	13164747	7176928	5326877	1850051	1645187
湖北	8108093	4678928	3578393	1100535	813371
湖南	8681716	5960890	4605487	1355403	1022911
广东	15294884	9785085	8032972	1752113	1202666
广西	6668341	3167574	1862544	1305030	1229897
海南	1015478	482689	238732	243957	220493
重庆	5774887	2398112	1526218	871894	783881
四川	9594184	5818453	3863579	1954874	1600280
贵州	7655426	3656707	2484603	1172105	1021370
云南	5694992	3142002	2063950	1078052	1045367
西藏	800924	316822	251362	65460	60535
陕西	5164789	2566772	1866987	699785	644496
甘肃	4063238	1839575	1136098	703477	674122
青海	866423	374067	298888	75179	74531
宁夏	1117662	521168	415842	105326	102907
新疆	5599550	2917078	2246522	670557	564533
大连	203275	113794	89937	23857	23828
宁波	885074	512682	462380	50302	47148
厦门	257904	186678	133379	53299	9077
青岛	794918	317369	224117	93252	67061
深圳	635824	479771	449827	29944	26771

基本建设支出明细(普通高职高专学校)

单位：千元

公用部分	商品和服务支出	其他资本性支出		基本建设支出
		专项公用支出	专项项目支出	

公用部分	商品和服务支出	其他资本性支出	专项公用支出	专项项目支出	基本建设支出
79050856	**40945271**	**38105584**	**23494137**	**14611448**	**5021835**
1074423	655480	418943	330717	88225	70372
942635	562730	379905	351663	28241	125000
2622764	1427824	1194940	731822	463118	289004
1898190	1122882	775308	585177	190131	3330
2052765	944433	1108332	682451	425880	183859
2119046	1317082	801964	605426	196538	112211
1667311	757400	909912	589184	320728	96389
1174453	669843	504610	348582	156028	39587
1001057	587470	413587	163150	250437	994571
5846991	3659519	2187472	1436617	750856	31171
2773916	1796467	977449	873310	104140	58244
4539459	2190785	2348674	958307	1390367	292884
1965585	1075678	889908	643721	246187	19368
2920675	1649715	1270960	837239	433722	108782
4319893	1884561	2435332	1362545	1072787	266276
5862357	3024492	2837866	1992130	845736	125462
3429165	1312458	2116707	1128243	988464	
2667081	1503719	1163362	763139	400223	53745
5462682	2701832	2760850	2281012	479838	47116
3427149	1530060	1897089	1441981	455108	73619
532788	347886	184902	108599	76304	
3100436	1932441	1167996	940938	227057	276339
3516058	2099227	1416831	993525	423306	259673
3875366	1211858	2663508	758361	1905147	123353
2393812	1367119	1026692	468521	558172	159179
468370	122222	346148	119896	226252	15732
2268727	1237578	1031149	539673	491477	329290
2174410	706224	1468186	561551	906635	49253
490975	194964	296011	270211	25799	1381
501495	243283	258212	165681	92530	95000
1960823	1108043	852781	460765	392016	721648
89481	63136	26344	26344		
372392	204000	168391	117522	50869	
71226	46892	24334	18014	6320	
477549	100406	377143	103030	274113	
155698	103142	52556	52556		356

6-10 一般公共预算教育事业费和

地区	合计	个人部分	工资福利支出	对个人和家庭的补助支出	#助学金
合计	**190304005**	**107436649**	**81465001**	**25971648**	**21479410**
北京	3190332	2124844	1957560	167285	99452
天津	3000927	1933292	1671863	261429	219914
河北	7131632	4219865	3065250	1154616	776909
山西	4717347	2815826	2176148	639679	548085
内蒙古	4702986	2466363	1837789	628574	588474
辽宁	4246214	2014956	1461065	553891	536236
吉林	3024330	1260629	848592	412038	352955
黑龙江	3437876	2237365	1469223	768141	585130
上海	2502354	535718	451235	84484	52776
江苏	13676397	7798236	6540706	1257530	1028951
浙江	7793888	4961728	4157708	804020	682168
安徽	8849021	4016679	2747489	1269189	1021797
福建	4737270	2752317	2160095	592222	440999
江西	7943116	4913659	3837172	1076487	986905
山东	13815905	9229736	7740346	1489389	1020449
河南	13164747	7176928	5326877	1850051	1645187
湖北	7998380	4592382	3534527	1057854	771699
湖南	8619438	5928474	4573071	1355403	1022911
广东	15119925	9650716	7912128	1738589	1189141
广西	6668341	3167574	1862544	1305030	1229897
海南	1015478	482689	238732	243957	220493
重庆	5649884	2367506	1516169	851337	763323
四川	9413513	5687192	3773248	1913944	1564039
贵州	7655426	3656707	2484603	1172105	1021370
云南	5694992	3142002	2063950	1078052	1045367
西藏	800924	316822	251362	65460	60535
陕西	5164789	2566772	1866987	699785	644496
甘肃	4063238	1839575	1136098	703477	674122
青海	866423	374067	298888	75179	74531
宁夏	1117662	521168	415842	105326	102907
新疆	4521251	2684861	2087735	597126	508191
大连	203275	113794	89937	23857	23828
宁波	885074	512682	462380	50302	47148
厦门	257904	186678	133379	53299	9077
青岛	794918	317369	224117	93252	67061
深圳	635824	479771	449827	29944	26771

基本建设支出明细(地方普通高职高专学校)

单位：千元

公用部分	商品和服务支出	其他资本性支出	专项公用支出	专项项目支出	基本建设支出
78233299	**40465287**	**37768012**	**23291528**	**14476484**	**4634057**
1013622	624833	388789	304154	84634	51866
942635	562730	379905	351663	28241	125000
2622764	1427824	1194940	731822	463118	289004
1898190	1122882	775308	585177	190131	3330
2052765	944433	1108332	682451	425880	183859
2119046	1317082	801964	605426	196538	112211
1667311	757400	909912	589184	320728	96389
1160923	660881	500043	344014	156028	39587
972065	558635	413430	162993	250437	994571
5846991	3659519	2187472	1436617	750856	31171
2773916	1796467	977449	873310	104140	58244
4539459	2190785	2348674	958307	1390367	292884
1965585	1075678	889908	643721	246187	19368
2920675	1649715	1270960	837239	433722	108782
4319893	1884561	2435332	1362545	1072787	266276
5862357	3024492	2837866	1992130	845736	125462
3405999	1290756	2115243	1126779	988464	
2637219	1480515	1156704	756787	399917	53745
5422092	2665069	2757023	2277185	479838	47116
3427149	1530060	1897089	1441981	455108	73619
532788	347886	184902	108599	76304	
3006040	1838044	1167996	940938	227057	276339
3466648	2053298	1413350	990044	423306	259673
3875366	1211858	2663508	758361	1905147	123353
2393812	1367119	1026692	468521	558172	159179
468370	122222	346148	119896	226252	15732
2268727	1237578	1031149	539673	491477	329290
2174410	706224	1468186	561551	906635	49253
490975	194964	296011	270211	25799	1381
501495	243283	258212	165681	92530	95000
1484013	918496	565517	304568	260948	352377
89481	63136	26344	26344		
372392	204000	168391	117522	50869	
71226	46892	24334	18014	6320	
477549	100406	377143	103030	274113	
155698	103142	52556	52556		356

6-11　一般公共预算教育事业费和

地　区	合　计	个人部分	工资福利支出	对个人和家庭的补助支出	#助学金
合　计	**7230472**	**5221643**	**4778825**	**442818**	**103932**
北　京	801856	616925	590830	26095	8
天　津	208605	162672	154431	8241	1690
河　北	467551	382293	335371	46922	6278
山　西	149369	123599	117366	6233	1955
内蒙古	77277	47243	47096	147	
辽　宁	180374	152741	148630	4111	8
吉　林	320904	229705	210423	19283	7689
黑龙江	230705	197421	158195	39225	
上　海	700694	392519	385916	6603	90
江　苏	115057	75365	69920	5445	1522
浙　江	665800	479852	463820	16031	1650
安　徽	129974	63142	56902	6240	57
福　建	221864	157512	133728	23784	47
江　西	343841	227990	202044	25946	22565
山　东	168671	111114	96847	14267	
河　南	91397	64494	60678	3817	1384
湖　北	55747	44816	38684	6132	
湖　南	262400	175827	149909	25918	1659
广　东	735784	598769	529182	69587	1730
广　西	71420	42165	37060	5105	2117
海　南	61696	37332	31383	5950	5886
重　庆	2725	2286	2173	112	
四　川	289065	206145	194010	12135	1594
贵　州	117187	78044	61739	16305	11412
云　南	63083	34910	34910		
西　藏	373	373		373	373
陕　西	336733	208929	168308	40620	34116
甘　肃	84281	64905	63837	1068	
青　海	19062	17156	17156		
宁　夏					
新　疆	256973	225399	218277	7122	101
大　连	66981	57412	57406	6	
宁　波	111429	78725	76645	2080	148
厦　门					
青　岛	28230	21713	18064	3648	
深　圳	53580	35838	35628	210	

基本建设支出明细(成人高等学校)

单位：千元

公用部分	商品和服务支出	其他资本性支出			基本建设支出
			专项公用支出	专项项目支出	
1959580	**1587487**	**372093**	**212347**	**159745**	**49250**
184932	148273	36658	33553	3105	
10483	9575	907	907		35450
85258	78446	6812	6485	327	
25770	23938	1832	1832		
30034	21349	8685	3706	4979	
27633	25760	1872	1862	10	
91199	79813	11386	11100	286	
33285	27037	6247	1654	4593	
308175	280067	28108	12955	15153	
39692	35063	4629	4629		
184673	151420	33254	18247	15007	1275
66832	60958	5874	5874		
64352	49446	14906	9806	5100	
115851	70360	45491	3033	42458	
47558	39157	8401	8401		10000
26902	25800	1102	1102		
10931	8637	2295	1037	1258	
86573	48505	38068	2821	35247	
137015	112510	24506	22767	1738	
29256	17457	11798	7724	4074	
24364	19284	5080	773	4308	
439	439				
82920	81395	1526	1103	423	
39143	27688	11455	10976	479	
28173	19545	8628	8628		
125980	91869	34111	21813	12299	1824
19376	13395	5981	3595	2387	
1906	258	1648	1648		
30875	20043	10832	4317	6514	700
9569	9369	200	190	10	
32704	17270	15435	3166	12269	
6517	5539	978	978		
17742	16284	1459	1459		

6-12 一般公共预算教育事业费和

地区	合计	个人部分	工资福利支出	对个人和家庭的补助支出	#助学金
合计	**7048827**	**5095157**	**4656168**	**438989**	**103932**
北京	680765	547517	525251	22266	8
天津	208605	162672	154431	8241	1690
河北	467551	382293	335371	46922	6278
山西	149369	123599	117366	6233	1955
内蒙古	77277	47243	47096	147	
辽宁	180374	152741	148630	4111	8
吉林	320904	229705	210423	19283	7689
黑龙江	230705	197421	158195	39225	
上海	700694	392519	385916	6603	90
江苏	115057	75365	69920	5445	1522
浙江	665800	479852	463820	16031	1650
安徽	129974	63142	56902	6240	57
福建	221864	157512	133728	23784	47
江西	343841	227990	202044	25946	22565
山东	168671	111114	96847	14267	
河南	91397	64494	60678	3817	1384
湖北	55747	44816	38684	6132	
湖南	262400	175827	149909	25918	1659
广东	735784	598769	529182	69587	1730
广西	71420	42165	37060	5105	2117
海南	61696	37332	31383	5950	5886
重庆	2725	2286	2173	112	
四川	289065	206145	194010	12135	1594
贵州	117187	78044	61739	16305	11412
云南	63083	34910	34910		
西藏	373	373		373	373
陕西	336733	208929	168308	40620	34116
甘肃	84281	64905	63837	1068	
青海	19062	17156	17156		
宁夏					
新疆	196420	168321	161199	7122	101
大连	66981	57412	57406	6	
宁波	111429	78725	76645	2080	148
厦门					
青岛	28230	21713	18064	3648	
深圳	53580	35838	35628	210	

基本建设支出明细(地方成人高等学校)

单位：千元

公用部分	商品和服务支出	其他资本性支出	专项公用支出	专项项目支出	基本建设支出
1904421	**1554073**	**350347**	**190602**	**159745**	**49250**
133248	117833	15416	12311	3105	
10483	9575	907	907		35450
85258	78446	6812	6485	327	
25770	23938	1832	1832		
30034	21349	8685	3706	4979	
27633	25760	1872	1862	10	
91199	79813	11386	11100	286	
33285	27037	6247	1654	4593	
308175	280067	28108	12955	15153	
39692	35063	4629	4629		
184673	151420	33254	18247	15007	1275
66832	60958	5874	5874		
64352	49446	14906	9806	5100	
115851	70360	45491	3033	42458	
47558	39157	8401	8401		10000
26902	25800	1102	1102		
10931	8637	2295	1037	1258	
86573	48505	38068	2821	35247	
137015	112510	24506	22767	1738	
29256	17457	11798	7724	4074	
24364	19284	5080	773	4308	
439	439				
82920	81395	1526	1103	423	
39143	27688	11455	10976	479	
28173	19545	8628	8628		
125980	91869	34111	21813	12299	1824
19376	13395	5981	3595	2387	
1906	258	1648	1648		
27399	17070	10329	3815	6514	700
9569	9369	200	190	10	
32704	17270	15435	3166	12269	
6517	5539	978	978		
17742	16284	1459	1459		

6-13 一般公共预算教育事业费和

地区	合计	个人部分	工资福利支出	对个人和家庭的补助支出	#助学金
合计	**210429975**	**132181436**	**115145636**	**17035800**	**10401630**
北京	5178042	3458490	3311665	146826	54491
天津	2018422	1613829	1491362	122467	55329
河北	11694556	8235783	7154045	1081738	528366
山西	5291469	3081281	2759524	321758	242349
内蒙古	3849823	2178281	1839125	339156	309776
辽宁	3805544	2664592	2373290	291302	121045
吉林	2906452	1976823	1785378	191444	110881
黑龙江	3267149	2293891	1962607	331284	87775
上海	3629923	2570779	2413346	157433	68792
江苏	15065881	10920808	10036241	884568	278445
浙江	15809606	10046920	9511460	535460	272720
安徽	8057859	4181235	3293860	887374	537253
福建	6860546	4464522	4084723	379799	100993
江西	7480290	3222288	2615562	606725	475685
山东	17073650	11389971	10357997	1031974	293324
河南	10032145	5721822	5039595	682227	576398
湖北	6382682	3951428	3337146	614282	322459
湖南	8804961	5331780	4445732	886047	589447
广东	22947422	15231607	13917618	1313989	385260
广西	5987712	3406398	2923372	483026	394912
海南	2054470	1059555	789635	269920	262576
重庆	5648277	2909478	2326892	582585	531434
四川	9822874	6093924	4751116	1342807	860729
贵州	3939712	2547183	1787379	759804	555918
云南	5222159	3527400	2806970	720430	677708
西藏	1753792	796302	631788	164515	146729
陕西	4236841	2792217	2354049	438168	333207
甘肃	3118028	1982117	1646528	335589	296716
青海	1081620	450098	331007	119091	112508
宁夏	1188766	507954	430653	77301	62085
新疆	6219303	3572681	2635970	936710	756319
大连	783854	529353	503693	25659	23985
宁波	2860246	1679216	1633339	45876	19808
厦门	1226974	819924	703473	116451	11238
青岛	2515028	1961542	1721944	239598	13256
深圳	2125510	1123448	997378	126070	79253

基本建设支出明细(中等职业学校)

单位：千元

公用部分	商品和服务支出	其他资本性支出		基本建设支出
			专项公用支出	专项项目支出	

公用部分	商品和服务支出	其他资本性支出	其他资本性支出：专项公用支出	其他资本性支出：专项项目支出	基本建设支出
75773188	**43719986**	**32053202**	**15304895**	**16748308**	**2475351**
1671183	1114679	556504	426576	129928	48368
404593	333928	70665	60419	10247	
3418516	1998534	1419983	700110	719872	40257
2132653	1217432	915221	384894	530326	77535
1577206	802405	774801	509840	264962	94335
1082086	911845	170241	132962	37279	58865
927630	550068	377562	164131	213431	2000
933391	610159	323232	216532	106700	39867
1056834	800869	255965	142619	113347	2310
4141573	2792827	1348745	653243	695502	3500
5239860	3128378	2111482	1077789	1033694	522826
3787936	1930439	1857497	999957	857540	88688
2341971	1290378	1051593	542436	509156	54054
4079226	1084446	2994780	867025	2127755	178776
5673229	3312491	2360738	893996	1466742	10450
4273170	2671462	1601708	704353	897355	37153
2431254	1360982	1070273	493629	576644	
3401295	2017447	1383848	420089	963758	71887
7576383	4632557	2943825	1700369	1243456	139432
2555364	1355698	1199665	741634	458031	25951
976983	473126	503856	364000	139856	17933
2540905	2026508	514397	296170	218227	197894
3690359	2229141	1461218	609790	851428	38591
1339812	736598	603214	362518	240696	52718
1646516	953949	692567	216110	476457	48242
955265	369595	585670	223000	362670	2225
1421474	772110	649364	285417	363947	23150
1068173	461124	607050	173261	433789	67738
600785	223350	377435	240582	136852	30737
680811	274240	406572	207927	198645	
2146752	1283221	863531	493514	370017	499871
231366	188668	42698	33698	9000	23135
1181030	495334	685697	256354	429343	
386215	271084	115131	94625	20506	20835
553486	399856	153630	94468	59162	
978012	829485	148527	145643	2884	24050

6-14 一般公共预算教育事业费和

地 区	合 计	个人部分	工资福利支出	对个人和家庭的补助支出	#助学金
合 计	**209301850**	**131738552**	**114782573**	**16955979**	**10366336**
北 京	5081821	3388446	3241742	146704	54479
天 津	2014675	1610082	1487974	122107	54969
河 北	11694556	8235783	7154045	1081738	528366
山 西	5291469	3081281	2759524	321758	242349
内蒙古	3849823	2178281	1839125	339156	309776
辽 宁	3805544	2664592	2373290	291302	121045
吉 林	2906452	1976823	1785378	191444	110881
黑龙江	3218417	2251203	1932624	318579	87594
上 海	3629923	2570779	2413346	157433	68792
江 苏	15028517	10902119	10019347	882772	276649
浙 江	15809606	10046920	9511460	535460	272720
安 徽	8057859	4181235	3293860	887374	537253
福 建	6860546	4464522	4084723	379799	100993
江 西	7480267	3222288	2615562	606725	475685
山 东	17073650	11389971	10357997	1031974	293324
河 南	10017980	5707657	5025430	682227	576398
湖 北	6381938	3950684	3337146	613538	322459
湖 南	8804961	5331780	4445732	886047	589447
广 东	22903512	15200388	13892906	1307483	383935
广 西	5987712	3406398	2923372	483026	394912
海 南	2054470	1059555	789635	269920	262576
重 庆	5648277	2909478	2326892	582585	531434
四 川	9782739	6064918	4741143	1323775	855255
贵 州	3939712	2547183	1787379	759804	555918
云 南	5222159	3527400	2806970	720430	677708
西 藏	1753792	796302	631788	164515	146729
陕 西	4236653	2792030	2354049	437980	333019
甘 肃	3118028	1982117	1646528	335589	296716
青 海	1081620	450098	331007	119091	112508
宁 夏	1188766	507954	430653	77301	62085
新 疆	5376407	3340289	2441945	898344	730359
大 连	783854	529353	503693	25659	23985
宁 波	2860246	1679216	1633339	45876	19808
厦 门	1226974	819924	703473	116451	11238
青 岛	2515028	1961542	1721944	239598	13256
深 圳	2125510	1123448	997378	126070	79253

基本建设支出明细(地方中等职业学校)

单位：千元

公用部分	商品和服务支出	其他资本性支出			基本建设支出
			专项公用支出	专项项目支出	
75362298	**43510813**	**31851485**	**15167281**	**16684204**	**2201000**
1645007	1090769	554238	424310	129928	48368
404593	333928	70665	60419	10247	
3418516	1998534	1419983	700110	719872	40257
2132653	1217432	915221	384894	530326	77535
1577206	802405	774801	509840	264962	94335
1082086	911845	170241	132962	37279	58865
927630	550068	377562	164131	213431	2000
927347	604116	323232	216532	106700	39867
1056834	800869	255965	142619	113347	2310
4122898	2787212	1335686	650877	684809	3500
5239860	3128378	2111482	1077789	1033694	522826
3787936	1930439	1857497	999957	857540	88688
2341971	1290378	1051593	542436	509156	54054
4079203	1084423	2994780	867025	2127755	178776
5673229	3312491	2360738	893996	1466742	10450
4273170	2671462	1601708	704353	897355	37153
2431254	1360982	1070273	493629	576644	
3401295	2017447	1383848	420089	963758	71887
7563693	4620667	2943026	1699570	1243456	139432
2555364	1355698	1199665	741634	458031	25951
976983	473126	503856	364000	139856	17933
2540905	2026508	514397	296170	218227	197894
3679230	2218012	1461218	609790	851428	38591
1339812	736598	603214	362518	240696	52718
1646516	953949	692567	216110	476457	48242
955265	369595	585670	223000	362670	2225
1421474	772110	649364	285417	363947	23150
1068173	461124	607050	173261	433789	67738
600785	223350	377435	240582	136852	30737
680811	274240	406572	207927	198645	
1810598	1132659	677938	361332	316607	225520
231366	188668	42698	33698	9000	23135
1181030	495334	685697	256354	429343	
386215	271084	115131	94625	20506	20835
553486	399856	153630	94468	59162	
978012	829485	148527	145643	2884	24050

6-15 一般公共预算教育事业费和

地 区	合 计	个人部分	工资福利支 出	对个人和家庭的补助支出	#助学金
合 计	**97571643**	**60444285**	**51530132**	**8914152**	**5455023**
北 京	1874971	1232445	1158306	74139	25442
天 津	1361748	1062707	986036	76671	41893
河 北	3545630	2595200	2048836	546364	309496
山 西	1896485	1208565	1069075	139489	101686
内蒙古	1120128	555820	455819	100000	91626
辽 宁	2111977	1466635	1296370	170265	58183
吉 林	945592	595001	540475	54526	28148
黑龙江	785955	484965	399428	85537	34403
上 海	2088154	1459291	1402048	57243	30510
江 苏	10985457	8141143	7459769	681374	190776
浙 江	2439272	1484331	1401832	82500	49265
安 徽	7362112	3910339	3129610	780729	468261
福 建	5502605	3529570	3212477	317093	90309
江 西	4593807	2137681	1801978	335704	237626
山 东	8235579	5438872	4925792	513081	192757
河 南	3488705	1834810	1528818	305992	267886
湖 北	4238835	2551969	2163001	388969	221003
湖 南	985233	548146	455998	92148	70108
广 东	10049678	6808488	5998977	809511	244281
广 西	4399043	2460223	2111141	349082	281540
海 南	1362049	697785	482159	215626	212740
重 庆	1016233	411276	230683	180593	173947
四 川	3183850	1915809	1427147	488661	334320
贵 州	1496214	886957	572383	314573	168787
云 南	2137479	1377586	967986	409600	386404
西 藏	1619727	755414	596370	159044	146545
陕 西	705701	430043	366993	63049	51048
甘 肃	2181092	1397240	1172450	224791	201098
青 海	1079282	448493	330484	118009	111427
宁 夏	388639	181236	155710	25527	23169
新 疆	4390412	2436244	1681983	754261	610340
大 连	379962	262355	256535	5820	5153
宁 波	568625	297615	291880	5736	2044
厦 门	984744	646621	534508	112112	9504
青 岛	227169	166234	133989	32245	888
深 圳	538421	297830	267506	30323	27949

基本建设支出明细(中等专业学校)

单位：千元

公用部分					基本建设支出
	商品和服务支出	其他资本性支出			
			专项公用支出	专项项目支出	
35833854	**20441337**	**15392517**	**7896512**	**7496005**	**1293505**
607949	393402	214547	186918	27629	34577
299041	250269	48772	45383	3389	
929695	621637	308058	166087	141970	20735
642266	419083	223182	127265	95918	45655
484034	239342	244693	209245	35447	80274
620428	524449	95979	77719	18261	24913
350591	218406	132185	52807	79378	
300990	214370	86620	67804	18816	
626553	445644	180909	82479	98430	2310
2840814	1975531	865283	469058	396225	3500
874739	436912	437827	171597	266230	80201
3363085	1703333	1659752	923294	736458	88688
1927315	1073812	853503	449381	404122	45719
2319656	739003	1580653	619808	960845	136470
2786556	1622117	1164439	357864	806576	10150
1653615	952051	701564	356313	345251	280
1686866	920269	766597	333552	433044	
437087	329555	107532	54709	52823	
3143583	2086260	1057323	717399	339924	97606
1927869	943628	984241	571975	412266	10951
654722	302512	352210	274442	77769	9542
569886	524075	45810	32756	13054	35072
1254139	726816	527322	163169	364153	13903
582103	270643	311461	221099	90362	27154
723505	434673	288833	90462	198370	36388
862088	343475	518613	206130	312483	2225
275658	212661	62997	38004	24994	
723059	351522	371536	135374	236163	60793
600052	222617	377435	240582	136852	30737
207403	93694	113709	60401	53308	
1558506	849575	708931	393435	315496	395662
109194	86543	22651	13651	9000	8413
271010	68555	202455	47621	154834	
317288	246215	71073	50567	20506	20835
60935	50434	10501	8022	2479	
230917	199868	31050	30771	279	9674

6-16 一般公共预算教育事业费和

地 区	合 计	个人部分	工资福利支出	对个人和家庭的补助支出	#助学金
合 计	**96545406**	**60075554**	**51220103**	**8855451**	**5426964**
北 京	1778750	1162400	1088383	74017	25430
天 津	1361748	1062707	986036	76671	41893
河 北	3545630	2595200	2048836	546364	309496
山 西	1896485	1208565	1069075	139489	101686
内蒙古	1120128	555820	455819	100000	91626
辽 宁	2111977	1466635	1296370	170265	58183
吉 林	945592	595001	540475	54526	28148
黑龙江	740540	445393	372344	73049	34222
上 海	2088154	1459291	1402048	57243	30510
江 苏	10985457	8141143	7459769	681374	190776
浙 江	2439272	1484331	1401832	82500	49265
安 徽	7362112	3910339	3129610	780729	468261
福 建	5502605	3529570	3212477	317093	90309
江 西	4593784	2137681	1801978	335704	237626
山 东	8235579	5438872	4925792	513081	192757
河 南	3488705	1834810	1528818	305992	267886
湖 北	4238091	2551225	2163001	388225	221003
湖 南	985233	548146	455998	92148	70108
广 东	10005768	6777269	5974264	803005	242956
广 西	4399043	2460223	2111141	349082	281540
海 南	1362049	697785	482159	215626	212740
重 庆	1016233	411276	230683	180593	173947
四 川	3179078	1915227	1427147	488080	333739
贵 州	1496214	886957	572383	314573	168787
云 南	2137479	1377586	967986	409600	386404
西 藏	1619727	755414	596370	159044	146545
陕 西	705701	430043	366993	63049	51048
甘 肃	2181092	1397240	1172450	224791	201098
青 海	1079282	448493	330484	118009	111427
宁 夏	388639	181236	155710	25527	23169
新 疆	3555260	2209674	1493673	716002	584380
大 连	379962	262355	256535	5820	5153
宁 波	568625	297615	291880	5736	2044
厦 门	984744	646621	534508	112112	9504
青 岛	227169	166234	133989	32245	888
深 圳	538421	297830	267506	30323	27949

基本建设支出明细(地方中等专业学校)

单位：千元

公用部分	商品和服务支出	其他资本性支出			基本建设支出
			专项公用支出	专项项目支出	
35450698	**20246734**	**15203964**	**7761323**	**7442641**	**1019154**
581773	369492	212281	184652	27629	34577
299041	250269	48772	45383	3389	
929695	621637	308058	166087	141970	20735
642266	419083	223182	127265	95918	45655
484034	239342	244693	209245	35447	80274
620428	524449	95979	77719	18261	24913
350591	218406	132185	52807	79378	
295146	208526	86620	67804	18816	
626553	445644	180909	82479	98430	2310
2840814	1975531	865283	469058	396225	3500
874739	436912	437827	171597	266230	80201
3363085	1703333	1659752	923294	736458	88688
1927315	1073812	853503	449381	404122	45719
2319633	738980	1580653	619808	960845	136470
2786556	1622117	1164439	357864	806576	10150
1653615	952051	701564	356313	345251	280
1686866	920269	766597	333552	433044	
437087	329555	107532	54709	52823	
3130893	2074370	1056523	716599	339924	97606
1927869	943628	984241	571975	412266	10951
654722	302512	352210	274442	77769	9542
569886	524075	45810	32756	13054	35072
1249948	722626	527322	163169	364153	13903
582103	270643	311461	221099	90362	27154
723505	434673	288833	90462	198370	36388
862088	343475	518613	206130	312483	2225
275658	212661	62997	38004	24994	
723059	351522	371536	135374	236163	60793
600052	222617	377435	240582	136852	30737
207403	93694	113709	60401	53308	
1224274	700830	523444	261313	262132	121311
109194	86543	22651	13651	9000	8413
271010	68555	202455	47621	154834	
317288	246215	71073	50567	20506	20835
60935	50434	10501	8022	2479	
230917	199868	31050	30771	279	9674

6-17 一般公共预算教育事业费和

地区	合计	个人部分	工资福利支出	对个人和家庭的补助支出	#助学金
合计	**77053126**	**49471833**	**43597407**	**5874427**	**3677878**
北京	1682690	1241227	1230197	11029	5681
天津	459129	385815	354831	30984	4349
河北	6238904	4120253	3743304	376949	200257
山西	2724769	1549904	1411398	138507	106301
内蒙古	2675481	1584129	1346716	237413	216771
辽宁	1351040	991748	902844	88903	50480
吉林	1231535	766232	710360	55872	31191
黑龙江	1506716	1023164	862465	160699	48166
上海	1387901	1002359	902296	100062	38156
江苏	2436467	1769327	1646712	122615	35750
浙江	10907876	7182338	6775609	406729	208099
安徽	241838	95937	31016	64921	40543
福建	476604	298415	271054	27361	5488
江西	2297434	707630	517777	189854	169096
山东	5047761	3683521	3330655	352865	54162
河南	3989110	2496370	2259213	237157	196871
湖北	1698136	1150869	970143	180726	83908
湖南	6851657	4116908	3401865	715043	486366
广东	4891421	3392311	3150542	241768	50539
广西	134917	79698	70004	9694	6501
海南	376070	209469	166262	43208	39378
重庆	3394273	1935994	1620625	315369	288759
四川	5723945	3542281	2854561	687720	420897
贵州	2125483	1485835	1146640	339196	281923
云南	1986697	1506553	1298947	207606	193692
西藏					
陕西	2738726	1800977	1504248	296730	221181
甘肃	812668	494480	391392	103088	88922
青海	2098	1576	521	1055	1055
宁夏	800126	326718	274943	51775	38917
新疆	861653	529798	450267	79530	64482
大连	288010	214830	204759	10071	9246
宁波	1752275	1032752	1005499	27252	14726
厦门	62038	54301	52779	1522	408
青岛	1929972	1550106	1350089	200017	11972
深圳	985741	498197	460942	37255	23349

基本建设支出明细(职业高中)

单位：千元

公用部分	商品和服务支出	其他资本性支出			基本建设支出
			专项公用支出	专项项目支出	
26787974	**14969297**	**11818677**	**5029153**	**6789525**	**793318**
427673	309272	118400	83393	35007	13791
73315	57665	15649	10649	5000	
2118091	1087318	1030773	504532	526241	561
1142985	550239	592746	213821	378925	31880
1077291	558358	518933	295800	223133	14061
340429	280821	59608	40590	19018	18863
463303	242185	221117	103376	117741	2000
443685	254170	189515	117435	72080	39867
385542	315166	70376	55460	14917	
667140	373549	293591	101783	191808	
3358414	2144503	1213911	675184	538727	367125
145901	20106	125794	16295	109499	
178189	54123	124066	25373	98693	
1548947	205220	1343727	208890	1134837	40857
1364240	763725	600515	316274	284241	
1486696	907973	578723	227364	351359	6044
547268	292626	254642	124579	130062	
2664910	1455878	1209032	339775	869257	69840
1478893	1042783	436109	303344	132766	20217
55219	19666	35553	22860	12693	
166601	110226	56374	42936	13438	
1422088	1087383	334705	162580	172125	36192
2162064	1292988	869075	401152	467923	19600
614083	389783	224300	92636	131664	25564
477535	303891	173643	74616	99027	2610
914599	396329	518270	224260	294010	23150
314788	96149	218639	27810	190829	3400
522	522				
473409	180546	292862	147526	145337	
274157	176131	98026	68857	29169	57699
58459	51250	7209	7209		14721
719523	299016	420507	153876	266630	
7737	6709	1028	1028		
379866	255517	124349	75666	48683	
473167	366001	107167	106801	366	14376

6-18 一般公共预算教育事业费和

地区	合计	个人部分	工资福利支出	对个人和家庭的补助支出	#助学金
合计	**77049809**	**49468717**	**43594507**	**5874210**	**3677878**
北京	1682690	1241227	1230197	11029	5681
天津	459129	385815	354831	30984	4349
河北	6238904	4120253	3743304	376949	200257
山西	2724769	1549904	1411398	138507	106301
内蒙古	2675481	1584129	1346716	237413	216771
辽宁	1351040	991748	902844	88903	50480
吉林	1231535	766232	710360	55872	31191
黑龙江	1503400	1020048	859565	160482	48166
上海	1387901	1002359	902296	100062	38156
江苏	2436467	1769327	1646712	122615	35750
浙江	10907876	7182338	6775609	406729	208099
安徽	241838	95937	31016	64921	40543
福建	476604	298415	271054	27361	5488
江西	2297434	707630	517777	189854	169096
山东	5047761	3683521	3330655	352865	54162
河南	3989110	2496370	2259213	237157	196871
湖北	1698136	1150869	970143	180726	83908
湖南	6851657	4116908	3401865	715043	486366
广东	4891421	3392311	3150542	241768	50539
广西	134917	79698	70004	9694	6501
海南	376070	209469	166262	43208	39378
重庆	3394273	1935994	1620625	315369	288759
四川	5723945	3542281	2854561	687720	420897
贵州	2125483	1485835	1146640	339196	281923
云南	1986697	1506553	1298947	207606	193692
西藏					
陕西	2738726	1800977	1504248	296730	221181
甘肃	812668	494480	391392	103088	88922
青海	2098	1576	521	1055	1055
宁夏	800126	326718	274943	51775	38917
新疆	861653	529798	450267	79530	64482
大连	288010	214830	204759	10071	9246
宁波	1752275	1032752	1005499	27252	14726
厦门	62038	54301	52779	1522	408
青岛	1929972	1550106	1350089	200017	11972
深圳	985741	498197	460942	37255	23349

基本建设支出明细(地方职业高中)

单位：千元

公用部分	商品和服务支出	其他资本性支出	专项公用支出	专项项目支出	基本建设支出
26787774	**14969097**	**11818677**	**5029153**	**6789525**	**793318**
427673	309272	118400	83393	35007	13791
73315	57665	15649	10649	5000	
2118091	1087318	1030773	504532	526241	561
1142985	550239	592746	213821	378925	31880
1077291	558358	518933	295800	223133	14061
340429	280821	59608	40590	19018	18863
463303	242185	221117	103376	117741	2000
443485	253970	189515	117435	72080	39867
385542	315166	70376	55460	14917	
667140	373549	293591	101783	191808	
3358414	2144503	1213911	675184	538727	367125
145901	20106	125794	16295	109499	
178189	54123	124066	25373	98693	
1548947	205220	1343727	208890	1134837	40857
1364240	763725	600515	316274	284241	
1486696	907973	578723	227364	351359	6044
547268	292626	254642	124579	130062	
2664910	1455878	1209032	339775	869257	69840
1478893	1042783	436109	303344	132766	20217
55219	19666	35553	22860	12693	
166601	110226	56374	42936	13438	
1422088	1087383	334705	162580	172125	36192
2162064	1292988	869075	401152	467923	19600
614083	389783	224300	92636	131664	25564
477535	303891	173643	74616	99027	2610
914599	396329	518270	224260	294010	23150
314788	96149	218639	27810	190829	3400
522	522				
473409	180546	292862	147526	145337	
274157	176131	98026	68857	29169	57699
58459	51250	7209	7209		14721
719523	299016	420507	153876	266630	
7737	6709	1028	1028		
379866	255517	124349	75666	48683	
473167	366001	107167	106801	366	14376

6-19 一般公共预算教育事业费和

地区	合计	个人部分	工资福利支出	对个人和家庭的补助支出	#助学金
合计	35516350	22119283	19202122	2917160	2128362
北京	143132	89743	88909	834	593
天津	107369	82340	79872	2468	152
河北	3742290	2408069	2164303	243767	155222
山西	1456351	937222	854551	82671	64862
内蒙古	1691193	1015064	863194	151870	137456
辽宁	387193	276536	260142	16394	14118
吉林	683563	434546	399517	35029	22027
黑龙江	637397	450767	372628	78140	36494
上海	108683	91422	90391	1031	993
江苏	1094259	779613	728366	51247	20578
浙江	3584361	2497627	2383988	113639	57292
安徽	160216	63054	3721	59332	38756
福建	275635	157519	147208	10310	3652
江西	1604095	471263	391861	79402	70452
山东	1617800	1107858	1032817	75041	24948
河南	2530576	1475792	1312617	163175	131306
湖北	643632	420521	339021	81500	43756
湖南	3787941	2169463	1773449	396014	296407
广东	441280	320507	303542	16965	8900
广西	86798	53007	49397	3610	2051
海南	128236	53902	37057	16845	16433
重庆	1411689	869129	724325	144804	132430
四川	3079048	1844068	1467651	376418	266106
贵州	1300961	904815	688327	216488	182670
云南	1375664	1079108	935868	143240	132253
西藏					
陕西	1656451	1062764	871838	190926	130456
甘肃	640088	374271	306834	67438	54033
青海	2098	1576	521	1055	1055
宁夏	406734	178107	149067	29040	25973
新疆	731617	449609	381142	68467	56937
大连	39553	30514	29791	723	290
宁波	444695	323289	313752	9538	6226
厦门	62038	54301	52779	1522	408
青岛	29790	22927	19989	2938	1965
深圳					

基本建设支出明细(农村职业高中)

单位：千元

公用部分					基本建设支出
	商品和服务支出	其他资本性支出	专项公用支出	专项项目支出	
13076913	**6695477**	**6381436**	**2382435**	**3999001**	**320154**
53389	36187	17202	16895	308	
25028	14058	10970	5970	5000	
1333660	669584	664076	313849	350227	561
497248	336927	160321	117397	42925	21880
669401	332601	336801	167393	169408	6728
110657	79864	30793	22308	8485	
247017	134801	112215	51669	60547	2000
182656	108541	74115	39942	34173	3973
17261	15175	2086	2086		
314647	167535	147111	64229	82883	
997342	705821	291521	190066	101455	89392
97162	7929	89233	15450	73783	
118117	35226	82891	13620	69270	
1091975	150480	941495	140613	800882	40857
509942	240679	269264	70925	198338	
1054784	593342	461442	133277	328165	
223111	95719	127392	48835	78556	
1567231	760311	806919	236142	570778	51248
120773	79015	41758	22772	18986	
33791	13206	20585	12942	7643	
74335	46123	28212	20562	7650	
537248	399373	137876	66396	71480	5312
1215380	709751	505629	210024	295606	19600
386993	236971	150022	69587	80435	9153
293946	182481	111465	50612	60853	2610
571537	232920	338618	119726	218892	22150
265817	69577	196240	20993	175247	
522	522				
228627	85017	143609	80354	63255	
237317	155741	81575	57801	23774	44691
9039	5848	3191	3191		
121406	60344	61062	50948	10114	
7737	6709	1028	1028		
6863	6863				

6-20　一般公共预算教育事业费和

地　区	合　计	个人部分	工资福利支　出	对个人和家庭的补助支出	#助学金
合　计	35513034	22116166	19199222	2916944	2128362
北　京	143132	89743	88909	834	593
天　津	107369	82340	79872	2468	152
河　北	3742290	2408069	2164303	243767	155222
山　西	1456351	937222	854551	82671	64862
内蒙古	1691193	1015064	863194	151870	137456
辽　宁	387193	276536	260142	16394	14118
吉　林	683563	434546	399517	35029	22027
黑龙江	634080	447651	369728	77923	36494
上　海	108683	91422	90391	1031	993
江　苏	1094259	779613	728366	51247	20578
浙　江	3584361	2497627	2383988	113639	57292
安　徽	160216	63054	3721	59332	38756
福　建	275635	157519	147208	10310	3652
江　西	1604095	471263	391861	79402	70452
山　东	1617800	1107858	1032817	75041	24948
河　南	2530576	1475792	1312617	163175	131306
湖　北	643632	420521	339021	81500	43756
湖　南	3787941	2169463	1773449	396014	296407
广　东	441280	320507	303542	16965	8900
广　西	86798	53007	49397	3610	2051
海　南	128236	53902	37057	16845	16433
重　庆	1411689	869129	724325	144804	132130
四　川	3079048	1844068	1467651	376418	266106
贵　州	1300961	904815	688327	216488	182670
云　南	1375664	1079108	935868	143240	132253
西　藏					
陕　西	1656451	1062764	871838	190926	130456
甘　肃	640088	374271	306834	67438	54033
青　海	2098	1576	521	1055	1055
宁　夏	406734	178107	149067	29040	25973
新　疆	731617	449609	381142	68467	56937
大　连	39553	30514	29791	723	290
宁　波	444695	323289	313752	9538	6226
厦　门	62038	54301	52779	1522	408
青　岛	29790	22927	19989	2938	1965
深　圳					

基本建设支出明细(地方农村职业高中)

单位：千元

公用部分					基本建设支出
	商品和服务支出	其他资本性支出			
			专项公用支出	专项项目支出	
13076713	**6695277**	**6381436**	**2382435**	**3999001**	**320154**
53389	36187	17202	16895	308	
25028	14058	10970	5970	5000	
1333660	669584	664076	313849	350227	561
497248	336927	160321	117397	42925	21880
669401	332601	336801	167393	169408	6728
110657	79864	30793	22308	8485	
247017	134801	112215	51669	60547	2000
182456	108341	74115	39942	34173	3973
17261	15175	2086	2086		
314647	167535	147111	64229	82883	
997342	705821	291521	190066	101455	89392
97162	7929	89233	15450	73783	
118117	35226	82891	13620	69270	
1091975	150480	941495	140613	800882	40857
509942	240679	269264	70925	198338	
1054784	593342	461442	133277	328165	
223111	95719	127392	48835	78556	
1567231	760311	806919	236142	570778	51248
120773	79015	41758	22772	18986	
33791	13206	20585	12942	7643	
74335	46123	28212	20562	7650	
537248	399373	137876	66396	71480	5312
1215380	709751	505629	210024	295606	19600
386993	236971	150022	69587	80435	9153
293946	182481	111465	50612	60853	2610
571537	232920	338618	119726	218892	22150
265817	69577	196240	20993	175247	
522	522				
228627	85017	143609	80354	63255	
237317	155741	81575	57801	23774	44691
9039	5848	3191	3191		
121406	公共预算教育事业费和	61062	50948	10114	
7737	6709	1028	1028		
6863	6863				

6-21 一般公共预算教育事业费和

地区	合计	个人部分	工资福利支出	对个人和家庭的补助支出	#助学金
合计	**29990980**	**17950908**	**16051386**	**1899522**	**1204382**
北京	1599185	969424	907803	61621	23368
天津	182708	153045	138672	14373	9088
河北	944581	629098	540052	89046	18050
山西	640221	299506	256777	42729	34046
内蒙古	28444	17925	16505	1420	1379
辽宁	342527	206209	174076	32133	12383
吉林	163779	130414	75053	55361	51472
黑龙江	489211	338613	312638	25975	5206
上海	111894	82986	82861	125	125
江苏	1461655	893032	823298	69735	47061
浙江	2067021	1115483	1083690	31793	14969
安徽	410173	143289	102768	40521	28450
福建	862723	618656	584267	34388	5196
江西	480263	312298	237935	74363	68963
山东	3614161	2177687	2025915	151772	45279
河南	1742838	963473	869522	93951	83341
湖北	405425	219833	183279	36554	17549
湖南	488696	364084	319117	44967	16856
广东	7891825	4941663	4685710	255953	90047
广西	1421541	840136	717437	122699	106843
海南	316350	152300	141215	11086	10458
重庆	744974	233100	154601	78500	65342
四川	711135	464571	318583	145987	103694
贵州	226895	141048	41389	99659	98832
云南	920411	492399	391535	100864	97189
西藏	134066	40888	35417	5471	184
陕西	584397	383746	312088	71657	60978
甘肃	84737	56672	50007	6664	6511
青海	241	29	2	27	27
宁夏					
新疆	918901	569299	469172	100127	81497
大连	115881	52168	42400	9768	9586
宁波	289178	176736	171004	5732	3038
厦门	180192	119002	116186	2816	1326
青岛	357887	245202	237866	7336	395
深圳	601349	327421	268930	58491	27955

基本建设支出明细(技工学校)

单位：千元

公用部分	商品和服务支出	其他资本性支出	专项公用支出	专项项目支出	基本建设支出
11662837	**7196375**	**4466462**	**2267921**	**2198541**	**377236**
629761	406581	223180	155888	67292	
29663	25278	4385	4385		
296521	220313	76208	26906	49301	18962
340715	243367	97348	43456	53892	
10519	3407	7111	4535	2576	
121229	106575	14654	14654		15089
33365	31745	1620	1608	12	
150598	110023	40575	29962	10612	
28908	24970	3938	3938		
568623	416094	152528	77597	74931	
876038	434681	441357	222581	218776	75500
266884	196675	70209	59625	10583	
235734	161717	74017	67676	6341	8334
166515	123563	42953	27866	15087	1449
1436175	867812	568362	205327	363035	300
748536	548825	199712	107153	92559	30829
185592	138585	47008	34710	12297	
124612	85238	39374	17264	22110	
2928553	1480745	1447808	677282	770526	21609
566405	387609	178796	146619	32177	15000
155660	60388	95272	46622	48649	8390
385244	272031	113213	85309	27904	126630
241476	181081	60394	43442	16953	5088
85847	40101	45746	35704	10042	
428012	204654	223358	48567	174790	
93178	26120	67057	16871	50187	
200651	142494	58158	21963	36195	
24521	8102	16419	10059	6360	3545
212	212				
303093	247388	55705	30352	25353	46510
63713	50876	12837	12837		
112442	59413	53029	48864	4165	
61190	18160	43030	43030		
112685	93905	18780	10780	8000	
273927	263617	10310	8071	2239	

6-22 一般公共预算教育事业费和

地 区	合 计	个人部分	工资福利支 出	对个人和家庭的补助支出	#助学金
合 计	**29895845**	**17882660**	**16003933**	**1878727**	**1197146**
北 京	1599185	969424	907803	61621	23368
天 津	178961	149297	135284	14013	8728
河 北	944581	629098	540052	89046	18050
山 西	640221	299506	256777	42729	34046
内蒙古	28444	17925	16505	1420	1379
辽 宁	342527	206209	174076	32133	12383
吉 林	163779	130414	75053	55361	51472
黑龙江	489211	338613	312638	25975	5206
上 海	111894	82986	82861	125	125
江 苏	1424292	874343	806404	67939	45265
浙 江	2067021	1115483	1083690	31793	14969
安 徽	410173	143289	102768	40521	28450
福 建	862723	618656	584267	34388	5196
江 西	480263	312298	237935	74363	68963
山 东	3614161	2177687	2025915	151772	45279
河 南	1728674	949308	855357	93951	83341
湖 北	405425	219833	183279	36554	17549
湖 南	488696	364084	319117	44967	16856
广 东	7891825	4941663	4685710	255953	90047
广 西	1421541	840136	717437	122699	106843
海 南	316350	152300	141215	11086	10458
重 庆	744974	233100	154601	78500	65342
四 川	675771	436146	308610	127536	98802
贵 州	226895	141048	41389	99659	98832
云 南	920411	492399	391535	100864	97189
西 藏	134066	40888	35417	5471	184
陕 西	584209	383558	312088	71469	60790
甘 肃	84737	56672	50007	6664	6511
青 海	241	29	2	27	27
宁 夏					
新 疆	914593	566265	466138	100127	81497
大 连	115881	52168	42400	9768	9586
宁 波	289178	176736	171004	5732	3038
厦 门	180192	119002	116186	2816	1326
青 岛	357887	245202	237866	7336	395
深 圳	601349	327421	268930	58491	27955

基本建设支出明细(地方技工学校)

单位：千元

公用部分	商品和服务支出	其他资本性支出			基本建设支出
			专项公用支出	专项项目支出	
11635950	**7182637**	**4453313**	**2265511**	**2187803**	**377236**
629761	406581	223180	155888	67292	
29663	25278	4385	4385		
296521	220313	76208	26906	49301	18962
340715	243367	97348	43456	53892	
10519	3407	7111	4535	2576	
121229	106575	14654	14654		15089
33365	31745	1620	1608	12	
150598	110023	40575	29962	10612	
28908	24970	3938	3938		
549949	410479	139469	75231	64238	
876038	434681	441357	222581	218776	75500
266884	196675	70209	59625	10583	
235734	161717	74017	67676	6341	8334
166515	123563	42953	27866	15087	1449
1436175	867812	568362	205327	363035	300
748536	548825	199712	107153	92559	30829
185592	138585	47008	34710	12297	
124612	85238	39374	17264	22110	
2928553	1480745	1447808	677282	770526	21609
566405	387609	178796	146619	32177	15000
155660	60388	95272	46622	48649	8390
385244	272031	113213	85309	27904	126630
234537	174142	60394	43442	16953	5088
85847	40101	45746	35704	10042	
428012	204654	223358	48567	174790	
93178	26120	67057	16871	50187	
200651	142494	58158	21963	36195	
24521	8102	16419	10059	6360	3545
212	212				
301819	246204	55615	30308	25307	46510
63713	50876	12837	12837		
112442	59413	53029	48864	4165	
61190	18160	43030	43030		
112685	93905	18780	10780	8000	
273927	263617	10310	8071	2239	

6-23 一般公共预算教育事业费和

地 区	合 计				
		个人部分			
			工资福利支 出	对个人和家庭的补助支出	
					#助学金
合 计	**5814226**	**4314410**	**3966711**	**347699**	**64347**
北 京	21196	15395	15358	37	
天 津	14837	12262	11823	439	
河 北	965441	891232	821853	69378	563
山 西	29994	23306	22273	1033	316
内蒙古	25770	20407	20084	323	
辽 宁					
吉 林	565546	485175	459490	25685	71
黑龙江	485267	447149	388076	59072	
上 海	41975	26144	26141	3	
江 苏	182303	117307	106462	10844	4858
浙 江	395437	264768	250329	14438	387
安 徽	43736	31669	30465	1204	
福 建	18613	17881	16924	957	
江 西	108785	64677	57873	6804	
山 东	176149	89891	75635	14256	1125
河 南	811491	427169	382042	45127	28301
湖 北	40285	28757	20724	8034	
湖 南	479375	302642	268752	33890	16118
广 东	114499	89145	82389	6756	393
广 西	32211	26341	24791	1551	28
海 南					
重 庆	492796	329108	320984	8124	3385
四 川	203945	171263	150824	20439	1817
贵 州	91120	33342	26967	6376	6376
云 南	177572	150863	148502	2360	424
西 藏					
陕 西	208018	177452	170720	6732	
甘 肃	39530	33724	32678	1046	185
青 海					
宁 夏					
新 疆	48337	37340	34548	2792	
大 连					
宁 波	250169	172113	164956	7157	
厦 门					
青 岛					
深 圳					

基本建设支出明细(成人中等专业学校)

单位：千元

公用部分	商品和服务支出	其他资本性支出	专项公用支出	专项项目支出	基本建设支出
1488524	**1112978**	**375546**	**111310**	**264236**	**11292**
5801	5424	377	377		
2575	716	1859	1	1858	
74209	69265	4944	2585	2359	
6688	4744	1944	353	1591	
5362	1298	4064	259	3805	
80371	57731	22640	6341	16299	
38118	31596	6522	1330	5192	
15831	15089	742	742		
64996	27653	37343	4805	32538	
130669	112282	18387	8427	9960	
12067	10324	1742	742	1000	
732	726	6	6		
44108	16660	27448	10461	16986	
86258	58837	27421	14531	12890	
384322	262612	121710	13523	108187	
11528	9501	2027	787	1240	
174685	146776	27910	8341	19568	2047
25354	22769	2585	2345	240	
5870	4794	1075	180	895	
163688	143019	20670	15526	5144	
32681	28255	4426	2026	2400	
57778	36071	21707	13079	8628	
17465	10732	6733	2464	4269	9245
30566	20627	9939	1192	8747	
5806	5351	455	18	437	
10997	10127	869	869		
78056	68350	9706	5993	3713	

6-24 一般公共预算教育事业费和

地 区	合 计	个人部分	工资福利支出	对个人和家庭的补助支出	#助学金
合 计	5810790	4311622	3964031	347591	64347
北 京	21196	15395	15358	37	
天 津	14837	12262	11823	439	
河 北	965441	891232	821853	69378	563
山 西	29994	23306	22273	1033	316
内蒙古	25770	20407	20084	323	
辽 宁					
吉 林	565546	485175	459490	25685	71
黑龙江	485267	447149	388076	59072	
上 海	41975	26144	26141	3	
江 苏	182303	117307	106462	10844	4858
浙 江	395437	264768	250329	14438	387
安 徽	43736	31669	30465	1204	
福 建	18613	17881	16924	957	
江 西	108785	64677	57873	6804	
山 东	176149	89891	75635	14256	1125
河 南	811491	427169	382042	45127	28301
湖 北	40285	28757	20724	8034	
湖 南	479375	302642	268752	33890	16118
广 东	114499	89145	82389	6756	393
广 西	32211	26341	24791	1551	28
海 南					
重 庆	492796	329108	320984	8124	3385
四 川	203945	171263	150824	20439	1817
贵 州	91120	33342	26967	6376	6376
云 南	177572	150863	148502	2360	424
西 藏					
陕 西	208018	177452	170720	6732	
甘 肃	39530	33724	32678	1046	185
青 海					
宁 夏					
新 疆	44900	34552	31868	2684	
大 连					
宁 波	250169	172113	164956	7157	
厦 门					
青 岛					
深 圳					

基本建设支出明细(地方成人中等专业学校)

单位：千元

公用部分	商品和服务支出	其他资本性支出	专项公用支出	专项项目支出	基本建设支出
1487876	**1112346**	**375530**	**111294**	**264236**	**11292**
5801	5424	377	377		
2575	716	1859	1	1858	
74209	69265	4944	2585	2359	
6688	4744	1944	353	1591	
5362	1298	4064	259	3805	
80371	57731	22640	6341	16299	
38118	31596	6522	1330	5192	
15831	15089	742	742		
64996	27653	37343	4805	32538	
130669	112282	18387	8427	9960	
12067	10324	1742	742	1000	
732	726	6	6		
44108	16660	27448	10461	16986	
86258	58837	27421	14531	12890	
384322	262612	121710	13523	108187	
11528	9501	2027	787	1240	
174685	146776	27910	8341	19568	2047
25354	22769	2585	2345	240	
5870	4794	1075	180	895	
163688	143019	20670	15526	5144	
32681	28255	4426	2026	2400	
57778	36071	21707	13079	8628	
17465	10732	6733	2464	4269	9245
30566	20627	9939	1192	8747	
5806	5351	455	18	437	
10348	9495	854	854		
78056	68350	9706	5993	3713	

6-25 一般公共预算教育事业费和

地区	合计	个人部分	工资福利支出	对个人和家庭的补助支出	#助学金
合计	**1242181066**	**913637436**	**831703865**	**81933571**	**45437477**
北京	32112639	20609760	20372273	237487	145120
天津	14497670	12135528	11710964	424564	99375
河北	59011840	43491823	39489622	4002201	1825720
山西	27680835	19276904	17957259	1319645	736332
内蒙古	22212104	15500920	14363298	1137622	919400
辽宁	22325234	18519050	17682096	836954	352490
吉林	15920499	11979132	11291808	687324	331901
黑龙江	20988594	16777037	15098887	1678150	533352
上海	26087084	18775280	18039356	735924	356679
江苏	83563284	66407689	61461368	4946321	1397570
浙江	67611685	49086733	46455095	2631638	1364499
安徽	49960043	34586647	29606752	4979895	1836469
福建	39067581	30850262	28988715	1861547	722070
江西	46736395	28789282	26502199	2287082	1224254
山东	90584705	72845597	67559988	5285609	1736934
河南	64697433	45566021	41758594	3807427	3297011
湖北	47618886	35055540	31503241	3552299	1160771
湖南	55290523	41096927	36342323	4754604	2251769
广东	122307345	85387186	79389641	5997545	2503184
广西	38833050	30160120	26496696	3663424	2926636
海南	10413122	6598723	6073346	525377	385193
重庆	29182352	21227356	19923225	1304131	964868
四川	61969356	46078819	39002415	7076404	4208242
贵州	37818268	29491127	24784357	4706770	3302596
云南	38539911	30388752	26456231	3932522	3656653
西藏	9800919	6511349	5002577	1508772	1325914
陕西	33232380	22778597	20564571	2214026	1440579
甘肃	22576701	16534298	14835422	1698876	1170241
青海	7750503	5277384	4789641	487743	455408
宁夏	7390379	4791364	4502090	289274	264862
新疆	36399747	27062229	23699816	3362413	2541382
大连	4169018	3382895	3320096	62799	26282
宁波	9564066	6829872	6518220	311652	135314
厦门	5631158	4498013	4265563	232449	21691
青岛	10939012	8999633	8137627	862006	131266
深圳	24603397	10310135	9622433	687702	354076

基本建设支出明细(中学)

单位：千元

公用部分	商品和服务支出	其他资本性支出	其他资本性支出：专项公用支出	其他资本性支出：专项项目支出	基本建设支出
301658168	**165940278**	**135717891**	**38085584**	**97632306**	**26885462**
9819689	7103830	2715859	1664006	1051852	1683190
2266487	1641707	624779	224728	400052	95655
15297412	7797941	7499470	2023367	5476103	222606
8188806	4344197	3844609	1257680	2586929	215126
6408184	3426487	2981697	845244	2136453	303000
3662373	2692706	969667	368062	601605	143810
3802396	2065882	1736514	459122	1277392	138971
3767595	2499405	1268189	487361	780829	443962
6715213	5245043	1470170	998031	472139	596591
17075078	9538339	7536739	1518673	6018067	80517
15581337	10150273	5431063	1581074	3849989	2943615
14419026	7244955	7174072	2242722	4931350	954370
8101941	4151035	3950906	1032508	2918398	115378
16857337	3909063	12948274	3009293	9938981	1089776
17732598	8874799	8857799	1608594	7249205	6510
17961771	9274455	8687316	1614380	7072936	1169640
12563346	6087803	6475543	1223732	5251811	
13977255	8076917	5900338	1537223	4363116	216341
26569177	17951068	8618108	3825157	4792951	10350982
8465940	4708256	3757683	962498	2795185	206991
3708108	1674307	2033801	853863	1179938	106291
7136368	5648019	1488349	556455	931894	818628
15351972	9489298	5862674	1726009	4136666	538565
8029305	4217750	3811555	1038896	2772659	297837
7848848	3833164	4015685	507368	3508317	302310
2559975	1064640	1495336	541872	953464	729595
9715945	5031191	4684754	1579213	3105541	737838
5671890	2270933	3400957	737186	2663771	370513
2107459	832340	1275119	377431	897687	365660
2565433	996435	1568998	584180	984817	33582
7729907	4098039	3631868	1099658	2532209	1607611
714519	578568	135951	101566	34385	71604
2513317	1055785	1457532	263464	1194068	220877
1077191	862459	214732	131388	83345	55954
1939379	1326023	613356	195071	418286	
5586999	4837665	749334	737444	11890	8706262

6-26 一般公共预算教育事业费和

地区	合计	个人部分	工资福利支出	对个人和家庭的补助支出	#助学金
合计	1235707503	909429276	827839716	81589560	45245366
北京	30689210	19595992	19384890	211102	143052
天津	14497670	12135528	11710964	424564	99375
河北	59011840	43491823	39489622	4002201	1825720
山西	27680835	19276904	17957259	1319645	736332
内蒙古	22212104	15500920	14363298	1137622	919400
辽宁	22325234	18519050	17682096	836954	352490
吉林	15749227	11842461	11156802	685660	331901
黑龙江	20988594	16777037	15098887	1678150	533352
上海	25906393	18620822	17886523	734300	356679
江苏	83563284	66407689	61461368	4946321	1397570
浙江	67611685	49086733	46455095	2631638	1364499
安徽	49960043	34586647	29606752	4979895	1836469
福建	39067581	30850262	28988715	1861547	722070
江西	46736395	28789282	26502199	2287082	1224254
山东	90584705	72845597	67559988	5285609	1736934
河南	64697433	45566021	41758594	3807427	3297011
湖北	47236666	34742752	31191109	3551643	1160127
湖南	55276342	41082942	36328338	4754604	2251769
广东	122307345	85387186	79389641	5997545	2503184
广西	38833050	30160120	26496696	3663424	2926636
海南	10413122	6598723	6073346	525377	385193
重庆	28999430	21078460	19775607	1302853	964589
四川	61965856	46075319	38999063	7076256	4208093
贵州	37818268	29491127	24784357	4706770	3302596
云南	38539911	30388752	26456231	3932522	3656653
西藏	9800919	6511349	5002577	1508772	1325914
陕西	33058049	22662659	20451775	2210884	1440465
甘肃	22564822	16524721	14825871	1698850	1170228
青海	7750503	5277384	4789641	487743	455408
宁夏	7390379	4791364	4502090	289274	264862
新疆	32470609	24763651	21710323	3053328	2352537
大连	4169018	3382895	3320096	62799	26282
宁波	9564066	6829872	6518220	311652	135314
厦门	5631158	4498013	4265563	232449	21691
青岛	10939012	8999633	8137627	862006	131266
深圳	24603397	10310135	9622433	687702	354076

基本建设支出明细(地方中学)

单位：千元

公用部分	商品和服务支出	其他资本性支出			基本建设支出
			专项公用支出	专项项目支出	
299711412	**164842899**	**134868513**	**37742571**	**97125942**	**26566815**
9410028	6760877	2649151	1597302	1051849	1683190
2266487	1641707	624779	224728	400052	95655
15297412	7797941	7499470	2023367	5476103	222606
8188806	4344197	3844609	1257680	2586929	215126
6408184	3426487	2981697	845244	2136453	303000
3662373	2692706	969667	368062	601605	143810
3767795	2032038	1735757	458365	1277392	138971
3767595	2499405	1268189	487361	780829	443962
6688980	5221688	1467292	995153	472139	596591
17075078	9538339	7536739	1518673	6018067	80517
15581337	10150273	5431063	1581074	3849989	2943615
14419026	7244955	7174072	2242722	4931350	954370
8101941	4151035	3950906	1032508	2918398	115378
16857337	3909063	12948274	3009293	9938981	1089776
17732598	8874799	8857799	1608594	7249205	6510
17961771	9274455	8687316	1614380	7072936	1169640
12493914	6037575	6456339	1205703	5250635	
13977059	8076724	5900335	1537220	4363116	216341
26569177	17951068	8618108	3825157	4792951	10350982
8465940	4708256	3757683	962498	2795185	206991
3708108	1674307	2033801	853863	1179938	106291
7102343	5621221	1481122	549228	931894	818628
15351972	9489298	5862674	1726009	4136666	538565
8029305	4217750	3811555	1038896	2772659	297837
7848848	3833164	4015685	507368	3508317	302310
2559975	1064640	1495336	541872	953464	729595
9657552	4981270	4676282	1570741	3105541	737838
5669588	2269727	3399861	737135	2662726	370513
2107459	832340	1275119	377431	897687	365660
2565433	996435	1568998	584180	984817	33582
6417995	3529160	2888835	860766	2028069	1288964
714519	578568	135951	101566	34385	71604
2513317	1055785	1457532	263464	1194068	220877
1077191	862459	214732	131388	83345	55954
1939379	1326023	613356	195071	418286	
5586999	4837665	749334	737444	11890	8706262

6-27 一般公共预算教育事业费和

地区	合计				
		个人部分			
			工资福利支出	对个人和家庭的补助支出	
					#助学金
合计	**1241839496**	**913363420**	**831438078**	**81925342**	**45437477**
北京	32036477	20547927	20311093	236835	145120
天津	14471242	12109899	11686226	423673	99375
河北	59011840	43491823	39489622	4002201	1825720
山西	27680835	19276904	17957259	1319645	736332
内蒙古	22212104	15500920	14363298	1137622	919400
辽宁	22325234	18519050	17682096	836954	352490
吉林	15918482	11977297	11290336	686962	331901
黑龙江	20988594	16777037	15098887	1678150	533352
上海	26087084	18775280	18039356	735924	356679
江苏	83556654	66401401	61455460	4945940	1397570
浙江	67393995	48919582	46293340	2626242	1364499
安徽	49960043	34586647	29606752	4979895	1836469
福建	39067581	30850262	28988715	1861547	722070
江西	46736395	28789282	26502199	2287082	1224254
山东	90584705	72845597	67559988	5285609	1736934
河南	64697433	45566021	41758594	3807427	3297011
湖北	47618886	35055540	31503241	3552299	1160771
湖南	55288671	41095092	36340488	4754604	2251769
广东	122299499	85380657	79383659	5996998	2503184
广西	38833050	30160120	26496696	3663424	2926636
海南	10413122	6598723	6073346	525377	385193
重庆	29182352	21227356	19923225	1304131	961868
四川	61969356	46078819	39002415	7076404	4208242
贵州	37818268	29491127	24784357	4706770	3302596
云南	38536966	30385836	26453314	3932522	3656653
西藏	9800919	6511349	5002577	1508772	1325914
陕西	33232380	22778597	20564571	2214026	1440579
甘肃	22576701	16534298	14835422	1698876	1170241
青海	7750503	5277384	4789641	487743	455408
宁夏	7390379	4791364	4502090	289274	264862
新疆	36399747	27062229	23699816	3362413	2541382
大连	4169018	3382895	3320096	62799	26282
宁波	9564066	6829872	6518220	311652	135314
厦门	5631158	4498013	4265563	232449	21691
青岛	10939012	8999633	8137627	862006	131266
深圳	24603397	10310135	9622433	687702	354076

基本建设支出明细(普通中学)

单位：千元

公用部分	商品和服务支出	其他资本性支出	专项公用支出	专项项目支出	基本建设支出
301590614	165877125	135713489	38081396	97632093	26885462
9805360	7089636	2715724	1663872	1051852	1683190
2265689	1640929	624760	224708	400052	95655
15297412	7797941	7499470	2023367	5476103	222606
8188806	4344197	3844609	1257680	2586929	215126
6408184	3426487	2981697	845244	2136453	303000
3662373	2692706	969667	368062	601605	143810
3802214	2065704	1736510	459117	1277392	138971
3767595	2499405	1268189	487361	780829	443962
6715213	5245043	1470170	998031	472139	596591
17074737	9537997	7536739	1518673	6018067	80517
15530797	10103916	5426881	1577105	3849777	2943615
14419026	7244955	7174072	2242722	4931350	954370
8101941	4151035	3950906	1032508	2918398	115378
16857337	3909063	12948274	3009293	9938981	1089776
17732598	8874799	8857799	1608594	7249205	6510
17961771	9274455	8687316	1614380	7072936	1169640
12563346	6087803	6475543	1223732	5251811	
13977238	8076900	5900338	1537223	4363116	216341
26567859	17949812	8618048	3825097	4792951	10350982
8465940	4708256	3757683	962498	2795185	206991
3708108	1674307	2033801	853863	1179938	106291
7136368	5648019	1488349	556455	931894	818628
15351972	9489298	5862674	1726009	4136666	538565
8029305	4217750	3811555	1038896	2772659	297837
7848819	3833135	4015685	507368	3508317	302310
2559975	1064640	1495336	541872	953464	729595
9715945	5031191	4684754	1579213	3105541	737838
5671890	2270933	3400957	737186	2663771	370513
2107459	832340	1275119	377431	897687	365660
2565433	996435	1568998	584180	984817	33582
7729907	4098039	3631868	1099658	2532209	1607611
714519	578568	135951	101566	34385	71604
2513317	1055785	1457532	263464	1194068	220877
1077191	862459	214732	131388	83345	55954
1939379	1326023	613356	195071	418286	
5586999	4837665	749334	737444	11890	8706262

6-28 一般公共预算教育事业费和

地区	合计	个人部分	工资福利支出	对个人和家庭的补助支出	#助学金
合计	**1235365933**	**909155260**	**827573930**	**81581331**	**45245366**
北京	30613047	19534159	19323710	210449	143052
天津	14471242	12109899	11686226	423673	99375
河北	59011840	43491823	39489622	4002201	1825720
山西	27680835	19276904	17957259	1319645	736332
内蒙古	22212104	15500920	14363298	1137622	919400
辽宁	22325234	18519050	17682096	836954	352490
吉林	15747211	11840626	11155329	685297	331901
黑龙江	20988594	16777037	15098887	1678150	533352
上海	25906393	18620822	17886523	734300	356679
江苏	83556654	66401401	61455460	4945940	1397570
浙江	67393995	48919582	46293340	2626242	1364499
安徽	49960043	34586647	29606752	4979895	1836469
福建	39067581	30850262	28988715	1861547	722070
江西	46736395	28789282	26502199	2287082	1224254
山东	90584705	72845597	67559988	5285609	1736934
河南	64697433	45566021	41758594	3807427	3297011
湖北	47236666	34742752	31191109	3551643	1160127
湖南	55274490	41081107	36326503	4754604	2251769
广东	122299499	85380657	79383659	5996998	2503184
广西	38833050	30160120	26496696	3663424	2926636
海南	10413122	6598723	6073346	525377	385193
重庆	28999430	21078460	19775607	1302853	964589
四川	61965856	46075319	38999063	7076256	4208093
贵州	37818268	29491127	24784357	4706770	3302596
云南	38536966	30385836	26453314	3932522	3656653
西藏	9800919	6511349	5002577	1508772	1325914
陕西	33058049	22662659	20451775	2210884	1440465
甘肃	22564822	16524721	14825871	1698850	1170228
青海	7750503	5277384	4789641	487743	455408
宁夏	7390379	4791364	4502090	289274	264862
新疆	32470609	24763651	21710323	3053328	2352537
大连	4169018	3382895	3320096	62799	26282
宁波	9564066	6829872	6518220	311652	135314
厦门	5631158	4498013	4265563	232449	21691
青岛	10939012	8999633	8137627	862006	131266
深圳	24603397	10310135	9622433	687702	354076

基本建设支出明细(地方普通中学)

单位：千元

公用部分					基本建设支出
	商品和服务支出	其他资本性支出	专项公用支出	专项项目支出	
299643858	**164779747**	**134864112**	**37738382**	**97125730**	**26566815**
9395699	6746682	2649016	1597167	1051849	1683190
2265689	1640929	624760	224708	400052	95655
15297412	7797941	7499470	2023367	5476103	222606
8188806	4344197	3844609	1257680	2586929	215126
6408184	3426487	2981697	845244	2136453	303000
3662373	2692706	969667	368062	601605	143810
3767613	2031861	1735752	458360	1277392	138971
3767595	2499405	1268189	487361	780829	443962
6688980	5221688	1467292	995153	472139	596591
17074737	9537997	7536739	1518673	6018067	80517
15530797	10103916	5426881	1577105	3849777	2943615
14419026	7244955	7174072	2242722	4931350	954370
8101941	4151035	3950906	1032508	2918398	115378
16857337	3909063	12948274	3009293	9938981	1089776
17732598	8874799	8857799	1608594	7249205	6510
17961771	9274455	8687316	1614380	7072936	1169640
12493914	6037575	6456339	1205703	5250635	
13977041	8076706	5900335	1537220	4363116	216341
26567859	17949812	8618048	3825097	4792951	10350982
8465940	4708256	3757683	962498	2795185	206991
3708108	1674307	2033801	853863	1179938	106291
7102343	5621221	1481122	549228	931894	818628
15351972	9489298	5862674	1726009	4136666	538565
8029305	4217750	3811555	1038896	2772659	297837
7848819	3833135	4015685	507368	3508317	302310
2559975	1064640	1495336	541872	953464	729595
9657552	4981270	4676282	1570741	3105541	737838
5669588	2269727	3399861	737135	2662726	370513
2107459	832340	1275119	377431	897687	365660
2565433	996435	1568998	584180	984817	33582
6417995	3529160	2888835	860766	2028069	1288964
714519	578568	135951	101566	34385	71604
2513317	1055785	1457532	263464	1194068	220877
1077191	862459	214732	131388	83345	55954
1939379	1326023	613356	195071	418286	
5586999	4837665	749334	737444	11890	8706262

6-29 一般公共预算教育事业费和

地区	合计	个人部分	工资福利支出	对个人和家庭的补助支出	#助学金
合计	421768284	309206310	286898024	22308287	11767296
北京	11886253	8128426	8038226	90200	42168
天津	5171648	4404684	4294169	110515	16425
河北	19663149	14785815	13604256	1181559	485161
山西	11074712	7620288	7208096	412192	244982
内蒙古	9103575	5865780	5365033	500747	424852
辽宁	7452307	6153172	5941304	211868	90073
吉林	5202901	3801284	3542510	258775	149238
黑龙江	7266219	5475002	5055244	419758	180373
上海	8284711	5840970	5664365	176605	47069
江苏	29546975	23372501	21986292	1386209	306421
浙江	23791434	16670643	16010948	659695	209699
安徽	15236289	10968934	9713496	1255438	469600
福建	12689217	9970192	9513079	457113	87458
江西	15920188	9923314	9168895	754418	356750
山东	28879790	23983091	22697006	1286086	335029
河南	21335192	14748968	13784420	964548	813914
湖北	15821068	11778717	10892786	885930	319457
湖南	18077006	13946527	12654720	1291807	628192
广东	43524762	30082560	28632080	1450479	387950
广西	12616809	9564440	8580653	983787	792722
海南	3463275	2182929	2056403	126526	68803
重庆	10768871	8004938	7568528	436410	357482
四川	19960951	15012576	13172803	1839774	1059298
贵州	11898240	9145935	7971091	1174843	709332
云南	13019334	9520042	8547922	972120	869093
西藏	3655649	2240414	1739546	500868	455769
陕西	11197663	7624215	7012251	611964	424477
甘肃	8361257	6120565	5624701	495864	356439
青海	2981817	1980627	1820786	159841	142723
宁夏	2745399	1798417	1699642	98775	88207
新疆	11171621	8490343	7336772	1153571	848141
大连	1294892	1113420	1097110	16310	9676
宁波	3114847	2162413	2095688	66725	16921
厦门	1968744	1528551	1464451	64100	2816
青岛	3622814	2943106	2700120	242986	19889
深圳	9879142	3749555	3582908	166647	68237

基本建设支出明细(普通高中)

单位：千元

公用部分	商品和服务支出	其他资本性支出			基本建设支出
			专项公用支出	专项项目支出	
99391994	**54322832**	**45069162**	**13304403**	**31764759**	**13169980**
3258468	2580375	678093	561415	116678	499358
766964	604840	162124	39317	122806	
4862729	2226519	2636210	603737	2032473	14605
3342291	1588291	1754001	486891	1267109	112133
3099282	1698042	1401240	436076	965164	138513
1257180	882740	374440	111216	263224	41956
1367334	781843	585492	215860	369632	34282
1495664	970606	525058	234038	291020	295553
2274138	1763854	510285	307657	202628	169602
6155400	3119975	3035426	518984	2516442	19074
5123660	3282691	1840970	617899	1223071	1997130
3494765	1885623	1609142	529208	1079934	772590
2625857	1401183	1224673	388197	836476	93168
5359478	1301227	4058251	979504	3078747	637397
4896699	2645694	2251005	465488	1785517	
5614123	2806225	2807898	716925	2090973	972101
4042352	2103140	1939211	388836	1550376	
4101870	2562871	1538999	344399	1194600	28609
8393229	5306864	3086365	1435657	1650708	5048973
2934617	1618063	1316555	329311	987243	117752
1218172	585978	632194	174036	458158	62175
2513309	1960504	552806	227989	324816	250624
4839960	3028680	1811280	656511	1154769	108414
2614546	1423710	1190836	452675	738161	137759
3341065	1319370	2021696	228320	1793376	158227
991864	508070	483794	172635	311159	423371
3290334	1871669	1418665	527550	891115	283114
2119688	786871	1332817	338623	994194	121004
899445	275847	623598	266899	356699	101744
946982	358970	588012	232542	355470	
2150529	1072500	1078029	316007	762021	530749
181472	168196	13276	13164	112	
915324	324901	590423	111272	479151	37110
398310	286531	111778	63869	47909	41883
679708	377544	302164	34117	268047	
2090017	1707112	382904	379546	3359	4039571

6-30 一般公共预算教育事业费和

地区	合计	个人部分	工资福利支出	对个人和家庭的补助支出	#助学金
合计	418583637	307261034	285094288	22166746	11687863
北京	11006745	7496019	7425697	70322	40642
天津	5171648	4404684	4294169	110515	16425
河北	19663149	14785815	13604256	1181559	485161
山西	11074712	7620288	7208096	412192	244982
内蒙古	9103575	5865780	5365033	500747	424852
辽宁	7452307	6153172	5941304	211868	90073
吉林	5150926	3761037	3503031	258006	149238
黑龙江	7266219	5475002	5055244	419758	180373
上海	8162616	5736383	5561114	175269	47069
江苏	29546975	23372501	21986292	1386209	306421
浙江	23791434	16670643	16010948	659695	209699
安徽	15236289	10968934	9713496	1255438	469600
福建	12689217	9970192	9513079	457113	87458
江西	15920188	9923314	9168895	754418	356750
山东	28879790	23983091	22697006	1286086	335029
河南	21335192	14748968	13784420	964548	813914
湖北	15506624	11518439	10633132	885307	318846
湖南	18069095	13938725	12646918	1291807	628192
广东	43524762	30082560	28632080	1450479	387950
广西	12616809	9564440	8580653	983787	792722
海南	3463275	2182929	2056403	126526	68803
重庆	10701165	7949826	7513889	435937	357379
四川	19958924	15010550	13170862	1839688	1059212
贵州	11898240	9145935	7971091	1174843	709332
云南	13019334	9520042	8547922	972120	869093
西藏	3655649	2240414	1739546	500868	455769
陕西	11119995	7575853	6965343	610510	424395
甘肃	8355971	6116368	5620513	495854	356436
青海	2981817	1980627	1820786	159841	142723
宁夏	2745399	1798417	1699642	98775	88207
新疆	9515595	7700086	6663427	1036659	771120
大连	1294892	1113420	1097110	16310	9676
宁波	3114847	2162413	2095688	66725	16921
厦门	1968744	1528551	1464451	64100	2816
青岛	3622814	2943106	2700120	242986	19889
深圳	9879142	3749555	3582908	166647	68237

基本建设支出明细(地方普通高中)

单位：千元

公用部分	商品和服务支出	其他资本性支出	其他资本性支出：专项公用支出	其他资本性支出：专项项目支出	基本建设支出
98347950	**53819547**	**44528403**	**13120201**	**31408202**	**12974653**
3011367	2376245	635123	518446	116676	499358
766964	604840	162124	39317	122806	
4862729	2226519	2636210	603737	2032473	14605
3342291	1588291	1754001	486891	1267109	112133
3099282	1698042	1401240	436076	965164	138513
1257180	882740	374440	111216	263224	41956
1355607	770404	585203	215571	369632	34282
1495664	970606	525058	234038	291020	295553
2256630	1748144	508486	305859	202628	169602
6155400	3119975	3035426	518984	2516442	19074
5123660	3282691	1840970	617899	1223071	1997130
3494765	1885623	1609142	529208	1079934	772590
2625857	1401183	1224673	388197	836476	93168
5359478	1301227	4058251	979504	3078747	637397
4896699	2645694	2251005	465488	1785517	
5614123	2806225	2807898	716925	2090973	972101
3988185	2064094	1924091	374440	1549651	
4101760	2562763	1538997	344397	1194600	28609
8393229	5306864	3086365	1435657	1650708	5048973
2934617	1618063	1316555	329311	987243	117752
1218172	585978	632194	174036	458158	62175
2500715	1950584	550131	225314	324816	250624
4839960	3028680	1811280	656511	1154769	108414
2614546	1423710	1190836	452675	738161	137759
3341065	1319370	2021696	228320	1793376	158227
991864	508070	483794	172635	311159	423371
3261027	1847600	1413427	522312	891115	283114
2118600	786292	1332309	338623	993685	121004
899445	275847	623598	266899	356699	101744
946982	358970	588012	232542	355470	
1480086	874216	605870	199171	406699	335423
181472	168196	13276	13164	112	
915324	324901	590423	111272	479151	37110
398310	286531	111778	63869	47909	41883
679708	377544	302164	34117	268047	
2090017	1707112	382904	379546	3359	4039571

6-31 一般公共预算教育事业费和

地 区	合 计	个人部分	工资福利支 出	对个人和家庭的补助支出	#助学金
合 计	**169972659**	**127063787**	**116527120**	**10536666**	**6983403**
北 京	718155	387016	383271	3745	3320
天 津	784382	692863	681783	11080	1518
河 北	10057446	7536481	6974584	561897	307405
山 西	5184692	3672111	3431158	240953	155966
内蒙古	4385981	2869665	2617374	252291	208430
辽 宁	1769871	1507969	1464184	43785	28505
吉 林	1961893	1417073	1317770	99303	59635
黑龙江	2795664	2024020	1876576	147445	65985
上 海	755144	639589	633669	5919	4805
江 苏	10297595	8130595	7711955	418640	155048
浙 江	8465129	6432120	6190822	241299	74877
安 徽	8271363	6254357	5377148	877209	348736
福 建	5952085	4791727	4604680	187047	53738
江 西	8075089	4697808	4409645	288163	196274
山 东	9626500	8140417	7781985	358432	158428
河 南	11635042	8085155	7459755	625401	544442
湖 北	4773619	3491783	3162043	329740	198327
湖 南	9948519	7449332	6786084	663247	430039
广 东	8836598	6907053	6552943	354110	150008
广 西	6104479	4507844	3986449	521395	426064
海 南	1672951	940796	886253	54542	39129
重 庆	4060044	3301347	3055792	245555	206805
四 川	9476849	7218748	6286266	932482	651493
贵 州	6749679	5230183	4533255	696929	502006
云 南	7612802	5855603	5248185	607418	578370
西 藏	1039911	853807	673679	180129	164178
陕 西	5618132	3631895	3263234	368661	243660
甘 肃	5315290	4047328	3668332	378995	287225
青 海	1612922	1155265	1035220	120045	107162
宁 夏	1026589	709523	660493	49030	43764
新 疆	5388244	4484315	3812533	671782	588061
大 连	94380	77081	71860	5221	934
宁 波	947307	713755	696938	16817	6151
厦 门	45890	36917	36195	722	123
青 岛	285409	251613	236621	14992	1694
深 圳					

基本建设支出明细(农村高中)

单位：千元

公用部分	商品和服务支出	其他资本性支出			基本建设支出
			专项公用支出	专项项目支出	
40792290	**20209878**	**20582412**	**4985338**	**15597074**	**2116582**
208713	147890	60823	35149	25675	122425
91519	68881	22638	6285	16353	
2506360	1217815	1288545	387433	901112	14605
1489522	715704	773818	197798	576021	23060
1412175	749965	662209	185412	476798	104141
255708	178461	77248	32314	44933	6194
544680	268613	276066	85615	190451	140
599983	405278	194705	77042	117663	171661
115555	92966	22588	11588	11000	
2167000	998398	1168602	130425	1038177	
1511656	1078054	433602	176995	256607	521353
2015970	1034405	981565	272014	709550	1036
1149659	631885	517774	126348	391426	10700
3187730	670482	2517248	596656	1920592	189551
1486083	788939	697144	153385	543758	
3531693	1535471	1996222	397793	1598429	18194
1281836	586615	695221	112668	582553	
2476318	1451783	1024534	194098	830436	22870
1909675	933441	976234	218234	758000	19869
1493935	811886	682048	142892	539156	102701
675797	232028	443768	115755	328014	56359
752626	579854	172772	76789	95983	6071
2178761	1414183	764578	207791	556787	79340
1479333	770099	709234	272079	437155	40162
1640710	673241	967470	111203	856266	116490
186103	145370	40734	23398	17335	
1815422	926787	888635	268893	619741	170814
1246575	459811	786764	149544	637220	21388
378050	116545	261505	73713	187793	79606
317066	116674	200392	62957	137435	
686076	408354	277722	83068	194654	217853
17299	15622	1677	1677		
233553	110073	123480	29100	94381	
8973	8953	19	19		
33797	26545	7252	7252		

6-32 一般公共预算教育事业费和

地 区	合 计	个人部分	工资福利支 出	对个人和家庭的补助支出	#助学金
合 计	**169623086**	**126817831**	**116300590**	**10517240**	**6978894**
北 京	718155	387016	383271	3745	3320
天 津	784382	692863	681783	11080	1518
河 北	10057446	7536481	6974584	561897	307405
山 西	5184692	3672111	3431158	240953	155966
内蒙古	4385981	2869665	2617374	252291	208430
辽 宁	1769871	1507969	1464184	43785	28505
吉 林	1961893	1417073	1317770	99303	59635
黑龙江	2795664	2024020	1876576	147445	65985
上 海	755144	639589	633669	5919	4805
江 苏	10297595	8130595	7711955	418640	155048
浙 江	8465129	6432120	6190822	241299	74877
安 徽	8271363	6254357	5377148	877209	348736
福 建	5952085	4791727	4604680	187047	53738
江 西	8075089	4697808	4409645	288163	196274
山 东	9626500	8140417	7781985	358432	158428
河 南	11635042	8085155	7459755	625401	544442
湖 北	4610144	3357386	3027653	329733	198320
湖 南	9948519	7449332	6786084	663247	430039
广 东	8836598	6907053	6552943	354110	150008
广 西	6104479	4507844	3986449	521395	426064
海 南	1672951	940796	886253	54542	39129
重 庆	4060044	3301347	3055792	245555	206805
四 川	9476849	7218748	6286266	932482	651493
贵 州	6749679	5230183	4533255	696929	502006
云 南	7612802	5855603	5248185	607418	578370
西 藏	1039911	853807	673679	180129	164178
陕 西	5618132	3631895	3263234	368661	243660
甘 肃	5310004	4043130	3664145	378985	287223
青 海	1612922	1155265	1035220	120045	107162
宁 夏	1026589	709523	660493	49030	43764
新 疆	5207432	4376954	3724581	652373	583562
大 连	94380	77081	71860	5221	934
宁 波	947307	713755	696938	16817	6151
厦 门	45890	36917	36195	722	123
青 岛	285409	251613	236621	14992	1694
深 圳					

基本建设支出明细(地方农村高中)

单位：千元

公用部分	商品和服务支出	其他资本性支出		基本建设支出
			专项公用支出	专项项目支出	
40698607	**20156305**	**20542303**	**4964544**	**15577758**	**2106648**
208713	147890	60823	35149	25675	122425
91519	68881	22638	6285	16353	
2506360	1217815	1288545	387433	901112	14605
1489522	715704	773818	197798	576021	23060
1412175	749965	662209	185412	476798	104141
255708	178461	77248	32314	44933	6194
544680	268613	276066	85615	190451	140
599983	405278	194705	77042	117663	171661
115555	92966	22588	11588	11000	
2167000	998398	1168602	130425	1038177	
1511656	1078054	433602	176995	256607	521353
2015970	1034405	981565	272014	709550	1036
1149659	631885	517774	126348	391426	10700
3187730	670482	2517248	596656	1920592	189551
1486083	788939	697144	153385	543758	
3531693	1535471	1996222	397793	1598429	18194
1252758	563249	689509	106956	582553	
2476318	1451783	1024534	194098	830436	22870
1909675	933441	976234	218234	758000	19869
1493935	811886	682048	142892	539156	102701
675797	232028	443768	115755	328014	56359
752626	579854	172772	76789	95983	6071
2178761	1414183	764578	207791	556787	79340
1479333	770099	709234	272079	437155	40162
1640710	673241	967470	111203	856266	116490
186103	145370	40734	23398	17335	
1815422	926787	888635	268893	619741	170814
1245487	459231	786256	149544	636712	21388
378050	116545	261505	73713	187793	79606
317066	116674	200392	62957	137435	
622559	378726	243833	67987	175846	207918
17299	15622	1677	1677		
233553	110073	123480	29100	94381	
8973	8953	19	19		
33797	26545	7252	7252		

6-33 一般公共预算教育事业费和

地区	合计	个人部分	工资福利支出	对个人和家庭的补助支出	#助学金
合计	**820071212**	**604157110**	**544540054**	**59617056**	**33670182**
北京	20150224	12419501	12272866	146635	102952
天津	9299594	7705215	7392057	313158	82950
河北	39348692	28706008	25885366	2820642	1340559
山西	16606123	11656616	10749163	907453	491350
内蒙古	13108529	9635140	8998265	636875	494548
辽宁	14872926	12365878	11740793	625086	262417
吉林	10715581	8176013	7747826	428187	182663
黑龙江	13722374	11302035	10043643	1258392	352980
上海	17802374	12934310	12374991	559319	309611
江苏	54009679	43028900	39469168	3559732	1091149
浙江	43602561	32248939	30282392	1966547	1154799
安徽	34723754	23617712	19893256	3724456	1366869
福建	26378363	20880070	19475636	1404434	634612
江西	30816207	18865968	17333304	1532664	867504
山东	61704915	48862505	44862982	3999523	1401905
河南	43362240	30817054	27974174	2842879	2483097
湖北	31797818	23276824	20610455	2666369	841315
湖南	37211665	27148565	23685768	3462797	1623577
广东	78774737	55298098	50751579	4546519	2115235
广西	26216241	20595680	17916043	2679637	2133914
海南	6949847	4415794	4016943	398851	316391
重庆	18413480	13222418	12354696	867721	607385
四川	42008406	31066242	25829612	5236630	3148944
贵州	25920028	20345192	16813265	3531926	2593264
云南	25517632	20865794	17905393	2960401	2787561
西藏	6145270	4270935	3263031	1007904	870145
陕西	22034717	15154382	13552320	1602062	1016103
甘肃	14215444	10413733	9210721	1203012	813802
青海	4768686	3296757	2968854	327902	312686
宁夏	4644980	2992947	2802448	190499	176655
新疆	25228126	18571886	16363044	2208842	1693241
大连	2874126	2269475	2222985	46489	16605
宁波	6449219	4667459	4422532	244927	118393
厦门	3662414	2969462	2801112	168350	18874
青岛	7316198	6056527	5437507	619020	111377
深圳	14724255	6560581	6039525	521055	285839

基本建设支出明细(普通初中)

单位：千元

公用部分	商品和服务支出	其他资本性支出			基本建设支出
			专项公用支出	专项项目支出	
202198620	**111554293**	**90644327**	**24776993**	**65867334**	**13715482**
6546892	4509261	2037631	1102457	935174	1183832
1498725	1036088	462636	185391	277245	95655
10434683	5571423	4863260	1419630	3443630	208001
4846514	2755906	2090608	770789	1319820	102993
3308902	1728445	1580457	409168	1171289	164486
2405194	1809967	595227	256846	338381	101854
2434880	1283862	1151018	243258	907760	104689
2271931	1528799	743132	253323	489809	148409
4441074	3481189	959886	690374	269512	426989
10919336	6418023	4501314	999689	3501625	61443
10407137	6821225	3585912	959206	2626706	946485
10924262	5359332	5564930	1713514	3851416	181780
5476084	2749852	2726232	644310	2081922	22210
11497859	2607836	8890023	2029789	6860234	452379
12835899	6229105	6606794	1143106	5463688	6510
12347648	6468230	5879418	897455	4981963	197539
8520994	3984663	4536331	834896	3701435	
9875368	5514029	4361339	1192824	3168515	187732
18174630	12642948	5531683	2389440	3142243	5302009
5531322	3090193	2441129	633187	1807942	89239
2489936	1088329	1401607	679827	721780	44117
4623059	3687515	935543	328466	607078	568004
10512012	6460618	4051394	1069498	2981896	430151
5414758	2794040	2620718	586221	2034497	160078
4507754	2513765	1993989	279048	1714941	144084
1568111	556570	1011541	369237	642305	306224
6425611	3159522	3266089	1051663	2214426	454724
3552202	1484062	2068140	398562	1669578	249509
1208014	556493	651521	110532	540988	263916
1618451	637465	980986	351638	629348	33582
5579378	3025539	2553839	783651	1770188	1076862
533047	410372	122675	88402	34273	71604
1597993	730884	867109	152193	714916	183767
678882	575928	102954	67518	35436	14070
1259671	948479	311192	160953	150239	
3496982	3130553	366429	357898	8531	4666692

6-34 一般公共预算教育事业费和

地区	合计	个人部分	工资福利支出	对个人和家庭的补助支出	#助学金
合计	**816782296**	**601894226**	**542479641**	**59414585**	**33557503**
北京	19606303	12038140	11898013	140127	102410
天津	9299594	7705215	7392057	313158	82950
河北	39348692	28706008	25885366	2820642	1340559
山西	16606123	11656616	10749163	907453	491350
内蒙古	13108529	9635140	8998265	636875	494548
辽宁	14872926	12365878	11740793	625086	262417
吉林	10596285	8079590	7652298	427291	182663
黑龙江	13722374	11302035	10043643	1258392	352980
上海	17743778	12884439	12325409	559030	309611
江苏	54009679	43028900	39469168	3559732	1091149
浙江	43602561	32248939	30282392	1966547	1154799
安徽	34723754	23617712	19893256	3724456	1366869
福建	26378363	20880070	19475636	1404434	634612
江西	30816207	18865968	17333304	1532664	867504
山东	61704915	48862505	44862982	3999523	1401905
河南	43362240	30817054	27974174	2842879	2483097
湖北	31730042	23224313	20557977	2666336	841282
湖南	37205395	27142382	23679585	3462797	1623577
广东	78774737	55298098	50751579	4546519	2115235
广西	26216241	20595680	17916043	2679637	2133914
海南	6949847	4415794	4016943	398851	316391
重庆	18298265	13128634	12261718	866916	607210
四川	42006932	31064769	25828201	5236568	3148882
贵州	25920028	20345192	16813265	3531926	2593264
云南	25517632	20865794	17905393	2960401	2787561
西藏	6145270	4270935	3263031	1007904	870145
陕西	21938054	15086805	13486432	1600374	1016070
甘肃	14208851	10408353	9205358	1202995	813792
青海	4768686	3296757	2968854	327902	312686
宁夏	4644980	2992947	2802448	190499	176655
新疆	22955015	17063565	15046895	2016669	1581418
大连	2874126	2269475	2222985	46489	16605
宁波	6449219	4667459	4422532	244927	118393
厦门	3662414	2969462	2801112	168350	18874
青岛	7316198	6056527	5437507	619020	111377
深圳	14724255	6560581	6039525	521055	285839

基本建设支出明细(地方普通初中)

单位：千元

公用部分					基本建设支出
	商品和服务支出	其他资本性支出			
			专项公用支出	专项项目支出	
201295909	**110960200**	**90335709**	**24618181**	**65717527**	**13592161**
6384331	4370437	2013894	1078721	935173	1183832
1498725	1036088	462636	185391	277245	95655
10434683	5571423	4863260	1419630	3443630	208001
4846514	2755906	2090608	770789	1319820	102993
3308902	1728445	1580457	409168	1171289	164486
2405194	1809967	595227	256846	338381	101854
2412007	1261457	1150550	242790	907760	104689
2271931	1528799	743132	253323	489809	148409
4432350	3473544	958806	689294	269512	426989
10919336	6418023	4501314	999689	3501625	61443
10407137	6821225	3585912	959206	2626706	946485
10924262	5359332	5564930	1713514	3851416	181780
5476084	2749852	2726232	644310	2081922	22210
11497859	2607836	8890023	2029789	6860234	452379
12835899	6229105	6606794	1143106	5463688	6510
12347648	6468230	5879418	897455	4981963	197539
8505729	3973481	4532248	831263	3700985	
9875281	5513944	4361338	1192822	3168515	187732
18174630	12642948	5531683	2389440	3142243	5302009
5531322	3090193	2441129	633187	1807942	89239
2489936	1088329	1401607	679827	721780	44117
4601628	3670636	930992	323914	607078	568004
10512012	6460618	4051394	1069498	2981896	430151
5414758	2794040	2620718	586221	2034497	160078
4507754	2513765	1993989	279048	1714941	144084
1568111	556570	1011541	369237	642305	306224
6396525	3133670	3262855	1048429	2214426	454724
3550988	1483436	2067552	398511	1669041	249509
1208014	556493	651521	110532	540988	263916
1618451	637465	980986	351638	629348	33582
4937908	2654944	2282964	661595	1621369	953541
533047	410372	122675	88402	34273	71604
1597993	730884	867109	152193	714916	183767
678882	575928	102954	67518	35436	14070
1259671	948479	311192	160953	150239	
3496982	3130553	366429	357898	8531	4666692

6-35　一般公共预算教育事业费和

地　区	合　计	个人部分	工资福利支　出	对个人和家庭的补助支出	#助学金
合　计	**446031302**	**339443703**	**302202694**	**37241009**	**22909073**
北　京	3566312	2294277	2251966	42311	35941
天　津	2247212	2021872	1983607	38265	821
河　北	26164244	18708902	16843537	1865365	1038181
山　西	8998451	6642534	6105157	537377	342158
内蒙古	8147249	6153066	5733754	419312	320570
辽　宁	6067050	5360451	5055187	305264	148791
吉　林	6488004	5019852	4772400	247452	113938
黑龙江	7497472	6149269	5503814	645456	110124
上　海	1716582	1450532	1419910	30622	27828
江　苏	23175206	19224586	17508525	1716061	560967
浙　江	17466350	13443380	12453426	989954	533019
安　徽	24055533	16931383	14034007	2897376	1145458
福　建	14551783	11894806	11319245	575561	194822
江　西	20092316	12150126	11413257	736869	389518
山　东	31722128	25824702	23647711	2176990	816628
河　南	30474694	21469155	19138923	2330232	2043089
湖　北	16638300	12671814	11053958	1617855	633820
湖　南	25075782	18492653	15919700	2572953	1309156
广　东	26646649	20461230	19005088	1456142	724021
广　西	18232807	14553288	12411462	2141826	1727714
海　南	4253349	2680838	2487102	193736	141929
重　庆	8992937	7246729	6675224	571505	414323
四　川	26334800	19852319	16803536	3048783	1751657
贵　州	18090090	15042903	12400911	2641992	2107297
云　南	19546115	16568006	14107831	2460175	2362949
西　藏	4036317	2956721	2269983	686737	596643
陕　西	12239235	8610796	7454288	1156508	796318
甘　肃	10568077	7838313	6834224	1004089	702953
青　海	3100974	2330665	2049541	281124	268430
宁　夏	2564292	1829939	1697868	132070	123273
新　疆	17280995	13568598	11847553	1721045	1426735
大　连	468332	419490	398772	20718	4235
宁　波	1989385	1507623	1426938	80684	49836
厦　门	237819	193266	152868	40398	3260
青　岛	1594921	1472652	1297802	174850	1945
深　圳					

基本建设支出明细(农村初中)

单位：千元

公用部分	商品和服务支出	其他资本性支出	其他资本性支出：专项公用支出	其他资本性支出：专项项目支出	基本建设支出
103451654	**53473796**	**49977858**	**12149382**	**37828476**	**3135946**
1147955	761804	386150	176434	209717	124080
225340	200070	25269	13147	12122	
7259913	3753047	3506867	931801	2575066	195429
2314587	1352982	961604	388159	573445	41331
1905121	1005478	899643	227870	671774	89062
705278	560728	144550	50112	94438	1321
1430782	779238	651544	144346	507198	37371
1283249	878276	404973	117074	287898	64954
266050	229376	36674	30471	6203	
3950620	2486122	1464497	356142	1108356	
3742586	2477343	1265243	361438	903805	280384
6943520	3471512	3472008	1031718	2440290	180630
2648048	1395379	1252669	284783	967885	8929
7830072	1616706	6213366	1501704	4711662	112118
5890916	2785787	3105128	596940	2508188	6510
8923555	4312013	4611542	621219	3990324	81984
3966486	1684234	2282253	327759	1954494	
6422095	3361568	3060528	748115	2312413	161034
6066134	3828434	2237700	754642	1483058	119285
3602861	2123040	1479820	415782	1064039	76659
1533422	566159	967263	479973	487290	39089
1735386	1304630	430755	156690	274065	10822
6162077	3688999	2473078	452252	2020826	320404
2977891	1791700	1186191	291054	895137	69296
2878490	1663698	1214791	172563	1042229	99619
855969	335965	520004	113994	406010	223627
3530308	1417954	2112354	565370	1546984	98131
2602556	1038144	1564412	312238	1252174	127208
622071	323232	298840	70574	228265	148237
702634	307964	394669	106071	288598	31720
3325685	1972213	1353471	348949	1004523	386712
48842	46295	2547	1547	1000	
371996	266436	105560	57351	48209	109767
43763	38505	5258	4597	660	790
122269	87629	34640	4059	30580	

6-36 一般公共预算教育事业费和

地区	合计	个人部分	工资福利支出	对个人和家庭的补助支出	#助学金
合计	**444625870**	**338444194**	**301321731**	**37122463**	**22852597**
北京	3566312	2294277	2251966	42311	35941
天津	2247212	2021872	1983607	38265	821
河北	26164244	18708902	16843537	1865365	1038181
山西	8998451	6642534	6105157	537377	342158
内蒙古	8147249	6153066	5733754	419312	320570
辽宁	6067050	5360451	5055187	305264	148791
吉林	6488004	5019852	4772400	247452	113938
黑龙江	7497472	6149269	5503814	645456	110124
上海	1716582	1450532	1419910	30622	27828
江苏	23175206	19224586	17508525	1716061	560967
浙江	17466350	13443380	12453426	989954	533019
安徽	24055533	16931383	14034007	2897376	1145458
福建	14551783	11894806	11319245	575561	194822
江西	20092316	12150126	11413257	736869	389518
山东	31722128	25824702	23647711	2176990	816628
河南	30474694	21469155	19138923	2330232	2043089
湖北	16638300	12671814	11053958	1617855	633820
湖南	25075782	18492653	15919700	2572953	1309156
广东	26646649	20461230	19005088	1456142	724021
广西	18232807	14553288	12411462	2141826	1727714
海南	4253349	2680838	2487102	193736	141929
重庆	8992937	7246729	6675224	571505	414323
四川	26334800	19852319	16803536	3048783	1751657
贵州	18090090	15042903	12400911	2641992	2107297
云南	19546115	16568006	14107831	2460175	2362949
西藏	4036317	2956721	2269983	686737	596643
陕西	12239235	8610796	7454288	1156508	796318
甘肃	10561483	7832933	6828861	1004072	702943
青海	3100974	2330665	2049541	281124	268430
宁夏	2564292	1829939	1697868	132070	123273
新疆	15882156	12574469	10971953	1602516	1370269
大连	468332	419490	398772	20718	4235
宁波	1989385	1507623	1426938	80684	49836
厦门	237819	193266	152868	40398	3260
青岛	1594921	1472652	1297802	174850	1945
深圳					

基本建设支出明细(地方农村初中)

单位：千元

公用部分	商品和服务支出	其他资本性支出			基本建设支出
			专项公用支出	专项项目支出	
103105723	**53279348**	**49826375**	**12082182**	**37744193**	**3075953**
1147955	761804	386150	176434	209717	124080
225340	200070	25269	13147	12122	
7259913	3753047	3506867	931801	2575066	195429
2314587	1352982	961604	388159	573445	41331
1905121	1005478	899643	227870	671774	89062
705278	560728	144550	50112	94438	1321
1430782	779238	651544	144346	507198	37371
1283249	878276	404973	117074	287898	64954
266050	229376	36674	30471	6203	
3950620	2486122	1464497	356142	1108356	
3742586	2477343	1265243	361438	903805	280384
6943520	3471512	3472008	1031718	2440290	180630
2648048	1395379	1252669	284783	967885	8929
7830072	1616706	6213366	1501704	4711662	112118
5890916	2785787	3105128	596940	2508188	6510
8923555	4312013	4611542	621219	3990324	81984
3966486	1684234	2282253	327759	1954494	
6422095	3361568	3060528	748115	2312413	161034
6066134	3828434	2237700	754642	1483058	119285
3602861	2123040	1479820	415782	1064039	76659
1533422	566159	967263	479973	487290	39089
1735386	1304630	430755	156690	274065	10822
6162077	3688999	2473078	452252	2020826	320404
2977891	1791700	1186191	291054	895137	69296
2878490	1663698	1214791	172563	1042229	99619
855969	335965	520004	113994	406010	223627
3530308	1417954	2112354	565370	1546984	98131
2601342	1037518	1563824	312187	1251637	127208
622071	323232	298840	70574	228265	148237
702634	307964	394669	106071	288598	31720
2980968	1778391	1202576	281799	920777	326720
48842	46295	2547	1547	1000	
371996	266436	105560	57351	48209	109767
43763	38505	5258	4597	660	790
122269	87629	34640	4059	30580	

6-37 一般公共预算教育事业费和

地区	合计				
		个人部分			
			工资福利支出	对个人和家庭的补助支出	
					#助学金
合计	**1287448608**	**976718594**	**880202284**	**96516310**	**46326966**
北京	36844030	24623387	24375393	247994	191190
天津	14616939	11770129	11345517	424613	99559
河北	65248633	49949972	43895925	6054048	2145167
山西	26669767	19753898	18135441	1618457	714868
内蒙古	22456588	16937666	15862489	1075177	646604
辽宁	20630014	16901670	15880261	1021408	430446
吉林	16518510	13338705	12711612	627093	176791
黑龙江	16872730	14157168	12511411	1645757	345683
上海	23269358	18009271	17231017	778253	467079
江苏	84172542	68549454	61555007	6994447	1849184
浙江	73330980	53814096	50231792	3582304	1730794
安徽	52037386	36996042	31839680	5156362	1445644
福建	42197936	33533069	31122384	2410685	469773
江西	44991646	30558055	28152217	2405837	1019331
山东	83422173	67522582	61950927	5571655	1287279
河南	63605905	47332836	43679090	3653746	3049944
湖北	45078136	32301387	28540673	3760714	1169129
湖南	54372349	41596490	36870329	4726161	2152475
广东	135126009	98365123	88884200	9480923	3901941
广西	44787618	36577591	32547650	4029942	2418683
海南	10769271	7755725	7372176	383549	291336
重庆	28047526	20378895	19195543	1183352	663126
四川	63624251	47788455	40552954	7235501	3877841
贵州	42777508	34621693	28093672	6528022	3437241
云南	43283509	35895068	31228223	4666844	4329043
西藏	13083032	9260627	6930834	2329793	2021099
陕西	36785679	24931653	22540690	2390963	1432713
甘肃	25088109	18945356	16809749	2135607	1356792
青海	8242615	5820197	5188237	631960	570756
宁夏	7591450	5040805	4716745	324060	286692
新疆	41906406	33691528	30250445	3441084	2348763
大连	3939616	3084209	2994006	90203	15107
宁波	10942498	8038031	7563373	474658	242610
厦门	6943705	5408095	5034974	373121	23904
青岛	11144353	9220629	8505176	715453	55251
深圳	29147815	13860832	12288825	1572007	761697

基本建设支出明细(小学)

单位：千元

公用部分	商品和服务支出	其他资本性支出	专项公用支出	专项项目支出	基本建设支出
292491150	**176757453**	**115733697**	**33710278**	**82023419**	**18238864**
10719074	8139403	2579671	1628889	950782	1501569
2770800	1823269	947531	239788	707744	76010
15145093	8866895	6278198	2015699	4262499	153568
6755981	4191221	2564760	988959	1575801	159888
5294757	2848015	2446742	727786	1718957	224165
3642201	2773279	868922	275902	593021	86143
3045006	1869909	1175097	318236	856861	134800
2589248	1814386	774862	303208	471655	126313
5242350	4323663	918687	570312	348375	17738
15549888	10192724	5357164	1450041	3907124	73201
18247322	11786320	6461002	1811830	4649172	1269563
14884959	7180409	7704550	2254908	5449642	156384
8499136	5119635	3379501	1111449	2268052	165731
14019616	3980309	10039307	2571060	7468247	413975
15898942	8911864	6987078	1730152	5256927	650
15785652	9274589	6511063	1180563	5330500	487418
12776749	7140994	5635755	1046897	4588859	
12593280	7946856	4646423	1254782	3391641	182579
29000444	22056845	6943600	3523345	3420255	7760442
8098045	5107498	2990547	943795	2046752	111982
3000028	1739053	1260975	431247	829728	13517
6892509	5100927	1791582	495987	1295595	776122
15438485	10588582	4849903	1264790	3585113	397311
7975056	4549452	3425605	862149	2563456	180758
6994379	4115832	2878547	423892	2454655	394062
3323244	1194832	2128412	361560	1766852	499162
11183306	5557237	5626070	1600011	4026059	670720
5956088	2567216	3388872	531037	2857835	186665
1965809	1010975	954834	198072	756761	456609
2518657	1068928	1449729	434190	1015539	31988
6685044	3916338	2768706	1159745	1608961	1529834
811354	639552	171801	55544	116257	44053
2770467	1417581	1352886	232192	1120695	134000
1405770	1161889	243881	184938	58943	129841
1923723	1257026	666698	361447	305251	
7761766	7015482	746284	675968	70316	7525217

6-38 一般公共预算教育事业费和

地区	合计	个人部分	工资福利支出	对个人和家庭的补助支出	#助学金
合计	**1282717951**	**973427360**	**877261755**	**96165605**	**46151181**
北京	36424699	24355256	24112080	243176	189989
天津	14583936	11747021	11323213	423808	99559
河北	65248633	49949972	43895925	6054048	2145167
山西	26669767	19753898	18135441	1618457	714868
内蒙古	22456588	16937666	15862489	1075177	646604
辽宁	20630014	16901670	15880261	1021408	430446
吉林	16405849	13253905	12626882	627023	176791
黑龙江	16872730	14157168	12511411	1645757	345683
上海	23251301	17993467	17215216	778251	467079
江苏	84172542	68549454	61555007	6994447	1849184
浙江	73330980	53814096	50231792	3582304	1730794
安徽	52037386	36996042	31839680	5156362	1445644
福建	42197936	33533069	31122384	2410685	469773
江西	44991646	30558055	28152217	2405837	1019331
山东	83422173	67522582	61950927	5571655	1287279
河南	63600546	47328996	43675250	3653746	3049944
湖北	44899380	32166468	28405983	3760485	1169129
湖南	54360827	41587028	36860867	4726161	2152475
广东	135126009	98365123	88884200	9480923	3901941
广西	44787618	36577591	32547650	4029942	2418683
海南	10769271	7755725	7372176	383549	291336
重庆	27963354	20309286	19128154	1181132	663126
四川	63622677	47786900	40551400	7235501	3877841
贵州	42777508	34621693	28093672	6528022	3437241
云南	43283509	35895068	31228223	4666844	4329043
西藏	13083032	9260627	6930834	2329793	2021099
陕西	36657025	24834798	22445643	2389155	1432707
甘肃	25069260	18930994	16796085	2134910	1356095
青海	8242615	5820197	5188237	631960	570756
宁夏	7591450	5040805	4716745	324060	286692
新疆	38187690	31122738	28021710	3101028	2174881
大连	3939616	3084209	2994006	90203	15107
宁波	10942498	8038031	7563373	474658	242610
厦门	6943705	5408095	5034974	373121	23904
青岛	11144353	9220629	8505176	715453	55251
深圳	29147815	13860832	12288825	1572007	761697

基本建设支出明细(地方小学)

单位：千元

公用部分	商品和服务支出	其他资本性支出	专项公用支出	专项项目支出	基本建设支出
291371943	**176012068**	**115359875**	**33507908**	**81851967**	**17918648**
10567874	8004064	2563810	1613074	950736	1501569
2760905	1814451	946454	238710	707744	76010
15145093	8866895	6278198	2015699	4262499	153568
6755981	4191221	2564760	988959	1575801	159888
5294757	2848015	2446742	727786	1718957	224165
3642201	2773279	868922	275902	593021	86143
3017145	1847400	1169745	313956	855789	134800
2589248	1814386	774862	303208	471655	126313
5240096	4321580	918516	570141	348375	17738
15549888	10192724	5357164	1450041	3907124	73201
18247322	11786320	6461002	1811830	4649172	1269563
14884959	7180409	7704550	2254908	5449642	156384
8499136	5119635	3379501	1111449	2268052	165731
14019616	3980309	10039307	2571060	7468247	413975
15898942	8911864	6987078	1730152	5256927	650
15784237	9273232	6511005	1180505	5330500	487313
12732912	7109420	5623492	1038803	4584689	
12591220	7944925	4646295	1254654	3391641	182579
29000444	22056845	6943600	3523345	3420255	7760442
8098045	5107498	2990547	943795	2046752	111982
3000028	1739053	1260975	431247	829728	13517
6877945	5089664	1788281	492686	1295595	776122
15438465	10588562	4849903	1264790	3585113	397311
7975056	4549452	3425605	862149	2563456	180758
6994379	4115832	2878547	423892	2454655	394062
3323244	1194832	2128412	361560	1766852	499162
11151507	5538417	5613090	1595845	4017246	670720
5951601	2565138	3386463	530769	2855694	186665
1965809	1010975	954834	198072	756761	456609
2518657	1068928	1449729	434190	1015539	31988
5855230	3406745	2448485	994733	1453752	1209722
811354	639552	171801	55544	116257	44053
2770467	1417581	1352886	232192	1120695	134000
1405770	1161889	243881	184938	58943	129841
1923723	1257026	666698	361447	305251	
7761766	7015482	746284	675968	70316	7525217

6-39 一般公共预算教育事业费和

地区	合计	个人部分	工资福利支出	对个人和家庭的补助支出	#助学金
合计	**1287432171**	**976705567**	**880189327**	**96516240**	**46326966**
北京	36844030	24623387	24375393	247994	191190
天津	14616939	11770129	11345517	424613	99559
河北	65248633	49949972	43895925	6054048	2145167
山西	26669767	19753898	18135441	1618457	714868
内蒙古	22456588	16937666	15862489	1075177	646604
辽宁	20630014	16901670	15880261	1021408	430446
吉林	16518510	13338705	12711612	627093	176791
黑龙江	16872730	14157168	12511411	1645757	345683
上海	23269358	18009271	17231017	778253	467079
江苏	84172542	68549454	61555007	6994447	1849184
浙江	73330980	53814096	50231792	3582304	1730794
安徽	52037386	36996042	31839680	5156362	1445644
福建	42196694	33532089	31121404	2410685	469773
江西	44991646	30558055	28152217	2405837	1019331
山东	83422173	67522582	61950927	5571655	1287279
河南	63605905	47332836	43679090	3653746	3049944
湖北	45078136	32301387	28540673	3760714	1169129
湖南	54372349	41596490	36870329	4726161	2152475
广东	135126009	98365123	88884200	9480923	3901941
广西	44787618	36577591	32547650	4029942	2418683
海南	10769271	7755725	7372176	383549	291336
重庆	28047173	20378585	19195233	1183352	663126
四川	63624251	47788455	40552954	7235501	3877841
贵州	42777508	34621693	28093672	6528022	3437241
云南	43283509	35895068	31228223	4666844	4329043
西藏	13083032	9260627	6930834	2329793	2021099
陕西	36785679	24931653	22540690	2390963	1432713
甘肃	25085754	18943872	16808335	2135537	1356792
青海	8242615	5820197	5188237	631960	570756
宁夏	7591450	5040805	4716745	324060	286692
新疆	41893919	33681275	30240191	3441084	2348763
大连	3939616	3084209	2994006	90203	15107
宁波	10942498	8038031	7563373	474658	242610
厦门	6943705	5408095	5034974	373121	23904
青岛	11144353	9220629	8505176	715453	55251
深圳	29147815	13860832	12288825	1572007	761697

基本建设支出明细(普通小学)

单位：千元

公用部分	商品和服务支出	其他资本性支出			基本建设支出
			专项公用支出	专项项目支出	
292487740	**176754289**	**115733451**	**33710120**	**82023332**	**18238864**
10719074	8139403	2579671	1628889	950782	1501569
2770800	1823269	947531	239788	707744	76010
15145093	8866895	6278198	2015699	4262499	153568
6755981	4191221	2564760	988959	1575801	159888
5294757	2848015	2446742	727786	1718957	224165
3642201	2773279	868922	275902	593021	86143
3045006	1869909	1175097	318236	856861	134800
2589248	1814386	774862	303208	471655	126313
5242350	4323663	918687	570312	348375	17738
15549888	10192724	5357164	1450041	3907124	73201
18247322	11786320	6461002	1811830	4649172	1269563
14884959	7180409	7704550	2254908	5449642	156384
8498874	5119373	3379501	1111449	2268052	165731
14019616	3980309	10039307	2571060	7468247	413975
15898942	8911864	6987078	1730152	5256927	650
15785652	9274589	6511063	1180563	5330500	487418
12776749	7140994	5635755	1046897	4588859	
12593280	7946856	4646423	1254782	3391641	182579
29000444	22056845	6943600	3523345	3420255	7760442
8098045	5107498	2990547	943795	2046752	111982
3000028	1739053	1260975	431247	829728	13517
6892466	5100884	1791582	495987	1295595	776122
15438485	10588582	4849903	1264790	3585113	397311
7975056	4549452	3425605	862149	2563456	180758
6994379	4115832	2878547	423892	2454655	394062
3323244	1194832	2128412	361560	1766852	499162
11183306	5557237	5626070	1600011	4026059	670720
5955217	2566591	3388626	530879	2857748	186665
1965809	1010975	954834	198072	756761	456609
2518657	1068928	1449729	434190	1015539	31988
6682811	3914105	2768706	1159745	1608961	1529834
811354	639552	171801	55544	116257	44053
2770467	1417581	1352886	232192	1120695	134000
1405770	1161889	243881	184938	58943	129841
1923723	1257026	666698	361447	305251	
7761766	7015482	746284	675968	70316	7525217

6-40 一般公共预算教育事业费和

地区	合计	个人部分			
			工资福利支出	对个人和家庭的补助支出	
					#助学金
合计	**1282701514**	**973414333**	**877248798**	**96165535**	**46151181**
北京	36424699	24355256	24112080	243176	189989
天津	14583936	11747021	11323213	423808	99559
河北	65248633	49949972	43895925	6054048	2145167
山西	26669767	19753898	18135441	1618457	714868
内蒙古	22456588	16937666	15862489	1075177	646604
辽宁	20630014	16901670	15880261	1021408	430446
吉林	16405849	13253905	12626882	627023	176791
黑龙江	16872730	14157168	12511411	1645757	345683
上海	23251301	17993467	17215216	778251	467079
江苏	84172542	68549454	61555007	6994447	1849184
浙江	73330980	53814096	50231792	3582304	1730794
安徽	52037386	36996042	31839680	5156362	1445644
福建	42196694	33532089	31121404	2410685	469773
江西	44991646	30558055	28152217	2405837	1019331
山东	83422173	67522582	61950927	5571655	1287279
河南	63600546	47328996	43675250	3653746	3049944
湖北	44899380	32166468	28405983	3760485	1169129
湖南	54360827	41587028	36860867	4726161	2152475
广东	135126009	98365123	88884200	9480923	3901941
广西	44787618	36577591	32547650	4029942	2418683
海南	10769271	7755725	7372176	383549	291336
重庆	27963001	20308977	19127845	1181132	663126
四川	63622677	47786900	40551400	7235501	3877841
贵州	42777508	34621693	28093672	6528022	3437241
云南	43283509	35895068	31228223	4666844	4329043
西藏	13083032	9260627	6930834	2329793	2021099
陕西	36657025	24834798	22445643	2389155	1432707
甘肃	25066905	18929510	16794671	2134840	1356095
青海	8242615	5820197	5188237	631960	570756
宁夏	7591450	5040805	4716745	324060	286692
新疆	38175203	31112485	28011457	3101028	2174881
大连	3939616	3084209	2994006	90203	15107
宁波	10942498	8038031	7563373	474658	242610
厦门	6943705	5408095	5034974	373121	23904
青岛	11144353	9220629	8505176	715453	55251
深圳	29147815	13860832	12288825	1572007	761697

基本建设支出明细(地方普通小学)

单位：千元

公用部分	商品和服务支出	其他资本性支出	专项公用支出	专项项目支出	基本建设支出
			专项公用支出	专项项目支出	
291368533	**176008904**	**115359630**	**33507749**	**81851880**	**17918648**
10567874	8004064	2563810	1613074	950736	1501569
2760905	1814451	946454	238710	707744	76010
15145093	8866895	6278198	2015699	4262499	153568
6755981	4191221	2564760	988959	1575801	159888
5294757	2848015	2446742	727786	1718957	224165
3642201	2773279	868922	275902	593021	86143
3017145	1847400	1169745	313956	855789	134800
2589248	1814386	774862	303208	471655	126313
5240096	4321580	918516	570141	348375	17738
15549888	10192724	5357164	1450041	3907124	73201
18247322	11786320	6461002	1811830	4649172	1269563
14884959	7180409	7704550	2254908	5449642	156384
8498874	5119373	3379501	1111449	2268052	165731
14019616	3980309	10039307	2571060	7468247	413975
15898942	8911864	6987078	1730152	5256927	650
15784237	9273232	6511005	1180505	5330500	487313
12732912	7109420	5623492	1038803	4584689	
12591220	7944925	4646295	1254654	3391641	182579
29000444	22056845	6943600	3523345	3420255	7760442
8098045	5107498	2990547	943795	2046752	111982
3000028	1739053	1260975	431247	829728	13517
6877902	5089621	1788281	492686	1295595	776122
15438465	10588562	4849903	1264790	3585113	397311
7975056	4549452	3425605	862149	2563456	180758
6994379	4115832	2878547	423892	2454655	394062
3323244	1194832	2128412	361560	1766852	499162
11151507	5538417	5613090	1595845	4017246	670720
5950729	2564512	3386217	530611	2855607	186665
1965809	1010975	954834	198072	756761	456609
2518657	1068928	1449729	434190	1015539	31988
5852996	3404511	2448485	994733	1453752	1209722
811354	639552	171801	55544	116257	44053
2770467	1417581	1352886	232192	1120695	134000
1405770	1161889	243881	184938	58943	129841
1923723	1257026	666698	361447	305251	
7761766	7015482	746284	675968	70316	7525217

6-41 一般公共预算教育事业费和

地区	合计	个人部分	工资福利支出	对个人和家庭的补助支出	#助学金
合计	**713356084**	**561995658**	**498453004**	**63542655**	**32727688**
北京	5754137	3966912	3904607	62305	48956
天津	3064815	2677833	2584272	93561	1487
河北	46174192	35455208	30777257	4677951	1841775
山西	16210369	12608525	11504762	1103763	454436
内蒙古	15282180	11926171	11118667	807503	443355
辽宁	8692595	7706604	7183222	523382	229688
吉林	10418608	8553124	8176152	376972	110922
黑龙江	9526896	8170319	7190959	979360	120432
上海	2460219	2078547	2028027	50520	45108
江苏	33762730	28951349	25403323	3548026	871995
浙江	29799140	22480643	20550279	1930363	818490
安徽	34793290	25497735	21600603	3897132	1161553
福建	23050967	18854121	17457321	1396800	84773
江西	29963376	20137791	18704764	1433027	535321
山东	44140001	36395146	33188091	3207055	700881
河南	45791982	34142318	31062255	3080062	2593035
湖北	22667336	17328003	15037695	2290308	889913
湖南	34441922	26838429	23622717	3215713	1780698
广东	44177783	35727942	32743745	2984197	1011324
广西	33337247	27518941	24106648	3412293	2066326
海南	7002124	5272000	5116757	155243	95799
重庆	14302050	11662605	10818593	844012	480646
四川	40305055	31411351	26588559	4822792	2689916
贵州	31666697	26718148	21384225	5333924	3052919
云南	33656558	29045818	25121198	3924621	3688522
西藏	10517135	7448516	5518318	1930199	1686675
陕西	20208709	13894617	12155442	1739176	1094022
甘肃	19784284	15111801	13201861	1909941	1195976
青海	6225106	4460863	3885894	574969	533966
宁夏	4451503	3276467	3037106	239361	211286
新疆	31727080	26677810	23679686	2998124	2187496
大连	649944	542866	495199	47667	4404
宁波	3531521	2568912	2404267	164644	97429
厦门	647905	505971	403192	102779	3082
青岛	2566872	2068116	1813978	254138	2996
深圳					

基本建设支出明细(农村小学)

单位：千元

公用部分	商品和服务支出	其他资本性支出	专项公用支出	专项项目支出	基本建设支出
146639158	**83923979**	**62715179**	**16274657**	**46440522**	**4721268**
1730729	1215915	514814	263333	251480	56496
386983	345140	41843	12746	29096	
10569037	6185455	4383582	1297777	3085805	149946
3509804	2275451	1234353	353598	880755	92040
3212699	1820804	1391895	472444	919451	143310
968961	758485	210476	63839	146637	17029
1814000	1103969	710031	181739	528292	51484
1316430	945590	370840	169811	201028	40148
381672	337947	43725	42275	1451	
4811381	3542659	1268722	403944	864777	
6660002	4567403	2092598	588609	1503990	658496
9161320	4603397	4557923	1337070	3220853	134234
4174502	2502125	1672377	520963	1151414	22344
9515420	2308173	7207247	1881358	5325889	310165
7744206	4052806	3691400	782600	2908799	650
11436305	6627125	4809181	758018	4051163	213359
5339333	2875353	2463980	422046	2041934	
7474099	4595110	2878988	791808	2087180	129394
8412737	5857371	2555366	1071216	1484150	37105
5742479	3643571	2098908	650711	1448197	75826
1718144	902913	815231	261934	553297	11980
2597337	1899498	697840	195080	502760	42107
8544881	5735203	2809679	561365	2248314	348823
4880495	2890547	1989948	548802	1441146	68054
4397722	2665239	1732483	300778	1431705	213018
2632175	951970	1680205	249842	1430364	436443
6118250	2709994	3408256	807606	2600650	195841
4520931	1893888	2627042	393692	2233351	151552
1435188	697795	737393	128707	608686	329055
1149186	611666	537520	162826	374694	25850
4282752	2801417	1481335	598120	883216	766518
98986	97284	1701	901	800	8092
918609	439824	478784	58447	420338	44000
135699	110900	24799	13923	10876	6235
498756	236898	261857	23270	238587	

6-42 一般公共预算教育事业费和

地 区	合 计	个人部分	工资福利支出	对个人和家庭的补助支出	#助学金
合 计	**710717499**	**560097596**	**496801551**	**63296046**	**32616874**
北 京	5754137	3966912	3904607	62305	48956
天 津	3064815	2677833	2584272	93561	1487
河 北	46174192	35455208	30777257	4677951	1841775
山 西	16210369	12608525	11504762	1103763	454436
内蒙古	15282180	11926171	11118667	807503	443355
辽 宁	8692595	7706604	7183222	523382	229688
吉 林	10418608	8553124	8176152	376972	110922
黑龙江	9526896	8170319	7190959	979360	120432
上 海	2460219	2078547	2028027	50520	45108
江 苏	33762730	28951349	25403323	3548026	871995
浙 江	29799140	22480643	20550279	1930363	818490
安 徽	34793290	25497735	21600603	3897132	1161553
福 建	23050967	18854121	17457321	1396800	84773
江 西	29963376	20137791	18704764	1433027	535321
山 东	44140001	36395146	33188091	3207055	700881
河 南	45791982	34142318	31062255	3080062	2593035
湖 北	22667336	17328003	15037695	2290308	889913
湖 南	34441922	26838429	23622717	3215713	1780698
广 东	44177783	35727942	32743745	2984197	1011324
广 西	33337247	27518941	24106648	3412293	2066326
海 南	7002124	5272000	5116757	155243	95799
重 庆	14302050	11662605	10818593	844012	480646
四 川	40305055	31411351	26588559	4822792	2689916
贵 州	31666697	26718148	21384225	5333924	3052919
云 南	33656558	29045818	25121198	3924621	3688522
西 藏	10517135	7448516	5518318	1930199	1686675
陕 西	20208709	13894617	12155442	1739176	1094022
甘 肃	19765435	15097440	13188196	1909244	1195279
青 海	6225106	4460863	3885894	574969	533966
宁 夏	4451503	3276467	3037106	239361	211286
新 疆	29107343	24794109	22041898	2752212	2077379
大 连	649944	542866	495199	47667	4404
宁 波	3531521	2568912	2404267	164644	97429
厦 门	647905	505971	403192	102779	3082
青 岛	2566872	2068116	1813978	254138	2996
深 圳					

基本建设支出明细(地方农村小学)

单位：千元

公用部分	商品和服务支出	其他资本性支出			基本建设支出
			专项公用支出	专项项目支出	
146040186	**83572206**	**62467980**	**16156717**	**46311263**	**4579716**
1730729	1215915	514814	263333	251480	56496
386983	345140	41843	12746	29096	
10569037	6185455	4383582	1297777	3085805	149946
3509804	2275451	1234353	353598	880755	92040
3212699	1820804	1391895	472444	919451	143310
968961	758485	210476	63839	146637	17029
1814000	1103969	710031	181739	528292	51484
1316430	945590	370840	169811	201028	40148
381672	337947	43725	42275	1451	
4811381	3542659	1268722	403944	864777	
6660002	4567403	2092598	588609	1503990	658496
9161320	4603397	4557923	1337070	3220853	134234
4174502	2502125	1672377	520963	1151414	22344
9515420	2308173	7207247	1881358	5325889	310165
7744206	4052806	3691400	782600	2908799	650
11436305	6627125	4809181	758018	4051163	213359
5339333	2875353	2463980	422046	2041934	
7474099	4595110	2878988	791808	2087180	129394
8412737	5857371	2555366	1071216	1484150	37105
5742479	3643571	2098908	650711	1448197	75826
1718144	902913	815231	261934	553297	11980
2597337	1899498	697840	195080	502760	42107
8544881	5735203	2809679	561365	2248314	348823
4880495	2890547	1989948	548802	1441146	68054
4397722	2665239	1732483	300778	1431705	213018
2632175	951970	1680205	249842	1430364	436443
6118250	2709994	3408256	807606	2600650	195841
4516443	1891810	2624633	393424	2231210	151552
1435188	697795	737393	128707	608686	329055
1149186	611666	537520	162826	374694	25850
3688268	2451722	1236546	480448	756098	624966
98986	97284	1701	901	800	8092
918609	439824	478784	58447	420338	44000
135699	110900	24799	13923	10876	6235
498756	236898	261857	23270	238587	

6-43 一般公共预算教育事业费和

地区	合计	个人部分	工资福利支出	对个人和家庭的补助支出	#助学金
合计	**19906156**	**13831750**	**12949064**	**882686**	**423356**
北京	573804	433037	419663	13374	10533
天津	237245	189341	183460	5882	213
河北	774248	585701	548783	36918	10580
山西	453677	321211	302934	18277	8043
内蒙古	426762	302157	294465	7692	5789
辽宁	584570	466275	443901	22373	7275
吉林	337642	258176	246123	12053	5144
黑龙江	436815	330725	303339	27386	11978
上海	740364	582831	560370	22461	9989
江苏	1329053	1026044	932243	93801	29539
浙江	1190346	781440	741774	39666	25536
安徽	1202900	352917	318783	34134	16450
福建	761780	564859	529088	35771	18847
江西	569489	353243	331293	21950	8362
山东	1459422	1161180	1044642	116539	54444
河南	696237	498722	481205	17517	15242
湖北	528023	392725	354032	38693	16411
湖南	824857	589648	551767	37881	19296
广东	2607403	1690674	1607547	83127	31623
广西	520004	341469	327812	13656	7356
海南	134377	89932	84187	5745	4862
重庆	278003	194123	184986	9137	6528
四川	865242	589477	540472	49006	21952
贵州	559569	405233	368196	37037	19358
云南	525280	395773	366957	28816	27302
西藏	132697	105035	96834	8201	4755
陕西	420582	301874	286525	15348	6364
甘肃	238883	165059	156394	8665	5033
青海	100114	51091	47645	3445	2496
宁夏	104395	73508	69045	4463	3841
新疆	292376	238269	224598	13672	8218
大连	103467	87948	87446	502	249
宁波	137818	100661	94435	6225	3754
厦门	145318	95777	90928	4849	2737
青岛	254763	204572	177680	26892	9426
深圳	521574	244735	240791	3944	1024

基本建设支出明细(特殊教育)

单位：千元

公用部分	商品和服务支出	其他资本性支出	其他资本性支出：专项公用支出	其他资本性支出：专项项目支出	基本建设支出
5849390	**3608919**	**2240470**	**732210**	**1508260**	**225016**
140767	114273	26494	13030	13465	
47903	41754	6149	5636	514	
188547	135088	53459	23498	29961	
132467	86558	45909	24613	21296	
118752	72684	46069	25024	21044	5853
118296	90496	27800	13491	14310	
78076	48801	29275	15111	14163	1391
105815	74584	31231	16692	14539	274
157533	137151	20382	20377	5	
303009	244780	58229	38635	19594	
401645	218774	182871	47171	135700	7261
844790	110306	734485	46706	687779	5193
195921	150836	45085	23320	21765	1000
214751	102856	111895	38765	73130	1494
298242	244131	54110	31193	22917	
197515	142480	55035	23834	31201	
135298	101095	34203	14789	19415	
235208	174744	60464	35666	24798	
751094	556074	195021	114647	80374	165635
173246	77421	95825	31502	64323	5289
44445	33365	11079	9262	1817	
83880	66530	17350	5657	11693	
257922	205907	52016	22175	29840	17842
147126	88387	58739	19285	39454	7209
125469	79047	46423	12920	33503	4037
27661	17636	10025	9217	808	
118708	71698	47010	15989	31021	
73823	39697	34126	9515	24611	
49023	17605	31418	10245	21173	
30887	19801	11086	7039	4047	
51568	44361	7207	7207		2538
15520	14753	766	356	410	
37157	29682	7474	5863	1611	
49541	45689	3852	3852		
50191	42438	7753	6700	1053	
168439	157742	10698	10698		108400

6-44 一般公共预算教育事业费和

地区	合计	个人部分	工资福利支出	对个人和家庭的补助支出	#助学金
合计	**18983593**	**13286812**	**12429164**	**857648**	**415582**
北京	484811	369936	357104	12832	10353
天津	228179	182459	177545	4914	213
河北	774248	585701	548783	36918	10580
山西	427933	304828	286607	18220	8003
内蒙古	426762	302157	294465	7692	5789
辽宁	543859	430716	410288	20428	7197
吉林	327965	250295	238769	11527	5140
黑龙江	430359	326175	298793	27382	11978
上海	628528	494399	474765	19634	9679
江苏	1305221	1009061	916531	92531	29460
浙江	1167467	767357	727827	39530	25521
安徽	1199279	350433	316397	34036	16450
福建	761780	564859	529088	35771	18847
江西	522603	327992	306267	21725	8361
山东	1459422	1161180	1044642	116539	54444
河南	680767	487020	469547	17472	15242
湖北	511830	382536	345267	37269	16411
湖南	804878	571724	534586	37138	19161
广东	2390156	1630296	1549920	80376	30368
广西	484610	327912	314946	12966	7356
海南	127889	85000	79256	5745	4862
重庆	266799	188122	178997	9124	6528
四川	810079	550156	502723	47433	21570
贵州	455167	331927	303022	28905	14778
云南	490583	377668	349405	28263	26815
西藏	132697	105035	96834	8201	4755
陕西	407093	294169	279109	15060	6364
甘肃	236092	165059	156394	8665	5033
青海	100114	51091	47645	3445	2496
宁夏	104395	73508	69045	4463	3841
新疆	292029	238039	224598	13442	7988
大连	97239	81830	81435	395	171
宁波	137818	100661	94435	6225	3754
厦门	145318	95777	90928	4849	2737
青岛	254763	204572	177680	26892	9426
深圳	468959	243826	239900	3927	1008

基本建设支出明细(特殊教育学校)

单位：千元

公用部分	商品和服务支出	其他资本性支出			基本建设支出
			专项公用支出	专项项目支出	
5538612	**3422506**	**2116106**	**684679**	**1431427**	**158168**
114874	93354	21520	10356	11165	
45720	39601	6119	5606	514	
188547	135088	53459	23498	29961	
123106	80312	42793	22771	20022	
118752	72684	46069	25024	21044	5853
113143	85369	27774	13464	14310	
76279	47171	29108	14945	14163	1391
103909	72890	31019	16692	14327	274
134129	116185	17944	17939	5	
296160	239861	56299	36913	19386	
392849	213166	179683	46101	133582	7261
843653	109600	734053	46274	687779	5193
195921	150836	45085	23320	21765	1000
193117	93081	100036	37254	62783	1494
298242	244131	54110	31193	22917	
193747	139674	54073	23436	30637	
129294	95998	33296	13881	19415	
233154	172690	60464	35666	24798	
657456	514844	142612	89273	53339	102404
155026	68024	87002	27715	59287	1672
42888	31935	10953	9136	1817	
78678	61328	17350	5657	11693	
242081	191291	50790	21248	29543	17842
116030	69606	46424	15857	30567	7209
108877	74086	34792	12685	22107	4037
27661	17636	10025	9217	808	
112924	70930	41994	15989	26005	
71033	39485	31548	9079	22469	
49023	17605	31418	10245	21173	
30887	19801	11086	7039	4047	
51451	44245	7207	7207		2538
15409	14643	766	356	410	
37157	29682	7474	5863	1611	
49541	45689	3852	3852		
50191	42438	7753	6700	1053	
167996	157314	10681	10681		57137

6-45 一般公共预算教育事业费和

地区	合计	个人部分	工资福利支出	对个人和家庭的补助支出	#助学金
合计	**922563**	**544938**	**519900**	**25038**	**7774**
北京	88993	63100	62559	541	179
天津	9065	6882	5915	968	
河北					
山西	25744	16383	16326	57	39
内蒙古					
辽宁	40712	35559	33613	1945	78
吉林	9677	7881	7355	526	4
黑龙江	6456	4550	4546	4	
上海	111836	88432	85606	2827	310
江苏	23832	16983	15713	1270	79
浙江	22879	14083	13947	135	15
安徽	3621	2483	2385	98	
福建					
江西	46886	25252	25027	225	1
山东					
河南	15470	11702	11657	45	
湖北	16193	10189	8765	1424	
湖南	19979	17924	17181	743	135
广东	217247	60378	57627	2751	1254
广西	35393	13556	12866	690	
海南	6488	4932	4932		
重庆	11204	6001	5989	13	
四川	55162	39321	37748	1573	383
贵州	104402	73306	65174	8132	4580
云南	34697	18105	17553	553	487
西藏					
陕西	13489	7705	7417	288	
甘肃	2790				
青海					
宁夏					
新疆	347	230		230	230
大连	6228	6118	6011	107	78
宁波					
厦门					
青岛					
深圳	52615	909	891	18	16

基本建设支出明细(工读学校)

单位：千元

公用部分					基本建设支出
	商品和服务支出	其他资本性支出			
			专项公用支出	专项项目支出	
310778	**186414**	**124364**	**47532**	**76832**	**66848**
25892	20919	4974	2674	2300	
2183	2153	30	30		
9361	6245	3116	1842	1274	
5153	5127	26	26		
1797	1630	167	167		
1906	1694	212		212	
23404	20966	2438	2438		
6849	4919	1931	1722	209	
8796	5609	3188	1069	2118	
1138	705	432	432		
21634	9775	11859	1512	10347	
3768	2806	962	398	564	
6004	5097	907	907		
2054	2054				
93638	41230	52409	25374	27035	63231
18220	9397	8823	3787	5036	3617
1557	1430	126	126		
5203	5203				
15841	14616	1225	927	298	
31096	18781	12314	3428	8887	
16592	4961	11631	236	11395	
5785	768	5016		5016	
2790	212	2578	436	2142	
116	116				
111	111				
443	427	16	16		51263

6-46 一般公共预算教育事业费和

地区	合计	个人部分	工资福利支出	对个人和家庭的补助支出	#助学金
合计	**258964729**	**171440871**	**161170978**	**10269893**	**5421736**
北京	14988612	9936828	9902883	33945	2541
天津	3738120	2866235	2805226	61009	1683
河北	9981402	7492346	7184898	307448	32897
山西	3839883	2350291	2202049	148242	100033
内蒙古	5865806	3760497	3636576	123921	86454
辽宁	2460815	1496202	1404718	91484	24901
吉林	2001120	1400634	1376945	23689	3832
黑龙江	2090816	1344220	1256963	87257	11320
上海	13433700	10022018	9920923	101095	47285
江苏	17665083	12595722	12122505	473217	145568
浙江	21317966	13435823	13043301	392522	127924
安徽	10149140	5742888	5370379	372509	108174
福建	9296751	6675699	6373066	302634	78569
江西	9288082	4852670	4703185	149485	95324
山东	14457184	10458389	9916956	541433	273033
河南	5955246	3968643	3815110	153533	136962
湖北	6379348	3871274	3630807	240467	90087
湖南	6233148	3664075	3342654	321421	180469
广东	22974483	14883337	13340030	1543307	440591
广西	4998353	3375385	3192250	183136	101803
海南	2752573	1313354	1187679	125675	62479
重庆	3933883	1966011	1716641	249369	229113
四川	14041506	8195072	7277809	917263	519054
贵州	9499921	6596422	5807546	788876	610101
云南	5918343	4151759	3820481	331278	284214
西藏	4617146	3191702	2505515	686187	572429
陕西	9405135	5993719	5750695	243024	154056
甘肃	5999344	4126045	3876255	249791	116736
青海	1477654	738605	612820	125786	117619
宁夏	1754046	830768	765130	65638	46452
新疆	12450120	10144238	9308987	835252	620036
大连	688917	494467	455535	38932	2229
宁波	3176460	2114725	2076356	38369	16770
厦门	2340483	1562705	1429769	132936	35077
青岛	2627526	1829646	1732417	97229	12616
深圳	10317707	6864272	5995824	868448	208367

基本建设支出明细(幼儿园)

单位：千元

公用部分	商品和服务支出	其他资本性支出	专项公用支出	专项项目支出	基本建设支出
84611116	**56047300**	**28563817**	**10810700**	**17753117**	**2912742**
4865432	4213560	651873	564268	87604	186352
871885	692619	179266	60883	118382	
2475827	1492926	982901	443053	539848	13229
1444346	911248	533098	234351	298747	45247
2019959	975228	1044731	353918	690813	85351
961982	853731	108252	57851	50400	2630
588859	350363	238496	102745	135751	11626
693577	454024	239553	123566	115987	53019
3364260	2897659	466601	375976	90626	47422
5067626	3753926	1313701	519880	793821	1735
7466222	5818481	1647741	613130	1034612	415920
4338131	2212324	2125808	763244	1362564	68120
2584501	1846379	738122	400120	338002	36550
4355157	928581	3426575	1067603	2358973	80255
3998105	2518142	1479963	470195	1009768	690
1939391	753666	1185725	221832	963894	47213
2508074	1693299	814775	250811	563964	
2549036	1709205	839831	183821	656010	20037
7713997	6056310	1657687	1159604	498082	377149
1585585	986375	599210	196572	402638	37382
1436335	890580	545754	215163	330591	2885
1901019	1498990	402029	168158	233871	66854
5706231	4039976	1666255	619063	1047192	140203
2811339	1841915	969425	259502	709922	92160
1623303	1009168	614135	105621	508514	143282
1229426	500156	729270	193290	535980	196019
3251337	2060352	1190985	432786	758199	160078
1808169	933241	874927	179512	695416	65130
550475	276734	273741	65632	208109	188574
923279	520918	402360	125972	276388	
1978252	1357224	621027	282577	338450	327630
194449	188920	5529	4465	1064	
1034235	633466	400769	80342	320427	27500
751268	617034	134234	117809	16425	26510
797880	550392	247488	127557	119931	
3133922	2588509	545412	480358	65054	319514

6-47 一般公共预算教育事业费和

地区	合计	个人部分			
			工资福利支出	对个人和家庭的补助支出	
					#助学金
合计	256890132	170074626	159887782	10186844	5387979
北京	14259536	9365992	9334104	31888	2473
天津	3735775	2864090	2803081	61009	1683
河北	9972097	7484191	7177117	307075	32897
山西	3839883	2350291	2202049	148242	100033
内蒙古	5865800	3760491	3636576	123915	86448
辽宁	2458798	1494494	1403010	91484	24901
吉林	1999252	1399851	1376161	23689	3832
黑龙江	2024213	1292374	1205331	87043	11283
上海	13320532	9959841	9858748	101093	47285
江苏	17650220	12583055	12109894	473161	145512
浙江	21317966	13435823	13043301	392522	127924
安徽	10148835	5742888	5370379	372509	108174
福建	9296751	6675699	6373066	302634	78569
江西	9288082	4852670	4703185	149485	95324
山东	14457184	10458389	9916956	541433	273033
河南	5949240	3963117	3809630	153488	136916
湖北	6377922	3871147	3630682	240464	90084
湖南	6222814	3660415	3338995	321420	180468
广东	22971567	14881679	13338799	1542880	440428
广西	4998353	3375385	3192250	183136	101803
海南	2747937	1312979	1187304	125675	62479
重庆	3933601	1966011	1716641	249369	229113
四川	14040626	8194745	7277599	917146	518936
贵州	9499921	6596422	5807546	788876	610101
云南	5918143	4151759	3820481	331278	284213
西藏	4617146	3191702	2505515	686187	572429
陕西	9403261	5993540	5750694	242846	153878
甘肃	5986432	4114891	3865821	249070	116077
青海	1477654	738605	612820	125786	117619
宁夏	1754046	830768	765130	65638	46452
新疆	11356546	9511324	8754919	756405	587612
大连	686900	492760	453827	38932	2229
宁波	3176460	2114725	2076356	38369	16770
厦门	2340483	1562705	1429769	132936	35077
青岛	2627526	1829646	1732417	97229	12616
深圳	10315660	6863269	5995085	868184	208367

基本建设支出明细(地方幼儿园)

单位：千元

公用部分	商品和服务支出	其他资本性支出			基本建设支出
			专项公用支出	专项项目支出	
83930787	**55545534**	**28385252**	**10715138**	**17670115**	**2884719**
4707192	4070960	636232	554208	82024	186352
871685	692419	179266	60883	118382	
2474676	1491915	982761	442948	539813	13229
1444346	911248	533098	234351	298747	45247
2019959	975228	1044731	353918	690813	85351
961674	853422	108252	57851	50400	2630
587775	349890	237885	102527	135358	11626
678820	440832	237987	123167	114820	53019
3313269	2864026	449243	358617	90626	47422
5065430	3751972	1313459	519638	793821	1735
7466222	5818481	1647741	613130	1034612	415920
4337826	2212186	2125641	763077	1362564	68120
2584501	1846379	738122	400120	338002	36550
4355157	928581	3426575	1067603	2358973	80255
3998105	2518142	1479963	470195	1009768	690
1938910	753185	1185725	221832	963894	47213
2506775	1692371	814404	250762	563642	
2542363	1703171	839192	183182	656010	20037
7712739	6055081	1657657	1159575	498082	377149
1585585	986375	599210	196572	402638	37382
1432073	889646	542427	214985	327442	2885
1900737	1498758	401979	168158	233821	66854
5705678	4039423	1666255	619063	1047192	140203
2811339	1841915	969425	259502	709922	92160
1623103	1009012	614091	105577	508514	143282
1229426	500156	729270	193290	535980	196019
3249642	2058695	1190947	432765	758182	160078
1806411	932217	874194	178975	695219	65130
550475	276734	273741	65632	208109	188574
923279	520918	402360	125972	276388	
1545616	1062197	483419	217062	266356	299607
194140	188611	5529	4465	1064	
1034235	633466	400769	80342	320427	27500
751268	617034	134234	117809	16425	26510
797880	550392	247488	127557	119931	
3132878	2587465	545412	480358	65054	319514

6-48 一般公共预算教育事业费和

地区	合计	个人部分	工资福利支出	对个人和家庭的补助支出	#助学金
合计	**117803197**	**81668384**	**76135913**	**5532471**	**3754989**
北京	2859966	1654599	1651333	3266	749
天津	605951	471747	462990	8758	315
河北	6781591	5265714	5123793	141921	25873
山西	2298150	1480529	1392370	88159	64926
内蒙古	3716044	2502648	2426135	76513	49911
辽宁	580130	381078	371078	10001	8624
吉林	971330	727718	721050	6667	1617
黑龙江	1062924	754424	706308	48116	8922
上海	1493981	1219883	1211370	8513	7200
江苏	5700286	4131570	3986153	145417	77374
浙江	7678816	4936040	4755344	180696	67517
安徽	5927933	3670987	3451399	219587	75256
福建	4083846	3090649	2998382	92268	28500
江西	5801097	3216994	3121063	95932	72062
山东	6940530	5193257	4896646	296611	165103
河南	3666061	2414142	2283821	130321	120862
湖北	2468892	1552306	1431333	120974	75112
湖南	3764724	2209565	2028368	181197	130135
广东	4003657	2583124	2392045	191080	144937
广西	3158467	2097368	1980561	116807	79328
海南	1700793	950687	854393	96293	43907
重庆	1591100	978449	839192	139257	127116
四川	6547184	4080645	3538519	542127	370615
贵州	6515625	5042340	4407100	635240	518401
云南	3687037	2809063	2587354	221709	202624
西藏	3282591	2363685	1809833	553853	466148
陕西	4805939	3281842	3113001	168840	104583
甘肃	4539588	3291380	3143123	148257	33868
青海	1091513	533799	434186	99612	92242
宁夏	901728	469750	425314	44436	36058
新疆	9575723	8312401	7592357	720044	555105
大连	84404	58116	57706	410	324
宁波	1044998	626333	614617	11717	7394
厦门	146455	82298	79595	2703	
青岛	454312	362815	330551	32264	1961
深圳					

基本建设支出明细(农村幼儿园)

单位：千元

公用部分					基本建设支出
	商品和服务支出	其他资本性支出			
			专项公用支出	专项项目支出	
34865506	**20618767**	**14246738**	**4290561**	**9956177**	**1269307**
1137274	978525	158750	118636	40114	68092
134204	109970	24234	4589	19645	
1509580	907749	601831	238515	363316	6298
799740	510986	288754	104783	183971	17882
1166767	555957	610810	157657	453153	46629
196422	169453	26969	12551	14418	2630
239633	136121	103512	41829	61682	3979
287798	177289	110509	45873	64636	20702
274098	236924	37174	37174		
1568716	1066984	501732	135908	365824	
2573445	1920055	653391	186113	467278	169330
2203726	1170442	1033284	313862	719421	53220
983157	686609	296548	157937	138610	10040
2522709	487482	2035226	662862	1372365	61394
1746583	1039780	706803	195869	510934	690
1232706	385756	846950	134435	712515	19213
916585	486758	429828	99307	330521	
1539152	978968	560185	128156	432029	16007
1419582	978328	441254	272172	169082	951
1038310	627598	410712	113193	297518	22790
747595	443680	303915	88916	214999	2512
589177	441880	147298	44938	102360	23474
2364617	1555042	809575	225532	584043	101921
1459187	928259	530927	133470	397457	14098
791621	487753	303867	60739	243129	86353
760279	333622	426657	118358	308299	158627
1490278	826618	663660	171505	492155	33820
1218205	641103	577101	105983	471118	30004
403413	188512	214901	48399	166501	154301
431977	273643	158334	52091	106243	
1118972	886922	232050	79209	152840	144350
26287	23791	2497	1887	610	
418665	205305	213359	33225	180134	
64156	56280	7877	7568	308	
91497	60694	30803	15896	14907	

6-49 一般公共预算教育事业费和

地 区	合 计	个人部分	工资福利支出	对个人和家庭的补助支出	#助学金
合 计	**117062447**	**81188772**	**75708317**	**5480455**	**3742312**
北 京	2852847	1650806	1647540	3266	749
天 津	605951	471747	462990	8758	315
河 北	6781586	5265714	5123793	141921	25873
山 西	2298150	1480529	1392370	88159	64926
内蒙古	3716044	2502648	2426135	76513	49911
辽 宁	580130	381078	371078	10001	8624
吉 林	971330	727718	721050	6667	1617
黑龙江	997624	703751	655849	47902	8884
上 海	1493981	1219883	1211370	8513	7200
江 苏	5700286	4131570	3986153	145417	77374
浙 江	7678816	4936040	4755344	180696	67517
安 徽	5927933	3670987	3451399	219587	75256
福 建	4083846	3090649	2998382	92268	28500
江 西	5801097	3216994	3121063	95932	72062
山 东	6940530	5193257	4896646	296611	165103
河 南	3666061	2414142	2283821	130321	120862
湖 北	2468767	1552182	1431208	120974	75112
湖 南	3764658	2209564	2028368	181196	130134
广 东	4002790	2582469	2391552	190917	144774
广 西	3158467	2097368	1980561	116807	79328
海 南	1700793	950687	854393	96293	43907
重 庆	1591100	978449	839192	139257	127116
四 川	6547184	4080645	3538519	542127	370615
贵 州	6515625	5042340	4407100	635240	518401
云 南	3687037	2809063	2587354	221709	202624
西 藏	3282591	2363685	1809833	553853	466148
陕 西	4805891	3281841	3113001	168840	104583
甘 肃	4527494	3280803	3132689	148114	33787
青 海	1091513	533799	434186	99612	92242
宁 夏	901728	469750	425314	44436	36058
新 疆	8920598	7898613	7230065	668549	542710
大 连	84404	58116	57706	410	324
宁 波	1044998	626333	614617	11717	7394
厦 门	146455	82298	79595	2703	
青 岛	454312	362815	330551	32264	1961
深 圳					

基本建设支出明细(地方农村幼儿园)

单位：千元

公用部分					基本建设支出
	商品和服务支出	其他资本性支出			
			专项公用支出	专项项目支出	
34615018	**20432134**	**14182883**	**4263510**	**9919373**	**1258657**
1133948	976449	157500	118627	38873	68092
134204	109970	24234	4589	19645	
1509574	907743	601831	238515	363316	6298
799740	510986	288754	104783	183971	17882
1166767	555957	610810	157657	453153	46629
196422	169453	26969	12551	14418	2630
239633	136121	103512	41829	61682	3979
273171	164228	108944	45474	63470	20702
274098	236924	37174	37174		
1568716	1066984	501732	135908	365824	
2573445	1920055	653391	186113	467278	169330
2203726	1170442	1033284	313862	719421	53220
983157	686609	296548	157937	138610	10040
2522709	487482	2035226	662862	1372365	61394
1746583	1039780	706803	195869	510934	690
1232706	385756	846950	134435	712515	19213
916585	486758	429828	99307	330521	
1539087	978941	560146	128117	432029	16007
1419370	978143	441227	272145	169082	951
1038310	627598	410712	113193	297518	22790
747595	443680	303915	88916	214999	2512
589177	441880	147298	44938	102360	23474
2364617	1555042	809575	225532	584043	101921
1459187	928259	530927	133470	397457	14098
791621	487753	303867	60739	243129	86353
760279	333622	426657	118358	308299	158627
1490230	826570	663660	171505	492155	33820
1216687	640079	576608	105687	470921	30004
403413	188512	214901	48399	166501	154301
431977	273643	158334	52091	106243	
888285	716716	171568	52929	118640	133700
26287	23791	2497	1887	610	
418665	205305	213359	33225	180134	
64156	56280	7877	7568	308	
91497	60694	30803	15896	14907	

6-50　一般公共预算教育事业费和

地　区	合　计				
		个人部分			
			工资福利支出	对个人和家庭的补助支出	
					#助学金
合　计	**31872004**	**18346449**	**15696850**	**2649599**	
北　京	748871	489307	481849	7459	
天　津	319246	254856	236175	18680	
河　北	748220	527165	447877	79288	
山　西	975851	639599	575312	64287	
内蒙古	608423	343736	319412	24324	
辽　宁	605965	362997	319911	43086	
吉　林	356090	210043	183636	26407	
黑龙江	1396185	662033	445623	216410	
上　海	315628	222627	213829	8798	
江　苏	1587422	973914	752653	221261	
浙　江	1785881	904133	780897	123236	
安　徽	1393364	663766	530935	132831	
福　建	789716	391168	350208	40960	
江　西	739449	371717	318897	52820	
山　东	2358430	1890115	1712776	177339	
河　南	1005409	557921	512156	45765	
湖　北	1303274	728816	604672	124145	
湖　南	2310037	1497110	1328043	169068	
广　东	3412328	1514688	1267430	247258	
广　西	506116	273352	242989	30363	
海　南	345112	139034	121629	17405	
重　庆	686367	230124	197455	32668	
四　川	2034832	1133882	828814	305068	
贵　州	1058950	624607	506762	117846	
云　南	866396	529640	514866	14775	
西　藏	699981	386556	334819	51737	
陕　西	1016289	424338	342874	81464	
甘　肃	475469	317705	275775	41930	
青　海	166581	114365	103880	10485	
宁　夏	181212	113650	109246	4405	
新　疆	1074910	853482	735451	118031	
大　连	111178	67359	62866	4493	
宁　波	107108	73457	69731	3725	
厦　门	150371	38731	38530	202	
青　岛	330025	262629	241179	21451	
深　圳	676391	218066	116214	101852	

基本建设支出明细(教育行政单位)

单位：千元

公用部分	商品和服务支出	其他资本性支出			基本建设支出
			专项公用支出	专项项目支出	
13349156	**11320565**	**2028591**	**1096522**	**932070**	**176400**
259564	251865	7699	6956	743	
64390	62487	1904	1675	229	
221055	186444	34611	18989	15622	
336252	264248	72004	45541	26463	
263687	231018	32668	18665	14003	1000
242269	215068	27201	14234	12967	699
146048	127779	18268	8556	9713	
712947	366007	346939	136820	210119	21205
93001	91745	1256	1256		
613508	526548	86961	83382	3579	
881747	800083	81665	63725	17940	
729599	612555	117043	71835	45208	
360394	317392	43002	40022	2980	38154
367731	283415	84317	40194	44122	
468315	426233	42082	33192	8890	
447488	428081	19406	11160	8247	
574458	509085	65373	25572	39801	
805887	652336	153551	65443	88107	7040
1864844	1683443	181402	113348	68054	32795
232764	210031	22733	18036	4697	
206078	191975	14103	11429	2674	
416043	287347	128696	45085	83611	40200
896150	836670	59480	28835	30645	4800
434342	411874	22468	15071	7397	
323585	261646	61939	33909	28029	13171
307239	224232	83008	51520	31488	6185
582551	406193	176358	59449	116909	9400
157764	143948	13816	13191	625	
52216	49883	2332	2332		
67562	60846	6716	2784	3932	
219678	200089	19589	14314	5275	1750
43819	41471	2348	628	1720	
33651	32964	687	687		
73726	71286	2440	2440		37915
67396	60607	6789	2376	4413	
431527	422547	8980	8980		26797

6-51 一般公共预算教育事业费和

地区	合计	个人部分	工资福利支出	对个人和家庭的补助支出	#助学金
合计	**31613679**	**18214175**	**15572207**	**2641968**	
北京	573756	387347	380511	6836	
天津	319246	254856	236175	18680	
河北	748220	527165	447877	79288	
山西	975851	639599	575312	64287	
内蒙古	608423	343736	319412	24324	
辽宁	605965	362997	319911	43086	
吉林	356090	210043	183636	26407	
黑龙江	1396185	662033	445623	216410	
上海	315628	222627	213829	8798	
江苏	1587422	973914	752653	221261	
浙江	1785881	904133	780897	123236	
安徽	1393364	663766	530935	132831	
福建	789716	391168	350208	40960	
江西	739449	371717	318897	52820	
山东	2358430	1890115	1712776	177339	
河南	1005409	557921	512156	45765	
湖北	1303274	728816	604672	124145	
湖南	2310037	1497110	1328043	169068	
广东	3412328	1514688	1267430	247258	
广西	506116	273352	242989	30363	
海南	345112	139034	121629	17405	
重庆	686367	230124	197455	32668	
四川	2034832	1133882	828814	305068	
贵州	1058950	624607	506762	117846	
云南	866396	529640	514866	14775	
西藏	699981	386556	334819	51737	
陕西	1016289	424338	342874	81464	
甘肃	475469	317705	275775	41930	
青海	166581	114365	103880	10485	
宁夏	181212	113650	109246	4405	
新疆	991699	823168	712146	111022	
大连	111178	67359	62866	4493	
宁波	107108	73457	69731	3725	
厦门	150371	38731	38530	202	
青岛	330025	262629	241179	21451	
深圳	676391	218066	116214	101852	

基本建设支出明细(地方教育行政单位)

单位：千元

公用部分	商品和服务支出	其他资本性支出	专项公用支出	专项项目支出	基本建设支出
13223104	**11199059**	**2024044**	**1092074**	**931971**	**176400**
186409	181810	4599	3856	743	
64390	62487	1904	1675	229	
221055	186444	34611	18989	15622	
336252	264248	72004	45541	26463	
263687	231018	32668	18665	14003	1000
242269	215068	27201	14234	12967	699
146048	127779	18268	8556	9713	
712947	366007	346939	136820	210119	21205
93001	91745	1256	1256		
613508	526548	86961	83382	3579	
881747	800083	81665	63725	17940	
729599	612555	117043	71835	45208	
360394	317392	43002	40022	2980	38154
367731	283415	84317	40194	44122	
468315	426233	42082	33192	8890	
447488	428081	19406	11160	8247	
574458	509085	65373	25572	39801	
805887	652336	153551	65443	88107	7040
1864844	1683443	181402	113348	68054	32795
232764	210031	22733	18036	4697	
206078	191975	14103	11429	2674	
416043	287347	128696	45085	83611	40200
896150	836670	59480	28835	30645	4800
434342	411874	22468	15071	7397	
323585	261646	61939	33909	28029	13171
307239	224232	83008	51520	31488	6185
582551	406193	176358	59449	116909	9400
157764	143948	13816	13191	625	
52216	49883	2332	2332		
67562	60846	6716	2784	3932	
166781	148638	18143	12967	5176	1750
43819	41471	2348	628	1720	
33651	32964	687	687		
73726	71286	2440	2440		37915
67396	60607	6789	2376	4413	
431527	422547	8980	8980		26797

6-52 一般公共预算教育事业费和

地 区	合 计				
		个人部分			
			工资福利支出	对个人和家庭的补助支出	
					#助学金
合 计	**63044070**	**38620593**	**35386385**	**3234208**	
北 京	7426116	3195831	3155130	40701	
天 津	1362177	937422	889533	47889	
河 北	2179599	1806549	1585907	220641	
山 西	1970556	1494542	1402959	91583	
内蒙古	1785198	1240443	1216560	23883	
辽 宁	2056736	1463700	1403738	59962	
吉 林	1068860	646078	596571	49507	
黑龙江	887783	588359	508273	80087	
上 海	4557990	2304705	2260281	44424	
江 苏	3828874	2604337	2243708	360629	
浙 江	4627279	2857956	2583754	274202	
安 徽	1187731	679562	586463	93099	
福 建	2437751	1412821	1313374	99447	
江 西	1714831	1062890	969899	92991	
山 东	2622901	1927127	1716844	210283	
河 南	2047428	1379241	1340554	38687	
湖 北	2261202	1582004	1336074	245931	
湖 南	1075110	719191	638639	80552	
广 东	4919307	2649014	2355660	293354	
广 西	1259052	846519	792705	53814	
海 南	413208	177040	174494	2546	
重 庆	976584	501131	435067	66064	
四 川	3326691	1946993	1733103	213890	
贵 州	859268	570509	509331	61177	
云 南	1257872	815401	796738	18663	
西 藏	751094	408489	313414	95075	
陕 西	2010508	1150097	1042987	107110	
甘 肃	821444	631379	580254	51125	
青 海	368784	286274	282697	3577	
宁 夏	181182	136782	134737	2045	
新 疆	800954	598206	486936	111270	
大 连	347013	199056	198199	857	
宁 波	564273	353157	333963	19194	
厦 门	388974	233892	222078	11814	
青 岛	354675	267871	241746	26124	
深 圳	1215800	351696	318334	33362	

基本建设支出明细(教育事业单位)

单位：千元

公用部分	商品和服务支出	其他资本性支出	专项公用支出	专项项目支出	基本建设支出
23905751	**19838535**	**4067216**	**2147929**	**1919288**	**517725**
4175774	3916104	259670	234880	24790	54511
424754	379280	45474	11680	33794	
373050	316445	56606	30488	26118	
474086	372011	102075	66790	35285	1928
544756	314031	230725	113647	117078	
591536	539412	52124	31346	20778	1500
421648	291305	130342	60750	69592	1135
299424	210116	89308	56452	32856	
1924171	1772826	151346	127269	24076	329113
1224537	991372	233165	108025	125141	
1763859	1350143	413715	164397	249318	5464
508170	364809	143361	57828	85533	
1000040	836151	163889	47676	116213	24890
648223	546270	101953	73332	28622	3718
695774	480366	215407	37980	177427	
666461	550015	116445	82860	33586	1726
679197	533050	146147	57626	88521	
355919	310006	45913	37269	8644	
2244150	1899204	344945	256725	88220	26143
411929	272517	139413	17620	121792	603
236168	205692	30476	29765	711	
474599	307098	167501	46736	120765	854
1377686	1137682	240004	98438	141566	2012
288760	260946	27813	18724	9089	
441720	320706	121014	75242	45772	750
331008	255640	75369	42052	33317	11597
820172	665251	154921	119261	35660	40238
190065	157021	33044	13739	19305	
82509	63936	18574	14052	4522	
44399	39565	4835	3637	1197	
191207	179563	11643	11643		11542
147957	142359	5598	5318	280	
211116	186570	24546	18383	6163	
145162	140863	4299	3694	605	9920
86804	78785	8019	802	7217	
841979	790771	51209	45290	5919	22125

6-53 一般公共预算教育事业费和

地区	合计	个人部分	工资福利支出	对个人和家庭的补助支出	#助学金
合计	**60324687**	**38413101**	**35192021**	**3221080**	
北京	4824339	3055680	3020706	34974	
天津	1362177	937422	889533	47889	
河北	2179599	1806549	1585907	220641	
山西	1970556	1494542	1402959	91583	
内蒙古	1785198	1240443	1216560	23883	
辽宁	2056736	1463700	1403738	59962	
吉林	1068860	646078	596571	49507	
黑龙江	887783	588359	508273	80087	
上海	4557990	2304705	2260281	44424	
江苏	3828874	2604337	2243708	360629	
浙江	4627279	2857956	2583754	274202	
安徽	1187731	679562	586463	93099	
福建	2437751	1412821	1313374	99447	
江西	1714831	1062890	969899	92991	
山东	2622901	1927127	1716844	210283	
河南	2047428	1379241	1340554	38687	
湖北	2261202	1582004	1336074	245931	
湖南	1075110	719191	638639	80552	
广东	4919307	2649014	2355660	293354	
广西	1259052	846519	792705	53814	
海南	413208	177040	174494	2546	
重庆	976584	501131	435067	66064	
四川	3326691	1946993	1733103	213890	
贵州	859268	570509	509331	61177	
云南	1257872	815401	796738	18663	
西藏	751094	408489	313414	95075	
陕西	2010508	1150097	1042987	107110	
甘肃	821444	631379	580254	51125	
青海	368784	286274	282697	3577	
宁夏	181182	136782	134737	2045	
新疆	683349	530864	426995	103869	
大连	347013	199056	198199	857	
宁波	564273	353157	333963	19194	
厦门	388974	233892	222078	11814	
青岛	354675	267871	241746	26124	
深圳	1215800	351696	318334	33362	

基本建设支出明细(地方教育事业单位)

单位：千元

公用部分	商品和服务支出	其他资本性支出			基本建设支出
			专项公用支出	专项项目支出	
21396303	**17397609**	**3998693**	**2079405**	**1919288**	**515284**
1714770	1517938	196832	172042	24790	53889
424754	379280	45474	11680	33794	
373050	316445	56606	30488	26118	
474086	372011	102075	66790	35285	1928
544756	314031	230725	113647	117078	
591536	539412	52124	31346	20778	1500
421648	291305	130342	60750	69592	1135
299424	210116	89308	56452	32856	
1924171	1772826	151346	127269	24076	329113
1224537	991372	233165	108025	125141	
1763859	1350143	413715	164397	249318	5464
508170	364809	143361	57828	85533	
1000040	836151	163889	47676	116213	24890
648223	546270	101953	73332	28622	3718
695774	480366	215407	37980	177427	
666461	550015	116445	82860	33586	1726
679197	533050	146147	57626	88521	
355919	310006	45913	37269	8644	
2244150	1899204	344945	256725	88220	26143
411929	272517	139413	17620	121792	603
236168	205692	30476	29765	711	
474599	307098	167501	46736	120765	854
1377686	1137682	240004	98438	141566	2012
288760	260946	27813	18724	9089	
441720	320706	121014	75242	45772	750
331008	255640	75369	42052	33317	11597
820172	665251	154921	119261	35660	40238
190065	157021	33044	13739	19305	
82509	63936	18574	14052	4522	
44399	39565	4835	3637	1197	
142761	136804	5958	5958		9723
147957	142359	5598	5318	280	
211116	186570	24546	18383	6163	
145162	140863	4299	3694	605	9920
86804	78785	8019	802	7217	
841979	790771	51209	45290	5919	22125

6-54 一般公共预算教育事业费和

地 区	合 计	个人部分	工资福利支 出	对个人和家庭的补助支出	#助学金
合 计	38534888	15465613	14440785	1024828	38799
北 京	2142872	806962	731174	75787	17113
天 津	400308	256303	241727	14576	
河 北	1473943	697347	624875	72473	
山 西	1434177	449388	431631	17757	
内蒙古	1078843	400181	388822	11358	
辽 宁	880653	466136	429345	36791	
吉 林	533162	299301	283933	15368	728
黑龙江	648805	404395	348409	55986	2667
上 海	1135870	355640	335446	20194	5749
江 苏	1521866	814894	719980	94913	1631
浙 江	1697068	760341	721651	38690	1279
安 徽	1605093	563266	511688	51578	
福 建	1142266	521264	489388	31876	3763
江 西	1346173	457279	430982	26297	
山 东	2640897	1301462	1184026	117435	
河 南	1795670	622028	615376	6652	
湖 北	2172577	535838	487721	48117	796
湖 南	1233496	605419	558823	46595	1384
广 东	2712836	904536	873659	30877	1762
广 西	1046631	373757	353678	20079	
海 南	435546	76179	75214	965	
重 庆	434318	220918	216158	4760	507
四 川	2499594	868697	784510	84187	1420
贵 州	1292607	481146	430090	51056	
云 南	986981	497443	495416	2027	
西 藏	335497	173746	168569	5178	
陕 西	802084	330665	316406	14259	
甘 肃	728137	358669	351381	7288	
青 海	519753	187483	186867	616	
宁 夏	226560	101401	100732	669	
新 疆	1630607	573528	553106	20422	
大 连	86356	43639	43061	578	
宁 波	173386	78857	77181	1676	
厦 门	97454	49893	49143	749	
青 岛	322222	146328	128114	18215	
深 圳	576337	104224	100607	3617	

基本建设支出明细(其他教育机构)

单位：千元

公用部分	商品和服务支出	其他资本性支出			基本建设支出
			专项公用支出	专项项目支出	
18929651	**12425015**	**6504636**	**1298478**	**5206158**	**4139624**
1332706	1231551	101155	60943	40212	3204
115505	113871	1634	1073	561	28500
564733	253492	311241	62679	248562	211863
919466	387061	532405	105714	426691	65323
424391	245453	178938	55068	123870	254271
302307	252694	49612	15783	33830	112210
228426	192563	35862	21527	14336	5435
244410	195656	48754	24663	24090	
763033	684805	78229	50407	27822	17197
706972	579939	127034	39870	87164	
901878	728425	173453	47392	126061	34849
619582	393126	226456	45010	181446	422245
530322	321054	209268	19241	190027	90680
680005	292547	387458	136578	250880	208888
1288435	826004	462431	85548	376883	51000
1010289	717827	292462	29823	262639	163353
1636738	426698	1210040	26648	1183392	
607264	383857	223406	65331	158075	20814
867413	804560	62854	39394	23460	940887
642477	291488	350988	31867	319121	30397
254995	229148	25847	7229	18618	104372
212340	207285	5055	5055		1060
1449740	877380	572361	90633	481728	181157
674047	581089	92958	29735	63222	137414
402864	171894	230970	48082	182888	86674
112574	99901	12673	12673		49177
427219	290436	136783	34225	102558	44200
357812	206795	151016	27522	123495	11656
204006	100664	103342	31338	72004	128264
125159	76440	48719	13568	35150	
322545	261312	61234	33861	27373	734534
42491	36689	5802	5802		225
94529	83901	10628	6498	4130	
47561	32587	14975	6573	8402	
175894	70585	105309	3716	101593	
289656	277034	12622	12605	17	182457

6-55 一般公共预算教育事业费和

地区	合计	个人部分	工资福利支出	对个人和家庭的补助支出	#助学金
合计	**36858934**	**14868303**	**13921223**	**947079**	**15019**
北京	915933	380536	370339	10197	896
天津	400308	256303	241727	14576	
河北	1473943	697347	624875	72473	
山西	1434177	449388	431631	17757	
内蒙古	1078843	400181	388822	11358	
辽宁	880653	466136	429345	36791	
吉林	533162	299301	283933	15368	728
黑龙江	641128	399378	347533	51846	2667
上海	1002808	307339	290945	16394	1949
江苏	1521866	814894	719980	94913	1631
浙江	1697068	760341	721651	38690	1279
安徽	1605093	563266	511688	51578	
福建	1107213	504266	476153	28113	
江西	1346173	457279	430982	26297	
山东	2640897	1301462	1184026	117435	
河南	1795670	622028	615376	6652	
湖北	2172577	535838	487721	48117	796
湖南	1233496	605419	558823	46595	1384
广东	2712836	904536	873659	30877	1762
广西	1046631	373757	353678	20079	
海南	435546	76179	75214	965	
重庆	434318	220918	216158	4760	507
四川	2499594	868697	784510	84187	1420
贵州	1292607	481146	430090	51056	
云南	986981	497443	495416	2027	
西藏	335497	173746	168569	5178	
陕西	802084	330665	316406	14259	
甘肃	728137	358669	351381	7288	
青海	519753	187483	186867	616	
宁夏	226560	101401	100732	669	
新疆	1357383	472958	452991	19967	
大连	86356	43639	43061	578	
宁波	173386	78857	77181	1676	
厦门	97454	49893	49143	749	
青岛	322222	146328	128114	18215	
深圳	576337	104224	100607	3617	

基本建设支出明细(地方其他教育机构)

单位：千元

公用部分	商品和服务支出	其他资本性支出	专项公用支出	专项项目支出	基本建设支出
17952332	**11548761**	**6403570**	**1242512**	**5161058**	**4038299**
532192	506935	25257	21947	3310	3204
115505	113871	1634	1073	561	28500
564733	253492	311241	62679	248562	211863
919466	387061	532405	105714	426691	65323
424391	245453	178938	55068	123870	254271
302307	252694	49612	15783	33830	112210
228426	192563	35862	21527	14336	5435
241750	192996	48754	24663	24090	
678272	615338	62934	35282	27652	17197
706972	579939	127034	39870	87164	
901878	728425	173453	47392	126061	34849
619582	393126	226456	45010	181446	422245
512267	303004	209263	19236	190027	90680
680005	292547	387458	136578	250880	208888
1288435	826004	462431	85548	376883	51000
1010289	717827	292462	29823	262639	163353
1636738	426698	1210040	26648	1183392	
607264	383857	223406	65331	158075	20814
867413	804560	62854	39394	23460	940887
642477	291488	350988	31867	319121	30397
254995	229148	25847	7229	18618	104372
212340	207285	5055	5055		1060
1449740	877380	572361	90633	481728	181157
674047	581089	92958	29735	63222	137414
402864	171894	230970	48082	182888	86674
112574	99901	12673	12673		49177
427219	290436	136783	34225	102558	44200
357812	206795	151016	27522	123495	11656
204006	100664	103342	31338	72004	128264
125159	76440	48719	13568	35150	
251216	199850	51366	32020	19345	633209
42491	36689	5802	5802		225
94529	83901	10628	6498	4130	
47561	32587	14975	6573	8402	
175894	70585	105309	3716	101593	
289656	277034	12622	12605	17	182457

第七部分

各地区教育和其他部门
各级各类学校
生均教育经费

7-1 各级各类学校生均

地 区	普通高等学校			中等职业学校	普通高中	
		普通高等本科学校	普通高职高专学校			#农村高中
合 计	**22453.04**	**25626.29**	**16008.98**	**17869.01**	**19460.69**	**15477.63**
北 京	41143.93	40354.35	65092.15	64742.59	60712.48	92886.59
天 津	21983.83	24248.64	15897.63	21642.04	26902.26	23077.53
河 北	19507.72	21824.02	14876.92	17059.64	15989.53	13982.13
山 西	21393.12	24754.82	14815.86	18338.24	19505.62	18194.61
内蒙古	23690.97	25790.22	20457.21	24036.69	25112.86	24586.33
辽 宁	18320.31	19387.80	14646.81	16827.49	14989.57	11396.30
吉 林	20354.98	21304.17	16791.09	23889.86	13575.21	13313.22
黑龙江	19487.25	21025.29	14499.51	23100.39	14099.60	12783.99
上 海	38834.28	37844.24	54848.27	60897.95	58555.86	45762.11
江 苏	22497.68	24165.26	18706.00	20576.16	27507.74	21330.91
浙 江	28354.42	32022.73	19971.74	28937.02	37076.35	32643.13
安 徽	18588.77	20561.22	15483.46	16323.68	17024.28	14267.41
福 建	20048.27	22510.08	15545.97	19314.99	20424.97	18075.37
江 西	17767.04	20475.72	14378.54	17111.52	16966.45	15046.88
山 东	19257.88	21506.98	15617.44	20482.04	19971.89	15472.93
河 南	15944.49	18943.46	12419.04	9890.92	12123.52	10103.26
湖 北	21865.23	25209.52	14413.97	16081.61	19066.78	15907.65
湖 南	16428.42	18978.96	12888.41	15618.74	17084.60	14754.82
广 东	31319.05	40401.94	17365.28	20228.97	24904.74	15784.63
广 西	14498.94	16334.60	12123.78	10358.65	11880.91	10370.86
海 南	45747.84	52971.67	20587.61	14668.53	21559.89	23477.30
重 庆	20003.66	22249.85	15854.12	14878.47	17105.37	14631.98
四 川	21975.95	23892.10	17430.97	14454.49	16305.33	13691.64
贵 州	22963.96	29982.50	15947.34	10661.27	15738.32	13896.19
云 南	18414.18	20955.46	14335.35	12897.58	15359.89	13813.88
西 藏	48360.28	45984.94	56505.38	43096.55	46401.99	30236.57
陕 西	19773.20	21814.62	14131.37	14553.78	18938.53	18410.62
甘 肃	19962.82	21934.95	16549.01	18447.27	17111.43	16098.40
青 海	34265.27	37830.76	26892.28	21196.20	23859.38	22530.04
宁 夏	25951.40	29860.56	19840.35	17867.27	16787.28	15268.62
新 疆	22265.91	24834.53	18715.88	19923.87	20610.88	18782.32
大 连	30101.01	42697.63	14452.17	25450.08	18697.14	21950.63
宁 波	26512.66	32077.57	18630.47	37972.98	38837.66	33695.83
厦 门	42013.42	40436.09	47049.57	35787.42	32669.09	24385.82
青 岛	46523.36		28158.82	34547.52	31005.42	33502.40
深 圳	115721.45	121462.27	65458.57	47828.54	68106.49	

一般公共预算教育经费

单位：元

普通初中	#农村初中	普通小学	#农村小学	幼儿园	#农村幼儿园
18257.34	**16457.61**	**13057.14**	**12702.00**	**10931.33**	**8633.96**
59755.19	88483.48	34194.65	45272.99	37538.19	41719.35
27096.65	25834.72	19320.97	21447.84	21049.31	13952.33
14244.63	13913.81	10805.98	11398.32	8818.80	7828.18
18595.57	18438.41	12928.71	15395.03	7406.93	6659.28
22529.19	24467.71	17143.77	21146.50	18124.61	19426.41
17246.73	17847.45	11156.46	15587.96	6878.81	4729.16
20252.32	23425.74	15678.80	20340.75	12822.83	13597.49
18165.46	20504.31	15891.70	20947.23	10686.34	11038.6
45943.42	43444.98	31968.57	32158.80	37195.88	34757.94
23586.75	20295.88	15889.44	14419.68	11975.13	9462.62
29268.29	27979.02	20174.26	20966.30	17262.05	16350.84
18102.61	17711.68	11772.84	11731.40	9149.38	7929.17
19396.20	19105.09	12282.27	12258.36	10634.77	8606.42
16142.92	15836.75	12288.12	12844.14	11323.99	10770.36
17935.55	17088.59	11817.61	11886.05	7037.25	5978.89
10551.03	10332.59	7611.23	7892.93	4905.43	4033.18
18950.44	18432.89	12273.85	12364.17	8644.60	6115.69
15936.06	15359.97	11076.91	11086.53	5650.53	5295.05
21404.45	15644.60	14995.71	11390.93	10461.90	4296.23
11656.37	11470.92	8998.84	9650.89	4757.04	3983.98
19154.12	20138.98	13846.02	15624.04	14243.44	14953.88
18587.09	18542.26	14478.72	17257.47	7853.10	7631.08
17212.95	16500.39	12650.19	13339.23	10090.59	7897.09
14847.16	13953.33	11395.19	11747.71	10316.34	9430.82
14636.27	14219.21	11811.66	12092.50	7349.36	5684.95
40325.80	37246.69	34520.69	35223.45	32774.34	29471.48
19459.67	19838.12	13619.20	14761.98	13882.83	12618.47
16065.42	16564.41	12647.14	14030.20	11173.65	10614.94
21073.99	20361.44	16445.56	17867.61	9973.12	9663.07
17175.88	17028.84	12830.95	13461.84	10861.12	9910.26
21502.18	20749.20	13998.43	14277.78	19322.14	19534.6
19761.10	26585.46	10840.41	18270.29	9401.24	8781.49
30727.96	28051.93	20616.78	20101.52	17926.02	18405.99
26708.06	30731.90	19382.22	21032.16	19183.83	16896.48
29488.44	38925.17	18456.40	29472.37	13440.73	12480.79
46817.41		35681.13		30519.71	

7-2 各级各类地方学校生均

地 区	普通高等学校	普通高等本科学校	普通高职高专学校	中等职业学校	普通高中	#农村高中
合 计	**21048.71**	**24309.09**	**16021.28**	**17864.82**	**19428.42**	**15470.09**
北 京	67111.85	66937.80	68199.86	65571.71	61577.45	92886.59
天 津	20471.33	22999.15	15897.63	21642.04	26902.26	23077.53
河 北	19092.45	21376.52	14876.92	17059.64	15989.53	13982.13
山 西	21393.12	24754.82	14815.86	18338.24	19505.62	18194.61
内蒙古	23690.97	25790.22	20457.21	24036.69	25112.86	24586.33
辽 宁	16729.87	17514.86	14646.81	16827.49	14989.57	11396.30
吉 林	18530.80	19170.86	16791.09	23889.86	13518.08	13313.22
黑龙江	17931.40	19325.78	14499.51	23100.39	14099.60	12783.99
上 海	46770.63	45122.78	62182.59	60897.95	59018.59	45762.11
江 苏	21207.01	22806.58	18706.00	20576.16	27507.74	21330.91
浙 江	27525.83	31452.31	19971.74	28937.02	37076.35	32643.13
安 徽	17698.96	19391.43	15483.46	16323.68	17024.28	14267.41
福 建	18983.81	21401.07	15545.97	19314.99	20424.97	18075.37
江 西	17767.04	20475.72	14378.54	17111.52	16966.45	15046.88
山 东	18679.03	20928.63	15617.44	20482.04	19971.89	15472.93
河 南	15882.42	18842.53	12419.04	9890.92	12123.52	10103.26
湖 北	19564.74	23757.83	14465.08	16082.26	18916.00	15636.28
湖 南	15581.70	17825.31	12986.08	15618.74	17094.07	14754.82
广 东	30644.81	41152.17	17430.63	20228.97	24904.74	15784.63
广 西	14498.94	16334.60	12123.78	10358.65	11880.91	10370.86
海 南	45747.84	52971.67	20587.61	14668.53	21559.89	23477.30
重 庆	17665.54	19003.62	15854.12	14878.47	17078.25	14631.98
四 川	20432.19	22270.53	17430.97	14454.49	16311.26	13691.64
贵 州	22963.96	29982.50	15947.34	10661.27	15738.32	13896.19
云 南	18414.18	20955.46	14335.35	12897.58	15359.89	13813.88
西 藏	48360.28	45984.94	56505.38	43096.55	46401.99	30236.57
陕 西	16020.47	17123.34	14131.37	14553.78	18976.28	18410.62
甘 肃	18124.99	19288.17	16549.01	18447.27	17106.61	16090.83
青 海	34265.27	37830.76	26892.28	21196.20	23859.38	22530.04
宁 夏	25152.49	29963.59	19840.35	17867.27	16787.28	15268.62
新 疆	22265.91	24834.53	18715.88	19923.87	20610.88	18782.32
大 连	30101.01	42697.63	14452.17	25450.08	18697.14	21950.63
宁 波	26512.66	32077.57	18630.47	37972.98	38837.66	33695.83
厦 门	42013.42	40436.09	47049.57	35787.42	32669.09	24385.82
青 岛	46523.36		28158.82	34547.52	31005.42	33502.40
深 圳	109491.55	114520.81	65458.57	47828.54	68106.49	

一般公共预算教育经费

单位：元

普通初中	#农村初中	普通小学	#农村小学	幼儿园	#农村幼儿园
18249.06	**16457.51**	**13054.93**	**12701.86**	**10937.63**	**8633.83**
60165.99	88483.48	34239.17	45272.99	41999.88	42042.44
27096.65	25834.72	19344.79	21447.84	21226.53	13952.33
14244.63	13913.81	10805.98	11398.32	8820.68	7828.18
18595.57	18438.41	12928.90	15395.46	7415.35	6661.58
22529.19	24467.71	17143.77	21146.50	18178.94	19426.41
17246.73	17847.45	11156.46	15587.96	7023.55	4729.16
20240.81	23425.74	15705.05	20340.75	12931.06	13597.49
18165.46	20504.31	15891.70	20947.23	10686.34	11038.6
46003.16	43444.98	32022.93	32158.80	37207.34	34757.94
23586.75	20295.88	15889.44	14419.68	11973.98	9462.62
29268.29	27979.02	20174.26	20966.30	17269.59	16350.84
18103.25	17711.68	11773.83	11731.40	9167.52	7929.17
19396.20	19105.09	12282.27	12258.36	10654.41	8606.42
16142.92	15836.75	12288.12	12844.14	11323.99	10770.36
17935.55	17088.59	11817.61	11886.05	7037.25	5978.89
10551.03	10332.59	7611.08	7892.93	4910.72	4033.89
18936.42	18432.89	12266.01	12364.17	8686.39	6117.18
15942.95	15359.97	11080.24	11086.53	5648.37	5295.16
21404.45	15644.60	14995.71	11390.93	10471.51	4296.8
11656.37	11470.92	8998.84	9650.89	4757.17	3984.12
19154.12	20138.98	13846.02	15624.04	14406.58	14965.15
18583.76	18542.26	14473.44	17257.47	7886.94	7631.08
17215.89	16500.39	12652.03	13339.23	10106.17	7897.09
14847.16	13953.33	11395.19	11747.71	10316.34	9430.82
14636.27	14219.21	11811.66	12092.50	7357.39	5684.95
40325.80	37246.69	34520.69	35223.45	32774.34	29471.48
19481.88	19838.12	13633.54	14761.98	13940.67	12621.52
16062.03	16559.85	12642.98	14025.23	11205.22	10604.48
21073.99	20361.44	16445.56	17867.61	9973.12	9663.07
17175.88	17028.84	12830.95	13461.84	10879.33	9910.26
21502.18	20749.20	13998.43	14277.78	19416.66	19535.79
19761.10	26585.46	10840.41	18270.29	9755.89	8781.49
30727.96	28051.93	20616.78	20101.52	17926.02	18405.99
26708.06	30731.90	19382.22	21032.16	19346.68	16896.48
29488.44	38925.17	18456.40	29472.37	13440.73	12480.79
46817.41		35681.13		30523.31	

7-3 生均教育经费支出(高等学校)

单位：元

地 区	教育经费支出	个人和公用部分支出	个人部分	公用部分	基本建设支出
合 计	**39655.41**	**38733.46**	**20183.62**	**18549.84**	**921.95**
北 京	84174.39	82095.40	41856.02	40239.38	2078.99
天 津	47176.97	46318.41	22612.09	23706.32	858.56
河 北	28573.57	28012.46	16431.31	11581.14	561.12
山 西	29837.50	29202.82	15479.03	13723.80	634.68
内蒙古	35268.97	34579.13	18792.69	15786.44	689.84
辽 宁	35493.31	34457.69	18273.88	16183.80	1035.63
吉 林	32677.15	31954.28	16458.60	15495.68	722.87
黑龙江	33102.50	32424.40	18113.37	14311.03	678.10
上 海	86673.55	81220.05	38371.61	42848.44	5453.50
江 苏	43245.88	43018.27	24599.45	18418.82	227.60
浙 江	55079.52	54298.15	26830.23	27467.92	781.37
安 徽	34148.69	33512.64	18064.84	15447.81	636.04
福 建	38371.84	37832.37	21519.11	16313.26	539.48
江 西	26268.20	25740.17	14163.87	11576.30	528.03
山 东	34183.99	33872.61	17170.64	16701.97	311.38
河 南	24856.37	24409.73	12515.89	11893.84	446.65
湖 北	39478.11	39113.38	21156.12	17957.26	364.73
湖 南	28348.58	28074.26	14847.95	13226.31	274.32
广 东	44893.01	42587.46	21978.92	20608.55	2305.55
广 西	24270.39	24053.00	12761.97	11291.03	217.39
海 南	58244.49	52178.74	22867.49	29311.25	6065.75
重 庆	39173.66	37487.37	19168.68	18318.69	1686.29
四 川	39311.21	38834.57	19930.30	18904.27	476.64
贵 州	34895.88	34236.70	15520.23	18716.47	659.18
云 南	29630.27	29296.93	14878.08	14418.85	333.34
西 藏	63385.75	61449.53	32187.27	29262.27	1936.22
陕 西	41203.73	40383.75	21174.17	19209.58	819.98
甘 肃	34180.02	33710.02	16533.47	17176.55	470.00
青 海	51004.27	48863.45	21817.33	27046.11	2140.83
宁 夏	39009.12	38392.52	21625.15	16767.37	616.60
新 疆	31327.00	30211.58	15406.96	14804.63	1115.41
大 连	42736.17	39452.34	26487.49	12964.85	3283.83
宁 波	54908.66	54908.66	25569.65	29339.01	
厦 门	53935.08	53935.08	28026.27	25908.81	
青 岛	52831.36	52831.36	12166.60	40664.76	
深 圳	135181.44	109168.53	48700.70	60467.83	26012.91

7-4 生均一般公共预算教育事业费和基本建设支出（高等学校）

单位：元

地区	一般公共预算教育事业费和基本建设支出	事业费支出			基本建设支出
			个人部分	公用部分	
合计	**22194.59**	**21305.78**	**12987.56**	**8318.22**	**888.81**
北京	40321.81	38383.95	25183.20	13200.75	1937.85
天津	21799.72	20905.22	13600.94	7304.28	894.49
河北	19801.03	19202.58	12763.17	6439.41	598.45
山西	21161.56	20497.21	11909.51	8587.70	664.35
内蒙古	23796.80	23077.21	12753.11	10324.10	719.59
辽宁	18235.11	17386.20	9579.76	7806.44	848.91
吉林	20364.01	19548.11	10217.73	9330.37	815.91
黑龙江	18921.94	18331.16	12568.19	5762.96	590.79
上海	36893.87	32159.63	18173.10	13986.53	4734.23
江苏	21541.32	21335.97	12996.80	8339.17	205.35
浙江	27484.12	26762.36	16944.94	9817.42	721.75
安徽	17877.21	17307.25	10294.11	7013.15	569.96
福建	20188.02	19790.06	12702.11	7087.95	397.95
江西	17966.19	17381.97	11356.28	6025.68	584.22
山东	19208.61	18844.92	14076.18	4768.74	363.69
河南	15981.40	15540.96	7908.04	7632.92	440.43
湖北	21270.44	20883.45	13230.37	7653.08	386.99
湖南	15715.30	15435.35	10528.48	4906.87	279.95
广东	30474.60	27692.07	18025.60	9666.47	2782.53
广西	14147.83	13903.69	6945.50	6958.18	244.15
海南	43822.00	38620.17	14798.78	23821.38	5201.83
重庆	19486.24	18834.08	10043.48	8790.59	652.16
四川	21831.90	21335.00	13281.57	8053.43	496.90
贵州	25427.55	25017.57	11917.52	13100.05	409.98
云南	18247.26	17892.30	10485.41	7406.89	354.96
西藏	54881.38	52847.95	27202.22	25645.74	2033.43
陕西	19194.77	18317.04	10398.45	7918.59	877.73
甘肃	19957.45	19462.23	9866.77	9595.46	495.22
青海	35928.00	33652.22	13160.29	20491.93	2275.78
宁夏	26383.30	25699.08	13687.10	12011.98	684.22
新疆	23466.38	22215.04	14343.73	7871.31	1251.34
大连	24307.30	20871.10	14576.24	6294.86	3436.19
宁波	27083.83	27083.83	13974.29	13109.54	
厦门	36688.45	36688.45	24454.83	12233.62	
青岛	44748.69	44748.69	13167.28	31581.40	
深圳	104181.23	73664.07	42709.95	30954.12	30517.17

7-5 生均教育经费支出(中央属高等学校)

单位：元

地 区	教育经费支出	个人和公用部分支出			基本建设支出
			个人部分	公用部分	
合 计	**76251.36**	**74941.97**	**36323.48**	**38618.49**	**1309.39**
北 京	86924.74	84957.38	41279.78	43677.61	1967.35
天 津	71828.91	70320.34	36071.08	34249.26	1508.57
河 北	46431.47	45849.70	28146.91	17702.79	581.77
山 西					
内蒙古					
辽 宁	64438.08	62704.12	29292.60	33411.52	1733.95
吉 林	55939.90	55681.31	30023.94	25657.37	258.59
黑龙江	72802.91	71474.24	31538.04	39936.20	1328.67
上 海	106364.03	104727.44	45083.72	59643.71	1636.59
江 苏	60458.10	59705.48	32350.23	27355.25	752.62
浙 江	110410.95	109191.43	45878.80	63312.64	1219.52
安 徽	68282.97	66989.96	32184.27	34805.69	1293.01
福 建	60591.80	58971.78	34835.53	24136.25	1620.02
江 西					
山 东	75632.25	74928.37	33720.97	41207.40	703.88
河 南	63415.48	48354.86	19085.95	29268.91	15060.62
湖 北	63657.93	62692.86	31980.92	30711.94	965.07
湖 南	61151.57	60408.93	30184.40	30224.53	742.64
广 东	80582.25	79933.06	35734.19	44198.86	649.19
广 西					
海 南					
重 庆	63407.33	62641.62	31580.47	31061.15	765.71
四 川	72702.30	71859.90	34966.55	36893.35	842.40
贵 州					
云 南					
西 藏					
陕 西	74259.55	72736.86	37769.21	34967.65	1522.69
甘 肃	68936.93	67588.58	29444.04	38144.54	1348.36
青 海					
宁 夏	48774.98	48774.98	29665.73	19109.24	
新 疆					
大 连					
宁 波					
厦 门					
青 岛					
深 圳					

7-6 生均一般公共预算教育事业费和基本建设支出（中央属高等学校）

单位：元

地区	一般公共预算教育事业费和基本建设支出	事业费支出	个人部分	公用部分	基本建设支出
合计	**28435.05**	**27279.37**	**18200.14**	**9079.23**	**1155.68**
北京	34697.75	32974.86	21428.29	11546.57	1722.89
天津	24943.87	23434.42	16609.77	6824.65	1509.45
河北	26922.90	26605.78	17085.40	9520.38	317.12
山西					
内蒙古					
辽宁	24673.25	24083.08	16153.04	7930.04	590.17
吉林	26038.92	25780.19	17263.57	8516.62	258.73
黑龙江	25420.44	24598.88	18021.51	6577.38	821.56
上海	27797.31	26110.90	16637.34	9473.56	1686.41
江苏	22856.13	22080.68	15100.05	6980.63	775.45
浙江	34503.39	33259.90	22182.63	11077.27	1243.49
安徽	21479.38	21243.45	16104.07	5139.37	235.94
福建	26180.27	24525.88	17042.16	7483.72	1654.39
江西					
山东	23311.23	22573.57	14253.77	8319.80	737.66
河南	42205.46	42205.46	15160.06	27045.40	
湖北	24548.53	23597.01	15860.21	7736.80	951.52
湖南	22361.76	21603.81	15780.63	5823.17	757.95
广东	33976.60	33285.18	22824.14	10461.03	691.43
广西					
海南					
重庆	29838.87	29161.39	19807.78	9353.61	677.48
四川	26618.25	25840.06	16910.94	8929.12	778.19
贵州					
云南					
西藏					
陕西	28669.12	27116.33	18006.16	9110.17	1552.79
甘肃	32183.94	30700.26	21574.21	9126.06	1483.68
青海					
宁夏	29611.74	29611.74	19097.51	10514.22	
新疆					
大连					
宁波					
厦门					
青岛					
深圳					

7-7 生均教育经费支出(地方高等学校)

单位：元

地区	教育经费支出	个人和公用部分支出	个人部分	公用部分	基本建设支出
合计	**32847.11**	**31997.23**	**17180.96**	**14816.27**	**849.88**
北京	73764.09	71262.55	44037.15	27225.40	2501.54
天津	39904.60	39237.80	18641.67	20596.13	666.80
河北	27670.25	27110.18	15838.69	11271.49	560.07
山西	29837.50	29202.82	15479.03	13723.80	634.68
内蒙古	35268.97	34579.13	18792.69	15786.44	689.84
辽宁	29666.15	28771.11	16055.60	12715.52	895.04
吉林	27299.97	26469.78	13322.98	13146.81	830.19
黑龙江	24386.69	23851.42	15166.12	8685.29	535.28
上海	69578.23	60810.87	32544.13	28266.74	8767.36
江苏	38459.71	38378.09	22444.21	15933.89	81.61
浙江	48940.95	48208.19	24716.95	23491.24	732.77
安徽	30516.97	29950.83	16562.60	13388.23	566.14
福建	34932.06	34559.86	19457.65	15102.22	372.20
江西	26268.20	25740.17	14163.87	11576.30	528.03
山东	30170.09	29896.72	15567.89	14328.84	273.37
河南	24768.24	24355.00	12500.87	11854.12	413.24
湖北	29132.62	29024.74	16524.66	12500.09	107.87
湖南	24771.89	24548.63	13175.74	11372.89	223.26
广东	40651.47	38149.07	20344.15	17804.92	2502.40
广西	24270.39	24053.00	12761.97	11291.03	217.39
海南	58244.49	52178.74	22867.49	29311.25	6065.75
重庆	34135.29	32257.60	16588.17	15669.43	1877.68
四川	30787.36	30404.09	16091.95	14312.13	383.27
贵州	34895.88	34236.70	15520.23	18716.47	659.18
云南	29630.27	29296.93	14878.08	14418.85	333.34
西藏	63385.75	61449.53	32187.27	29262.27	1936.22
陕西	29646.65	29072.35	15372.15	13700.20	574.30
甘肃	28454.35	28129.04	14406.65	13722.40	325.31
青海	51004.27	48863.45	21817.33	27046.11	2140.83
宁夏	37129.33	36394.04	20077.45	16316.59	735.29
新疆	31327.00	30211.58	15406.96	14804.63	1115.41
大连	42736.17	39452.34	26487.49	12964.85	3283.83
宁波	54908.66	54908.66	25569.65	29339.01	
厦门	53935.08	53935.08	28026.27	25908.81	
青岛	52831.36	52831.36	12166.60	40664.76	
深圳	132476.70	106463.79	47001.09	59462.70	26012.91

7-8 生均一般公共预算教育事业费和基本建设支出（地方高等学校）

单位：元

地区	一般公共预算教育事业费和基本建设支出	事业费支出			基本建设支出
			个人部分	公用部分	
合计	**20947.31**	**20111.84**	**11945.72**	**8166.11**	**835.47**
北京	62974.14	60170.46	40307.06	19863.40	2803.68
天津	20822.03	20118.76	12665.34	7453.42	703.27
河北	19418.36	18804.79	12530.93	6273.87	613.56
山西	21161.56	20497.21	11909.51	8587.70	664.35
内蒙古	23796.80	23077.21	12753.11	10324.10	719.59
辽宁	16847.21	15942.52	8162.73	7779.80	904.69
吉林	18796.52	17826.72	8271.58	9555.14	969.80
黑龙江	17454.34	16915.67	11336.63	5579.04	538.67
上海	45568.22	37927.63	19637.58	18290.05	7640.60
江苏	21177.64	21129.98	12415.03	8714.95	47.66
浙江	26625.16	25967.25	16304.00	9663.25	657.91
安徽	17463.31	16854.97	9626.53	7228.45	608.34
福建	19186.81	18998.78	11976.96	7021.83	188.02
江西	17966.19	17381.97	11356.28	6025.68	584.22
山东	18760.84	18437.97	14056.80	4381.17	322.87
河南	15914.57	15473.02	7889.56	7583.45	441.56
湖北	19724.08	19603.39	11989.80	7613.59	120.69
湖南	14894.08	14673.18	9879.54	4793.65	220.89
广东	29982.08	26905.46	17350.74	9554.72	3076.62
广西	14147.83	13903.69	6945.50	6958.18	244.15
海南	43822.00	38620.17	14798.78	23821.38	5201.83
重庆	17315.17	16668.31	7995.79	8672.52	646.85
四川	20487.66	20069.76	12262.26	7807.50	417.90
贵州	25427.55	25017.57	11917.52	13100.05	409.98
云南	18247.26	17892.30	10485.41	7406.89	354.96
西藏	54881.38	52847.95	27202.22	25645.74	2033.43
陕西	15648.01	15023.00	7550.48	7472.52	625.02
甘肃	18007.20	17669.66	7999.32	9670.33	337.55
青海	35928.00	33652.22	13160.29	20491.93	2275.78
宁夏	25678.86	24845.34	12506.54	12338.79	833.52
新疆	23466.38	22215.04	14343.73	7871.31	1251.34
大连	24307.30	20871.10	14576.24	6294.86	3436.19
宁波	27083.83	27083.83	13974.29	13109.54	
厦门	36688.45	36688.45	24454.83	12233.62	
青岛	44748.69	44748.69	13167.28	31581.40	
深圳	101386.33	70869.17	40716.04	30153.12	30517.17

7-9 生均教育经费支出(普通高等学校)

单位：元

地区	教育经费支出	个人和公用部分支出			基本建设支出
			个人部分	公用部分	
合计	**40718.07**	**39761.67**	**20725.37**	**19036.30**	**956.40**
北京	90325.14	88053.64	45030.31	43023.34	2271.50
天津	47899.34	47069.68	22860.57	24209.10	829.66
河北	29238.55	28653.82	16785.25	11868.56	584.73
山西	31142.81	30473.45	16114.75	14358.70	669.35
内蒙古	35586.23	34882.89	18978.03	15904.86	703.34
辽宁	35214.31	34181.41	18075.32	16106.09	1032.90
吉林	32980.36	32234.93	16514.27	15720.66	745.43
黑龙江	33853.56	33148.77	18472.91	14675.86	704.79
上海	88404.40	82766.12	39068.80	43697.33	5638.28
江苏	43297.45	43069.16	24626.38	18442.78	228.28
浙江	56201.76	55391.12	27340.11	28051.02	810.64
安徽	35413.18	34748.01	18719.57	16028.44	665.17
福建	39040.41	38482.01	21949.23	16532.78	558.40
江西	26746.79	26199.88	14412.86	11787.02	546.91
山东	35268.66	34948.73	17791.21	17157.53	319.92
河南	25732.77	25268.00	12954.80	12313.20	464.77
湖北	39566.99	39200.96	21198.81	18002.16	366.03
湖南	29443.27	29154.66	15431.75	13722.90	288.62
广东	48898.47	46338.42	23952.83	22385.59	2560.05
广西	24690.90	24468.35	12988.01	11480.34	222.55
海南	59857.39	53546.73	23387.13	30159.59	6310.66
重庆	39252.56	37561.53	19212.16	18349.37	1691.03
四川	40164.06	39671.85	20372.44	19299.40	492.22
贵州	35507.03	34830.47	15775.48	19054.99	676.57
云南	29454.22	29119.31	14855.14	14264.16	334.91
西藏	63379.46	61443.24	32180.97	29262.27	1936.22
陕西	42645.40	41787.62	21875.44	19912.18	857.77
甘肃	34741.82	34259.92	16769.07	17490.85	481.90
青海	54043.94	51756.25	23005.09	28751.16	2287.69
宁夏	39009.12	38392.52	21625.15	16767.37	616.60
新疆	33376.63	32158.93	16430.66	15728.27	1217.69
大连	42971.67	39403.84	26355.13	13048.71	3567.83
宁波	56334.83	56334.83	26197.96	30136.87	
厦门	53935.08	53935.08	28026.27	25908.81	
青岛	86972.38	86972.38	19277.43	67694.95	
深圳	148893.64	120121.18	53498.91	66622.26	28772.46

7-10 生均一般公共预算教育事业费和基本建设支出（普通高等学校）

单位：元

地区	一般公共预算教育事业费和基本建设支出	事业费支出			基本建设支出
			个人部分	公用部分	
合计	**22154.46**	**21260.46**	**12936.07**	**8324.39**	**894.00**
北京	42877.58	40793.19	26708.00	14085.19	2084.39
天津	21571.38	20726.38	13409.95	7316.43	845.00
河北	19546.50	18945.46	12540.17	6405.28	601.05
山西	21970.89	21275.94	12321.25	8954.69	694.95
内蒙古	23662.94	22943.35	12671.28	10272.08	719.59
辽宁	18091.28	17242.36	9457.96	7784.41	848.91
吉林	20115.83	19293.91	10007.92	9285.98	821.93
黑龙江	18675.03	18084.24	12356.90	5727.34	590.79
上海	36198.21	31463.98	17783.40	13680.58	4734.23
江苏	21519.71	21314.11	12981.26	8332.85	205.61
浙江	27213.98	26486.96	16724.15	9762.81	727.02
安徽	17783.52	17213.56	10248.59	6964.97	569.96
福建	20021.28	19621.70	12577.07	7044.64	399.58
江西	17944.39	17351.59	11333.65	6017.93	592.80
山东	19133.32	18774.10	14026.59	4747.51	359.22
河南	15948.91	15508.40	7880.70	7627.70	440.51
湖北	21238.14	20851.15	13204.40	7646.75	386.99
湖南	15576.00	15295.67	10435.14	4860.53	280.34
广东	30177.25	27391.70	17776.27	9615.43	2785.55
广西	14132.58	13887.69	6932.24	6955.45	244.88
海南	43458.31	38256.48	14578.72	23677.76	5201.83
重庆	19483.01	18830.84	10040.77	8790.07	652.16
四川	21652.78	21155.89	13153.73	8002.16	496.90
贵州	25317.45	24906.92	11837.41	13069.52	410.53
云南	18180.15	17825.19	10448.27	7376.92	354.96
西藏	54874.60	52841.17	27195.43	25645.74	2033.43
陕西	19426.16	18527.84	10504.24	8023.59	898.33
甘肃	19859.67	19363.86	9784.89	9578.97	495.81
青海	35738.90	33463.12	12990.10	20473.02	2275.78
宁夏	26383.30	25699.08	13687.10	12011.98	684.22
新疆	23116.25	21866.16	14043.69	7822.47	1250.09
大连	22290.76	18854.57	12847.79	6006.78	3436.19
宁波	26113.82	26113.82	13288.98	12824.85	
厦门	36688.45	36688.45	24454.83	12233.62	
青岛	43703.74	43703.74	12363.57	31340.17	
深圳	103880.07	73362.90	42508.51	30854.39	30517.17

7-11 生均教育经费支出(中央属普通高等学校)

单位：元

地区	教育经费支出	个人和公用部分支出			基本建设支出
			个人部分	公用部分	
合计	**77514.00**	**76177.81**	**36988.12**	**39189.70**	**1336.18**
北京	93388.39	91245.40	44627.99	46617.41	2142.99
天津	71828.91	70320.34	36071.08	34249.26	1508.57
河北	46431.47	45849.70	28146.91	17702.79	581.77
山西					
内蒙古					
辽宁	64548.72	62810.23	29318.74	33491.48	1738.49
吉林	55939.90	55681.31	30023.94	25657.37	258.59
黑龙江	72802.91	71474.24	31538.04	39936.20	1328.67
上海	106364.03	104727.44	45083.72	59643.71	1636.59
江苏	60458.10	59705.48	32350.23	27355.25	752.62
浙江	110410.95	109191.43	45878.80	63312.64	1219.52
安徽	68282.97	66989.96	32184.27	34805.69	1293.01
福建	60591.80	58971.78	34835.53	24136.25	1620.02
江西					
山东	75632.25	74928.37	33720.97	41207.40	703.88
河南	63415.48	48354.86	19085.95	29268.91	15060.62
湖北	63657.93	62692.86	31980.92	30711.94	965.07
湖南	61151.57	60408.93	30184.40	30224.53	742.64
广东	80582.25	79933.06	35734.19	44198.86	649.19
广西					
海南					
重庆	63407.33	62641.62	31580.47	31061.15	765.71
四川	72702.30	71859.90	34966.55	36893.35	842.40
贵州					
云南					
西藏					
陕西	74259.55	72736.86	37769.21	34967.65	1522.69
甘肃	68936.93	67588.58	29444.04	38144.54	1348.36
青海					
宁夏	48774.98	48774.98	29665.73	19109.24	
新疆					
大连					
宁波					
厦门					
青岛					
深圳					

7-12 生均一般公共预算教育事业费和基本建设支出（中央属普通高等学校）

单位：元

地区	一般公共预算教育事业费和基本建设支出	事业费支出	个人部分	公用部分	基本建设支出
合计	**29017.90**	**27837.67**	**18574.61**	**9263.06**	**1180.23**
北京	37905.18	36018.33	23413.31	12605.02	1886.85
天津	24943.87	23434.42	16609.77	6824.65	1509.45
河北	26922.90	26605.78	17085.40	9520.38	317.12
山西					
内蒙古					
辽宁	24673.25	24083.08	16153.04	7930.04	590.17
吉林	26038.92	25780.19	17263.57	8516.62	258.73
黑龙江	25420.44	24598.88	18021.51	6577.38	821.56
上海	27797.31	26110.90	16637.34	9473.56	1686.41
江苏	22856.13	22080.68	15100.05	6980.63	775.45
浙江	34503.39	33259.90	22182.63	11077.27	1243.49
安徽	21479.38	21243.45	16104.07	5139.37	235.94
福建	26180.27	24525.88	17042.16	7483.72	1654.39
江西					
山东	23311.23	22573.57	14253.77	8319.80	737.66
河南	42205.46	42205.46	15160.06	27045.40	
湖北	24548.53	23597.01	15860.21	7736.80	951.52
湖南	22361.76	21603.81	15780.63	5823.17	757.95
广东	33976.60	33285.18	22824.14	10461.03	691.43
广西					
海南					
重庆	29838.87	29161.39	19807.78	9353.61	677.48
四川	26618.25	25840.06	16910.94	8929.12	778.19
贵州					
云南					
西藏					
陕西	28669.12	27116.33	18006.16	9110.17	1552.79
甘肃	32183.94	30700.26	21574.21	9126.06	1483.68
青海					
宁夏	29611.74	29611.74	19097.51	10514.22	
新疆					
大连					
宁波					
厦门					
青岛					
深圳					

7-13 生均教育经费支出(地方普通高等学校)

单位：元

地 区	教育经费支出	个人和公用部分支出			基本建设支出
			个人部分	公用部分	
合 计	**33724.23**	**32840.01**	**17634.29**	**15205.72**	**884.22**
北 京	78559.33	75794.24	46575.59	29218.65	2765.09
天 津	40592.79	39970.43	18826.94	21143.49	622.36
河 北	28330.33	27745.45	16185.08	11560.37	584.89
山 西	31142.81	30473.45	16114.75	14358.70	669.35
内蒙古	35586.23	34882.89	18978.03	15904.86	703.34
辽 宁	29301.22	28410.55	15808.92	12601.63	890.67
吉 林	27467.89	26605.58	13270.67	13334.91	862.31
黑龙江	24888.65	24327.46	15465.73	8861.73	561.19
上 海	71794.91	62455.78	33506.05	28949.73	9339.13
江 苏	38507.35	38425.43	22470.40	15955.02	81.93
浙 江	49928.60	49165.28	25194.78	23970.49	763.32
安 徽	31737.90	31142.93	17214.04	13928.89	594.97
福 建	35568.21	35180.85	19873.09	15307.76	387.36
江 西	26746.79	26199.88	14412.86	11787.02	546.91
山 东	31186.71	30905.61	16180.24	14725.37	281.09
河 南	25643.14	25213.08	12940.22	12272.87	430.05
湖 北	29207.10	29098.68	16562.14	12536.53	108.42
湖 南	25785.00	25548.76	13729.70	11819.06	236.23
广 东	44661.72	41846.15	22377.43	19468.72	2815.57
广 西	24690.90	24468.35	12988.01	11480.34	222.55
海 南	59857.39	53546.73	23387.13	30159.59	6310.66
重 庆	34213.52	32329.45	16631.95	15697.50	1884.07
四 川	31514.36	31115.24	16492.86	14622.37	399.12
贵 州	35507.03	34830.47	15775.48	19054.99	676.57
云 南	29454.22	29119.31	14855.14	14264.16	334.91
西 藏	63379.46	61443.24	32180.97	29262.27	1936.22
陕 西	30869.70	30259.60	15955.30	14304.30	610.10
甘 肃	28941.96	28607.02	14619.26	13987.76	334.94
青 海	54043.94	51756.25	23005.09	28751.16	2287.69
宁 夏	37129.33	36394.04	20077.45	16316.59	735.29
新 疆	33376.63	32158.93	16430.66	15728.27	1217.69
大 连	42971.67	39403.84	26355.13	13048.71	3567.83
宁 波	56334.83	56334.83	26197.96	30136.87	
厦 门	53935.08	53935.08	28026.27	25908.81	
青 岛	86972.38	86972.38	19277.43	67694.95	
深 圳	145901.97	117129.51	51619.00	65510.50	28772.46

7-14　生均一般公共预算教育事业费和基本建设支出（地方普通高等学校）

单位：元

地区	一般公共预算教育事业费和基本建设支出	事业费支出			基本建设支出
			个人部分	公用部分	
合计	**20804.86**	**19967.14**	**11827.33**	**8139.81**	**837.72**
北京	61228.13	58414.75	38867.01	19547.74	2813.38
天津	20517.45	19880.10	12409.98	7470.12	637.35
河北	19148.34	18531.97	12294.83	6237.14	616.37
山西	21970.89	21275.94	12321.25	8954.69	694.95
内蒙古	23662.94	22943.35	12671.28	10272.08	719.59
辽宁	16672.37	15767.68	8014.67	7753.01	904.69
吉林	18464.35	17485.40	7984.90	9500.50	978.95
黑龙江	17151.66	16612.99	11077.62	5535.37	538.67
上海	44209.20	36568.60	18876.27	17692.33	7640.60
江苏	21149.47	21101.73	12394.26	8707.48	47.74
浙江	26313.29	25650.09	16049.70	9600.39	663.20
安徽	17358.86	16750.52	9575.78	7174.74	608.34
福建	18987.29	18798.37	11827.45	6970.92	188.92
江西	17944.39	17351.59	11333.65	6017.93	592.80
山东	18677.34	18359.42	14001.79	4357.63	317.92
河南	15881.99	15440.36	7862.15	7578.21	441.64
湖北	19676.54	19555.85	11951.59	7604.26	120.69
湖南	14736.27	14515.04	9773.64	4741.40	221.23
广东	29642.25	26561.82	17065.46	9496.36	3080.43
广西	14132.58	13887.69	6932.24	6955.45	244.88
海南	43458.31	38256.48	14578.72	23677.76	5201.83
重庆	17311.25	16664.40	7992.51	8671.89	646.85
四川	20258.24	19840.34	12098.52	7741.83	417.90
贵州	25317.45	24906.92	11837.41	13069.52	410.53
云南	18180.15	17825.19	10448.27	7376.92	354.96
西藏	54874.60	52841.17	27195.43	25645.74	2033.43
陕西	15846.01	15201.19	7598.46	7602.72	644.83
甘肃	17891.11	17553.09	7901.78	9651.31	338.02
青海	35738.90	33463.12	12990.10	20473.02	2275.78
宁夏	25678.86	24845.34	12506.54	12338.79	833.52
新疆	23116.25	21866.16	14043.69	7822.47	1250.09
大连	22290.76	18854.57	12847.79	6006.78	3436.19
宁波	26113.82	26113.82	13288.98	12824.85	
厦门	36688.45	36688.45	24454.83	12233.62	
青岛	43703.74	43703.74	12363.57	31340.17	
深圳	101085.17	70568.00	40514.60	30053.40	30517.17

7-15 生均教育经费支出(普通高等本科学校)

单位：元

地区	教育经费支出	个人和公用部分支出	个人部分	公用部分	基本建设支出
合计	**47527.99**	**46319.76**	**24226.55**	**22093.21**	**1208.23**
北京	90718.37	88421.91	44928.15	43493.75	2296.47
天津	54886.85	53835.78	25662.03	28173.75	1051.07
河北	31892.07	31324.43	19309.58	12014.84	567.64
山西	35962.42	34975.70	17948.54	17027.17	986.72
内蒙古	38777.54	38133.66	21044.39	17089.26	643.88
辽宁	38835.07	37625.32	19774.16	17851.16	1209.75
吉林	33592.43	32806.10	17679.04	15127.06	786.33
黑龙江	37547.03	36722.16	19996.59	16725.57	824.87
上海	89418.86	84263.61	39744.77	44518.84	5155.25
江苏	49674.15	49360.04	28086.17	21273.88	314.11
浙江	63954.77	62970.37	31064.48	31905.89	984.41
安徽	41474.98	40730.43	23064.13	17666.30	744.55
福建	46185.67	45617.51	27135.94	18481.57	568.16
江西	29090.10	28310.92	16423.22	11887.70	779.18
山东	40510.40	40185.43	20331.58	19853.85	324.97
河南	30827.61	30096.37	15527.97	14568.39	731.25
湖北	46242.89	45726.80	24860.90	20865.89	516.10
湖南	33886.00	33464.29	17193.32	16270.98	421.71
广东	61044.95	57079.50	28850.73	28228.77	3965.45
广西	26753.67	26473.09	14684.75	11788.33	280.58
海南	67233.99	59172.17	24429.62	34742.55	8061.82
重庆	44523.66	42428.77	22775.19	19653.58	2094.89
四川	45399.58	44925.76	22997.45	21928.30	473.82
贵州	46279.81	45298.92	20422.20	24876.72	980.88
云南	32362.07	32096.95	17488.01	14608.93	265.12
西藏	60649.67	58598.32	32250.42	26347.90	2051.35
陕西	48551.03	47711.41	25185.05	22526.36	839.62
甘肃	39705.65	39068.76	20033.58	19035.19	636.88
青海	61229.45	57886.05	25195.11	32690.94	3343.40
宁夏	42945.50	42945.50	24246.43	18699.07	
新疆	36517.59	35483.48	18768.91	16714.57	1034.11
大连	54415.17	48454.30	34285.01	14169.28	5960.88
宁波	70762.14	70762.14	32106.66	38655.48	
厦门	57001.50	57001.50	30698.11	26303.39	
青岛					
深圳	156184.90	124148.79	54690.35	69458.45	32036.11

7-16 生均一般公共预算教育事业费和基本建设支出（普通高等本科学校）

单位：元

地区	一般公共预算教育事业费和基本建设支出	事业费支出			基本建设支出
			个人部分	公用部分	
合计	**25296.83**	**24150.50**	**14991.74**	**9158.77**	**1146.33**
北京	42190.30	40081.90	26214.92	13866.97	2108.40
天津	23687.39	22609.85	14488.71	8121.13	1077.54
河北	21933.39	21347.46	14526.68	6820.78	585.93
山西	25458.86	24414.28	13996.55	10417.73	1044.58
内蒙古	25662.68	25001.18	13901.03	11100.16	661.49
辽宁	19175.98	18195.86	10282.46	7913.40	980.12
吉林	20961.06	20071.78	10926.64	9145.14	889.29
黑龙江	20226.80	19509.27	13474.75	6034.52	717.53
上海	36077.68	31913.72	18276.04	13637.68	4163.97
江苏	22821.61	22544.49	14088.49	8456.00	277.13
浙江	30796.42	29815.80	18735.41	11080.39	980.62
安徽	19432.91	18846.05	12437.92	6408.13	586.86
福建	22918.12	22333.73	14820.27	7513.46	584.40
江西	20823.72	19919.68	13383.90	6535.79	904.04
山东	21448.39	21059.50	16350.99	4708.52	388.88
河南	18993.99	18282.32	8967.35	9314.97	711.68
湖北	24213.12	23652.44	15424.07	8228.37	560.68
湖南	17925.49	17499.88	11869.22	5630.67	425.61
广东	38920.47	34356.66	22513.84	11842.83	4563.81
广西	15811.00	15482.87	8077.34	7405.54	328.13
海南	50061.31	43365.97	15966.48	27399.49	6695.34
重庆	21664.11	21164.32	12165.21	8999.11	499.79
四川	23478.73	23001.32	14611.32	8390.00	477.41
贵州	32317.44	31800.60	15185.12	16615.47	516.84
云南	20663.20	20361.93	12500.10	7861.83	301.27
西藏	52059.84	49803.01	27682.63	22120.38	2256.83
陕西	21385.32	20492.89	11827.22	8665.67	892.43
甘肃	22435.38	21765.30	11604.06	10161.25	670.08
青海	40270.21	36914.22	13766.61	23147.60	3356.00
宁夏	30152.60	30152.60	16356.96	13795.64	
新疆	26096.76	25024.77	16091.85	8932.92	1072.00
大连	29187.90	22985.72	17006.11	5979.61	6202.18
宁波	31406.24	31406.24	15057.30	16348.94	
厦门	39623.85	39623.85	25803.86	13819.98	
青岛					
深圳	111773.86	77773.38	44370.04	33403.34	34000.48

7-17 生均教育经费支出(中央属普通高等本科学校)

单位：元

地 区	教育经费支出	个人和公用部分支出	个人部分	公用部分	基本建设支出
合 计	**77840.16**	**76497.66**	**37135.92**	**39361.74**	**1342.50**
北 京	93525.25	91389.42	44691.48	46697.94	2135.83
天 津	71828.91	70320.34	36071.08	34249.26	1508.57
河 北	46431.47	45849.70	28146.91	17702.79	581.77
山 西					
内蒙古					
辽 宁	64548.72	62810.23	29318.74	33491.48	1738.49
吉 林	55939.90	55681.31	30023.94	25657.37	258.59
黑龙江	72802.91	71474.24	31538.04	39936.20	1328.67
上 海	107475.00	105809.34	45573.34	60235.99	1665.67
江 苏	60458.10	59705.48	32350.23	27355.25	752.62
浙 江	110410.95	109191.43	45878.80	63312.64	1219.52
安 徽	68282.97	66989.96	32184.27	34805.69	1293.01
福 建	60591.80	58971.78	34835.53	24136.25	1620.02
江 西					
山 东	75632.25	74928.37	33720.97	41207.40	703.88
河 南	63415.48	48354.86	19085.95	29268.91	15060.62
湖 北	64057.52	63082.94	32197.70	30885.25	974.58
湖 南	63926.70	63140.72	31364.90	31775.82	785.98
广 东	82775.19	82094.91	36491.27	45603.64	680.28
广 西					
海 南					
重 庆	63407.33	62641.62	31580.47	31061.15	765.71
四 川	72702.30	71859.90	34966.55	36893.35	842.40
贵 州					
云 南					
西 藏					
陕 西	74259.55	72736.86	37769.21	34967.65	1522.69
甘 肃	68936.93	67588.58	29444.04	38144.54	1348.36
青 海					
宁 夏	48774.98	48774.98	29665.73	19109.24	
新 疆					
大 连					
宁 波					
厦 门					
青 岛					
深 圳					

7-18 生均一般公共预算教育事业费和基本建设支出（中央属普通高等本科学校）

单位：元

地区	一般公共预算教育事业费和基本建设支出	事业费支出	个人部分	公用部分	基本建设支出
合计	**29135.02**	**27949.34**	**18649.80**	**9299.54**	**1185.68**
北京	37917.67	36039.28	23441.51	12597.77	1878.39
天津	24943.87	23434.42	16609.77	6824.65	1509.45
河北	26922.90	26605.78	17085.40	9520.38	317.12
山西					
内蒙古					
辽宁	24673.25	24083.08	16153.04	7930.04	590.17
吉林	26038.92	25780.19	17263.57	8516.62	258.73
黑龙江	25420.44	24598.88	18021.51	6577.38	821.56
上海	28057.36	26340.05	16753.03	9587.02	1717.30
江苏	22856.13	22080.68	15100.05	6980.63	775.45
浙江	34503.39	33259.90	22182.63	11077.27	1243.49
安徽	21479.38	21243.45	16104.07	5139.37	235.94
福建	26180.27	24525.88	17042.16	7483.72	1654.39
江西					
山东	23311.23	22573.57	14253.77	8319.80	737.66
河南	42205.46	42205.46	15160.06	27045.40	
湖北	24697.54	23736.46	15959.32	7777.14	961.08
湖南	23327.80	22524.65	16530.44	5994.22	803.15
广东	35045.85	34319.05	23478.02	10841.02	726.80
广西					
海南					
重庆	29838.87	29161.39	19807.78	9353.61	677.48
四川	26618.25	25840.06	16910.94	8929.12	778.19
贵州					
云南					
西藏					
陕西	28669.12	27116.33	18006.16	9110.17	1552.79
甘肃	32183.94	30700.26	21574.21	9126.06	1483.68
青海					
宁夏	29611.74	29611.74	19097.51	10514.22	
新疆					
大连					
宁波					
厦门					
青岛					
深圳					

7-19 生均教育经费支出(地方普通高等本科学校)

单位：元

地区	教育经费支出	个人和公用部分支出			基本建设支出
			个人部分	公用部分	
合计	**38413.60**	**37245.74**	**20344.90**	**16900.84**	**1167.86**
北京	78284.77	75276.72	45976.52	29300.20	3008.05
天津	46955.71	46118.81	20789.20	25329.61	836.90
河北	30731.47	30164.95	18604.15	11560.81	566.52
山西	35962.42	34975.70	17948.54	17027.17	986.72
内蒙古	38777.54	38133.66	21044.39	17089.26	643.88
辽宁	31839.76	30773.85	17177.59	13596.26	1065.91
吉林	26606.05	25654.74	13819.72	11835.02	951.31
黑龙江	26225.18	25562.10	16290.24	9271.86	663.08
上海	71321.83	62669.08	33903.00	28766.08	8652.75
江苏	44669.54	44558.94	26107.30	18451.64	110.60
浙江	55800.45	54857.31	28464.16	26393.15	943.14
安徽	36328.63	35689.37	21313.33	14376.04	639.26
福建	42247.97	41967.32	25031.37	16935.95	280.65
江西	29090.10	28310.92	16423.22	11887.70	779.18
山东	34820.72	34557.14	18162.52	16394.61	263.58
河南	30689.68	30019.08	15512.91	14506.17	670.60
湖北	33349.71	33165.44	19550.97	13614.47	184.27
湖南	28181.92	27829.38	14502.44	13326.94	352.54
广东	56389.99	51720.80	27214.00	24506.80	4669.19
广西	26753.67	26473.09	14684.75	11788.33	280.58
海南	67233.99	59172.17	24429.62	34742.55	8061.82
重庆	37729.15	35156.01	19606.97	15549.04	2573.14
四川	34179.91	33857.56	18078.93	15778.63	322.36
贵州	46279.81	45298.92	20422.20	24876.72	980.88
云南	32362.07	32096.95	17488.01	14608.93	265.12
西藏	60649.67	58598.32	32250.42	26347.90	2051.35
陕西	33948.27	33496.64	18037.09	15459.55	451.63
甘肃	31317.98	30885.24	17333.33	13551.92	432.73
青海	61229.45	57886.05	25195.11	32690.94	3343.40
宁夏	41005.37	41005.37	22442.81	18562.56	
新疆	36517.59	35483.48	18768.91	16714.57	1034.11
大连	54415.17	48454.30	34285.01	14169.28	5960.88
宁波	70762.14	70762.14	32106.66	38655.48	
厦门	57001.50	57001.50	30698.11	26303.39	
青岛					
深圳	152853.67	120817.56	52597.06	68220.50	32036.11

7-20 生均一般公共预算教育事业费和基本建设支出（地方普通高等本科学校）

单位：元

地区	一般公共预算教育事业费和基本建设支出	事业费支出			基本建设支出
			个人部分	公用部分	
合计	**24061.75**	**22928.09**	**13814.62**	**9113.46**	**1133.67**
北京	60422.36	57332.48	38049.59	19282.89	3089.88
天津	23077.71	22209.75	13459.52	8750.22	867.96
河北	21518.15	20909.84	14313.74	6596.11	608.31
山西	25458.86	24414.28	13996.55	10417.73	1044.58
内蒙古	25662.68	25001.18	13901.03	11100.16	661.49
辽宁	17544.32	16448.45	8540.00	7908.46	1095.86
吉林	19024.36	17894.58	8509.72	9384.85	1129.78
黑龙江	18577.32	17892.83	12030.71	5862.12	684.49
上海	44391.23	37691.16	19854.73	17836.43	6700.08
江苏	22805.94	22755.16	13629.01	9126.16	50.78
浙江	30100.31	29169.05	18088.07	11080.98	931.26
安徽	19018.13	18360.14	11694.86	6665.28	657.98
福建	21985.39	21706.93	14184.97	7521.96	278.46
江西	20823.72	19919.68	13383.90	6535.79	904.04
山东	21095.69	20772.84	16748.06	4024.78	322.85
河南	18884.27	18169.23	8938.07	9231.16	715.04
湖北	23800.86	23580.93	14968.56	8612.38	219.93
湖南	16749.24	16405.83	10854.32	5551.51	343.40
广东	39852.24	34365.71	22281.97	12083.74	5486.53
广西	15811.00	15482.87	8077.34	7405.54	328.13
海南	50061.31	43365.97	15966.48	27399.49	6695.34
重庆	18683.40	18248.40	9378.55	8869.85	435.00
四川	22056.91	21715.72	13569.88	8145.84	341.19
贵州	32317.44	31800.60	15185.12	16615.47	516.84
云南	20663.20	20361.93	12500.10	7861.83	301.27
西藏	52059.84	49803.01	27682.63	22120.38	2256.83
陕西	16916.92	16429.60	8036.63	8392.98	487.32
甘肃	19728.96	19284.75	8836.11	10448.64	444.21
青海	40270.21	36914.22	13766.61	23147.60	3356.00
宁夏	30377.50	30377.50	15217.38	15160.12	
新疆	26096.76	25024.77	16091.85	8932.92	1072.00
大连	29187.90	22985.72	17006.11	5979.61	6202.18
宁波	31406.24	31406.24	15057.30	16348.94	
厦门	39623.85	39623.85	25803.86	13819.98	
青岛					
深圳	108659.74	74659.25	42148.40	32510.86	34000.48

7-21 生均教育经费支出(地方普通高职高专学校)

单位：元

地 区	教育经费支出	个人和公用部分支出	个人部分	公用部分	基本建设支出
合 计	**25818.10**	**25412.08**	**13064.29**	**12347.80**	**406.01**
北 京	80310.94	79095.88	50397.44	28698.44	1215.06
天 津	28658.84	28438.86	15146.63	13292.23	219.98
河 北	23632.49	23011.65	11452.13	11559.52	620.84
山 西	21143.71	21132.79	12310.26	8822.53	10.92
内蒙古	30631.17	29835.50	15769.64	14065.87	795.67
辽 宁	22040.02	21650.62	11894.01	9756.61	389.40
吉 林	30320.81	29753.10	11453.17	18299.93	567.71
黑龙江	21506.82	21203.45	13379.46	7823.98	303.38
上 海	76388.48	60384.67	29651.72	30732.95	16003.81
江 苏	29207.05	29168.40	16981.40	12187.00	38.65
浙 江	38566.84	38151.45	18868.69	19282.76	415.38
安 徽	25334.20	24801.00	11495.84	13305.15	533.20
福 建	25978.39	25437.82	12467.57	12970.24	540.58
江 西	23275.14	23072.35	11434.49	11637.86	202.79
山 东	25149.03	24838.84	12886.80	11952.04	310.19
河 南	19169.52	19048.03	9640.01	9408.02	121.49
湖 北	23285.60	23285.60	12289.88	10995.72	
湖 南	22553.90	22474.45	12688.03	9786.42	79.45
广 东	27381.04	27296.63	15251.13	12045.50	84.41
广 西	21603.28	21467.59	10448.27	11019.32	135.69
海 南	33274.32	33274.32	19630.32	13644.00	
重 庆	29362.70	28429.41	12527.06	15902.34	933.30
四 川	26631.03	26091.27	13587.18	12504.09	539.76
贵 州	24448.45	24084.27	11005.47	13078.80	364.17
云 南	24203.51	23742.58	10100.97	13641.61	460.93
西 藏	73636.78	72133.14	31920.01	40213.14	1503.64
陕 西	25005.10	24093.11	11989.55	12103.56	911.99
甘 肃	25507.25	25313.68	10695.87	14617.81	193.56
青 海	38755.62	38714.12	18345.47	20368.65	41.50
宁 夏	31812.63	30068.75	16832.93	13235.82	1743.88
新 疆	28930.83	27453.29	13121.04	14332.25	1477.54
大 连	25910.35	25910.35	14532.31	11378.04	
宁 波	36240.19	36240.19	17968.21	18271.98	
厦 门	46421.59	46421.59	21479.62	24941.97	
青 岛	47640.85	47640.85	16311.33	31329.52	
深 圳	84654.77	84636.28	43001.92	41634.36	18.50

7-22 生均一般公共预算教育事业费和基本建设支出（地方普通高职高专学校）

单位：元

地区	一般公共预算教育事业费和基本建设支出	事业费支出	个人部分	公用部分	基本建设支出
合计	**15782.81**	**15401.43**	**8762.97**	**6638.46**	**381.38**
北京	66264.99	65180.00	43976.69	21203.31	1085.00
天津	15885.07	15664.97	10511.01	5153.96	220.09
河北	14774.58	14143.32	8568.70	5574.62	631.26
山西	15146.59	15135.69	9043.47	6092.23	10.89
内蒙古	20582.48	19773.40	10776.93	8996.47	809.08
辽宁	14358.57	13961.17	6620.65	7340.52	397.40
吉林	16942.26	16373.25	6558.44	9814.81	569.01
黑龙江	13642.78	13463.01	8731.84	4731.17	179.77
上海	42506.66	26069.67	9725.03	16344.64	16436.99
江苏	18559.51	18516.52	10463.67	8052.85	42.99
浙江	19027.53	18880.04	12128.12	6751.91	147.50
安徽	15186.84	14643.48	6801.86	7841.62	543.36
福建	14723.37	14661.79	8474.56	6187.23	61.58
江西	14342.41	14138.96	8768.85	5370.11	203.45
山东	15386.11	15074.90	10264.27	4810.63	311.22
河南	12369.26	12247.52	6603.29	5644.23	121.74
湖北	14660.52	14660.52	8282.33	6378.19	
湖南	12407.47	12327.57	8523.39	3804.18	79.89
广东	16802.05	16747.56	10505.12	6242.44	54.50
广西	11960.87	11823.70	5450.62	6373.08	137.17
海南	20460.40	20460.40	9745.23	10715.17	
重庆	15453.70	14520.05	6116.16	8403.89	933.65
四川	17321.78	16778.65	9696.41	7082.24	543.13
贵州	18319.38	18015.13	8490.60	9524.53	304.26
云南	14194.79	13753.65	7155.04	6598.61	441.14
西藏	64526.44	63259.03	25524.81	37734.22	1267.41
陕西	14011.67	13097.05	6847.94	6249.11	914.62
甘肃	15401.04	15206.89	6635.86	8571.03	194.14
青海	26368.70	26326.68	11384.36	14942.32	42.02
宁夏	20490.89	18737.04	9513.39	9223.65	1753.85
新疆	18996.95	17500.71	11212.98	6287.73	1496.24
大连	13722.42	13722.42	7681.88	6040.54	
宁波	18617.59	18617.59	10784.31	7833.28	
厦门	27316.22	27316.22	20147.61	7168.62	
青岛	27713.92	27713.92	10075.10	17638.83	
深圳	34767.15	34747.64	26210.17	8537.47	19.51

7-23 生均教育经费支出(地方中等职业学校)

单位：元

地区	教育经费支出	个人和公用部分支出			基本建设支出
			个人部分	公用部分	
合 计	**24818.61**	**24598.93**	**13728.31**	**10870.62**	**219.68**
北 京	82349.15	81720.68	55821.63	25899.06	628.47
天 津	26713.96	26713.96	20476.39	6237.57	
河 北	26287.72	26226.99	13148.46	13078.53	60.73
山 西	25890.95	25588.77	14339.47	11249.30	302.18
内蒙古	29678.67	28970.13	17566.25	11403.88	708.55
辽 宁	22712.97	22459.96	15615.09	6844.87	253.01
吉 林	39227.44	39164.08	20863.69	18300.39	63.36
黑龙江	30575.31	30298.58	21619.94	8678.63	276.73
上 海	81200.76	81174.55	48639.54	32535.01	26.21
江 苏	30129.59	30124.97	19762.59	10362.38	4.62
浙 江	42935.52	41598.15	21704.27	19893.89	1337.37
安 徽	24265.77	24085.39	11294.43	12790.95	180.38
福 建	27099.83	26912.24	13322.56	13589.67	187.59
江 西	25546.29	25141.38	8356.93	16784.45	404.90
山 东	25671.46	25659.98	14460.32	11199.66	11.48
河 南	13741.32	13682.29	6814.59	6867.70	59.03
湖 北	23105.87	23105.87	13161.38	9944.49	
湖 南	19073.38	18948.18	10279.69	8668.48	125.20
广 东	27354.08	27227.20	16199.62	11027.59	126.87
广 西	14393.42	14336.25	8312.19	6024.06	57.17
海 南	18820.46	18688.99	10098.75	8590.24	131.47
重 庆	21110.17	20581.72	11185.42	9396.30	528.45
四 川	18701.43	18640.90	11040.41	7600.49	60.53
贵 州	16948.59	16654.14	8170.38	8483.75	294.46
云 南	18073.75	17955.06	11515.54	6439.52	118.69
西 藏	57315.58	57250.82	28853.74	28397.08	64.76
陕 西	20520.45	20433.06	11639.99	8793.07	87.39
甘 肃	26468.44	26014.02	15153.38	10860.64	454.41
青 海	28684.26	28042.13	13254.41	14787.72	642.13
宁 夏	23048.69	23048.69	11076.13	11972.56	
新 疆	27567.71	26552.24	14624.63	11927.62	1015.47
大 连	33197.81	32477.42	23454.44	9022.98	720.39
宁 波	49708.32	49708.32	28360.39	21347.92	
厦 门	47616.75	46615.68	23873.44	22742.23	1001.07
青 岛	41077.82	41077.82	24361.69	16716.13	
深 圳	63549.44	63080.46	31387.08	31693.39	468.98

7-24 生均一般公共预算教育事业费和基本建设支出（地方中等职业学校）

单位：元

地区	一般公共预算教育事业费和基本建设支出	事业费支出			基本建设支出
			个人部分	公用部分	
合计	**16879.52**	**16694.94**	**10643.45**	**6051.49**	**184.57**
北京	64600.75	63985.79	43074.59	20911.20	614.96
天津	21660.78	21660.78	17324.23	4336.55	
河北	16344.37	16284.75	11578.87	4705.88	59.62
山西	18409.35	18130.08	10767.49	7362.59	279.27
内蒙古	22876.00	22299.40	12901.60	9397.81	576.59
辽宁	15406.95	15166.21	10805.54	4360.66	240.74
吉林	22960.24	22943.97	15483.78	7460.20	16.27
黑龙江	22328.15	22051.41	15614.74	6436.68	276.73
上海	41137.52	41111.31	29119.91	11991.40	26.21
江苏	19480.50	19475.87	14275.52	5200.35	4.62
浙江	28246.55	27289.50	17934.44	9355.05	957.06
安徽	15679.31	15498.93	8220.37	7278.56	180.38
福建	16642.69	16508.21	10785.85	5722.36	134.48
江西	16304.39	15899.48	6941.89	8957.59	404.90
山东	18069.46	18057.97	12311.59	5746.38	11.48
河南	9177.04	9141.70	5221.65	3920.05	35.34
湖北	15736.04	15736.04	9687.03	6049.00	
湖南	14565.31	14440.11	8868.52	5571.59	125.20
广东	19278.98	19153.54	12820.28	6333.26	125.44
广西	10192.84	10147.31	5863.98	4283.33	45.53
海南	14633.05	14501.58	7550.58	6951.00	131.47
重庆	14500.92	13976.21	7419.18	6557.03	524.71
四川	13936.23	13875.70	8608.19	5267.51	60.53
贵州	10157.32	10012.32	6347.86	3664.46	145.00
云南	12273.66	12154.97	8144.06	4010.91	118.69
西藏	51058.03	50993.27	23182.70	27810.57	64.76
陕西	13976.92	13896.15	9276.90	4619.25	80.77
甘肃	17961.41	17564.51	11343.62	6220.89	396.90
青海	21991.19	21349.05	9227.55	12121.50	642.13
宁夏	18360.94	18360.94	7579.29	10781.65	
新疆	19578.53	18748.40	12198.86	6549.54	830.13
大连	24408.47	23688.08	16483.55	7204.53	720.39
宁波	37257.86	37257.86	21864.40	15393.46	
厦门	28536.45	28042.00	18887.32	9154.67	494.45
青岛	25166.39	25166.39	19802.97	5363.43	
深圳	38452.86	37983.88	19670.74	18313.14	468.98

7-25 生均教育经费支出(地方中等专业学校)

单位：元

地区	教育经费支出	个人和公用部分支出			基本建设支出
			个人部分	公用部分	
合计	**24441.03**	**24210.08**	**13659.38**	**10550.70**	**230.95**
北京	75035.62	73946.71	48757.62	25189.09	1088.92
天津	24192.04	24192.04	18184.61	6007.43	
河北	30409.26	30285.98	14722.53	15563.45	123.27
山西	29821.04	29286.31	19310.43	9975.87	534.74
内蒙古	28942.49	26852.47	15807.70	11044.77	2090.02
辽宁	24251.69	24064.78	16476.90	7587.87	186.92
吉林	40946.92	40836.60	17790.09	23046.51	110.32
黑龙江	20322.41	20322.41	11838.57	8483.83	
上海	78002.18	77960.78	45481.07	32479.71	41.40
江苏	32409.79	32403.03	21353.60	11049.43	6.76
浙江	42555.47	40012.27	23404.52	16607.75	2543.20
安徽	23651.89	23458.26	11384.40	12073.87	193.62
福建	25959.78	25807.75	13364.52	12443.23	152.03
江西	21432.58	21002.56	7954.85	13047.71	430.02
山东	26036.85	26014.02	14586.04	11427.98	22.83
河南	10689.87	10689.22	5368.28	5320.95	0.64
湖北	22153.54	22153.54	12688.21	9465.33	
湖南	17927.83	17927.83	9121.12	8806.71	
广东	27269.72	27071.42	15766.38	11305.04	198.30
广西	14667.93	14639.79	8616.35	6023.44	28.14
海南	16373.14	16275.74	9071.65	7204.08	97.41
重庆	20848.85	20313.51	9612.55	10700.96	535.34
四川	18427.10	18357.26	11038.57	7318.69	69.84
贵州	17316.43	16652.12	8162.86	8489.26	664.31
云南	17378.59	17152.95	10954.21	6198.73	225.64
西藏	57893.19	57822.82	29916.40	27906.42	70.37
陕西	21013.23	21013.23	13127.70	7885.53	
甘肃	23754.55	23210.09	14368.67	8841.42	544.47
青海	28684.26	28042.13	13254.41	14787.72	642.13
宁夏	22206.55	22206.55	11061.85	11144.70	
新疆	26452.09	25499.74	15124.18	10375.57	952.35
大连	32089.37	31577.58	23276.20	8301.38	511.79
宁波	59148.27	59148.27	34350.26	24798.01	
厦门	51793.41	50938.85	28242.25	22696.61	854.55
青岛	51566.28	51566.28	33764.73	17801.55	
深圳	81723.70	80805.42	44234.48	36570.94	918.28

7-26 生均一般公共预算教育事业费和基本建设支出（地方中等专业学校）

单位：元

地区	一般公共预算教育事业费和基本建设支出	事业费支出			基本建设支出
			个人部分	公用部分	
合计	**16563.16**	**16381.03**	**10325.54**	**6055.50**	**182.12**
北京	54532.25	53472.19	35636.25	17835.94	1060.06
天津	20021.85	20021.85	15622.88	4398.98	
河北	17436.44	17317.48	13107.02	4210.46	118.96
山西	21923.59	21388.85	13947.52	7441.33	534.74
内蒙古	22911.75	21194.38	11222.39	9971.99	1717.37
辽宁	15815.98	15629.07	10982.77	4646.30	186.92
吉林	21264.29	21264.29	13350.87	7913.42	
黑龙江	13865.70	13865.70	8327.62	5538.08	
上海	37351.98	37310.57	26080.75	11229.82	41.40
江苏	21012.78	21006.02	15654.69	5351.32	6.76
浙江	27577.31	26644.14	16578.96	10065.17	933.17
安徽	15523.90	15330.28	8264.73	7065.55	193.62
福建	16776.82	16636.06	10785.22	5850.84	140.76
江西	14162.30	13732.27	6610.78	7121.49	430.02
山东	17802.74	17779.90	11965.11	5814.79	22.83
河南	7516.16	7515.52	4010.36	3505.15	0.64
湖北	15101.41	15101.41	9032.04	6069.37	
湖南	13789.44	13789.44	7608.52	6180.93	
广东	18556.86	18361.74	12650.61	5711.13	195.12
广西	10869.87	10841.73	6168.84	4672.89	28.14
海南	13804.43	13707.02	7102.08	6604.94	97.41
重庆	14740.62	14214.31	5779.60	8434.72	526.31
四川	13672.09	13602.25	8345.83	5256.42	69.84
贵州	11341.91	11119.33	6350.17	4769.16	222.58
云南	12011.74	11786.10	7342.49	4443.61	225.64
西藏	51234.47	51164.11	23894.93	27269.18	70.37
陕西	14169.58	14169.58	8714.57	5455.01	
甘肃	16776.45	16307.68	10732.19	5575.49	468.78
青海	21991.19	21349.05	9227.55	12121.50	642.13
宁夏	17013.84	17013.84	7400.25	9613.60	
新疆	20707.89	19997.47	12827.85	7169.62	710.42
大连	23113.45	22601.66	15959.29	6642.37	511.79
宁波	41486.31	41486.31	21713.72	19772.60	
厦门	34351.92	33625.11	22556.79	11068.31	726.82
青岛	28237.29	28237.29	20663.00	7574.29	
深圳	51109.42	50191.14	28271.38	21919.76	918.28

7-27 生均教育经费支出(地方职业高中)

单位：元

地 区	教育经费支出	个人和公用部分支出			基本建设支出
			个人部分	公用部分	
合 计	**25841.55**	**25646.88**	**14032.89**	**11613.99**	**194.66**
北 京	129306.40	128526.94	98130.30	30396.64	779.46
天 津	36201.27	36201.27	29044.52	7156.75	
河 北	24128.77	24127.45	10926.29	13201.17	1.32
山 西	24372.69	24129.88	11986.74	12143.14	242.81
内蒙古	29497.07	29340.10	17917.33	11422.77	156.97
辽 宁	19149.98	18926.74	13746.67	5180.07	223.24
吉 林	32483.89	32453.05	15984.71	16468.35	30.84
黑龙江	30097.43	29466.17	20995.98	8470.19	631.26
上 海	84019.79	84019.79	51200.65	32819.14	
江 苏	28144.98	28144.98	18191.07	9953.92	
浙 江	44209.60	43213.45	22100.80	21112.65	996.15
安 徽	121791.08	121791.08	24119.05	97672.03	
福 建	46403.83	45673.35	14656.78	31016.58	730.47
江 西	38780.05	38323.59	8689.09	29634.50	456.45
山 东	29211.78	29211.78	17388.45	11823.33	
河 南	15091.16	15075.90	7778.27	7297.63	15.26
湖 北	21959.12	21959.12	14445.87	7513.25	
湖 南	18499.06	18342.76	9888.50	8454.26	156.30
广 东	31674.78	31576.32	21130.66	10445.66	98.46
广 西	20271.80	20271.80	12489.84	7781.96	
海 南	21352.79	21352.79	12769.54	8583.25	
重 庆	20132.67	19965.03	11653.04	8311.99	167.65
四 川	18402.45	18353.04	10602.22	7750.82	49.41
贵 州	17481.83	17355.49	8365.44	8990.05	126.34
云 南	21453.19	21434.42	14683.00	6751.42	18.76
西 藏					
陕 西	23590.54	23426.77	12627.78	10798.99	163.77
甘 肃	32852.00	32762.04	15443.17	17318.87	89.95
青 海					
宁 夏	23488.47	23488.47	11083.59	12404.88	
新 疆	33920.21	32678.92	14265.74	18413.18	1241.29
大 连	30795.57	29634.36	23614.32	6020.04	1161.21
宁 波	44652.74	44652.74	24746.28	19906.46	
厦 门	37272.89	33814.77	13598.31	20216.46	3458.12
青 岛	45702.86	45702.86	27057.71	18645.15	
深 圳	59106.86	58516.70	31928.78	26587.93	590.16

7-28 生均一般公共预算教育事业费和基本建设支出（地方职业高中）

单位：元

地区	一般公共预算教育事业费和基本建设支出	事业费支出			基本建设支出
			个人部分	公用部分	
合计	**17562.39**	**17376.67**	**11286.22**	**6090.45**	**185.72**
北京	94249.62	93476.95	69515.02	23961.93	772.67
天津	28959.24	28959.24	24334.97	4624.27	
河北	14574.12	14572.81	9635.91	4936.89	1.32
山西	16451.56	16249.15	9412.86	6836.28	202.41
内蒙古	22546.14	22425.08	13334.51	9090.56	121.07
辽宁	13690.21	13497.60	10114.47	3383.12	192.61
吉林	18594.39	18563.55	11539.98	7023.57	30.84
黑龙江	23802.04	23170.78	16149.59	7021.19	631.26
上海	46471.04	46471.04	33559.95	12911.08	
江苏	18336.12	18336.12	13372.81	4963.31	
浙江	28857.14	27861.00	19037.76	8823.24	996.15
安徽	57785.33	57785.33	22648.86	35136.48	
福建	19303.09	19303.09	11943.44	7359.65	
江西	24344.87	23888.42	7117.83	16770.59	456.45
山东	20334.53	20334.53	15065.07	5269.46	
河南	9825.25	9809.99	6094.48	3715.51	15.26
湖北	16752.65	16752.65	11347.36	5405.29	
湖南	14447.65	14291.35	8742.91	5548.44	156.30
广东	23572.85	23474.40	16306.66	7167.74	98.46
广西	16799.56	16799.56	9923.78	6875.78	
海南	15047.02	15047.02	8361.34	6685.68	
重庆	15029.10	14865.12	8550.57	6314.55	163.98
四川	13679.81	13630.40	8390.10	5240.30	49.41
贵州	10019.53	9895.37	6947.99	2947.38	124.16
云南	14100.23	14081.47	10692.88	3388.59	18.76
西藏					
陕西	17336.46	17185.11	11351.38	5833.73	151.35
甘肃	20337.99	20248.04	12082.17	8165.87	89.95
青海					
宁夏	19064.42	19064.42	7672.79	11391.63	
新疆	17351.73	16185.61	10694.90	5490.72	1166.12
大连	22717.94	21556.73	16945.55	4611.18	1161.21
宁波	33756.03	33756.03	19916.54	13839.49	
厦门	12130.31	12130.31	10617.43	1512.88	
青岛	28113.10	28113.10	22759.21	5353.89	
深圳	39922.22	39332.05	19925.15	19406.90	590.16

7-29 生均教育经费支出(地方农村职业高中)

单位：元

地区	教育经费支出	个人和公用部分支出	个人部分	公用部分	基本建设支出
合计	**23042.56**	**22886.95**	**11638.67**	**11248.27**	**155.61**
北京	124104.33	124104.33	82463.79	41640.55	
天津	39583.12	39583.12	27144.36	12438.75	
河北	25170.99	25168.81	10464.82	14703.99	2.18
山西	22390.69	22091.75	12476.67	9615.08	298.94
内蒙古	29714.32	29560.43	18107.64	11452.79	153.89
辽宁	14574.67	14574.67	10488.45	4086.21	
吉林	27759.68	27702.93	16127.17	11575.76	56.75
黑龙江	28712.54	28569.73	20690.68	7879.05	142.81
上海	74915.55	74915.55	53093.81	21821.75	
江苏	30497.54	30497.54	16549.16	13948.38	
浙江	44469.04	43841.98	19181.81	24660.18	627.06
安徽	490736.47	490736.47	187896.83	302839.65	
福建	37571.69	36361.43	13056.78	23304.65	1210.26
江西	40326.85	39617.97	9081.27	30536.70	708.88
山东	20374.88	20374.88	12053.75	8321.13	
河南	14423.06	14423.06	7122.68	7300.38	
湖北	16661.30	16661.30	10810.56	5850.74	
湖南	18183.35	17988.28	9002.95	8985.32	195.07
广东	23382.59	23382.59	15367.45	8015.14	
广西	20355.12	20355.12	13196.41	7158.71	
海南	19872.21	19872.21	11828.38	8043.83	
重庆	20178.21	20118.88	12589.54	7529.34	59.33
四川	16612.37	16528.14	9372.59	7155.55	84.23
贵州	16311.89	16242.78	7976.42	8266.36	69.11
云南	20173.00	20146.50	14558.25	5588.26	26.50
西藏					
陕西	23111.26	22859.52	11969.60	10889.91	251.74
甘肃	34764.74	34764.74	15360.61	19404.13	
青海					
宁夏	26428.86	26428.86	13194.88	13233.97	
新疆	31597.75	30605.52	12245.23	18360.29	992.23
大连	20510.28	20510.28	16655.96	3854.32	
宁波	41137.83	41137.83	21443.77	19694.06	
厦门	37272.89	33814.77	13598.31	20216.46	3458.12
青岛	18567.75	18567.75	15065.11	3502.64	
深圳					

7-30 生均一般公共预算教育事业费和基本建设支出（地方农村职业高中）

单位：元

地区	一般公共预算教育事业费和基本建设支出	事业费支出			基本建设支出
			个人部分	公用部分	
合计	**15377.20**	**15234.96**	**9591.45**	**5643.50**	**142.25**
北京	97236.54	97236.54	60966.82	36269.71	
天津	29659.87	29659.87	22745.98	6913.89	
河北	14473.17	14471.00	9302.12	5168.88	2.18
山西	14905.43	14673.83	9677.38	4996.45	231.59
内蒙古	23311.83	23216.56	13922.88	9293.68	95.27
辽宁	11003.28	11003.28	7856.33	3146.95	
吉林	18888.05	18831.29	11891.33	6939.97	56.75
黑龙江	22790.87	22648.06	16090.01	6558.05	142.81
上海	41310.99	41310.99	34737.16	6573.83	
江苏	18754.94	18754.94	13363.41	5391.53	
浙江	24141.20	23514.14	16993.25	6520.90	627.06
安徽	469936.96	469936.96	182711.06	287225.90	
福建	18730.54	18730.54	10647.74	8082.80	
江西	26474.57	25765.68	7432.44	18333.24	708.88
山东	15305.57	15305.57	10603.20	4702.37	
河南	9768.70	9768.70	5643.77	4124.93	
湖北	13420.08	13420.08	8768.10	4651.98	
湖南	13811.52	13616.45	7964.19	5652.26	195.07
广东	16892.04	16892.04	12186.81	4705.23	
广西	16093.65	16093.65	9828.30	6265.35	
海南	14466.35	14466.35	6616.28	7850.07	
重庆	15526.80	15467.47	9631.68	5835.78	59.33
四川	12660.03	12575.80	7561.39	5014.41	84.23
贵州	9580.00	9510.89	6590.68	2920.21	69.11
云南	13866.55	13840.06	10900.27	2939.78	26.50
西藏					
陕西	16862.08	16630.23	10788.93	5841.29	231.86
甘肃	20861.99	20861.99	12186.10	8675.89	
青海					
宁夏	20682.12	20682.12	9099.65	11582.47	
新疆	16177.04	15184.81	9970.92	5213.90	992.23
大连	16306.17	16306.17	12579.65	3726.52	
宁波	26010.89	26010.89	19019.41	6991.48	
厦门	12130.31	12130.31	10617.43	1512.88	
青岛	13628.13	13628.13	12019.61	1608.52	
深圳					

7-31 生均教育经费支出(地方技工学校)

单位：元

地区	教育经费支出	个人和公用部分支出			基本建设支出
			个人部分	公用部分	
合计	**21136.70**	**20886.73**	**11227.49**	**9659.24**	**249.97**
北京	59975.41	59975.41	36378.89	23596.52	
天津	23946.13	23946.13	18245.86	5700.27	
河北	16659.96	16334.67	10857.23	5477.43	325.29
山西	30647.63	30647.63	16556.10	14091.53	
内蒙古	55836.63	55836.63	33323.21	22513.43	
辽宁	33532.91	32397.92	20738.51	11659.42	1134.99
吉林	16337.39	16256.30	10266.74	5989.56	81.09
黑龙江	28389.10	28389.10	20160.64	8228.46	
上海	95247.03	95247.03	71330.05	23916.98	
江苏	20696.49	20696.49	13485.69	7210.80	
浙江	33125.99	31501.34	15390.99	16110.36	1624.65
安徽	18625.01	18625.01	6913.65	11711.36	
福建	25645.40	25482.54	12496.78	12985.76	162.87
江西	25791.83	25749.52	9231.05	16518.47	42.31
山东	20430.10	20428.73	10686.02	9742.71	1.36
河南	13088.87	12834.02	5585.57	7248.45	254.86
湖北	42799.82	42799.82	13464.41	29335.41	
湖南	18598.46	18598.46	10468.98	8129.48	
广东	25226.76	25172.74	14147.43	11025.31	54.02
广西	13578.95	13449.83	7420.68	6029.14	129.12
海南	29846.18	29317.39	12665.93	16651.46	528.80
重庆	18156.25	16154.92	7648.89	8506.03	2001.32
四川	17705.79	17575.18	10835.18	6740.00	130.61
贵州	11858.18	11858.18	7074.20	4783.97	
云南	12660.81	12660.81	6290.10	6370.71	
西藏	50639.06	50639.06	16570.49	34068.57	
陕西	12524.31	12524.31	6944.48	5579.83	
甘肃	41090.16	39929.94	28414.35	11515.59	1160.22
青海					
宁夏					
新疆	24194.71	23186.95	12614.10	10572.84	1007.76
大连	49437.72	49437.72	23755.78	25681.94	
宁波	32694.50	32694.50	19232.31	13462.19	
厦门	39620.17	39620.17	15175.70	24444.47	
青岛	23657.87	23657.87	13049.92	10607.95	
深圳	58470.00	58470.00	22322.83	36147.16	

7-32 生均一般公共预算教育事业费和基本建设支出（地方技工学校）

单位：元

地区	一般公共预算教育事业费和基本建设支出	事业费支出	个人部分	公用部分	基本建设支出
合计	**14402.65**	**14207.98**	**8623.56**	**5584.42**	**194.67**
北京	56726.10	56726.10	34393.68	22332.43	
天津	17545.14	17545.14	14399.07	3146.07	
河北	14427.42	14102.12	9441.27	4660.86	325.29
山西	24923.48	24923.48	11804.94	13118.54	
内蒙古	37915.96	37915.96	23698.97	14216.99	
辽宁	23952.43	22817.44	14119.47	8697.97	1134.99
吉林	10029.78	10029.78	7158.15	2871.63	
黑龙江	18762.64	18762.64	12986.79	5775.85	
上海	45161.03	45161.03	33493.55	11667.48	
江苏	13098.41	13098.41	8490.69	4607.72	
浙江	22764.89	21918.27	12240.50	9677.76	846.62
安徽	11264.66	11264.66	4663.80	6600.86	
福建	14738.51	14575.65	10261.95	4313.70	162.87
江西	12159.08	12116.76	7744.94	4371.83	42.31
山东	15655.76	15654.40	9732.46	5921.93	1.36
河南	7850.63	7709.64	4314.42	3395.22	141.00
湖北	19642.88	19642.88	10445.95	9196.93	
湖南	10027.00	10027.00	7463.29	2563.71	
广东	17977.65	17923.63	11210.18	6713.44	54.02
广西	8430.54	8341.02	4987.68	3353.34	89.52
海南	19938.05	19409.25	9598.77	9810.48	528.80
重庆	10762.86	8761.54	3159.16	5602.37	2001.32
四川	13998.00	13867.39	8701.09	5166.30	130.61
贵州	5546.10	5546.10	2477.35	3068.75	
云南	8874.19	8874.19	4751.54	4122.65	
西藏	49018.55	49018.55	14949.98	34068.57	
陕西	5759.98	5759.98	4042.98	1717.00	
甘肃	26850.46	25690.23	17664.68	8025.56	1160.22
青海					
宁夏					
新疆	17098.09	16193.76	10885.55	5308.21	904.34
大连	38661.46	38661.46	17404.79	21256.67	
宁波	26319.02	26319.02	15952.38	10366.65	
厦门	18628.39	18628.39	11361.27	7267.12	
青岛	15338.62	15338.62	10724.85	4613.77	
深圳	28132.31	28132.31	13763.59	14368.71	

7-33 生均教育经费支出(地方普通中学)

单位：元

地区	教育经费支出	个人和公用部分支出	个人部分	公用部分	基本建设支出
合计	**23259.35**	**22823.15**	**16600.67**	**6222.48**	**436.21**
北京	76948.67	72514.54	52036.57	20477.97	4434.13
天津	32080.78	31902.41	26805.87	5096.54	178.37
河北	16817.44	16758.99	12035.45	4723.54	58.45
山西	23202.19	23010.55	16237.75	6772.80	191.64
内蒙古	29552.35	29057.52	20621.26	8436.25	494.83
辽宁	21732.29	21607.57	17548.80	4058.77	124.71
吉林	23656.73	23503.21	17529.12	5974.09	153.52
黑龙江	22531.62	22184.89	18095.33	4089.56	346.73
上海	69807.69	68873.01	42555.17	26317.84	934.68
江苏	31339.31	31312.80	23207.20	8105.60	26.51
浙江	38952.07	37588.38	25925.56	11662.82	1363.69
安徽	22210.37	21656.23	15638.62	6017.60	554.14
福建	24480.87	24389.29	17974.98	6414.32	91.58
江西	19633.67	19238.81	12070.29	7168.53	394.85
山东	21771.14	21769.85	16653.49	5116.36	1.29
河南	14062.09	13862.27	9827.87	4034.39	199.83
湖北	23608.17	23608.17	17269.10	6339.06	
湖南	19650.45	19588.15	13421.48	6166.67	62.30
广东	28276.70	26294.68	19520.27	6774.41	1982.02
广西	15090.29	15011.33	11521.32	3490.01	78.96
海南	27225.77	27020.96	18649.17	8371.79	204.80
重庆	25032.12	24403.76	17618.52	6785.23	628.36
四川	21808.19	21645.84	15899.41	5746.43	162.36
贵州	19047.77	18916.70	13725.36	5191.34	131.07
云南	19051.68	18925.53	15112.66	3812.87	126.15
西藏	49194.88	46036.34	34827.76	11208.58	3158.54
陕西	21954.01	21530.19	14443.94	7086.25	423.82
甘肃	20697.83	20431.31	15190.22	5241.08	266.52
青海	30013.38	28931.85	21341.51	7590.33	1081.53
宁夏	23713.62	23636.70	16448.52	7188.18	76.92
新疆	24550.66	23438.11	17522.73	5915.38	1112.55
大连	25931.26	25617.92	20630.14	4987.78	313.34
宁波	38976.05	38215.18	27217.03	10998.14	760.87
厦门	35740.14	35150.42	25509.84	9640.58	589.72
青岛	34343.95	34343.95	27015.18	7328.77	
深圳	67695.29	49174.28	32205.94	16968.34	18521.01

7-34 生均一般公共预算教育事业费和基本建设支出（地方普通中学）

单位：元

地区	一般公共预算教育事业费和基本建设支出	事业费支出			基本建设支出
			个人部分	公用部分	
合计	**17955.37**	**17563.74**	**13281.18**	**4282.56**	**391.63**
北京	60011.86	56702.98	38330.10	18372.89	3308.87
天津	26919.22	26740.84	22550.12	4190.73	178.37
河北	14501.79	14445.61	10829.97	3615.63	56.18
山西	18224.33	18078.54	12690.21	5388.33	145.79
内蒙古	21625.29	21328.03	15155.38	6172.65	297.26
辽宁	15831.11	15728.94	13152.07	2576.87	102.17
吉林	17127.47	16975.66	12878.64	4097.02	151.81
黑龙江	16378.74	16032.01	13099.97	2932.04	346.73
上海	39759.24	38824.57	28864.26	9960.30	934.68
江苏	23186.14	23163.51	18572.78	4590.73	22.63
浙江	30463.63	29107.52	22199.40	6908.12	1356.11
安徽	17230.48	16893.72	12076.93	4816.79	336.77
福建	19004.90	18948.44	15051.58	3896.86	56.46
江西	16092.58	15713.80	9959.98	5753.82	378.78
山东	17657.17	17655.88	14302.35	3353.54	1.29
河南	10426.35	10232.08	7417.77	2814.30	194.27
湖北	18993.09	18993.09	13984.51	5008.58	
湖南	15659.02	15596.72	11733.26	3863.46	62.30
广东	21846.68	19949.44	15300.63	4648.81	1897.25
广西	11599.36	11537.13	9042.92	2494.22	62.23
海南	19815.61	19611.10	12601.57	7009.53	204.51
重庆	17538.54	17038.33	12754.56	4283.78	500.21
四川	16290.68	16147.56	12158.94	3988.63	143.12
贵州	14823.44	14705.66	11570.37	3135.29	117.78
云南	14616.48	14504.26	11563.32	2940.94	112.22
西藏	42429.87	39271.33	28188.76	11082.58	3158.54
陕西	18487.49	18069.26	12733.85	5335.41	418.23
甘肃	16139.96	15873.94	11822.37	4051.57	266.02
青海	21801.56	20772.04	14842.23	5929.81	1029.52
宁夏	16821.56	16744.64	10928.20	5816.44	76.92
新疆	20863.31	20034.90	15912.73	4122.17	828.40
大连	18241.18	17927.84	14803.62	3124.22	313.34
宁波	32425.67	31664.80	23221.48	8443.31	760.87
厦门	25950.14	25691.79	20724.90	4966.89	258.35
青岛	28131.68	28131.68	23533.30	4598.38	
深圳	50199.53	31869.50	20249.98	11619.52	18330.03

7-35 生均教育经费支出(地方普通高中)

单位：元

地区	教育经费支出	个人和公用部分支出	个人部分	公用部分	基本建设支出
合计	**25759.75**	**25116.75**	**17704.92**	**7411.83**	**643.00**
北京	80081.53	76936.55	57641.97	19294.58	3144.98
天津	33213.34	33213.34	27587.29	5626.05	
河北	19665.50	19653.60	13517.99	6135.61	11.90
山西	24978.91	24783.14	17105.77	7677.36	195.77
内蒙古	31594.15	30783.27	20391.32	10391.95	810.89
辽宁	21306.41	21199.46	16360.78	4838.68	106.95
吉林	20483.36	20392.85	14705.90	5686.96	90.51
黑龙江	20219.31	19649.43	15012.73	4636.70	569.88
上海	90950.43	89998.12	50502.67	39495.45	952.31
江苏	36674.67	36653.57	25503.70	11149.87	21.10
浙江	47064.87	43982.90	30623.04	13359.86	3081.97
安徽	23557.72	22097.24	16571.29	5525.95	1460.48
福建	26688.40	26509.63	19052.79	7456.85	178.77
江西	21208.57	20535.23	12970.03	7565.20	673.34
山东	24860.86	24860.86	18603.61	6257.25	
河南	16755.22	16219.78	10682.42	5537.35	535.45
湖北	26368.55	26368.55	18568.60	7799.95	
湖南	22632.28	22606.65	14998.36	7608.29	25.63
广东	33183.38	30234.97	21824.53	8410.44	2948.41
广西	16587.48	16476.22	11972.18	4504.04	111.26
海南	30624.98	30232.60	20557.86	9674.73	392.38
重庆	24985.94	24414.28	17514.50	6899.78	571.66
四川	22048.13	21950.36	15648.65	6301.71	97.76
贵州	21576.10	21374.31	14622.54	6751.78	201.79
云南	20308.06	20130.68	14952.05	5178.63	177.38
西藏	53041.90	47701.86	34974.23	12727.63	5340.04
陕西	22118.82	21641.49	14518.43	7123.07	477.32
甘肃	22676.80	22432.27	16035.85	6396.42	244.53
青海	33136.66	32328.99	22583.42	9745.57	807.67
宁夏	24581.49	24581.49	17205.94	7375.55	
新疆	24804.45	23945.38	18361.68	5583.69	859.07
大连	27468.71	27468.71	22530.38	4938.33	
宁波	50204.64	49728.41	34469.67	15258.74	476.23
厦门	42623.83	41671.87	28992.90	12678.96	951.97
青岛	37406.73	37406.73	28170.17	9236.56	
深圳	86366.86	59658.52	37589.37	22069.16	26708.34

7-36 生均一般公共预算教育事业费和基本建设支出（地方普通高中）

单位：元

地区	一般公共预算教育事业费和基本建设支出	事业费支出			基本建设支出
			个人部分	公用部分	
合计	**18643.76**	**18059.31**	**13721.18**	**4338.12**	**584.45**
北京	61650.76	58843.24	42013.18	16830.07	2807.52
天津	26947.80	26947.80	22962.38	3985.42	
河北	15653.90	15642.01	11925.16	3716.84	11.90
山西	18988.54	18792.89	13029.27	5763.61	195.65
内蒙古	22820.21	22469.85	14771.90	7697.95	350.36
辽宁	14483.00	14401.41	11963.52	2437.88	81.59
吉林	13565.10	13474.59	9901.96	3572.64	90.51
黑龙江	14002.55	13432.67	10552.83	2879.83	569.88
上海	45405.40	44453.09	31887.19	12565.90	952.31
江苏	25039.26	25023.01	19847.72	5175.29	16.26
浙江	35828.95	32746.98	25237.83	7509.15	3081.97
安徽	16278.05	15445.63	11736.47	3709.16	832.41
福建	19618.74	19474.06	15459.92	4014.14	144.68
江西	16642.43	15969.11	10405.82	5563.29	673.33
山东	18924.42	18924.42	15870.74	3053.68	
河南	11306.88	10777.32	7808.43	2968.90	529.56
湖北	18967.49	18967.49	14081.29	4886.21	
湖南	15998.23	15972.60	12376.33	3596.27	25.63
广东	24188.49	21356.62	16706.46	4650.16	2831.88
广西	11835.72	11724.47	8996.27	2728.20	111.26
海南	21568.76	21176.38	13643.87	7532.51	392.38
重庆	16773.66	16377.18	12457.37	3919.81	396.48
四川	15625.90	15540.57	11749.35	3791.22	85.33
贵州	15498.45	15317.22	11912.38	3404.84	181.23
云南	15168.61	14991.24	11140.15	3851.09	177.38
西藏	46109.26	40769.21	28258.68	12510.53	5340.04
陕西	18190.16	17718.28	12509.92	5208.36	471.89
甘肃	16684.37	16441.25	12207.81	4233.44	243.13
青海	23635.44	22827.77	15690.65	7137.12	807.67
宁夏	16820.08	16820.08	11031.68	5788.40	
新疆	20241.93	19528.15	16381.41	3146.74	713.77
大连	17894.88	17894.88	15387.02	2507.86	
宁波	38229.67	37753.43	26771.19	10982.25	476.23
厦门	29347.65	28723.04	22786.29	5936.75	624.61
青岛	28025.27	28025.27	23655.28	4370.00	
深圳	62820.47	36693.94	23259.82	13434.13	26126.53

7-37　生均教育经费支出(地方农村高中)

单位：元

地　区	教育经费支出	个人和公用部分支出			基本建设支出
			个人部分	公用部分	
合　计	**20359.74**	**20165.19**	**14414.16**	**5751.02**	**194.55**
北　京	97046.84	83585.16	58747.31	24837.85	13461.68
天　津	28496.30	28496.30	25350.58	3145.72	
河　北	17595.06	17574.77	11708.89	5865.88	20.29
山　西	22967.73	22888.13	16156.94	6731.19	79.60
内蒙古	30545.71	29932.48	19460.22	10472.27	613.23
辽　宁	16113.36	16042.53	12800.81	3241.72	70.83
吉　林	20236.23	20235.24	14307.21	5928.03	0.98
黑龙江	18200.33	17421.76	13304.36	4117.40	778.58
上　海	63316.14	63316.14	46846.76	16469.38	
江　苏	27817.82	27806.73	20097.98	7708.75	11.09
浙　江	40795.33	38779.30	28758.91	10020.39	2016.03
安　徽	19918.96	19917.14	15028.70	4888.43	1.82
福　建	23226.87	23194.55	17428.41	5766.14	32.32
江　西	19310.09	18956.34	10779.33	8177.01	353.75
山　东	19463.77	19463.77	14943.10	4520.67	
河　南	14064.19	14048.30	9192.28	4856.02	15.89
湖　北	20397.90	20397.90	14811.25	5586.65	
湖　南	20210.54	20177.83	13138.35	7039.48	32.71
广　东	22017.21	21981.40	16071.33	5910.07	35.81
广　西	13879.99	13705.21	10157.43	3547.79	174.77
海　南	31475.39	30678.73	19646.27	11032.46	796.66
重　庆	20468.34	20437.46	16210.53	4226.93	30.89
四　川	18868.33	18748.49	13519.41	5229.08	119.84
贵　州	18895.19	18780.87	13256.28	5524.59	114.32
云　南	18092.93	17895.54	13872.09	4023.46	197.38
西　藏	35554.61	35554.61	30120.35	5434.26	
陕　西	20729.28	20165.90	13303.16	6862.74	563.38
甘　肃	20689.16	20623.31	15417.79	5205.52	65.84
青　海	32305.94	31222.88	22341.88	8881.00	1083.07
宁　夏	21946.87	21946.87	16161.17	5785.70	
新　疆	22175.66	21418.56	17684.27	3734.28	757.11
大　连	29664.95	29664.95	23513.05	6151.89	
宁　波	43978.24	43978.24	34085.36	9892.88	
厦　门	34390.23	34390.23	22816.42	11573.81	
青　岛	40683.93	40683.93	26810.37	13873.57	
深　圳					

7-38 生均一般公共预算教育事业费和基本建设支出（地方农村高中）

单位：元

地 区	一般公共预算教育事业费和基本建设支出	事业费支出	个人部分	公用部分	基本建设支出
合 计	**15096.60**	**14907.21**	**11311.33**	**3595.88**	**189.39**
北 京	78915.25	65453.57	42544.84	22908.73	13461.68
天 津	23097.70	23097.70	20402.74	2694.96	
河 北	13751.47	13731.18	10313.06	3418.12	20.29
山 西	17653.89	17574.29	12483.49	5090.80	79.60
内蒙古	22087.36	21560.08	14476.57	7083.51	527.28
辽 宁	11220.31	11181.01	9566.26	1614.76	39.30
吉 林	13723.88	13722.90	9914.38	3808.52	0.98
黑龙江	12668.86	11890.29	9172.41	2717.88	778.58
上 海	38669.78	38669.78	32752.39	5917.39	
江 苏	19944.69	19944.69	15754.90	4189.80	
浙 江	31524.63	29508.60	24197.54	5311.06	2016.03
安 徽	14377.40	14375.58	10904.64	3470.94	1.82
福 建	17854.98	17822.66	14467.23	3355.43	32.32
江 西	14802.88	14449.13	8662.96	5786.17	353.75
山 东	14698.93	14698.93	12553.65	2145.28	
河 南	9773.23	9757.35	6772.08	2985.27	15.89
湖 北	15667.89	15667.89	11373.36	4294.53	
湖 南	14043.84	14011.13	10549.47	3461.66	32.71
广 东	15835.75	15800.00	12393.67	3406.33	35.75
广 西	10347.78	10173.01	7648.99	2524.02	174.77
海 南	23519.22	22722.56	13237.55	9485.01	796.66
重 庆	14565.49	14543.52	11844.44	2699.07	21.97
四 川	13408.10	13295.37	10207.47	3087.90	112.73
贵 州	13896.75	13813.21	10750.18	3063.03	83.54
云 南	13762.38	13565.00	10603.99	2961.01	197.38
西 藏	30134.77	30134.77	24741.83	5392.95	
陕 西	17854.30	17301.48	11651.06	5650.42	552.82
甘 肃	15817.29	15753.53	12043.17	3710.36	63.76
青 海	21902.41	20819.34	15676.04	5143.30	1083.07
宁 夏	15358.97	15358.97	10645.40	4713.57	
新 疆	18669.18	17923.60	15691.87	2231.74	745.58
大 连	20009.94	20009.94	16342.27	3667.67	
宁 波	32937.84	32937.84	25976.37	6961.47	
厦 门	22800.48	22800.48	18342.37	4458.11	
青 岛	24515.83	24515.83	21615.71	2900.12	
深 圳					

7-39 生均教育经费支出(地方普通初中)

单位：元

地　区	教育经费支　出	个人和公用部分支出			基本建设支　出
			个人部分	公用部分	
合　计	**22043.78**	**21708.11**	**16063.83**	**5644.28**	**335.67**
北　京	75264.32	70137.09	49022.88	21114.21	5127.23
天　津	31450.11	31172.41	26370.74	4801.67	277.70
河　北	15539.15	15459.82	11370.05	4089.76	79.34
山　西	22073.82	21884.80	15686.48	6198.32	189.02
内蒙古	28258.64	27964.06	20766.96	7197.10	294.58
辽　宁	21977.45	21842.51	18232.70	3609.81	134.94
吉　林	25896.61	25698.62	19521.86	6176.76	197.99
黑龙江	24105.83	23911.02	20193.96	3717.06	194.82
上　海	61625.39	60697.53	39479.47	21218.07	927.85
江　苏	28713.70	28684.54	22077.06	6607.48	29.17
浙　江	35499.39	34866.97	23926.39	10940.58	632.42
安　徽	21554.20	21441.45	15184.41	6257.04	112.75
福　建	23465.18	23413.72	17479.07	5934.65	51.46
江　西	18861.38	18603.09	11629.08	6974.01	258.29
山　东	20476.42	20474.59	15836.31	4638.28	1.83
河　南	12880.80	12828.19	9453.04	3375.15	52.61
湖　北	22260.30	22260.30	16634.57	5625.72	
湖　南	18237.73	18158.06	12674.40	5483.66	79.67
广　东	25894.88	24381.97	18401.73	5980.24	1512.91
广　西	14391.62	14327.72	11310.92	3016.80	63.89
海　南	25734.90	25612.37	17812.04	7800.33	122.53
重　庆	25061.17	24397.14	17683.99	6713.15	664.04
四　川	21685.89	21490.61	16027.24	5463.37	195.28
贵　州	17961.05	17860.38	13339.73	4520.64	100.67
云　南	18458.26	18356.31	15188.52	3167.79	101.95
西　藏	47184.44	45165.94	34751.21	10414.73	2018.50
陕　西	21869.08	21472.83	14405.55	7067.28	396.24
甘　肃	19597.49	19318.74	14720.04	4598.70	278.75
青　海	28296.78	27064.72	20658.94	6405.78	1232.06
宁　夏	23200.89	23078.53	16001.05	7077.48	122.36
新　疆	24440.84	23218.61	17159.71	6058.90	1222.23
大　连	25218.83	24760.29	19749.60	5010.69	458.54
宁　波	34855.98	33990.67	24555.85	9434.82	865.31
厦　门	32653.14	32225.87	23947.86	8278.01	427.27
青　岛	32867.18	32867.18	26458.28	6408.90	
深　圳	58683.72	44114.21	29607.70	14506.51	14569.51

7-40 生均一般公共预算教育事业费和基本建设支出（地方普通初中）

单位：元

地 区	一般公共预算教育事业费和基本建设支出	事业费支出	个人部分	公用部分	基本建设支出
合 计	**17620.71**	**17322.82**	**13067.27**	**4255.55**	**297.89**
北 京	59130.72	55552.30	36349.93	19202.37	3578.42
天 津	26903.30	26625.60	22320.55	4305.06	277.70
河 北	13984.68	13908.63	10338.43	3570.20	76.05
山 西	17739.00	17624.87	12474.87	5149.99	114.13
内蒙古	20868.18	20604.56	15398.35	5206.21	263.62
辽 宁	16607.17	16493.14	13836.27	2656.87	114.02
吉 林	19641.92	19446.84	14979.70	4467.14	195.08
黑龙江	17996.45	17801.63	14834.05	2967.59	194.82
上 海	37574.16	36646.31	27694.38	8951.93	927.85
江 苏	22274.20	22248.42	17945.36	4303.06	25.77
浙 江	28180.23	27558.62	20906.29	6652.33	621.61
安 徽	17694.32	17598.94	12242.73	5356.21	95.38
福 建	18722.46	18706.59	14863.69	3842.90	15.87
江 西	15822.94	15588.60	9741.35	5847.25	234.34
山 东	17126.15	17124.32	13645.13	3479.19	1.83
河 南	10040.12	9992.92	7246.42	2746.50	47.20
湖 北	19005.59	19005.59	13937.26	5068.33	
湖 南	15498.32	15418.64	11428.59	3990.05	79.67
广 东	20709.91	19266.36	14618.20	4648.16	1443.55
广 西	11489.06	11449.71	9064.69	2385.03	39.35
海 南	19046.69	18924.58	12144.42	6780.16	122.11
重 庆	18019.91	17454.42	12941.58	4512.84	565.49
四 川	16629.56	16456.98	12367.73	4089.25	172.58
贵 州	14533.32	14442.80	11423.36	3019.44	90.51
云 南	14355.69	14274.26	11763.20	2511.06	81.44
西 藏	40507.04	38488.54	28152.21	10336.33	2018.50
陕 西	18640.71	18250.13	12849.25	5400.89	390.57
甘 肃	15837.25	15558.51	11608.06	3950.45	278.75
青 海	20793.62	19642.17	14375.92	5266.25	1151.45
宁 夏	16822.44	16700.08	10867.07	5833.01	122.36
新 疆	21132.18	20254.17	15709.93	4544.24	878.01
大 连	18401.65	17943.11	14533.29	3409.83	458.54
宁 波	30296.03	29430.72	21919.01	7511.71	865.31
厦 门	24426.53	24332.42	19800.47	4531.96	94.10
青 岛	28182.98	28182.98	23474.48	4708.50	
深 圳	44108.22	29541.06	18797.33	10743.72	14567.16

7-41 生均教育经费支出(地方农村初中)

单位：元

地 区	教育经费支 出	个人和公用部分支出	个人部分	公用部分	基本建设支 出
合 计	**19745.88**	**19617.00**	**15068.99**	**4548.01**	**128.88**
北 京	108736.05	105622.24	75470.74	30151.50	3113.81
天 津	30475.38	30475.38	27811.36	2664.03	
河 北	15138.01	15028.00	10890.69	4137.31	110.02
山 西	22048.48	21859.46	16320.04	5539.42	189.02
内蒙古	30619.72	30347.24	23080.61	7266.63	272.47
辽 宁	23003.87	22979.87	20401.48	2578.39	24.00
吉 林	30224.73	30091.94	23223.50	6868.44	132.79
黑龙江	27300.06	27122.51	23119.86	4002.65	177.54
上 海	57720.93	57720.93	47720.12	10000.81	
江 苏	24487.03	24487.03	19808.91	4678.12	
浙 江	33491.07	33040.47	24175.47	8864.99	450.61
安 徽	21268.57	21112.93	15534.93	5578.01	155.63
福 建	22299.69	22287.21	17768.68	4518.54	12.47
江 西	18391.06	18268.05	11263.34	7004.70	123.02
山 东	19561.42	19558.00	15677.09	3880.91	3.41
河 南	12477.11	12449.73	9101.16	3348.57	27.38
湖 北	21515.97	21515.97	16728.93	4787.04	
湖 南	17585.47	17486.27	12643.51	4842.76	99.19
广 东	19218.56	19148.08	15291.47	3856.61	70.48
广 西	13892.73	13842.33	11245.62	2596.71	50.40
海 南	26884.96	26700.66	18422.29	8278.38	184.30
重 庆	25236.51	25179.91	20078.25	5101.66	56.60
四 川	20658.28	20442.23	15738.69	4703.53	216.06
贵 州	17097.04	17043.55	13527.08	3516.47	53.48
云 南	17736.68	17663.30	15201.55	2461.75	73.38
西 藏	43707.88	41640.33	33696.49	7943.84	2067.55
陕 西	22155.58	21999.93	15241.79	6758.14	155.65
甘 肃	20001.58	19803.12	15317.40	4485.73	198.45
青 海	27866.96	26896.73	21702.98	5193.75	970.23
宁 夏	23104.44	22897.11	17426.49	5470.62	207.33
新 疆	23566.04	22846.59	17676.42	5170.17	719.45
大 连	35928.37	35928.37	30917.98	5010.39	
宁 波	32910.52	31370.96	24413.59	6957.37	1539.56
厦 门	34953.73	34772.70	27096.70	7676.00	181.03
青 岛	44769.65	44769.65	39716.83	5052.82	
深 圳					

7-42 生均一般公共预算教育事业费和基本建设支出（地方农村初中）

单位：元

地区	一般公共预算教育事业费和基本建设支出	事业费支出	个人部分	公用部分	基本建设支出
合计	**16124.97**	**16012.11**	**12339.78**	**3672.33**	**112.86**
北京	89450.43	86336.62	57563.05	28773.57	3113.81
天津	25849.67	25849.67	23258.63	2591.05	
河北	13665.78	13560.59	9901.90	3658.69	105.18
山西	17401.28	17319.41	12910.57	4408.83	81.88
内蒙古	22875.72	22624.40	17312.88	5311.52	251.32
辽宁	17496.80	17492.98	15475.95	2017.03	3.82
吉林	22989.33	22856.54	17788.21	5068.33	132.79
黑龙江	20480.29	20302.75	16804.66	3498.09	177.54
上海	37951.49	37951.49	32071.07	5880.42	
江苏	19584.29	19584.29	16375.10	3209.19	
浙江	27550.25	27099.64	21268.98	5830.65	450.61
安徽	17419.25	17285.15	12431.12	4854.03	134.10
福建	18764.38	18752.84	15365.27	3387.57	11.54
江西	15551.17	15463.94	9435.60	6028.34	87.23
山东	16427.52	16424.11	13458.90	2965.21	3.41
河南	9845.77	9818.39	7034.97	2783.42	27.38
湖北	18528.52	18528.52	14130.72	4397.81	
湖南	15191.17	15091.98	11306.79	3785.18	99.19
广东	15470.72	15400.54	11956.72	3443.82	70.17
广西	11358.81	11310.91	9086.70	2224.20	47.91
海南	19981.79	19797.49	12613.66	7183.83	184.30
重庆	18398.87	18376.54	14841.51	3535.03	22.33
四川	16160.80	15962.98	12214.19	3748.80	197.82
贵州	13870.94	13817.46	11546.93	2270.53	53.48
云南	14124.37	14052.31	11973.96	2078.34	72.07
西藏	37317.90	35250.35	27336.46	7913.89	2067.55
陕西	19275.86	19120.21	13586.82	5533.39	155.65
甘肃	16473.41	16274.95	12218.91	4056.04	198.45
青海	20278.76	19308.52	15243.07	4065.45	970.23
宁夏	16748.80	16541.47	11961.01	4580.46	207.33
新疆	20493.11	20071.54	16225.13	3846.41	421.57
大连	24212.78	24212.78	21687.66	2525.12	
宁波	27838.99	26299.43	21102.52	5196.91	1539.56
厦门	28481.35	28386.74	23145.66	5241.09	94.61
青岛	38190.27	38190.27	35313.41	2876.87	
深圳					

7-43　生均教育经费支出(地方普通小学)

单位：元

地　区	教育经费支出	个人和公用部分支出			基本建设支出
			个人部分	公用部分	
合　计	**15896.49**	**15703.00**	**11998.49**	**3704.51**	**193.48**
北　京	43060.49	41560.17	30514.42	11045.75	1500.31
天　津	21945.37	21844.73	18042.70	3802.03	100.64
河　北	11881.12	11854.53	9086.11	2768.42	26.59
山　西	15686.41	15574.81	11839.37	3735.44	111.60
内蒙古	21986.99	21812.92	16938.12	4874.79	174.08
辽　宁	14251.42	14197.35	11605.10	2592.26	54.07
吉　林	20211.17	20081.31	16238.95	3842.35	129.86
黑龙江	21438.67	21320.41	18327.15	2993.26	118.26
上　海	42124.42	42102.99	30983.51	11119.48	21.43
江　苏	19160.05	19146.51	15042.89	4103.62	13.55
浙　江	24190.98	23846.48	16306.29	7540.18	344.50
安　徽	14408.05	14355.41	10572.85	3782.56	52.64
福　建	14901.21	14827.38	11299.61	3527.77	73.83
江　西	14609.75	14497.91	9800.65	4697.26	111.84
山　东	13558.35	13558.26	10677.11	2881.15	0.09
河　南	9400.31	9340.75	7219.48	2121.27	59.56
湖　北	14528.11	14528.11	10663.97	3864.14	
湖　南	12772.79	12735.94	9270.66	3465.29	36.85
广　东	18383.91	17487.98	13679.19	3808.78	895.93
广　西	11508.76	11484.05	9457.96	2026.09	24.71
海　南	19326.75	19309.16	14814.30	4494.86	17.59
重　庆	20186.41	19532.14	14670.57	4861.57	654.28
四　川	16169.31	16081.64	12254.68	3826.96	87.67
贵　州	13756.02	13704.44	10681.93	3022.51	51.58
云　南	15376.97	15267.10	12776.96	2490.14	109.86
西　藏	40483.82	39162.68	30111.45	9051.23	1321.14
陕　西	15482.32	15238.86	9942.44	5296.42	243.46
甘　肃	15480.07	15378.37	12026.78	3351.59	101.70
青　海	21453.41	20539.70	16191.89	4347.81	913.72
宁　夏	17382.37	17329.47	12237.66	5091.81	52.90
新　疆	15662.17	15159.09	12458.06	2701.03	503.08
大　连	14002.16	13867.39	10862.05	3005.34	134.78
宁　波	24102.76	23852.75	16395.20	7457.56	250.00
厦　门	24823.95	24261.90	17150.81	7111.08	562.05
青　岛	20250.57	20250.57	15723.57	4527.01	
深　圳	44530.59	35295.09	23211.92	12083.17	9235.50

7-44 生均一般公共预算教育事业费和基本建设支出（地方普通小学）

单位：元

地区	一般公共预算教育事业费和基本建设支出	事业费支出			基本建设支出
			个人部分	公用部分	
合计	**12707.32**	**12527.55**	**9678.80**	**2848.75**	**179.76**
北京	34439.71	33015.12	23048.05	9967.06	1424.59
天津	19253.20	19152.57	15528.83	3623.73	100.64
河北	10615.97	10590.51	8185.08	2405.43	25.46
山西	12501.32	12424.42	9317.27	3107.14	76.91
内蒙古	16496.05	16330.94	12456.95	3873.99	165.11
辽宁	10741.19	10696.27	8808.93	1887.34	44.91
吉林	15421.10	15294.07	12471.18	2822.88	127.04
黑龙江	15756.49	15638.50	13224.44	2414.06	117.99
上海	27789.63	27768.20	21620.55	6147.65	21.43
江苏	15099.10	15085.82	12373.19	2712.64	13.28
浙江	19513.76	19171.34	14337.88	4833.45	342.42
安徽	11691.85	11656.37	8333.73	3322.64	35.48
福建	11952.86	11905.67	9505.84	2399.83	47.19
江西	12125.39	12013.55	8247.98	3765.58	111.84
山东	11247.89	11247.80	9150.16	2097.64	0.09
河南	7300.73	7243.29	5513.23	1730.06	57.44
湖北	12294.42	12294.42	8820.12	3474.30	
湖南	10867.38	10830.53	8360.58	2469.95	36.85
广东	14623.12	13744.78	10671.69	3073.09	878.34
广西	8939.39	8916.97	7319.47	1597.50	22.42
海南	13825.24	13807.70	10005.78	3801.91	17.55
重庆	14038.86	13647.93	10208.52	3439.41	390.92
四川	12251.78	12174.25	9245.11	2929.14	77.53
贵州	11221.78	11174.19	9093.15	2081.04	47.59
云南	11617.90	11511.94	9645.30	1866.64	105.96
西藏	34627.23	33306.08	24510.36	8795.72	1321.14
陕西	13136.58	12893.41	8906.63	3986.78	243.17
甘肃	12463.08	12370.14	9415.03	2955.11	92.93
青海	16108.28	15214.51	11370.78	3843.73	893.77
宁夏	12527.80	12474.90	8324.32	4150.58	52.90
新疆	13823.27	13385.20	11265.95	2119.25	438.06
大连	10220.27	10105.94	8003.78	2102.16	114.32
宁波	20313.51	20063.51	14914.31	5149.20	250.00
厦门	18180.61	17833.72	14171.50	3662.22	346.89
青岛	16839.00	16839.00	13975.48	2863.52	
深圳	33349.23	24158.39	14870.00	9288.39	9190.83

7-45 生均教育经费支出(地方农村小学)

单位：元

地 区	教育经费支 出	个人和公用部分支出			基本建设支 出
			个人部分	公用部分	
合 计	**15457.58**	**15371.56**	**12258.47**	**3113.09**	**86.02**
北 京	56328.61	55830.62	41687.96	14142.66	497.99
天 津	25059.71	25059.71	22289.28	2770.43	
河 北	12481.75	12442.79	9715.71	2727.09	38.96
山 西	19065.95	18921.43	15104.27	3817.16	144.52
内蒙古	27252.07	27044.19	21747.32	5296.87	207.88
辽 宁	20146.01	20098.35	17971.88	2126.47	47.67
吉 林	26239.52	26134.09	21729.36	4404.74	105.42
黑龙江	28652.88	28564.01	25205.45	3358.56	88.87
上 海	42911.05	42911.05	35828.40	7082.65	
江 苏	17225.06	17225.06	14504.23	2720.83	
浙 江	25371.69	24913.52	17610.01	7303.50	458.17
安 徽	14620.12	14574.32	11127.35	3446.97	45.80
福 建	14549.35	14524.17	11663.80	2860.38	25.17
江 西	15126.74	14994.79	10169.28	4825.51	131.96
山 东	13726.70	13726.53	11151.30	2575.23	0.17
河 南	9675.71	9639.16	7486.95	2152.22	36.55
湖 北	14499.72	14499.72	11351.92	3147.80	
湖 南	12788.05	12746.47	9599.59	3146.88	41.58
广 东	14582.25	14572.17	12201.15	2371.02	10.08
广 西	12065.90	12043.98	10102.20	1941.78	21.92
海 南	21857.17	21830.26	17500.01	4330.25	26.90
重 庆	24578.06	24517.53	20266.81	4250.72	60.53
四 川	16929.97	16804.11	13373.35	3430.76	125.86
贵 州	14274.06	14247.79	11652.56	2595.22	26.27
云 南	15692.64	15611.63	13564.04	2047.59	81.01
西 藏	41024.80	39559.85	30617.96	8941.89	1464.95
陕 西	16470.49	16329.86	11165.29	5164.57	140.63
甘 肃	17039.35	16932.47	13468.65	3463.82	106.88
青 海	23119.90	22192.41	17630.89	4561.52	927.49
宁 夏	18513.21	18436.00	14279.31	4156.69	77.21
新 疆	15867.44	15524.38	13353.48	2170.89	343.07
大 连	24316.47	23898.03	19930.95	3967.08	418.44
宁 波	25978.78	25730.47	16689.47	9041.00	248.31
厦 门	26468.93	25879.00	19518.64	6360.36	589.94
青 岛	31862.63	31862.63	24893.34	6969.29	
深 圳					

7-46 生均一般公共预算教育事业费和基本建设支出（地方农村小学）

单位：元

地区	一般公共预算教育事业费和基本建设支出	事业费支出	个人部分	公用部分	基本建设支出
合计	**12514.87**	**12433.62**	**9896.84**	**2536.78**	**81.25**
北京	46007.86	45555.67	31725.86	13829.81	452.19
天津	21461.64	21461.64	18752.15	2709.49	
河北	11242.70	11205.43	8700.79	2504.64	37.27
山西	14872.93	14787.16	11605.53	3181.63	85.77
内蒙古	20483.40	20290.92	15988.38	4302.54	192.47
辽宁	15342.86	15312.76	13613.99	1698.77	30.10
吉林	20135.45	20035.83	16537.47	3498.36	99.62
黑龙江	20934.04	20845.81	17955.10	2890.71	88.23
上海	27904.59	27904.59	23576.00	4328.59	
江苏	13937.46	13937.46	12009.89	1927.57	
浙江	20490.24	20032.07	15482.48	4549.58	458.17
安徽	11775.91	11730.11	8657.52	3072.59	45.80
福建	12120.93	12109.17	9920.77	2188.40	11.76
江西	12723.86	12591.90	8560.97	4030.93	131.96
山东	11408.54	11408.38	9467.64	1940.73	0.17
河南	7610.39	7573.84	5765.58	1808.26	36.55
湖北	12405.96	12405.96	9495.03	2910.92	
湖南	10976.65	10935.07	8594.76	2340.31	41.58
广东	11368.82	11359.16	9240.46	2118.70	9.66
广西	9586.17	9564.33	7920.89	1643.44	21.83
海南	15633.72	15606.81	11807.46	3799.35	26.90
重庆	17236.48	17185.62	14068.11	3117.51	50.86
四川	13114.74	13000.80	10238.29	2762.51	113.94
贵州	11716.03	11690.79	9888.54	1802.25	25.24
云南	11985.32	11909.44	10343.66	1565.78	75.87
西藏	35301.56	33836.61	25001.51	8835.10	1464.95
陕西	14432.26	14291.63	9932.81	4358.82	140.63
甘肃	13937.61	13830.73	10646.96	3183.77	106.88
青海	17529.60	16602.11	12562.53	4039.58	927.49
宁夏	13289.74	13212.53	9786.22	3426.31	77.21
新疆	14185.33	13880.76	12083.30	1797.46	304.57
大连	17025.82	16813.86	14220.84	2593.02	211.97
宁波	19888.61	19640.30	14464.55	5175.75	248.31
厦门	20393.70	20196.76	15981.72	4215.03	196.94
青岛	27856.08	27856.08	22464.59	5391.49	
深圳					

7-47 生均教育经费支出(地方特殊教育学校)

单位：元

地区	教育经费支出	个人和公用部分支出			基本建设支出
			个人部分	公用部分	
合计	**71543.55**	**70917.60**	**50654.14**	**20263.46**	**625.95**
北京	186440.80	186440.80	149326.73	37114.07	
天津	85710.98	85710.98	69347.36	16363.62	
河北	48921.33	48921.33	37779.47	11141.86	
山西	71169.41	71169.41	50740.44	20428.96	
内蒙古	90218.96	89215.11	67549.42	21665.69	1003.85
辽宁	77764.50	77764.50	63102.71	14661.78	
吉林	72204.48	71778.77	55652.51	16126.26	425.72
黑龙江	51654.07	51628.53	40502.80	11125.73	25.53
上海	214235.78	214235.78	158309.93	55925.85	
江苏	78818.07	78818.07	61009.53	17808.54	
浙江	110514.91	109950.89	68563.62	41387.27	564.02
安徽	99947.30	99584.82	32868.73	66716.10	362.47
福建	68807.93	68731.80	50610.34	18121.46	76.13
江西	49123.14	49004.55	29496.45	19508.10	118.59
山东	85491.30	85491.30	67461.42	18029.88	
河南	33186.66	33186.66	25209.48	7977.18	
湖北	58600.10	58600.10	45784.78	12815.32	
湖南	47792.48	47792.48	32840.65	14951.84	
广东	106828.59	102497.95	75637.94	26860.01	4330.64
广西	57628.38	56802.28	40460.42	16341.85	826.10
海南	72888.34	72888.34	54047.55	18840.79	
重庆	62246.81	62207.13	46987.02	15220.11	39.68
四川	56148.02	55149.83	39198.73	15951.10	998.20
贵州	45946.42	43525.53	32356.08	11169.45	2420.89
云南	45640.29	45341.95	36403.26	8938.70	298.34
西藏	161037.15	161037.15	132886.78	28150.37	
陕西	76801.05	76801.05	50034.90	26766.16	
甘肃	65420.43	65420.43	48015.28	17405.15	
青海	73078.18	73078.18	42875.53	30202.66	
宁夏	116982.39	116982.39	73863.93	43118.46	
新疆	60792.06	60316.79	49140.98	11175.81	475.27
大连	91157.99	91157.99	78709.74	12448.25	
宁波	119635.26	119635.26	88331.44	31303.82	
厦门	147166.53	147166.53	93937.14	53229.39	
青岛	144005.84	144005.84	113313.51	30692.33	
深圳	263662.29	234530.93	153019.38	81511.55	29131.36

7-48 生均一般公共预算教育事业费和基本建设支出（地方特殊教育学校）

单位：元

地区	一般公共预算教育事业费和基本建设支出	事业费支出			基本建设支出
			个人部分	公用部分	
合计	**57158.70**	**56679.59**	**40040.38**	**16639.21**	**479.11**
北京	148638.99	148638.99	113419.46	35219.52	
天津	75190.94	75190.94	60124.96	15065.98	
河北	44509.40	44509.40	33781.19	10728.21	
山西	48979.32	48979.32	35262.90	13716.42	
内蒙古	70659.87	69690.80	50028.75	19662.05	969.08
辽宁	60495.96	60495.96	47910.54	12585.42	
吉林	57884.70	57637.22	44337.03	13300.18	247.49
黑龙江	40043.29	40017.75	30349.40	9668.36	25.53
上海	139249.94	139249.94	109533.73	29716.20	
江苏	63660.69	63660.69	49216.09	14444.60	
浙江	90448.00	89883.97	59466.45	30417.53	564.02
安徽	83481.43	83118.95	24356.65	58762.31	362.47
福建	57991.80	57915.67	43000.84	14914.83	76.13
江西	41259.91	41141.32	25909.40	15231.92	118.59
山东	71155.80	71155.80	56987.08	14168.72	
河南	26217.83	26217.83	18767.87	7449.97	
湖北	44063.75	44063.75	32932.76	11130.98	
湖南	41619.70	41619.70	29632.95	11986.75	
广东	86615.69	82890.78	59052.28	23838.50	3724.91
广西	42496.16	42349.33	28764.20	13585.13	146.83
海南	54060.26	54060.26	35930.81	18129.45	
重庆	47623.23	47623.23	33600.20	14023.03	
四川	44357.92	43380.95	30125.20	13255.75	976.98
贵州	37382.29	36790.21	27260.78	9529.42	592.09
云南	36190.37	35892.03	27900.19	7991.84	298.34
西藏	130137.30	130137.30	103009.32	27127.98	
陕西	59648.83	59648.83	43088.68	16560.14	
甘肃	51823.86	51823.86	36231.64	15592.22	
青海	59262.26	59262.26	30243.10	29019.16	
宁夏	49059.07	49059.07	34699.25	14359.82	
新疆	53407.81	52932.55	43646.24	9286.31	475.27
大连	71394.30	71394.30	60080.76	11313.54	
宁波	105580.47	105580.47	77114.97	28465.49	
厦门	120329.86	120329.86	79307.70	41022.15	
青岛	109733.33	109733.33	88249.20	21484.12	
深圳	185139.92	162582.81	96259.90	66322.92	22557.11

7-49 生均教育经费支出(地方幼儿园)

单位：元

地 区	教育经费支出	个人和公用部分支出	个人部分	公用部分	基本建设支出
合 计	**16213.00**	**16068.88**	**10216.89**	**5851.98**	**144.12**
北 京	55359.30	54630.61	38119.22	16511.39	728.69
天 津	29950.61	29950.61	22245.62	7704.98	
河 北	11580.13	11568.21	7821.33	3746.88	11.93
山 西	12242.34	12129.75	6641.04	5488.70	112.59
内蒙古	24847.58	24574.72	15378.99	9195.72	272.86
辽 宁	10221.63	10205.41	6588.59	3616.82	16.22
吉 林	19419.75	19333.32	12966.45	6366.87	86.43
黑龙江	15549.75	15241.61	10408.51	4833.10	308.14
上 海	52039.75	51911.54	35023.41	16888.13	128.21
江 苏	18692.29	18691.10	13504.06	5187.04	1.19
浙 江	26962.60	26618.48	15254.04	11364.43	344.12
安 徽	13713.71	13630.93	7730.01	5900.92	82.78
福 建	16249.79	16204.70	10365.42	5839.28	45.09
江 西	17395.17	17293.79	8015.62	9278.17	101.38
山 东	11050.61	11050.26	7644.28	3405.98	0.35
河 南	8832.14	8793.97	4958.34	3835.63	38.17
湖 北	13075.19	13075.19	7972.66	5102.53	
湖 南	9913.50	9894.61	6040.24	3854.37	18.89
广 东	17975.17	17782.61	11513.43	6269.18	192.56
广 西	7902.65	7840.15	5472.92	2367.24	62.50
海 南	20254.53	20238.71	9897.37	10341.33	15.82
重 庆	14625.61	14428.30	6782.82	7645.47	197.31
四 川	14378.89	14267.39	7763.90	6503.50	111.50
贵 州	14326.83	14216.28	8888.83	5327.45	110.55
云 南	10369.45	10187.21	7208.60	2978.61	182.24
西 藏	38415.73	36980.37	28155.42	8824.95	1435.36
陕 西	17059.18	16813.18	10228.81	6584.37	246.00
甘 肃	14999.17	14868.74	10261.79	4606.96	130.42
青 海	12916.58	11505.05	6642.93	4862.12	1411.53
宁 夏	14932.01	14932.01	7501.16	7430.86	
新 疆	22666.81	21741.54	17947.40	3794.15	925.27
大 连	16038.52	16038.52	11374.13	4664.39	
宁 波	28129.03	27968.43	17642.63	10325.80	160.60
厦 门	25885.25	25632.85	17038.90	8593.95	252.40
青 岛	18681.42	18681.42	12598.35	6083.07	
深 圳	40332.44	39349.15	25341.61	14007.54	983.30

7-50 生均一般公共预算教育事业费和基本建设支出（地方幼儿园）

单位：元

地区	一般公共预算教育事业费和基本建设支出	事业费支出			基本建设支出
			个人部分	公用部分	
合计	**10643.54**	**10514.55**	**7200.33**	**3314.22**	**128.99**
北京	42166.87	41439.60	27600.30	13839.30	727.27
天津	21244.61	21244.61	16969.18	4275.43	
河北	8761.34	8749.42	6729.04	2020.38	11.93
山西	7252.87	7161.48	4587.40	2574.08	91.39
内蒙古	17537.05	17272.83	11439.60	5833.23	264.22
辽宁	6853.81	6846.04	4150.71	2695.33	7.76
吉林	13093.13	13006.70	9205.47	3801.22	86.43
黑龙江	10870.25	10572.58	7086.59	3485.99	297.67
上海	33414.06	33294.54	25060.16	8234.38	119.52
江苏	11324.99	11323.80	8397.71	2926.09	1.19
浙江	16602.09	16258.12	10462.47	5795.65	343.97
安徽	9201.65	9136.77	5544.59	3592.18	64.89
福建	10705.26	10660.29	7891.66	2768.63	44.97
江西	11195.55	11094.51	6001.39	5093.12	101.03
山东	6789.69	6789.34	5126.57	1662.76	0.35
河南	4703.80	4665.63	3152.25	1513.38	38.17
湖北	8743.68	8743.68	5454.20	3289.48	
湖南	5495.08	5476.19	3406.79	2069.40	18.89
广东	10301.79	10109.57	6802.50	3307.07	192.23
广西	4761.46	4723.04	3344.75	1378.29	38.42
海南	14170.33	14154.51	6764.97	7389.54	15.82
重庆	7576.56	7427.82	4006.68	3421.14	148.74
四川	9533.98	9429.05	5663.43	3765.62	104.93
贵州	10245.22	10143.18	7093.01	3050.18	102.03
云南	7206.44	7025.46	5135.79	1889.67	180.98
西藏	32858.55	31423.20	22614.11	8809.09	1435.36
陕西	13052.26	12806.75	8643.61	4163.14	245.51
甘肃	11109.14	10979.71	7753.36	3226.36	129.43
青海	9982.87	8571.34	4879.04	3692.30	1411.53
宁夏	10847.91	10847.91	5012.83	5835.08	
新疆	19358.63	18838.44	16244.38	2594.07	520.18
大连	9766.97	9766.97	6801.79	2965.18	
宁波	17479.47	17318.87	11585.23	5733.64	160.60
厦门	19331.07	19079.62	13188.43	5891.19	251.45
青岛	12680.08	12680.08	9086.29	3593.79	
深圳	29544.58	28561.30	19400.94	9160.36	983.28

7-51 生均教育经费支出(地方农村幼儿园)

单位：元

地区	教育经费支出	个人和公用部分支出			基本建设支出
			个人部分	公用部分	
合　计	**12551.60**	**12443.84**	**8154.66**	**4289.18**	**107.76**
北　京	52220.36	51052.12	34063.89	16988.23	1168.23
天　津	19400.38	19400.38	14581.14	4819.24	
河　北	10298.02	10290.62	7129.89	3160.73	7.40
山　西	9802.83	9749.27	5950.61	3798.66	53.56
内蒙古	26122.25	25873.06	16551.39	9321.66	249.19
辽　宁	6853.70	6813.04	4557.82	2255.22	40.66
吉　林	18823.55	18760.14	13580.95	5179.20	63.41
黑龙江	15477.58	15213.90	11161.28	4052.62	263.68
上　海	45954.01	45954.01	35265.13	10688.87	
江　苏	14613.89	14613.89	10567.07	4046.82	
浙　江	26508.51	26139.09	14320.37	11818.72	369.42
安　徽	11988.44	11911.31	7041.92	4869.40	77.13
福　建	13206.63	13184.60	8644.38	4540.22	22.03
江　西	16255.12	16137.10	7734.54	8402.57	118.02
山　东	9019.87	9019.26	6458.03	2561.23	0.62
河　南	7166.29	7145.55	3962.30	3183.25	20.74
湖　北	10171.33	10171.33	6119.59	4051.75	
湖　南	8876.69	8852.99	5331.33	3521.66	23.70
广　东	9629.96	9628.64	5958.21	3670.43	1.32
广　西	6461.13	6429.65	4482.93	1946.72	31.48
海　南	20041.91	20018.82	11736.36	8282.46	23.08
重　庆	13136.31	13012.42	6956.43	6055.99	123.89
四　川	11055.88	10922.53	6615.95	4306.57	133.36
贵　州	12832.37	12810.14	9062.35	3747.79	22.23
云　南	8075.56	7940.99	5914.67	2026.32	134.57
西　藏	34573.09	33146.43	26296.97	6849.46	1426.65
陕　西	15530.87	15435.93	9854.70	5581.22	94.95
甘　肃	13842.41	13768.27	10161.09	3607.18	74.14
青　海	11999.60	10537.63	5951.06	4586.57	1461.97
宁　夏	12835.87	12835.87	6804.79	6031.08	
新　疆	22361.98	21772.39	18740.96	3031.42	589.59
大　连	12315.35	12315.35	8134.11	4181.23	
宁　波	30128.29	30128.29	16612.61	13515.68	
厦　门	21193.96	21193.96	11819.70	9374.26	
青　岛	15581.13	15581.13	11389.82	4191.31	
深　圳					

7-52 生均一般公共预算教育事业费和基本建设支出（地方农村幼儿园）

单位：元

地区	一般公共预算教育事业费和基本建设支出	事业费支出			基本建设支出
			个人部分	公用部分	
合计	**8509.19**	**8412.69**	**6032.59**	**2380.10**	**96.50**
北京	42530.55	41362.32	25738.96	15623.36	1168.23
天津	13972.46	13972.46	10972.90	2999.56	
河北	7777.68	7770.29	6168.68	1601.60	7.40
山西	6468.76	6415.20	4278.17	2137.03	53.56
内蒙古	18390.79	18152.79	12583.12	5569.66	238.01
辽宁	4571.83	4550.41	3049.77	1500.65	21.42
吉林	13733.63	13670.22	10283.83	3386.38	63.41
黑龙江	11106.23	10864.34	7948.75	2915.59	241.89
上海	30523.78	30523.78	24928.65	5595.13	
江苏	9054.10	9054.10	6785.82	2268.28	
浙江	15767.09	15397.67	10184.09	5213.58	369.42
安徽	8053.93	7976.80	5214.37	2762.43	77.13
福建	8724.47	8702.44	6703.64	1998.79	22.03
江西	10680.25	10562.23	6048.48	4513.75	118.02
山东	5781.97	5781.35	4518.61	1262.74	0.62
河南	3870.44	3849.70	2557.40	1292.29	20.74
湖北	6188.76	6188.76	3942.38	2246.37	
湖南	5221.03	5197.33	3242.89	1954.44	23.70
广东	4316.93	4315.73	2935.42	1380.31	1.20
广西	4021.16	3989.68	2762.31	1227.38	31.48
海南	14825.25	14802.16	8339.84	6462.32	23.08
重庆	7518.78	7394.89	4835.79	2559.10	123.89
四川	7676.94	7548.62	4884.35	2664.27	128.32
贵州	9524.48	9503.30	7354.81	2148.49	21.19
云南	5584.19	5449.62	4300.94	1148.68	134.57
西藏	29508.90	28082.25	21246.74	6835.50	1426.65
陕西	12257.29	12163.23	8608.23	3555.00	94.06
甘肃	10627.85	10553.71	7820.08	2733.63	74.14
青海	9720.52	8258.55	4655.03	3603.51	1461.97
宁夏	9885.04	9885.04	5099.37	4785.67	
新疆	19454.27	19161.15	17246.42	1914.73	293.12
大连	8834.50	8834.50	6061.97	2772.52	
宁波	18185.17	18185.17	10819.12	7366.05	
厦门	16885.09	16885.09	9687.24	7197.85	
青岛	11378.36	11378.36	9123.44	2254.91	
深圳					

附 录

简要说明

简要说明

为了便于参考和使用本年鉴，现就教育经费统计指标、统计范围、统计时间等作简要说明。

一、教育经费来源主要指标

教育经费来源包括国家财政性教育经费、民办学校中举办者投入、捐赠收入、事业收入及其他教育经费。

1．国家财政性教育经费：指学校（单位）取得的所有属于财政性质的经费。包括一般公共预算安排的教育经费、政府性基金预算安排的教育经费、国有及国有控股企业办学中的企业拨款、校办产业和社会服务收入用于教育的经费、其他属于国家财政性教育经费。

（1）一般公共预算安排的教育经费：指学校（单位）从同级财政部门取得的一般公共预算拨款。包括教育事业费、基本建设经费、教育费附加、科研经费和其他经费。

① 教育事业费：指学校（单位）从同级财政部门取得的、列一般公共预算支出功能分类科目 205 类 “教育支出”的拨款，不含基本建设经费和教育费附加。

② 基本建设经费： 指学校（单位）从同级发展与改革部门取得的、列一般公共预算支出功能分类科目 309 类 “资本性支出（基本建设）”的拨款。

③ 教育费附加：指学校（单位）从同级财政部门取得的、列一般公共预算支出功能分类科目 205 类 09 款 “教育费附加安排的教育支出”的拨款。

④ 科研经费：指学校（单位）从同级财政部门取得的、列一般公共预算支出功能分类科目 206 类“科学技术支出”的拨款。

⑤ 其他： 指学校（单位）从同级财政部门取得的一般公共预算支出功能分类科目 205 类“教育支出”、206 类“科学技术支出”以外（如 208 类“社会保障和就业支出”、210 类“卫生健康支出”、221 类“住房保障支出”等）的其他一般公共预算拨款。

（2）政府性基金预算安排的教育经费：指学校（单位）从同级财政部门取得的政府性基金预算拨款。包括城市基础设施配套费收入、彩票公益金收入等安排用于学校（单位）的支出。

（3）国有及国有控股企业办学中的企业拨款：指中央和地方所属国有及国有控股企业在企业营业外资金列支或企业自有资金列支，并实际拨付所属学校的办学经费。

（4）校办产业和社会服务收入用于教育的经费：指非民办学校举办的校办产业和各种经营取得的收益及投资收益中用于补充教育经费的部分。

（5）其他属于国家财政性教育经费：指学校（单位）取得的除上述财政性收入以外的其他属于财政性质的经费。

2．民办学校中举办者投入：指民办学校举办者投入给民办学校的办学经费。

3．捐赠收入：指境内外社会各界及个人对教育的资助和捐赠资金。

4．事业收入： 指学校（单位）开展教学、科研及其辅助活动依法取得的、经财政部门核准留用的资金和从财政专户核拨回的资金。其中，学费指学校经财政部门核准留用或经财政专户核拨回的学费金额。

5．其他教育经费：指学校（单位）取得的除上述各项收入以外的其他收入。

二、教育经费支出主要指标

教育经费支出包括个人部分支出、公用部分支出和基本建设支出三部分。

1．个人部分支出：包括工资福利支出、对个人和家庭的补助支出。

（1）工资福利支出：指学校（单位）开支的在职教职工和编制外长期聘用人员的各类劳动报酬，以及为上述人员缴纳的各项社会保险费等。

（2）对个人和家庭的补助支出：指学校（单位）对个人和家庭的补助支出。

2．公用部分支出：包括商品和服务支出、资本性支出。

（1）商品和服务支出：指学校（单位）购买商品和服务的支出（不包括用于购置固定资产的支出）。

（2）资本性支出：指非发展与改革部门集中安排用于学校（单位）购置固定资产、土地、无形资产和大型修缮等所发生的支出。包括专项公用支出和专项项目支出。

① 专项公用支出：指非发展与改革部门集中安排用于学校（单位）购置办公设备、专用设备、交通工具和无形资产等所发生的支出。

② 专项项目支出：指非发展与改革部门集中安排用于学校（单位）房屋建筑物构建、大型修缮所发生的支出。

3．基本建设支出：指各级发展与改革部门集中安排的一般公共预算（不包括政府性基金以及各类拼盘自筹资金等）用于学校（单位）购置固定资产、土地、无形资产和大型修缮所发生的支出。

财政补助支出：指学校（单位）取得的一般公共预算安排的教育经费和政府性基金预算安排的教育经费列支的支出。

一般公共预算教育事业费和基本建设支出：指学校（单位）取得的一般公共预算教育事业费和基本建设经费列支的支出。

三、统计范围

1．教育部门举办的各级各类学校（包括幼儿园，以下简称“各级各类学校”）、教育事业单位；其他部门举办的各级各类学校、列一般公共预算支出功能分类科目205类“教育支出”的教育事业单位；县级及以上教育行政部门；独立师资并按学校体制管理的中央、省（自治区、直辖市）、地（市、州、盟）、县（市、区、旗）各级党委举办的党校，各级政府举办的社会主义学院、行政学院（不含行业、部门举办的党校和行政学院）；财政部举办的国家会计学院。

2．国有及国有控股企业举办的各级各类学校和经过教育主管部门批准承认学历的成人高校、成人中等专业学校、成人中学、成人小学等。

3．由国家机构以外的社会组织或者个人，利用非国家财政性经费，面向社会举办的、经政府部门按照国家规定的权限审批的各级各类学校等。

4．由外国教育机构同中国教育机构在中国境内合作举办以中国公民为主要招生对象的各级各类学校，以及香港特别行政区、澳门特别行政区和台湾地区的教育机构与内地教育机构合作举办的各级各类学校。

5．其他涉及教育性支出的机构等。

香港特别行政区、澳门特别行政区和台湾省的教育经费统计资料暂缺。

四、统计时间

2023 年 1 月 1 日至 2023 年 12 月 31 日。

五、其他

1．本年鉴 1-1 续表和第二部分所有表中央和地方教育经费按经费来源划分。其余表中央和地方教育经费按学校与其他教育机构隶属关系划分，即中央教育经费指中央属学校及其他教育机构的经费，地方教育经费指地方属学校及其他教育机构的经费。

2．2013 年及以前教育经费统计城乡划分标准以民政部门口径为准，即城市指城镇，包括城市（设区市的市辖区城区和不设区市的市政府所在地城区）以及县城（县政府所在地的城区）；农村指除城市、县城以外的区域。从 2014 年开始，教育经费统计采用了国家统计局颁布的《统计用城乡划分代码》，新的城乡划分标准调整为三大类七小类，即城区（主城区和城乡结合部）、镇区（镇中心区、镇乡结合区、特殊区域）、乡村（乡中心区和村庄），其中城市指城区，农村指镇区和乡村。

3．本年鉴中部分数据合计数或相对数由于单位取舍不同而产生的误差，均未做机械调整。